Science and Technology in World History

Science and Technology in World History

世界科学技术史

第一卷

The Ancient World and Classical Civilization

古代世界与古典文明

David Deming

〔美国〕戴维·戴明 著　罗峰 译

上海三联书店

科学史是人类致力于团结的历史，是人类追求崇高目标的历史，是人类逐步实现救赎的历史。

——乔治·萨顿（George Sarton，1884—1956 年）

目　录

前　言

本书旨在通过描述史实，分析科学方法的本源，对科学进行定义。适合阅读本书的人群主要是那些希望进一步了解科学发展与历史事件之间关联的人士，包括从事研究工作的科学家、学生与普通读者。

当今世界，绝大多数科学家所接受的教育皆囿于特定的技术领域——对于相关的专业知识他们了然于胸，而对于作为研究方法的科学整体却知之甚少。其知识蕴蓄并非真正的科学体系，恰恰相反，诚如亚里士多德（Aristotle）所言，他们对知识的获取“纯属偶然”（merely accidental）。[1]

当代众多科学家对于哲学、历史和宗教一无所知，甚至无法识别一些常见的知识谬误，其从事科学研究的能力也必然受到影响。随着科学的职业化倾向，兼之事实真相也常常需要为意识形态服务，那种不谋私利、只为追求真理的理想往往被弃之如敝屣。曾几何时，仅仅出于对科学的真挚热爱，一些业余爱好者也曾做出重大发现且贡献卓著。

上述种种问题皆缘于科学家们所接受的错误教育方式。在当代美国大学，教授们只传授世代累积而来的知识，却鲜有对科学方法的传授，科学史也很少被提及，从而导致科学的历史基础和哲学基础被彻底忽视。这种教育方式的结果便是学生会错误地认为科学不仅经由累积而来、不断发展进步，而且还是线性发展、免于谬误的。一旦当代科学家忽视科学史上曾经出现过的错误，那么他们就必然会重蹈覆辙，再次陷入误区。

只有通过历史分析才能真正理解科学，因为历史以研究事实为宗旨。毫无疑问，要想做到这一点殊非易事，因为史料来源本就有失全面。希罗多德（Herodotus）曾在史书中记载，在马拉松战役（Battle of Marathon，公元前490年）中，希腊仅有192人伤亡，而波斯的伤亡人数则高达6400人。我们可以理解，他如此记载是为了称颂希腊，因此在统计伤亡人数的时候会有所夸大。[2] 所有历史学家都相信马拉松战役确实发生过，而且希腊的确在此役中获胜。

遗留下来的文物甚为稀少，对这些文物的解释亦颇具争议，而得以保存流传下来的文物并不全面，也不具代表性。陶瓷器物得以保存，而木制品则无法流传至今。大部分历史是没有文字记录的，而我们的历史却往往以文字记录为基础。实用艺术和工艺的发展历史至为重要，而这方面的文字记载却明显匮乏，大多数的技术知识只能通过口口相传、师徒相承和实际操作经验来传承。科技史或许比哲学史更为重要，然而更易于重建的却是哲学史——大部分的哲学知识是通过书籍的形式传承的。

所有的史料来源都有失全面。由于历史所记录的常常是那些异乎寻常的人与事，这就往往令人产生一种错觉，即那些不寻常的人和事都是寻常所见。所有这些问题都使我们难以复现完整的历史，然而，如果我们不尝试去重现历史，就永远无法从浩如烟海的史料中汲取丰富的养分。

我使用的研究方法是保守的年代法，尽管有时也曾偏离过完全按照年代进行研究的方法，但在研究科学技术史这一课题之时，年代法无疑最为妥切。科学本身就是一个逐步发展和积累的过程，人人都要汲取他人的知识蕴积。希腊医学家盖伦（Galen，约129—200年）即为典型的例子。中世纪中期，盖伦是欧洲人在写作时引用次数第二多的作者，仅次于亚里士多德，在某种程度上，正是通过阅读盖伦的书籍，罗杰·培根（Roger Bacon）等人才真正理解了经验主义的重要性。同时，盖伦本人也阅读了大量的书籍，明显受到了其他作者的巨大影响，如希波克拉底（Hippocrates，约公元前460—前370年）、亚里士多德（公元前 384—前 322 年）、希罗菲勒斯（Herophilus，公元前 4 世纪）和埃拉西斯特拉图斯（Erasistratus，公元前 4—前 3 世纪）等。现代科学的方法论绝非一蹴而就，而是通过一个痛苦的、渐进的过程发展而来的。

科学史的研究应该遵循保守的原则。我所说的“保守”并非政治意义上的概念，而是一种规避修正主义（revisionism）、避免标新立异的研究方法。我所说的标新立异是指创建一种激进的全新学说，与数百年来历代研究者的解释大相径庭。那些标新立异者认为只有他们自己才能破除无知和偏见，发现被掩盖的重要真理，认为既往的研究者所提出的阐释与结论皆为谬误。然而事实往往并非如此，人们总是会被耸人听闻的事物吸引，而这些标新立异的学说则利用了人类的这一弱点。为了满足某一时期的社会或政治需求，历史常常被改写或者重新阐释，这种标新立异的研究方法或许会在短期内盛行一时，却很快便会沦为明日黄花而价值湮灭；在这种研究方法盛行之时，无赖与造假者往往比诚实而耐心的学者更受欢迎。

当然，如果在研究中出现新的数据，就应该另当别论。例如，当发现有重要意义的化石时，我们对人类进化的理解就会出现重大改变，这源于现有的完整数据库内容十分有限，而阐释必须以数据为依据。对于一个静态研究课题而言，众多研究者已经对其进行了一个多世纪的系统研究，如果尚未出现新的数据就贸然提出一个激进的新阐释，那这种情况与上述情况完全不同。

在《辉格党式的历史阐释》（*The Whig Interpretation of History*，1931 年）一书中，赫伯特·巴特菲尔德（Herbert Butterfield）提出了“辉格党式的历史阐释”（The Whig Interpretation of History）概念。[3] 从 17 世纪后期直至 19 世纪，辉格党（Whigs）和托利党（Tories）是英格兰的两大主要政党。其中的辉格党被认为是代表“大地主、大商人和小商贩”利益的政党[4]。巴特菲尔德认为，辉格党的历史学者们并不想“从历史的角度研究历史”，而是“为了当前的利益而研究历史”。[5] 他们根据自己的需要筛选历史事件，尤其是那些在历史上多次验证了进步原则的历史事件；新教徒和辉格党人一直是该原则的拥趸，而天主教徒和托利党人则始终阻碍这一原则。[6]

辉格党式历史阐释的罪恶之处在于，其偏见具有隐蔽性，不易为人察觉。在编写编年史之前，他们就已经预设了希望展示的历史图景。为了宣传自己的政治和文化观点，他们滥用了历史。在之后的年代里，辉格党式的历史阐释被专业历史学家视为耻辱[7]。

巴特菲尔德认为："我们永远都不能妄言历史可以证明某一个人是长期正确的，这是事实。"[8] 鉴于道德价值、社会价值、政治价值和文化价值都是相对而言的，当我们研究人类历史的大部分内容时，巴特菲尔德的这一观点意义重大。从其观点可以推论出，所有关于进步的理念都是空想。

然而科学却与此不同。如果我们在科学研究领域接受巴特菲尔德的绝对相对论，那么我们就必须承认那些认为地球是扁平的人士与那些认为地球是球形的人士一样，都是正确的；我们还得承认"地心说"和"日心说"都是正确的学说，牛顿物理学并不比亚里士多德的学说更加"正确"；我们同样也得承认细菌致病理论（germ theory of disease）并不比希波克拉底理论更加科学——希波克拉底认为导致瘟疫蔓延的原因是空气污染。实际上，没有人会真的这样认为。

按照其自身进行观察和推理的认识论标准，科学知识的获得也是循序渐进的。[9] 在当代，认为地球是球形的观点是"正确的"，而认为其是扁平的理论则是"错误的"。认为太阳围绕地球旋转是错误的，反之则是正确的。科学根据自己的方法和标准建构可能构成真理的学说，其中有一些科学事实（例如地球是球形的说法）随着时间的推移得到了有力的证实，并得到了普遍的承认。科学事实并不像几何学演绎证明那样是绝对的，但随着历史的发展，按照科学自身的观察与推理方法进行研究，科学事实也愈发可靠。

因此，追溯科学方法的起源是合理、可行而且有趣的。一旦人们承认可以区分真实和虚假的科学知识，也就有可能辨别有效和无效的科学方法了。例如，在当今世界，相信占卜和预言的可靠性的人越来越少，人们知道只有受控的系统性实验才能产生可靠的知识。因此，我们有理由在历史长河中选择性地探寻那些对现代科学贡献最大的事件和科学家。

对于古代科学的描述应该关注当时的科学家们如何进行或理解其科学工作。如果希望能够理解现代科学的起源，我们就必须聚焦于那些对于古代科学贡献最大的研究工作和研究者。本书没有更多的篇幅可以用以讨论科学研究的误区和错误，我们也无法撰写一部史书以完整地记录人类所犯的错误，因为“就其本质而言，错误是无穷无尽的”。[10] 如果有读者希望了解普通的人类行为和愿望的话，那就没有必要阅读本书，只需阅读最近的报纸即可。整个历史都证明，“人类的智慧是有限的，而人类的愚昧却是无穷的”。[11] 不加选择绝非优点，而是隐晦地承认了自己的无知。

所谓科学知识可以按照“真”与“假”的标准进行划分的说法是有其前提条件的。科学最终取决于理性与经验方法。众所周知，所谓绝对的真理就哲学角度而言是不存在的。任何自称是真理的理论都必须按照某种真理标准进行检验，而其所依据的真理标准又必须按照其他真理标准来进行检验，如此循环往复，无穷无尽。即使几何学也建立在不可证明的公理之上，对于任何知识体系而言，唯一的要求便在于其内在一致性，即其必须满足自身的真理标准。

鉴于人类的观察存在瑕疵，人类的理性也并不可靠，我们不得不承认，科学知识总是具有实效性和不确定性。因此，一些治学严谨的思想家认为科学根本就不具有认识论方法。伊斯兰神学家与哲学家安萨里（Ghazzali，1058—1111 年）认为所谓自然法则和因果律并不存在，而世间一切皆为无所不能的神所创造。火的出现会点燃棉花，却无人能够保证同样的事情会再次发生；每一件事情的发展都体现了神的意旨，却无人能够证明自然法则的存在，最多只能证明相关性的存在。[12] 这种说法在理论上是正确的，但如果我们在生活中遵循这种说法，我们就永远无法从经验中学习，也无法开发出抗生素、制冷设备、电子计算机或任何给人类带来益处的产品，这些产品皆为系统试验与逻辑推理相结合的产物。

这是否也应该归类于辉格党式的历史呢？如果我们承认科学史研究的目的是追溯并理解现代科学的方法论的话，那么我们必须承认这的确是辉格党式的历史研究。本书也是从当今的视角出发进行撰写的，但我在撰写本书时，并未有一个事先预设的结论。在我进行研究工作与撰写本卷及其后各卷的过程中，我之前关于科学方法演变的很多观点都经历了巨大的改变。

我已经阐明，我会聚焦于那些对于科学发展贡献最大的科学家和科学研究，在此过程中，我尽力保持客观公正。我从未试图为了证实某种预设的结论而歪曲历史，只选择性地记录事件，这样做会使我有受挫感，会使我原本的目的落空。毫无疑问，最能引起我研究兴趣的是那些对现代科学做出贡献的事件、人物与观念，而大部分的人与事并不能引起我的兴趣。本书和其他历史书籍一样，所记录的皆为非凡之事与非凡之人；人类发展中的错误与愚昧是常态，并无特别之处，因而没有载入本书。

毋庸置疑，伽利略（Galileo）的著作对于现代科学的发展而言至关重要，伽利略曾写道，阿基米德拥有“最为伟大的、超人的智慧”。[13] 据此，我们可以明确伽利略曾经阅读了阿基米德的著作并深受其惠。在那些生活在公元前3世纪的叙拉古人（Syracusans）中，阿基米德并不具有代表性，但假如我们希望理解科学发展史，那就必须聚焦于对阿基米德及其著作的研究，而非那些平平无奇的普通人。

进行历史研究的必要条件是原始资料，只要条件许可，我都会尽量引用原始资料，即使我所引用的为这些资料的英译本。请读者理解，这是一部涉及领域极为宽泛的综合性作品，而非分析性作品或者聚焦于某一特定领域的作品。在阅读本书的过程中，如果读者对书中某一特定主题感兴趣，希望能够进一步了解的话，可以再去精读相关的专著，许多相关著作均已罗列于本书的参考书目之中。

无论是综合性作品抑或是分析性作品，皆有其存在的价值。世间万物皆有关联，综合性作品不可或缺。每一个事件都有其发生的背景，换言之，如果不能理解一系列相关的前因，不能理解一系列文化价值观、社会价值观以及宗教价值观的发展历程，则无法对某一具体历史课题进行专项分析。艾萨克·牛顿（Isaac Newton）曾说过，“如果说我看得更远，那是因为我站在巨人的肩膀上”，[14] 诚如此言，如果不去研究牛顿之前那些科学家的作品，就很难理解牛顿的著作。同样，当伽利略赞颂阿基米德时，[15] 他也在告诉我们，他的所有著作都是以从古希腊开始的悠久科学传统为基础的——若要理解伽利略的理论，则需研读阿基米德的理论。总而言之，若要理解具体事物，则需要理解整体，反之亦然。

鉴于本书为一部综合性作品，涉猎范围广泛，我便需要依靠一些二手资料。在很多情况下，二手资料不仅必不可少，而且大有裨益。有些专家穷其一生研究某一特定领域，而有些从事综合研究的学者则只花费两周的时间研究同一领域，前者的意见与阐释会比后者的更加可靠。

为了撰写这套书，我参考了众多较为古老的书籍，包括一些在 19 世纪出版的历史书籍，如伯奈特（Burnet）的《早期希腊哲学》（*Early Greek Philosophy*），克雷西（Creasy）的《改变世界历史的十五大战役》（*Fifteen Decisive Battles*），格罗特（Grote）的《希腊史》（*History of Greece*），尼布尔（Niebuhr）的《罗马史演讲录》（*Lectures on the History of Rome*），沙夫（Schaff）的《基督教会史》（*History of the Christian Church*）和缪尔（Muir）的《穆罕默德的一生》（*Life of Mahomet*），以及拉斯达尔（Rashdall）的《中世纪的欧洲大学》（*The Universities of Europe in the Middle Ages*）。如果我要撰写一部关于某一技术领域发展的专著，如计算机科学领域，那么我会全部

使用最新的参考书籍，因为这些领域的知识日新月异、发展迅速。但在历史学领域，知识的更新相对缓慢。在过去的150年间，人们对于史实的阐释和所持有的见解有所变更，更大程度上是源于其政治或文化价值观的改变，而非基于新的发现。举例而言，与1850年的学者相比，我们对亚里士多德的了解有显著的增加吗？与当代的历史书籍相比，很多19世纪的历史书籍更有说服力，研究内容更清晰、更充分且更详尽。

在选择材料时，我的标准并没有特别之处，我会考虑作者是否列举了大量的原始资料，其语言是否睿智而博学，其阐释是否充满智慧且深刻，等等。我要撰写的是一部至少横跨2500年的科学史，一部优秀的学术著作或许会被归类为辉格党式的历史作品，也或许已经不再符合当下流行的文化价值观，但是我不会因此而忽视它。希罗多德的历史著作是从希腊人的视角出发而撰写的，我能够因之而放弃这些作品吗？如果说历史研究能够对人们至少有一点启发的话，那不同年代、不同地点的人对世界的看法也是不同的。事实上，依赖近期的历史分析尤为危险，因为我们通常更难发现自己所处时代的偏见。正如巴特菲尔德所言，最大的危险不是偏见本身，而是我们“无法意识到”这些偏见[16]。

曾经有人讽刺过，那些最为成功的作者常常最擅长隐藏自己的资料来源。在本书中，我选择公布我的资料来源。撰写过程中，我力求严谨地记录每一个具体的史实，并提供包括页码在内的全部信息。涉及一部厚达800多页的著作时，如果没有提供一个与具体史实有关的页码，这才是最令读者恼火的事情。我发现早期的著作在这方面尤其令人不满，因为这些著作的参考文献过于简略，只有该领域内的专家才有能力解读其来源。无论是对于史实，还是对于这些史实的阐释，学者们都可以有不同的意见，但是记录其资料来源这件事，所有作者都应该认真对待。参考书目、资料来源和史实构成了一部作品的主体结构，而阐释是表层的内容。

要撰写一部合格的科学史，需要使用原语言阅读原始资料，所获取的知识也需要在历史重构中进行勘校，而且这种历史重构也必须以文物为基础。为了理解科学发展的人文环境，还需要了解所有的社会、文化、政治、经济和宗教历史，这对人类本性与心理的深刻理解也大有裨益。换言之，一部全面而准确的科学史实际上是一部涵盖所有人类知识的历史，完成这样一个项目是一个无法实现的目标。

这部科学史和其他历史书籍一样，是一项需要不断改进的工程。我们没有足够的时间进行全面的研究。就像科学本身一样，历史学是一个需要耐心和积累的学科，只能随着时间的推移而逐步成熟。

在此，我要感谢谷歌图书（Google Books）。在过去几年间，谷歌公司已经将数百万本图书进行数字化并发送到网上，其中包括 100 万本在 1923 年之前出版且现在已经不再受版权保护的图书。我们可以对整个数据库进行搜索，使之成为一个研究工具，对于那些希望针对该领域范围进行广泛、综合研究的学者而言更是如此。我希望谷歌图书能够不断发展，最终成为人类知识的全球图书馆。

引言

1. 科学、宗教与认识论

人们从苏格拉底（Socrates）时代就开始明白，如果要开展有意义的讨论，一个理想且必要的前提就是对讨论的课题进行清晰无误的定义。乔治·萨顿（George Sarton）如是定义了科学："科学是对积极知识的获取与系统化。"[1] 萨顿所说的"积极"是指通过经验、依靠感官获取的信息。这一定义简洁明了，但却没有明晰科学研究中所使用的方法论，也未详释这些研究方法与其他知识体系之间的差异，更没有梳理这些方法逐步被采用的历史过程，或者补充其他方法未被采纳的原因。

《牛津英语词典》（*Oxford English Dictionary*）对科学的定义是"知晓的状态或者事实"。[2] 这一定义承认"科学"一词具有很大的模糊性，而且这种模糊性是其本身及其发展历史所固有的。在历史研究中，所有的科学定义都只能适用于一时——科学是一个有生命的、有机的活动，人们对于他们所理解的科学进行了定义，这一定义在 2500 年间处于不间歇的演变中。除非历史进程戛然而止，否则科学的定义还将继续变迁；在不同的历史时期，科学对于不同的人有不同的意义。或许，唯一具有普遍适用性的定义是：科学是一种发现知识的方法，而且按照某种标准来评判，其方法是确凿可靠的。

传统上，人们认为现代科学起源于古希腊时期的自然哲学。然而，要想从时间上对自然哲学与科学进行划分却并非易事。有一些科学学科所采用的方法历经数千年而保持不变，如天文学就始终以观察作为其研究基础。至少从尼多斯的欧多克索斯（Eudoxus of Cnidus，约公元前400—前347年）开始，天文学家就开始利用数学模型来解释其观察结果。从其诞生之日开始，天文学基本上就是我们当今所理解的科学，我们无法在古代天文学与现代天文学之间划出一条明确的界线，古代天文学就是一门科学。

物理学与天文学截然不同。最初的物理学通过推理和辩证法追求终极原因，而现代物理学已发展成为一门收集经验数据、确定有效原因、构建数学模型、形成解释的科学学科。亚里士多德在其《物理学》（*Physica*）一书中所思考和讨论的许多问题依然令当代物理学家感到困惑。在某一个历史时期，物理学摆脱了形而上学的研究阶段，不再隶属于自然哲学，而是成为一门科学。

科学并非构建知识体系的唯一手段，甚至并非最重要的手段。科学就是方法，属于认识论范畴，而认识论是研究获取知识的方法的理论。获取知识的方法有四种：观察、推理、启示和创造性想象。

现代科学以观察和推理为基础，结合了一些方法论的假设和实践，最重要的包括自然主义、统一性、归纳法、可重复性和有效因果关系。[3]这些方法论逐步融入现代科学，跨越了漫长的历史维度。

哲学依仗于推理，宗教基于启示，而技术、工艺和艺术以观察、推理和创造性想象为基石。在这些不同的方法之中，人们最难理解的即创造性想象，而创造性想象却有着无可争辩的重要性。

当代科学家乐意接纳技术发展，勉强承认哲学研究，并常常将宗教视为与科学截然不同的事物。然而，真理是一个统一体，科学无法背离其他认识论，从历史研究角度看更是如此。试图在科学与其他知识体系之间构建障碍必然会阻碍和限制我们对科学及其历史发展的理解。在12世纪的欧洲，并未有“科学家”之说，只有神学家和哲学家之称，“科学家”一词在英语中最初出现是在1834年。[4]

对科学的历史研究必然会包含对于宗教、技术和哲学的探讨。其中，宗教或许是最为重要的，技术或许是最鲜少有人欣赏的，哲学则可能是最受青睐的。科学史的研究绝不能排除宗教研究——基督教对西方文明的影响最大，伊斯兰教也是世界历史发展进程中的一个主要力量。在其巨著《科学史导论》（*Introduction to the History of Science*）一书中，乔治·萨顿承认他“不得不投入很多篇幅来介绍宗教史”。[5]

宗教以启示为基础，而启示是一种非理性的个人体验。那些曾经体验过与神灵神秘交流的人声称，这种交流超越了人类的理性。阿维拉的圣女特蕾莎（St. Teresa of Avila，1515—1582 年）如此描述她的狂喜之情：

> 我看到我的左边有一个天使，有着人的躯体……他个头不大，矮小而漂亮……他的面容如此红润，使人猜想他来历不凡，仿佛光焰万丈……他拿着金色长矛，我仿佛看到了矛尖处的灼灼火焰。他用长矛数次刺进我的心脏，接着又刺穿我的五脏六腑。当他把长矛拔出来时，他似乎也把这些器官拔了出来，我的身体里只充满了对上帝的爱。我感到强烈的痛苦，不时地发出呻吟，可是这种痛苦却是那么妙不可言，我简直舍不得让它停止……我的灵魂得到极致的满足，仿佛与上帝同在。[6]

按照现代科学的标准，圣女特蕾莎的经历是一种心理上的错觉。然而，与神灵之间的神秘交流正是宗教的根源，宗教因之确立了道德标准，而人类文明又依此道德标准进行建构；同样，科学也确定了道德标准，且指引文明的发展。归根结底，科学只是文明体系内的一种人文与社会活动，而这种文明体系的根基是宗教。如果我们能够理解科学发展的过程，就没有必要把圣女特蕾莎的狂喜当作一种超自然现象，而是应该将之作为一种历史发展的动力来理解和欣赏。

乔治·萨顿将科学归类为“需要积累的渐进的活动”，[7] 科学需要积累，这一点是不言自明、无须论证的，然而在科学研究中，如果我们不确定一个明确目标的话，就很难理解其“渐进”特征。如果我们把“渐进性”视为一种道德品质，那么所谓的科学的渐进性就会像道德本身一样变得具有任意性和相对性；我们按照科学研究的目的和方法进行判断就会发现，科学的渐进性和它的累积性一样是确定无疑的。

科学活动的目标是建构知识，按照科学自身的推理与经验标准，这种知识应该是可靠的，正如在自然主义、统一性、归纳法、可重复性、有效因果关系、可证伪性和各种工作假设等方法论中所体现的那样。与恩培多克勒（Empedocles）的四元素理论相比，周期表是一个更加科学的物质模型，因为周期表具有更强的预测能力和实用性。希波克拉底时期的医生们认为传染病是由不良空气导致的，而之前的人们则认为疾病是神灵的惩罚，与这种迷信思想相比，希波克拉底时期的观念不啻为一个巨大的进步；当然，治疗这类疾病的抗生素的出现还要归功于现代医学的细菌理论。牛顿物理学为人类乘坐宇宙飞船飞往月球提供了理论基础，而亚里士多德物理学是无论如何也做不到这一点的。

2. 在希腊人之前

基因分析显示，在大约 460 万到 620 万年前，人类祖先和黑猩猩从同一个祖先分化而来。[8] 此后，人类大脑逐步发展，人类石制工具的日益复杂就是一个重要体现。石器的发展可划分为三个阶段。最古老的石器［旧石器时代早期（Lower Paleolithic）］距今约 250 万至 260 万年，这一阶段的石器显示当时的人类“对于石头的断裂力学已经有了较为复杂的理解和控制能力”。[9] 到了大约 25 万年前［旧石器时代中期（Middle Paleolithic）］，石制工具变得更加复杂，而最高级的石制工具和骨制工具则出现在距今约 5 万年以前［旧石器时代晚期（Upper Paleolithic）］。[10]

除了使用石头、骨头和木头制造工具外，早期人类还会利用火来恐吓野兽、烹制食物和保温取暖。人类对火的使用至少可以追溯到 200 万年前。[11] 当闪电引发森林大火或燧石火星飞溅的时候，火便自然而然地出现了。当然，要想在需要的时候点燃火焰，就需要创造性的想象、抽象的推理能力和不停的实验了。当时的人们或许通过不断的总结归纳推理出摩擦生火的道理——摩擦可以产生热量，而热量又能生火。人类开发的取火之术即在一块木头上快速转动硬木棍，从而产生热量以点燃木屑。

语言是人类最为重要的发明，语言的出现使知识的传承成为可能。只有人类拥有语言，而人之所以为人便源于语言的存在。“猴子和猩猩根本就没有能力把它们的想法用任何类似于人类语言的方式表达出来。”[12] 而人类则天生具有习得语言的能力。查尔斯·达尔文（Charles Darwin，1809—1882 年）指出：“从幼儿的咿呀学语中我们就可以看到，人类有一种本能的说话倾向。”[13]

现在很难确定语言究竟肇始于何时。但是有一种可能性是人类直到大约 50,000 年前才开始完全拥有使用语言的能力，有证据表明，彼时开始出现“在行为举止上属于现代人”的人类。[14]

人类文明，或称之为定居生活（sedentism），大概于 10,000 年前开始，有证据表明早在 13,000 年前人类就开始种植谷类作物了。“人类至少在世界上三个不同的地区，在不同的时间各自”开启了定居生活。[15] 与四处觅食的生活方式不同，在定居生活中，人类更多通过农业和畜牧业获取食物。定居生活所产生的一个必然结果是一个核心的组织机构——或者称之为政府。目前的观点是农业发展发生在人类开始定居生活之后，而非之前。“在冰川纪末期结束前的几千年前，人类开始了在村庄里的定居生活，而直到很久之后，完整的农业和畜牧业方始出现。”[16]

公元前 8000 年左右，历史上第一次大规模的人类文明出现在中东地区的河谷区域。最早的大规模先进人类社会出现在埃及和底格里斯河（Tigris River）与幼发拉底河（Euphrates River）之间的地区［即美索不达米亚地区（Mesopotamia），抑或是现在的伊拉克地区］。在整体干旱的中东地区，这两个地区是农业发展的理想之地，其先决条件是这些河谷区域拥有肥沃的土壤和可用于灌溉的河流。

与四处觅食的生活相比，定居生活的最大优势是能够积累并储存剩余食物，而食物供应的增加推动了人口数量的增长和职业分化的发展，由此开启了一个延续至今的协同增效的过程。知识的积累使得技术手段愈发高效，高效的技术则推动了财富的增长。日益增长的财富使人们有空闲时间从事不同领域的系统研究，而这些研究则进一步促进了知识的积累。职业分化对知识积累至关重要，譬如农夫不可能明白如何从矿石中炼铜，而铁匠既有时间也有兴趣来解决这一问题。

埃及与美索不达米亚地区的文明孕育了高级复杂的社会，产生了创新的需求。[17] 普罗克洛斯（Proclus，410—485 年）认为，科学的产生始于为了达成某个目的而对方法的功利性探索，这一探索自然而然发展成为抽象的知识。"最早创建几何学的是埃及人，他们最初的目的是测量其土地……几何学和其他科学学科的产生皆出于便利和机缘，这并没有什么令人惊奇之处……在世代循环之中，万物逐步完善；从感觉到思考，再从思考到更加可贵的智力能量，这种过渡是必然的。"[18]

人类最早的科学学科为天文学，推动天文学研究发展的动力一定程度上基于农业方面的应用：农民必须了解何时耕种、何时收割。[19] 在《劳作与时日》（*Works and Days*）一书中，赫西俄德（Hesiod，约公元前 8 世纪）指出，农民应当按照星辰位置有序地调整他们的活动。"当猎户座和天狼星升至中天，在黎明时分可以看到大角星之时，就应当收割葡萄并带回家中……当昴宿星团和毕星团以及强大的猎户座开始落下天帷之时，便要记得耕种了。”[20]

当时的人们研究了日月星辰的运动，并据此制定日历以便预测季节的更替。作为科学学科的天文学最早出现在巴比伦王国（Babylonia），当时“巴比伦人已经能够精确掌握太阳、月亮和行星的运行周期”。[21]美索不达米亚地区的天文学家认为一年的天数大概为360天，正是基于这一研究，圆周才被设置为360度。按照埃及人使用的日历，一年有365天。与此相反，美索不达米亚人所采用的是月历，需要不断地按照季节变化进行调整。马歇尔·克拉格特（Marshall Clagett，1916—2005年）认为，美索不达米亚地区的天文学比埃及天文学更为发达，正是源于他们需要对月球的运动进行精细的计算。[22]

狩猎和采集食物的早期人类对于私人土地所有权知之甚少，而对于农民而言，所有权的概念至关重要——灌溉农作物需要大量农民的合作，也需要一个指挥和控制机制。政府的出现即为了维护和保护产权、调配灌溉用水等公共资源并促进群体内部的合作，随后的成文法律也逐步取代了部落习俗。

目前已知世界最早的成文法典是汉谟拉比（Hammurabi，约公元前1792—前1750年在位）制定的法典。汉谟拉比是美索不达米亚地区的一位国王，统治着巴比伦市，他制定的法典被刻在一根石柱之上。在序言中，汉谟拉比解释了他制定该法典的目的：“（安努与恩利尔这两位神灵）为了人类福祉，命令我——荣耀而敬畏神灵的君主，汉谟拉比——发扬正义于世，灭除不法邪恶之人，使强者不得欺凌弱者。”[23]

《汉谟拉比法典》包括282条独立的条款，涉及个人财产、不动产、商业、家庭、伤害和劳动等多个方面。关于灌溉问题的法律表明，在一个复杂的社会里，每个人的行为都有可能影响到其他人，因此有必要制定成文法律。“如果一个人因为过于懒散而不愿意加固其堤坝且确实没有加固堤坝，致使堤坝上出现缺口导致土地被水淹没，那么导致堤坝出现缺口的这个人就应该赔偿被毁坏的玉米（谷物）。”[24]

《汉谟拉比法典》是目前已知最早的成文法律，但从铭文的内容来看，汉谟拉比认为自己并非这部法律的创立者，自己只是将已经长期存在的法律传统公布于众而已，这些法律传统在其臣民之中流传已久。[25]

文明不仅约束了个人，同样也解放了个人。尽管在部落时期并没有成文法律保护个人自由，但部落成员还是会受到无数习俗与禁忌的束缚。“这些民主的野蛮人被习俗和传统束缚得最为严重；在这样的社会中，发展最慢且最为艰难。所谓野蛮人最自由的古老观点恰恰与事实相反。野蛮人实际上是奴隶……从摇篮到坟墓，他一生的命运都被世代延续的习俗牢牢禁锢着。”[26] 在文明社会中，每个人都会具有国家承认的法律地位，尤其是那些拥有自己的土地的人。法律不仅仅约束着个人，同时也在保护着他们。

河流文明的主要农作物是大麦和小麦。人们把这些谷物磨成面粉，制成面包。最初的烤炉或许简单到只是在地上深挖的一个坑洞，不久之后人们使用砖头搭成了烤炉。自从发现火可以使得黏土砖硬化，人们便根据经验推理出可以据此制造黏土容器以储存液体和谷物。[27] 陶器很有可能就是这样出现的。

陶器的出现使多余谷物得以储存，社会财富也随之得以增长。而当制陶工人开始在黏土上留下自己的标记时，文字书写就出现了。文字可能最初用于商业记录。“神庙需要对其收入和支出进行详尽的记录，这种记录用楔形文字书写在泥板上，再通过烧制使其永久保留；毋庸置疑，这种商业需求而非文学需要才是文字出现的原因。”[28]

为了烧制陶器，熔炉的使用日益广泛，而熔炉的普遍使用又很可能使人们发现了烧制玻璃的方法。将高硅沙与天然碱性物质——如苏打（碳酸钠）或钾盐（碳酸钾）——一起熔化即可制成玻璃。现有的证据表明，真正意义上的玻璃最初于公元前 2500 年左右在美索不达米亚地区出现。[29] 在一座建于公元前 1900 年的埃及古墓里，人们在墙壁上发现了一幅壁画，其中出现了一个吹制玻璃的人物。[30] 这也证明，此时的埃及人业已开始大规模地烧制玻璃了。

通过加入某些微量的金属或其氧化物，还可以制出不同颜色的玻璃——加入铜可以制成淡蓝色的玻璃，加入铁可以使玻璃呈现绿色，加入钴则可以使蓝色玻璃的色泽变得深邃如海水，这种颜色至今依旧流行。

由于布制品脆弱易朽，不易留存，我们很难确定史前布制品的发展历史。实际上，通过纺纱和编织来制作布匹的技术似乎早在公元前 5000 年就已经出现了。[31] 公元前 3000 年中国人制作了丝绸；[32] 世界上最早的棉布样品出现在公元前 3000 年的印度；[33] 在约公元前 1000 年的斯堪的纳维亚半岛（Scandinavia），羊毛制品已随处可见，而羊毛纺织技术则可能出现得更早；[34] 在地中海地区，以亚麻为原料制成的亚麻布极为普遍；早在公元前 3000 年，埃及人就已开始制作精细的亚麻布；[35] 从特洛伊（Troy）遗址中出土的“8000 个纺锤”表明，史前纺织业已繁荣稳健。[36]

人类最初利用的金属还保持着原生状态，不是从矿石中提炼出来的。这些金属包括铜、金、银和以金属陨石形式存在的铁。至公元前 3000 年，埃及人“对金、铜、银、铅和铁等金属已可以娴熟运用”。[37]

“毫无疑问，人类最早加工的金属是黄金，之后是产自本地的铜和锡。”[38] 在希罗多德的著作《历史》（*History*）中，记录了这样一个传闻：在埃塞俄比亚，黄金的使用非常普遍，连禁锢囚犯的锁链皆为黄金打造，而铜却很稀缺，也因之更具价值。“国王带领他们来到一所监狱，那里的囚犯竟是用以黄金打造的镣铐禁锢的。对于埃塞俄比亚人而言，金属中的铜才是最稀有、最珍贵的。”[39]

狄奥多罗斯·西库路斯（Diodorus Siculus，活跃于公元前 1 世纪）描述了埃及人开采金矿的情形：“在埃及以及毗邻的阿拉伯国家和埃塞俄比亚区域，有一个富产黄金的地区……这些富产黄金的地方土层极为坚硬，人们先用火把它烧软，然后用双手把黄金挖掘出来。经由火烧之后，矿石软化，变得更易开采，因此能够产出更丰足的黄金。成千上万的浪荡子便挥起锤子和十字镐敲碎这些矿石。”[40]

而如果一个人是被罚到埃及金矿开挖黄金的话，那就生不如死了。“历代埃及国王都曾把那些臭名昭著的罪犯、战俘、一些被诬陷的人和那些触怒国王的人发配到矿场……（而且）这些人都是在殴打和鞭挞之下劳作的，许久之后，这些人最终被此种难以承受的苦难击垮，在难以忍受的辛苦劳作之中死去……这些人渴望能够早点儿死去，对他们来说，这种生活生不如死。”[41]

埃及人还掌握了提炼金矿的熔炼技术，能够把黄金与其他金属进行分离。“(他们）将其放入泥土制成的大缸之中，混入一些铅、盐粒、少量的锡和大麦糠。之后把所有的缸盖好，并用黏土密封，放在炉子里烧炼五天五夜。在适当的冷却后，这些缸里就没有其他物质，仅余纯金了。”[42]

希腊地理学家斯特拉波（Strabo，约公元前64—公元24年）描述了人们使用羊毛以收集砂金的方法。“据说冬季的洪流还能带来黄金，这些野蛮人使用带有孔洞的水槽收集黄金，他们在水槽内摆放羊毛，由此产生了金羊毛的寓言。”[43]

白银可能比黄金更加常见。[44]在《伊利亚特》(*Iliad*）一书中，荷马（Homer）描述道，阿喀琉斯（Achilles）的武器装备就使用了银饰品。“他用胫甲裹住小腿，配上精美的饰品，带着银质的踝扣，随之系上胸甲，掩起胸背，然后挎上手柄嵌有银钉的利剑。”[45]

斯特拉波曾提到伊比利亚（西班牙）矿产丰富。“事实上，伊比利亚人的国土拥有各种矿产……黄金、白银、铜和铁，数量接近，质量相似。”[46]斯特拉波还描述了提炼矿石的过程。“他们熔炼黄金之后还会使用某种铝土来进行提纯，生成的是金银合金，这些金银混合物继续经火提炼，银被分离后剩下的即为纯金。”[47]

黄金之美无可匹敌，然而在所有的金属中，最为普通且用处最广泛的却当属铜。一种合理可信的说法是，当一块孔雀石掉入火中生成一个铜珠之时，炼铜技术便产生了。孔雀石是一种绿色的含铜矿石，也常用于生产化妆品颜料，广泛分布于中东地区。[48] 早在公元前 5000 年，西奈山（Mount Sinai）上的铜矿便已开采，[49] 至公元前 3000 年时，铜已被广泛使用。[50]

有些铜矿石本身就含有锡的混合物。当锡与铜混合在一起，青铜合金应运而生。青铜的硬度是铜的两倍，因此在实际使用中更为实用。自公元前 4000 年开始，利用铜和青铜为原料制造而成的工具就开始取代木制和石制工具了，由此开启了持续近 3000 年的青铜时代（Bronze Age）。

铜和青铜的广泛使用推动了冶金技术的发展。在铜与青铜的精炼、铸造和塑形技术出现之后，铅、锡和银的加工技术也立即随之发展起来。由于各种原因，铁的加工更为困难。熔炼铁需要更高的温度，早期熔炼铁矿石的实验均以失败告终。而且铁的物理性质高度依赖于其碳含量，这一点极难控制，铁匠曾经长期被其他金属的熔炼技术所误导。铁是通过将炽热的金属浸入水中淬火来硬化，但铜和青铜在相同工艺下会变软。至公元前 1200 年左右，铁的矿石开采、精炼和塑形技术开始发展，中东地区的铁器时代（Iron Age）也随之开启了。

负责建造运河、灌溉系统、神庙和防御性城墙的工程师需要掌握丰富的数学知识，以精准计算体积、面积和角度。[51] 希罗多德记述了埃及人是如何为了划定土地边界而创建几何学的：

> （法老）……给埃及居民划分了土地，每个人分得的地块大小相同，每年埃及人缴纳的土地租金是法老的主要收入来源。如果一个人的土地被河水冲毁一部分，他就会去面见国王，解释所发生的事情。之后国王就会派人前往核查并确定具体的损失情况。确定损失情况之后，居民按照损失后的土地面积缴纳租金。我认为几何学就是在此过程中形成的，之后又传到希腊。[52]

金字塔和方尖碑[①]见证了古代工程师的智慧与能力。时至今日，我们仍然无法确定埃及人是如何利用当时的技术手段建造出这些金字塔的。

人类早期最重要的发明是文字。制陶工人发现他们可以在尚未烘干的湿泥上留下独特的标记，而且当这些湿泥烘干之后，标记还能保留下来。最早的文字是一些代表名词和动词的图形。美索不达米亚人则会在泥板上保留记录。使用文字的最初目的仅是为了保留商业记录，但这种保留永久记录的能力"却产生了革命性的影响，使人们能够对知识进行检视、比较和批评"。[53] 对于哲学、科学和其他探求世界本质的严肃学科而言，文字似乎是其发展过程中不可或缺的辅助手段。

自从埃及人发明莎草纸后，撰写和传播书籍便愈发容易了。莎草纸是用纸莎草的茎制成，每根纸莎草茎被切成狭长的片状，然后再把这些长片草茎并排摆放、粘贴成一张纸，一张又一张的莎草纸首尾相连构成一幅长卷，继而被卷绕在一个木轴上。

于埃及而言，莎草纸是一种获利颇丰的出口产品，这种纸张的推广也促进了知识领域的维度扩展。埃及神话中，文字的出现应归功于智慧与魔法之神托特（Thoth），他也是学习与艺术的守护神。托特在埃及雕像中被塑造为一个长着朱鹮头的人——朱鹮是一种大型涉禽，生有细长的喙。柏拉图（Plato）对话录《斐德罗篇》（*Phaedrus*）中提到了一个相关的传说，称托特曾向一位埃及国王介绍了文字的发明，即文字可以"使埃及人更聪明，提高他们的记忆力；文字对于记忆和智慧而言都是一个具有特殊作用的工具"。[54] 然而这位国王却无动于衷，他对托特说："你的这个发明只会让学习者更容易遗忘，因为有文字的辅助，他们就不会训练他们的记忆力了，而只会相信这些外在的书面符号，不再单纯依靠自己的记忆力。"[55]

---

① 方尖碑（obelisk）是古埃及的杰作之一，是古埃及人崇拜太阳的纪念碑，也是除金字塔以外，古埃及文明最富有特色的象征。——除特别说明，正文脚注均为译注

文字发展史上最重要的事件即为语音系统取代象形文字——在语音系统中，一个书面符号所代表的不再是某个特定的物体或行为，而是代表了声音。当特定的表意符号与其所代表物体的发音联系在一起时，这种转换便可能实现。在第一次遇到一个非表意符号时，抄写员可以根据其发音自然而然地写下来。[56]最早的拼音字母起源不详，但是有可能是腓尼基人（Phoenician）发明的，腓尼基人的字母表中只有辅音字母没有元音字母。到了公元前900年前后，希腊人创建了第一套功能完备的字母表［英语中字母表（alphabet）这个单词即希腊字母表中前两个字母（alpha和beta）的组合］。要掌握象形文字，就需要记忆数以千计的符号，故而识字的人基本上仅限于书吏和牧师阶层；而语音字母表（phonetic alphabet）则只有不到30个符号，这样就可以使更多的人识字，从而促进知识的广泛传播和代代相传。[57]

第一章

古希腊人

约公元前600

——

前300年

就传统意义而言，人们认为科学肇始于公元前6世纪的古希腊自然哲学家的研究。古希腊哲学家们借鉴了美索不达米亚人和埃及人的成就，并在此基础上锐意深耕。然而，“（埃及和美索不达米亚地区）残存的文献却显示，在解释世界的诞生与运作时，他们更加重视神话和宗教的作用……在古埃及被误认为是自然哲学的学说实质上皆与宗教和魔法密不可分”。[1]

约翰·伯奈特（John Burnet，1863—1928年）解释道：“可以恰如其分地说，科学就是以古希腊人的方式思考世界。正因为如此，在那些无幸蒙荫于古希腊影响的民族中，科学并不存在。”[2]伯奈特认为，“理性的科学是古希腊人的创造，我们深知其开始的年代，而在此之前的一切学说均不能被视作科学。”[3]

对于创新思维的发展而言，地中海区域不啻为最为理想的地方，这里有着既蕴含多样性又兼具统一性的风格特色——地中海充当了一个屏障，庇佑着这里的诸类文明独立存在且繁荣发展；鉴于地中海区域的地理特征，这里很难建立一个单一的政治和文化的正统观念，而单一的正统观念必然会扼杀和压制创新；另一方面，此处的分割状态又尚未严重到阻碍信息交流的程度，迥异的文化之间恰恰可以促成技术和思想的碰撞，推动知识的融会与跃升。[4]

诚然，古希腊人与其他文化之间存在着思想交流，但伯奈特认为那种所谓“古希腊人引进了科学，而非创立科学”的说法是荒谬的。

如果说，古埃及人已拥有了任何可以称为数学的学说，那么就很难解释为何等到毕达哥拉斯（Pythagoras）及其追随者的时代，平面几何的一些基本命题方始出现。如果说古巴比伦人确实建立了行星系统理论，便又很难解释为何古希腊人还得一步一步来艰难探究地球的真正形状，并逐步确立了对于日食的解释……如果我们认为哥白尼、伽利略、开普勒、莱布尼茨和牛顿的学说都属于科学范畴，那么在古埃及甚至是古巴比伦，我们却缘何找不到一丝一毫科学的痕迹……古希腊科学终止之处，正是现代科学发端之处，其发展历程也显然是从泰勒斯时代绵延于今。[5]

公元前 6 世纪，古希腊文明进入繁荣时期，而在此之前，古埃及和其他民族就已经贡献出累累重要的科学发现，即使这些文化后期都陷入了停滞。公元前 20 世纪到前 17 世纪是古埃及科学的鼎盛时期。[6] 据《戈列尼雪夫纸草书》（*Golenishchev Papyrus*）记载，公元前 1900 年左右，为了计算金字塔的体积，古埃及人已掌握了正确的数学公式。乔治·萨顿（George Sarton，1884—1956 年）认为这一成果"令人叹为观止"，然则他又随后补充道，尽管古埃及人使用这些公式劳作了 3000 年，却没有进一步发展这些公式。[7]

通过比较公元前 1000 年古希腊与古埃及文化林林总总的各个层面，我们可以进一步验证这一观点。古希腊文化生机勃勃，丰富多彩且具有创新力，"希腊文化中不存在统一的、得到普遍认可的教条体系"。[8] 而古埃及文化则停滞不前，缺乏知识创新。至公元前 9 世纪中期，希腊人已经在使用世界上第一个完整的字母表了，其语音文字系统的优势显而易见，也是无与伦比的。很久以前，埃及人已开始在其文字系统中加入一些代表辅音的符号，但直到其邻居希腊人业已过渡到一个完整的语音文字系统后，前者仍然在使用着延续千年、陈旧而落后的象形文字系统。[9] 埃及人的数学理论本质上"严重依赖于经验"，他们的计数系统"笨拙而烦琐"。[10]

在这一时期内，古希腊人与古埃及人之间的差异还体现在其建筑与雕塑上。在这两个领域内，古希腊人都超越了古埃及人 —— 吉萨大金字塔（The

Great Pyramid of Giza，约公元前 2650 年）是一座不朽的建筑丰碑，但就优美与对称性而言，没有哪座埃及建筑能够与帕特农神庙（Parthenon，公元前 432 年完工）相媲美。

如同在科学与数学领域一样，埃及的艺术也逐渐陷入停滞不前的状态。“埃及艺术墨守成规，受困于传统。”[11] 埃及的雕像令人叹为观止，但却千篇一律。“一进入埃及博物馆，我们就会震惊地发现，雕像上的每个人物都如此相似……在其漫长的发展历史中，埃及艺术从未突破某些传统的桎梏枷锁。”[12]

古希腊雕像师承古埃及，而又超越了古埃及的成就。古希腊雕像栩栩如生，有灵气，富动感，其优美毋庸置疑，令观者情感涌动，所有这些都是古埃及雕像无法匹敌的。没有哪件古埃及雕像能与《米洛斯的阿佛洛狄忒》（*Aphrodite of Melos*）或者《普拉克西特列斯的赫耳墨斯》（*Hermes of Praxiteles*）这种希腊雕像相提并论。在米开朗琪罗完成其名作《大卫》之前，任何雕像作品都无法与希腊古典时期（Classical Period，约公元前 480—前 330 年）的雕像匹敌。

古希腊人深深蒙荫于周边文化与文明的影响，无可否认的是，古希腊亦是现代科学的发源地。

1. 思想自由、自然主义与论证

古希腊科学和哲学的发展依赖于三个重要的有利因素。第一，古希腊是一个开明的社会。“当时希腊不存在教条主义或者系统的正统宗教。”[13] 哲学家们享有思想自由，兼之当时的希腊拥有批判性讨论的传统[14]——学生不仅被允许挑战老师，还被鼓励这样做。[15] 为了探求真理，人们还非常重视批判性分析。

与追求真理相比，个人情感是次要的。如果批评伤害了个人感情，人们也不会太过介怀。在柏拉图的第一部著作《理想国》（*The Republic*）中，对话者们试图通过批判性对话的方式来定义正义的本质。其中一位学者因为遭受批评而发怒，另外一位对话者对他这样解释道："如果我们此时正在寻找黄金，必不会让相互间的礼仪阻碍搜寻之路，并因此错失生财之计；正义远胜于黄金，我们不可能因愚蠢的相互尊重而阻碍寻求正义的进程。"[16] 只要有人能够提出建设性的批评意见，能够推动探求真理的重要进程，我们就应该视之为朋友而非敌人。柏拉图的《蒂迈欧篇》（*Timaeus*）指出，任何提出更优方案的人"都是我们的朋友，而不是我们的敌人，他们应该得到最高的荣耀"。[17]

古希腊人兼享思想自由和相对宽松的政治自由。古希腊城邦（polis）"保护思想自由与言论自由，在就公共事务进行辩论时更是如此，因此，城邦公民在其个人生活中享有充分的自由……城邦激发了极度的个人主义"。[18]

公元前 5 世纪，雅典人"能够容忍各种不同的意见和言论自由"。[19] 伯里克利（Pericles，约公元前 495—前 429 年）"通过说服他人来管理城邦。一切事物都通过公开的辩论做出决定，在思想的优势地位面前，任何其他影响都无足轻重"。[20]

古希腊科学得以兴起的第二个因素是自然主义。自然主义用自然法则来解释和说明各种现象，而不是用超自然力量或者神灵来曲解这些现象。最早提出以自然法则解释万物的是古希腊的爱奥尼亚人（Ionian Greeks）。"从古希腊的写作者那里，我们必然会找到科学时代的起点。这些写作者第一次通过系统的努力确定事物之间的客观联系，从事物内部寻找变化的原因，并拒绝任何超自然或者外在的力量。"[21]

在自然主义出现之前，"多神教所提供的答案比其他任何假说所能提供的答案都更加令人满意……人们提出的问题并非下雨、打雷或者地震的先决条件或原因是什么，而是是谁在下雨或者打雷，是谁制造了地震。对于这些问题，赫西俄德①时代的希腊人会满足于宙斯或者波塞冬等类似的答案，假使

① 赫西俄德（Hesiodic），古希腊诗人，大约生活在公元前 8 世纪。其代表作《神谱》将诸神联系在一起，希腊人在谈论神的谱系时沿用的说法也是赫西俄德的观点。

告诉他们造成这些现象的是物理原因，他们便会觉得此种答案着实令人不满，是极其荒谬可笑和忤逆不敬的”。[22]

自然主义的起源似乎具有独特的希腊特色。中国人未曾发展出宇宙是受不带个人色彩的自然法则支配的观念。“中国人的世界观以一个完全不同的思路为基础，众生之间的和谐共处并非源于外在的、更高级的权威，而是源于这样一个事实：他们是构成宇宙的一个组成部分，他们服从的是自己本性的内部命令。”[23]

自然主义的必然结果是统一性（uniformity）。统一性即指自然规律是永恒不变的，不受时间与空间的影响。对于自然主义而言，统一性至关重要。一旦失去统一性，自然界就会像神灵的奇思妙想一样反复无常；而拥有了统一性，原本受制于超自然力量不可预测、反复无常之意念的宇宙便会井然有序，其因果关系受控于确定不变的自然法则，人们也便得以理解世界了。

古希腊科学得以发展的第三个因素为论证思想或方法。通过论证的方式，古希腊人把数学从一系列在经验中得到的规则发展成为一门抽象的可论证学科，在此过程中，他们发现可以建立一种方法，通过这种方法便能确定可以证实的真理。每个人的意见可以迥异，但论证的结果却要征集所有人的认同，故而希腊人用论证取代了个人意见。对于几何证明，人们只要能够理解就必定会认可。几何学使人们认识到，他们可以建立某种方法来发现确定的真理，而几何论证的推理过程不可避免地生成了言语逻辑，即正确的思考与推理方式。希腊的论证方法，尤其是亚里士多德的逻辑理论，最终发展成为现代科学的研究方法。

2. 爱奥尼亚人（约公元前 600—前 400 年）

大约在公元前 1000 年，希腊人开始沿爱琴海向东扩张，占领了小亚细亚地区的海岸以及沿海的大量岛屿。斯特拉波认为，最早向东移民的是雅典人。

“爱奥尼亚人……是雅典人的后裔。……雅典派出了爱奥尼亚部落，在这里建立了殖民地……他们所占领的地区即以这一部落的名称命名为爱奥尼亚……而在此定居的人则被称为爱奥尼亚人……他们分散居住在 12 个城市里。”[24]

希罗多德认为，在当时已知的世界里，爱奥尼亚人所占据的地区是气候最好的地方。“亚洲的爱奥尼亚人……占领了世界上气候最好的地区，并在这里建立了城市。”[25] 在这片土地上，夏季炎热干燥，冬季温暖多雨。当地的主要农作物是小麦、大麦、葡萄、无花果和橄榄。

开拓殖民地之初，一些希腊人不愿携女人同行。希罗多德认为这些希腊人杀死了当地的土著男性后娶其女为妻，以这种方式繁衍后代。“即使那些来自雅典并认为自己血统最纯粹的爱奥尼亚人也没有带着自己的妻子来到这个新的国家，他们迎娶了卡里亚（Caria）地区的女孩，而这些女孩的父亲则死于爱奥尼亚人刀下。”[26] [卡里亚地区属于安纳托利亚（Anatolia），位于爱奥尼亚南部，毗邻爱琴海。]

公元前 6 世纪，也正是在爱奥尼亚，科学诞生了。在《早期希腊哲学》一书的导言中，约翰·伯奈特证明了爱奥尼亚人的智慧无可匹敌：“一个引人注目的事实是，我们将要研究的所有著作都是爱奥尼亚人撰写的。”[27] “这些早期的希腊思想家标志着当时的希腊与希腊之前的时代及希腊之外的世界处于完全不同的发展阶段。”[28]

公元前 6 世纪，世界上众多地区在知识拓展方面都取得了重大进展。当时，一神教正逐渐取代多神教。在印度，佛陀（Buddha，约公元前 563—前 483 年）建立了佛教；在中国，孔子（Confucius，公元前 551—前 479 年）创建了以自己名字命名的哲学思想；在巴勒斯坦，希伯来先知们正在撰写《旧约》的纷繁卷册；而奥尼亚则处于东西方文明交流的中心。

爱奥尼亚最伟大的城市为米利都（Miletus），希罗多德把此地称为“爱奥尼亚的荣耀”。[29] 希腊最早的科学思想流派即在这里诞生。米利都人善于经商，乐于游历，因而与波斯、埃及和腓尼基地区交往不断。米利都一度建立了多达80个殖民地以扩展商业贸易，一举跃为世界上最富有的城市之一。老普林尼（Pliny the Elder，23—79年）曾说：“米利都建立了90多个城市，这些城市遍布全球。”[30] 米利都不仅在东方与西方贸易路线上占据了有利的地理位置，而且自身还是一个理想的海港，拥有四个不同的港口。米利都人的贸易范围远达印度，该城市也成为孕育各种新思想的丰饶沃土。爱奥尼亚是一个“没有历史包袱的城市”，不必受制于古老的神话传说或者敬奉奥林匹亚诸神的多神教。[31]

公元前6世纪，爱奥尼亚自然哲学的出现似乎并无一丝历史根源可追溯。在此之前的研究更多地依赖于用超自然力量解释一切。赫西俄德的著作《神谱》（*Theogony*）[32] 一书讨论了宇宙的起源，但这却是一部充满神话传说、宗教思想和寓言讽喻的作品，“到目前为止，还没有人用自然因素解释事物的起源”。[33] “但是生活在亚洲的爱奥尼亚人在精神方面完全没有受到任何宗教或神话的束缚。”[34] 爱奥尼亚人的科学很可能源自他们在商业交往中与其他文化或思想的交流。作为贸易中心，爱奥尼亚是催生知识、激发交流思想的圣地。“商品交流很难与知识交流和思想交流分割开来。”[35] 当拥有不同文化、不同宗教和不同传统的人互动交流时，那些积极思考的知识分子定会发现，“对于同一个事物，人们会有不同的看法；对于同一个问题，人们会有不同的解决方案”。[36]

泰勒斯（约公元前624—前547年）

人们普遍认为希腊科学之父是米利都人泰勒斯（Thales）。“他（泰勒斯）被誉为具有科学精神的思想家，被视为希腊哲学的奠基人，因为他在解释事物时摒弃了神话因素，断言作为物理元素的水是万物的本源。”[37]

泰勒斯之所以被认为是第一位具有科学精神的思想家，很大程度上是因为他是第一位提出自然主义的学者。同样重要的是，卡尔·波普尔（Karl

Popper，1902—1994 年）认为泰勒斯能够成为科学之父，是因为他不仅能够容忍别人的批评，还能够鼓励别人对自己进行批评。泰勒斯并未以自己的思想作为教义进行传播，而是开创了批判性讨论和思想自由的传统。这种做法最终“孕育了大胆假设、自由批评的传统，而这一传统又孕育了理性或科学的态度，并且我们的西方文明随之出现”。[38]

泰勒斯的著作未曾流传下来。[39] 我们对泰勒斯及其思想的了解主要源于其他学者对他的评论。年轻时，泰勒斯曾赴埃及游览，在那里了解了作为数学学科的几何学。虽然创建几何学的是埃及人，但是他们的学说完全是经验性的总结。埃及人的几何学主要是根据经验进行估算，而非精确测量。泰勒斯将埃及人所熟悉的个案进行了总结归纳，提出了他自己的原创性发现。[40]

普罗克洛斯认为，泰勒斯是第一位把基于经验的几何学从埃及引入希腊，并将其发展成为一门科学的学者。“埃及人为了分配土地而创建了几何学，泰勒斯第一次去埃及时，便把这些知识从埃及引入了希腊，在此过程中还融入了很多他自己的发明，并将其中的一些原理传授给其学生。其中的一些原理确实比较容易理解，当然还有一些原理只有智者才能领悟到。”[41]

泰勒斯证实，通过测量金字塔影子的长度可以计算出金字塔的高度，这只需要人们能够理解，金字塔高度与其影子长度之间的比率等于一根木棍的高度与其影子长度之间的比率。“不费吹灰之力，无须借助数学知识或者任何工具，你就能准确测量出一座金字塔的高度；将你的木杖立于金字塔影子的投射之处，便可以形成两个三角形，根据两个影子长度之间的比例以及木杖的高度，便可以测出金字塔的高度。”[42]

亚里士多德所著的《形而上学》（*Metaphysics*）一书将泰勒斯视为自然哲学的创建者，并指出是泰勒斯提出了水是构成宇宙的最基本物质，是万物之源。“泰勒斯是此种哲学的创建者，他认为水……是构成世界的元素，这就是万物本原的第一原理（first principle）。”[43]

爱奥尼亚自然哲学家们最关注的问题是构成世界的基本物质的性质。这是一个有趣的根本性问题，直到今天当人们观察世界时也没有完全摆脱这个问题。举例而言，早期的哲学家们必然注意到了水会蒸发，而后变成空气。万物皆会改变。火会吞噬树木，如盐这样的固体在溶解后也会变成液体。这样自然就会出现一个问题：是否有一种不可再分的基本物质，其不同排列顺序或变化会造成人们所观察到的种种现象？

虽然构成世界的基本物质并非水，但泰勒斯及其爱奥尼亚追随者的研究方式是正确的。科学的全部意义即在于简化。美国地质学家马里恩·金·哈伯特（Marion King Hubbert）认为，科学发现的过程并不会使事情更复杂，而是会使之简化。“整个的科学发展史就是将一个又一个混乱的现象简化为普通人能够理解的形式。”[44]

对于当代人而言，将水视为世界的基本物质显得荒谬可笑，但这无疑也是一个合理的解释，并符合泰勒斯的观察结果。约翰·伯奈特解释道：

> 不难看出，泰勒斯之所以得出这一观点，很可能是因为他对气象方面的观察。在我们所知的所有物质中，水的形态变化最为多样，我们经常看到水以固体、液体和蒸汽的形式出现，因此泰勒斯很可能认为他所看到的世界就是一个源于水又回归于水的过程。蒸发现象自然会使人们认为天体的火焰是依靠其从海水中汲取的水汽维持的……然后水又以降雨的形式返回；之后，正如早期的宇宙学家们所认为的那样，水变成了地球……最后，在观察了露水、夜雾和地下泉水后，他们认为地球会再次逆向成为水。[45]

按照亚里士多德的说法，泰勒斯认为地球是漂浮在水面上的。[46] 在泰勒斯生活的时代，人们还没有认识到地球是球形的。亚里士多德曾言，泰勒斯的后继者，如阿那克西美尼（Anaximenes，约公元前570—前500年）、阿那克萨哥拉（Anaxagoras，约公元前500—前428年）和德谟克利特（Democritus，约公元前460—前370年），都认为地球是平的。[47] 由此可见，泰勒斯似乎将地球想象为一个圆形平盘，漂浮在水面之上且四周被水域环绕。[48]

据称，泰勒斯是第一个研究天文学的希腊人。"泰勒斯是第一个致力于研究和观测天体的希腊人，是天文学这一科学分支的创建者。"[49] 卢修斯·阿普列乌斯（Lucius Apuleius，约124—180年）罗列了泰勒斯的所有科学发现，虽然其中有很多模糊不清、缺乏针对性之处。

> 在著名七位贤者①之中，米利都人泰勒斯显而易见是其中最为杰出的一位，他是第一位发现几何学的希腊人，是对自然法则研究得最为精确的研究者，是最为熟练的天体观测者。在前人只言片语的帮助下，他便发现了一些至关重要的事实：天体的运行，风的气流运动，星辰的运动轨迹，雷声的回响，倾斜的黄道带，每一年太阳的运行，上弦月②的由亏转盈，下弦月③的由盈转亏，月食的阴影。所有这些现象，他都发现了其中的内在规律。即便在他年事已高的时候，他也能根据太阳运行的轨迹推测出太阳公转周期。[50]

柏拉图曾经讲述过这样一个故事：泰勒斯全神贯注于研究天文现象，竟然没有留意脚下，结果不慎掉入井中。"在泰勒斯因为专心抬头观测天象而掉入井中后，据说一个聪慧的色雷斯（Thracian）女仆和泰勒斯开了一个玩笑，说他只顾观测天体运动却看不见脚下的地面。"[51]

---

① 指古希腊七贤，即古希腊人所说的七个最有智慧的人。他们是：普林纳（小亚细亚）的拜阿斯，斯巴达的开伦，林都斯（罗得岛）的克利奥布拉斯，科林斯的勃立安得，密提利那（列斯保岛）的庇达卡斯，雅典的梭伦和米利都的泰勒斯。

② 农历的每月初七或初八，月球的黄经比太阳大90°，月球的一半被照亮的月相称为上弦月。

③ 在农历每月二十二、二十三只能看到月亮东边的半圆，这种月相称为下弦月。

希罗多德言道，泰勒斯曾经在公元前585年成功预测了一次日食，从此声名鹊起，成为贤者之一。“正当战事愈发激烈之时，突然之间白昼变成了暗夜。泰勒斯事前预测到了这次日食，这位米利都人曾经事前提醒过爱奥尼亚人，他预测的日子就在日食实际发生的年份。”[52]根据现代天文学，人们测算出这次日食发生的精确时间是公元前585年5月28日。这次日食终止了吕底亚人（Lydians）和米底人（Medes）之间的战争，交战双方都认为这次日食是上天反对这次战争的征兆，于是达成了和平协议。

有证据表明，泰勒斯不仅仅了解日食的成因，也明晰月食的成因。“当月球运行到太阳和地球中间，如果月球、太阳和地球在一条直线上……日食就发生了。泰勒斯等人和众多数学家都认为，月相变化表明月亮与太阳同步运行，而且是太阳照亮了月亮。月食的发生说明月亮进入了地球的阴影区，此时地球处于太阳与月亮之间，挡住了月光。”[53]

泰勒斯是如何成功预测了这次日食发生的精确日期和地点的呢？这一点尚不为人所知。要做出如此精确的预报，需要充分的天文学知识，而在泰勒斯生活的时代，人们并不具备这些知识。要预测在地球上的哪一片狭小区域能够看到日全食则更为困难，泰勒斯可能只是预测了这次日食发生的日期，并没有预测出可观测此次日食的地点。

泰勒斯相信，自然万物都是有生命的，不仅仅是人类，连动物、植物乃至石头都有其不朽的灵魂。万物都有其生命力，这种生命力的外在表现形式各不相同，但其自身确实是恒久不变的。“泰勒斯说宇宙的智慧是神，万物都被赐予灵魂，充满灵气；其天赐的运动能力存在于作为基本元素的水中。”[54]普鲁塔克（Plutarch）言道：“泰勒斯说这世界的智慧便是天神（God）。”[55]

在《政治学》（*Politics*）一书中，亚里士多德讲了一个故事：泰勒斯希望向世人证明，他之所以贫穷是因为他选择了贫穷的生活，而不是因为他的无能。为此，他利用他的天文学知识预测到橄榄会有大丰收，于是他便租下了所有的榨油机，待到橄榄大丰收后，他就依仗出租这些榨油机获取了丰厚的收益。

> 他（泰勒斯）常常因为穷困而遭到羞辱，人们以此来证明哲学毫无用处。在故事里，他根据自己的天文学知识，早在冬季就知道来年的橄榄一定会大获丰收，因此，虽然没有多少钱，他还是租下了希俄斯岛（Chios）和米利都所有的橄榄榨油机，当时没有人和他竞争租赁这些榨油机，因此租金很低。等到丰收季节，人们突然同时需要大量的榨油机，这时泰勒斯便可以按照自己定的价格出租榨油机，从而大发横财。通过这件事情，他使世人明白——只要愿意，哲学家可以轻易致富，即使他们志不在此。[56]

亚里士多德的分析也很有见地，他评论说，因为泰勒斯已经垄断了橄榄榨油机，所以无论收成如何，他都可以随意定价。“他（泰勒斯）本应该用更好的方式证明自己的智慧，但是正如我所说的那样，他致富的方式普遍适用，无非是垄断而已。”[57]

在《著名哲学家评传》（*Lives and Opinions of Eminent Philosophers*）[58]一书中，第欧根尼·拉尔修（Diogenes Laërtius，公元3世纪）提到，泰勒斯曾经说过一些名言警句，包括：“智慧是万物中速度最快的，因为它能够穿越一切；需求是万物中最强大的，因为它能够控制一切；时间是万物中最明智的，因为它能证明一切……当被问到什么是最难之事时，他（泰勒斯）的回答是‘认识自己’；当被问到什么是最易之事时，他的回答为‘给别人提建议’。”[59]

第欧根尼·拉尔修道：“在观看一次体操比赛时，年事已高的他又热又渴，身体虚弱而不幸陨世。”[60]

阿那克西曼德（约公元前610—前546年）

阿那克西曼德（Anaximander）是米利都人，与泰勒斯生活在同一个时代，在斯特拉波的记载中，阿那克西曼德是泰勒斯的学生。“泰勒斯……（和）他的学生阿那克西曼德都是杰出的米利都人。”[61] 第欧根尼·拉尔修认为，阿那克西曼德是“第一个发现晷针的人”，[62] 所谓晷针就是垂直于晷面的指针。不过晷针很可能并非阿那克西曼德的发明，而是他从巴比伦人那里借鉴而来的。希罗多德认为：“日晷……以及晷针……都是希腊人从巴比伦人那里获取的。”[63]

泰勒斯认为地球漂浮于水面之上（“他宣称大地浮在水面上”[64]），然而阿那克西曼德却认为地球不依靠任何支撑物，自由悬浮在宇宙之中。[65] 地球自由悬浮于空中也是日心说不可或缺的推论。卡尔·波普尔坚持自己的观点，即科学理论源于符合逻辑或富于想象的推测，而非系统性的总结归纳，因此他认为阿那克西曼德的理论不能以经验或者观察为基础。[66] 与此恰恰相反的是，人们有理由认为阿那克西曼德关于地球自由悬浮在空中的观点完全出于推测，做出这一推测的基础是他观察到月亮、太阳、行星与恒星看上去似乎都悬浮在天空中，没有任何支撑物。

阿那克西曼德认为地球是圆柱体，而非球体，“其形状是弯曲的，如同石柱一样为圆柱体”。[67] 他还是“第一个推测天体之间相对距离的人”。[68] 他猜想太阳、星辰和月亮都是火环中的洞。“这些天体由世界之火分离而来，为空气所环绕。火环之中还有气孔，有管道状的通道，人们正是通过这些气孔或通道观察各种天体。正因为如此，当这些气孔关闭时，交食（eclipses）现象应运而生。而通道的开开合合则导致了月圆月缺的现象。太阳火环是（地球大小的）27倍，而月亮火环的大小则是地球的18倍。所有天体中，太阳是最高的，最低的则是星辰所在的火环。”[69]

泰勒斯认为构成世界万物的物质是水，而阿那克西曼德却提出万物皆是从一种模糊的概念或者原理之中分化而来的，这种概念或原理常常被翻译为无限（infinite）。

亚里士多德在吕克昂学园（Lyceum）的学生和继承者泰奥弗拉斯托斯（Theophrastus）记录了阿那克西曼德的理论体系。“米利都的阿那克西曼德是帕西亚德斯（Praxiades）之子，与泰勒斯为同胞和伙伴。他是首个提出‘质料因’（material cause）一词的人，并且认为质料因和万物的第一元素便是无限。他曾道，质料因既不是水，也不是任何其他所谓的元素，而是一种与之完全不同的物质，这种物质是无限的，天地与世界万物皆源于此。”[70]

阿那克西曼德认为基本物质绝非水，因为水的性质与另一种元素火的性质截然相反；如果任何一种物质成为基本物质的话，那么该物质就会破坏那些与之相反的其他元素。在《物理学》一书中，亚里士多德解释道：“这些元素之间相互对立——空气寒凉，水潮湿而火炙热，如果其中某一种元素无穷无尽，其他几种元素便会泯然消失。”[71]

阿那克西曼德认为万物皆源于无限，因此在其宇宙观中，时间和空间都巨大庞硕。他相信“在无边无际（的宇宙）中，存在着无数的世界”。[72] 在《论神性》[*De Natura deorum*（*Of the Nature of the Gods*）] 一书中，西塞罗（Cicero，公元前 106—前 43 年）写道，阿那克西曼德甚至把众神也想象为凡人。“阿那克西曼德的观点是，诸神也为父母所生，在经过很长一段时间后也终将逝去，而且他们（在宇宙中？）有无数的世界。我们能够想象出一个并不永恒的神灵吗？”[73]

在古希腊时期，气象学尚未从天文学中独立出来而成为一门单独的学科。[74] 阿那克西曼德与大家的观点一致，认为电闪雷鸣“皆源于狂风的冲击。狂风被锁闭于厚厚的云层之中，在强烈的爆发后蓬勃而出，云层的撕裂产生了雷鸣的巨响，云隙裂缝透出的光亮在黑云的映衬下便形成了闪电”。[75] 老普林尼记录说，阿那克西曼德曾经预测过斯巴达（Sparta）的地震。“米利都人阿那克西曼德……曾经警告古斯巴达人（Lacedaemonians）要小心他们的城市和房屋——他已经预测到马上就要发生地震了。”[76]

第欧根尼·拉尔修认为阿那克西曼德是“第一个……绘制世界地图和海洋地图的人”。[77] 斯特拉波则认为阿那克西曼德是最早的地理学家之一。“对于一位哲学家而言，假使任何学科的科学研究都可以成为其业余爱好的话，那么地理学……一定能够更加吸引哲学家们的注意力……那些最早开创这一研究领域的人个个卓尔不凡……（其中也包括）米利都人阿那克西曼德。”[78]

阿那克西曼德还是第一个提出生物进化理论的人，且为之赢得盛誉。他相信人类是从另外一种生命形式进化而来的，并解释了他秉持该观点的原因。“随着潮湿的元素在太阳的照耀下升腾蒸发，生命体便应运而生。人类仿如另一种动物——鱼类，最早的时候……（阿那克西曼德）说人类是另一种动物的后代。他的理由是其他所有动物都能在出生后不久自己寻找食物，而人类却需要一个漫长的哺乳期，如果人类最初即是如此，那么根本没有存活的机会。”[79]

根据第欧根尼·拉尔修的说法，阿那克西曼德在第 58 个奥林匹亚周期①时去世，时年 64 岁。[80]

赫拉克利特（约公元前 540—前 480 年）

爱奥尼亚哲学家赫拉克利特（Heraclitus）“在古代素以其理论晦涩难懂而闻名于世”。[81] 第欧根尼·拉尔修认为他“傲慢自大”，并评论其晚年已经变成了一个“彻底的厌世者”。[82]

赫拉克利特的著作仅有只言片语留存于世，他在写作时“故意使用一种晦涩难懂的文风，只有那些饱学之士才能理解，当然也就不至于被那些普通人耻笑了”。[83]

① 每两届奥运会之间的四年被称为一个奥林匹亚德（Olympiad），被古希腊人用作纪年单位，历史上第一届奥运会于公元前 776 年举办，这一年也被后人作为希腊纪年的开始。

赫拉克利特的哲学思想难以理解，然而其理论基础却很明确，即自然界中隐含着一种统一性，这是一种神圣的智慧，被称为逻各斯（Logos）。“人们应该承认世间万物皆为一体，这并非我一家之言，而是真理如此。”[84]“万物生一，一生万物。”[85] 赫拉克利特还是首位谈论“宇宙”（cosmos）的人，称其为“一个有序的世界”。[86]

然而，自然的统一性却隐藏在永恒的变化之中。“自然喜爱隐藏自己”，“这一隐藏的和谐远胜于显性的和谐”。[87] 赫拉克利特曾经说过，“人不能两次踏进同一条河流”。[88] 这一说法体现了其学说，即自然的变化是永恒的、普遍的。在对话录《克拉锡鲁斯篇》（*Kratylos*）中，柏拉图写道：“赫拉克利特认为万物都处于运动之中。”[89] 卡尔·波普尔认为，赫拉克利特的永恒变化理论意味着“事物都是过程”。[90]

自然的统一性是通过事物的对立性体现的。“寒凉之物加热后变暖，温热之物冷却后变凉，潮湿之物逐渐干燥，干燥之物也会濡染潮湿。”[91]“在矛盾中存在着和谐，恰如琴弓与琴弦那样（相互矛盾却能弹奏出美妙的乐曲）。”[92]“矛盾体可以统一，相互矛盾的事物却可以产生最为美妙的和谐。万物皆在冲突之中产生。”[93]“好与坏并无截然的不同。”[94] 在《伦理学》（*Ethics*）一书中，亚里士多德写道：“赫拉克利特认为对立的事物必能统一，最美妙的和谐必然产生于对立之中，万物皆在冲突之中产生。”[95]

赫拉克利特认为，火是构成万物的基本元素，唯有火处于永恒的运动之中。“万物皆可转化为火，火亦可转化为万物。”[96] 万物皆始于火，亦止于火。“火是世间万物之源，而且……万物最终又会化为火。”[97] 赫拉克利特认为火与逻各斯皆为构成万物的基本元素，这种说法明显是自相矛盾的，但也可以做出如下解释：“逻各斯的物质层面便是火，而火的精神层面便是逻各斯。”[98]

在《论天》[*De Caelo*（*On the Heavens*）] 一书中，亚里士多德认为赫拉克利特的宇宙生成论是一种循环论。“其他人说有时候这些物质会融为一体，有时候则会相互破坏，这种过程持续不断，正如……赫拉克利特所说。”[99] 赫拉克利特认为自然永远处于运动的状态之中，因此他认为那些以观察为基础的哲学和科学都是不充分的。在《形而上学》一书中，亚里士多德解释道："对于运动中的物体而言，并不存在科学。”[100]

第欧根尼·拉尔修简明扼要地概括了赫拉克利特的主要理论。“他的学说可阐释如下：火是一种元素，万物的存在皆基于火的各种变化，或生于微弱的火苗，或生于浓密的烈焰。但他并没有对此进行仔细的解释。此外，他还补充道，一切皆生于矛盾之中，万物都如河流一样不断流动；宇宙并非无限的，只有一个世界——这个世界生于火，在特定时期整个世界又会归于火，而所有这一切都是命中注定的。”[101]

赫拉克利特说太阳、月亮与星星都是“充满着火的坚固碗状物”。[102] 海洋中的潮湿空气蒸发后飘浮到天空中，这些蒸发的潮湿空气便是火焰的燃料。当这些天空中的碗状物因为某种原因而倒转时，便会发生交食现象。[103]

赫拉克利特说过“我曾经反思过”[104] 或“我也曾经试图理解我自己”，[105] 此言明显是为了向世人解释自己的生活。在其名言中，他还说过“人民应该为了保护法律而战，就像他们为了保护城墙而战一样”，[106]“掩饰自己的无知总比显示自己的无知要好”，[107]“战争乃是万物之父”。[108]

在残存下来的著作片段中，赫拉克利特批评了其他哲学家。他写道：“博学并没有使一些人提高理解力，像赫西俄德、毕达哥拉斯即如此，而色诺芬尼（Xenophanes）与赫卡泰奥斯（Hekataios）则不同。”[109] 这些批评说明“古希腊早期的哲学家们了解彼此的思想并且会相互批评”。[110] 古希腊哲学与科学的出现需要思想自由，以及探究真理和批判的精神。劳埃德（Lloyd G. E. R.，生于 1933 年）认为，这种思想自由的氛围或许源于希腊城邦的政治自由以及公开辩论的传统。

第欧根尼·拉尔修讲述了赫拉克利特在 60 岁时去世的故事。“他罹患水肿，很快便返回城里，用打哑谜的方式问医生他们是否能够把阴雨天变得干燥。这些医生无法理解他的意思……他便自己躺在阳光下，继而命令其仆人把牛粪涂抹在他的身上；他就这样一直躺着，第二天便死去了。”[111]

留基伯（活跃于公元前430年）与德谟克利特（约公元前460—前370年）

爱奥尼亚人留基伯（Leucippus）是“原子论的首创者”[112]。“我们对其一生知之甚少”，[113]但在泰勒斯最早提出构成世界的最终物质——或者称之为基本物质——的本质问题后，回答这一问题的正是留基伯。

作为留基伯的学生以及原子论的阐述者，德谟克利特（Democritus）的名声更加显赫。德谟克利特出生于色雷斯的阿布德拉（Abdera）。第欧根尼·拉尔修说：“他（德谟克利特）是一些智者（Magi）和迦勒底人（Chaldeans）的学生，这些人都是薛西斯（Xerxes）留给他父亲担任老师的……当他还是孩子的时候，就从这些老师那里学到了天文学和神学的理论。之后，其父又把他托付给了留基伯。”[114]

德谟克利特“曾经前往埃及拜访那里的祭司，并在那里学习了数学……之后他又前往迦勒底并深入游历了波斯”。[115]他可能还去过印度和埃塞俄比亚。在提到自己的这些经历时，德谟克利特说：“在我这个时代，没有谁能像我那样去过这么多的地方，在各地学习了丰富的知识，我去过的国家之多、经历过的气候之多无人能比，我所聆听的智者数量也是最多的。”[116]

在第欧根尼·拉尔修看来，德谟克利特博学多才。“在哲学的五大领域里，他都是真正的大师。他精通物理学、伦理学、数学以及整个的神谕体系（encyclic system），此外，对于每一种艺术形式，他都拥有丰富的经验和技能。”[117]阿基米德（Archimedes，公元前287—前212年）也证实了德谟克利特对于数学的贡献，阿基米德认为德谟克利特是第一位“提出重要命题——圆锥体的体积是同底等高的圆柱体体积的 1/3，棱锥体的体积是同底等高的棱柱体体积的 1/3——的人”。[118]

德谟克利特还被称为“欢笑的哲学家”（laughing philosopher）。[119] 拉丁诗人贺拉斯（Horace，公元前 65—前 8 年）写道：“如果德谟克利特尚在人间，面对那些俗人目瞪口呆的样子，他也会微笑以对。”[120] 在《书信集》（*Epistles*）中，罗马皇帝尤利安（Julian，332—363 年）讲述了波斯国王大流士聘请德谟克利特挽救其妻子性命的故事。德谟克利特告诉国王他已经准备好了，并要求大流士“在其妻子的墓碑上刻上三个从未经历过痛苦的人的名字……大流士犹豫了，因为他想不出有哪一个人从未经历过痛苦。像往常一样，德谟克利特笑了，对大流士说道，你还在因为遭受痛苦而感到羞耻，这太可笑了，好像只有你一个人会经历这种痛苦似的”。[121]

原子论是留基伯最早提出的，德谟克利特对此进行了详尽的阐述。根据这一理论，物质世界是由原子和虚空（void）构成的，所谓虚空即一种完全彻底的真空状态。空间是无限的，原子的数量也是无限的。[122] 单个原子是一种不可分割的基本粒子，小到无法为肉眼所见。在《论生成与消亡》（*On Generation and Corruption*）一书中，亚里士多德这样描述原子：“原子论者的原初物体——即构成物体的主要成分以及它们最终消解归依的根本元素——是不可分的。”[123]

作为最基本的、不可分割的元素，古希腊理论中的原子在形式上并不统一。原子的不同特性与结合方式使之构成了不同的物质，如我们熟悉的土、气、水与火。在《物理学》一书中，亚里士多德说“德谟克利特……讨论了不同的位置、形状和顺序”。[124] 在《形而上学》一书中，亚里士多德也谈论了原子论：“留基伯和其弟子德谟克利特……说这些因素的差异造成了各种不同的特性。他们认为差异主要有三种——形状、顺序与位置。”[125] 亚里士多德批评了这些原子论者，认为他们并没有详细解释原子性质的这些差异是如何让不同物质产生的。“除了认为火是球体之外，他们从未详细说明这些不同元素所具有的形状。”[126]

第欧根尼·拉尔修总结了德谟克利特的哲学思想。“他的主要学说如下：宇宙的起源是原子与真空；除此之外的一切只存在于人们的想法之中。世界是无限的，是被创造而来的，最终也会消失。万物皆有源，每一种物体消亡之后都会演变成为其他物体。原子的大小和数量都是无限的，在宇宙之中无处不在，并处于永远的旋转之中，由此这些原子构成了不同的组合：火、水、气与土；世间万物都是特定原子组合而成的产物。”[127]

鉴于真正存在的仅有原子与虚空，那么人类在现实中所有的感官知觉都只是一种触摸或者接触的形式而已，人并不能真正地直接感知任何物体。德谟克利特写道：“现实中只有原子与虚空。换言之，我们能够感觉到的物体似乎应该是真实的，我们也习惯于视之为真实的存在，但实际上并非如此——只有原子与虚空才是真实存在的。”[128]

德谟克利特认为人类的灵魂是真实存在的，但也认为灵魂是物质的，“就像世间万物一样是由原子构成的”。[129] 留基伯和德谟克利特的原子论哲学观必然是唯物主义的。“大地万物的出现是一个不可避免的自然过程的结果，而非刻意设计的结果。”[130] 留基伯留存至今的唯一一段文字说道：“万物出现皆有其因，但出现的基础与驱动力各不相同。”[131]

古希腊原子论在很多方面不同于现代原子论，却是现代化学的先驱。这一理论具有还原论、机械论和决定论的性质。原子成分的永恒性也预示了物质和能量守恒的现代概念的出现。

原子论者并不知道地球是圆形的，他们认为“地球的形状像一个手鼓，飘浮在空中。地球向南方倾斜，因为南方的热量使得那里的空气更为稀薄，而北方的冰雪与寒冷使得北方的空气密度更大，能够更加有力地支撑地球”。[132]

然而，德谟克利特对于宇宙却有一种直觉般的概念，认为宇宙是一个巨大的、不断发展演化的地方。在他去世近 2000 年后，欧洲人依然相信宇宙是一个较小的、永恒不变的存在，与之相比，德谟克利特的观点更加接近现代的宇宙观。希波吕托斯（Hippolytus，约 165—235 年）认为：

（德谟克利特）说，有秩序的世界是无边无际的，也是大小不一的，在有些世界里既没有太阳也没有月亮，而在另外一些世界，其太阳和月亮却比我们的太阳和月亮更大，还有一些世界则拥有比我们更多的太阳和月亮。各个有序世界之间的间隔并不一致，有些间隔大，而有些则小一些，有些间隔会逐渐增长，有些会快速增长，还有些则会逐渐缩小，有些地方会出现新的世界，有些则会出现交食。但是当这些世界碰撞在一起的时候则会毁灭。有些有序世界里少有动物、植物或者水。在我们的宇宙之中，地球是所有星辰中第一个形成的，月亮是所有星辰中位置最低的，稍远处是太阳和其他位置固定不变的星辰：这些星球的高度各不相同。世间万物都会令他开心欢笑，似乎人间万物都能让他高兴。[133]

显然，德谟克利特对伦理学兴趣盎然，而且在这方面“金句”频出，向读者提供了精辟的见解。这些名言警句包括“组织人们犯罪的不是恐惧而是责任感”，“愚者只能在不幸中得到智慧”，“与其正人，不如律己”，以及“明智者知足常乐，而不会贪图未得之物”。[134]

德谟克利特显然得享高寿，第欧根尼·拉尔修说“他……在活了 100 多年后去世了”，[135] 但是在同一本简要传记中，他又说道：“（德谟克利特）安详地去世了……享年 109 岁。”[136]

欧帕里诺斯隧道（约公元前530年）

爱奥尼亚不仅出现了自然哲学家，工程师也层出不穷且成果斐然。在爱奥尼亚岛和萨摩斯岛（Samos），有确凿的证据能够证明爱奥尼亚工程师们的高超造诣，这一证据就是在坚硬的岩石中开凿的一条千米隧道。萨摩斯的统治者波利克拉特斯（Polycrates，约公元前535—前522年在位）下令建造该隧道，由工程师欧帕里诺斯（Eupalinos）负责建造。

波利克拉特斯是伺机发动政变夺取政权的。在赫拉节（festival of Hera）期间，大部分的居民都出城过节，他终于有机会和两个兄弟在少数人的支持下夺取这座城市。掌权之后，波利克拉特斯迅速巩固了自己的权力。据希罗多德所说，波利克拉特斯不愿和兄弟们分享权力，便将两个兄弟杀死了一个、流放了一个。“最初的时候，他（波利克拉特斯）把国家一分为三，和其兄弟潘塔尼奥图斯（Pantagnôtus）与西洛松（Syloson）分享政权，但后来在杀害了潘塔尼奥图斯并流放了年龄较小的西洛松后，他便独自一人控制了整个岛屿。”[137]

当时，几乎所有沿岸贸易都要经过萨摩斯和亚洲大陆之间的狭窄海峡，因此波利克拉特斯建立了一个拥有百条战船的舰队，控制了这一贸易航线，并通过敲诈勒索和抢劫大发横财。“他控制了周围的多个岛屿，甚至控制了亚洲大陆上的一些城镇……不论敌友，他都要征服，因此朋友和敌人都对他充满畏惧，他当时拥有的海军力量似乎是整个希腊范围内最为强大的。”[138]

萨摩斯岛上的主要城市也叫萨摩斯，卡斯特罗山（Mount Castro）的山坡即在这里。波利克拉特斯建设了一系列的公共工程来给萨摩斯城加强防御。在《政治学》一书中，亚里士多德嘲讽地指出，建造公共工程是暴君为了维持其统治而采用的手段，他还特别提到了波利克拉特斯的工程。“（暴君）必须使其臣民陷于贫困，因此，为了防止臣民保护自己，他迫使他们每天疲于工作，这样他们就不会合谋反抗其统治了……萨摩斯各处规模宏大的波利克拉特斯纪念碑……的目的就是使民众无暇他顾，始终生活于贫困之中。”[139]

波利克拉特斯所建造的工程之一便是欧帕里诺斯隧道。波利克拉特斯希望能够确保萨摩斯城的水源供应，让这座城得以在长期的围攻中幸存下来。在卡斯特罗山的另一侧有一处适合供水的泉眼，但有一个问题——如何在不修建高架水渠的情况下把泉水顺着大山的边缘引入城市？高架水渠太容易被破坏了。欧帕里诺斯提出的最终方案是在山上开挖一条长达 1036 米的隧道，尽管这座山是由坚硬的石灰岩构成的。

希罗多德最初这样描述了欧帕里诺斯隧道：

> 我对萨摩斯人讨论得比较多，因为在希腊最伟大的工程中，有三处都是萨摩斯人建造的。其中之一是一条穿山隧道，这座山高 150 英寻①（274 米），该隧道贯穿山体，山两端各有一个隧道口，隧道长 7 弗隆②（1408 米），其高度和宽度都是 8 英尺（2.4 米）。沿着这一隧道还开挖了第二条隧道，这条隧道深 20肘尺③（10 米），宽 3 英尺（0.9 米），水顺着管道从水源丰富的泉眼流到此处并汇入萨摩斯城。修建该隧道的建筑师是欧帕里诺斯。[140]

欧帕里诺斯隧道是在 1882 年的一次挖掘中被发现的。时至今日，该隧道基本上完好无损，可供游人参观。[141]“两支不同的挖掘队从山的两端沿直线向前，以开挖这些坚硬的石灰岩，他们的工具只有镐、锤子和凿子。”[142]显然，欧帕里诺斯的设计就是在同一水平高度进行挖掘，在两侧对向开挖的交接处出现了 6 英尺（1.8 米）的高度差，这也可以说明设计者的意图。[143]

在泉水所处的位置还建有一个隐蔽的地下储水库。水库的水通过管道流入

---

① 英寻（fathom），测量水深的单位，合 6 英尺或 1.8 米。
② 弗隆（furlong），长度单位，相当于 220 码、201 米或 1/8 英里。
③ 肘尺（cubits），古代长度单位，约 45 厘米，或自肘至指尖的长度。

隧道口，再沿着隧道从另一端进入城市。在隧道里，水流通过一个单独的通道流动，这条通道是从隧道的一端开挖的。在隧道入口处水槽深约 4 英尺（1.2 米），到了隧道出口处深度达 25 英尺（7.6 米）。“在叙拉古（Syracuse）、阿克拉加斯（Acragas）和雅典，这一类的地下管道系统都是相同的双管道建筑……（由此可见，这种建筑方式）是有意为之并已经成为固定模式了。”[144]

波利克拉特斯强化萨摩斯城防卫能力的智慧在公元前 525 年得到了验证。斯巴达人对于屡遭波利克拉特斯抢劫这件事怒不可遏，于是派遣舰队进攻萨摩斯城，围困该城 40 天却无法攻入，最终只好退兵回国。希罗多德说：“这些斯巴达人携带精良的武器装备来到萨摩斯城下，并立即将这座城市围困起来……（他们）围困萨摩斯城 40 天，却没有取得任何进展，40 天后他们只好撤军返回了伯罗奔尼撒（Peloponnese）。”[145]

人们都说，波利克拉特斯是一个上天眷顾的好运之人。用希罗多德的话说，他“在每一件事情上都好运连连”。[146] 埃及法老阿玛西斯（Amasis）是他的盟友，当他听闻波利克拉特斯屡遇非凡好运时便开始为他担心，给波利克拉特斯去信提醒他：如果这种非同寻常的好运持续不断的话，就会引发众神的嫉妒和恼怒。阿玛西斯建议波利克拉特斯放弃他最为珍贵的财富，这样他的运气就不会显得过于突出而招人嫉恨了。“考虑一下你的哪一件宝物是你最为珍视的，也是最舍不得放弃的，不管是什么东西都把它拿出来扔掉，这样就可以确保再没有人看到它了。”[147]

对于阿玛西斯的建议，波利克拉特斯考虑良久，最终确信这一建议是正确的，于是登船前往海洋的深水区。他携带着他的印章戒指（signet ring），这是一枚镶有绿宝石的金戒指，“他把这枚戒指扔进了深海”。[148]

几天后，一个渔夫“钓到了一条又大又漂亮的鱼，感觉这么好的鱼应该作为礼物献给国王。于是他带着这条鱼来到了王宫门口，说他想拜见波利克拉特斯”。[149] 波利克拉特斯非常喜欢渔夫的这份礼物，命人将这条鱼送到厨房烹饪。厨师们剖开这条鱼的时候，在鱼肚子里发现了波利克拉特斯的戒指。他们兴奋异常，把金戒指献给了这位萨摩斯的独裁者。

波利克拉特斯写信给阿玛西斯，描述了这件事。这位埃及法老看完信后，认为任何人都不应该试图改变他人的命运。“他确信波利克拉特斯必将不得善终，因为他在所有事情上都太成功了，就连丢弃的东西都能重新得到。”[150] 因此他“派遣使者前往萨摩斯，终止了双方的盟友关系”。[151]

阿玛西斯的判断是正确的，波利克拉特斯确实惹怒了诸神。爱奥尼亚萨迪斯岛（Sardis）的波斯总督奥罗泰斯（Oroetes）对于波利克拉特斯的好运和独立地位感到不满，决心控制萨摩斯并处死波利克拉特斯。为了实现这一目的，他实施了一个诡计。他知道波利克拉特斯是一个贪婪之徒，便派人送去了这样的消息：“我知道你志向高远，但是你目前的资源尚不能帮助你实现这些抱负。所以请听我说，你如何能够立即获益，同时还能帮助我。冈比西斯国王（King Cambyses）一心想要毁灭我，一个可靠的人已经就此向我发出了警告。所以请你到我这里来，把我——我和我的财富——接走，和我分享我的财富。在拥有了这些财富之后，你就可以成为整个希腊的统治者了。如果你对我的财富怀有疑虑的话，可以派遣你最信任的部下到我这里来，我会向他展示我的财富。”[152]

波利克拉特斯派遣了一个值得信赖的顾问，此人前往萨迪斯确认奥罗泰斯的财富到底有多少。奥罗泰斯再次施展了诈术。“他用石头装满了 8 个大箱子，之后在石头上面铺上黄金……做好了准备。”[153] 波利克拉特斯随后赶赴萨迪斯，急不可耐地去占有这些财富。他刚一到达就被奥罗泰斯杀死，其身躯也被钉在十字架上。希罗多德说，奥罗泰斯“杀死波利克拉特斯的方式令人难以描述”。[154] 于是，萨摩斯的独裁者消失了。这个关于极端好运的故事非常符合希腊人的道德观——希腊人最崇尚的便是适度与平衡。

3. 毕达哥拉斯（约公元前 582—约前 500 年）

第一位哲学家

古希腊最为神秘的哲学家当属毕达哥拉斯，他是数学家、自然哲学家，也是一个宗教团体的创建者。毕达哥拉斯学派的哲学将科学与宗教融为一体，从整体上看待人类的存在。“对于毕达哥拉斯而言……宗教和科学是……同一种生活方式中两个不可分割的因素。”[155]

公元前 582 年左右，毕达哥拉斯出生于爱奥尼亚萨摩斯岛。他“很少写作”，[156] 因而关于他的权威信息或确切信息实属寥寥。关涉其一生的传奇故事大多源于一些有失妥帖或者充溢着崇拜之情的传记作品，而这些传记的作者也多为毕达哥拉斯的崇拜者，他们生活的时代距离毕达哥拉斯去世已经有几百年之久。

扬布里柯（Iamblichus，约 250—约 330 年）曾道，毕达哥拉斯的父亲名叫姆涅撒库斯（Mnesarchus），他去过德尔斐的神示所，这里的神谕预测到他的妻子将会“生一个儿子，这个孩子的外貌和聪慧将会超越世人，而且在一切与人类相关的领域里，此子都会为人类做出最伟大的贡献”。[157] 年轻的毕达哥拉斯“极为令人钦佩，举止温和，甚至那些比他年长的人都对他充满尊敬；每一个亲睹其容颜或聆听其言谈的人都会立刻被其吸引，目光再也无法转移，每一个和他有所交集的人都会对其敬重有加。因此，很多人称其为神的儿子”。[158]

伊安布利霍斯认为，毕达哥拉斯与米利都的泰勒斯和阿那克西曼德都有某种关联，[159] 约翰 · 伯奈特则认为：“人们说他（毕达哥拉斯）是阿那克西曼德的学生，这无疑只是一种猜测，但这种猜测很可能是正确的。”[160] 年轻的毕达哥拉斯曾周游各地汲取知识，第欧根尼 · 拉尔修也说道：“他曾经去过埃及……他接触过迦勒底人和智者。”[161] 伊安布利霍斯确信毕达哥拉斯“极为勤奋，曾频繁拜访埃及各地的寺庙”。[162]

公元前 525 年，波斯国王冈比西斯二世（Cambyses II）入侵埃及，[163] 毕达哥拉斯也沦为囚犯。伊安布利霍斯把毕达哥拉斯在巴比伦的囚禁生活描述为一段思想休憩。“他（毕达哥拉斯）乐于与智者交流，（并且）受教于他们渊博的知识…… 在与这些智者交流了 12 年后，他返回萨摩斯，当时已 56 岁。”[164]

返回萨摩斯后，毕达哥拉斯便“创建了一所学校……给其命名为半圆（the semicircle）”。[165] 伊安布利霍斯证实，毕达哥拉斯居住在城外的一个山洞里，在那里，“他白天和晚上的大部分时间都在努力工作，潜心研究各学科的有用知识，（并）建立知识概念的框架”。[166]

由于毕达哥拉斯本人并没有撰写过任何作品，人们很难确定到底哪些原创的概念确实属于毕达哥拉斯自创，而又有哪些概念是其学生提出的。亚里士多德显然认识到了这个问题，他总是说“毕达哥拉斯学派”而不是毕达哥拉斯本人。[167] 约翰 · 伯奈特认为：“人类知识体系最伟大的进步都应归功于个人，而非某个学派整体，因此我们宁可冒险夸大这一学派创始人的贡献，也不能贬低其贡献并把功劳归于一群学生。”[168] 但是柯克（Kirk）与雷文（Raven）则持有相反的观点，他们认为“不把学派成员后来的发现归于个人成就，而是全部归功于毕达哥拉斯个人，只是为了向这位学派创建者表达敬意”（1957 年）。[169]

毕达哥拉斯在自己的家乡萨摩斯城备受尊崇，但他却显然认为，只有在其他地方他才能完成其高远的哲学使命。约公元前 518 年（或许更早），他踏上了前往意大利南部的旅程，在希腊城市克罗顿（Croton）定居。斯特拉波认为毕达哥拉斯之所以离开萨摩斯，部分原因是他对于波利克拉特斯在萨摩斯的暴政统治感到厌恶。“毕达哥拉斯看到了愈发严重的独裁统治，离开（萨摩斯）城前往埃及和巴比伦，以期学习知识。当他结束旅程返回萨摩斯时，他发现这里已经完全陷入独裁统治了，便再次出发前往意大利，并在那里度过余生。”[170]

如果泰勒斯可以被称为第一位科学家的话，那么“毕达哥拉斯就是第一位称自己为哲学家的人”。[171] 事实上，哲学（philosophy）一词就是毕达哥拉斯发明的。他弃用了 sophia（智慧）这个希腊词——他觉得这个词过于自命不凡，之后，他提出使用 philosophia（热爱智慧）一词，并把自己称为 philosopher（哲学家），意为智慧的热爱者。[172]

毕达哥拉斯把人生比作聚会，在这场聚会里有三种不同的人，恰如参加奥运会的三种人。有些人参与奥运会是为了做买卖、寻求财富，有些人则是为了比拼、寻求荣誉，但是最优秀的人参与奥运会却是为了观看与学习。根据这种划分，在毕达哥拉斯的哲学世界里，人被分成了从低等到高贵的不同层次。最底层的是那些痴迷财富、贪图物质的人，中间层次的是那些追求地位与荣誉的人，而最为高贵的则是那些追求智慧的哲学家。[173] 据伊安布利霍斯在描述毕达哥拉斯学派传统时的发现，"最为纯洁无瑕的人是那些终生思考最美丽的事物、可以被称为哲学家的人"。[174]

毕达哥拉斯学派的成员们过着集体生活，"他的学生们曾经把自己的财物集中到一起共同使用"。[175] 他们还会对自己的学说和教育守口如瓶，"他们要保守秘密，其严格程度令人震惊"。[176] 之所以保密，是因为毕达哥拉斯学派的成员认为知识既能用于解放人类，同时也能用于摧毁人类。因此，能够把多少知识传授给一个人，取决于这个人身心的纯洁程度。在毕达哥拉斯学派团队以外，他们不能进行任何教学活动。

万物皆数

毕达哥拉斯哲学的核心观点是：现实和宇宙的最终本源是数。"毕达哥拉斯学说的主要内容是万物皆数。"[177] 亚里士多德指出："（毕达哥拉斯学派）认为数是构成万物的元素。"[178] 数本身被认为是万物存在的最终且不可再分的基础，只有数才是永恒不变的，而除此之外的一切都是会变化的。因此，科学的目标应该是从数学的角度阐释和理解自然。

毕达哥拉斯有一个重要发现，即一个音符的音高取决于弹奏这一音符的琴弦的长度；因此，就本质而言，音乐是具有数学性质的。关于毕达哥拉斯的这一发现，有这样一个故事[179]：一天，毕达哥拉斯路过一家铁匠铺的时候，他注意到不同重量的锤子在敲击铁砧时会发出不同的声音。“通过多次试验，（毕达哥拉斯）发现这种声音的差异源于锤子的重量差异。”[180] 基于此发现，毕达哥拉斯最终发现了音乐的数学性质。“这是……用数学来解释人类经验的第一步——也是科学的开端。”[181]

在《形而上学》一书中，亚里士多德说毕达哥拉斯学派甚至曾经试图用数字来描述一些心理学原理，如正义和理性。

> 毕达哥拉斯学派所处的时代与这些哲学家相同，或者比他们更早一些。该学派是最早从事数学研究的，他们不仅仅推动了数学研究，而且也是在数学研究中成长起来的。他们认为数学原理就是世间万物的原理。就本质而言，数是这些原理中最为重要的。而且在数中，他们看到了众多与存在之物和形成之物相似的地方，这些相似之处要比在火、土和水中出现得更多。（像公正、灵魂和理智等等都不过是数的某种属性，机遇是另一种属性——同理，几乎所有其他事物都可以用数表达出来。）[182]

在毕达哥拉斯和泰勒斯之前，数学在很大程度上是一门依赖经验的科学。具体的规则和关系之所以被发现并记录下来，是因为它们具有实用价值。希腊人把经验法则归纳为可以证明的精确定理，从而将数学发展成为一门抽象的理论性科学；他们发明了论证（demonstration）方法，这是一种逻辑推理方法，可以提供所有人都认可的证据。普罗克洛斯宣称，把几何学发展成为一门数学科学的人便是毕达哥拉斯。“毕达哥拉斯把这门通晓几何学本身的哲学发展成为一种人文学科，用一种更科学的方法考虑其原理，用抽象而具有智慧的方法研究其定理。”[183]

毕达哥拉斯最为人所熟知的数学贡献是毕达哥拉斯定理，这是一个几何定理，即在一个直角三角形中，斜边长度（c）的平方等于两条短边长度（a，b）的平方之和，即 $a^2+b^2=c^2$。在此之前，埃及人以及其他地区的人已经知道这在三边分别为 3、4、5 的直角三角形中是成立的，但毕达哥拉斯是第一个用数学方法证明这一定理适用于所有直角三角形的人。不过人们也必须承认，“并没有可信的证据证明这（定理）确实是他（毕达哥拉斯）发现的”。[184]

毕达哥拉斯还发现了五种正多面体。[185] 所谓正多面体是指一个三维的几何图形，其各个面都是全等的正多边形。最简单的正多面体是正四面体或者棱锥体，其四个面都是完全相同的等边三角形。比正四面体更复杂的是立方体，其六个面都是正方形。余下的三种正多面体分别是正八面体（由 8 个等边三角形组成）、正十二面体（由 12 个五边形组成）和正二十面体（由 20 个等边三角形组成）。

毕达哥拉斯因为发现了正多面体而享誉天下，但是后来证明在三维空间里只能存在这五种正多面体的却是几何学家欧几里得（Euclid，约公元前 325—前 265 年）。从数学角度来说，除此之外不可能再构造出任何其他的对称体了。在毕达哥拉斯去世近 2000 年后，约翰尼斯·开普勒（Johannes Kepler，1571—1630 年）在思考这五种正多面体的过程中发现了行星运动的规律。

乔治·约翰斯顿·阿尔曼（G. J. Allman，1824—1904 年）在评价毕达哥拉斯在数学方面的建树时总结道，毕达哥拉斯为了传播自己的知识和哲学而建立了一个秘密社团。

> 在确定正多面体存在的过程中，他展示了推理能力；在探究声音的基本规律时，他展示了归纳能力；在把算术与几何相结合时……

他展示了哲学造诣。这些成就固然伟大，但仍然不是整个人类都对这位圣人充满感激之情的主要原因。他决心不会让自己倾尽全力获得的知识以及耗尽心力详尽阐释的学说失传……为此，毕达哥拉斯致力于组建一个精英社团，这些精英可以继承并传播他的科学与哲学知识；他也因此成了对人类贡献最大的人之一，并赢得了历代人的感激和尊敬。[186]

宇宙学与星球之音

人们通常认为是毕达哥拉斯学派最早提出地球和其他天体都是球体的。第欧根尼·拉尔修曾说毕达哥拉斯是“第一个……指出地球是圆形的人”，[187] 但是他们的贡献不止于此。[188] 毕达哥拉斯学派并非基于经验推理而确定地球是球体的，而是因为他们认为球体是最完美的几何体。[189] 在毕达哥拉斯学派的宇宙学理论中，天体及其运动都是永恒的、神圣的、不会被腐蚀的。因此，这些天体的运动必然是永恒的，也必定是圆形的，因为只有圆周运动才是完美的。

虽然毕达哥拉斯学派提出了地球是球体的假设，但是其宇宙论并不支持地心说。在《论天》一书中，亚里士多德指出毕达哥拉斯学派的宇宙观是以“火”为中心的，他们还假设存在着“另一个地球”，这些观点与观测或者“表象”并不一致。

大部分持宇宙有限论的人都认为地球位于宇宙的中心，但是这一观点却遭到意大利毕达哥拉斯学派的驳斥。他们认为宇宙的中心是火，地球只是普通的一个星体而已，在其围绕中心旋转的过程中出现了白天与黑夜。此外，他们还假想了另一个地球，位于宇宙中心的另一端，与我们所在的地球相对，他们将之命名为“反地球”

(counter-earth)。他们并不寻求做出与表象相符的描述或者解释，而是粗暴地试图使表象符合他们的描述和理论。[190]

毕达哥拉斯学派认为天体的圆周运动才是完美的，这一点成为天文学长期的一个公理，直到17世纪开普勒发现行星轨道是椭圆形时才被摒弃。

盖米诺斯（Geminus,约公元前10—公元60年）在《天文学要素》（*Elements of Astronomy*）一文中解释道，圆周运动在天文学中是不证自明的公理，这一概念源于毕达哥拉斯学派。“在天文学中，一个根本性的假设就是太阳、月亮和五大行星都以匀速沿着一个圆周轨道运动，这一点与宇宙的运动正好相反。而最早投入此类研究的毕达哥拉斯学派就认为太阳、月亮和五大行星是以匀速沿着圆周轨道运动的。”[191]

最早提出“星球之音”概念的也是毕达哥拉斯。他认为运动的物体必然会发出声音，太阳、月亮和行星在宇宙中运动时也会产生音乐。这种音乐必定是和谐之音，因此，决定行星之间距离的数学定律也同样决定了乐器发出和谐音调所需要的长度。

在《论亚里士多德之〈形而上学〉》（*Commentary on Aristotle's Metaphysics*）中，阿弗罗迪西亚的亚历山大（Alexander of Aphrodisias，生于约公元前200年）描述了球体的和谐。“他们（毕达哥拉斯学派）说这些围绕着中心旋转的天体之间有一个符合比例的距离，有些天体旋转得稍快些，有些则稍慢些，那些旋转快的天体位置较高；基于各个天体之间的距离，这些天体所产生的各种声音汇集在一起，形成了和谐之声。”[192]

毕达哥拉斯学派的学者认为只有毕达哥拉斯自己才能听到星球之音。伊安布利霍斯宣称：

他（毕达哥拉斯）运用某种难以言表、常人难以领会的神性拓展了自己的听觉，将自己的智慧聚焦于这世界令人赞叹的交响乐之中，独自聆听并感悟星球之间无处不在的和谐之音，感受那些在天空中运动的星辰，以及这种运动所产生的旋律，这种旋律要比任何人类的旋律都更加完整、更加强烈……因为他认为在地球上，只有他自己能听到并理解这些平凡的声音，而这些声音源于自然。[193]

当然，伊安布利霍斯认为毕达哥拉斯还拥有其他神奇的能力——包括能够同时在两个不同的地方现身的能力，能够“准确无误地预报地震”的能力，以及使冰雹停止、使大海与河流中的波浪平息的能力。[194]

亚里士多德显然对于毕达哥拉斯这种半神的地位不以为然，在《论天》一书中，他否定了神秘的天籁之音的说法。“如果有人说星辰运动便能产生和谐之音，而且这些声音完全一致，那么不管这种说法是多么巧妙和与众不同，它都不是事实。”[195] 亚里士多德进一步解释道，行星之所以无法产生声音，是因为这些星体与它们所处的介质同时在运动。“能够发出声音的是那些在静止的介质中运动的物体。”[196]“处于运动之中的物体能够产生声音和冲击力，但是当一个物体被固定于或者包含于某个运动物体时——就像一艘船上的零部件一样——它是不能发出声音的。”[197]

一天，毕达哥拉斯学派的学者们发现了一件令他们震惊的事情。他们发现了无理数，即那些既不能用整数表示，也不能用整数之比表示的数。无理数的一个例子便是 2 的平方根。[198] 无理数只能以无限不循环小数的方式表现。鉴于毕达哥拉斯学派认为“万物皆数”，所以当一些数字以这种无法为人们所理解的方式存在时，就说明宇宙中有一些事物是人类永远无法理解的。有这样一个传说，有一个学派成员把无理数的存在透露给了学派团体之外的人，作为惩罚，这个成员被带到海上淹死了。“希帕索斯（Hippasus）……被淹死在海里……因为他让别人知道他们发现了无理数。”[199]

转世、音乐与禁忌

毕达哥拉斯的学说之一是灵魂转世说，他相信人类拥有不朽的灵魂，灵魂可以以人或者动物的形式转世。毕达哥拉斯曾经宣称知晓“自己前世的生活”。[200] 据第欧根尼·拉尔修所说：“（毕达哥拉斯说过）墨丘利神（Mercury）赠送给他一件礼物，使他的灵魂可以永远转世，因此他的灵魂便不断地转世，并以他喜欢的任何形式重生，不管是植物还是动物。”[201] 科洛封的色诺芬尼（Xenophanes of Colophon，约公元前 570—前 475 年）说，毕达哥拉斯曾经要求一个人不要再殴打一只小狗，因为他从小狗的哀号声中辨认出了他一个朋友的灵魂。[202]

最早提出转世之说的并非希腊人，希罗多德指出，这一说法源于埃及。“他们（埃及人）也是第一个提出这一观点的人：人的灵魂是不朽的，当人的肉体死亡时，他的灵魂会进入一个在此刻降生的动物体内，之后便从一种动物转世成为另一种动物，直到经历了地球上所有种类的动物、水和空气，之后灵魂便会再次进入人体内重新出生。整个轮回的周期是 3000 年。”[203]

毕达哥拉斯学派会使用音乐治疗身体疾病。身体是灵魂的工具；就像乐器一样，身体也有一定的音高。身体出现疾病，就像乐器跑调一样。通过音乐，身体会得到净化并恢复健康。“通过一些特定的旋律和节奏……就会获得人类行为或者感情的治疗方法。”[204] 波菲利（Porphyrius，约 233—约 304 年）说：“通过歌唱……他（毕达哥拉斯）治愈了疾病。”[205] 净化灵魂的最佳方式是哲学研究——尤其是数学研究。数学便是最高层次的音乐。

毕达哥拉斯学派的社团成员需要遵守很多的禁忌。迈向纯净人生之路始于遵守禁忌，终于对自然的数学思考与阐释。这些禁忌包括“不得用剑挑动火焰”“不得过度悲伤”“前往国外时不得回头看国境线”。[206] 第欧根尼·拉尔修解释说，这些说法都具有象征意义。“不得用剑挑动火焰的规则实质上是指不能挑起强者的怒火或者使之更加骄傲……不得过度悲伤是指我们不应该把精神浪费在悲哀和伤心上；出国者不得回头看实际上是指那些临终者不应再留恋人世，不应沉迷于世间的种种欢乐。”[207]

毕达哥拉斯所提出的其他规则还包括素食主义。

> 他（毕达哥拉斯）要求身边人克制自己，拒绝（吃）任何种类的动物，此外，还有些食物会导致推理能力损坏，影响推理能力的效力发挥，这些食物也不能吃。他还命令他们尽量少说话，保持沉默。他常年锻炼他们控制话语的能力，训练他们勤勉刻苦地研究那些最难的定理。因此，他还要求他们戒酒、节食、少睡，并且要对荣耀、财富以及类似的东西抱有本能的蔑视与敌意。[208]

去世

人们并不清楚毕达哥拉斯去世时的详情，就像人们不了解他的一生一样。第欧根尼·拉尔修说：“毕达哥拉斯……在 80 岁的时候去世……但是按照很多人的说法，他去世的时候已经 90 多岁了。”[209] 伊安布利霍斯说毕达哥拉斯触怒了克罗顿（Croton）一个很有权势的贵族赛隆（Cylon），因此逃往梅塔蓬图姆城（Metapontium）并在那里去世。

> 克罗顿人赛隆凭借其出身、名望与财富而成为公民的领袖；但是另一方面，他又是一个严厉、粗鲁而且易怒的人，举止粗暴。他最大的愿望却是参与毕达哥拉斯的研究，并且向年事已高的毕达哥拉斯提出了这一要求，因为上文所提到的原因，他的要求被拒绝了。为此，赛隆和他的朋友们对毕达哥拉斯及其学生们充满敌意。赛隆

及其同党们的野心极其强烈并极端，他们直到毕达哥拉斯学派终结的时候都对他们充满了敌意。因此，毕达哥拉斯不得不前往梅塔蓬图姆，据说他就是在这里去世的。[210]

到了公元前4世纪，“（在意大利的）毕达哥拉斯学派……已经发展成为一个政治派系”，[211] 那里也爆发了反抗他们的暴力起义。波利比乌斯（Polybius，约公元前203—前120年）道：“先是位于麦格纳格雷西亚（Magna Grecia）的毕达哥拉斯学派俱乐部被焚烧，接着又发生了宪法危机……位于意大利地区的希腊城市纷纷成为充满谋杀、革命战争和各种混乱的地方。”[212]

4. 巴门尼德（约公元前520—前450年）与爱利亚学派

爱利亚学派的形而上学理论

巴门尼德（Parmenides）生活在意大利西海岸的爱利亚城［Elea，即今天的韦利亚（Velia）］。爱利亚城建立于大约公元前546年，是由爱奥尼亚城市福西亚（Phocaea）的难民建立的，[213] 这些难民不愿臣服于居鲁士大帝（Cyrus the Great）治下的波斯人，故而逃离了原来居住的城市。

在爱利亚城，科洛封的色诺芬尼创立了爱利亚哲学学派。色诺芬尼最为人熟知的成果是阐明了哲学领域的一神论，他现存著作中的一个片段提到了“一个神，众神与世人中最伟大的神，无论是在形式上还是在思想上都与凡人不同”。[214]

按照某种传统，巴门尼德应该算是色诺芬尼的学生，但是更准确地说，他应该算是毕达哥拉斯学派的门徒。第欧根尼·拉尔修说：“虽然他（巴门尼德）是色诺芬尼的学生，但他并没有成为其学说的追随者，而是更加赞同阿明尼亚斯（Aminias）和毕达哥拉斯学派迪奥哈特（Diochartes）的观点”。[215] 在题为

《巴门尼德篇》（*Parmenides*）的对话录中，柏拉图说："巴门尼德来到了雅典……［和芝诺（Zeno）一起……而且］那时候他已经（大约）65岁了，已经是满头白发的年纪了……苏格拉底那时还是个年轻人，还专门前去拜访了他们。"[216]

第欧根尼·拉尔修认为，巴门尼德是"第一个断言地球是球形且位于宇宙中心的人"。[217] 但是其他的传统说法却认为毕达哥拉斯才是首位提出此观点的人。托马斯·希思（Thomas Heath，1861—1940年）指出，"某些天文学方面的创新有时候被归功于巴门尼德，有时则被归功于毕达哥拉斯"。[218] 例如，"有些人认为巴门尼德最早发现昏星（Evening Star）与晨星（Morning Star）是同一颗星球（金星），但也有人认为最早发现这一点的是毕达哥拉斯"。[219] 巴门尼德或许还是第一个发现行星运行轨道与恒星不同，因而两者分属于不同天体类型的希腊天文学家，或者是第一批发现这一点的希腊天文学家。[220]

巴门尼德的天文学理论晦涩难懂，似乎源自阿那克西曼德关于火环的理论。"这些圆环由空气压缩而成，充满了火焰，这些火焰在圆环的出口处喷发出来，形成了我们看到的太阳、月亮和星辰。"[221] 这种学说与另一种说法矛盾，即巴门尼德认为月亮是被太阳照亮的。[222] 他的一篇现存文章中这样提到了月亮："夜晚凭借着借来的光芒而闪耀，围绕着地球游荡。"[223] 很明显，在公元前5世纪，希腊人尚未完全发展出以地球为中心的宇宙观，即认为宇宙由同心旋转的球体所包围。

巴门尼德因为其形而上学概念而举世闻名，这些概念"极其晦涩难懂"，[224] 但却影响深远。巴门尼德形而上学理论的核心或焦点是其所说的"不存在之物"是不存在的。"不存在的东西是不可能存在的。"[225] 从表面上看，这句话是毫无意义的同义反复，但我们可以用一些例子证明其意义，例如我们只要想到光明与黑暗，就会习惯性地想到两者之间的差异。但巴门尼德认为这样是错误的——黑暗是指光亮的缺失，是"不存在之物"，因此黑暗是不存在的。

> 由此可见，存在的事物“不可能从无中产生，因为并不存在所谓的无。存在之物也不可能从其他事物中产生，因为任何事物都没有供其他事物产生的空间。存在之物除了自身之外没有任何空白空间供其他物体生成；因为空白空间是不存在的，不存在的物体无法被思考，因而也就不存在。如果有什么是还未形成的，那么今后也不会形成……存在之物是存在的，既不比自身多也不比自身少。因此，一个地方的存在数量和另一个地方相同，整个世界即一个连续的、不可分割的整体。有鉴于此，存在之物是不可移动的，因为如果它移动，就只能移动到空白空间内，而空白空间又是不存在的……存在的数量是有限的，而且除此之外别无他物……因此，它也是球形的”。[226]

约翰·伯奈特对巴门尼德的形而上学理论进行了总结：“存在是有限的、球形的、静止的、实体的整体，除此之外别无他物。多样性、运动、空白空间和时间，这些表象都只是幻象而已。”[227]这种说法必然导向一种观点，即通过观察或者依赖感官是不可能构建可靠或真正的知识的，找到真理的唯一途径就是纯粹的认知。据第欧根尼·拉尔修所说，巴门尼德“曾经说过辩论是验证真理的方式，而感觉并不值得信赖”。[228]

芝诺的悖论

爱利亚的芝诺（Zeno of Elea，约公元前490—前425年）是巴门尼德的学生[229]，提出了一系列的悖论以说明运动的确是不可能的。作为爱利亚学派的一员，芝诺相信现实是一个无法分割的整体。假如不如此，现实可以被分割成独立的实体，那么物体的数量就必然是无限的。“如果物体有很多，那么其数量就会体现为一个具体的数字，这些物体既不比这个数量多也不比这个数量少。而当这些物体的数量确定时，实际上它们的数量是无限的。”[230]

多样性需要空间能够被无限分割，在确定了这一点后，芝诺试图证明这会导致矛盾，以此证明现实是不可分割的，运动也是不可能的。他认为，“你不可能穿越一个赛马场。在有限时间内，你无法穿越无限的点。无论距离长短，在穿越这段距离之前，你必须穿越其半程的距离，而在穿越这半程距离之前，你还得穿越半程的半程。如此无休止地推导下去，在任何空间中都会出现无限的点，你无法在有限的时间内逐一到达所有的点”。[231]

如此便出现了一个悖论。从数学角度而言，一个跑步者无法做出任何距离的移动，但是这种情况每天都在发生。芝诺没有意识到一系列无限的总和可能是有限的，只要我们能够意识到这一点，这个悖论就很容易解决了。点是没有维度的，因此在有限的时间内是能够穿越无限的点的。

芝诺还有一个与此相关的悖论，那就是一个跑步速度快的人永远追不上一个跑步速度慢的人。“阿喀琉斯（Achilles）永远追不上一只乌龟。因为他必须先到达乌龟出发的地方，而此时乌龟已经领先了一段距离，阿喀琉斯就必须追上这段距离，与此同时乌龟再次领先。他总是在接近，但是却永远无法追上乌龟。”[232] 但毫无疑问，一个跑得快的人是一定能够追上一个跑得慢的人的，因此就出现了一个悖论。如果我们能够认识到跑得快的人实际上能够在有限的时间内穿越无数的点，那么我们就可以解决这个悖论了。

爱利亚学派提出了一些悖论以论证他们的哲学理论，但是芝诺的悖论却适得其反。这些在逻辑上无法发生的事情却实际发生了，这一事实说明爱利亚学派的逻辑从根本上是有缺陷的。

爱利亚学派的形而上学理论标志着古代自然哲学的一次根本性转变。巴门尼德（以及后来的柏拉图）认为感觉是不可靠的，真正的知识只能来自逻辑思考；有些哲学家［如伊壁鸠鲁（Epicurus）］则认为观察与感官信息最为重要；而亚里士多德选择了一种折中的立场。此后，经过了 2000 多年的试错才最终证明，我们无法不受试验约束而完全依靠推理构建可靠的知识。

巴门尼德认为“万物皆一，且自成一体，无法移动”[233]，这一说法引发了广泛的批判。亚里士多德认为正是爱利亚学派的哲学理论激发了留基伯开创了原子论，在原子论中，空白空间与运动都是存在的。“一些年纪较大的哲学家（如巴门尼德）认为‘存在’必定是‘一’，而且不可移动。他们认为空白空间是‘不存在的’……但是留基伯却认为其理论与感官知觉相协调，并且承认即将出现的事物与已经消失的事物，也承认运动和事物多样性的存在。”[234]

对于爱利亚学派的哲学理论，希腊人自己可能也是持怀疑态度的。在柏拉图的《智者篇》（*Sophist*）中，一个对话者说道：“我认为巴门尼德以及所有致力于确定存在的数量和性质的人都有些过于轻率了。”[235]

在《希腊科学》（*Greek Science*）一书中，本杰明·法灵顿（Benjamin Farrington）指出：“（巴门尼德的）这一理论并没有错，只是对所有的经验都视而不见。”[236] 既然巴门尼德相信运动只是一种幻觉而已，那么人们也想知道巴门尼德是否会拒绝别人用锤子敲击他的头颅。这些充满智慧的学者可以提出与人们的常识完全相悖的学术观点，此事实也说明希腊人对于逻辑证明的认可。

5. 恩培多克勒（约公元前 492—前 432 年）

四元素说

为了在纷繁复杂的自然中找到万物的本原物质，爱奥尼亚人对于物质的本质做出了各种猜想。泰勒斯认为万物的本质是水，赫拉克利特则认为火是万物的本源。但最终被采纳的化学体系则是恩培多克勒的四元素说（Theory of the Four Elements）——土、气、火和水。

这四种元素是基于假设的抽象概念，现实中的物质都是这四种元素的混合体。例如，普通的泥土或石头与“土”元素并不完全一致，虽然“土”元素是构成这些物质的主要元素。纯粹的“土”元素是一种“极其冰冷干燥的物质”。[237]亚里士多德也接受了恩培多克勒的四元素说，在之后的1800年间，这种学说一直是西方具有主导地位的化学模型。

恩培多克勒并不是爱奥尼亚人，他出生于西西里的阿格里根图姆城（Agrigentum），这里是希腊殖民地。在公元前406年，阿格里根图姆城“最为繁华壮观”，男性居民数量总计在20万到80万之间。[238]阿格里根图姆城的“庙宇与柱廊——尤其是高大的奥林匹斯宙斯神庙（temple of Zeus Olympius），这里的雕像与绘画，这里大量的战车与战马，这里的防御工事，这里的排水系统，这里周长近一英里的人工湖以及湖里无数的鱼，所有这一切都使这座城市成为整个希腊最为辉煌的城市之一”。[239]

如同对于其他苏格拉底之前的哲学家，我们对恩培多克勒的了解也非常少，而且其中还有并不可靠的传说和奇闻逸事。[240]第欧根尼·拉尔修提到“他是毕达哥拉斯的学生……但是后来因为泄露了他的学说而被认定违背了规定”。[241]在罗列毕达哥拉斯的学生时，伊安布利霍斯也提到了“阿格里根图姆人，恩培多克勒”。[242]

恩培多克勒“不仅是一位哲学家，还是一位诗人、一位预言家、一位物理学家、一位医生，（以及）一位社会改革家”。[243]“他（恩培多克勒）宣称自己是神。”[244]在其失传作品《智者》（*Sophist*）中，亚里士多德说恩培多克勒是“第一个发现修辞这门艺术的人”。[245]恩培多克勒曾经创作过两首诗，但都已经失传，只是在后世作者的引用中流传了一些片段。第一首诗的题目是《论自然》（*On Nature*），约有二三百行。第二首诗题为《净化》（*Purifications*），其主题是通过哲学净化心灵，因之具有典型的毕达哥拉斯风格。

恩培多克勒继承了毕达哥拉斯的转世学说。[246]在《净化》一诗中，他写道：“我曾经生为男孩、女孩、植物、小鸟和不会说话的海鱼。”[247]恩培多克勒将上帝描述为“纯粹的智慧，神圣而又无法言喻的智慧，以思想的形式迅速地穿过整个宇宙”。[248] 这句话说明他已经接受了一神论，并且把唯一的上帝视为一种更高层次的精神原则。

作为一位政治改革家，据说恩培多克勒曾经在阿格里根图姆进行过政治改革。他“废除了千人大会，建立了市政会，其行政长官任期三年，如此一来，市政会不仅仅包含富人，那些代表人民利益的人也有机会参加”。[249]

人们普遍认为是恩培多克勒最早提出了“土、气、火、水”四元素说。在《论生成与消亡》一书中，亚里士多德也认为这一假说是恩培多克勒提出的，他还提到：“有人马上就会说有四种元素，比如恩培多克勒。”[250] 在恩培多克勒的学说中，万物都是由这四种元素共同组成的。理想状态下，这些元素都是永恒且不变的，这样才能真正称之为“基本”。但是其他的哲学家对恩培多克勒的理论提出了一些修改，例如这些元素可以相互转化，或者四种元素中只有一种才是本原。古代的哲学思想并不是一成不变的。直到 18 世纪，化学家才发现元素的真正性质以及这些元素构成化合物的方式，在此之前，恩培多克勒的四元素说一直被认为是最好且最权威的理论。

在恩培多克勒的化学理论中，由这四种元素构成的物质受到了宇宙中存在的两种基本力量的影响 —— 爱与斗争（或者说是恨）。爱会使物质聚集，争斗则会使其分散。爱与争斗对于物质的不同影响导致了自然界的变化。

恩培多克勒的宇宙理论是一种循环论。他说，世界最初是一个统一体，之后开始出现分化，最后又成为一个统一体。“刚开始众物成为一个统一体，之后这个统一体分裂成为很多东西 —— 火、水、土和拥有无限高度的气；除此之外，还有邪恶的争斗，而在这些邪恶争斗过程中，还存在着同样重要的爱，在长度与宽度上，这些爱均匀地分布着。”[251] 亚里士多德在《论天》一书中拓展了恩培多克勒循环论的世界观：“有人说有时会出现，有时会消亡，两种现象交替出现，循环往复。阿格里根图姆城的恩培多克勒就是这样说的。”[252]

恩培多克勒认为，这四种元素和爱与争斗这两种力量都是永恒且不会消减的，这种说法类似于现代科学中的质量和能量守恒概念。“除了这些（四种元素）外，不会出现任何其他的事物。这四种元素也不会消失，如果这些元素能够不断消失，那么现在它们早就已经踪影全无了。”[253]

证明气的物质性的试验

通过一个试验，恩培多克勒证明空气也是一种物质。他证明，如果不把一个空水时计[254]里的空气排出，水就流不进去。“一个女孩正在玩一个闪亮的黄铜水钟，她用美丽的手压住管颈口，把水钟放入银色的水中，此时，水是无法流入水钟的，因为水钟中的空气……阻止了水的流入。”[255]

恩培多克勒这一试验的意义是有争议的。约翰·伯奈特认为：“医学学派开始影响哲学发展时，试验法便由此兴起了，据此，我们发现恩培多克勒的水钟试验是留有记录的第一次现代意义的科学试验。”[256]但是柯克与雷文却持相反意见（1957 年），他们认为伯内特的结论是“一个夸大其词的说法”。[257]本杰明·法灵顿则认为恩培多克勒的各项试验是实验法最终形成之路上的一个重要发展阶段。恩培多克勒“证明了看不见的空气占据着空间并且具有力量”。[258]由此恩培多克勒证明，感官可以使人类了解自然界中那些隐藏的信息，因此是我们获取知识的重要工具。

天文学、地质学与医学

在人类第一次测出光速（1676 年）之前 2000 年，恩培多克勒就提出光的速度是有限而非无限的。在《论感觉》[*De Sensu*（*On Sense*）] 一书中，亚里士多德写道：“恩培多克勒说光源自太阳，首先进入位于中间的空间，然后才为人们肉眼可见或者说到达地球。”[259]

希腊医生盖伦（Galen，约 129—200 年）在罗马从医，他认为恩培多克勒是“意大利医学学派的开创者”。[260] 恩培多克勒的“主要（医学）理论是确定四个元素与冷热、干湿之间的关系……他认为心脏才是意识器官，而非大脑”。[261] 据说他“写过多达 6000 篇医学文章，与希波克拉底几乎是同时代的人”。[262]

显然，由于温泉的存在，恩培多克勒认为地球的内部是热的。在《自然问题》（*Natural Questions*）一书中，古罗马作家塞涅卡（Seneca，约公元前 4—公元 65 年）写道：“恩培多克勒认为地表之下的很多地方都藏有火焰，如果水流恰好从火焰上方流过，就会被自然而然地加热。”[263]

恩培多克勒的某些天文学理论“几乎无法令人理解”，[264] 至少对于只能看到其原著只言片语的当代人而言，的确如此。“恩培多克勒认为宇宙是有限的，是一个固态的球形，（并且）是由空气压缩形成的，其构成方式与水晶的构成方式相同。这个球体周围是一些位置固定的恒星，这些恒星由火一类的物质构成，在空气的作用下向上漂浮，同时还有很多行星在空中自由运动。空气聚集在一起，与火相融合便形成了月球，其形状类似于一个扁平的碟子，被太阳照亮……天的快速旋转把地球固定在其位置上。”[265] 在《论天》一书中，亚里士多德在提到这个理论时解释道：“其他人，包括恩培多克勒在内，认为天围绕着（地球）高速运动，这种运动使得地球无法运动，就像杯子里的水一样，当杯子做圆周运动时，杯子里的水就停止运动了。”[266]

恩培多克勒说：“就本质而言，太阳并不是火，只是火的反射，就像水面反射一样。”[267] 托马斯·希思针对这一理论解释道：“我们所看到的太阳实际上是众多光线从地球照射到（天空中）一个水晶球体上的反射。”[268] 但是当恩培多克勒提到第二个太阳时，这一理论就变得晦涩难懂了。“有两个太阳，一个是真正的太阳，所在的半球充满烈火……另一个太阳是我们所看到的太阳，位于另一个半球，只能反射光亮。”[269] 希思解释说，有一个问题为“太阳很难出现在另一个半球，因为那个半球处于夜晚”。[270]

关于恩培多克勒的去世，第欧根尼·拉尔修提到了多个有失凭证的说法。其中的一个说法是：“他起身出发，似乎是要去埃特纳火山（Mount Etna）；当他到达火山口时便纵身跳下，消失在火山口里，他这么做的目的是让人们相信他成了神。后来，人们发现了他掉落的一只拖鞋，从而发现了事情的真相，他总是穿着铜底的拖鞋……蒂迈欧（Timaeus）驳斥了这些传言，明确地说他（恩培多克勒）动身前往伯罗奔尼撒，之后再也没有回来过。按照这种说法，无人确切知道他是如何殒世的。”[271]

6. 科斯岛的希波克拉底（约公元前 460—前 370 年）

阿斯克勒庇俄斯医学世家

自然哲学主要依靠推理，而医学实践与科学则更多地依靠观察和实践。医学并不是一种依靠猜测而忽视实践的职业，这是一门有明显结果的实用技艺。医生是匠人，而不是哲学家。[272]

古希腊医生中最负盛名的当属科斯的希波克拉底（Hippocrates of Cos）。对于希波克拉底一生中的细节人们知之甚少，但人们有理由相信他并非传说中的人物，而且他在他生活的那个时代声名远扬。[273] 柏拉图和亚里士多德在提及希波克拉底时都认为他是那个时代最好的医生。在《普罗泰戈拉》（*Protagoras*）一书中，柏拉图说他是一位“医生”。[274] 在《斐德罗篇》（*Phaedrus*）中，希波克拉底曾经说过：“那么就连身体的性质也应当作为一个整体来理解。”[275] 在《政治学》一书中，亚里士多德也提到了希波克拉底这位“医生”。[276]

斯特拉波（Strabo）描述道，希波克拉底的家乡科斯岛是一个土地肥沃的岛屿，这里出产“美酒”。这位地理学家说希波克拉底是“最杰出的科斯岛人之一”，他“从［阿斯克勒庇俄斯（Asclepius）］神庙悬挂的治病之法中学习并且践行了其中的饮食疗法部分”。[277]

在《自然史》（*Natural History*）一书中，老普林尼说希波克拉底对于草药疗法颇为了解。“众所周知，希波克拉底是一个编写医疗规范的人，这份医疗规范极为清晰，我们发现他所撰写的论文记录了很多种植物的信息。”[278] 老普林尼还提到了一个未必可信的故事，说希波克拉底烧毁了科斯岛上的阿斯克勒庇俄斯神庙，这样就唯有他自己才能掌握这些医疗记录和知识并从中获利。“那些从疾病中康复的人把他们的治疗方法告知了这座（阿斯克勒庇俄斯）神庙，正是这些疗法使他们恢复健康，其他人遇到相似的紧急状况时可以从中受益。据说在将这座神庙烧为灰烬之前，希波克拉底抄写了这些疗法，并且按照我们的同胞瓦罗（Varro）所说，他还创建了医学领域的一个分支——‘临床医学’，自此之后，这种医疗实践给人们带来了无限的益处。”[279] 还有一个类似的故事说希波克拉底烧毁了“尼多斯（Cnidus）图书馆”。[280] 这两个不同版本的故事都不足为信。

“据他自己说，希波克拉底是阿斯克勒庇俄斯的第八代子孙。”[281] 阿斯克勒庇俄斯是古希腊的医学之神，“他是阿波罗（Apollo）① 之子，是可治百病的医师。”[282] 在古希腊神话中，阿斯克勒庇俄斯的母亲科洛尼斯（Koronis）对阿波罗不忠，一只乌鸦将其不忠之事告知了阿波罗，阿波罗听闻此事后勃然大怒，作为惩罚，他将乌鸦的羽毛从白色变为黑色。[283]

之后，阿波罗又把儿子阿斯克勒庇俄斯交给“半人半马的喀戎（Cheiron）抚养。这个孩子被起名为阿斯克勒庇俄斯，善良的（医师）喀戎向他传授了很多知识，同时他天生便具有超人的能力，且熟知各种草药的疗效，掌握了医学知识与手术技能，这些知识都是前所未有的。他不仅能够治愈那些生病

① 古希腊神话中的太阳神，掌管音乐、诗歌和预言。

的、受伤的乃至垂死的病人，甚至还能使死人复生”。[284]

在史诗《伊利亚特》(*Iliad*) 中，荷马提到阿斯克勒庇俄斯的两个儿子——波达利里俄斯（Podaleirios）和玛卡翁（Machaon）——均是特洛伊战争（Trojan War）期间的希腊医生。“阿斯克勒庇俄斯的两个儿子都是领导者，即狡猾的医生波达利里俄斯和玛卡翁。”[285] 据信，特洛伊战争发生在公元前 1250 年左右。[286]

现在人们尚不清楚“阿斯克勒庇俄斯是一出生便是神，还是原本是个凡人，后来才成了神”。[287] 希波克拉底吹嘘自己是阿斯克勒庇俄斯的嫡系子孙，这说明“即使在那些希腊历史上最具哲学思维、最积极的学者中，神话传说也具有广泛的影响”。[288]

不论阿斯克勒庇俄斯来自何处，是人抑或是神，古希腊的“祭司医生团体”[289] 被称为阿斯克勒庇俄斯医学世家（Asclepiadae），他们说阿斯克勒庇俄斯是其祖先，并据此树立了他们作为医生的威望。“希腊很多地方建立了健康神庙，被称为医神庙（Asclepia）……这些神庙成为病人的收容之地，众多病人纷纷前往求助，就像现在的病人去医院和水疗所求医一样……这些神庙大多位于温泉或者药泉附近。”[290] 在古希腊，医神庙随处可见，至公元前 5 世纪更是愈发普遍。[291]

目前尚不清楚这种阿斯克勒庇俄斯医学世家的医术到底在多大程度上是科学的，又在多大程度上依赖于迷信。[292] 他们“竭尽所能地为病人治病，既使用了充满迷信的想象，也使用了更加理性的方法，这些方法是通过对疾病现象的观察和耐心研究而得到的”。[293]

阿斯克勒庇俄斯医学世家的医生们并非古希腊仅有的医生。在《泰阿泰德篇》(*Theaetetus*) 中，柏拉图认为助产士们都是“可敬的女性”。[294]“通过使用药水和咒语，她们可以按照自己的意愿使孕妇开始阵痛或者缓解阵痛；她们可以使生育困难的女性生育；在她们认为需要的时候，还能够将胚胎扼杀在子宫内。”[295]

在早期的医学领域，迷信与宗教是必不可少的，因为有很多疾病并没有明显的病因。既然无法观察到病因，人们只能相信是超自然力量造成了这些疾病。“在原始社会和古代社会，人们体内的疾病常常被认为是奇怪的事情，认为这不可能完全是自然产生的。”[296]“在《伊利亚特》和《奥德赛》（*Odyssey*）这两部史诗的每一个诗篇里，人们都认为是神导致了疾病的出现……因为对于荷马及其所处的社会而言，人体内的疾病都是神导致的。”[297]

为了惩罚罪恶，众神会散播疾病。[298]在《伊利亚特》第一卷中，阿波罗用箭散播疾病。“他怒满胸膛，气冲冲地一路疾行，箭枝在背上铿锵作响；他来了，像黑夜降临一般，遥对着战船蹲下，放出一枝飞箭，银弓发出的声响使人心惊胆战……焚尸的烈火熊熊燃烧，经久不灭。”[299]

有确凿的证据表明，希波克拉底并不是“第一个摒弃迷信，以归纳性的哲学原则为基础开展医学研究的第一人”。[300]他之所以被誉为“医学之父”[301]，是因为他在那个时代的杰出地位，因为他流传后世的大量著作，因为他所创立的医学学派。而在公元前 6 世纪，魔法与医学是融为一体的。医生们经常使用符咒、祷文、咒语、祈祷与其他各种迷信仪式。至公元前 4 世纪，希波克拉底及其同事确立了科学的医学概念之后，魔法已经不再被认为是医学的正统了。[302]

公元前 430 年的雅典瘟疫

希波克拉底在那个时代声誉远播，有一个原因是他曾经周游各地。他去过“色雷斯、提洛斯岛（Delos）、塞萨利（Thessaly）、雅典以及其他很多地方……所到之处，他都曾行医救人，或许也曾传授医术”。[303]公元前 430 年，当一场严重的瘟疫横扫雅典时，希波克拉底很可能就在那里。据报道，他曾经试图用“点火焚烧”的方式扑灭瘟疫。[304]

修昔底德（Thucydides）毫不隐讳地客观描述了雅典当时的疫情。“瘟疫第一次在雅典爆发……在记录中，任何地方都没有发生过如此严重的瘟疫，也从未出现过对人类生命造成如此巨大损害的情况。一段时间里，医生们对这种疾病一无所知，他们试图使用各种疗法，但却毫无效果，因为这些医生总是要接触患病的人，他们自己也成为第一批在瘟疫中死去的人。人类的任何技艺在这场瘟疫面前都毫无用处。”[305]

“这场瘟疫造成的惨状无法用语言描述，其对人类造成的苦难也令人无法忍受。有一个特别的情景能使人们看出这场瘟疫与普通疾病的不同之处：虽然有些鸟类和动物一直以人类尸体为食，但是面对如此众多未被埋葬的尸体，它们要么不敢靠近，要么在触碰到这些尸体时立即死亡。”[306]

“在这场瘟疫中，人们感染上疾病的速度之快令人震惊；如果他们相互照顾，就会如羊群一样快速死去；这场瘟疫成为当时最主要的死因……人们一个接一个死去，尸体尚来不及处理。那些垂死之人在街道上爬行，他们爬到喷泉附近，渴望能够喝到一些水。在他们居住的寺庙里，很多人死去，尸体便堆积在寺庙中；在如此严重的灾难之中，人们不知道应该如何行事，便开始无视所有的法律，无论是凡人制定的法律还是神灵制定的律令。”[307]

修昔底德对于这种疾病的症状的描述极其细致且符合事实，没有掺杂任何想象的内容，据此人们可以断定这种疾病是伤寒。[308]“他对观察到的事实进行了简明扼要而又精确无误的描述，这种描述具有不可磨灭的价值，甚至令人感觉他对与他同时代的希波克拉底的习惯和所受训练非常了解。”[309]

希波克拉底文集

希波克拉底文集包含约“60 卷医学作品”，最早的作品撰写于公元前 5 世纪末期和“公元前 4 世纪的前 50 年”。[310]这些作品的作者是何人并不确定，但是很可能大部分最重要的作品为希波克拉底本人所著。[311] 其中最为著名的包括《誓言》(*Oath*)、《古代医学论》(*On Ancient Medicine*)、《圣典》(*Canon*)、《医学传统》(*Tradition in Medicine*)、《流行病》(*Epidemics*)、《预后》(*Prognosis*)、《箴言》(*Aphorisms*)、《神圣病》(*The Sacred Disease*)、《养生》(*Regimen*)与《论空气、水和环境》(*On Airs, Waters, and Places*)。[312]

在巴比伦人和埃及人的所有著作中，没有任何一部作品可以与希波克拉底文集相媲美。埃及的确拥有悠久的医学史，但希腊人对自然主义的创新以及对超自然主义的摒弃是其他国家所没有的。在希腊，关于医学方面的想法和理论都可以在公开场合讨论和辩论。希腊医学"与其他地方的医学截然不同"。[313] 尽管希波克拉底未必是文集中大多数作品的撰写者，但这部文集却定义了西方文明中的医学和医学实践。[314]

《流行病》一文中最早提出了著名的医疗信条"不伤害"。希波克拉底解释道："在治疗疾病时，医生必须树立两个特别的目标，即做好事，或者说是不伤害。"[315] 同样著名的还有一句箴言："人生短暂，医术长久。"[316] 通过这句言简意赅的箴言，希波克拉底确定医学科学是一门需要积累、循序渐进的科学，并认识到这是一种依赖于世代经验累积的活动。

经验主义与自然主义

希波克拉底并非革命性的创新者，其创新都建立在已有的科学传统上，他的一些作品可以佐证这一点。他注意到科学知识与单纯的观点是不同的，并由此认识到科学方法的存在。"科学与观点控制着世界，前者表明我们的知识，后者指出我们的不足。"[317] 他承认医学科学是通过长期的实践和经验积累而建立的。"(医学)是一门长存的技艺，具有确定的原则、明确的规范，长期以来，正是凭借这些原则与规范才有了众多的发现，同时这些原则与规范也在经验中得到验证，其中不会掺杂任何未经证实的假说。”[318]

就医学这样一门极为重要的技艺或者科学而言，经验的重要性早已众所周知。希罗多德曾经提到，巴比伦人“没有医生，但是一旦有人生病，他们就会把病人放置在公共广场，路过此处的人会走过来，如果他们自己也得过同样的疾病，或者知道其他人得过同样的疾病，就会踊跃提出建议”。[319]

在阿斯克勒庇俄斯（医学世家的）神庙中保存了关于疾病症状与治疗方法的书面记录。[320]“因为生病而来此求医的人……数量众多，络绎不绝，他们患病的具体症状、所用的治疗方法以及神赐的疗法都被记录下来并悬挂在神庙之中。”[321]“毫无疑问，希波克拉底所采用的很多治疗方法在此之前早就已经普遍使用了。”[322]希波克拉底所著的《流行病》一文记录了大量的疾病病例，每一个记录皆非常详尽和细致。[323]显然，希腊医生一直保持着细致观察、认真记录的传统。

虽然古希腊医学拥有悠久的经验主义传统，但希波克拉底并未局限于此，他也使用了理论研究的方法（如四体液论①），他认识到应该对原始的经验知识进行理性研究。他曾经说过一条警句：“病机转逝，经验可谬，判断实难。”[324]希波克拉底“对于任何经验的结果都会进行理性的严格核查，不管结果看上去是多么显而易见。严格地说，希波克拉底首先是一个依靠经验与常识的医生。简而言之，其医学体系的基础是一种理性经验，而非盲目的经验社会主义”。[325]

希波克拉底与德谟克利特（公元前460—前370年）生活在同一个时代，显然他非常尊重德谟克利特的学说。[326]塞尔苏斯（Celsus，活跃于约公元25年）认为希波克拉底是德谟克利特的学生，但是同时他又指出希波克拉底是“第一个把这一（医学）研究与哲学研究分隔开的人”。[327]希波克拉底不屑于

---

① 此为希波克拉底提出的人的体质学说，认为人体中有四种性质不同的、来自不同器官的液体：脑有黏液，有冷的性质；肝脏有黄胆汁，有热的性质；胃有黑胆汁，有渐温的性质；血液出于心脏，性质干燥。这四种体液的不同比例的结合构成人的不同体质。

将推测性的哲学应用于医学这样的实用技艺，并认为理论必须调整且服从于实证。在《医学技艺（或科学）》[*The Art (or Science) of Medicine*] 中，希波克拉底宣称："事实远胜于推理。"[328]

在《古代医学论》中，希波克拉底似乎明确地批判了与他同时代的恩培多克勒。[329]"有些人致力于医学研究，但是显然在很多方面受到了欺骗，他们试图将这一研究建立在冷与热、干与湿的假设概念上，试图将死亡和疾病的原因简化为一两个原理。"[330]

希波克拉底解释道，那些自然哲学家没有既定的真理标准。"在医学研究中应当避免求助于假说……（因为）没有一个既定的真理标准。"[331]与哲学家不同的是，医生早就已经把确定的经验作为其"真理标准"了。"然而，在医学领域存在着这样一个（真理）标准；这是一门长存的技艺，具有确定的原则、明确的规范，长期以来，正是凭借这些原则与规范才有了众多的发现，同时这些原则与规范也在经验中得到验证，其中不会掺杂任何未经证实的假说。"[332]

希波克拉底还指出，我们不能信任自然哲学家，因为他们的主要工作是将世间万物简化为一种基本元素，然而他们的各种结论本身又相互矛盾。"他们（自然哲学家）首先提出世间万物皆为一体，这个统一体是一个囊括宇宙的整体；但是对于这个整体到底为何物，他们则会开始争论不休，有人说它是气，有人说它是火，有人则说它是水，还有人说它是土。每一个人得出结论的依据皆为推测和毫无价值的证据。他们开始的时候众口一词，观点一致，之后又对他们所说的内容各执一词，这就说明他们对所讨论的问题一无所知。"[333]

希波克拉底学派反对超自然主义，拥护自然主义，相信因果关系。在《医学技艺（或科学）》中，希波克拉底认为偶然性并不存在，有果皆有因。"当我们审视偶然性这个词时，它毫无意义。每一件事情都有其确定的原因，而这个原因本身又是在此之前的另一个原因的结果。因此，偶然性并不存在，它只是那些无知的人用来解释他们无法理解之事的一个借口而已。”[334]

在讨论癫痫的论文《论神圣病》中，作者（即希波克拉底）认为，就像其他各种疾病一样，癫痫也有其自然原因。“就这种所谓的神圣之病而言，我认为与其他疾病相比，它既不神亦非圣，而是如同其他疾病一样，也有自己的自然病因。有人认为其性质和病因是神圣的，只是源于其无知和好奇而已。”[335]

如果癫痫的病因是神圣的，那么所有疾病的病因也都是神圣的了。“我认为这种疾病并不比其他病更神圣；它的性质与其他疾病相同，病因也是如此，这种疾病的性质和病因与其他疾病同样神圣，也如同其他疾病一样可以治愈。”[336]

他还斥责了那些依靠超自然主义的冒名行骗者和江湖庸医。“那些动辄就把疾病归于神灵作祟的人，在我看来就像当今的咒术师、净化师（purificators）、江湖骗子和庸医一样，总是宣扬自己极其虔诚、学识过人。”[337]

希波克拉底在自己的论著《论空气、水和环境》中强调了自然主义。“在我看来，这种疾病与其他疾病同样神圣，没有任何一种疾病会比其他疾病更加神圣或者更加凡俗，而是所有疾病都同样神圣，因为每一种疾病都有其自己的性质，每一种疾病都有其自然原因。”[338]

希波克拉底认为“所有（疾病）都是同样神圣”，[339] 基于这一观点，他就可以将迷信与有神论清晰地区分开来。驳斥迷信并不意味着对神灵不敬，而自然主义也并非意味着无神论。

传染病学

在现代工业化文明中，首要的健康问题是退行性疾病，如癌症和动脉硬化。但是在古希腊和古罗马时代，医生们面对着不同的情况。退行性疾病并不常见，因为那时大多数人的寿命较短，这种疾病尚未出现。当时的预期寿命在 20 到 30 岁之间；食品供应无法保证，很容易受到恶劣天气和其他因素的严重影响；婴儿死亡率很高；只有大约 5% 的人能够活到 60 岁。[340]

希波克拉底学派重视观察，但古希腊医生彼时还没有显微镜，尚不可能知道传染病是由微生物引起的。路易斯·巴斯德（Louis Pasteur，1822—1895 年）与罗伯特·科赫（Robert Koch，1843—1910 年）所倡导的细菌致病说直到 1879 年才被证实并被接受。[341]

由于不知道微生物的存在，希波克拉底学派的医生们集中精力研究了他们可以观察到的自然环境因素，其中最为重要的便是饮食。在他们的治疗方案中，调整饮食最为重要。[342] 除了饮食，他们所考虑的最重要因素都是一些常见的环境因素，如空气、水、气候、地域以及四季变化等。

希波克拉底学派的医生们认识到肥胖和运动不足不利于健康。《论空气、水和环境》一书建议医生研究"居民的生活方式和他们的追求，他们是喜欢过量饮酒和进食，并且好逸恶劳，还是喜爱运动和劳动，并且饮食适量"。[343]

他们认为某些地区的风也会影响健康，导致疾病。[344] 水也很重要，因为"水对健康影响巨大"。[345]"最好的（水）是那些从高地和山地上流下来的；这种水味甜、清澈，可以用来酿酒；这种水夏天热、冬天凉，必定来自深井。"[346]

季节变化被认为是影响人类健康的一个显而易见的环境因素，"因为在不同的季节里，人的消化器官也会发生变化"。[347] 通过细致观察天气，包括风、气温和降水的模式，那些经验丰富的医生就能够"判断这一年里人们是容易生病还是能够保持健康"。[348] 因此，一个聪明的医生应当保持谨慎，"在季节变化最大的时候要尤为警惕"。[349]

希波克拉底学派的医生相信气候能够决定一个种族的气质。"亚洲人之所以不像欧洲人那样热衷于战争，而且性格更加温和，主要的原因就是季节。亚洲的四季变化，不论是从冷到热还是从热到冷，都没有那么剧烈。"[350] 在地中海区域的古典文明中，这是一个普遍的观点。例如，维特鲁威（Vitruvius，约公元前 90—前 20 年）就承认"那些南方国家的人拥有最敏锐的智慧，在制订计划方面极为聪慧”，但是“一旦需要展示勇气，他们就会屈服，因为他们身上的男子汉气概都被太阳蒸发殆尽了”。[351]

四体液论

尽管希波克拉底行医的模式和其继承的传统都强调经验主义，但是还必须构建一个理论框架，以解释环境条件的变化是如何导致疾病的。为此，希波克拉底应用了四体液论（four humors）学说。所谓四体液是指人体内的四种液体——血液、黏液、黄胆汁和黑胆汁。使用四分法对人体内的体液进行划分，自然是符合古希腊自然哲学的划分方式的。希腊人认为有四种元素（土、气、火、水），而世界万物具有四种主要特质（热、冷、湿、干），此外，风也分为四种（东风、西风、北风、南风）。

当外界因素导致四种体液失衡时，便会产生疾病。“只要它们（四种体液）能够保持自然状态，并且在数量、质量与混合上保持恰当的比例，我们的身体就会保持健康。”[352] 因此，放血就是通过减少这种过量的体液来恢复平衡，月经周期的存在即说明自然本身也在自证这一过程是有益的。[353]

《自然人性论》（*On the Nature of Man*）解释了这一理论。“人体包含了血液、黏液和两种胆汁——黄胆汁和黑胆汁；人体本质上是通过这四种体液享受健康或者忍受疾病。当每一种体液的数量和力量皆处于恰当的比例时，人体便是健康的，尤其是当这四种体液适当地混合在一起时，人体会更加健康；如果任何一种体液过多或者过少，或者混合比例失调，人体便会生病。”[354]

四体液论的学说源自细致的观察，这些体液都是“常见且可以被感知的”。[355] 例如希腊医生们注意到，黏液“一到冬季便会在人体内大量积聚”，[356]“胆汁……会出现在呕吐和腹泻时”。[357] 在之后长达 2000 余年的时间中，四体液论一直是占据主导地位的医学理论。

养生之道与治疗之法

四体液论并不能解释所有的疾病，能够解释一场瘟疫的唯有影响所有病人的因素——糟糕的空气。[358]“无论何时，大量病人在同一地点、同一时间染上同一种疾病，对此，我们只能归因于一个共同的病因，即空气。既然一种疾病感染了所有的人，那么病因就绝非饮食。”[359]

治疗始于恰当的养生饮食，这种饮食是为了保持健康和预防疾病而设计的。通过调整和改变饮食以适应季节变化的需要，四种体液便可以保持平衡了。这些体液“会随着季节的变化而增加或减少”。[360]饮食要根据“年龄、季节、居住之地和体质进行调整”。[361]

推荐的锻炼方式包括散步、跑步和摔跤。[362]医生们从运动员那里受益良多。在《古代医学论》中，作者指出“那些一直从事体操运动和锻炼的人总是能够有一些新的发现，他们专注于锻炼，通过吃喝某些东西，身体得到改善，且越来越强壮”。[363]

在《理想国》一书中，柏拉图指出，养生饮食的做法最早是一位运动教练赫罗迪科斯（Herodicus）提出的。“在赫罗迪科斯之前，阿斯克勒庇俄斯的门徒们并没有采用我们现在的医疗体系，可以说更多的只是在消除疾病。作为教练的赫罗迪科斯虽然自己体质羸弱，但却找到了一种训练方法，首先用于自身，后来又推荐给世人。”[364]希波克拉底有可能即为赫罗迪科斯的学生。[365]

对于现代医生而言，保持身体健康并非首要的考虑，他们最重要的任务是在疾病发生之后给出有效的治疗。与之相反，希波克拉底最关注的是通过适当的养生饮食和锻炼保持健康。在《健康养生法》（*A Regimen for Health*）中，希波克拉底解释道：“一个聪明人应该明白健康才是其最珍贵的财产。”[366]

但如果养生之法无效，希波克拉底学派的医生们也有一系列的药物和手术可用。即使是在希波克拉底生活的时代，草药的使用历史也已有数百年甚至是数千年。大约在公元 25 年，塞尔苏斯写道："就连那些最愚昧的部落也对草药的使用有所了解。"[367] 佩达努思·迪奥斯科里德斯（Pedanius Dioscorides）大约在公元 50 至 70 年之间撰写了《药物志》（*Materia Medica*），其中收集了 1000 多种治疗方法，700 种是草药或植物疗法。[368]

希波克拉底研制了泻药、麻醉剂、利尿剂与发汗药。[369] 希波克拉底学派的医生们使用的医用草药包括苦瓜汁、药西瓜、鹿食草、曼陀罗草（曼陀罗）和天仙子。[370] 希波克拉底可能还从罂粟中提取了具有麻醉作用的物质。[371] "当时的人们虽然知道放血法，但是实际使用并不多。"[372] 希波克拉底和其同事们甚至还会做手术——他们能够切开血管，"在头颅上穿孔"，还有"打开胸腔"。[373]

通过观察与推理，希波克拉底和同事们把医药技术发展成为一门科学。他们提出了理论，但理论研究必须受制于确凿的事实。这些医生的方法和经验是否对自然科学家产生了重要影响，这一点尚存疑问。哲学家们往往对实用技艺和应用科学不屑一顾，哪怕是对于医学这种不可或缺的技艺也不例外。

7. 希波战争（约公元前 499—前 448 年）

马拉松战役（公元前 490 年）

在公元前 6 世纪，地中海东岸最强大的国家是波斯帝国。从公元前 559 年到前 500 年，希腊人不断扩张并巩固了领地。至公元前 490 年，古波斯帝国所控制的区域东至印度，北达俄罗斯，西抵埃及，希腊的爱奥尼亚也在波斯人的统治之下。波斯国王大流士（Darius）几乎控制了古希腊人所知道的整个世界，只有欧洲尚没有沦于波斯人的控制之下。

在其经典之作《从马拉松到滑铁卢：改变世界的十五大战役》（*The Fifteen Decisive Battles of the World from Marathon to Waterloo*）一书中，英国历史学教授爱德华·谢泼德·克雷西爵士（Sir Edward Shepherd Creasy，1812—1878年）描述了波斯帝国的疆土之广以及他们所向披靡的战斗力。

> 在大流士时代，除了中华帝国之外，我们所知的所有古代亚洲大国都被波斯征服了。印度北方人、亚述人、叙利亚人、巴比伦人、迦勒底人、腓尼基人、巴勒斯坦各民族、亚美尼亚人、巴克特里亚人、吕底亚人、弗里吉亚人、帕提亚人和米底人，所有人都要臣服于这位伟大国王的权威。米底人的地位仅次于波斯人，这一帝国常常被称为米底人的帝国，或者米底人和波斯人的帝国。埃及与昔兰尼都是波斯的行省；小亚细亚和爱琴海岛屿上的希腊殖民者都成为大流士的臣民；他们勇敢地斗争，试图摆脱波斯人的枷锁，但是这些尝试全部失败了，这不仅使波斯人的统治更加牢固，而且使人们普遍认为，在战场上，希腊人绝非波斯人的对手。大流士发动的斯基泰战争虽然没有达到直接目的，却征服了色雷斯和马其顿。从印度河直到佩纽斯河，都成为其疆域。[374]

波斯帝国通过总督制维系其统治。所谓总督（satrap）是指一个行省的长官，他效忠于波斯国王，他所管辖的区域被称为总督辖地（satrapy）。“总督是该省行政机构的负责人，他负责收税，控制地方官吏、属地内的部落和城市，也是该省的最高法官。”[375] 帝国通过总督制统治所征服的土地和人民。他们可以保留自己的宗教，管理自己的内部事务，但是他们必须向波斯纳贡并服兵役。波斯君主在战争方面拥有绝对的权力，任何不服从命令的人都会受到严厉的惩罚。

公元前500年左右，波斯国王大流士决定征服欧洲。假使他当时取得成功，新生的希腊文化可能就会被彻底击溃而不复存在了，而古希腊文明正是构成西方文明的基石。克雷西认为波斯统治的性质和方式是不利于文化发展的，专制主义与国教的确立都限制了哲学与科学的发展。

> 历史上所有亚洲强国建立的都是绝对的专制主义政权……我们还应该记住，国教与立法之间还存在着密不可分的联系，这种关联盛行于东方，而且在东方还一直存在着强大的宗教团体，这种宗教团体会对皇权进行制约——虽然这种制约并不可靠，也并不规律——他们掌握着民政管理权，声称对教育拥有最高控制权，规定了文学与科学发展的路径，还在法律上限制了人们对其进行反抗的权利。[376]

在希腊，宗教团体没能掌权，因为“军事贵族”抢占了先机。[377]伯奈特认为正是科学的发展遏制了宗教对于知识界的扼杀，他解释道：“拯救希腊的与其说是神职人员的缺失，倒不如说是各种科学流派的涌现。”[378]

克雷西认为希腊文化具有创新性和原创性，波斯文明则是独裁专制和停滞不前的。“在文学与科学方面，希腊没有遵循任何先例，也没有接受任何限制性的规则……希腊人多才多艺，孜孜不倦，大胆进取，充满自信，与东方人习惯性的安静和顺从形成了鲜明的对比。”[379]

公元前5世纪初，大流士的征服计划因爱奥尼亚的希腊人叛乱而被推迟。希罗多德记录道：“整个爱奥尼亚都在反抗国王。”[380]公元前499年，爱奥尼亚的米利都城成立了宪政政府，爱奥尼亚其他地区也都驱离了本地的暴君。爱奥尼亚人向希腊求援，“雅典人派遣了一支由20艘舰船组成的舰队，还有5艘埃雷特里亚人（Eretrians）的三列桨战船”。[381]

公元前498年，在这些三列桨战船抵达之后，爱奥尼亚人“进攻了萨迪斯城并占领了这里……整个城市都处于他们的控制之中……他们放火烧毁了萨迪斯城，被烧毁的建筑物中还包括供奉当地女神西布莉（Cybelé）的神庙；后来波斯人便以此为借口焚烧了希腊庙宇”。[382] 雅典人和埃雷特里亚人撤回了他们的战船，但这次叛乱的成功引发了其他被占领的希腊城市和殖民地的反抗。

波斯人直到多年之后才有效地应对了这些叛乱，但在公元前495年，他们还是赢得了一次具有决定意义的海战胜利。爱奥尼亚的“城市一个接一个地陷落”。[383]“波斯人在海战中战胜爱奥尼亚人之后，便从陆上和海上同时围攻米利都……在经过漫长的战斗之后，最终他们占领了城堡和城市，这时距离爱奥尼亚人的第一次叛乱已经过去六年了……（波斯人）杀死了绝大多数的男人，妇女和儿童则沦为奴隶。”[384] 在其他爱奥尼亚城市，“最为貌美的希腊青年和处女被挑选出来，作为太监和后宫的侍女被分配给波斯贵族”。[385] 此后一年，爱奥尼亚人的叛乱被彻底粉碎。

在镇压了爱奥尼亚人的叛乱之后，大流士与他们签订了较为宽松的协议，叛乱领导者要么被处死，要么被流放了，但这些爱奥尼亚城市还是被允许建立民主政府，他们的纳贡比例也算合理。大流士并不想与爱奥尼亚人为敌，他当时已经计划利用爱奥尼亚的海军进攻希腊了，之后他果然将复仇的矛头对准了曾经帮助过爱奥尼亚人的雅典人。

> 大流士国王收到了雅典人和爱奥尼亚人占领并烧毁萨迪斯城的消息；同时他还得知，这一联盟的始作俑者，也是整个事件的谋划者是米利都人阿里斯塔格拉斯（Aristagoras）。据说他乍一明了发生的一切，便不再考虑爱奥尼亚人的问题了，因为他相信这些爱奥尼亚人将为他们的叛乱付出惨痛的代价。他问道：“是那些雅典人？”在

了解情况后，他命人拿来自己的弓，把箭放在弓弦正中，向天空射去，吼道："朱庇特，请保佑我向雅典人复仇！"之后，他要求奴仆每天都要在准备好晚餐后向他重复三次这样的一句话——"主人，一定要记得雅典人。"[386]

为了进攻希腊，大流士组建了一支庞大的军队。在为战争做准备的同时，他还向希腊以及附近岛屿的城邦派出特使。大流士的使臣们要求这些城邦投降，投降的象征性方式是提供"土和水"，以代表接受附庸国的地位。"大流士决定验证（测试）希腊人，看看他们的想法是意图武力抗拒还是准备投降。因此，他向希腊各地派出传令官，命令这些传令官要求各地向国王进贡土和水。"[387]

希腊大陆上的许多城邦投降了，几乎所有的岛屿殖民地也都投降了。他们都曾目睹波斯人是如何轻松地镇压了爱奥尼亚人的叛乱，对于抵抗大流士可能带来的后果，他们心存恐惧。但希腊城邦中最大也是最强的两个——雅典和斯巴达——却拒绝投降。"（大流士的）信使们在雅典被扔进专为惩罚犯人而挖的深坑，在斯巴达被扔进了深井之中，他们被要求自己去取土和水交给他们的国王。"[388]

大流士任命米底将军达提斯（Datis）统帅进攻希腊的军队，命令达提斯彻底征服希腊并使之臣服于波斯帝国。他还签发了针对希腊城邦雅典和埃雷特里亚（Eretria）的特别命令，这两个城邦都曾援助过爱奥尼亚人的叛乱。达提斯必须俘获雅典人和埃雷特里亚人并将其作为奴隶带到大流士面前。

公元前 490 年夏末或秋初，由 600 艘战船组成的舰队出发了。他们先在埃维亚岛（Euboea）登陆，这是紧靠希腊海岸的一个大岛，登陆后他们便开始进攻埃雷特里亚。埃雷特里亚人成功地进行了六天的保卫战，到了第七天，他们的两个首领却出卖了他们。波斯人"一进城就劫掠并焚烧了城内所有的神庙，以此报复希腊人在萨迪斯城焚烧波斯神庙的做法；而且，他们也是奉了大流士的命令（才这样做的），之后把城内居民作为俘虏带走了”。[389]获得胜利的波斯人认为他们很快就能打败雅典人，把他们和埃雷特里亚人一起带回波斯。

公元前490年秋，波斯人在雅典东北部的马拉松（Marathon）平原登陆，没有遇到丝毫抵抗。欧洲的安危命悬一线，如果雅典陷落的话，那么唯一能与波斯一战的希腊城邦就只剩下斯巴达一个了。尽管斯巴达人英勇善战，必将战至最后一人，但是仅仅依靠斯巴达人也无法战胜波斯大军。如果波斯人真能战胜雅典人，那么其他希腊城邦只会加入波斯帝国，而不会与之一战，面对战败的灾难。波斯人进攻的势头可能是锐不可当的，而西方文明有可能会被扼杀在摇篮之中。

> 在希腊的西侧，没有任何城邦可以阻挡波斯人的进攻，如果波斯果真占领希腊的话，就能将希腊作为今后军事行动的基地。罗马此时正处于其最为羸弱的时期……如果波斯人在马拉松战役中击败雅典人，大流士的进攻之路便再无阻碍，这位被欧马兹特（Ormuzd）[390]选中的仆人就可以把已知的所有西方民族都纳入其统治范围了。欧洲的新生力量就可能会被这种横跨全球的征服所击溃，那么世界史就会像亚洲史一样，只剩下专制王朝的兴衰、野蛮部落的入侵，以及数百万人民在王权、教权和刀剑之下的精神与政治屈从。[391]

雅典人派人跑到斯巴达寻求援助，斯巴达人却拒绝前来救援。出于宗教上的顾虑，他们要等到月圆之夜才能出发。“斯巴达人也想援助雅典人，却无法立刻向他们提供帮助……他们只能等待月圆之夜。”[392]

雅典人紧急派遣一支军队赶赴可以俯瞰马拉松平原的高地，平原之上，波斯人已经安营扎寨。“这些雅典人是10,000名重装步兵，包括——也可能不包括——1000名来自普拉提亚（Plataea）的士兵……我们完全不知道波斯军队的人数，关于这支军队也没有什么确定的信息，我们只知道他们的力量远远超过希腊军队。”[393] 波斯军队的人数在50,000左右。[394]

指挥雅典军队的是十位将军和一位统帅——卡利马科斯（Callimachus）。这些将领对于如何作战立场不一，五位将军投票支持立即发起进攻，其他五位将军则认为应该等待斯巴达的援军。其中一位将军是米太亚德（Miltiades），他曾在东部与波斯人作战，对于波斯人的战术了如指掌。“（米太亚德）是这样一个人，他不仅拥有无人可比的军事天赋，而且精力充沛，他的这种性格与理念影响了那些不如他强大的人。米太亚德是雅典最为高贵的望族领袖：他的祖先属于埃阿喀得斯（Aeacidae）家族，这位马拉松战役英雄的身上流淌着希腊英雄阿喀琉斯的血液。”[395]

米太亚德认为应该立即发起进攻。他和其他雅典人都知道，埃雷特里亚人之所以失败，是因为被内奸出卖。等待的时间越久，那些意图叛变的人便会愈发确信波斯人必将征服雅典，他们就更有可能会帮助波斯人打败雅典，从而提高自己的地位。而波斯人也深明这一点，所以他们乐于等待，静待雅典人的抵抗意志自行瓦解。

波斯军中有一个人叫希庇亚斯（Hippias），他是雅典当地人，曾经还是雅典暴君，被雅典人民推翻后逃亡到了波斯。在波斯，他恳求大流士帮助他夺回雅典。作为回报，他主动提出会将他治下的雅典作为波斯帝国的一个附庸国。既然波斯军队现在已经在希腊海岸登陆，叛徒希庇亚斯迫切地期待着重掌政权。

在会议上，米太亚德主张立即展开进攻。

> 现在就看你的决定了，卡利马科斯，是让雅典人沦为奴隶，还是保证雅典的自由，并建立您的千古英名——就连哈尔摩狄奥斯和阿

里斯托革顿①都无法比拟的英名。自雅典民族形成以来，从未像现在这样面对如此巨大的危险。如果他们向米底人卑躬屈膝，他们就得成为希庇亚斯的臣民，你也知道他们将会遭受何种苦难。但如果雅典人能够在这场战争中获胜，雅典就会成为希腊最强大的城邦。你投下的一票将会决定我们是否现在就开始战斗。如果我们不能现在就开始战斗，一些阴谋分子就会在雅典人民中制造分裂，就会有人将这座城市出卖给米底人。如果我们能够在雅典出现问题之前就开始战斗，我相信只要诸神能够保证公平竞争，不偏不倚，我们就能够在战争中获得最好的结果。[396]

米太亚德说服了卡利马科斯，这次投票的结果是立即进攻这一选择以微弱的优势胜出。米太亚德负责战场指挥，他必须面对的一个问题是如何进攻一支比己方更为强大的军队。希腊的重装步兵身披厚重的青铜铠甲，手持令人心惊的八英尺长矛，这就是他们的主要武器。他们通常采用的战术是组成一个八人方阵，势不可当地一起前进。但是在这次战斗中，因为人数太少，米太亚德不得不改变战术。为了延长进攻线并避免被从侧翼包围，他只好削弱中心的战力以保持左右两翼的战力。

米太亚德没有采用通常的渐进行军方式，而是命令其部下奔跑大约 1.6 千米以逼近波斯军队。这些雅典士兵很轻松地完成了这一任务，虽然他们携带的长矛、短剑、盾牌和盔甲总重量在 50 到 70 磅（23 至 32 千克）之间。

希腊人向波斯人逼近。“一接到进攻的命令，希腊士兵便向野蛮人冲去。现在两军之间的距离只有 8 弗隆（1600 米）。当波斯人看到希腊人快速冲来时就做好了应战的准备，但他们觉得这些希腊人已经失去理智，在自寻死路——

① 哈尔摩狄奥斯（Harmodius）和阿里斯托革顿（Aristogeiton）是古希腊的两位弑杀僭主者，被视为捍卫民主的英雄。

只有少数步兵冲过来，既没有骑兵也没有弓箭手。”[397]

战争开始的时候，波斯人击退了希腊方攻击线上比较薄弱的中间一部分力量，但希腊人很快重新组织了进攻。同时，更为强大的希腊军队两翼开始彻底击退波斯军队。随着两翼开始合围、进攻波斯军队的中间部分，波斯军队变得惊慌失措而节节溃败。雅典人一直追击到海岸上，并试图焚烧波斯战船，但是大部分的波斯战船还是逃脱了。

取得胜利后，希腊军队并没有休息，米太亚德命令他的部队连夜赶赴雅典，而且必须在第二天天亮前抵达。他预计波斯战船会驶往雅典，摧毁他们身后的这座城市。第二天早晨，当波斯舰队到达时，他们看到了前一天刚刚打败他们的同一支部队。沮丧的波斯人只好撤回波斯。

根据希罗多德的记载，在马拉松战役中共有 6400 名波斯士兵阵亡，而希腊方仅有 192 人阵亡。[398] 希腊人能够在马拉松战役中大获全胜，有两个决定性因素。首先，希腊重装步兵的装备和武器更精良，而波斯步兵只有柳条编织的盾牌，还缺少护身的铠甲，其武器只有短剑；希腊重装步兵身披青铜铠甲，手持用铁加固的厚重的木质盾牌，主要的武器是八英尺长的长矛，令敌人闻风丧胆。

希腊人击溃波斯军队的第二个原因是心理因素。波斯军队的士兵来自不同的国家，因为国籍、语言和文化等原因而存在着隔阂。波斯军队是“由等级差异巨大的臣民组成的”。[399] 与此形成鲜明对比的是，希腊军人习惯于和同袍肩并肩地作战，这些士兵从儿时起便在一起训练。雅典人刚刚驱逐了他们的独裁者，对民主自由充满了期待。他们知道，一旦失败自己就将成为奴隶。希腊人非常看重自由，而他们自己也在实行奴隶制，这似乎是个悖论。实际上，在古代世界，无处不在的奴隶制只会使人们更加珍视自由。

克雷西在评价马拉松战役的重要性时指出，这场战争对于西方文明的未来发展至关重要。“马拉松战役对于这两个国家而言都是一个极其重要的历史事件。这一战役彻底打破了波斯人不可战胜的说法，曾经有很多人都笃信这种说法……这场战争为人类保存了希腊的知识宝库，保护了自由制度的发展，确保了西方世界的自由启蒙，保证了欧洲文明的伟大原则能够世代相传。”[400]

斯巴达

直到十年之后，波斯人才试图一雪马拉松战役大败之耻。这一次，希腊城邦斯巴达的重装步兵将面对波斯人第一波攻势的冲击。

斯巴达人是多利安人（Dorians）的后裔，公元前1000年前后，多利安人入侵希腊，他们征服了当地人并使之为奴。斯巴达人分为三个等级：多利安入侵者的后裔成为斯巴达公民，是自由民；当地人的后裔被称为“赫洛特人”（helots，即奴隶），是斯巴达人的奴隶；第三种人被称为“裴里欧齐人”（perioeci，即城市周围的居民）[401]，他们在斯巴达也是自由民，但并不具有公民身份。裴里欧齐人在斯巴达城邦的发展中发挥了关键作用，他们从事手工业和商业，而斯巴达人自己是不屑于从事这些行业的。

与雅典人不同的是，斯巴达人并不看重艺术、文学、哲学或者建筑。在《伯罗奔尼撒战争史》（*History of the Peloponnesian War*）中，希腊历史学家修昔底德注意到斯巴达缺乏宏伟的建筑。“他们的城市没有正规的建筑，也没有壮美的神庙或者其他宏伟建筑；这座城市就像古希腊（Hellas）的一个古旧小镇，一片破落衰败的景象。”[402]斯巴达为人称道的是其政府的稳定、军事实力的优势地位以及斯巴达公民对于斯巴达制度的忠诚与奉献。

斯巴达制度的始创者是来库古（Lycurgus，约公元前800—前730年？）。在来库古改革之前，斯巴达的“政府是希腊城邦中最差的”。[403]大概公元前4世纪，色诺芬（Xenophon，约公元前431—前355年）在著作中写道，斯巴达之所以能够成为强国，主要是因为其政治和文化制度。“斯巴达是所有城邦中人口最少的，却成为希腊最强大、最著名的城邦，我很奇怪他们是如何做到这一点的。但是当我考察了斯巴达的制度后，就不再感到奇怪了。”[404]

普鲁塔克（Plutarch，约46—120年）认为，来库古的政治思想有一些是模仿他人的，其他则是其原创的。“他首先来到克里特岛（Crete），在这里考察了多种政府形式，结识了当地的主要人物，非常赞同他们制定的一些法律，便决心在自己的国家实施这些法律，至于另外的很多法律，他认为是毫无用处的。”[405]

来库古制定的制度并非单纯的民主制度，而是融合了不同政治制度。当有人问来库古民主制度是否可行的时候，他回答道：“开始吧，朋友，你可以在你自己家里建立民主制度。”[406]

斯巴达有两位权力相同的世袭国王，还有一个由28位60岁以上的男性公民组成的元老院。有时，所有30岁以上的男性公民会一起开会，就某些问题进行投票。而权力最大的是由五位监察官（ephor）组成的行政会（executive council），这些监察官由公民普选产生。行政会掌握了国家大部分的权力，在有足够理由的情况下，他们甚至可以罢黜国王。

很难对斯巴达的政治制度进行分类。一位历史学家认为“这种政治制度实际上是一种封闭、不择手段而又人人遵守的寡头政治”。[407]在《政治学》一书中，亚里士多德认为斯巴达制度是多种制度的混合体。“这一制度包含了寡头政治、君主制和民主制度，国王代表君主制，元老院代表寡头政治，而监察官则具有民主制度的元素，这些监察官都是从人民之中选举出来的。”[408]

斯巴达政府中权力最大的当属由监察官组成的行政会。这一机构成立之初“不过是国王的下属和助手”，[409]后来这些监察官的权力逐渐增加，权势之大足以“使国王忍受着无法忍受的羞辱，而无所作为”。[410]“内部治安与外交事务都由这些监察官决定，他们行使权力的方式接近于专制主义，而且还无须承担责任。”[411]

来库古在斯巴达推行的制度构建于公元前 8 世纪或者前 9 世纪，并在之后的四五个世纪里始终保持着主导地位。修昔底德指出：“（斯巴达）政府制度保持了 400 多年没有变化，直到伯罗奔尼撒战争结束（公元前 404 年）。其杰出的宪法使斯巴达如此强大。”[412]

但是到了公元前 3 世纪，斯巴达的制度开始恶化。“在所有的希腊城邦中，斯巴达的衰退最为严重，其优势地位早已不复存在，斯巴达所特有的训练和纪律在各个方面都退化了。”[413]

斯巴达禁止将法律写成文字。普鲁塔克说：“来库古从不允许将他制定的法律记录成文，不仅如此，还有一条律令（rhetra）明确禁止这样做。”[414] 因此，年轻人必须将所有的律条牢记于心。来库古认为，只有当人们的头脑里和心中有法律，法律才有可能发挥作用。每一个斯巴达人最重要的责任就是遵守法律。“在斯巴达，每一个公民都恪守法官的命令和法律。”[415] 色诺芬如是总结道：“斯巴达是唯一一个在社会中培养荣誉感和美德的城邦，因此自然会比其他所有城邦都更胜一筹。”[416]

来库古制定这些制度，旨在消除因为文明发展与追求财富而导致的道德沦丧。他强调了自律、朴素和为国效力的精神。来库古“实现了他的目标，成功地使 8000 至 9000 名斯巴达公民养成了无与伦比的习惯，他们服从命令、大胆刚毅、克己忘我，且具有一流的军事素质”。[417] 斯巴达还禁止金币和银币在社会中流通。“他（来库古）下令回收所有的金币和银币……在一个没有货币的国家……多种罪恶很快就从斯巴达消失了；谁会为了这样一枚硬币而抢劫别人呢？为了一件既不能藏匿又没有任何价值，即使切成碎片也毫无用处的东西，谁又会随意扣押、巧取豪夺或者接受贿赂呢？……对于奢侈品而言，一旦滋养和助长奢侈之风的环境一点点消失，奢侈品也会一文不值，自行消失。”[418]

普鲁塔克说，来库古改革甫一开始，政府便没收了原本被一些富人持有的土地并将其平均分配给公民。“（来库古）使他们放弃了自己的财产，并同意重新划分土地，他们还同意所有人都应该在平等的基础上共同生活；一个人迈向辉煌的唯一途径就是美德，对恶行的厌恶和对善行的赞扬是区分人与人之间差异的唯一标准。”[419] 但是乔治·格罗特（George Grote，1794—1871 年）对普鲁塔克的说法提出了质疑，他指出“所有的史料都证明斯巴达人所拥有的财产差异巨大”。[420]

法律规定所有人都必须在公共食堂进餐。

> 这位伟大的立法者（来库古）采取的第三条措施最为高明，通过这一措施，他更加有力地打击了奢侈之风和对财富的贪婪。这项法令的内容是：所有人都必须一起进餐，吃同样的面包和肉，食物的种类也是统一规定的；还规定任何人都不得长期在家生活，在贵重的卧榻上休息，使用豪华的桌子，依赖商人和厨师生活，而自己却无所事事、肥头大耳，就像贪婪的野兽一样。这样不仅会腐蚀他们的思想，也会毁掉他们的身体，因为过度放纵会使他们身心俱疲，需要长时间的睡眠、温暖的沐浴，而且不能工作。总之，他们就像长期生病的人一样需要照顾和关怀……富人也不得不和穷人在同一张桌子上进餐，无法再利用或者享受他们的财富，也无法再观赏或者炫耀这些财富并以此满足自己的虚荣心。[421]

色诺芬解释说：“当所有人都以这种方式共同进餐时，怎么会有人因为暴饮暴食或者酗酒而毁灭自己或者自己的家庭呢？”[422]

来库古的改革中，最重要的是对包括女孩在内的所有儿童进行教育。女孩同男孩一样，都必须赤身裸体地进行体育锻炼。这些公开展示在任何意义上都与淫秽无关，其目的在于培养一种看重强健身体的文化。斯巴达人知道自己的裸体会公开展示，因此更有动力锻炼身体，以避免肥胖和身体的退化。

在《理想国》一书中，柏拉图说："先是克里特人，之后是斯巴达人，都推行了裸体锻炼的习惯。"[423]起初，人们觉得这种做法是"可笑的、不适当的"，但是"经验表明，对于任何事物而言，与其遮遮掩掩，远不如完全暴露来得好，在理性的原则面前，那些外人的嘲讽都会烟消云散"。[424]

无论是男孩还是女孩，所有的儿童都要学习奔跑、摔跤、铁饼和标枪运动。普鲁塔克说："他（来库古）命令女孩们练习摔跤、奔跑、投环[425]和投掷飞镖……并且他（来库古）还命令这些年轻女性必须和男性一样裸体进行这些训练，跳舞的时候也必须裸体。"[426]斯巴达年轻人未必是完全裸露，乔治·格罗特认为"他们可能是穿着一件短袍，短袍的下摆剪开，这样就可以便于肢体运动，同时也暴露了肢体——因此普鲁塔克才会说他们完全是裸露的"。[427]

与希腊其他城邦相比，斯巴达的女性拥有更多的自由和更高的社会地位。不同于其他的希腊城邦，斯巴达的女孩要学习阅读和写作，女性能够识字意味着斯巴达整体的文盲率是希腊社会中最低的，而且女性还可以拥有财产并积累财富。在《政治学》一书中，亚里士多德指出，"整个国家2/5的财富掌握在女性手中"。[428]

由于大部分的男人忙于军事任务，妻子们就不得不负责家庭财产的管理并操持家务。亚里士多德曾经抱怨过女性对斯巴达治理的负面影响。"无论是国家直接由女性统治，还是国家的统治者们被女性统治，这两种做法有什么差别呢？其结果都是一样的。即使是在战时有效、平时无用的勇气方面，斯巴达女性的影响也是极为恶劣的。"[429]列奥尼达国王（Leonidas）的妻子曾经被问道，为什么只有斯巴达女人才能控制斯巴达男人，她回答道："因为只有我们女人才能生出男人。"[430]

斯巴达的母亲会教育她们的儿子"要么手持盾牌而回，要么战死疆场"。[431]公元前371年，在留克特拉战役（battle of Leuctra）中，底比斯大败斯巴达，终结了斯巴达的霸权地位。普鲁塔克说，那些在战争中牺牲的士兵的家属公开庆贺，而那些幸存者的亲属则躲在家里，充满愧疚。

> 战死者的父亲、亲属和朋友在市集上欢呼雀跃，兴奋地相互致意；相反，幸存者的父亲则只能和女人们一起躲在家中。不得不外出的时候，他们也是心情沮丧，垂头丧气，愁容满面。这些幸存者的女性亲属们更是如此。那些儿子战死沙场的母亲们在公众场合兴高采烈，开心地相互拜访，并在神庙里得意扬扬地聚会；那些期待孩子回家的母亲则会保持沉默，万分不安。[432]

斯巴达人毫不掩饰地实施了优生政策。一个由年长者组成的委员会会检查每一个新生儿。如果一个新生儿被认定过于羸弱或者有缺陷，便会被从悬崖上扔下去。[433] 国家还鼓励丈夫们让妻子与那些更为健壮的男人同房受孕，这种做法也不会被视为通奸。“他（来库古）……命令男人们把妻子交给那些他们认为更合适的男人，为他们生育后代，并以此为荣。”[434]

好战的斯巴达人喜欢音乐。他们最为钟爱的乐器是长笛，他们喜欢用长笛演奏行军乐曲，据说他们行军的步伐踏出了战歌的节奏。

> 当他们的士兵列好战斗方阵，且敌人就在附近的时候，国王便会献祭一头山羊，并命令士兵们把花环戴到头上，再命令吹笛乐手向卡斯托尔（Castor）演奏赞歌，自己则开始吟唱冲锋赞歌。这些士兵聆听着这些长笛演奏的乐曲前进，队列没有丝毫的混乱，心中没有任何的不安，面色也没有任何的变化，平静而又愉快地在音乐的伴随下迈向生死之战，这种景象既壮美又恐怖。秉性如此的人，既不会感到恐惧也不会过于愤怒，而是气概豪迈，镇定从容，充满了希望与信心，宛如有神灵陪伴并指挥他们一样。[435]

斯巴达社会中最为重要的事是对男孩的培养。男孩们七岁的时候就被从母亲身边接走，开始接受持续而严格的军事训练。“一到七岁，他们就会被编入某些连队和班级，在那里按照统一的命令与纪律生活。”[436]男青年也要学习阅读和写作，但体能训练更为重要。“其最关注的事情是使他们成为优秀的臣民，并教他们如何忍受痛苦，如何在战争中获胜。”[437]男孩们必须毫无怨言地忍受痛苦、艰辛与不幸。无论冬夏，他们都很少洗澡，且须露天睡觉。斯巴达人认为水和油会使人的身体柔弱，而冷风和土壤会使人的身体更加强壮，抵抗力更强。[438]

教师必须向年长者和地方官员证明，他们对于学生的惩罚既不过于严厉，也没有太过宽松。针对男孩的教育必须包含那些能够使人赢得战争的美德与意志教育。对于斯巴达而言，要想生存，就必须保持军事上的领先地位，这不仅仅是因为斯巴达与其他国家的战争连续不断，还因为在斯巴达国内，负责耕种农田的农奴数量远远超过了公民的数量。修昔底德解释道：“要记住，在你们所在的城市里，不是多数人统治少数人，而是少数人统治着多数人，之所以能这样，就是因为他们通过成功的战斗赢得了统治者的地位。”[439]

男孩们餐食很少，以此鼓励他们通过盗窃食物来加餐。他们相信成功偷盗所需之物的技能也有助于军事行动。“来库古……允许他们（进行军事训练的男孩们）偷窃特定的东西以缓解本性的需要（饥饿）；他还让男孩们觉得谁偷的奶酪最多，谁就最光荣……显然，意图偷盗者必须整夜保持清醒，使用欺骗手段并布下阴谋；而且如果他想有所收获的话，就必须雇用间谍。通过这些手段，显然就可以使孩子们在保证食物供给上更为老练，并拥有更好的应对战争的能力。”[440]

任何人如果在偷盗时被抓，都会被以鞭打的方式严厉惩罚——并不是因为偷盗行为被惩罚，而是因为无法成功完成盗窃而受惩。据普鲁塔克记载，他本人曾经亲眼看到斯巴达年轻人被鞭打至死。“斯巴达人持续至今（约公元100年）的做法足以使人相信这个故事是真实的，因为我自己就曾经目睹多个年轻人被鞭打至死。”[441]

斯巴达虽然以体能训练而闻名于世，但同时也拥有一种学识上的重要成就。在《普罗泰戈拉》一书中，柏拉图把斯巴达人描述为“受过完美教育”的人。[442]

> 在古希腊所有的城邦中，克里特与斯巴达对于一种古老哲学的贡献最多，这里出现的哲学家比世界上任何国家都要多。但斯巴达人却对此极力否认，视之为机密。他们装出一副无知的样子，因为他们不希望人们以为他们是依靠智慧统治世界……（因为）……如果……他们的过人之处一旦暴露，所有人都会模仿他们的智慧。（这样）你就明白为什么我所说是正确的——斯巴达人……在哲学和推测方面受到的教育是最好的：如果一个人和最普通的斯巴达人交谈，他就会发现斯巴达人并不擅长普通的对话，但是一旦开始严肃的讲演，在整个过程中，他（斯巴达人）都会妙语频出，所说的话言简意赅并一语中的，与之对话者则像婴儿般被操控于掌中。我们这个时代的人以及在我们之前的人都注意到，真正的斯巴达人对于哲学的热爱超过了他们对体育运动的热爱；他们都很清楚，只有受过完美教育的人才有可能说出这样的话。[443]

虽然人们普遍相信，在斯巴达，同性恋和对男童的性侵现象猖獗一时，但是这方面的证据却匮乏且模糊不清。在《希腊同性恋》（*Greek Homosexuality*，1989年）一书中，肯尼斯·詹姆斯·丹佛（Kenneth James Dover）得出了这样的结论：有各种证据表明“公开的和不受压制的同性恋行为……（是）希腊生活的一个显著特征”。[444]但色诺芬对于斯巴达的描述却充满赞词，他说鸡奸行为是被明令禁止的，并且被认为和乱伦一样不道德。

> 如果一个男人表现出的情感仅有对年轻人身体的贪恋，来库古会认为这种行为不可接受，因此他下令，在斯巴达，追求男孩的人不得与之发生亲密关系，规定之严格，丝毫不亚于禁止父母与子女之间乱伦或者禁止同一家庭姐妹之间发生关系的规定。有些人不相信这种情况，对此我并不感到奇怪，因为在大部分国家里，法律并不反对年轻人的爱情。尽管如此，就来库古而言，他还是采取了预防措施。[445]

在柏拉图所著《法义》（*Laws*）中，有人指责斯巴达的制度“有一种倾向，即将古老而自然的爱情降到了低于人类，甚至是低于野兽的情感水平。与其他城邦相比，这一指控更加适用于你的城市（斯巴达）……男人与男人之间或者是女人与女人之间的性行为是违背自然的”。[446] 当然，柏拉图是从雅典人的角度这样写的，而彼时雅典人已经在漫长而残酷的伯罗奔尼撒战争中输给斯巴达了。

斯巴达的训练并非盲目虐待受训者，随着受训的年轻人能力不断增长，其训练的强度也在不断提高。汉弗莱·米歇尔（1883—1970 年）注意到，斯巴达男孩要到十岁之后才会参与竞技体育运动，他说：“我们必须承认，斯巴达人在对待孩子方面是很有智慧的。”[447]

在那个时代，没有机枪、炸弹或者毒气，最强大的力量便是铁一般冷酷的纪律。冲突是个人之间的斗争，受意志和肌肉的支配，充满了鲜血与汗水。要想获取胜利，最重要的素质便是勇气和坚韧，心理素质比身体素质更为重要。一旦战斗方阵出现混乱，则必然战败。[448] 力量与技能必不可少，但是一旦失去信心，力量与技能就会毫无用处。获取胜利的关键是保持有序的队形，破阵而逃的人会散布恐惧气息，从而摧毁希望。

在战斗中，斯巴达人的纪律性极强。与他们并肩作战的都是从七岁开始便共同生活的人。他们一生都尽忠职守，对他们而言，动摇信念或者表现出懦弱是不可想象的。当他们击败敌人时，绝不追击或者屠杀那些逃命的敌军。“因为知道他们（斯巴达人）只杀抵抗者，对其他人则会宽大为怀，故而人们都知道逃跑是保证自己安全的最好方法。”[449] 相反，他们对反对者毫不留情。斯巴达人的这种做法逐渐广为人知，这使得他们的敌人更易选择逃跑。

自从色诺芬时代（约公元前 400 年）开始，很多著书者都表达了他们对于斯巴达制度的钦佩。但是我们应该清醒地认识到，“我们之所以能够赞美斯巴达，是因为我们不必生活在斯巴达”。[450]

温泉关战役（公元前 480 年）

在兵败马拉松之后，波斯国王大流士一直渴望复仇，但是其复仇计划却因为埃及暴乱而耽搁了，之后他于公元前 494 年去世。大流士的儿子薛西斯继承了父亲的帝国，也继承了其父占领希腊的野心。据希罗多德记载，薛西斯“召集波斯贵族开会……向他们展示了自己的计划”。[451] 薛西斯说：“我的计划是在达达尼尔海峡（Hellespont）架设桥梁，这样我们的军队就可以穿过欧洲以进攻希腊并报复雅典人，惩罚他们对抗波斯人、对抗我父亲的罪行……我……发誓，在占领并焚毁雅典之前，我不会休息。”[452]

为了尽量减少战败的风险，薛西斯组建了一支庞大的军队，为进攻希腊进行了谨慎细致的准备。“薛西斯用了整整四年的时间招募军队，并为其士兵准备所需物资。直到第五年年末，他才率领强大的兵力出征。在我们所知道的所有战争准备中，这一次是规模最大的……所有（其他的）出征……都无法与这次出征相提并论。在亚洲，有哪一个地方没有参加薛西斯对希腊的战争呢？除了一些最大的河流，哪一条河能够为他的军队提供足够的水源呢？”[453]

希罗多德估计薛西斯的军队规模超过500万人。“这说明薛西斯所率领的军队总人数为5,283,220人。”[454] 历史学家普遍认为希罗多德的估计是夸大其词，但是又没有好的方法精确地确定其人数。根据不同的方法，现代人估计薛西斯军队规模在5万到10万之间。[455]

当波斯军队发现隐藏于其中的希腊间谍时，薛西斯并没有处死他们。相反，他还带领这些间谍四处参观，向他们展示其军队的规模与储备，之后便释放了这些希腊间谍。“‘如果这些间谍被处死的话，’他（薛西斯）说，‘希腊人就无法知道我军的庞大规模，这种规模超过了一般间谍汇报的敌方军力规模；处死三个希腊人对希腊军队的伤害很小。但是把这些间谍放回希腊，希腊人就会知道我们的军事实力了，’薛西斯预计道，‘希腊人就会在我出征之前放弃自由，这样我的军队就可以省却所有远征都会遇到的麻烦。’”[456]

与薛西斯一同出征的还有戴玛拉托斯（Demaratus），他是被流放的斯巴达国王。当薛西斯向他询问希腊人会如何反抗时，他警告薛西斯，即使人数差距巨大，斯巴达人也会战斗到底。

> 在多利安（Dorian）土地上居住的希腊人都是勇敢的，但是我马上要谈论的并非所有希腊人，而只是斯巴达人。首先，无论发生什么，他们都绝不会接受你的条件，因为这将使希腊人沦为奴隶；此外，即使其他希腊人都向你投降，他们也一定会与你交战。至于他们的人数，不用问他们有多少人，因为他们必定会抵抗的；如果他们有1000人上战场，他们一定会与你在战场上对抗，无论他们的人数超过1000还是不足1000，他们都会与你战斗到底。[457]

公元前480年，薛西斯的庞大军队开始行动了，这时距离雅典人在马拉松击败波斯人已经过去了十年。在知道波斯人的入侵迫在眉睫后，那些没有投靠波斯的希腊城邦便开会讨论防御策略。他们决定扼守温泉关（Thermopylae）山口，这个山口非常狭窄，对于一支正在抵抗强大军队的弱旅而言，这里是最好的机会。斯巴达国王列奥尼达负责指挥在此集结的军队。“当时的主流意见是他们必须守卫温泉关山口……考虑到野蛮人在这里无法发挥其人数优势，也无法发挥其骑兵的优势，他们决心就在这里等待入侵希腊的敌军。”[458]

在列奥尼达回到斯巴达后，由监察官组成的执政行政会以即将到来的宗教节日为由拒绝派遣军队出征。而且，斯巴达人的共识是在靠近斯巴达的地方进行防御，而不是在距离斯巴达更远的温泉关作战。列奥尼达担负着道义上的责任——他已经向参加会议的其他希腊城邦许诺，斯巴达人将会指挥温泉关的联合部队。虽然他无法调动整个斯巴达军队，但他已经获得许可，即他可以选择 300 名斯巴达人作为他本人的卫士，与他一起出征。

在选择出征温泉关的士兵时，列奥尼达只挑选了那些已有男性继承人的男人，因为他从一开始就知道，这是一次自杀性任务；他深知如果斯巴达人不能发挥领导作用的话，其他希腊城邦是不会参战的。对于仅仅派出 300 名斯巴达人与波斯人交战，有人提出质疑，列奥尼达回答道：“如果你看重人数的话，那么所有希腊人加在一起也不到这支侵略军的一小部分；如果你看重勇气的话，那么 300 人就足够了。”[459] 当列奥尼达率领 300 名斯巴达士兵向温泉关进发时，其他希腊城邦派出的兵力已经达到了 7000 人。当他们到达山口时，希腊人正在忙于重建一面倒塌的石墙，这座石墙曾经被当作防御堡垒，但那已经是很久之前的事情了。

波斯大军也到达了，薛西斯并没有立即展开进攻。薛西斯认为，希腊人一旦明白他们在强大的波斯军队面前毫无胜算，便会立即仓皇而逃。“整整四天，他（薛西斯）一直在等待，等待着希腊人逃跑。”[460]

薛西斯派了一名特使去要求斯巴达人投降。在这名特使所带的信函里，薛西斯告诉列奥尼达，如果他投降的话，希腊就可以并入波斯帝国，列奥尼达便可以担任希腊总督。列奥尼达回复道："只要你明白何为人生之幸，你就不会觊觎别人的幸福；但是你要知道，我宁可为了希腊的自由而死，也绝不会做我同胞们的君主。"[461] 波斯特使告诉列奥尼达，无数的波斯弓箭手开弓放箭时将会遮天蔽日，而列奥尼达却回答道："如果能在凉荫里作战，我们会很开心。"[462]

薛西斯被激怒了，终于下令开始进攻。在坚定的希腊人面前，波斯人寸步难行。"米底人冲上去进攻希腊人，却纷纷倒下……所有人——尤其是国王——都终于明白了，虽然他（薛西斯）拥有大量的士兵，但是却没有多少战士。"[463] "在当时的情况下，弓箭手用处不大，需要的是贴身近战。在贴身近战方面，希腊人在指挥和盔甲上都占尽优势。进攻者只有短矛、轻薄的盾牌与战袍，而防守者却手持长矛和厚重宽大的盾牌，阵形稳固，久经训练，两者相比，不啻天壤之别。"[464]

据希罗多德记载，斯巴达士兵觉得杀死波斯人的速度太慢，便后撤诱敌深入。等到敌人进入他们的包围圈后，他们便转身进攻，杀死敌人。"斯巴达人的战斗方式引人注目，说明他们比敌军的战斗技能更好——他们常常背对敌军，让敌军以为他们在逃跑，如此一来，那些野蛮人就会大叫着冲上去追击他们，等到敌军接近时，斯巴达士兵就会转身迎战追上来的敌军，杀死大量敌人。也有一些斯巴达士兵在这种遭遇战中牺牲，但是数量很少。"[465]

第二天黎明时分，薛西斯又派了一名特使去见列奥尼达。他赞扬了斯巴达人的勇气，并说他从未见过如此善战而又坚毅的勇士。他向斯巴达人许诺，只要他们放下武器，就可以加入波斯军队的前锋部队，并且可以分享胜利后的战利品。列奥尼达的回复极其简明扼要却又一针见血。在回应放下武器的要求时，他说道："你们过来取走这些武器吧。"[466]

对此，薛西斯的回应是派遣一万名精锐士兵继续进攻，这些精锐士兵被称为"长生军"（immortals）。"他们之所以被称为'长生军'，是因为一旦有士兵因为死亡或者疾病不能继续战斗，马上就会有另一个士兵补充进来，所以这支部队的总人数总是不多不少一万人。”[467]

这支“长生军”是薛西斯的私人卫队，由其兄弟指挥。一天的战斗结束了，结果还是如此：希腊人继续占领着山口，而薛西斯的兄弟却战死了。所谓的“长生军”被击溃了，波斯军队看到己方最优秀的部队就这样被轻易打败，顿时士气低落。

看上去，这支小规模的希腊军队似乎可以一直抵御住这支世界上最强大的军队，但是第二天傍晚时分，他们被出卖了。一个名叫埃菲亚特斯（Ephialtes）的希腊牧羊人背叛了自己的民族，他告诉薛西斯有一条隐蔽的小路可以穿过这些山脉，波斯人可以利用这条小路绕过温泉关，从后方攻击希腊人。

在此之前，列奥尼达便知道有这样一条小路，并已经派人监视、守卫这条小路。当波斯人开始从这条小路进军时，他也得到了消息。这样一来，当时的战术形势已经发生了变化。如果敌人从前后两面开始攻击的话，这一山口是无法守住的。列奥尼达知道失败已经无法避免了，便命令除斯巴达之外的部队后撤，这样他们就可以保存实力，之后再继续战斗了。但是底比斯人（Thebans）和底斯皮亚人（Thespians）拒绝后撤，继续与斯巴达士兵并肩作战。约有 1000 名希腊人留了下来。

“对于列奥尼达而言，撤退的想法是不可容忍的。他的个人荣誉、他的斯巴达同袍的荣誉以及斯巴达的荣誉，都不允许他考虑向敌人屈服，献出他们奉命守卫的关隘。斯巴达法律规定，无论敌军多么强大，斯巴达人只能要么取胜，要么以身殉职。”[468]

第三天清晨，列奥尼达在命令士兵吃早餐时告知他们，晚饭可能就要在阴间（Hades）吃了。列奥尼达不忍其中三个年轻的士兵战死，便以传递紧急情报为由派遣他们返回斯巴达。他试图用同样的方法来挽救三名年龄稍长的士兵，但这三人识破了他的意图，拒绝离开，其中一位说：“我是来当兵的，长官，不是来当信使的。”[469] 一个因为感染而失明的士兵手持宝剑，要求别人引领他参加战斗。

只有一个名叫亚里斯多德摩斯（Aristodêmus）的斯巴达士兵在受重伤之后选择返回斯巴达。“他回到斯巴达之后，受到了同胞们的蔑视和侮辱，被斥为‘懦夫亚里斯多德摩斯’，无人愿意和他交谈或者交流……在忍受了一年的痛苦和耻辱后，他终于有机会在普拉提亚战役（Battle of Plataea）中一雪前耻，恢复名誉，在这场战役中，他以英雄般的气概不顾一切地冲在最前面，随后战死沙场。”[470]

当敌军从温泉关后方开始进攻时，列奥尼达下令斯巴达士兵开始冲锋。“希腊人以不顾一切的英雄气概与强大的敌军激战，直到最后他们的长矛折断，只剩下佩剑。就在此时，列奥尼达本人也战死了。”[471]

为了夺回列奥尼达的尸体，斯巴达人打退了敌军的四次攻击。剩下的少数希腊士兵则撤到一个小山丘上，围成一个圆环。薛西斯不想再看到自己的步兵被杀，下令让弓箭手射死了这些希腊士兵。战争结束后，希腊损失了大约4000名士兵，其中也包括奴隶，而波斯方则有20,000人战死。[472] 据希罗多德记载，人们在温泉关建造了一座纪念碑，上面刻着：“来往的过客啊，请带话给斯巴达人，我们忠实地遵守了命令，为国捐躯，长眠于此。”[473]

希腊人在温泉关战役中失败了，但是当时的形势却使他们的失败变成了道义上的胜利。第二年，希腊在决定性的海战和陆战中战胜了波斯。在萨拉米斯海峡（Straits of Salamis），300艘希腊战舰击败了800艘波斯战舰。希罗多德认为希腊人之所以能够胜利，是因为他们拥有更好的战术和航海技术。“希腊人在战斗中始终保持着队形，井然有序，而野蛮人则一片混乱，毫无计划，这场战役的结果必然如此。”[474]

波斯人的失败可能源于多种原因，既有客观原因，也有心理问题。“他们的大败并非是因为缺乏勇气，而是因为下列原因：首先，狭窄的空间使他们的人数优势变成了障碍而非益处；其次，他们没有希腊军队那样的有序阵容和纪律；第三，他们缺乏忠诚和同袍之情，一旦出现不利情况，为了自己能顺利逃跑，不惜让同袍牺牲，甚至会主动伤害同袍。”[475]

在萨拉米斯之战失败后，薛西斯返回波斯过冬，却把一支庞大的军队留在了希腊，由马多尼（Mardonius）将军统帅。公元前 479 年春天，一支四万人的希腊联军和一支十万人的波斯大军在普拉提亚对峙。希腊军队大获全胜，波斯统帅马多尼战死。

希罗多德描述了这场战役，他认为希腊能够获胜，原因在于希腊重装步兵的优良装备。“在克瑞斯神庙（temple of Ceres）附近发生了一场激烈的较量，这场战役持续了很长时间，最终以贴身近战结束。野蛮人多次抢夺希腊人的长矛并将其折断，波斯人的英勇与好战并不亚于希腊人，但他们缺乏防御装备，没有经过训练，在武器使用技能方面也远逊于希腊士兵……他们战袍轻薄，没有盾牌，这些都对他们造成了极大的伤害，他们不得不与那些装备精良的人搏斗，而他们自己却没有任何防御装备。”[476]

波斯军队撤退了，而且从此之后再也没有入侵过希腊。之后几年，不时会发生零星战斗，直到公元前 448 年双方签订和平条约，结束了这场希波战争。该条约迫使波斯人承认了希腊城邦在欧洲和亚洲的自由，条约还规定波斯舰队不得进入爱琴海。在萨拉米斯和普拉提亚战胜了波斯人之后，斯巴达也逐渐衰落，成为一个封闭的、停滞不前的农业国。而雅典则把自己的海军改建成为一支商业船队，成为希腊势力范围——西起意大利，东至小亚细亚海岸——的中心。和平维持了 50 年，雅典成为希腊的知识中心、商业之都和文化中心。

雅典曾被波斯人焚毁，但雅典人依旧对未来充满信心。他们重建了雅典城，并修建了帕特农神庙（Parthenon），这是一座集优雅与美丽于一体的传奇建筑。在此期间，雅典艺术蓬勃发展，“吸引了众多在讲演术、戏剧诗和哲学思辨方面富有创造力的天才”。[477] 这是雅典的黄金时代，贸易推进了各地之间的交流，而这种交流也成就了不同文化、思想和理论之间的有益比较。

8. 苏格拉底（公元前470—前399年）

个人特征

古希腊最著名的哲学家是苏格拉底、柏拉图和亚里士多德。这三位哲学家之间有着直接的学术师承关系——苏格拉底是柏拉图的老师，而柏拉图又是亚里士多德的老师。

苏格拉底认为探究的过程比具体的答案更为重要，这一观点开启了一场知识革命。科学是获取可靠知识的方法。虽然通过科学实践可以积累知识，但这些知识并不是科学本身，而仅是科学实践的产物。卡尔·波普尔（Karl Popper）解释道："对于科学，（有人）还秉持着苏格拉底之前的那种神奇的态度；对于科学家，他们也是这种态度，认为科学家们就像被美化的萨满（shaman）① 一样睿智、博学、有所成就。他们对一个科学家的评价依据是其所掌握的知识量，而不是像苏格拉底那样，以一位科学家不了解的知识作为衡量其科学水平与学术诚信度的标准。"[478]

苏格拉底生前并没有留下任何著作，因此我们并不能完全确定这个人是否确实存在。但是对其是否存在的质疑并不能削弱苏格拉底的影响力。约翰·伯奈特认为："即使他是一个虚构的人物，也比大多数真实存在的人更重要。"[479]

描述苏格拉底生平和哲学理论的原始资料并不多，其中之一是他的朋友、历史学家色诺芬的著作。不过，最重要的原始资料是柏拉图所著的《对话录》

① 据信能和善恶神灵沟通并且能够治病的人。

（*Dialogues*）。在这些著作中，柏拉图自己并没有出现，其主要人物始终都是苏格拉底，通过就各种不同的主题进行对话，苏格拉底探讨了许多哲学问题。

关于《对话录》有一个永恒的问题，那就是柏拉图究竟是一个把苏格拉底的真实言论记录在其作品中的叙述者，还是他作为一位哲学家，仅仅是利用苏格拉底来传播自己的观点？真相或许就在两者之间。乔治·格罗特认为这"是一个无法明确或严格确定的问题"。[480]

早期的《对话录》可能是柏拉图为了纪念他爱戴的老师而撰写的历史叙事作品。随着柏拉图的写作不断继续，很明显苏格拉底已经成为柏拉图展示自己观点的文学工具。[481] 例如，历史上的苏格拉底是不可能支持极权主义观念的，但是在《理想国》一书中他却表达了这些观点。这就出现了一个问题：我们到底能够从柏拉图的对话录中了解多少历史上真实的苏格拉底？很可能《对话录》为我们介绍了苏格拉底的研究方法与特征，但是并没有记录他在具体问题上的观点。约翰·伯奈特认为："如果柏拉图所描述的并非真正的苏格拉底，那么就很难确定他描述的是谁了。"[482]

"我们对他（苏格拉底）所处的时代知之甚少。"[483] 苏格拉底出生于公元前 470 年，即温泉关战役后第十年。他是雅典公民，曾经作为一名重装步兵参与了伯罗奔尼撒战争，并因其英勇无畏而表现突出。"作为战争中的一名重装步兵，他不仅强壮并积极作战，且能够承受疲惫与艰辛，能够无惧寒暑，这一切都令其同袍们震惊不已。"[484]

在公元前 424 年的德里昂（Delium）战役中，虽然雅典战败了，但苏格拉底却表现出色。他"在战斗中与撤退时表现出来的英勇受到朋友的高度赞扬……他在困境中的忍耐，在严寒与酷暑中的坚毅和他的英勇一样非同凡响。他（苏格拉底）与其朋友拉凯斯（Laches）和其他重装步兵一样，并没有扔掉武器仓皇而逃，而是手持武器，保持队形，表情坚定，就连追击他们的骑兵都知道与他们作战是极其危险的，只得转而追击那些丢弃了武器的逃兵"。[485]

斯特拉波也注意到了苏格拉底在德里昂战役中的表现。“在战争中失败后，雅典人狼狈逃窜。在逃亡中，哲学家苏格拉底（失去了战马，只得步行）注意到格里卢斯（Gryllus）的儿子色诺芬从马上摔落到地上，他背起色诺芬并带着他安全撤离。他们步行了很久才到达撤退的地点。”[486]

但是阿特纳奥斯（Athenaeus，生卒年代不详，生活于公元2—3世纪）却对苏格拉底的军事成就持怀疑态度。他注意到记录伯罗奔尼撒战争的主要历史学家修昔底德从未提及苏格拉底，因此质疑道：“盾牌与哲学家的拐杖之间难道有什么相似之处吗？”[487]

苏格拉底相貌平平。“他的朋友们在向我们讲述他强健的身体和毅力时，也嘲笑了他丑陋的外貌——扁平的鼻子、厚厚的嘴唇和萨蒂尔（satyr）①一般突出的眼睛。”[488]在柏拉图的《会饮篇》（*Symposium*）中，阿基比阿德（Alcibiades）说：“苏格拉底，就连你自己也无法否认，你长得就像萨蒂尔一样。”[489]

苏格拉底认为有一种内在的声音——一个“神迹”或者一个“恶魔”在指引他的行动。但是这种声音很特别，并不会督促他做任何具体的事情，而是会在认为他就要犯错时警告他。在柏拉图的《申辩篇》（*Apology*）中，苏格拉底这样描述了他心中的恶魔：“你们都已经在不同的时间和不同的地点听到我谈论我接收到的神谕或神迹……这种神迹是一种声音，我第一次接收到这种神迹的时候还是个孩子；这种神迹只会禁止我做某些事，但是从不会要求我做那些我要做的事情。”[490]

苏格拉底性情温和、生活节俭并且非常自律。他不追求财富，衣衫褴褛，一生都致力于追求知识。“苏格拉底……不仅仅是最严于克制自己的情感与欲望的人，还是最能够忍受严寒、酷暑与各种辛苦劳作的人；此外，他一向非常节俭，虽然他并没有很多财富，却很是内心满足。”[491]色诺芬引用苏格

① 又译作萨堤尔、萨堤洛斯、萨梯，半人半兽的森林之神，是长有公羊角、腿和尾巴的怪物。他耽于淫欲，性喜欢乐，常常是色情狂或者性欲无度的男子的标志，也是一个无赖式的神话形象。

拉底的话说："我……总是通过锻炼做好身体上的准备，以便应对任何可能发生的事情。"[492] 苏格拉底认为体育很重要，他说"那些身体状态良好的人才能健康强壮"。[493]

苏格拉底的贫困生活对于他的家庭而言必定造成了压力。在色诺芬的《会饮》(*Banquet*) 一书中，苏格拉底的妻子赞西佩 (Xanthippe) 被描述为"在场所有女士中最穷的一位，而且……过去是最穷的，将来也是最穷的"。[494] 第欧根尼·拉尔修描述说赞西佩曾经"把水泼到他（苏格拉底）的身上"，并且"在市场上殴打他，把他的斗篷撕扯下来"。[495] 苏格拉底容忍了这些虐待，因为"她给我生了孩子（三个儿子）"。[496] 苏格拉底给出的另一个解释是，和赞西佩一起生活对他而言是一种极限训练。"我希望能够和全人类交谈和交往，我选择她作为我的妻子，因为我很清楚地知道，如果我能忍受她，我就能很轻松地容忍社会中的所有人。"[497] 据说监察官加图 (Cato the Censor，公元前 234—前 149 年) 曾经说过："他之所以敬佩这位古人苏格拉底，最主要的原因是他这种节制而满足的生活，能够容忍总是咒骂他的妻子和那些愚笨的孩子。"[498]

在雅典，苏格拉底是个名人，每天都身处公众场合。色诺芬说"他（苏格拉底）总是置身于公共场合，早上他会去大家散步的地方和体育场；等到市场里挤满了人的时候，他就会出现在市场；其他时间里，哪里拥挤，他就可能出现在哪里；他总是在与人讨论，只要人们愿意就可以听他讲话"。[499]

道德哲学

第欧根尼·拉尔修认为苏格拉底是"自然哲学家阿基劳斯 (Archelaus) 的学生"。[500] 阿基劳斯是"第一个把自然哲学研究从爱奥尼亚引入雅典的人"。[501] 但是当苏格拉底发现自然哲学家并不能发现任何有实际用途的知识之时，他对此感到沮丧。"他想问……他们是否能够把他们所学习的知识应用到任何对他们自己或者其他任何人有用的地方。”[502]

苏格拉底逐步确信，自然哲学家们所进行的研究空洞无用。为了论证这一点，他指出自然哲学家所提出的各种理论相互矛盾。“他（苏格拉底）不像其他哲学家那样喜欢讨论事物的本质……相反，他努力证明那些选择此类主题进行思考的人都是愚蠢的……在这些问题上，人类是不可能找到满意的答案的，因为即使是那些在这些问题的讨论上最优秀的人，他们的观点也并不一致。”[503]在柏拉图的《申辩篇》中，苏格拉底明确否认他对自然哲学有丝毫的兴趣。“我（并不是）要贬低从事自然哲学研究的人……但是我与对自然规律的推测毫无关系。”[504]

苏格拉底没有选择自然哲学，而是选择将他的才智用于对伦理与道德哲学的研究。“他是第一个对伦理学主题进行思考和讨论的人。”[505]西塞罗注意到“苏格拉底是第一个将哲学从天空中拉下来，使之进入城市，将之带入家庭，用之于研究生活与道德、善恶的问题的人”。[506]

在给朋友的一封信中，色诺芬说：“何时……曾有人听说过苏格拉底谈论天体，或是劝说人们学习几何以提高他们的道德水平呢？……他总是与朋友们讨论什么是礼节，什么是坚毅，什么是正义，或者是其他美德……他认为这些才是人类最重要的问题。”[507]苏格拉底会“时常展开讨论，讨论对人类重要的问题，讨论什么是虔诚，什么是不敬；什么是得体，什么是不得体；什么是正义，什么是非正义；什么是神志正常，什么是精神错乱；什么是坚韧，什么是懦弱；什么是国家，政治家的特征是什么；管理人民的本质是什么，善于管理人民的人具有什么素质”。[508]

乔治·格罗特解释道，在那个时候，“关于物理科学或者天文科学的内容很少，了解的人也很少；即使对于这些少数人而言，这些知识也无法扩展，无法变得生动有趣，也无法在讨论中成为有益的话题。但是苏格拉底所开创的道德和政治领域的研究却是丰富多样的，对每个人而言都是熟悉且盎然有趣的”。[509]

苏格拉底对于当时自然哲学家的批判并不是完全没有道理的。两百年来，自然哲学家所做的只有推测和理论研究。他们没有认识到系统实验方法的必要性，也没有意识到科学应该以服务生活为宗旨。没有一个哲学家能有改善人们生活的发现。爱奥尼亚人的科学曾经有一个良好的开端，但最终却陷于徒劳无益的困境。[510]

虽然苏格拉底摒弃自然哲学而选择了道德哲学，但他依然对科学推理的发展做出了很多贡献。第一，他坚持要求定义清晰。第二，他倡导逻辑推理，并且提倡对权威和教条进行质疑。第三，他教导人们必须诚实、有道德——“一个坏公民不可能成为一个好的科学家”。[511] 第四，他教导人们，知识源于质疑。第五——可能也是最重要的一点，他开创了归纳法这一推理方法，它最终成为现代科学的核心方法。在对一些抽象的道德概念——如正义的概念——进行有意义的定义时，苏格拉底总是坚持从具体事物进行概括。“他的对话展示了一种真正的归纳法的主要特征。”[512] 在《形而上学》一书中，亚里士多德说，“苏格拉底……试图就伦理问题寻找普遍性原则，并第一次确定对定义的思考。”[513]

诘问法

在中年的某个时期，苏格拉底从德尔斐（Delphi）的神示中得到了一个神谕，他视之为终生使命。这座神示所位于帕尔纳索斯山（Mt. Parnassos）山坡上的德尔斐城。“德尔斐这座神庙的建立在历史上没有任何记录，它是希腊最古老的此类建筑之一。”[514] 按照古希腊神话传说，德尔斐是“世界的中心”，[515] 而且“无论德尔斐的祭司说什么，最终都必定发生”。[516]

神示所所在的神庙修建在一个地缝上，地下的蒸汽便从这道地缝中冒出。传达神谕的是一位拥有神秘占卜能力的女祭司，她坐在地缝之上，这样可以吸入这种令人陶醉的气体。据推测，要想得到她的占卜，必得奉上大量的贡品。德尔斐神谕（Delphic Oracle）是希腊文化的核心，即使是那些受过教育的人也相信其真实性。

在柏拉图的《申辩篇》中，苏格拉底讲述了这个故事。“我早年的朋友克瑞丰（Chaerephon）……在神谕所问是否有比我更聪明的人，女预言家皮提亚（Pythian）回答说，没有比我更聪明的人。”[517] 苏格拉底在听到他是世界上最聪明的人这种说法后，便开始设法证明这个神谕是错的。“我想到了一种质疑这种说法的方法。我想只要我能找到一个比我更聪明的人，就可以手握证据去见神灵了。”[518]

苏格拉底周游各地，每到一处便与当地最聪明的人交谈，讨论一些抽象的道德品质的本质是什么，如正义、善良、美德和真理。讨论的结果总是如出一辙。问题甫一提出，与苏格拉底交谈的行家都会声称他们清楚地知道他们所谈论的话题。但是之后苏格拉底便会通过诘问法系统地揭露他们的无知与自负。现在，诘问法更多地被称为苏格拉底方法（Socratic Method），通过这种方法，可以对某个人进行质疑，直到通过逻辑推理推翻其原有的观点。因此，诘问法是一种证明或者逻辑论证的方法，也是古希腊几何学中使用的反证法（reductio ad absurdum）的一种变体。

在使用诘问法时，质疑者代替对话者（即被质疑者）进行思考。辩论术的目的是对我们最确信的想法进行自我检测。这一过程能够使我们的思维更加敏锐，并减少无知。这是“一种令人痛苦的精神手术，只有经历了手术中暂时的疼痛感，我们才能在将来有所收获”。[519] 苏格拉底认为，我们之所以要经历这一过程，是因为“未经验证的生活毫无意义”。[520]“实证科学的本质精神激发了苏格拉底所使用的诘问法的活力，而这种诘问法又形成了发展实证科学的必要前提条件。”[521]

柏拉图的《尤息弗罗篇》（*Euthyphro*，又译《论神圣》）一书中提到了苏格拉底使用诘问法的一个例证。尤息弗罗（Euthyphro）是一个年轻人，他指控自己的亲生父亲犯下了谋杀罪行。具体情况是这样的：他的父亲有两个仆人，其中一个仆人每逢醉酒就会变得非常残暴。一日，那个醉酒后残暴的仆人杀死了另一个仆人，这位父亲便命人把杀人者捆起来扔到沟里看管，同时向政府报告了这件事。这个凶手因为“又冷又饿，身体又被捆绑着”，[522] 自己死在了沟里。据此，尤息弗罗宣称其父犯有杀人罪。

苏格拉底听说尤息弗罗抓了自己的父亲时非常震惊，他宣称尤息弗罗小题大做。而尤息弗罗则认为苏格拉底不应关注此事，因为他（尤息弗罗）是研究虔诚问题的专家，他的做法才是真正虔诚的。苏格拉底请尤息弗罗对虔诚进行定义。正如苏格拉底的其他对话者一样，尤息弗罗也无法给出一个关于虔诚的一般定义，而只能讲述具体的事例。他说“虔诚就是做我正在做的事情，也就是指控任何犯有谋杀罪行的人”。[523]

苏格拉底要求尤息弗罗给出一个真正的定义。“请记住我并不是请你给我提供两三个关于虔诚的事例，而是请你给出一个普遍性的道理，能够解释这些虔诚的事情为何虔诚。”[524] 尤息弗罗不得不对虔诚进行定义，他说：“虔诚……就是神所喜爱的，不虔诚就是神不喜爱的。”[525] 但是当苏格拉底提出质疑时，尤息弗罗不得不承认“众神之间也会争斗，会进行激烈的争吵、战争，等等”，[526] 因为“……对于善与恶，正义与非正义，荣誉与耻辱，他们有不同的意见”。[527] 因此，对于虔诚与非虔诚，众神自己也没有统一的意见。据此可以推论，尤息弗罗对虔诚的定义——“那些神所喜爱的”——既错误又毫无意义。

虽然苏格拉底揭示了尤息弗罗的无知之处，但他不仅没有因此而感谢苏格拉底，反而拒绝承认自己观点的矛盾之处。在苏格拉底的诘问法中，与苏格拉底对话的人最常见的回应就是坚持认为苏格拉底只是迷惑了他们，或者说苏格拉底只是在玩弄文字游戏。

美诺（Meno）是苏格拉底的朋友，也是一位研究美德的专家，当苏格拉底让美诺明白他无法定义美德时，美诺并不承认他的无知，反而坚持认为苏格拉底只是通过迷惑他的方法来使对话的内容模糊不清。

> 哦，苏格拉底，在我认识你之前就有人告诉我，说你总是怀疑自己，并且也让别人怀疑他们自己；此刻你正在向我使用巫术，我只是中了魔法，一筹莫展。如果我可以大胆说句冒昧之言，那么，我觉得你无论是在外表上还是在控制他人方面，都像一条扁平的电鳐，无论是谁靠近或者触摸到它，都会感到麻木迟钝，就像你刚刚使我麻木迟钝一样。我的心灵和我的舌头麻木了，我不知道应该如何回答你的问题；虽然我曾经向很多人做过无数次不同的关于美德的演讲，而且我曾经觉得这些演讲都很精彩，但是现在我连美德是什么都说不出。我觉得你没有出国、没有离开家乡很明智，如果你在雅典的所作所为发生在其他地方，那么你一定会被当作巫师而入狱的。[528]

美诺算是比较和善的了，苏格拉底一旦揭露其他人的无知，这些人往往都会恼羞成怒。“在争论或讨论出现的问题时，他（苏格拉底）常常遭遇粗暴对待，被殴打、拉扯，被众人嘲笑和讥讽。”[529]

据苏格拉底说，他每次提问的结果都是一样的。“我发现那些最负盛名的人都是最愚蠢的；那些名气稍小的人则更加明智、更加优秀。”[530]苏格拉底的这些对话使他相信神谕者所说的是正确的。苏格拉底之所以是世界上最聪明的人，并不是因为他确实理解正义、善良或者其他抽象的道德概念的本质，而是因为他是唯一一个能够意识到自己并不知晓一切的人。对于一个哲学家来说，只有首先承认自己的无知，才能开启通往知识的航程，但是他所追寻的知识永远都不会是最终的或者完整的。

苏格拉底相信，就本质而言，没有一个人是心甘情愿沦为坏人或者恶棍的。

他“认为所有的美德都源于知识与智慧，所有的邪恶都源于无知或愚蠢”。[531] 如果一个人能够理解何为善，他们就不会选择作恶。因此，错误的行为都是无知造成的。“最为恶劣的一种无知……是一个人对于自己一无所知，却自以为自己了解他其实并不了解的事情，能够做到他其实做不到的事情，或者能够避免或忍受这些事情。”[532] 苏格拉底坚信，揭露无知是他的神圣使命，只有揭露无知才能引导人们内心从善。

审判与死亡

虽然苏格拉底一生都凭借对哲学的贡献而闻名于世，但使之名垂千古的却是他的死亡。公元前 479 年，当希腊人战胜并驱逐了波斯人之后，希腊一举成为世界上最先进、最文明的国家。但是这一成就并没有持续很久，因为在灾难性的伯罗奔尼撒战争中，希腊本身也落得分崩离析。

伯罗奔尼撒半岛位于希腊南部，而伯罗奔尼撒战争也主要是在斯巴达与雅典之间进行的。“伯罗奔尼撒战争是一场旷日持久的战争，其间所发生的灾难在希腊闻所未闻。”[533] 修昔底德“在政治方面做出的判断从未出现过错误”，[534] 他认为这场战争真正的原因是“雅典力量的增强引发了斯巴达人的恐惧”。[535]

伯罗奔尼撒战争持续了 27 年，最终于公元前 404 年以斯巴达及其盟友战胜雅典而告终。[536] 雅典被迫投降后，科林斯人（Corinthians）和底比斯人要求彻底毁灭这座城市。但是斯巴达人还是认可了雅典人在波斯战争中发挥的巨大作用，他们说“雅典本就是希腊不可分割的一个组成部分，而且在生死关头为希腊做出了伟大而崇高的贡献，他们绝不会让这样一座城市被奴役”。[537]

自公元前 507 年开始，雅典便实施了民主政治；斯巴达人击败了雅典之后，在雅典用寡头政治取代了民主政治。这一寡头集团由 30 位敌视民主的贵族组成，他们后来被称为“三十暴君”（Thirty Tyrants）。这30个暴君的使命是“压制该城邦（雅典），并使之依赖于斯巴达人”。[538] 他们“进行了大规模的屠杀，其中很多人仅仅是因为仇恨而被杀，还有很多人因偶然拥有财富而被杀”。[539]“大量的处决与掠夺事件自然会令城邦（雅典）内的人民感到震惊、愤怒和恐惧。”[540]

三十暴君的统治很短暂，仅仅持续了一年，公元前403年他们便被废黜，民主制度也得以恢复。[541] 到公元前399年，当苏格拉底接受审判时，民主政府已经掌权四年了。在此之前，苏格拉底没有为三十暴君效命，而且还一度因为冒犯他们而身处险境。这位哲学家对于三十暴君的抵制是“坚定不移的”。[542] 但众所周知的是，苏格拉底对民主充满敌意。他认为仅凭借受欢迎程度而非美德，就让一个人承担需要非凡技能和智慧的重任，这种做法是可笑的。苏格拉底说：“如果认为没有称职的导师，一个人就学不会最粗浅的手工艺，这太可笑了；如果认为不需要任何帮助，仅仅依靠自身的天性就能突然拥有治理国家这一最重要的能力，同样也是荒谬的。”[543]

在《理想国》一书中，苏格拉底的学生柏拉图痛斥道，民主就是暴政的源头。

> 而且，难道暴政不正是源于民主吗……父亲逐渐习惯于降尊，和儿子们位于一个等级，甚至还会害怕自己的儿子，而儿子则处于和自己父亲同样的地位，对父母既不尊重也不敬畏……在这种社会状态下，老师害怕学生、迎合学生，学生反而蔑视他们的老师和导师；年轻人和年长者没有差别；年轻人和年长者处于同样的地位，而且他们随时会和年长者在言行方面一比高低；年长者则附和年轻人，对他们面带笑容且态度谦和；他们不愿被当作食古不化的权威，因此他们便像年轻人那样行事……最后一种深受欢迎的极端

自由是：那些被买来的奴隶，无论男女，都像购买他们的主人一样享受自由；我绝不能忘记的还有一种自由与平等，就是男女之间的自由与平等……就连驴马都能和自由民一样享受着来去自由的权利与尊严；如果有人挡住它们的路又不让开的话，驴马就可以踢倒他们，所有东西都准备好享受自由了……看看市民们已经多么敏感了，只要稍微提及权威，他们便会恼羞成怒，最终，如你所知，他们不再理会法律——不管是成文法还是不成文的法律，他们不接受任何人的管理。是的，他说，我非常了解。我的朋友，我说道，这似乎是一个公平而且荣耀的开始，但是最终却会导致暴政……所以，民主自然会导致暴政，而最极端的暴政与奴隶制度则源于最极端的自由。[544]

近2000年后，柏拉图的观点得到了詹姆斯·麦迪逊（James Madison，1751—1836年）的响应。麦迪逊是美国宪法的主要撰写者，也是共和制政府的倡导者。他对于纯粹的民主制度嗤之以鼻，认为“民主制度只会导致动荡与争论，从来不能保护个人安全或财产权，其持续时间总是很短暂，其消亡也总是异常突然”。[545]

公元前399年，苏格拉底因为未崇拜本城邦诸神、引入新神和腐蚀青年而被指控。提出指控的是民主派领袖阿尼图斯（Anytus），他与两个不太出名的人——莫勒图斯（Meletus）和吕孔（Lykon）共同提起诉讼。

就阿尼图斯而言，他起诉苏格拉底部分是因为私人原因。他的儿子之前已经成为苏格拉底的学生，并嘲笑和讥讽了父亲的信仰。这些指控都是出于政治动机，并非真的想控告苏格拉底，而是希望迫使他逃离雅典，去外地流亡。关于他“未崇拜本城邦诸神”的指控，我们要知道，在苏格拉底的时代，受过教育的人普遍不相信希腊诸神的存在。而且，那些没有受过教育的人可能对诸神知之甚少，因而也不会理会。当时没有教堂，没有神职人员，当然也就不存在国教或者正统宗教。[546] 控诉者要求判处苏格拉底死刑，最有可能的情况是他们想通过这种策略迫使苏格拉底在审判之前就逃之夭夭。

柏拉图的《申辩篇》① 描述了这场审判。苏格拉底的所谓“道歉”并非我们所理解的道歉，而是他对于被控罪名的申辩。主诉人为莫勒图斯。在《申辩篇》中，苏格拉底持续向莫勒图斯提问。因为被控腐蚀雅典青年，苏格拉底便要求莫勒图斯说出那些能够使青年提升的人的名字。在苏格拉底的引导下，莫勒图斯承认自己认为除了苏格拉底之外，雅典的每一个居民都能够帮助青年提升而不是腐化他们。苏格拉底指出莫勒图斯的说法是不可能成立的。“对于青年人而言，如果只有一个人会使他们腐化，而所有其他人都能帮助他们提高，这就太好了……如果我腐蚀了一个和我一起生活的年轻人，那么我就很有可能被他伤害，难道我到了这个年纪还无知到要做这种事？更别提还是故意腐蚀他——这就是你所说的话，虽然不论是我还是任何其他人都不可能相信你的话。”[547]

在回答苏格拉底的问题时，莫勒图斯明确地宣称，他认为苏格拉底是一个“彻底的无神论者”。[548] 而这种说法为苏格拉底提供了机会证明莫勒图斯对他提出的控诉自相矛盾，因为他对他的另一项指控是他“引入新神”，这对一个无神论者而言实在是太难了。苏格拉底证明了这些控诉极其愚蠢，但是却于事无补，这种做法只能加重他的真实罪行——揭示人类的无知和愚蠢。

苏格拉底毫无悔意，也决不妥协。他说如果他能够被无罪释放的话，他也绝不会停止做这些使他被指控的事情。“各位雅典同胞，我向你们表示爱戴和尊敬，但是我将听从神的安排，而不是你们的安排，只要我一息尚存，只要我还有一点力气，我就决不会停止哲学的实践与教育。”[549]

---

① 此书英文名为 The Apology，字面意为道歉，但是书名习惯翻译为《申辩篇》。

苏格拉底请求被无罪释放，但并不是为了自己。他警告在场聚集旁听的雅典人，如果他被判定有罪并被处死，那么这对雅典城邦的伤害远远大于对他自己的伤害。

> 我希望你们能够明白，如果你们处死我这样的人，那么你们对自己造成的伤害要超过对我的伤害……因为如果你们处死我，就很难再找到一个人来继承我的事业了。如果你们允许我使用一种荒唐的比喻的话，我就像是一种牛虻，是神赐给雅典的礼物；而雅典城邦就像一匹伟岸而高贵的宝马良驹，因为体形巨大而行动迟缓，需要加以刺激才能生机勃勃。我就是神派来刺激这匹宝马的牛虻，无论何时，无论何地，我每天都叮在你们身上，唤醒你们，劝说你们，责备你们。你们很难找到像我这样的人了，所以我建议你们不要处死我。[550]

苏格拉底说他不愿意把家小带到法庭，以此来寻求法官们的恻隐之心，因为这样做太不光彩。

> 我的朋友，我是一个人，如同其他人一样，是有血有肉的人，而非荷马所说是“木头和石头做的”；是的，我也有家庭，有儿子。哦，我的雅典同胞们，我有三个儿子，一个都快要成年了，另外两个尚年幼，但是我不会为了乞求你们的赦免而把他们带到这里来。为什么不这样做呢？既不是因为自负，也不是因为不尊重你们。我是否畏惧死亡是另一个问题，在这里我不想讨论这个问题，但是考虑到公众舆论，我认为这种做法对我而言、对你们而言、对整个城邦而言都是不光彩的。[551]

雅典人组成的陪审团在投票中以微弱优势认定苏格拉底有罪，“281票支持，仅比反对派多6票”。[552] 在古代雅典有一个惯例，即被判定有罪的人可以向陪审团提出处罚建议，以此替代公诉人提出的处罚建议。毫无疑问，被定罪者所提出的处罚建议总是比公诉人提出的建议要轻。同时，为了能够让陪审团接受这样一个替代方案，被定罪者的建议也必须是符合现实的。在苏格拉底一案中，这种建议可以是对他处以流放或者高额罚款。如果苏格拉底当初这样做了，那么他就必须改变态度，承认自己有罪；如果这样做，他就必须明确承认自己的所有辩护词皆为谎言，且他所秉持的哲学也是错误的，而这一切将使他自己蒙羞。

直到审判结束，苏格拉底始终坦诚应对。他告诉众人，他仍然认为自己的工作是有益的，是符合公众利益的，他建议对他的惩罚应该包括在公共会堂中得到免费的膳食，而这通常是只有奥林匹克运动会冠军才能得到的特权。但是苏格拉底坚持这一提议，他解释道：“我坚信我从没有害过人，那么我也绝不会害我自己。我不会自己说我罪有应得，也不会提出任何处罚建议。我为什么要这样做呢？”[553] 陪审团被他这种放肆举动激怒，判处他死刑。投票支持判处他死刑的人比投票支持他有罪的人还要多。

在雅典，执行死刑的方法是让被认定有罪的人喝下一杯毒芹水，这是一种从毒芹中提取出来的毒药。通常，在判决之后就会立即执行死刑，但当时正处在提洛斯的阿波罗节（festival of the Delian Apollo）期间，每年的这个时候，雅典人都会派遣一艘带有花环的船前往提洛斯。雅典法律规定，当这艘船不在雅典时，禁止执行死刑。这种情况持续了30天，在此期间，苏格拉底的朋友们和崇拜者们从希腊各地及其殖民地赶来探望他。苏格拉底的支持者们劝说他逃跑，对他而言，逃跑并非难事。但是如果苏格拉底逃跑的话，他就会成为一个违法者和逃犯；他的逃跑还会成就那些控诉他的人的道德胜利。对于苏格拉底而言，唯一能够保持荣耀的选择就是留在雅典，继而喝下那杯毒芹制成的毒药。

柏拉图所著的《斐多篇》(*Phaedo*) 记录了苏格拉底在狱中的最后时刻。

> (苏格拉底说:)“我觉得晚一点再喝下毒药对我并没有什么好处；我的生命已经被剥夺了，再怎么延长或者挽救，都只会让我自己觉得可笑。请你照我说的做，不要拒绝我了。”克里托 (Crito) 向站在一旁的仆人做了个手势，那个仆人出去了好一会儿才带着一个掌管毒药的人一起回来，手里拿着一杯毒药……(苏格拉底) 把杯子举到嘴边，镇定从容、高高兴兴地喝完了毒药。刚开始时，我们大多数人尚能抑制住自己的悲伤，但是这时我们看着他喝下毒药，而且看着他把毒药一饮而尽，我们再也忍不住了，我自己也是泪如泉涌。于是我掩面而泣，不是为了他而哭，而是因为想到自己会失去这样一位朋友而哭泣。我并不是第一个开始哭泣的人，克里托早已无法控制住自己的泪水，他站了起来，我也站了起来，这时，一直在抽泣的阿波罗多洛 (Apollodorus) 失声痛哭，使得我们都无法再控制住自己的感情。只有苏格拉底依旧镇定自若:“你们为什么这样痛苦呢？”他说道，“我刚才把女人们都打发出去，就是怕她们会做出这种荒谬之事，因为我听说，人应该从容赴死。请你们安静下来，不要激动。”听到他的话后，我们都感到惭愧，赶紧止住眼泪。然后他开始来回走动，直到他说他的腿失去了感觉，就按照要求仰面躺下，刚才给他毒药的人时不时地检查一下他的腿和脚；过了一会儿，那个人用力按压他的脚，问他是否有感觉，他说“没有”；之后那人又用力按压他的腿，不断向上按压，让我们知道他的身体正在逐渐冰冷僵硬。他又摸了摸自己的身体，说“等毒药到达心脏，一切就结束了”。当他感觉到自己的大

腿根部开始变得冰冷时，他把蒙住的脸露了出来——他之前已经把自己完全盖住了，并接着说——这也是他最后的话：“克里托，我还应该向医神阿斯克勒庇俄斯献祭一只鸡，你能记得帮我献祭吗？”“我一定会替你献祭的，”克里托说，“还有其他事情吗？”苏格拉底没有回答这个问题。过了一两分钟，我们看到他动了一下，陪伴他的人揭开了他脸上盖着的东西，他的眼睛已经木然不动了，克里托给他合上了眼睛和嘴巴。艾克格拉底（Echecrates），我们的朋友就这样死了，我可以衷心地说，在他那个时代，在我认识的所有人里，他是最有智慧、最具正义感、最优秀的人。[554]

对于哲学而言，处死苏格拉底是一桩罪行，也是雅典荣耀上的一个污点。乔治·格罗特为雅典进行了辩护，他认为对苏格拉底的迫害基本上是一个例外情况，但是这一例外情况却能够证明一个规律。“在人心中存在着一株杂草，这就是狭隘的排除异己……（在雅典）每个人都认为言论自由是最重要的权利；每个人都已经习惯于听到与自己的观点不同的意见，也相信其他人和自己一样有权利发表自己的意见……毫无疑问，雅典更能激励知识的发展，也有很多的思想自由和言论自由，远超其他希腊城邦。”[555]

几十年前，伯里克利在一次葬礼演讲中（约公元前431年）就曾经夸耀过雅典对个体差异的容忍，他指出：“在我们的私人交往中，我们不会互相怀疑，如果我们的邻居做了一些他自己喜欢的事情，我们也不会生气。”[556]

因此，真正应该令我们惊奇的不是雅典处死了苏格拉底，而是雅典已经包容了这位哲学家这么久，终于在他70岁时针对他采取了行动。

第欧根尼·拉尔修宣称“雅典人很快就对他们的行为后悔不已……他们放逐了那些指控他（苏格拉底）的人，并判处莫勒图斯死刑”。但是乔治·格罗特对此表示怀疑，他说：“这种说法有多大的可信度，我对此完全不相信。”[557]作为证据，格罗特提到了这样一个事实，即苏格拉底的学生柏拉图在审判之后就离开了雅典，并且“过了一段时间才返回”。[558]

苏格拉底的死亡标志着希腊黄金时代的结束。在此之后，希腊又出现了两位伟大的哲学家——柏拉图和亚里士多德。在之后的2000多年里，他们以截然不同的观点分裂了知识界。

9. 柏拉图（公元前428—前348年）

早期生活

除亚里士多德之外，柏拉图被普遍认为是整个欧洲历史中最有影响力、最著名的哲学家。亚里士多德评价道，柏拉图品质高贵，“道德败坏的人根本无法对他进行赞美”。[559]英国哲学家、数学家阿尔弗雷德·诺尔司·怀特海（Alfred North Whitehead，1861—1947年）简明扼要地总结了柏拉图的重要地位，他指出：“在对欧洲哲学传统进行描述时，最安全的办法就是在脚注中频繁引用柏拉图的话。”[560]

公元前428年左右，柏拉图出生于一个雅典贵族家庭，比苏格拉底受审被处死尚早28年。他的父亲是阿里斯通（Ariston），母亲是珀克里提俄涅（Perictione），其母亲的家族可以“追溯到梭伦（Solon，约公元前640—前559年）”。[561]第欧根尼·拉尔修说“珀克里提俄涅非常漂亮”。[562]柏拉图年幼时阿里斯通便去世了，珀克里提俄涅改嫁了她的堂叔皮里兰佩（Pyrilampes）。[563]皮里兰佩的兄弟查米德斯（Charmides）是苏格拉底的好朋友。在《回忆苏格拉底》（*Memorabilia*）一书中，色诺芬记载道，苏格拉底认为查米德斯天分极高，并责备查米德斯没有参与公众生活；[564]据此，柏拉图应该从孩提时代就认识苏格拉底了。

柏拉图原名亚里斯多克勒斯（Aristocles），但因为“他的额头和肩膀都宽阔笔挺”[565]而得到了“柏拉图”（意为宽阔）这一绰号。年轻的柏拉图在众多需要努力的领域内皆表现得出类拔萃。“他跟随阿尔戈斯（Argos）的摔跤手阿里斯通（Ariston）学习体操……他致力于绘画研究……他还学着写诗。”[566]“据说他（柏拉图）表现出勤奋和非凡的快速理解能力，同时还保持着最大程度的严谨与谦逊。”[567]他一定是在公元前409年，即大概18岁时开始服兵役。[568]第欧根尼·拉尔修说“他参与过三次军事远征……在德里昂战役中，凭借超出常人的勇气获得奖励”。[569]当然，这是不可能的事情，因为德里昂战役发生在公元前424年，彼时柏拉图年方四岁。[570]

在柏拉图20岁时，他“成为苏格拉底的学生”。[571]《申辩篇》中记录道，苏格拉底接受审判时“柏拉图也在场”；[572]但是在描述苏格拉底生前在狱中最后几天情况的《斐多篇》中，又提到柏拉图因为生病而并没有到场。[573]在《形而上学》一书中，亚里士多德宣称柏拉图“年轻时首先了解的是克拉底鲁（Cratylus）[574]和赫拉克利特的学说……苏格拉底……那时正在忙于研究伦理问题……（而）柏拉图也接受了他的教诲”。[575]

在《书简七》（*Epistle 7*）中，柏拉图写道：“在我年轻时……我考虑过……立即投身于国家的公共事务。”[576]但是苏格拉底被审判并被处死的遭遇令年轻的柏拉图放弃了幻想。他由此得出的结论是：“现存的所有国家的治理都很糟糕……除非那些能够真正准确地进行哲学思考的人执掌政权，或是在各国掌握政权的人能够按照神的意旨真正地进行哲学思考，否则的话，人类永远都无法摆脱恶行。”[577]在《理想国》中，柏拉图更加简明扼要地指出，他认为除非“哲学家成为国王”，[578]或者国王们成为哲学家，否则对人类的治理就不可能实现公正。

公元前399年，即苏格拉底被处死后，柏拉图用了12年的时间周游各地，虽然其间他可能也会定期返回雅典。[579]“在他（柏拉图）28岁那年……

他前往（希腊的）墨伽拉（Megara）拜访欧几里得……之后，他又前往（北非的）昔兰尼（Cyrene）拜访数学家西奥多勒斯（Theodorus），再从昔兰尼前往意大利拜访毕达哥拉斯学派……之后再从意大利前往（埃及的）欧律托斯（Eurytus）拜访当地的祭司。”[580]“几乎就没有什么他不曾研究的事情。”[581]

公元前387年，40岁的柏拉图前往西西里岛的叙拉古，在那里他与暴君狄奥尼索斯一世（Dionysius I）发生了冲突，狄奥尼索斯一世遂将柏拉图卖身为奴。“这个暴君极为恼怒，他一开始想处死他（柏拉图）……但是最后还是把他交给了斯巴达人伯利斯（Pollis）……将他卖为奴隶。”[582]在危难之中，安尼克里斯（Anniceris）救了他，“他用20迈纳①赎回了他……并把他送回雅典，交给了他的朋友们，柏拉图的朋友们立即要将赎金返还给安尼克里斯，但是他拒绝了，说他们并不是世界上唯一有权关心柏拉图的人”。[583]

学园与《对话录》

一回到雅典，柏拉图就购置了一块土地，这块土地原本属于一个名叫阿卡得摩斯（Academus）的人。“在这里既有着绿树成荫的步道，亦有不少可以锻炼身体的体育馆。”[584]就在这里，柏拉图建立了一所学校，后来被称为学园（Academy），这也是世界上已知最早的高等教育机构。

要想进入学园，数学学习能力是先决条件。按照传统，学园大门上写明了入学要求：“不懂几何者不得入内。”[585]实际上，这一要求意味着学园的学生们必须熟悉证明的概念。学园里的学生不必缴纳学费，但是我们可以推测，这些学生的家庭必须向学园提供慈善性的捐助。[586]

柏拉图学园并非一所常规意义上的学校。这里并没有正式的数学或自然科学课程，也没有班级、考试或者学位。学园的目的是把学生培养成为哲学

① 迈纳（minae），古希腊货币单位。

家，培养他们对知识与智慧的热爱，使他们掌握教育、伦理学和政治学的原理。无论是柏拉图还是他的学生，他们对实际问题都没有任何兴趣；对他们而言，对智慧的追求就是毕达哥拉斯式的精神净化。这座学园以不同的形式存在了大约 900 年，直到公元 529 年，才被拜占庭皇帝查士丁尼（Justinian）关闭，理由是学园已经成了异教哲学的余孽。

在学园里，柏拉图通过教学和对话传播其哲学要旨。他撰写了《申诉篇》以描述苏格拉底受审以及被处死的情况，还撰写了 13 封书简（epistles），其中一些可能是伪造的。此外，我们对于苏格拉底哲学思想的全部了解几乎都来自 26 卷的《对话录》。在这些书中，柏拉图本人从未出现，但是通过一系列的对话，这部书探讨了关于正义、法律和理想国家的本质问题。

苏格拉底几乎是整本《对话录》的主要人物。《对话录》不仅仅是一部伟大的哲学巨著，也是一部伟大的文学巨著。这套丛书"艺术地再现了希腊哲学"，[587] 柏拉图的写作风格"是黄金时代朴实文风的完美体现"。[588] 除了个别观点外，很难确定柏拉图本人的哲学思想。这是因为柏拉图认为哲学是一个个人发展的过程，而不是一套教条式的信念。柏拉图自己从未在《对话录》中出现，这样他也就不必支持任何观点。这种做法与苏格拉底的做法很相似，苏格拉底认为任何试图对正义、真理或者勇气这种抽象概念下定义的尝试，从一开始就是注定要失败的。

哲学研究在名义上是要追求人类可以通过推理确定的真理，但是"更准确地说，哲学更应该侧重推理，而非仅仅追求真理，因为人类或许无法获得真理，但进行推理却始终在人类力所能及的范围之内"。[589]

科学的目标是发现可靠的知识，但哲学更加看重过程而非结果。卡沙巴（D. R. Khashaba）解释道："苏格拉底诘问法的最终目的并不是发现可以证明的真理（我认为这一点与哲学思维并无关系），而是要确立可理解性；不是进行论证性辩论，而是使得我们的观点能够有机地融入一个可以理解的整体。

哲学思维的最终目的并非发现真理——无论是分析性的抑或是综合性的，而是为了确定思考者在智识上的完整性。”[590]

哲学研究的过程旨在“成为合理的真理：通过思考对事物进行有意识的检验，以确定相信或者不相信的态度，并且能够向他人就此进行解释，这些事物的总和便是合理的真理”。[591]这种真理与那些未经检验的真理不同，那些未经检验的真理常常源于传统或者权威，为普通人所笃信。至于这种未经检验的真理，“从未对其进行过有意识的检验，也无法向其他人进行解释，无人对假定的基本真理（公理）进行明确的阐释，也没有人花心思去考察两者的相关理由，或者对两者进行客观公正的比较”。[592]

在《书简七》中，柏拉图曾经抱怨有些人发表了对其某个观点的各种阐释，随后，他说自己从没想过要把自己的观点以文字的形式表达出来：“我从未就这个问题写过文章，以后也绝不会写。”[593]约翰·伯奈特解释说，哲学是一个个人研究的过程，而非需要记忆的教条。“（这）仅仅是对所有高等教育中的真实理论的表述。如果哲学要具有益处，就必须是某个人自己的观点；如果只是附和他人思想，就不再能称之为哲学了。”[594]

虽然柏拉图不愿支持某个特定的观点，但是其哲学思想中有两个方面还是能够被辨别出来的。其中之一便是理型论（Doctrine of Forms），又被称为理念论（Doctrine of Ideas）。

毕达哥拉斯学派曾经观察自然界，并归纳得出“万物皆数”的结论。[595]自然界中的物体与数学形式之间大体相似——树干是圆形的，有时候石头也是圆形的，但是在自然界中却从未发现过完美的圆形。这种完美的圆形只是一种数学中的理想形状，是一种本体（noumenon），是一种存在于智性直觉中的物体，而无法被人们用感官感知。本体源于我们的心智，毕达哥拉斯学派的研究始终离不开外在世界的种种现象。感官世界带给我们的完全是幻觉，真理只能从理性认知中才能获得——得出这一结论的是巴门尼德，他是“毕达哥拉斯学派中的持不同意见者”。[596]

通过研究真理、正义这种抽象的道德概念的定义，苏格拉底将归纳法引入了道德领域。无论何时，每当苏格拉底询问某人“何为真？”或者“何为善？”，对方的回答总是引用各种“真”或“善”的事例。这时，苏格拉底便会耐心地解释他并不需要事例，而是需要一个定义。被追问后，和苏格拉底对话的人便会提出一个定义，而苏格拉底则会否定这个定义。根据苏格拉底的方法，智慧源自诘问法，即理性讨论的心理过程。

柏拉图的理型论将毕达哥拉斯学派的归纳法和苏格拉底通过纯粹的知识探究获取真理的方法结合在一起。对于科学而言，则必须通过归纳的方式假定理想形式的存在。自然法则即为理想化的概括。但是，柏拉图完全改变了这一点。科学家需要观察自然世界，然后再通过归纳法推断形式的存在，他们要从具体到一般进行推理。柏拉图认为理想形式是存在的，并以此作为基础，对人与自然的行为进行推理。

科学家研究自然，但柏拉图则认为这种研究纯属浪费时间。赫拉克利特教导说，我们通过感官所认知的世界处于一种永恒的变化之中，而且感知也是主观性很强的。在研究同一现象时，任何两个人的描述都是不同的。事实上，即便同一个人在不同时间观察同一个现象，也会有不同的感受。在《泰阿泰德篇》中，苏格拉底说：“没有人知道他对一个现象的看法是否和另一个人相同；所有人都知道，他在某个时间对一个现象的看法和在另一个时间的看法并不相同。”[597]那些与某个具体的感官知觉相关或者与观察有关的事物都不应该成为科学研究的对象。“一个人无论是仰望天空还是凝视大地，试图通过感官学习任何具体的东西，我都认为他不可能学到知识，因为这种做法并不是科学研究。”[598]

真正的知识只涉及纯粹的抽象形式。哲学家“能够认识到绝对美的存在，（并且）能够区别理念与理念中所包含的事物”。[599]因为具体的、能够感知的东西总是在变化，所以这些事物不是真正的知识，而只是观点。“具体事物只能引出观点，而那些普遍的实体、形式或观念则能够成为认知的对象。”[600] 如果真理永恒不变，那么，我们永远无法从外部世界中获得真理。外部世界不能为我们提供真正的知识，还有一个原因是形式存在于我们的心智中，而并不存在于我们的感官知觉中。

克服经验主义所固有的局限性需要进行系统性的、可控的实验，并且这种实验能够通过具有可重复性的标准的验证。在当代科学中，人们不再重视闲闻逸事类的信息，观察的结果也需要其他独立观察者进行重复验证。可重复性是一种现实的方法，但是却依赖于印刷机、学术期刊和建立起来的科学界。在柏拉图时代，上述这些皆不存在。

在柏拉图的理型论中，唯一确实存在的是理想化的存在于心智中的形式，这是一种完美的、不变的、永恒的形态。理念与形式的世界便是神的智慧；所有的形式中，最为伟大的便是“善”（good）的理念。知善便是知神。在《理想国》中，“善的理念”被称为级别最高的知识，只有通过善的理念，“万物才能发挥用处”。[601] 柏拉图所说的善是一种难以言表的、抽象的精神特质。美是善，但是善本身不仅仅包含美。“善不仅仅是所有已知知识的来源，更是这些知识的存在与本质的源头，然而，善本身并非本质，善比本质更有尊严、更有权威。”[602]

与巴门尼德一样，柏拉图也认为有些知识可以通过理性认知而获得。在《形而上学》中，亚里士多德解释说，苏格拉底年轻时就了解了赫拉克利特的学说，即“所有可以被感知的事物都处于不断的变化之中，因此无法从这些事物中获取知识”。[603] 这一观点逐渐演变成为柏拉图的理型论。“柏拉图接受了他（苏格拉底）的教诲，但他主张将问题从可感知的事物移到另一类存在上去——因为可感知的事物既然变动不息，就无可捉摸，那么能为之定义的一切通则就不会由此创造出来。这另一类存在，他名之“理念”（Ideas），凡可感知事物皆得名于理念。”[604] 柏拉图强调必须从纯粹的认知中获取真理，感官证据并不可靠，据此，本杰明·法灵顿认为：“对于实证科学而言，柏拉图不仅没有做出过直接的贡献，而且还做了很多阻碍实证科学的事情。”[605]

阿契塔（Archytas，公元前 428 —前 350 年）及其学生欧多克索斯是追随泰勒斯传统的自然哲学家，从柏拉图对待他们的态度上，我们也可以看出柏拉图对技术的敌视。

阿契塔生活在意大利，是一位毕达哥拉斯学派的哲学家。柏拉图在意大利逗留期间结识了阿契塔，两人成为密友。阿契塔是一位优秀的数学家，凭借他的机械发明有时他也被誉为力学的创始人，还被称为“螺丝钉的发明者”。[606] 第欧根尼·拉尔修称阿契塔为“第一个将数学原理应用于力学的人”。[607] 在百科全书式的《阿提卡之夜》（*Attic Nights*）中，拉丁作者奥卢斯·革利乌斯（Aulus Gellius，约 125—180 年）指出阿契塔曾经制造了一只以压缩蒸汽为动力的机械鸽子。“阿契塔用木头制作了一个鸽子模型，构思精妙，特定的机械技巧与动力可以使之飞行：阿契塔使用重物使之保持完美的平衡，通过隐藏的密闭空气使之运动。”[608] 阿契塔还发明了摇铃，亚里士多德对此大加赞赏。“孩子们得有点事情做，而阿契塔所发明的拨浪鼓就是一个最好的发明，送给孩子们一个拨浪鼓，就可以让他们开心，也能防止他们打碎家里的东西，年纪幼小的孩子们总是安静不下来。”[609]

普鲁塔克曾说，阿契塔和欧多克索斯都因为在数学计算中使用机械辅助手段而遭到柏拉图的批评。

> 力学远近闻名、备受推崇，而它最早的创建者便是欧多克索斯与阿契塔。他们运用这门学科完美论证了几何学真理，通过这种方式，他们还能够运用试验，论证那些过于复杂而无法用语言或者图表证明的结论，而且人们可以通过感官感知这种论证过程。例如，在构建几

> 何图形的时候常常需要解决一个问题：在给定两个端点后，需要找出平均比例线，这时，这两位数学家就会借助工具，为了解决他们的问题而修改特定的曲线和部分线段。但是柏拉图对此极为愤慨，斥之为对于几何学一个优点的腐蚀与毁坏，认为这背离了纯粹智慧这种非实体对象，转向了感官，并求助于物质（如果没有低劣的管理与堕落就无法得到这种帮助）。这样，力学从几何学中分离出来，成为一种军事技艺，但是却遭到了哲学家的否定和忽视。[610]

理型论最为经典的例证是“柏拉图困境”（Plato’s Cave）这一隐喻。柏拉图将人类的境况比作被链子锁在洞穴里地面上的穴居人。“看啊，人类生活在一个地下洞穴里，洞穴口朝向光亮，光线沿着通道照亮整个洞穴；他们从小就生活在这里，他们的腿和脖子被链子锁住，无法移动，他们只能看到前面，因为他们受制于锁链，无法扭头往回看。”[611]

在面前的岩壁上，这些不幸的穴居人可以看到一个明亮的光源投射的影子。但是因为他们被锁链所困，无法直接扭头观察光源，便无法直接观察真实的情景，仅能观察面前墙壁上以影子的形式呈现出来的模糊影像。这些影子代表了被感知的世界，也就是一个由人类感官获取的信息构成的世界。而阴影背后以精神形式或理念存在的真正现实，也就是那个可以理解的世界，只能通过智慧理解。

因此，研究现象世界在很大程度上属于浪费时间，探求真理的正确方法只能是纯粹的思考和沉思。如果说那些使人无法理解现实的锁链就是感官限制的话，柏拉图显然从未想到，借助于机械工具、系统实验或者通过可重复性和信息传播达成共识，这种锁链是可以被打破的。

《蒂迈欧篇》

在柏拉图所著的《对话录》中，《蒂迈欧篇》是独一无二的一部，因为这部作品主要讨论的是自然哲学而非道德哲学。哈尔基狄（Chalcidius，公元4世纪）把《蒂迈欧篇》前半部分翻译成拉丁语，在12世纪中期之前，这是拉丁语世界中唯一为人所知的柏拉图的《对话录》。[612] 在中世纪的欧洲，柏拉图的自然哲学并没有产生很大的影响，到了12世纪和13世纪，亚里士多德的作品被大量翻译后，柏拉图的地位也被亚里士多德取代了。[613]《蒂迈欧篇》的重要意义在于，这是"我们所知的以作者本人的语言"[614] 对宇宙系统进行的最早描述。柏拉图、亚里士多德和其他人所提及的苏格拉底之前的自然哲学家的著作现在只剩下了只言片语。《蒂迈欧篇》还体现了毕达哥拉斯学派的影响，因此本书也可以使我们了解这一哲学学派的学说。

关于失落的亚特兰蒂斯岛的故事最初便源于《蒂迈欧篇》，《对话录》开头所提及的这个故事与后文中对宇宙的解释并不一致。本书中的对话者为克里提亚斯（Critias），他认为亚特兰蒂斯神话的源头是一位埃及祭司对雅典人梭伦讲述的故事。这位祭司声称这是发生在9000年前的事件。[615]

> 那时，有"一个强大的国家毫无缘由地发起远征侵略整个欧洲和亚洲，但是你们的城邦（雅典）阻止了这次侵略。这个强国来自大西洋，在那个时候大西洋还是可以横越的，因为在那成为'赫拉克勒斯之柱'的海峡外侧有一个岛屿，利比亚和亚洲加起来也没有这个岛屿大，要想前往其他岛屿也必须经过此岛……在这个名为亚特兰蒂斯的岛上，有一个伟大而美好的帝国，这个帝国早已统一了亚特兰蒂斯岛以及其他几个岛屿和大陆上的一些地区。亚特兰蒂斯人进而又征服了利比亚，在赫拉克勒斯区域内，他们的势力范围远至埃及。而在欧洲，他们的统治区域扩展到了（意大利中部的）图

灵尼亚城邦（Tyrrhenia）……（雅典人）击败了这些入侵者，大获全胜……之后不久便发生了强烈的地震与大洪水，在持续了一天一夜的灾难中，你们（雅典）所有的斗士全部被地球吞噬了，亚特兰蒂斯岛也同样消失在大洋深处。[616]

克里提亚斯讲述完亚特兰蒂斯的故事后，便开始介绍蒂迈欧："他是我们当中最出色的天文学家，将宇宙的本质作为他专门研究的对象。"西塞罗认为蒂迈欧属于毕达哥拉斯学派："他把其全部时间都投入研究毕达哥拉斯的门徒以及他们的观点。"[617]

蒂迈欧首先引入了柏拉图的理型论。形式或者共相（universals）是永恒的，对它们进行研究，可以通过论证或者抽象推理的方式获取真正的知识。但是由于感官世界处于永恒的变化之中，因此通过感官获取的知识充其量也只能是一种观点。"那些通过智慧与理性获取的知识（共相或形式）是不变的；那些借助于感觉而非理性想象而得的知识总是处于形成与消亡的过程之中，永远无法成为现实。"[618]

作者提醒道，即将讨论的关于宇宙系统的内容并不具有确定性，而仅仅是一种可能的情况。"我们应当视之为一种可能性，不需要进一步的探究。"[619]这是一个与理型论相辅相成的推论。约翰·伯奈特解释说："经验的世界终究只是一种印象，属于不断形成的范畴，因此我们除了讲述一些'可能的情况'外做不了什么更多的事情。宇宙学并不是也不可能成为一门科学，就像神学与心理学一样。宇宙学只是一种'游戏'而已，而严格意义上的科学必须是与数学有关的。"[620]

与赫西俄德（"确实，最早生出的是混沌"[621]）一样，柏拉图也是从混沌或"无序"开始的。[622]有序的世界或宇宙是神从混沌中创造的，这个神常常被描述为创造者、造物主或者缔造者。柏拉图所说的造物主是一位神，但并不是基督教或者伊斯兰教中无所不能的神。世界的创造并非无中生有。《蒂迈欧篇》中的造物主必须从业已存在的物质着手。而且，造物主也要受制于一种被称为“必要性”的模糊概念。“创造世界是一种混合的行为，包含了必要性与心灵。心灵处于统治地位，驱使必要性让大部分被创造出来的物质趋于完美。就这样，在之后的阶段，当理性的影响超越了必要性时，宇宙就被创造出来了。”[623]

“柏拉图能够构思出我们在这里所了解的必要性概念殊非易事。”[624]但是透过这一术语，我们清楚他所说的是“运动或力量的自发性，这种自发性是随机的、不确定的、混乱的、预先存在的”。[625]

柏拉图依赖一个造物主的做法是一种超自然主义的做法。但是柏拉图的超自然主义介于原子论者的唯物主义与荷马和赫西俄德的早期多神论信仰之间。格里高利·沃拉斯托斯（Gregory Vlastos，1907—1991年）解释说：“如果你不能消除超自然主义，你可以使之合理化，可以看似矛盾地将其转化为自然秩序的来源，将其运作限制在单一的原始创造行为中，这样就可以保证物质世界不再处于混沌状态，而是永恒的宇宙。”[626]

造物主是“善”的，他进行创造的动机是“他希望一切都能尽可能地像他自己”。[627]“在其他著作中，柏拉图常常会讨论善，但是却从未有过确定的结论……但是至此我们已经能够理解他了，善意味着秩序、规则、对称、比例——也就是可以确定并可以预测的事物。”[628]柏拉图的造物主是“理性（nous）或理智，抑或艺术技巧……他是负责规范化的代理人，通过他，可以从（无形的）理念中复制秩序、方法和对称性，并在必然性的资料中得以部分实现”。[629]

首先被创造的是地球，或者称之为世界。世界是一个球体，因为“球体在每个方向上的端点与球心的距离都相等，因此（球体）最完美，也是所有图形中最像造物主自己的”。[630]在创造了物理世界之后，造物主又赋予它一个拥有智慧的灵魂。地球实际上成了一个“真正被赋予灵魂与智慧的生命体”。[631] 世界是一个“受到佑护的神”，[632] 而柏拉图的整个宇宙实际上是一个理性的动物。

在世界之后，天堂也被创造出来。每一个天体都既有灵魂也有智慧。所有星体（包括太阳、月亮和行星）都成为“生命体”。[633] 为了标记时间，又创造了太阳、月亮与五大行星。事实上，“时间……和天堂是在同一时刻出现的”。[634] “月亮位于距离地球最近的轨道上，之后是太阳，太阳位于地球之上的第二个轨道上；之后便是晨星（金星）与赫尔墨斯（Hermes）守护的行星（水星），水星在轨道上与太阳以相同的速度运动着。”[635]

柏拉图的学生欧多克索斯建立了第一个行星运动的数学模型。欧多克索斯创建的地心系统由旋转的同心球构成。[636] 但是即使是在柏拉图时代，人们也很清楚，简单的圆周运动并不能充分解释天体的运动。柏拉图给他的学生们布置了一项任务，即“假设行星显而易见的运动是可以解释的，根据这一假设找到其统一有序的运动”。[637]

《蒂迈欧篇》使用两种圆周运动解释了天体运动，即“同一运动”（the motion of the same）与“另一方运动”（the motion of the other）。[638] “同一”的圆周运动是围绕赤道进行的运动，而“另一方”的圆周运动则是围绕黄道进行的运动。[639] 要解释为何行星的运动与位置固定的恒星的运动不同，这是最简单的方法。之所以选择圆周运动，是因为圆周运动是完美的、规则的、美丽的。只有这种运动才能与天堂永恒、有序的本质相符。

柏拉图及其同时代的人显然也认识到这个简单的系统还不够充分，因为柏拉图显然注意到了逆向运动的存在，他指出有一些“星星（行星）会逆转他们的运动方向”。[640] 但是，复杂的天体运动可以使用复合圆周运动进行表示，这一概念成为希腊天文学的核心公理，并在托勒密体系（Ptolemaic System）中达到了发展高峰。公元 1543 年，波兰天文学家尼古拉·哥白尼（Nicolaus

Copernicus，1473—1543 年）发表了《天体运行论》（*De Revolutionibus Orbium Coelestium*），直到此时，这一模型才被取代。[641] 在《蒂迈欧篇》中，天体运动问题被一笔带过，只解释道：不借助物理模型，任何进一步的讨论都是不切实际的。[642]

接下来被创造的是希腊多神教传统中的众神，包括俄亥阿诺斯神（Oceanus）、泰西斯（Tethys）、福耳库斯（Phorcys）、克洛诺斯（Cronos）、瑞亚（Rhea）、宙斯和赫拉等。柏拉图似乎是在认可传统，因为他解释说他的依据并非逻辑，而只是传统。“我们必须认可古人的传统，这些古人断言他们都是神的后代。”[643] 柏拉图认可传统的做法只是一个象征性的虔诚姿态，因为他希望避免政治上的麻烦和争议。他“无法忘记他导师苏格拉底的命运”，[644] 苏格拉底就是因为受到不虔诚的指控而被处死的。

造物主还指定地位稍低的神灵负责创造动物，包括人类。他们所创造出来的动物虽然必有一死，但是却拥有不朽的灵魂。这些必有一死的躯体是由“小神灵”塑造的，造物主在这些躯体上附加了不朽的灵魂。[645] 所有动物灵魂的总数与天空中星体的总数是相同的。一个人如果“在被指定的时间内生活得好，就可以返回他自己的星球上居住”。[646] 但是如果这个人是邪恶的、不道德的，那么他就会投胎转世成为一个更低层次的生命。“他来世将会成为一个女人”，并以此为起点，成为更为低下残忍的生物。[647]

毕达哥拉斯学派的转世观念是与万物被创造时的等级层次相关的。如果一个男人“是懦夫或者过着不义的生活……来世会（被）改变成女人的本性”。[648] 下一个层次是鸟类。“鸟类是由那些天真轻率的男人变成的。”[649] 比鸟类层次更低的是“陆地行走动物”，这种动物是由那些“在思想中没有任何哲学理念”的人转世而来的。[650] 最低的层次是由“水中的动物”构成的。[651]“鱼和牡蛎”被指定“居住在最遥远的地方，作为对其极端无知的惩罚”。[652] 就其价值判断而言，柏拉图的概念体系是非常拟人化的。当人类居住的地球看似占据着宇宙中心这样一个优越地位时，是很难避免拟人化思想的。

四种元素的创造与组合也得到了解释。火、气、土与水这四种元素被认为是最为基础的元素，也是不可能进行进一步分割的。“水凝结后成为石头和泥土；同样是水这一元素，在融化并散开后，又会变成水汽和空气。”[653]

柏拉图将四种元素简化为几何图形，即五种正多面体，这再次显现了毕达哥拉斯学派对他的影响。火是由棱锥体构成的，气是由八面体构成的，水是由二十面体构成的，土是由立方体构成的。[654] 五种正多面体中的最后一种是十二面体，“这是球形宇宙本身结构的基本形状”。[655] 如同原子一样，这些几何体因为太小而无法被看到。[656]

但是这五种正多面体本身并非基本图形，因为它们都可以被进一步分解为二维的几何图形，即三角形。整个模型的建立是基于简化的原则，这一原则本身就是一种美的形式，因此是美的。“在无限的形式中，我们必须选择最美的形式。”[657]

柏拉图继续延续了强烈的拟人化趋向，他对人体进行了极其详尽的描述，甚至解释了为何人类有“皮肤、毛发和（手指的）指甲”。[658] 柏拉图说诸神“将占卜的位置放在肝脏里”，[659] 含蓄地认可了占卜的做法。

视觉被解释为外部光线与眼睛所反射的光线汇集而成的结果。在黑暗之中，人眼看不到任何光线，解释这一怪异现实的道理是：因为没有外部光线，眼睛所发出的光线消失了。“当夜幕降临，外部的各种火光消失时，视线也就被切断了。”[660]

柏拉图描述道，还存在着第二个或者说是一个会死亡的灵魂，位于“乳房，或者被称为胸部的地方”，[661] 这种说法令作为智慧的灵魂的概念含混不清。甚至还存在第三种灵魂，这一灵魂“存在于生命体中，与之没有区别，而是固定并扎根于同一位置，自身无法运动”。[662] 这种灵魂存在于植物中。而动物也“拥有第三种灵魂，据说位于中腹和肚脐之间”。[663]

希腊医学家盖伦接受了柏拉图三种灵魂的理论，并将这三种灵魂分别描述为“理性的灵魂、活力的灵魂和欲望的灵魂”。[664] 盖伦认为这三种灵魂分别位于人体的大脑、心脏和肝脏中。[665]

《蒂迈欧篇》中也讨论了人类疾病的成因，柏拉图采信了希波克拉底的四体液理论。[666] 同苏格拉底一样，柏拉图也认为“没有一个人是自愿作恶的”。[667] 恶习或者邪恶来自疾病或者无知。柏拉图提出了这样一个警句：如果一个人“忽视教育，那么他就会一瘸一拐地走向死亡”。[668]

《蒂迈欧篇》中并没有提供解决邪恶问题的方法。最终，世界被描述为一个活生生的神，“最伟大，最优秀，最公正，（并且是）最完美的”。[669] 但是书中并没有解释为何这一“最完美的”创造中会包含不完美之处。“如果我们探究为何明智的造物主们把他们的材料以一种如此错误的方式组合在一起，唯一的答案就是——必然性作为对抗力量对他们来说太强大了。”[670]

政治哲学

在《理想国》和《法律篇》（*Laws*）中，柏拉图提出了他的政治哲学观点。长篇著作《理想国》包含十卷，一直被称为柏拉图所有作品中“最宏大”的著作。[671] 事实上，《理想国》与共和制政府这一主题并无关联①，其宣称的主题是讨论正义的性质与定义。

《理想国》一开篇，色拉叙马霍斯（Thrasymachus）就愤世嫉俗地提出了一种观点，他认为正义最好的定义是——符合当权者利益的即为正义。“我认为在任何城邦里，正义的原则都是一样的：政府的利益就是正义；鉴于政府必然拥有权力，唯一合理的结论就是不管在什么地方，正义就是强者的利益。”[672]

---

① 《理想国》一书英文名为 Republic，意为共和制。

之后便是一场激烈的辩论，但是直到这次最初的讨论结束，除了每个人都认为正义是符合自己的利益外，讨论者们也没有达成其他的一致意见。“一个因为怯懦、年迈或者某种弱点而无法作恶的人才会反对作恶，这只是因为他自己没有力量作恶而已。一个事实可以证明这一点：一旦这个人掌权，他就会立即尽其所能地作恶。”[673]

阿德曼托斯（Adeimantus）对这种说法很不满，因为传统的看法是：正义是善的，而非正义是邪恶的。因此，他呼吁苏格拉底“向我们证明正义好于非正义”，并解释是什么“使一个人善，使另一个人恶”。[674]

苏格拉底接受了这一挑战，在第二卷的后半部分以及《理想国》其余八卷中，都记录了他对正义的讨论与定义。苏格拉底解释道，既然无论是城邦还是个人都可以被认为是正义的，那么比较容易的做法是先描述一个理想的或者正义的国家。“因此，我认为我们在探讨正义与非正义的性质时，应首先讨论一下正义在城邦里的性质，然后再回到个人身上来讨论。”[675]

首先，苏格拉底认为，城邦的出现就是因为人们可以从相互合作中共同受益。城邦或城市能够使生活必需品、食物、房屋和服装的生产更加容易，因为城邦（意味着文明）使专门行业的存在成为可能，这些行业包括木匠、铁匠、牧羊人、鞋匠和织布工。[676]

这种专业化的建立“对所有人都是有利的”，[677]苏格拉底把服兵役视为所有职业中最为重要的。士兵是城邦最重要的卫士，他们维护并保护城邦免受内部和外部的威胁。理想状态下，这些卫兵具有护家犬的气质。“对他们的敌人而言，他们是危险的；对他们的朋友而言，他们是温柔的。”[678]

接下来的核心论点是这些城邦的卫士与统治者必须既是战士又是哲学家。[679]只有那些熟知柏拉图理型论的哲学家才能担任统治者，因为只有受过辩证法训练的哲学家才能理解善的抽象性，才能够理解“善的理念是最高阶的知识……（通过善的理念）万物才能发挥作用”。[680]这一点一直被强调：“除非哲学家成为国王，或者世界上的国王及王子都拥有哲学精神和力量……只有这时，我们的城邦才有可能存在，才能看到白天的阳光。”[681]

有人提出了反对意见，认为哲学家并不适合担任统治者，因为“大多数的哲学家都是十足的无赖，最好的哲学家也毫无用处”。[682]令人奇怪的是，一直被认为是柏拉图代言人的苏格拉底竟然同意这一观点。他认为在那些自称为哲学家的人中，大多数人都“不配从事教育工作”。[683]他们“天性不纯”，而且其“卑劣行径戕害、毁灭了他们的灵魂，他们的职业和手艺戕害、毁灭了他们的躯体”。[684]

苏格拉底解释说，他心中有一种理想的哲学，但是这种理想的哲学还未曾实现。“我宣布所有城邦都应该学习哲学，但并不是他们现在做的那样，而是一种完全不同的精神。”[685]

在接下来的讨论中，苏格拉底提出了一个创建完美社会的乌托邦式的计划，这种完美社会被划分为不同的阶级。在理想状态下，卫士们——或者说身为哲学家的国王们——通过一个严格的测试与教育系统被挑选出来。

国家得以建立的基础包括一个一致的神话、一个“大胆的虚构”[686]以及“被固化为三个阶级的社会”。

> “(城邦的人)应该被告知，他们的年轻时光是一个梦想，他们从我们这里得到的教育与培养也只是一个表象。实际上，在这段时间里，他们都是在地球深处成型、成长的，他们自己、他们的武器和附属物都是在地球深处得到的；等到他们成人后，地球母亲便把他们送到地面。因此，他们的土地既是他们的母亲，也是他们的养育者，他们必须为土地的益处而思考，保卫土地免受攻击，要把这片土地上的公民也当成土地的子女，当作自己的兄弟。”[687]

整个社会被划分为三个阶级。“对于这些公民，我们将把我们的故事告诉他们，对他们说：虽然你们都是兄弟，但是上天却用不同的方式塑造了你们。你们中的有些人拥有指挥能力，在这些人的体内，上天加入了黄金，因而这些人是最宝贵的；还有一些人体内被加入了白银，他们便成为辅助者；还有一些人被加入了铜和铁，他们将成为农夫与工匠。”[688]

最重要的是要保持阶级差别，或称之为“种族的纯洁性”[689]，因为如果“一个由铜和铁构成的人充当城邦的保卫者，这个城邦就会灭亡”。[690] 但是，决定阶级差异的并非出身，而是品德。“如果一个由黄金或白银构成的父母生出了一个由铜和铁构成的儿子，那么大自然就会改变其地位。”[691]

在城邦守护者中，最高等级的人在年轻时便要接受一系列的考验，之后被培训为哲学家。“他们要面对辛苦劳作、痛苦与冲突的考验。”[692]“那些在各个年龄段——男孩、男青年和成年男人——都能够成功通过这些考验的人将会被任命为城邦的统治者与守护者。”[693]

最为重要的事情是，要对这些被选为守护者的年轻人进行教育。不良的教育会毁掉这些最好的人。“当一个天性强大的人被（恶的）教育毒害时，就会产生严重的罪行和彻底的邪恶。”[694] 一个年轻人“就像一株植物，如果得到了合适的培育，就必然会健康成长，达到完全的至善境界；但是如果这株植物被种植在错误的土壤里，就会成长为所有植物中毒性最强的一种”。[695]

对年轻人的教育应该既包含体能训练，也包含智力培养。年轻人既要接受体操训练，也要接受音乐训练。“音乐包含了各种通过语言或声音进行的训练：言语与歌唱，朗诵与复述，阅读与写作。”[696] 年轻人不应受那些腐朽与堕落之事的影响，因此必须对儿童书籍进行审查。“我们首先要审查编故事的人，接受他们编得好的故事，拒绝那些编得坏的故事。我们鼓励母亲和保姆只给孩子们讲那些已经审定的故事。”[697]

具体而言，需要接受审查的作者包括荷马和赫西俄德。[698] 在判断一部文学作品是否应该被禁时，最重要的标准就是这些作品是否包含“丑恶的假故事”。[699]但是，城邦的统治者，亦即守护者，是“拥有撒谎的特权”的。[700]他们“为了公众的利益，是可以撒谎的”。[701]但是如果“统治者发现城邦内除了自己之外的其他人撒谎的话，就应该对其进行惩罚，因为他们的这种做法具有同样的颠覆性和破坏性”。[702]

音乐教育尤为重要，因为“节奏与和声可以沁人心灵深处”。[703]在一个柏拉图式的城邦里，艺术家必定“是那些拥有天赋，能够辨别出真正的美丽与优雅的人”。[704]“诗人、画家、建筑师与工匠不得在他们的作品中体现任何不雅或不体面的东西。”[705]因此，城邦必须规范艺术。坏的音乐必须被禁止，只允许使用“多利安和佛里吉亚和声”（Dorian and Phrygian harmonies）。[706]就连乐器也应该被取缔。“城市里只能使用七弦琴和七弦竖琴，在乡村，牧羊人可以使用短笛。”[707]

令人惊讶的是，柏拉图同意让女性担任城邦守护者。他仍然认为“整体而言，女性更弱”，[708]但是无论男女，每个个体各不相同，因此女性也可以担任守护者。“在许多事物上，许多女人的确比许多男人更为擅长。”[709]柏拉图的结论是：“女人和男人可以有同样的才能，适宜担任城邦守护者的职务，区别只在于女人弱些而男人强些罢了。”[710]

对于守护者的正规教育仅限于那些抽象学科，以及那些具有实际军事价值的学科。他们需要学习算术、几何、立体几何和天文学。[711]天文学也勉强位列其中，因为这一学科涉及感官知觉，需要进行观察。一个人即使在仰视苍穹时，“他的灵魂也在向下看”。[712]

对这些潜在守护者的最重要检验是在他们 20 岁和 30 岁时进行的两次测试。据推测，能够通过这一最终测试的年轻人比例极低。只有那些在 30 岁时通过最后测试的人才能进入最高等级的学习阶段，即辩证法的学习。[713]“辩证法，也只有辩证法，才能够不用假设而直指第一原理本身……（辩证法）是各门学科的压顶石，处于各门学科之上；没有任何一门科学学科能够被置于比之更高的地位。”[714] 教授给这些年轻人的辩证法不会很难，因为这些年轻人还没有足够的知识，也不够成熟，无法在寻求真理的过程中冷静地使用辩证法这一工具；相反，他们会为了争论而争论，“为了娱乐”而争辩。[715]

辩证法与柏拉图哲学的培训持续五年。到这些守护者35岁时，他们就可以在社会上立足，并担任“这些年轻人有资格担任的所有军事职务或者其他公职”。[716] 在之后的15年中，这些守护者要从事各自的工作；直到50岁时，他们才能准备好担任哲学家和国王，统治城邦。[717]

城邦应当管理男女的结合与后代繁衍。人们认为如果不对狗、鸟类、马匹和其他动物的繁殖进行管理的话，一个物种及其多样性则会退化；人类比动物重要得多，因此城邦必须实行优生。[718]

现在还不是很清楚柏拉图的优生学是仅仅针对城邦守护者阶层，还是针对整个城邦，但是他曾道，城邦应当“带走弱者所生的孩子”，并“（把他们）置于一个神秘的、无人知晓的地方”。这就清楚地表明城邦应该规范各个阶层的生育活动。[719]

城邦守护者们也必须繁衍后代，但是不能拥有自己的家庭或私有财产。“我们的守卫者们的妻子属于所有人，他们的孩子也属于所有人，父母不认识自己的孩子，孩子们也不认识自己的父母。”[720]“守护者不能拥有私人的房屋、土地以及其他私人财产；他们的食物便是他们得到的报酬，这些食物来自其他公民，他们不能有私人花销。”[721]

女人生下孩子后，孩子便要被从母亲身边带走。她可以哺育孩子，但是“只有当母亲都不认识自己的孩子的时候，孩子们才能得到最好的照料”。[722] 乱伦是被禁止的，但是其中有一个实际问题，那就是父母与孩子之间都不知道彼此的身份。提出的解决方案是，禁止年长的成年人和任何与他们的子女同时出生的年轻人发生性关系。[723] 生育年龄也受到严格限制——女性只能在

20到40岁之间生育，而男性只能在25到55岁之间做父亲。[724]

共有制的目的是促进和谐，避免争吵与冲突。“这种财产共同体与家庭共同体……（将会）使他们成为真正的守护者，他们不会为了区分‘我的’和‘不是我的’而把城邦弄得四分五裂。”[725]

为了防止有人认为柏拉图的乌托邦愿景不切实际，在《理想国》的第八卷，他也承认他理想中的完美国度注定是要失败的，因为“万物有始即有终”。[726]书中描述并比较了五种不同的政府制度，按照从最好到最差的排列顺序，这五种制度是贵族制（aristocracy）、军政制（timocracy）、寡头制（oligarchy）、平民制（democracy）和僭主制（tyranny）。柏拉图理想中的城邦是贵族制，因为这种城邦“由最优秀的人统治”。[727]贵族制会不可避免地退化为位居第二的军政制。军政制被定义为“荣誉政府”。[728]克里特和斯巴达的政制被认为是柏拉图时代的希腊的典型军政制例子。[729]

退化过程继续，军政制退化成为寡头制，寡头制退化为平民制，而平民制则会最终退化成为僭主制。柏拉图使用了最为尖刻、最为刻薄的语言描述民主制。[730]“平民制自然会引向僭主制，最极端的自由会导致最严重的僭主制度和奴隶制度。”[731]

《理想国》一书的结构并不缜密，谈话者之间的对话也杂乱且散漫。引入一个话题后，对话便会离题千里，之后再回到原来的话题。对于守卫者的重要教育的第一次讨论出现在第二卷，[732]但是对其进行系统性培训的内容则迟至第七卷才讨论。[733]

《理想国》一书还含有一些内在的矛盾。柏拉图描述了一种极权国家的状态，在他的极端描述中，哪怕是错误地使用了乐器也会成为一桩罪行。[734]同时他又声称，那些“守护者应抛开其他一切事务，全心全力地维护城邦的自由”。[735]作为“爱好智慧者”的哲学家们被他描述为“热爱真理的人”。[736]但是被称为哲学家国王的守护者们却“拥有撒谎的特权”。[737]

在柏拉图最后一部著作《法律篇》中，他所描述的理想国度是以法律为基础的，而不是哲学家国王的个人统治。在《理想国》中，哲学家国王的统治是至高无上的。但是在《法律篇》中，他承认“在拥有了最高权力之后，没有一个人能够在管理人类事务时不充满傲慢和错误”。[738] 因此，必须依据法律管理人，而不能让其他人管理人。“那些法律……的地位高于统治者，统治者要使从属于法律的国家得到救赎，得到神的所有福佑。”[739]

《法律篇》中所设想的理想城市是以共产主义为基础的。“在城邦、政府和法律的首要和最高的形式中……‘朋友们共同拥有一切……’（而且）生活中不存在任何私人的或者个人的事物。”[740] 书中也承认这恐怕是一个无法实现的理想，但是如果能够建立起共产主义的话，就会出现“最真实、最好、最高尚的城邦”。[741]

这样的一个模范城市最初拥有 5040 名市民，因为这是“一个省事的数字”。[742] 每一名市民都获得面积相同的土地。在整本《法律篇》中，不变是一种贯穿全书的理想状态。市民的数量或者“家庭的数量应该保持不变，既不减少也不增加”。[743] 高利贷被禁止，[744] 任何人都不得拥有白银或黄金。城市或者城邦应该拥有自己的基本金属货币，以应对“与工匠打交道或者支付雇工所需”。[745] 可以存在一定的财富不均，但是任何人都不能穷窘到失去土地的程度。个人财富可以累积到其所分配到的土地价值的四倍，但是超出这一限额的部分则将被城邦没收。[746]

婚姻和生育也要受到城邦的监督，城邦要规定结婚年龄，但是《法律篇》中所给的具体年龄并不清楚。[747] 为了保证各个阶级之间的平等，“富人不得与富人结婚，权贵也不得与权贵结婚”。[748] 这一点与《理想国》一书中的内容相矛盾，《理想国》中认为最重要的事情莫过于维持阶级差异。但是，《理想国》中所描述的完美国度是一种精英领导体制（meritocracy），划分社会等级的依据并非财富或权势，而是能力。

组织城邦的主要工具是国家宗教。城邦要确定并维护宗教的正统性，因此城邦也就成了一个神权政体（theocracy）。任何人“在从事宗教活动时都不得违背法律”，也不得在私人住所内“组织宗教仪式”或“拥有神庙”。[749] 各种形式的异端与不敬都是犯罪行为。“不信仰宗教的人有很多种。”[750] 如果有人“并非出于恶意或者邪恶的本性”而不敬或者不信宗教，应该被处以“不少于五年的监禁”。[751] 对这种人的监禁与其说是惩罚，不如说是对其进行再教育，监禁的“目的是促进其心灵健康”。[752] 任何质疑国教的人都会被当成疯子，如果在五年的牢狱之后，他们还不能获得“健康的心灵”，就应该“被处以死刑”。[753]

《法律篇》认为在平民生活中，也应该将军事纪律当作一种理想来遵守。

> 在远征作战时……最为重要的纪律就是无论男女，每个人都必须服从命令；无论是开玩笑还是认真的行为，任何人都不能习惯于自行其是，相反，无论是战时还是平时，他都必须服从领导者的命令，哪怕是最不重要的事情也要听从领导者的指挥。例如，只要一个人接到命令……他就必须站立或是行动，或是训练，或是洗漱，或是就餐……在和平时期，从年轻时开始，我们就应该培养这种命令他人或者听从他人命令的习惯。[754]

如同《理想国》中所指出的一样，城邦要建立艺术表达的标准模式，以此对艺术进行规范。“在歌唱或舞蹈中，任何人都不得违背公共的、神圣的标准模式。”[755] 在舞蹈或歌唱中，要“以任何可能的方式”阻止年轻人，“哪怕仅仅是意图模仿新的模式”。[756]“变革”被视为“最危险的行为”。[757]“诗人可以在舞蹈中教授他们自己喜爱的东西”，这种想法是“很不合理的”。[758] 停滞不前的埃及艺术被奉为值得效仿的理想模式。“埃及的音乐和舞蹈……（是）固定不变的……画家或者艺术家也不得进行创新……也不能摆脱传统模式而创造新的模式。时至今日，在以上这些艺术领域或者在音乐领域内，仍然不允许有任何改变。你会发现他们绘制或者塑造艺术作品的方式和一万年前的方式完全相同——这一点千真万确，毫不夸张。”[759]

对于城邦的法律，不能批评，甚至不能质疑，尤其是不能允许年轻人进行公开的质疑。“（城邦法律中）最好的律条就是禁止年轻人讨论这些法律哪些是正确的，哪些是错误的；相反，他们必须众口一声地认为所有的法律都是好的。”[760]但是，如果一位年长者发现城邦法律中有任何缺陷，他可以谨慎地“将他的发现告知统治者”。[761]而且，法律制订者还可以利用“有益的谎言”管理城邦。[762]

既然禁止批评，那么苏格拉底的“申辩”在柏拉图的理想国度中就是非法的。乔治·格罗特总结道：“在苏格拉底受审到《法律篇》成书之间的这45年中，柏拉图已经不再同情那些秉持言论自由精神的异见者，反而产生了一种截然相反的情感——他憎恨所有的异见者，主张为了维持正统观念而毫不留情地惩罚异见者。”[763]

执法官按照法律的规定维持城邦的秩序。而在执法官之上的是夜间议事会（Nocturnal Council）。夜间议事会由“10位最为年长的法律守护者”组成，此外还有这些老年成员选出的10位年轻人。[764]这10位年轻人应该“年龄在30岁以上”。[765]夜间议事会是“城邦的支柱”。[766]这一机构是“柏拉图理想国度中的保守机构……（该机构的）功能是永远维持最初法律制订者的意图”。[767]

与《理想国》相同，《法律篇》的结构也并不清晰，同时也包含了许多内在的矛盾。虽然在柏拉图所描述的城邦中几乎没有任何类型的自由，但是在《法律篇》第三卷中，他声称“法律制订者必须考虑三件事，首先，他为之立法的城市必须是自由的”。[768]由于柏拉图明显支持极权主义，他一直受到当代作家的抨击。乔治·萨顿将《理想国》斥之为“一个心怀不满的狂热分子的作品”，他认为“当我们谈论希腊的荣耀时所能想到的一切都会被柏拉图禁止”。[769]

在其著作《开放社会》（*The Open Society*）第一卷中，卡尔·波普尔对柏拉图进行了最为尖锐的批判。[770] 柏拉图“仇视个人自由和他自己的自由”，[771] 他背叛了老师苏格拉底，苏格拉底是无论如何都不会容忍柏拉图的极权主义国家的。[772] 波普尔认为，柏拉图“将利他主义与集体主义，将所有的个人主义与利己主义”等同起来，[773] 这种做法是错误的。在波普尔看来，利他主义与个人主义并不相互排斥，这两者的结合正是西方文明的基础。[774]

一如既往，我们很难分辨柏拉图个人的观点与《对话录》中的观点。至少就《理想国》一书的情况看，书中所描述的城邦或许只是一个对于人类个体的隐喻。在第二卷，书中暗示个人即为微观世界中的一个城邦。[775] 因此，对于守护者的教育过程或许只是用于描述对个人思想与灵魂进行培训的一种理想方法，通过这种培训，每个人都能发挥出各自心中的善。

10. 腓力二世（公元前 382—前 336 年）与亚历山大（公元前 356—前 323 年）

腓力二世统一希腊

随着伯罗奔尼撒战争的结束，公元前 4 世纪，希腊开始衰微。希腊各城邦之间的战争此起彼伏，始终无法统一并维持长期的和平与稳定，斯巴达和雅典也在衰落之途。雅典不断过度扩张，于公元前 413 年发动了一场未经深思熟虑的进攻叙拉古的远征，之后便在伯罗奔尼撒战争中被斯巴达战胜。在叙拉古，雅典人也遭受惨败，损失了数以千计的重装步兵和数以百计的三层划桨战船。“雅典……（沦落至）毫无防御能力的地步。雅典的国库空空如也，雅典的码头几乎没有一艘三层划桨战船，雅典的精锐重装步兵和雅典水手都在西西里阵亡了。”[776]

斯巴达获得了胜利，但却因为胜利而变得骄纵堕落。当年的斯巴达改革曾经令其军队建立了传奇般的军事纪律，如今却日渐腐化。由于大量的财富和土地逐渐聚集于相对少数的公民手中，斯巴达的中间阶层也被摧毁。“众多新的腐败足以对斯巴达人的性格产生极其严重的恶劣影响。”[777] 色诺芬在作品中指出，约公元前 394 至前 371 年期间，[778] 传统的斯巴达纪律愈发涣散，“如果有人问我是否认为斯巴达的法律依旧完整无损，我已经无法再确定地做出肯定的回答了”。[779] 随着中等阶层的萎缩，斯巴达已经无法指望其公民维持强大的军队。在公元前 371 年的留克特拉战役（Battle of Leuctra）中，斯巴达被底比斯击溃。“底比斯人的进攻势如破竹……就连拥有勇气、坚毅和纪律的斯巴达人也无力抵抗。”[780] 在《政治学》一书中，亚里士多德认为，“仅仅一次失败就使得该城邦（斯巴达）走向灭亡，其毁灭的原因是兵力不足”。[781]

公元前 359 年，腓力二世（Philip，公元前 382—前 336 年）成为马其顿国王，之后他开始统一国家，提升国力。腓力二世天赋极高，做事既不知疲倦又不择手段；他会通过贿赂收买朋友，又能够以狡猾的手段压制对手。腓力二世的第一步行动是进攻色雷斯。色雷斯位于马其顿以东，当时被雅典人控制，占领色雷斯后，腓力二世便控制了色雷斯高产的金矿和银矿。对于这一损失，雅典人束手无策。这些金矿和银矿所带来的收入高达“每年至少 1000 塔兰同（talents）”，[782] 这一资源为腓力二世扩张势力提供了助力。

腓力二世充分利用了希腊各城邦之间的敌对与分裂。一旦某个希腊城邦与马其顿为敌，腓力二世便会贿赂另一个城邦的统治者，令其进攻前者，同时又能转移人们对马其顿的注意。腓力二世本人也英勇无比。他在战斗中多次受伤，失去了一只眼睛，肩膀骨折，一只胳膊和一条腿也失去了功能。对于撒谎和行贿，腓力二世毫无避讳，因为他认为与战争相比，这种手段更加人道。当他在战争中获胜时，对于战败者，他也总是能提出公平且慷慨的条件。在当时，他受到大部分人的喜爱和高度尊敬。

腓力二世所统率的马其顿军队是当时最先进的军队。在重装步兵的装备上，他采用长达 21 英尺的长矛取代了传统的 8 英尺长矛。长矛的一端带有配重，这样士兵就可以握住长矛末端并向前伸出 15 英尺。腓力二世的军队方阵每列多达 16 人，因为长矛的长度增加，方阵前 5 排士兵所持的长矛就可以突出于方阵之前。[783]

除了步兵外，还配备有装甲骑兵，当敌人的阵形中出现薄弱之处时，这些装甲骑兵能够迅速发动攻击。在步兵之后，还有弓箭手和弹射器及攻城锤等器械。腓力二世组建了一支一万人的军队，对他们进行不懈的训练，实施严格的纪律要求，最终把他们训练成为全世界历史上战斗力最强的军队。

从幼年起，亚历山大便开始接受培训，准备继承父亲的王位，成为统治者和军队统帅。“他在很年轻的时候即在父王不在时款待波斯国王的使者……每当得知腓力二世又占领了一个重要城市或者取得了重大胜利时，他都不会隆重庆祝，而是告诉他的属下，他的父王对他期望更高，同时却没有给他和他们留下更多机会以取得伟大、显赫的成功。”[784]

亚历山大最早的老师中有一位士兵，名叫列奥尼达斯（Leonidas）。列奥尼达斯“尽其所能地培养他像斯巴达人一样忍受苦难，不惧危险。他不停地检查亚历山大的行李箱，以期搜查出亚历山大母后送给亚历山大的任何奢华服饰或其他奢侈品”。[785]

年轻的亚历山大曾经驯服了一匹名为布西发拉斯（Bucephalus）的烈马，其他人都认为这匹马“极为暴烈，无法驯服”，[786] 这令腓力二世大为震惊。亚历山大 12 岁那年，[787] 腓力二世“派人请来亚里士多德，当时亚里士多德是学识最渊博、最著名的哲学家……亚历山大不仅从亚里士多德那里习得了道德和政治学说，而且还学到了一些更加晦涩而深邃的理论，这些理论是那些哲学家们……声称专门为进入哲学研究领域的人士而准备的口头传授内容”。[788] 普鲁塔克描述道，亚历山大是“一个非常热爱学习和阅读各种内容的人……他总是把荷马所著的史诗《伊利亚特》……放在自己的枕头下，宣称自己认为这部史诗是一个完美的便携宝库，充满了各种军事美德和知识”。[789]

公元前338年，腓力二世在喀罗尼亚战役（Battle of Chaeronea）中战胜了底比斯与雅典联军，从而控制了希腊。虽然当时亚历山大年仅18岁，腓力二世却对其委以重任，而亚历山大也表现出色。“亚历山大渴望向父亲展示自己的英勇，以超出常人的激情与勇气冲锋陷阵，他在众多坚强勇敢的士兵的辅助下，第一个冲破了敌军主力部队的防守。”[790]

亚历山大严厉地处置了底比斯人。“他将被俘的底比斯人卖为奴隶……他处死了几个公民领袖，没收了他们的财产……（而且）组建了一个300人的委员会负责管理这一城市，这一委员会的成员均为支持腓力二世的底比斯人，其中大多数原本被流放，现在从流放地被召返回来。”[791]

与底比斯人相反，雅典人接受的投降条件要好得多，且这些条件都是经过考虑的，目的是帮助腓力二世确保对希腊的控制。被俘的2000名雅典人没有支付赎金便被释放，但是雅典人必须宣布要效忠于腓力二世。

> 雅典人被要求承认腓力二世为整个希腊世界的领袖，并且迅速召开大会，推动其他希腊城邦做出同样的承诺。他们必须放弃成为希腊领袖的企图，不仅是雅典人要放弃，所有的希腊城邦都要放弃……（并且）他们还要同意希腊从一个自由的、自主的政治综合体转变成为一个省级的附属国……迫使雅典人承认他（腓力二世）在希腊的最高地位是实施其计划的重要步骤，这样做可以避免其他希腊城邦提出反对意见。[792]

在喀罗尼亚战役中获得胜利后，腓力二世继续向斯巴达进军，以巩固其权力。但是并没有证据表明他直接进攻了斯巴达。“斯巴达人无力反抗，但是他们既没有臣服，也没有祈求和平。”[793] 科林斯（Corinth）会议确立了腓力二世对于希腊的征服。“在科林斯……他（腓力二世）宣布他计划发动对波斯的战争……因此他希望与会国家能与他组成联军共同作战。最后，他被任命为全希腊的统帅；之后，在确定了各个城邦需要派遣的军队人数后，他返回了马其顿。”[794]

腓力二世因为自身的各种欲望而开始没落。虽然在政治活动和军事行动中他严于律己，但是他很容易酗酒。因为迎娶了其他女人，他还羞辱并激怒了亚历山大的母亲奥林匹娅斯（Olympias）。奥林匹娅斯并非宽容之人，她性情暴躁，“好嫉妒，生性残忍，报复心强”。[795]

在腓力二世迎娶了部将阿塔拉斯（Attalus）的侄女克利奥帕特拉（Cleopatra）后，一切岌岌可危。

> 在婚宴上，喝醉了酒的阿塔拉斯提议举杯庆祝，并祝福腓力二世和克利奥帕特拉尽快生子，以便继承马其顿王位。亚历山大听闻此言，愤怒地喊道：“你是说我是个私生子吗？”他一边怒吼，一边奋力把一个高脚酒杯砸向阿塔拉斯。亚历山大的这一举动激怒了腓力二世，他站起来，拔出宝剑，愤怒地走向他的儿子，但却因为愤怒和酒醉而摔倒在地，这才救了亚历山大一命。亚历山大驳斥其父道：“看看这个人，还准备从欧洲进入亚洲，却没法从一把椅子走到另一把椅子。”[796]

此后不久，腓力二世被自己的一名侍卫暗杀，这名侍卫名叫鲍舍尼亚斯（Pausanias），他认为腓力二世对其不公，因此为了报复而暗杀了腓力二世。狄奥多罗斯·西库路斯记载道："(腓力二世的)一名朝臣阿塔拉斯……邀请鲍舍尼亚斯赴宴，他们灌醉鲍舍尼亚斯后，脱光了他的衣服……一群卑鄙、肮脏的家伙侮辱了鲍舍尼亚斯。"[797]

阿塔拉斯是腓力二世的新婚妻子克利奥帕特拉的叔叔，他权势熏天，并没有因为这一罪行而受到处罚。因此，腓力二世试图安抚鲍舍尼亚斯。"他（腓力二世）赠给他（鲍舍尼亚斯）很多昂贵的礼物，并提拔他在卫队中担任更高级的职务，但是这并没能平息鲍舍尼亚斯的怒火。"[798]

鲍舍尼亚斯决心亲手复仇，但并非针对阿塔拉斯——因为他无法靠近阿塔拉斯——而是针对腓力二世。"当发现腓力二世独自一人时，(阿塔拉斯)冲过去用刀刺穿了他的身体，尸体倒在他的脚下，然后他便立即逃跑……他本来是可以逃走的，但是却被藤条绊住鞋跟摔倒了，此时佩尔狄卡斯和其他人一起冲到他身边，在他挣扎着要站起来时将其乱刃砍死……至此，腓力二世……走到了生命的尽头（公元前 336 年）。"[799]

继位与巩固权力

亚历山大"继承了一个强敌环伺、危机重重的王国"。[800] 在这种情况下，大部分继任者都会犹豫不决，眼睁睁地看着自己的王国摇摇欲坠，但这位年仅 20 岁的亚历山大却迅速而果断地采取行动以巩固自己的政权。他派遣好友赫卡托斯（Hecateus）前往亚洲刺杀了对其不忠的将军阿塔拉斯，当时阿塔拉斯正在与雅典人一起密谋推翻亚历山大。[801]

希腊各个城邦也正在准备发动叛乱。"腓力二世的死讯令雅典人欣喜若狂……他们也鼓动其他（希腊）城邦夺回自由。"[802] 亚历山大"确保了自己的王权后，立即兵发伯罗奔尼撒"，[803] 并于公元前 336 年秋季在科林斯召集会议。[804] 在这种军事示威的压力之下，希腊人"奉他（亚历山大）为全希腊统帅，并决定帮助他与波斯人作战”。[805] 亚历山大将希腊各城邦组成了一个联盟，自己担任联盟领袖。每一个希腊城邦都得到了“自由和自治权”，只要这些城邦承认亚历山大的最高地位，就可以实现自治。[806] 在亚洲，赫卡托斯终于追上并杀死了阿塔拉斯，“在这种情况下，驻扎在亚洲的马其顿军队放弃了所有叛变的想法”。[807]

亚历山大在马其顿国内和希腊巩固了自己的权力后，便“向色雷斯进军……之后他又入侵了波奥尼亚（Poeonia）与伊利里亚及其周边地区，在征服了反叛地区后，他把紧邻这些地区的野蛮人置于自己的统治之下”。[808] 就在进行这些战争之时，公元前 335 年 9 月，他接到消息说底比斯发生叛乱。

底比斯人被雅典人出卖了。“雅典人曾经答应帮助底比斯人，但是却并没有派兵支援，而是打算先看看事情会如何发展。”[809] 很快，底比斯人便发现亚历山大已经率军兵临城下，有 30,000 步兵和 3000 骑兵——都是久经沙场的老兵。[810] 但是底比斯人拒绝投降。“（他们）在自己的激情驱使下，一起回忆当年在勒克特拉战役中取得的举世瞩目的胜利，相互鼓励……（并）慷慨赴死，无惧国破家亡。”[811] 在此情况下，亚历山大“决心摧毁这座城市，这样也能恫吓将来所有胆敢叛乱的人”。[812] 出于“对自由的热爱”，[813] 底比斯人在战斗中意志坚定，亚历山大却依靠其军队的人数优势获胜。只要他认为马其顿士兵感到疲惫了，他便会立即用新的部队进行替换。但是底比斯人却没有后备军。“马其顿人的进攻出其不意，攻势迅猛，而底比斯人已经疲惫不堪，因此马其顿人击溃了底比斯人，底比斯人伤亡惨重。”[814]

就在战斗激烈进行之时，亚历山大偶然发现了一个通向底比斯的无人防守的入口。他的部队从这一入口进入底比斯城，在这里开辟了第二个战场。当底比斯人退至城墙之内时，他们溃不成军。“当他们（底比斯人）在这种惶恐与困惑中撤回城内时，很多人因为在狭窄的通道内撞到自己的武器而死……（马其顿人）在底比斯人身后如同洪水一样冲了过来，扑向一片混乱的底比斯人，遭到屠戮的底比斯人尸体堆积如山。”[815]

马其顿人被底比斯人的顽强抵抗激怒了，他们对待底比斯人毫不留情。“（马其顿人）不分青红皂白地进行了大屠杀，以此发泄对他们（底比斯人）的怒火……就连妇女和儿童也未能幸免。”[816]“在城内出现了各种残忍的行为……（马其顿人）毫无怜悯和同情，见谁杀谁，残暴至极。”[817]

底比斯被彻底摧毁了。6000 名底比斯人被杀，幸存的 3000 人也都被卖为奴隶，整座城市被夷为平地。亚历山大希望将底比斯作为震慑其他城邦的例子，他的这一努力成功了，因为他的所作所为“令所有曾经叛乱的希腊人感到恐惧”。[818]马其顿方则伤亡 500 人。

公元前 335 年秋季，在底比斯陷落后，亚历山大率军前往科林斯，在那里他“主持了雅典人的会议”，每个人“都对他尊重而且顺服”。[819]唯一的例外是当亚历山大碰到了犬儒派哲学家锡诺普的第欧根尼（Diogenes of Sinope，约公元前 412—前 323 年）。时第欧根尼·拉尔修说这位哲学家“非常粗鲁地表达了他对其他人的蔑视”，认为“世界上最愚蠢的动物就是人类”。[820]

普鲁塔克讲述了亚历山大与第欧根尼会面的故事。

> 锡诺普的第欧根尼当时居住在科林斯，他对他（亚历山大）嗤之以鼻，并没有前去恭维他，甚至都没有离开被称为克拉尼姆（Cranium）的郊区，亚历山大来到这里时，看到他正在独自躺着享受阳光。当他（第欧根尼）看到大批随从靠近时，他稍微起身，看着亚历山大。当他（亚历山大）亲切地问他（第欧根尼）是否想要些什么的时候，他说：“是的，我希望你不要站在我和太阳中间。”这个回答令亚历山大感到惊讶，且发现此人对自己如此不屑一顾，更惊讶于此人的伟大。他走向他的随从——当时那些随从正在嘲笑这个哲学家的怪脾气——亚历山大对他们说，如果他不是亚历山大的话，他宁愿做第欧根尼。[821]

在确保了对希腊的控制后，亚历山大“回到了马其顿”。[822] 亚历山大的顾问建议他放弃他父亲征服亚洲的计划，安心于马其顿与希腊统治者的新角色并结婚生子，生下继承者。但是亚历山大野心勃勃，他回答道：“一个人成为全希腊的统帅，指挥着一支从未被征服过的大军，这时却让他待在家里结婚生子，简直目光狭隘，此举不值。”[823]

进攻亚洲

公元前 334 年春，亚历山大开始进攻亚洲。在《亚历山大远征记》（*Anabasis of Alexander*）中，作者阿里安（Arrian）列出了亚历山大所统率军队的数量，包括 30,000 名步兵和 5000 多名骑兵。[824] 狄奥多罗斯·西库路斯所著《历史》（*History*）一书中记录的步兵数量与阿里安提供的数字一致，但是书中估计骑兵为 4500 人。[825] 为了确保欧洲的安定，亚历山大命令安提帕特（Antipater）将军率领 12,000 名步兵和 1500 名骑兵驻守欧洲；同时为了确保安提帕特忠于自己，亚历山大带着安提帕特的三个儿子随自己远征亚洲。[826]

公元前 334 年春，亚历山大刚刚到达亚洲 [827] 就参观了特洛伊战争（Trojan War，约公元前 1250 年）中的传奇英雄阿喀琉斯的墓地和纪念碑。亚历山大“按照习俗用油涂抹全身并赤身裸体跑入（阿喀琉斯墓地）”。[828] 这个仪式令其士兵惊叹不已，他们皆认为亚历山大就是新的阿喀琉斯。在这种神秘力量与对自身命运的自信的驱动之下，亚历山大的军队所向披靡、无坚不摧。

格拉尼库斯战役（Battle of Granicus）

在亚历山大入侵亚洲前一个月，波斯将领们“开会商讨如何进行这场战争”。[829] 他们决定先不做抵抗，让亚历山大进入亚洲，之后在格拉尼库斯河与之决战，因为这条河流为他们提供了天然的防御屏障。

在大部分的战斗中，波斯人的数量超过了马其顿人及其希腊盟军的数量。亚历山大所仰仗的是马其顿军队的高素质、军纪以及组织能力。[830] 在格拉尼库斯河，双方军队首次交锋。亚历山大最重要的将军帕米尼奥（Parmenio）提醒他谨慎行事，“因为很显然，这条河大部分水域都很深，而河岸又极为陡峭，有些地方凹凸不平”。[831] 波斯人静候马其顿人渡河。“上方军队在河边安静地站立了很长时间，因为畏惧激战的后果而默不出声，双方都鸦雀无声。”[832]

最终，亚历山大决定发动进攻，他站在队伍最前面。“马其顿人……开始进攻时损失惨重……（因为）波斯人在岸上居高临下，在战斗中占有绝对优势。”[833] 但是随着渡河的马其顿人越来越多，他们开始击退在对岸防守的波斯人。双方都投入了大量骑兵进行作战，“亚历山大的士兵开始占据优势……因为他们更加强大，军纪严明”。[834]“亚历山大……第一个发起进攻，冲向敌军人数最多的地方，杀死了众多敌军。”[835]

波斯人的防御力量由大流士的女婿斯庇特里达（Spithrobates）指挥，他也是爱奥尼亚总督。亚历山大“与他短兵相接”。[836] 两人都在搏斗中受伤，后来“亚历山大又得到一支长矛，朝他（斯庇特里达）的脸上掷去，长矛刺穿了他的头”。[837] 在激战中，亚历山大“胸甲上被刺中三次，头盔上一次，他的盾牌……也被刺穿了三次”，[838] 但是并没有受重伤。

斯庇特里达阵亡后，波斯骑兵也被击溃了。“他们四散奔逃，马其顿人紧追不舍”。[839] 失去了骑兵的支援，波斯步兵“在战场上被砍成了碎片”。[840] 战斗结束时，马其顿人损失了60名骑兵和30名步兵。[841] 波斯人则损失了1000名骑兵，其步兵也损失殆尽，只剩下2000名士兵被俘。[842]

巩固爱奥尼亚

格拉尼库斯战役获胜后，亚历山大继续向南进军，“前往萨迪斯，这里是吕底亚（Lydia）的主要城市，也是波斯人在小亚细亚（Asia Minor）的主要驻守之地……当他距离萨迪斯 8 英里时……他遇到了……一个由公民首领组成的代表团……（并且）波斯总督……没有进行战斗就（将萨迪斯）交给了他”。[843] 亚历山大“允许萨迪斯人和其他大部分吕底亚人保持自由，他们可以继续保留自己的法律……（但是）没有免除他们正常纳贡的义务”。[844]

亚历山大继续向地中海沿岸进军。在以弗所（Ephesus），他没有遭到任何抵抗。占领该城后，亚历山大立即推翻了波斯人在这里的寡头统治，并建立了民主政府。[845] 他派遣使者前往其他曾经受到希腊控制的爱奥尼亚城市，命令他们“废除各地的寡头统治，建立民主政府，恢复各个城市各自的法律，并免除他们已经习以为常的向外国人纳贡的义务”。[846]

在米利都，亚历山大遭遇了抵抗。在格拉尼库斯战役中战败逃跑的波斯士兵都来到米利都避难。[847] 驻守米利都的波斯守将赫格西斯特拉图斯（Hegesistratus）认为由 400 艘战船组成的“波斯舰队距此不远”，[848] 信心大增。但是率先抵达的却是希腊舰队，这支由 160 艘战船组成的舰队就停泊在附近。[849] 帕米尼奥建议亚历山大与波斯人进行海战，但是亚历山大没有同意，因为他认为“应该首先在陆地上击败波斯军队，从而控制波斯舰队”。[850]

亚历山大之所以决定与波斯人在陆上交战，而不进行海战，部分原因是对一个迷信预兆的含混不清的解释。帕米尼奥之所以建议亚历山大与波斯人进行海战，原因之一是：“有一只鹰站在岸上，面对亚历山大战船的船尾……（亚历山大）承认这只鹰对他有利，但是鉴于鹰是站在陆地上的，所以他认为这预示着他应该先在陆地上击败波斯军队，从而控制波斯舰队。”[851]

在阿里安（约 86—186 年）和狄奥多罗斯·西库路斯撰写的关于亚历山大的史书中，都多次出现这样的事例：严肃认真的人通过分析迷信的征兆得出严肃认真的推论。古希腊人与古罗马人都发自内心地相信占卜的权威性。乔治·萨顿将他们“对占卜的坚信不疑”描述为“最具古代特征的迷信”。[852] 这种迷信可能会导致灾难性的后果。公元前 413 年 8 月 27 日，因为出现月食，雅典海军不敢从叙拉古撤退，结果雅典人被叙拉古人彻底击溃，雅典也永远失去了其强国地位。[853]

在亚历山大包围米利都的同时，希腊海军“将波斯舰队阻挡在海面上，使之无法进入海港”，令米利都人无法得到海军的增援。[854] 马其顿人很快便“从城墙缺口攻入城内”，亚历山大就这样占领了米利都。[855] 占领米利都后，亚历山大便“解散了他的海军舰队”。[856] 阿里安解释了他的这一决策。“他（亚历山大）认为，既然他现在能够依靠陆军占领亚洲，那么只要能占领海港城市，就能打垮波斯军队，因为一旦他占领这些海港城市，波斯海军既无处招募新兵，同时在亚洲也失去了可以停靠战船的港口。”[857]

此时，“米利都以北的亚洲海岸地区……或是心甘情愿地承认了亚历山大的统治，或是被他派出的部队削弱。因此，亚历山大率军南下”。[858] 南下的大军又转向东方，亚历山大在进军亚洲时只是偶尔遭遇抵抗。在巩固了对小亚细亚半岛南岸地区的控制后，亚历山大又向北进军，前往佛里吉亚（Phrygia）。公元前 333 年春，他抵达戈尔迪乌姆（Gordium），在这里，挥剑斩断了戈尔迪之结①。[859]

> 在（戈尔迪乌姆的）城堡里保存着一辆结构粗糙的古代牛车，据传说曾经属于……那些古代佛里吉亚的乡野国王……这辆车的车轭和车辕被绑在一起，绑绳不断扭曲缠绕，形成了一个奇异又复杂的结，没有一个人能够解开这个结。有一条神谕说——能够解开这

① 戈尔迪之结的故事源自古希腊传说，公元前 4 世纪小亚细亚地区的一位国王戈尔迪乌斯把牛车的车辕和车轭用一根绳子系了起来，打了一个找不到结头的死结，声称谁能打开这个难解的戈尔迪之结，谁就可以称王亚洲。

个结的人定能够统治亚洲……当亚历山大观察这个结的时候，他和之前所有的人一样困惑不解，直到最后，他不胜其烦，拔剑将这个结砍成两截。每个人都承认这就是解开这个结的一种方法，并因此认为他必将成为亚洲帝国之王。[860]

从此，“斩断戈尔迪之结”一语便成为一种隐喻，表示用大胆且具有创意的方法解决棘手的问题。

伊苏斯战役（Battle of Issus）

波斯国王大流士召集其庞大的军队，准备与亚历山大进行一场无法避免的决战。“士兵人数越来越多，最终汇聚成为一支庞大的军队，有人说其总人数达到了 60 万，也有人说是 40 万步兵和 10 万骑兵……其中还有 2 万到 3 万希腊雇佣兵。”[861]

在为大流士效命的希腊人中，有一个雅典流亡者，名叫卡里德姆（Charidemus）。底比斯被毁后，他被迫逃离希腊。卡里德姆对大流士说，虽然兵员数量巨大，但是人员的素质差，并没有多少用处。“他建议大流士不要依赖亚洲人，而是应该将其巨大的财富用于补贴不断壮大的希腊雇佣军。”[862] 大流士手下的波斯将领们听到他的这个建议后勃然大怒，斥责卡里德姆“是个叛徒，试图骗取国王的信任，以便投靠亚历山大，背叛大流士”。[863] 大流士轻率地接受了他们的意见，处死了卡里德姆，但是之后他又很快懊恼和后悔不已。

大流士亲自指挥自己的军队，出兵迎战亚历山大。除了 60 万大军，“他的母亲，他的妻子，他的孩子们，他的所有随从都随同他一起出战，希望能够见证他确定无疑的大胜”。[864] 最初，大流士明智地静候亚历山大向东进军，与他在一片平原上交战，这里可以充分发挥波斯大军的优势。有人建议大流士“不要放弃”己方的优势，因为“亚述（Assyria）地区的这片平原面积巨大，很适合大流士庞大的军队展开队形，也便于骑兵冲锋”。[865]

但是等了很久，亚历山大依旧按兵不动，大流士也变得过于自信。“他开始认为，亚历山大在听说大流士本人正在率军与其对抗时就不敢继续前进，准备退缩了……那些并不明智的建议占了上风，因为这种建议在短期内更加受欢迎。”[866] 大流士手下的希腊顾问们反对他进军到山口地区，因为“在那种狭窄的隘口……他的大军，尤其是他庞大的骑兵部队发挥不了用处……但是对于他们的建议，大流士置之不理，波斯顾问们斥责他们是叛徒”。[867]

激战迫在眉睫，亚历山大召集他的指挥官和将领们开会，发表讲话以坚定他们的决心。他告诉他们，他们所面对的敌人“已经被击败了”，“无论从力量上还是从勇气上都无法与他们媲美”。[868] 那些“波斯人与米底人长期生活在奢侈安逸的生活中，已羸弱不堪……欧洲最强壮、最善战的大军即将与亚洲最慵懒、最软弱的种族对阵”。[869]

两军对垒，亚历山大先是率领大军缓步向前，逼近以逸待劳的波斯军队，“步步为营”。[870] 由于这片战场宽度有限，“他（大流士）庞大的军队……没有展开的空间；因此他们只能在希腊和亚洲重装步兵后方无所事事”。[871] 波利比乌斯说，“从山脚到海边的这片战场宽度不超过 14 斯泰底（2.95 千米）”。[872]

普鲁塔克指出：“（大流士）开始意识到了他的失误，在这样一个濒临海洋、遍布山川之所，皮纳鲁斯河（Pinarus River）贯穿其中，进军过远必然会导致兵力分散，令其骑兵部队几乎毫无用处，反而只会使敌军扬长避短。对于亚历山大而言，这片战场也并不有利。”[873]

亚历山大的策略是命令其最精锐的骑兵部队直接进攻大流士所在的位置，因为他认为如果能迫使大流士后撤，波斯军队就会陷入混乱。阿里安说：“当他们（马其顿人）进入轻矛射程范围后，亚历山大和他的随从位于大军右翼，他们快速冲入河里，让波斯人知道他们的进攻速度之快，同时也可以更快地展开近战，以免过多的将士死伤于敌军弓箭手之手。战事的发展与亚历山大所预料的完全一致：一进入近战阶段，波斯左翼便溃不成军。亚历山大和他的大军大获全胜。”[874]

但是在战线的其他位置，马其顿军队遭到了波斯军队和希腊雇佣军的激烈抵抗。“战斗极其激烈，大流士手下的希腊雇佣军奋力搏杀，试图将马其顿人赶回河里……随后双方的骑兵部队也陷入了激战；波斯军队奋勇抗敌，直到他们发现大流士自己已经逃跑了，而希腊雇佣军也被（马其顿人）分割包围，与他们失去联系。”[875]

大流士所在的位置也发生了激战，“大流士的战车周围死尸堆积如山……大流士自己也惊恐不安，一些波斯人发现了他的惊恐状态后便逃跑了”。[876]很快，大流士“乘坐自己的战车逃走”，遇到崎岖不平的路面时，大流士“从自己的战车里跑了出来……骑上一匹战马继续逃跑”。[877]

波斯士兵发现他们的国王已经逃离了战场，于是战斗就变成了溃逃。“这成了一场大屠杀……他们……追击大流士的时候进入了一个峡谷，踩着敌军的尸体冲出了这个峡谷。”[878]波斯军队中伤亡了10万名步兵和1万名骑兵，马其顿人损失了300名步兵和150名骑兵。[879]传统观点认为，大流士之所以失败，是因为他选择了错误的地方作为战场。但是乔治·格罗特认为：“即使这场战斗发生在东边的平原地区，结果也是一样的……不论是在什么样的战场上，如果没有一个知道如何利用己方优势的将领，人数再多也无济于事……大流士对于人数优势的信仰既盲目又幼稚。”[880]

围困提尔与加沙

伊苏斯战役大获全胜后，亚历山大并没有继续向东进军，而是决定沿着地中海东部的腓尼基（Phoenicia）海岸向南进军，以便进一步巩固自己的领地。

他接到了大流士的一封来信，请求他归还其“妻子、母亲和孩子们”，[881]他们在伊苏斯战役中被亚历山大俘获。大流士主动示好，提出可以与亚历山大结成联盟，但是亚历山大并没有退让。在回信中，他要求大流士向他称臣：“我已经成为整个亚洲的霸主，所以你要来拜见我……到时候你可以要回你的母亲、妻子和孩子们，也可以要任何你想要的东西……但是今后，无论你什么时候来见我，都要把我当成亚洲之王，不能指望着和我平起平坐……如果你不这样做的话，我就会进军攻击你。”[882]

提尔（Tyre）是腓尼基的重要城市，他们佯装中立，拒绝向亚历山大俯首称臣。“人们通过了一项法律……不允许任何波斯人或者马其顿人进城。”[883]他们不想“让任何他们无力抵抗的军队进入城内”。[884]亚历山大决定采用围困的方式占领提尔，他把手下的将领们召集在一起，解释了自己的策略。

> 对我们而言，只要波斯人还维持着海上霸权，远征埃及就不安全；同样，追击大流士也不安全……因为在追击大流士的时候，我们身后还有一座提尔城，这座城市是否忠于我们尚值得怀疑，而且波斯人还占领着埃及和塞浦路斯（Cyprus）……但是如果我们能够占领提尔，整个腓尼基都将成为我们的领地，而且波斯海军中人数最多、最为精锐的腓尼基舰队就很有可能归顺我们……（这样）我们就能完全掌握制海权，同时远征埃及也就轻而易举了。一旦埃及向我们俯首称臣，我们就不用为希腊和我们自己的土地而担忧，也就可以后顾无忧地开始远征巴比伦（Babylon）。[885]

对于亚历山大而言，占领提尔殊非易事。这座城市位于岛上，距离大陆半英里（805米）。其间的水域最深处达到了18英尺（5.5米）。提尔城四面都建有围墙，最低的地方也高达150英尺（46米）。城内的居民早已做好了被围困的准备，准备了给养、武器和“其他防御所需物资”。[886]

为了围困提尔城，亚历山大重新修建了一道巨大的堤道将岛屿与大陆连接起来。这一堤道宽 200 英尺（61 米）。成千上万的当地居民被迫参与这道堤道的建造。[887]“整棵的大树，连同枝杈一起被投入海中，然后再在上面铺设大量的石头；石头之上再覆盖一层大树，这层大树之上铺上泥土，最后这一层层的树木、石头和泥土凝固成一个整体。”[888]

起初，提尔人不相信亚历山大的军队能够渡过这道海峡。他们“乘船出城”，嘲笑马其顿人说：“亚历山大难道能比海神尼普顿（Neptune）更厉害吗？”[889]但是提尔人的嘲讽很快就变成了不安，因为他们看到这道堤道越建越近。他们开始袭击建堤的工人，“使用飞镖袭击那些守卫堤道的士兵”，因此“马其顿人不得不中断工程，以保护自己”。[890]

“提尔人……绞尽脑汁，想了各种方法破坏堤道，使之无法发挥作用。帮助最大的是他们的潜水员，这些潜水员可以躲开敌军视线，进入水中，潜至堤道旁，用钩子将石头层上的树枝和其他材料一起拉出来沉入海底……这就导致堤道的基础崩塌，从而使整个堤道解体。”[891]

亚历山大很清楚，要想成功占领提尔城，首先要控制岛屿周围的海域。因此，他组建了一支由两百艘战船组成的舰队，将其部署在提尔附近。[892]提尔人“这时四面受敌；堤道已经修建到了轻矛射程之内，城墙外又被舰队包围；这样一来，他们同时受到了海面和陆地方向的双重攻击”。[893]

堤道竣工，马其顿人也控制了周围海域，这时亚历山大开始攻击提尔城。他“召集了很多工程师”，并建造了许多“战争器械”。[894]最终，马其顿人发现提尔城南的城墙有缺陷。“他（亚历山大）的军队推倒了一大片城墙；等到缺口够大的时候，他……派遣两艘（战船）……运来了船桥，他打算把船桥搭在城墙缺口上。”[895]“同时，马其顿人用攻城槌击破了另一处城墙。就这样，马其顿人从一侧的城墙缺口处攻入提尔城，亚历山大和他的部属从另一处缺口同时攻入，提尔城陷落了……但是提尔人……战斗到了最后一个人，至少有7000人战死。”[896]2000名幸存的提尔男人被亚历山大吊死在海岸上。总共有30,000名女人、儿童和奴隶被卖给了“贩卖奴隶的商人”。[897]在亚历山大围攻提尔城的时候发生了一件大事，这件事情充分表现了亚历山大的个性与自信。

> 大流士派来了多名使者面见他（亚历山大），提出他（大流士）可以付给他（亚历山大）一万塔兰同以赎回自己的母亲、妻子和孩子们，且幼发拉底河以西直到希腊海的所有土地都属于亚历山大；他们还提议亚历山大迎娶大流士的女儿，并成为他的朋友与盟友。当这些使者在会议上提出这些建议时……据说帕米尼奥告诉亚历山大，如果他是亚历山大的话，他就会乐于按照这些条款结束战争，因为这样就不会为了成功而冒险了。据说亚历山大回答说，如果他是帕米尼奥的话，他也会这么做，但是他是亚历山大，所以他必须作为亚历山大来回复大流士。他说他并不想要钱，他想要的是全部土地，而非一部分；因为他（大流士）所有的财富与土地都是他（亚历山大）的；如果他想要迎娶大流士的女儿的话，哪怕大流士不同意，他自然也会娶她。[898]

“当大流士收到亚历山大的回复时，他对通过书信或传信的手段结束战争已经完全不抱希望了，因此，他开始每天操练他的士兵。”[899]

前往埃及时，亚历山大在巴勒斯坦的加沙城（Gaza）遭遇了顽强的抵抗。当地的总督是一个名叫巴提斯（Batis）的宦官，他拒绝向亚历山大投降。亚历山大手下的“工程师们认为，他们无法使用武力占领（加沙的）城墙，因为这里的位置过高。但是，越是看似不可能完成的任务，亚历山大越是决心要完成。他认为加沙城里的敌人意料不到他们会发动进攻，这时采取行动会更加出其不意；而且，如果无法占领此地，他的威望将会受损”。[900]

亚历山大下令“在城墙四周筑起土丘，这些土丘宽 2 斯泰底（370 米），高 250 英尺（76 米）”。[901] 他派人从海路运来曾经在提尔城使用过的攻城器械。这些通往加沙城墙的土丘——或者说斜坡——完工后，亚历山大开始攻城。在使用攻城器械摧毁城墙的同时，亚历山大的军队还在城墙下开挖隧道，最终，城墙被攻破了，“（坍塌）成一段段的残垣断壁”。[902]

加沙人顽强抵抗。为了占领这座城市，马其顿人进行了四次进攻。“加沙人……并肩奋战；他们一同战死沙场。”[903] 在《历史》一书中，波利比乌斯赞扬了加沙人的勇气。“在我看来，颂扬加沙人是公正的，也是应当的……在面对亚历山大的入侵时，其他城市纷纷投降，就连提尔城也被攻破，市民被贩为奴隶；当所有人面对无法逃脱被毁灭的结局时，他们异常坚强地抵抗了亚历山大野蛮粗暴的进攻，在所有叙利亚人中，只有他们抵抗了他，最大程度地表现了他们的防御能力。”[904]

虽然通常情况下，亚历山大会对敌军的勇气表示尊重，但是这一次他的征服计划因为提尔和加沙的抵抗而延误，这令他恼羞成怒。在进攻加沙城时，他本人也身受“重伤”。[905] 而且他的胜利也并没有为他带来荣誉，相反，因为战败者在强敌面前表现出来的勇气，荣誉最终属于他们。

加沙城内所有男人都被杀害了，[906] 另外，“亚历山大把他们的妻子、儿女都卖为奴隶”。身为加沙总督的宦官巴提斯被活捉带到亚历山大面前，这时亚历山大“决定要使用一种既新颖又残忍的刑罚惩罚他。他命人在巴提斯的脚上挖洞，把铜环穿在双脚上，之后把这位勇敢的人赤身裸体地绑在亚历山大自己的战车上。亚历山大亲自驾车，以最快的速度拖着他奔跑，他的士兵们在两侧欢呼着，嘲笑着巴提斯。亚历山大从小就想模仿他的传奇祖先阿喀琉斯，而这次惩罚巴提斯就是模仿了《伊利亚特》中描述的景象：阿喀琉斯用这种侮辱性的方式对待了赫克托尔（Hector）的尸体”。[907]

亚历山大城的建立

公元前332年秋，“亚历山大率领大军进入埃及”，[908]没有遭遇任何抵抗。在埃及，亚历山大参观了古老的阿蒙（Ammon）神庙，进行了占卜。神庙里的一个祭司对亚历山大说：“他所取得的辉煌胜利与不朽成就证明了他的神圣出身：因为他过去从未被任何人击败过，他将来也一定会战无不胜。”[909]祭司所说的话也标志着亚历山大“越来越自负，自我膨胀到了超出人类极限的程度”。[910]

在法洛斯（Pharos）岛附近，亚历山大建立了一座以自己的名字命名的城市，亚历山大城（Alexandria）。建立这座城市的本意或许是“方便统治埃及”，[911]但是在亚历山大去世之后的几个世纪里，这座城市发展成为世界知识的中心。在亚历山大深思熟虑、有条不紊的征服过程中，希腊文化的影响也得以扩散到各地，从而重塑了地中海世界和整个西方文明。“这位马其顿领袖的扩张迅猛无比，同时又都经过了深思熟虑：在他征服的每一个地方，希腊文化力量都得以生根发芽，希腊语言和文明也不断扩张——从爱琴海到印度河河畔，从里海到赫卡尼亚的平原，再至尼罗河的瀑布区——希腊文明实际上存续了近千年，而其影响更是绵延到如今。”[912]

阿贝拉战役

在牢固地控制了地中海沿岸地区后，亚历山大向东进军，准备与波斯人进行最后的决战。之前亚历山大已经拒绝了大流士的求和条件，大流士“全身心地投入了战争准备工作之中”。[913]“据说大流士的全部军队包含4万骑兵和100万步兵，还有200辆配备弯刀的战车。”[914]

大流士的军队驻扎在“一个名叫阿贝拉（Arbela）的村子旁”，[915]“这是一片宽阔平坦的平原”，[916] 在这里等待亚历山大。马其顿军队包括 7000 名骑兵和 40,000 名步兵，[917] 爱德华·克里西爵士（Sir Edward Creasy）认为这支军队“全部由经验丰富的老兵组成，无论是装备还是军纪都处于最佳状态，他们衷心爱戴自己的领袖，对他的军事天赋充满信心，也完全相信他必将成功”。[918] 在了解了波斯军队的规模与位置后，亚历山大命令部队休整 4 天，之后便开赴前线与大流士的军队决战。

帕米尼奥建议亚历山大趁夜发动进攻，但是亚历山大不同意。波斯人原本预计马其顿人会在天黑之后发起攻击，他们整夜未眠，疲惫不堪。但是亚历山大却充分休息了一夜。“他躺在自己的帐篷里睡了一夜，甚至比平时睡得更好，这令他手下的将领们颇感意外。”[919]

公元前 331 年 10 月 1 日早上，马其顿大军开赴战场。[920] 亚历山大将其军队分为两部分，“这样就形成了一个双层方阵”。[921] 马其顿的第二路军队充当后卫部队，一旦前面的部队被人数占优的敌军包围，他们便可以进行救援。亚历山大的策略是集中兵力攻击波斯军队的某一个位置，希望以此打破敌军的协同作战能力，也许还能使敌军陷入恐慌。

克里西说：“亚历山大发现他整个方阵的人数尚不如波斯方阵正中间的人数多，他的右翼被敌军的左翼完全包围，而左翼则被敌军的右翼全部包围。他采取的策略是猛攻敌军的一点，在此处取得压倒性优势；同时，在其他位置上，要竭尽所能地避免发生遭遇战。因此，他下令大军向右翼运动，这样就可以把兵力集中在右翼，并以优势兵力进攻敌军的左翼。当然，这样也会使自己的左翼处于危险之中。”[922]

大流士命令战车部队对马其顿军队的中部发起进攻，力图使敌军陷入恐慌与混乱之中。但是马其顿军队对敌军的战车进攻早有准备，他们没有直接与之对抗，而是连忙移动到战车两侧，从两侧攻击战马与驾车人。“他们按照命令，分成两队站立在战车两侧，当敌军战车对他们展开进攻时……（他们）

向战马投掷标枪，其他士兵则抓住马缰，把驾车的敌军拉下来，在战马旁边杀死他们。”[923]

过了片刻，亚历山大便发现了波斯阵形中的薄弱之处，立刻对波斯方阵的中心发起直接进攻，目标直指大流士。亚历山大“率领大军发起了迅猛的攻击，他们大声呐喊着冲向大流士本人。很快便开始短兵相接，亚历山大亲自率领骑兵勇猛进攻，他们冲向波斯人，长矛向敌军的脸上刺去，随后密集排列的马其顿步兵方阵也冲了过来，举起长矛发起进攻。大流士早已惊恐不安，此时马其顿的进攻更是令他魂飞魄散，立刻仓皇逃窜”。[924]大流士“自己带头落荒而逃……虽然战斗才刚刚开始，但是从这一刻开始，（波斯人的）败局已经无可挽回了”。[925]

就在亚历山大率领部分军队发起猛攻时，其他马其顿军队的力量却被削弱了。这些马其顿人“四面受敌，一片混乱”，“（于是）帕米尼奥急忙派人向亚历山大送信，告诉他这里战况危急，他必须立刻增派援兵……亚历山大……率军增援……开始了此次战斗中最为激烈的骑兵之战”。[926]“这里发生了肉搏战，持续良久……（但是）最终马其顿士兵依靠自己的严明军纪与无畏勇气占据了上风。”[927]

人们对伤亡情况的估计各不相同，古代历史学家们也提出了不同的数字。“阿里安认为波斯方面死亡 30 万人，还有更多的人被俘。狄奥多罗斯认为波斯方面死亡 9 万人，库尔提乌斯（Curtius）则认为是 4 万人。在马其顿的阵亡人数方面，阿里安认为不超过 100 人，库尔提乌斯认为是 300 人……狄奥多罗斯则认为是 500 人，此外还有大量士兵受伤。”[928]

在大败波斯军队后，亚历山大开始占领并掠夺波斯。狄奥多罗斯记载道，在苏萨城（Susa），亚历山大“得到了……全世界最美的宫殿……（并且）在那里找到了价值 4 万多塔兰同的未经加工的金银”。[929]之后，亚历山大又从苏萨城前往波斯波利斯（Persepolis），这里是“波斯民族的中心”，这座城市“在希腊或者马其顿人所知道的所有城市里，不论是国家的财产还是私人的财产，财富都是最多的”。[930]

在波斯波利斯，亚历山大“遇到了……一些希腊人，他们都是以前波斯国王的俘虏或者奴隶，大概一共有800人，大多是老年人，皆为残疾，有些人的手被砍掉了，有些人则是失去了双脚，有些人被削掉了耳朵，还有些人失去了鼻子……亚历山大非常同情他们的悲惨境遇，忍不住哭泣起来”。[931]

亚历山大放纵手下的士兵“掠夺和破坏”波斯波利斯城，把国王的宫殿据为己有。[932] 马其顿人“杀死了所有的男人……他们先是蹂躏了那些珠光宝气、衣着华丽的女人，之后又把她们卖为奴隶”。[933] 在公共财产方面，亚历山大得到了“12万塔兰同”。[934]

在波斯波利斯，“为了庆祝胜利，亚历山大为他的朋友们举办了一次丰盛的宴会，并向诸神进贡了珍贵的祭品。这次宴会上还召来了妓女，她们为了钱而出卖肉体，客人们开怀畅饮，肆意狂欢，很多人烂醉如泥，疯疯癫癫”。[935] 亚历山大部将托勒密（Ptolemy）的情人泰艾斯（Thais）说“如果她能为了闹着玩而在国王的目光下亲手放火烧毁宫殿，那她会更加开心的”。[936] 听闻此言，亚历山大自己手持火炬，带领众人将波斯波利斯的宫殿付之一炬。

在亚历山大所有的将领中，帕米尼奥是最受信任、经验最为丰富的一位，他基本上就是马其顿军队的二把手。帕米尼奥有三个儿子，其中两个都为了亚历山大战死疆场，第三个儿子菲洛塔斯（Philotas）也是亚历山大部下的将领。一天，酒醉的菲洛塔斯向他的情妇吹嘘说“所有伟大的行动都是自己和父亲指挥的，但是这些胜利的荣誉和利益，以及国王的头衔，都被小男孩亚历山大得到了，并且利用他们父子享受着这一切”。[937] 有人把这些胡言乱语报告给了亚历山大，引起了亚历山大的怀疑。尤其是在亚历山大得知菲洛塔斯曾经事先知道了一次暗杀亚历山大的阴谋却没有汇报后，这种怀疑之心愈发严重了。

菲洛塔斯被捕并被严刑拷问。审讯他的人“使用最残酷的手段折磨他……（而且）极其残忍地拷打他……他们使用了火刑和鞭刑，与其说是审讯，不如说是惩罚”。[938]“所实施的酷刑极其残忍，而且长时间持续拷打，最终迫使他招供，而且还牵连了他的父亲。”[939]

菲洛塔斯被处以死刑，随后亚历山大便下令暗杀已经70岁的帕米尼奥，“因为亚历山大相信，在菲洛塔斯密谋对抗自己的时候，帕米尼奥必定参与了他儿子的计划；而且他认为，即使帕米尼奥没有参与这一阴谋也必须处死他，因为他已经成为一个危险人物”。[940]亚历山大派遣亲信执行暗杀帕米尼奥的行动，他们完成任务后，将帕米尼奥的头颅带到亚历山大面前作为凭证。[941]

亚历山大之死

在接下来的七年里，亚历山大致力于巩固其对波斯帝国东部地区的控制。[942]他继续追击大流士，但最终却只得到了大流士的尸体。大流士的行省总督拜苏（Bessus）刺杀了大流士，这令亚历山大怒不可遏，因为他原本指望大流士为他统治这个帝国。最终，亚历山大活捉了拜苏，并且“他下令剁掉他的鼻子和耳朵”。[943]这一酷刑还仅仅是惩罚的开始。亚历山大“把他交给了大流士的兄弟……让他们随心所欲地惩罚拜苏，他们使用各种手段折磨了拜苏，使用人们能够想象得到的各种侮辱性手段虐待他，将他碎尸万段，把尸体碎块用投石器四处抛射”。[944]

时光流逝，亚历山大也开始相信人们对他的崇拜之词了。他“逐渐沉迷于那些无与伦比的胜利和对亚洲的巨大影响之中”。[945]在参观了埃及的阿蒙神庙（约公元前332年）后，亚历山大“完全并且真诚地相信自己是宙斯阿蒙（Zeus Ammon）的儿子……虽然他并没有下令让部下称呼他为宙斯之子，但是当有人主动这样称呼他时，他便陶醉其中；而一旦有人对这种说法提出质疑或者表现出不屑的话，他就会立刻恼羞成怒”。[946]

普鲁塔克并不同意这种说法，他认为亚历山大的神化只是一种政治手段，目的是帮助他控制那些迷信的人。“亚历山大自己并没有受到愚弄，也并没有虚荣到认为自己是神的程度，而只是利用这种封神的说法维持他在人民中的地位。”[947]

无论亚历山大真正的意图是什么，几年之后，“如果希腊人、马其顿人以及波斯人不对他行跪拜或膜拜之礼，他都会感到不满，他认为这种跪拜或膜拜表明了人民公开、一致地承认了他的神圣身份与超越凡人的地位”。[948]在希腊，人们对亚历山大的神化的反应比较冷漠。斯巴达人对此不以为然，他们说：“亚历山大被称为神了，我们很满意。”[949]

亚历山大开始“沉迷于波斯人那种温柔妩媚的方式，并且开始模仿亚洲国家国王们的奢侈生活”，[950]但是在他的希腊和马其顿同胞中，不满情绪逐渐滋生。在一次宴会上，这种不满情绪勃然爆发了。克利特斯（Clitus）是亚历山大手下最为忠诚的指挥官。在格拉尼库斯河战役中，波斯将领斯皮瑞达提斯（Spithradates）准备从背后偷袭亚历山大，这时克利特斯赶过来砍断了斯皮瑞达提斯的胳膊，救了亚历山大一命。[951]但是“对于亚历山大改变生活方式，过度模仿外国习俗的做法，克利特斯早已感到忧虑，对于那些花言巧语奉承亚历山大的人，他更是愤愤不平”。在宴会上，因为饮酒过多，克利特斯开始口不择言，他“声称事实上亚历山大的成就并不像那些歌功颂德的人所说的那么伟大和荣耀；这些成就也并非亚历山大凭一己之力取得的，大多数的成就都是所有马其顿人共同赢得的……克利特斯……接着又说腓力二世的成就才是最伟大的，并且贬低了亚历山大和他的所作所为”。[952]

和克利特斯一样，亚历山大也已经喝得神志不清了，这些话让他勃然大怒，并且“四处寻找自己的宝剑。幸亏他的一名贴身卫士阿里斯多芬尼斯（Aristophanes）早已把他的宝剑藏了起来……克利特斯仍然拒绝退让，他的朋友们费尽气力才把他推出屋外。但是很快他就从另外一扇门回到了宴会厅……（而）最后，亚历山大还是从一名士兵手里夺过一根长矛……刺穿了他（克利特斯）的身体”。[953]很快，亚历山大清醒过来，陷入了深深的忧郁之中。“他不停地说自己是杀死朋友的凶手，之后三天不吃不喝，不修边幅，对自己的个人形象也毫不在意。”[954]

另一个令亚历山大不悦并无端感到恼怒的是亚里士多德的侄子卡利斯提尼斯（Callisthenes）。卡利斯提尼斯被怀疑参与了一起刺杀阴谋，但是这一猜疑毫无事实根据。亚历山大下令把自己老师的侄子“先是严刑折磨，之后绞刑处死”。[955]这一事件成为针对哲学领域的一桩罪行，后世的作家们因此而痛骂亚历山大。在《自然问题》一书中，塞涅卡认为：“卡利斯提尼斯具有超人的智慧，他敢于勇敢地面对国王的怒火。亚历山大处死他是亚历山大永远的污点，战争中的任何勇气和胜利都无法消除这一污点……虽然他的成就超越了之前所有的将领与国王，但是他的一切成就都无法抵消处死卡利斯提尼斯的罪行。”[956]

公元前324年，亚历山大孩提时代的朋友赫菲斯提翁（Hephaestion）生病了。按照阿里安的描述，赫菲斯提翁是“世界上和（亚历山大）最为亲近的人”。[957]“当亚历山大被告知赫菲斯提翁病危时，他立刻赶往他身边，但是等到他到达时，赫菲斯提翁已经去世了……他（亚历山大）悲恸欲绝。”[958]亚历山大“倒卧在遗体旁，在那里痛哭了几个小时，在之后的两天里，他不许任何人服侍他，也拒绝进食；他剪短了自己的头发，还下令剪短营地里所有马匹和骡子的鬃毛……（并且）下令禁止在营地里演奏音乐，也不许进行任何娱乐活动”。[959]

赫菲斯提翁的去世令亚历山大陷入了极度的悲伤之中，而这却使人们怀疑他们之间存在着性关系。在古代的传记当中并没有直接的证据证明这一点。如果的确如此的话，亚历山大应该也是一个双性恋者，而非同性恋者。狄奥多罗斯认为亚历山大热衷于与异性的性行为。亚历山大“也开始到哪里都带着自己的妻妾……她们都是绝世的美女，都是从整个亚洲搜寻而来的。她们每晚都要侍立在亚历山大的床边，这样他就可以选择喜欢的女人上床陪他”。[960] 普鲁塔克说，对于那种说他与年轻男孩发生性关系的传闻，亚历山大极其反感。“当他的副官菲洛克塞努斯（Philoxenus）……写信给他（亚历山大），询问他是否愿意买两个非常英俊的年轻男孩时……（亚历山大）极为恼怒，他经常和朋友们说不知道菲洛克塞努斯在他身上发现了多么卑鄙的事情，才敢于提出如此令人愤怒的提议。”[961]

赫菲斯提翁去世后，亚历山大越来越消沉，脾气也越来越暴躁。“新来的卡桑德（Cassander）从小在希腊式的生活中成长，当他第一次看到那些野蛮人崇拜国王的样子时，忍不住笑出了声，这令亚历山大勃然大怒，他用双手抓住他的头发，把他的头用力往墙上撞。”[962] 亚历山大的“脾气变得极为暴躁易怒，每个人接近他的时候都心怀恐惧，而只有最极端的阿谀奉承才能安抚他”。[963]

公元前 323 年 6 月，亚历山大在连续喝了两天酒后开始发烧，继而病倒了，这次发烧持续数日，他的身体也愈发虚弱。“他让朋友离他近一些（因为他的声音越来越微弱），把手上的戒指摘下来交给佩尔狄卡斯（Perdiccas），嘱咐他把自己的遗体运送到哈蒙（Hammon）；当他的臣属们问他‘他的王国要交给谁’的时候，他回答道，‘交给最值得的人……’。这就是这位国王的最后一句话，之后不久他就与世长辞。”[964]

亚历山大去世时年仅 32 岁，作为马其顿国王，他统治了这个国家 12 年。他在“12 年的统治期间……所取得的成就使（他的父王）腓力二世国王的成就相形见绌，其成就规模宏大，影响广泛，其事业可谓彻底成功，从没有过真正的失败甚至是停滞时期，这一点不仅仅超越了人们的预期，甚至是超出了人们的想象”。[965]

虽然亚历山大英年早逝，但是他的征服所创造的文化共同体却延续了近千年。希腊科学、艺术、文学与文化主导了整个地中海区域。我们今天所看到的西方文明皆源于这些影响。亚历山大打破了横亘在亚洲与欧洲之间的壁垒，为罗马帝国的兴起和基督教的传播铺平了道路。亚历山大通过征服实现了对已知世界的统一，他的老师亚里士多德通过其哲学思想和学术贡献，对后世的知识体系产生了深远影响。

11. 亚里士多德（公元前384—前322年）

早期生活

亚里士多德“毫无疑问是有史以来世界上最伟大的思想家之一。[966] 他研究了自己那个时代所有领域的人类知识，在之后近2000年中，他那百科全书式的著作或有利或有弊地主导了人类的思维方式”。[967] 在其去世后的1500年里，亚里士多德总是被直接称为“那位哲学家”，[968] 他的科学著作也被公认为处于科学最前沿。乔治·萨顿认为亚里士多德的著作具有百科全书的性质，因为他发现“如果不研习他（亚里士多德）的著作，人们就无法研究任何一门学科，甚至也无法对任何一门学科的分支进行研究”。[969] 英国诗人塞缪尔·泰勒·柯勒律治（Samuel Taylor Coleridge，1772—1834年）认为亚里士多德是“理解能力方面的帝王……所有人类中最伟大的人”。[970]

寓言体叙事诗《神曲》（*The Divine Comedy*）是但丁·阿利吉耶里（Dante Alighieri，1265—1321年）的史诗巨著。在《神曲》第一部《地狱篇》（*The Inferno*）中，他描述道，当自己进入地狱时，遇到了苏格拉底、柏拉图和所有的古代希腊哲学家，其中最重要的便是亚里士多德——“智者中的大师”。

我看见了那位智者中的大师，

他正与弟子们在哲学大家庭中端坐。

大家都对他十分仰慕，敬重备至，

在这里，我见到苏格拉底和柏拉图，

他们两位比其他人更靠近这位大师……[971]

公元前384年，亚里士多德出生于哈尔基季基省（Chalcidice）斯塔吉拉城（Stagira）。[972]斯塔吉拉位于爱琴海北岸，这里的"土壤和景观……与那不勒斯湾南部地区相似"。[973]公元前654年，来自安德罗斯岛（Andros）的移民建立了这座城市，这里成为位于埃维亚西岸的希腊城市埃雷特里亚（Eretrians）的殖民地，[974]"斯塔吉拉完全就是一座希腊城市"。[975]

亚里士多德的父亲是尼科马库斯（Nicomachus），他是腓力国王的父亲阿敏塔斯二世（Amyntas II）的宫廷御医。[976]希腊医学家盖伦记载道：这位希腊医生的儿子们"从小便接受父母在解剖方面的训练，对他们而言，解剖就像读书写字一样熟悉，没人担心他们会忘记解剖术，就像他们不会忘记他们的字母一样"。[977]除此之外，我们对亚里士多德的基础教育一无所知。亚里士多德很可能从年轻时就陪同父亲去照料阿敏塔斯二世，因此他很早便结识了腓力二世并成为其好友。[978]

在亚里士多德十七八岁时，他的父亲去世了，之后他前往雅典，进入柏拉图的学园学习。亚里士多德在雅典生活了19至20年，直到柏拉图去世才离开雅典。[979]鉴于亚里士多德的父亲是一位医生，他早期的兴趣所在应该是生理学与自然科学。[980]但自从他进入学园开始学习后，其学习兴趣可能更多地聚焦于柏拉图《对话录》涉及的学科，即辩证法与道德哲学。

柏拉图非常认可亚里士多德超群的才智，称他为学园的"阅读者"和"大脑"。[981]最终，亚里士多德必将创建不同于柏拉图的理论学说。第欧根尼·拉尔修说，柏拉图曾经抱怨“亚里士多德已经把我们抛弃了，就像被母鸡孵出的小鸡抛弃它们的妈妈”。[982] 在亚里士多德的著作中，柏拉图的“理论经常被驳斥，但是这种驳斥都是公平的、礼貌的”。[983] 在《尼各马可伦理学》（*Nicomachean Ethics*）一书中，亚里士多德解释道：虽然他热爱柏拉图，但是他更加热爱真理。“为了维护真理，哪怕是破坏与我们密切相关的事物也在所不惜，可以说这就是我们的职责所在，尤其是作为哲学家或者智慧爱好者的我们；因为两者对我们都很重要，但出于虔诚，我们应该更加尊重真理而非朋友。”[984]

公元前 347 年或 348 年，柏拉图去世。柏拉图的外甥和继承人斯彪西波（Speusippus）当选为学园的新负责人。此时，马其顿国王腓力二世正在拓展并巩固自己的帝国。他进攻了哈尔基迪克（Chalkidic）半岛，[985] 亚里士多德的故乡斯塔吉拉也被腓力二世“在公元前 349 年到前 347 年的奥林托斯战争（Olynthian war）中占领并毁灭”。[986]

在同学色诺克拉底（Xenocrates）的陪同下，亚里士多德离开雅典和学园，迁往“米西亚（Mysia）的阿塔纽斯（Atarneus）或者阿苏斯（Assos）居住”[987]——米西亚是小亚细亚西北部的一个省。邀请亚里士多德前往此地的是学园的另一位学生赫米阿斯（Hermias）。按照斯特拉波记载，“赫米阿斯是一个宦官，是一个货币兑换商的仆人。在雅典时，他既听过柏拉图的课，也听过亚里士多德的课。回国后，他成为其主人实施暴政的助手，他的主人攻占了阿塔纽斯和阿苏斯附近地区。之后他又继承了其主人的地位，派人邀请亚里士多德和色诺克拉底，友好地接待了他们。他甚至还把自己的侄女嫁给了亚里士多德。”[988] 第欧根尼·拉尔修的记述与此略有差异：“亚里士多德爱上了赫米阿斯的小妾，在征得赫米阿斯的同意后，他娶了她。”[989]

赫米阿斯被“效命于波斯人的将军”曼托尔（Mentor）出卖了。[990] 斯特拉波记载道，曼托尔“假借友谊之名邀请赫米阿斯到自己家里，又以公务为由扣押了赫米阿斯，并把他押送到国王面前，国王下令将赫米阿斯绞死。这两位哲学家避开了波斯人占领的地区，逃之夭夭”。[991]

根据狄奥多罗斯·西库路斯的记载，曼托尔兵不血刃就占领了赫米阿斯曾经统治过的所有城市。“在他（曼托尔）占有了他（赫米阿斯）的印章戒指后，他以他（赫米阿斯）的名义给各个城市写信，声称通过曼托尔的帮助，他已经重新得到了国王的宠爱……（这些）城市的总督们都相信了这封信的真实性，同时他们也都渴望和平，便把各地所有的城镇和城堡都交给了国王。”[992]

在赫米阿斯死后，亚里士多德和妻子逃到了莱斯博斯岛（Lesbos）上的米提林尼（Mitylene）。[993]在此居住了两三年后，腓力二世邀请亚里士多德加入马其顿宫廷，担任亚历山大的老师，当时亚历山大 13 岁。[994]亚里士多德得到的回报是重建他的故乡斯塔吉拉——在公元前 349 年到前 347 年的奥林托斯战争中，这座城市被腓力二世摧毁了。“他（腓力二世）使他（亚里士多德）的故乡重焕生机，虽然正是他在不久前毁灭了这座城市。他把那些被流放或者被卖为奴隶的当地人召回了他们的居住地。”[995]普鲁塔克说他曾经访问过斯塔吉拉，参观了“亚里士多德的石椅和他经常散步的阴凉小道”。[996]

亚里士多德留在马其顿担任亚历山大的老师长达 8 年，[997]虽然期间“偶尔会去”雅典。[998]公元前 335 年，当亚历山大出征亚洲时，亚里士多德回到雅典，并创办了一所名为吕克昂（Lyceum）的新学园。“据说他的大部分教学内容都是在师生共同漫步花园时讲授的，因此他的学生和他们的学派被称为逍遥学派（Peripatetics）。”[999]

在《阿提卡之夜》中，奥卢斯·革利乌斯回忆道：在吕克昂学园，亚里士多德教授两门课程。常规课程在晚间讲座中讲授，而早上的讲座则专门讲授更加抽象、更加艰涩的内容。

> 据说哲学家亚里士多德……开设两种讲座……他把其中一种称为普通型，另一种称为深奥型。那些普通型的讲座涉及修辞学、逻

辑学的微妙之处与政治学知识的研究；那些深奥型的讲座涉及更加深刻、更加晦涩的哲学理论……为了发展这一我所说的深奥的学科，他放弃了吕克昂学园早上的讲座；任何人要加入这一深奥的学科，都必须首先接受考试，测试其才智、基础知识以及追求知识的热情与勤奋。傍晚他会在同一场地开设普通课程的讲座。[1000]

第欧根尼·拉尔修说亚里士多德有些柔弱、无力。“他（亚里士多德）说话时口齿不清……据说他的腿很细，眼很小……（而且）他一度沉迷于鲜艳的服装和戒指，喜欢精心修饰发型。”[1001] 但毋庸置疑的是，亚里士多德并非同性恋。他“深爱着”自己的第一任妻子皮西厄斯（Pythias），他们生有一女，也叫皮西厄斯。[1002] 在皮西厄斯去世后，他迎娶了“来自斯塔吉拉的女子赫皮莉斯（Herpyllis），赫皮莉斯为他生了一个儿子，名为尼科马库斯（Nicomachus）”。[1003]

亚里士多德的知识与教学内容是百科全书式的，无所不包。他创立并传授的课程体系包括生物学、天文学、物理学、形而上学、逻辑学、伦理学、政治学与诗学。当然也不能说亚里士多德的所有知识都是他本人原创的，他一定是对苏格拉底之前的自然哲学著作精熟于心，而这些著作现在要么已经失传，要么只留下了只言片语。

在吕克昂学园执教的十二三年间，亚里士多德撰写了大量作品。第欧根尼·拉尔修认为亚里士多德的著作多达“近400部，而且这些作品的真实性毋庸置疑”。[1004] 但是其中只有35部著作被完整保留至今。据此我们可以推测，这位哲学大师90%以上的作品都失传了。不过还有一种可能性——后世的编辑者或者汇编者把其中一些篇幅较短的著作压缩成了一卷。很可能“在亚里士多德的所有作品中，我们拥有的只有不到1/3”。[1005]

这些著作得以保存的方式颇具启发性，我们从中可以知道，在印刷术出现之前，知识是很难保存和传承的。斯特拉波认为泰奥弗拉斯托斯继承了亚里士多德的著作，他是亚里士多德的朋友，也是亚里士多德在吕克昂学园的继任者。之后，泰奥弗拉斯托斯又把这些著作传给了自己的侄子奈琉斯（Neleus）。

> 奈琉斯将这些（亚里士多德的著作）搬运到斯凯帕西斯城（Scepsis），把这些著作交给了一个对此一无所知的人，这人把这些著作胡乱摆放在地上，锁了起来。后来斯凯帕西斯人听说阿塔利克（Attalic）的国王们正在焦急地收集图书以充实其佩尔加蒙（Pergamus）图书馆，而他们的城市又附属于这一王国，因此他们把这些书籍藏在一个地窖里；最终，在这些著作被毁于潮湿和虫蛀之前，（公元前1世纪时）奈琉斯的后代把这些亚里士多德和泰奥弗拉斯托斯的著作高价卖给了蒂渥的阿培利柯（Apellicon of Teos）。与其说阿培利柯是一位哲学家，倒不如说他是一个爱书如命的人，因此当他试图修复被虫子咬毁的地方时，他也对原文进行了修改，并且把这些修改录入新的版本之中；此外，他还补写了缺失的地方，但是这些补写大多是错误的。之后，他便出版了这些错误百出的书籍。[1006]

在此之后，关于亚里士多德手稿流传的经过主要见于普鲁塔克的著作《苏拉传》（*Life of Sulla*）。苏拉（Sulla，公元前138—前78年）是罗马将军，公元前86年，他占领了雅典后“把阿培利柯的图书馆占为己有……图书馆中大部分书籍都是泰奥弗拉斯托斯和亚里士多德的著作，当时还没有大量出版发行。之后这些书籍被整体运送到罗马。据说在罗马，这些著作中的大部分书籍都被语法学家蒂拉尼昂（Tyrannion）获取。此外，罗得岛人安德罗尼卡（Andronicus）通过自己的手段也得到了很多的副本，他把这些论著出版发行，并制作了书目，这一书目现今仍在使用”。[1007]

生物学

亚里士多德在科学方面的最大贡献体现在生物学领域。他收集了大量事实，对这些事实进行整理，并且通过归纳推理得出了普遍性的结论。亚历山大对他的生物学研究给予了帮助，派遣了“800 名精英人才”[1008] 帮助亚里士多德，此外还命令“数以千计的人”[1009] 为他服务，听从他的命令。亚里士多德的研究方法基本上与现代研究方法相仿，而亚历山大提供的资源使他能够开展更大规模的生物学研究。

亚里士多德的著作中描述了 500 余种动物，其中很多描述都极尽详细。他解剖了 50 种不同种类的动物并描述了这些动物的结构、栖息地以及繁殖方式。[1010] 亚里士多德研究了比较解剖学、生理学、胚胎学以及动物的地理分布，还创建了生态学，这是一门研究生物体与其环境之间关系的学科。

1882 年，威廉·奥格尔（William Ogle，1827—1912 年）寄给查尔斯·达尔文（Charles Darwin，1809—1882 年）一本书——他翻译的亚里士多德著作《论动物的部分》（*On the Parts of Animals*）。在 1882 年 2 月 22 日致奥格尔的回信中，这位 19 世纪生物学大师高度赞扬了亚里士多德，他承认“虽然领域不同，但是林奈（Linnaeus）和居维叶（Cuvier）是我心中两位神一般的偶像，然而与过去的亚里士多德相比，他们不啻为小学生”。[1011]

在《论动物的部分》一书中，亚里士多德把生物学与天文学进行了比较，强调了数据收集和直接观察的重要性，并根据这一对比正确地得出了一个结论：他的生物学知识远超他的天文学知识。

> 世间万物中，有一些是不生不灭、永久存在的，还有一些则是有生有死的。前者无与伦比，极为神圣，但是却无法为我们提供知

识。虽然有一些证据可以使我们了解它们，也能帮助我们解决一些急需解决的、与之相关的问题，但是这些证据很难通过感知手段获得；而对于易腐烂的植物和动物，我们已经拥有了大量的知识，因为我们就生活在这些动植物之间，只要我们愿意付出足够的努力，就可以采集到关于其不同种类的大量数据。这两种事物都有其特殊的魅力。我们对于天体的了解微不足道，但是这些卓越的天体却能给我们带来更多的乐趣，这种乐趣超越了我们对自己所生活的世界的了解，这就像瞥一眼爱人所带给我们的愉悦会超越慢慢观赏其他事物所带来的愉悦，不管这些事物的数量和大小怎样。另一方面，我们关于地球上事物的了解更加确定、更加完整。此外，这些地球上的事物距离我们更近、关系更为密切，这在某种程度上平衡了我们对待这两类事物的兴趣，虽然作为高等哲学的研究对象，天体能引起我们更多的兴趣。在我们能够猜想的范围内，我们已经对天体世界进行了探讨，接下来我们应该继续倾尽全力地研究各种动物，包括世界上所有的动物，以及那些最不起眼的动物。对于那些并不能吸引我们注意的动物，只要能够通过研究揭示创造这些动物的艺术精神，同样也能给那些研究因果关系和哲学的人带来巨大的愉悦感……自然界的每一个方面都是非同凡响的。[1012]

在某些方面，亚里士多德的一些结论在数百年里都被认为是错误的，直到这些结论被现代研究所证实。在描述鲇鱼的繁殖习性时，亚里士多德指出：一旦雌鱼排出鱼卵，雄鱼就会保护这些鱼卵直到这些鱼卵孵化。“雄鱼会在鱼卵最集中的地方守护着，并且……留在这些鱼卵附近 40 到 50 天，以免这些鱼卵被偶然经过此处的鱼吞食。”[1013]之后的几百年里，人们并不相信这种说法，因为西欧地区的鲇鱼并没有这种行为。直到 19 世纪，地质学家路易斯·阿加西斯（Louis Agassiz）才首次证实了亚里士多德的这一说法。1856 年，阿加西斯发现美国鲇鱼的表现与亚里士多德所说完全一致。之后，阿加西斯又得到了一批来自希腊阿克洛奥斯河（Achelous River）的鲇鱼，并再次证实了亚里士多德的说法。到 1906 年，亚里士多德关于鲇鱼繁殖习性的描述才得到了广泛的认可。[1014]

今天的我们很难想象亚里士多德的研究条件。他缺少工具，连放大镜或手表这样的基本工具都没有。他没有参考书，甚至连字典都没有，为了描述他所观察到的现象，他只得自己发明需要的术语和词汇。在《动物志》（*History of Animals*）一书中，亚里士多德煞费苦心地描述了一只鸡的胚胎发育过程。这一描述完整、清晰，必定是经过长期的细致观察才能实现的。“到了第 20 天左右，如果孵化过程超过这一时段的话，未孵化的小鸡在被外部触动时能够发出叫声，如果去掉蛋壳，可以看到这时的小鸡已经有了绒毛。小鸡的头位于右腿上方，翅膀位于头的上方。”[1015]

亚里士多德还对蜜蜂的生活进行了细致而完整的观察。他对细节的关注体现在《动物志》一书中。“蜜蜂利用前足不断在花蕊上攀爬，以这种方式收集花蜜。它们用中间的一双腿把花蜜刮下，然后再把中间的腿放在后腿弯曲的部分上清理，如此收集完成后便飞走了。显然，它们收集的花蜜很重。每次飞行过程中，蜜蜂只在同一种花朵上停留，比如从一朵紫罗兰花到另一朵紫罗兰花，在返回蜂巢之前它们不会触碰另一种花。在蜂巢里，它们放下花蜜。每只蜜蜂返回蜂巢时，身边都会有两三只其他蜜蜂跟随。”[1016]

在亚里士多德的著作《论动物的生成》（*On the Generation of Animals*）中，有一段话预言了现代实验方法，而且与当时主流的希腊观点——这种观点认为理论比实践更加重要——相矛盾。在讨论了蜜蜂的习性后，亚里士多德提出：必须优先考虑经验知识，如果理论不符合人们观察到的实际情况，就必须放弃这些理论。“按照理论，并根据人们所相信的关于蜜蜂的事实，这些看似是关于蜜蜂的真相。但是人们所掌握的事实并不充分，如果事实充分的话，也应该归功于观察而不是理论，对于理论而言，只有那些与事实一致的理论才有效。”[1017]

当然，亚里士多德的理论也并非都是正确的。他的明显错误之一就是他并未正确理解人类心脏和大脑的功能：他认为心脏是智慧中心，而大脑的首要功能是冷却血液。[1018]此外，还有其他的错误。在《动物志》一书中，亚里士多德说某种鱼类是自发产生的。“从下面的研究中我们可以明显地看到有一些（鱼类）是自发生成的，既不是来自卵子，也并非来自精液。”[1019]

当我们考虑亚里士多德在创立生物科学中所发挥的作用时，必然会发现他的很多错误。但是如果我们列举他的正确结论，并将之与那些不正确的结论进行对比，这种做法也是错误的。亚里士多德强调直接的观察和系统的分类，这使他不同于他的前辈们。

虽然亚里士多德并没有强调，但是他承认观察与实验的价值。在《论动物的部分》中，他先把海绵描述为一种类似于植物的海洋生物，因为海绵的一生都生活在同一个地方，附着在一块岩石上。之后他又描述了那些并不附着于任何物体的其他海洋植物以及“并不生长在土壤里的”陆地植物。[1020]为了让读者相信他所说的有可能是真实的，他还提到了实验。“即使是在陆地植物中，也有一些植物并非生长在土壤中。这些植物在发芽与成长过程中，或者是寄生在其他植物上，或者是完全独立成长。在帕纳索斯山（Parnassus）中发现的一种植物被称为丝柄薯蓣（Epipetrum），这种植物就是一个例子，把这种植物拿起来挂在椽子上，它还能继续存活很长时间。”[1021]

柏拉图认为自己能够通过纯粹的思考发现真理，但是亚里士多德却以自然的方式面对自然。当柏拉图沉浸于辩证法或沉思之中时，亚里士多德则走到田野里，把植物连根拔起，在草地上观察蜜蜂从一朵花飞到另一朵花，或者在鸡舍里敲开蛋壳进行观察。在批评柏拉图的物质理论时，亚里士多德指出，任何关于自然界可被观察的方面的理论都必须受制于观察，因为“对于可以感知的事物而言，其原理都是可以被感知的”。[1022] 因此，“实践知识要在实际工作中积累，自然哲学应该在事实中发展，这些事实应该前后一致地、明确地为人们的感官所感知”。[1023]

一条目的论的脉络贯穿了亚里士多德的生物学理论，这并不是一种偶发现象，而是一个统领全局的核心主题。亚里士多德在生物体中发现了自然秩序，他把这些生物体按照从最低（无生命）到最高（人类）的顺序进行分类。亚里士多德的“自然等级”并不一定意味着进化；对他而言，这“只是一种手段，能够说明自然从根本上说是统一的、有序的”。[1024]

在亚里士多德的生物学理论中，每一个生命体以及所有生命体的每一个器官都具有其各自的功能。在《论动物的生成》一书中，他指出“我们必须仔细观察自然是如何以有规律的梯度按顺序生成的”。[1025] 在《动物志》中，他描述了生命体中连续的等级，其中植物的等级要低于动物。“从无生命的物体到动物，自然一点点地逐步发展，在这种发展中很难确定明显的分界线……在这种发展等级中，植物在无生命的物体之上，而在所有的植物当中，每一种植物都因为其活力不同而有所差异……在这些植物中，可以看到一个指向动物的向上发展的趋势。”[1026]

在《论动物的部分》中，亚里士多德指出自然界中的万物都是有序的，由此而产生了美妙的和谐。“在自然的产物中，完全没有一丝杂乱，万物都具有因果关系，自然万物的生成与组合构成了一幅瑰丽的画卷。”[1027]

化　学

显然，亚里士多德和其他人都认为恩培多克勒的四元素理论是当时最好的理论。但是，希腊人也意识到这四种元素并非最基本的元素，因为他们观察到这些元素的变化与相互之间的转化，最明显的例证是水的蒸发与凝结。在《蒂迈欧篇》中，柏拉图指出“水……在融化和弥散时会变成蒸汽和空气……（而）空气在聚积和被压缩时会产生云和雾；当云和雾被进一步压缩时，又会变成流动的水”。[1028]

在《论天》中，亚里士多德指出“所有的（元素）都能相互转化”。[1029] 在《天象论》[*Meteorologica*（*Meteorology*）] 中，他也写到这四种元素是可以相互转化的。“我们认为火、气、水和土彼此相生，每一种元素都隐含于另一种元素中，就像所有事物，它们都可以分解为相同的最终基本物质。”[1030] 这四种元素或“四体”的存在依赖于“四原则”，即热、冷、湿和干。[1031]“火是热而干的，气是热而湿的……水是冷而湿的，而土则是冷而干的。”[1032]

每次讨论一个重要的话题时，亚里士多德的习惯是首先对其他学者的理论和贡献进行客观的评论，他会严格审视每一个理论，考虑其优点与缺点。在《形而上学》中，亚里士多德解释道：“当一个人学习各种相互冲突的观点时——这些观点就像一起案件中的当事各方，他必须拥有更强大的判断力。”[1033] 在《论产生和毁灭》一书中，亚里士多德讨论了物质的基本性质。他提到了恩培多克勒、阿那克萨哥拉、留基伯和德谟克利特等学者所提出的概念。亚里士多德还研究了留基伯和德谟克利特的原子论，[1034] 后来他否定了这一理论，因为他认为物质是一个连续体。[1035]

地质学

亚里士多德对地球进行了敏锐的观察，其对于地质作用拥有的深刻洞察力远远超越了他所处的时代。在《天象论》一书中，亚里士多德展现了他对水循环近乎完美的理解。他认识到水可以转化为气（水蒸气），之后在冷却时还可以变回水，而且这个过程是循环往复的。

“我们发现了一个随着太阳的运行而产生的循环过程。随着太阳东西移动，水汽或升或降。我们应该视之为一条上下流动的河流，这条河首尾相连形成一个圆环，其中部分是气，而部分是水。”[1036] 亚里士多德认为河流之水来自凉爽的地下洞穴，洞穴里的水汽冷却而形成河水。但是他的说法几乎契合了一个关于地球的现代理论，即地球是一个多孔的介质。他写道：“山脉与高原就像一块饱和的海绵悬浮在大地上，使水从地表渗出，每一股水流虽小，但是很多地方的水可以汇集在一起。”[1037]

对于地质年代的漫长，亚里士多德心怀敬仰之情。“地球的整个生命过程是逐步发展的，与人类的生命长度相比，其时间跨度巨大，我们根本无法观察到地球生命过程中的变化，在人类能够记载其完整历史之前，所有的国家都会消失、灭亡……时间没有尽头，地球必将永恒。”[1038] 直到 18 世纪末，欧洲人才了解地球是多么古老。约翰·普莱费尔（John Playfair，1748—1819 年）在回忆他与杰姆斯·赫顿（James Hutton）一起参观西卡角（Siccar Point）的经历时写道：“在目睹这一漫长深邃的时间长廊时，人们会产生一种几近眩晕的感觉。”[1039]

亚里士多德认为地震是因地球内部风的作用产生的。“一场大风暴被压缩在狭小的空间里，便会产生向上的冲击力，之后的爆发会冲击地球并使之剧烈地摇晃。”[1040] 这一理论是错误的，但是《天象论》中的研究表明亚里士多德认为观察与实验极为重要。他在论证自己的地震理论时写道：“对很多地方的实地观察都证实了我们的理论。”[1041] 在讨论蒸发问题时，亚里士多德讲述了他如何通过实验得出自己的结论。“盐水在变成水蒸气后会变甜，而水蒸气再次凝结成水时也不会再变成盐水，这是我通过实验知道的。”[1042]

在短篇论文《力学》（*Mechanics*）中，亚里士多德提到了自然界的统一性，这是现代地质学思想的一个核心概念，实际上也是自然主义本身的一个必然结论。“自然……总是一成不变地遵循完全相同的发展路线。”[1043]《力学》

一书的作者也有可能是阿契塔，但是书中的说法表明统一性原则在当时已经众所周知，并得到了明确的阐释。[1044] 在《论产生和毁灭》中，亚里士多德同样援引了统一性原则。“有一条自然法则是：在条件不变的前提下，同样的原因总会导致同样的结果。”[1045]

宇宙学

在公元前 4 世纪下半个世纪的亚里士多德时代，希腊人在天文方面的知识已经远超了公元前 6 世纪和前 5 世纪苏格拉底之前的哲学家们。他们已经知道地球是球形的，能够识别在位置固定的恒星映衬下运动的五大行星，他们还知道交食是一种掩星现象。 在《论天》一书中，亚里士多德提到阿那克西美尼、阿那克萨哥拉和德谟克利特都认为地球是扁平的。[1046] 但是在《斐多篇》中，柏拉图写道：“地球是位于宇宙中心的一个圆形天体。”[1047]

希腊人还对相对距离有一些了解。在《论天》中，亚里士多德指出人们观察到月球在火星前方运行时会令火星模糊不清，因此月球与地球之间的距离应该比火星与地球之间的距离更短。[1048] 亚里士多德解释说，希腊天文学家能够拓展他们的知识，至少部分原因是利用了“埃及人和巴比伦人”提供给他们的观测数据。[1049]

亚里士多德的宇宙学模型是以地心说为基础的：地球位于宇宙的中心，而且位置固定不变。在《论天》中，亚里士多德总结道：“（地球）的中心就是宇宙的中心……显然，地球并不移动，除了宇宙中心之外，地球不会在任何其他地方。”[1050]

亚里士多德关于太阳、月亮、行星与恒星运动的解释源自柏拉图的学生欧多克索斯。欧多克索斯的模型利用一系列同心球解释了天体的运动，“这标志着天文学成为科学的开端”。[1051]

所有的球体都是同心的，它们的共同圆心就是地球的中心……每个行星都固定位于承载该行星的球体的赤道上的某一个点，而这个球体以连接两极的直径为中心进行匀速旋转……但是只有这样一种圆周运动是不够的；为了解释行星运行速度的变化和它们的位置与逆行，同时也为了解释这些行星的维度偏差，欧多克索斯不得不假设每个行星都有许多这样的圆周运动，这些不同的圆周运动组合在一起，产生了一个明显的不规则运动模式，这种运动模式可以通过观察进行推测。[1052]

为了解释太阳和月亮的运动模式，需要设想三个旋转的球体；对每个行星运动模式的解释则需要四个球体。此外，要解释位置固定不变的恒星每天的旋转模式，还另外需要一个球体，这样整个系统总共需要 27 个同心球。[1053]

欧多克索斯的理论体系“完全是以几何学为基础的理论性知识，其中没有涉及任何力学因素”。[1054]“在这些旋转运动的诱因方面，或者在这些旋转运动从一个球体转到另一个球体的方式方面，”欧多克索斯并未作出解释，“他也没有研究这些球体的构成材料、大小及其之间的距离。”[1055]欧多克索斯的理论体系极为重要，因为这一理论说明数学模型可以用来解释自然现象。“这一理论似乎说明了如何将极其复杂的现象简化为简单的规则运动。”[1056]

亚里士多德“把（欧多克索斯）完全抽象的几何理论发展成为一个由球体构成的力学系统，也就是一系列相互连接的球形壳体”。[1057]这就需要引入更多的球体。在《形而上学》一书中，亚里士多德说“总共有……55 个球体”。[1058]

亚里士多德宇宙学理论的一个核心原则就是“天体不变学说”。[1059]亚里士多德将宇宙划分为两个区域，即天与地，每个区域都具有不同的性质与化学成分。位置较低的地会腐化、衰败、生成和变化。地球上的一切都由四种元素构成——土、水、气与火。天界与此不同，它既不会腐化也不会变化。对于亚里士多德和他那个时代的人来说，这一点在他们的观察中是显而易见的。在《论天》一书中，亚里士多德解释道："（天界永恒不变的特性）是真实存在的，这一点还可以得到感官证据的证实，至少足以证明人类的信仰。在整个历史中，在代代相传的记录中，我们没有看到任何迹象能够证明，整个外层天空或者其中的任何一个组成部分曾经发生过任何变化。"[1060]

既然天界不会腐化或者衰败，这显然意味着天界是由第五种元素——以太（ether[1061]）组成的。[1062]亚里士多德解释这是一种古老的说法。"古人……相信这种基本元素不同于土、火、气或者水，他们给最顶层的区域起名为以太。"[1063]

当人们把宇宙视为一系列整齐排列的同心球时，就很容易接受地球也是球形的观点。但是亚里士多德还提供了充分的证据，证明地球是球形的。在《论天》中，他提出地球的"形状必定是球形……因为如果地球不是球形，月食的时候月面就不会出现现在的形状……其边界总是凸起的"。[1064]

另一个证据是，当一个观测者从北向南走的时候，恒星会消失在地平线下。"对恒星的观察不仅仅能够表明地球是球形的，而且还能说明地球并不是很大，因为我们向南或者向北稍微移动一下位置，地平面的圆周就会改变，导致我们头顶的恒星也会较大幅度地改变其位置。"[1065]亚里士多德引用了一个地球周长的数值，为40万斯泰底（74,000千米），但是并没有解释这一数值是如何计算得到的。[1066]现代科学的估计是40,029千米。[1067]

亚里士多德认为流星和彗星都是月下现象①。在亚里士多德的化学理论中，火是一种热而干的元素，虽然实际上并没有在燃烧，但却是"所有实体中最易燃的"。[1068]当太阳使地球变暖时，这种火元素会蒸发并上升到地球大气层最外层，靠近天体运动的区域。天体之间的摩擦或者运动偶尔会点燃火元素，

---

① 亚里士多德把月亮所在的天层作为天地的分界，月下世界是由四元素构成的不完美世界，月上世界则是由第五元素构成的完美天界。

从而产生流星与彗星现象。

> 干燥而温暖的发散物位于月下世界的最外层，在圆周运动区域之下。它……被圆周旋转运动所带动，绕着地球转。在这种运动过程中，只要条件合适它就会燃烧起来，我们认为这就是导致一些零散的“星星”“向着某个点快速运动”的原因……而当上层的运动所产生的燃烧不够强烈，无法使大部分物质快速烧掉的时候，就产生了彗星。[1069]

物理学

如同他的生物学理论一样，亚里士多德的物理学理论也是以目的论为基础的。在《物理学》(*Physics*)一书中，他指出“自然是一个原因，一个为了某种目的而运作的原因”。[1070] 在亚里士多德的物理学理论中，万物皆有四类原因：质料因(material)、形式因(formal)、动力因(efficient)和目的因(final)。[1071] 通过实例可以清楚地证明这四类原因。

以建造房屋为例。质料因包括木材、管道、隔热材料、电线和建造房屋所需的其他材料；形式因包括房屋的形式或形状，这些被记录为建筑师的规划图；动力因即为承建商的活动；目的因是指房屋拥有者建造房屋的目的。

在亚里士多德的物理学中，最为重要的是目的因，因为这是其他原因出现的最终原因。亚里士多德认为要想理解一个事物，就必须理解该事物得以存在的所有四个原因。亚里士多德指出包括生物体在内的自然物体都有一个目的因。但是，这一学说并不必然意味着存在一个作为设计者的超自然的智慧(神)。相反，每一个事物的目的都存在于该物体之中。实现自己的形态并发挥其最合适的功能是每一个事物的目的和终极归宿。

在亚里士多德物理学中，有两种不同的运动——自然运动（natural motion）和非自然运动（unnatural motion，也称受迫运动）。自然运动指一个物体在没有受到外力影响的情况下进行的运动；受迫运动指受到外力影响的运动。一块从悬崖上自然落下的石头处于自然运动状态，但是，如果一个人拾起一块石头并扔出去，这块石头的运动就属于受迫运动。[1072]

地球与天是由不同的物理学原理支配的。在月球轨道以下的地上世界，物体的自然运动是线性的，并且会朝着其自然位置运动。像土这样较重的元素会沿着直线落下，如火这样较轻的元素则会上升。“所有的运动要么是自然运动，要么是受迫运动，对于一个物体而言的受迫运动对于另外一个物体而言可能就是自然运动，例如，向上和向下的（线性的）运动对于火和土而言，分别是自然运动与受迫运动。”[1073]

在天界，运动的自然方向并不是线性的，而是环形的。太阳、月亮和行星以恒定的速度进行圆周运动。“如果一个物体的圆周运动是自然运动，那么显然这个物体是一个简单的基础物体……从我们的所有前提中得到的推理令我们相信，有一些物体是与我们周围的物体不同的，而且因为这一物体脱离了月下世界而拥有更高级的性质。”[1074]

亚里士多德认为天具有“更高级的性质”，意指道德上的优越，这一观点是中世纪“存在之链”（Chain of Being）的基础之一。存在之链“指宇宙的有机组成，包括一系列按照等级排列的链接与层次，从最低等、最微不足道的等级到最高级”。[1075] 在中世纪欧洲思想中，这种思想与基督教神学融合在一起，而基督教神学认为人类因为被原罪玷污而精神堕落。人类的居住之地是腐朽多变的地球，而上帝的住所是永恒不朽的天界。因此，中世纪的思想家们在物质世界与道德世界之间获得了完美的融通与一致。

亚里士多德提出的运动定律是受迫运动或非自然运动的速度与动力成正比。“如果一个特定的力量可以在特定时间内把具有特定重量的物体推动一段特定的距离，且推动上述特定距离的一半所用时间为上述特定时间的一半，那么一半的力量就可以在同样的时间里把具有一半重量的物体推动同样的距离。”[1076] 这也意味着一个恒定的动力会产生一个恒定的速度，而零动力则会产生零速度。

虽然这一定律是错误的，但是却是根据观察得到的一个自然结论。例如，我们可以考虑一匹拉车的马。首先在自然界中并不存在真空，真空情况下物体的运动不会受到阻力的影响，而受到外力推动的物体——无论这种外力多么微不足道——则会以无限的速度运动。“它在真空中以无与伦比的速度运动。”[1077] 但是人们从未观测到无限速度，因此真空是不可能存在的。

关于亚里士多德所提出的运动定律，有一个明显的问题是：一个被抛出的物体在离开投掷者的手并失去推动力后，仍然可以继续运动。亚里士多德对此的解释是，推动力被传递到运动物体周围的空气中。“最初的推动力通过将力量压入空气传递运动。这就是为什么当一个物体被外力推动而运动时，即使推动者不再继续施力，这个物体也会持续运动。”[1078]

亚里士多德还认为一个物体坠落的速度与其重量成正比。“如果一个特定重量的物体在特定时间里移动了特定的距离，那么更重的物体可以在更短的时间里移动相同的距离，两者移动所用时间的比例与两者重量的比例相同。”[1079] 换言之，根据亚里士多德物理学理论，较重物体的坠落速度比较轻物体的坠落速度更快，因为较重物体的推动力更大。

亚里士多德物理学理论有时是符合人们观察到的现象的。例如，石头坠落的速度远超羽毛坠落的速度。但是这一理论也存在很多问题。如果受迫运动需要推动力的存在，那么一支箭离开弓弦后为何还能继续运动呢？亚里士多德解释道，这种推动力以某种方式传递到箭周围的空气中。他认为在箭向前飞行时，空气是被向四周推开的，被推开的空气会流动到箭的后方并产生推动力。但是只要做一个简单的试验就可以推翻这种说法。如果空气在箭的后方推动箭向前飞行，那么绑在箭尾的线绳也应该被吹向前方——可事实并非如此。这条线绳会被拖在箭的后方，证明箭尾处的空气不是向前运动，而是向后运动。[1080]

还有另外一个常见的现象是亚里士多德物理学无法解释的。如果一个恒定的力量能够产生匀速的运动，那么为什么一个坠落的物体下降速度会越来越快呢？当一个物体的重量以及空气导致的运动阻力不变时，这个物体坠落时的速度应该是不变的。但是事实上物体坠落的速度的确是在变化的——物体距离地面越近，其下降速度就越快。亚里士多德再次找到了解释的方法。他说当一个坠落的物体越来越接近地面的时候，其下方的空气柱越来越短，因此其空气阻力不断减弱，物体坠落速度不断增加。[1081]

真正令今天的我们感到震惊的不是人们曾经认为重的物体比较轻的物体坠落速度快，而是在几乎2000年的时间里，世界上最伟大的思想家们都坚持这一观点。赫伯特·巴特费尔德（Herbert Butterfield，1900—1979年）指出这些简单的问题令人类最伟大的思想家们困惑了几个世纪。“那些在我们看来很普通的观察宇宙的方法——例如对坠落物体的观测——曾经在几个世纪里击败了最伟大的知识分子，击败了列奥纳多·达·芬奇，甚至击败了伽利略，而在这些问题上，他们处于当时人类研究的最前沿。”[1082]

如果我们从一开始就认为亚里士多德的物理学是错误的科学，那么我们就很难有进展。事实上，亚里士多德的物理学是一种优秀的科学，是进步的、简单易懂的，并且源于观察。虽然出于需要，亚里士多德物理学区分了地界与天界这两个不同的区域，但却把对两者的观察统一在一起。

为了发展一门更为精确的物理学，人们不得不学着考虑没有阻力的运动。在地球上无处不在的摩擦力与阻力只有在太空中的真空环境下才会消失。直到伽利略在光滑的斜面上滚动小球时，人们才终于能够把阻力最小化到可以忽略不计的程度，此时人们才发现真正的运动定律。到17世纪，牛顿发现有可能创建一种新的物理学，这种新的物理学不仅比亚里士多德物理学更加精确，而且更加统一，因为这门新物理学的内容既适用于天界，也适用于地球。[1083]

事实上，在伽利略和牛顿之前很久，就有学者注意到亚里士多德的物理学理论与人们观测到的现象并不一致。朗普萨克斯的斯特拉图（Strato of Lampsacus，约公元前 340—前 270 年）注意到物体在坠落时速度会越来越快，这与亚里士多德所提出的速度恒定说相矛盾。[1084] 约翰·费罗普勒斯（John Philoponus，约 490—570 年）推翻了亚里士多德的另一个说法，即被抛出的物体（如箭）之所以能够持续运动，是因为这些物体受到空气的推动。他提出："抛掷者把一些无形的推动力传递到被抛出的物体之中。"[1085]

费罗普勒斯的理论为让·布里丹（Jean Burridan，约 1295—1360 年）在 14 世纪提出冲力理论提供了基础。所谓冲力理论就是"所有运动的发生都依赖于一种会逐渐耗尽的推动力，这种推动力会从一个推动因转移到可移动物体上，并且迅速地对其产生作用"。[1086] 也有人认为冲力理论或许就发端于公元前 2 世纪的喜帕恰斯（Hipparchus），但是这种说法"缺乏证据"。[1087] 布里丹解释说，一个冲力"只要不受到阻力或者方向相反的运动削弱或影响，就可以永远持续发挥作用"。[1088] 费罗普勒斯还对伽利略产生了启迪作用，因为他指出"两个重量不同的物体从相同的特定高度坠落时，所需要的时间几乎一致"。[1089]

既然亚里士多德物理学理论中存在着这些明显与事实不符的情况，为什么这一学说能够持续存在这么久呢？这一问题的答案既涉及科学的核心，也涉及人类心理学的核心。直到 20 世纪，才有学者解答了这一问题：学者托马斯·库恩（Thomas Kuhn，1922—1996 年）确认了他所说范式（paradigms）的存在。[1090] 亚里士多德物理学就是一个范式，是一种观察世界的、内在一致且统一的方式。只有当更好的范式出现时，旧有的范式才有可能被抛弃。仅仅证明一个现存理论存在问题或者矛盾是不够的，必须提供一个替代理论，否则有问题的解释也比没有解释好。亚里士多德物理学之所以能够传承 2000

年，是因为这一学科拥有一个“高度统一的结构”，[1091] 而且始终没有更好的理论可以取代它。

科学是一个渐进的、不断积累知识的过程，因此，所有科学理论最终都会被取代。从这个意义上说，任何科学观点、理论或者猜想的正确性都是暂时的。巴特菲尔德警告说，绝不能因为亚里士多德物理学的错误而指责亚里士多德。“我们不应该因为在中世纪末期和现代早期出现的这些冲突而认为这位古代的导师不再伟大，他激发人们进行了大量的思考与争论，他在如此悠久的历史中始终占据着主导地位。” [1092]

形而上学与神学

形而上学（metaphysics）是哲学的一个分支，研究终极现实与存在的本质问题；同时这也是亚里士多德一部著作的书名。亚里士多德对形而上学的定义是：这是“一门研究存在之为存在的学科”。[1093] 这是一门研究一切存在的学问。与物理学、生物学和天文学这种专门学科不同，形而上学所研究的是“适用于一切存在的真理，而非仅仅适用于某个特定类属而不适用于其他类属的真理”。[1094] 在《形而上学》一书中，亚里士多德试图“创建一门第一哲学，或者说是存在之科学，这是一门以物质为基础、完全抽象的学科”。[1095] 他研究了“众多的概念，如存在、物质、因果关系、效力、实际性、统一性和纯粹思想等”。[1096]

在《形而上学》一书的开篇之处，亚里士多德首先比较了实践与理论的相对优势。他认为经验对于理论而言像是锦上添花。“经验丰富的人会比那些只有理论而缺乏经验的人更成功。” [1097] 但是亚里士多德又总结道，理论知识要比纯粹的经验知识更具优势。“我们认为知识与理解属于技艺而非经验……因为有经验的人知其然而不知其所以然，而其他人还知道‘其所以然’，知道原因。”[1098]

亚里士多德推翻了柏拉图的理型论，也就是拒绝了柏拉图哲学中最根本的部分。亚里士多德这一离经叛道之举也象征着哲学史上一次根本性的认识论分野。之后的2000多年里，哲学家们的一个重要争论便是“什么才是获取知识的最佳途径”，思考与推理，还是经验与观察？柯勒律治指出：“每个人一出生，要么属于亚里士多德学派，要么属于柏拉图学派。”[1099]

亚里士多德承认物体是由物质与形式组成的，但是同时他又指出，如果没有物质的话，形式就不存在，也不可能存在。只有那些可以被感知的、实质存在的物体才是真正的存在。在《形而上学》中，亚里士多德解释道共相是非物质的，“显然所有的普遍属性都是非物质的”。[1100]

亚里士多德并没有否定柏拉图的理型或共相的存在，但是他的确认为这种理型或共相能够不依靠任何真实存在的物体而存在。“美丽只存在于具体的美丽事物之中。”[1101] 由此可以得出的一个结论是：真正能够获取知识的方式是研究自然，而非精神内省。柏拉图的理型只是精神上的抽象研究。“一个共相（理型）并非物质，而是理解的产物：这是将共相赋予理型的思考过程。科学的目的并不是了解普遍真理，而是通过具有普遍性的方法了解特定的事物，这种方法是（通过归纳）从单个事物中提取出其性质，这些事物的质料使其性质各不相同。”[1102]

在亚里士多德以目的论为基础的研究中，必须有一个最高的精神信条，就是一位神（God）。在希腊盛行的奥林匹亚宗教（Olympian religion）是一个多神教，即使是在亚里士多德时代，一神教也已是很久以前的事情了。“在公元前1500年之前，巴比伦与埃及神职人员就已经普遍接受了一神教……（尽管）普通人所接受的是多神教神话传说。”[1103]

科洛封的色诺芬尼是苏格拉底之前爱利亚学派（Eleatic School）的哲学家，他“彻底否定了拟人神的存在”。[1104] 他嘲笑了荷马与赫西俄德提出的传统多神论，指出他们“把凡夫俗子的所有不雅无耻之事都附加到神的身上，包括偷盗、通奸和相互欺骗”。[1105] 色诺芬尼宣称有“一位神，他是众神与众人中最伟大的，其身形与凡人不同，思想也不一样”。[1106]

为了证明此神的存在，亚里士多德提出的一个具体证据是：一切运动都是由其他运动引起的。“没有任何东西会随意运动，一定有另一个东西使之运动。”[1107] 如果我们无限地向前追溯这一因果关系链，逻辑推理就会使我们不得不承认“有一个东西可以在没有被推动的情况下运动，这个东西是永恒存在的、实体的、真实的”。[1108] 亚里士多德把这第一个运动者称为神。“生命属于神，生命就是思想的实际存在，神就是这种实际存在，神自身的实际存在是至善和永恒的生命。我们说，神是有生命的、永恒的、至善的存在，所以生命和持续的永恒归于神，因为这就是神。”[1109] 亚里士多德所说的神是非人的、模糊的精神信条，而不是一个对人类状况感兴趣的拟人神。

逻辑学与伦理学

亚里士多德开创了逻辑学，这是一门研究推理的学科。关于逻辑学，他撰写了六部（流传至今的）著作：《范畴论》（*Categories*）、《解释篇》（*On Interpretation*）、《前分析篇》（*Prior Analytics*）、《后分析篇》（*Posterior Analytics*）、《论题篇》（*Topics*）与《辩谬篇》（*Sophistical Refutations*）。这六部著作统称为《工具论》（*Organon*）。《工具论》有助于正确推理，为我们提供了一种“哲学与科学研究中的通用方法”。[1110]

亚里士多德认为逻辑学并非哲学的一个分支学科，相反，他认为这一学科包含了各种必须遵照执行的严谨规则。古人并没有把修辞学作为独立的一门学科进行研究，他们研究这一口头辩论艺术的目的是为了能够在政治辩论等活动中应用这些修辞手段。同样，亚里士多德认为逻辑学就是科学研究中的一个工具。

在《工具论》提及的工具中，最为重要的是三段论（syllogism）。亚里士多德对三段论的定义是："三段论是一种论说，意为某些特定的东西被肯定了，不同于这些东西的其他东西必然成立。"[1111] 三段论是一种演绎推理方式，由三个部分组成：大前提、小前提和结论。大前提和小前提被假定是真实的，其结论也可以通过演绎被证实是正确的。一个经典的三段论范例是：大前提是"所有的人都会死"，小前提是"苏格拉底是人"，结论是"所以苏格拉底必定会死"。

虽然亚里士多德的逻辑学强调演绎推理，但他也认识到，要想得到三段论得以存在的各种前提，归纳法同样是必不可少的。"显然，我们必须通过归纳法了解主要的前提条件。"[1112] 而要想使用归纳法，就必须通过感官对各种现象进行观察。"如果我们缺少感官知觉，我们就不能归纳。因为只有感官知觉能把握细节：这些细节无法成为科学研究的对象，因为没有归纳普遍规律就无法让我们了解关于这些细节的知识，同时，没有感官知觉我们也无法通过归纳了解这些知识。"[1113] "归纳法使学习者了解到一些普遍原则，而三段论正是源自这些原则。因此就存在着这样一些原则，它们是三段论的来源，但其本身却非三段论的结论，所以这些原则只能来源于归纳法。"[1114]

伦理学是哲学的一个分支学科，其研究内容是道德价值与道德选择。人们运用伦理学建立价值准则，以此指导生活中的选择与行为。[1115] 虽然人们认为苏格拉底才是实至名归的伦理学创建者，但亚里士多德对伦理学的发展做出了巨大的贡献。

伦理学最为关注的问题是"什么是最好的生活方式"。[1116] 在亚里士多德看来，我们只有先了解自己，才能回答这一问题。每一个生物体都有其存在的目的、功能，都有其在生活中的角色。鱼在水中游，鸟在天上飞，牛在地上吃草。那么一个人具有什么独一无二的功能呢？亚里士多德认为人类最为显著的特征是能比其他生物更好地思考和推理。我们的思维能力令我们引以为荣，因此只有积极的思考才能带来最好的生活。“那些善于利用并培养自己的思辨能力的人既是最幸福的人，也是最受神眷顾的。”[1117]

为了获得幸福，我们必须利用我们的智慧来欣赏与选择美德。何为美德呢？亚里士多德的答案极具雅典特色。他说所有的美德都是在两个极端之间做出的正确选择。勇气是一种美德，如果缺乏勇气，我们就会表现出怯懦；但是过多的勇气也是一种邪恶，因为这会令我们过于鲁莽。因此我们必须寻求中庸之道。“过多或者过少都是不道德的，只有中庸之道才是道德的。”[1118]

所谓具有美德的中庸并非算术得到的平均值，因为我们需要在多大程度上表现出美德取决于环境。这方面并没有硬性规定，因为情势各不相同。有时候需要展示全部的勇气，而有些时候，美德却是转身离开。美德的中庸“取决于理性原则，而这一原则需要那些拥有实际智慧的人来确定”。[1119]

此外，美德和良好的行为无法像理论一样通过教学传授，而只能在实践中培养成习惯。没人能通过听讲座学会打棒球。因此，那些具有美德的人总是能够利用自己的理性做出正确的、符合道德标准的选择。在进行此类选择时，具有指导作用的原则是适度。

亚里士多德认为幸福并不是一种可以实现的状态，而是一种和谐的活动状态。“幸福是一种完全合乎德行的现实活动。”[1120]但是亚里士多德同时也是一个现实主义者，他认识到某些外部因素对于幸福而言是必不可少的补充条件，包括财富与美貌；如果能够天生丽质、家庭富裕，总比生来丑陋、一贫如洗好。“一个相貌丑陋或者家境清寒或者无儿无女孤苦伶仃的人是很难感到幸福的。”[1121]亚里士多德认为在获得幸福的各种方式中，友谊最为高贵。但是，他同时也警告说，那些朋友过多的人其实一个真正的朋友都没有。“对于那些朋友众多而且总是和朋友们亲密相处的人，人们会觉得他们一个朋友都没有。”[1122]

诗歌与艺术

在诗歌与艺术这两个方面，亚里士多德也提出了自己的观点。在《诗学》（*Poetics*）一书中，他表达了自己的观点，即诗歌更多地反映了普遍真理而非历史。历史叙述涉及的是事实，而诗歌关注的是与人类本性相关的基本真理。“真正的区别在于，前者讲述的是已经发生的事实，而后者讲述的是有可能发生的事情。因此，诗歌与历史相比，更具哲理性、地位更高：因为诗歌表达的是普遍性，而历史记载则更为具体。”[1123]

亚里士多德对于艺术是这样定义的：“艺术模仿自然。”[1124] 但是他所说的“模仿”并不表示“复制”。艺术家观察自然并从中领悟到真理或普遍形式。艺术家的工作是通过自己的艺术作品，用一种比自然本身更直接、更易懂的方式表现这种真理。亚里士多德认为，艺术是对永恒真理的提炼。在《物理学》一书中，他解释说艺术使自然更加完美。“有些时候艺术能够完成自然无法完成之事，有时候艺术则是模仿自然。”[1125]

政治学

亚里士多德的政治理念体现在他的著作《政治学》一书中。乔治·萨顿认为亚里士多德的《政治学》一书领先时代数千年。在古代与中世纪，没有一部著作可以与之媲美。直到现代世界，才有一些著作的理解力与精妙程度能与之相提并论。[1126]

亚里士多德的政治观念与柏拉图的政治观念截然不同。柏拉图是一位坚定的空想主义者，他对理想城邦的设计细致入微。在《理想国》中，柏拉图致力于完善人性，他建议通过教育与培训培养理想的统治者，也就是一个哲学家国王。亚里士多德的方法更加务实，他认为政治必须面对真实的人，而不能陷入空洞的幻想之中。“政治科学并不能改变人，而是面对并利用自然的人。”[1127]

根据第一性原理（first principles），亚里士多德提出了一个问题：一个政治实体、一个城邦是如何产生的呢？他认为这是人类本性的自然产物。最基本的人类组织单位是家庭，家庭联合在一起形成了部落，部落统一后形成了城邦。区分人类与动物的最重要特征是人类能够使用语言，语言的使用使人类成为一种具有社会属性的动物；人的天性注定每个人都必然与其他人生活在一起，这样也符合每个人的利益。“由此可见，城邦显然是自然的产物，人天生是一种政治性动物……不能在社会中生存的人或因为自足而无此需要的人，就不是城邦的一部分，他要么是只禽兽，要么是个神。人类天生就被植入了社会交际本能。”[1128]

城邦不仅是必要的，而且还是一个有益的体制，因为城邦能够推广正义和美德：

> 最先缔造城邦的人乃是给人们最大恩泽的人。人一旦趋于完善就是最优良的动物，而一旦脱离了法律和公正就会堕落成最恶劣的动物。不公正被武装起来就会造成更大的危险，人一出生便装备有智能和德行这两种武器，人们为达到最邪恶的目的有可能使用这些武器。所以一旦他毫无德行，那么他就会成为最邪恶残暴的动物，就会充满无尽的淫欲和贪婪。公正是连接人们的纽带，实施公正可以确定是非曲直，而这就是一个政治共同体秩序的基础。[1129]

亚里士多德对于人性的评价是非常现实的，甚至有些愤世嫉俗。“人类的贪欲永无止境……人们总是无止境地贪图更多的金钱。因为欲望的本性便是无止境的，而大多数人仅仅是为了满足自己的欲望而活着。”[1130]

亚里士多德首先论证了城邦的存在是必要的，也是符合人们愿望的，接下来考虑的问题便是哪种类型的政府是最好的。在确定理想的政府形式之前，他首先权衡了能够确保政府优秀且稳定的各种因素。亚里士多德认为要想建立一个稳定的政府，就必须建立并维持一个庞大的中等阶层：

> 显然，最优良的政治共同体应由中间阶层执掌政权，凡是中间阶层庞大的城邦，就有可能得到良好的治理；中间阶层最强大时可以强到超过其余两个阶层之和，不然的话，至少也应超过任何一个其他阶层。中间阶层参加权力角逐，就可以改变力量的对比，防止政体向任何一个极端演变。因而一个政府辖有数量充足的资产以及足够且不过多的公民实在是极大的幸运，因为在有人家财万贯而有人却身无分文的地方，就可能产生极端的平民政体或纯粹的寡头政体，从两种政体中都可能产生僭主制暴政来。僭主制可以产生于极其鲁莽的平民政体或暴虐的寡头政体，相形之下产生于合乎中庸、其中没有太大差距的政体的可能性就大大减小了。[1131]

庞大的中间阶层促进了稳定，因为“在中间阶层庞大的地方，公民之间很少有党派纷争”。[1132]

中间阶层应该由哪些人构成呢？这一阶层人口应该在总人口中占多大的比例呢？与 21 世纪那些支持普遍选举权的民主国家相比，亚里士多德提出了众多的限制条件。女性和奴隶当然首先要被排除在外。只有那些拥有财产（不动产）的人才能成为公民，只有公民才能拥有和携带武器。亚里士多德认为，一般而言，明智的做法是确保至少不少于总人口半数的人拥有完整的公民权利，并且有权参与政府组织。

“拥有武器的人就是公民”，[1133] 且“对国家的管理应该仅仅限于那些拥有重武器装备的人；关于财产要求，不可能有一个绝对的限额，但是我们必须确定一个全面的最高标准，确保享有公民权利的人数多于被排除在外的人数。如果不对穷人横施暴虐或剥夺其财物，那么即使他们不能分享各种名位，也不至于图谋不轨”。[1134]

亚里士多德警告说，一旦中间阶层被削弱或者被摧毁，政治就无法为民谋福利，而是会陷入穷人与富人之间的权力斗争。“平民群众与富人们各自结党，彼此争执不休，无论哪一方制伏了另一方，都不会建立一个共同的平等的政体，而是会把来之不易的政权作为胜利的果实，结果是一些人建立了平民政体，另一些人建立了寡头政体。”[1135]

仅仅维持中间阶层本身是远远不够的，教育不可或缺。与柏拉图一样，亚里士多德坚信城邦必须承担起教育的职责，但是在描述具体内容时却远不如柏拉图描述的那样严格。他认为教育的首要作用是向公民进行美德教育。通过传播共同的价值观，这一教育进程可以使社会更加团结。“城邦就像我们所说那样，乃一种多面体，人们应当通过教育使其统一起来并转变成为一个共同体。”[1136]

虽然亚里士多德不认为女性能获得公民权，但是他却主张女性应该接受教育，含蓄地承认了女性在维持城邦生存方面的重要作用。“对儿童和妇女的教育必须着眼于政体，如果两者的德行被认为能对城邦的德行产生任何作用的话，他们必然能产生影响，因为孩子们长大成人后便是城邦的公民，而妇女占据城邦自由人口的半数。”[1137]

亚里士多德认为有三种可能的政体：君主制、贵族制和宪政共和制。这三种政体都有可能堕落作恶。君主制可能退变成为僭主制，贵族制可能变为寡头政体，而共和制则可能变异为平民政体。[1138]

最好的政府是那种“由最优秀的人管理的政府”。[1139]亚里士多德并不赞成君主制，因为“在很多方面，更多的人所做的判断总是比任何个人所做的判断好”，[1140]而且“人数更多就会更加清廉……（因为）个人容易被愤怒或者一些其他情绪控制，这种情况下做出的判断必然是错误的”。[1141]

事实上，亚里士多德认为任何一种政府都有其缺陷。君主制、贵族制和宪政共和制“都不是完美的政府形式”。[1142] 但是其中宪政共和制是首选，因为在所有的退变形式中，平民政体是危害最小的。“僭主制必定是最恶劣的政体，在另一极端上走得最远。其次恶劣的当属寡头政体，这种政体与贵族政体相去甚远。三类变体中最可容忍的是平民政体。”[1143]

亚里士多德也推崇平民政体，因为这种政体更加稳定，也更符合他的首要目标——维护并保持一个庞大的中间阶层。“平民政体比寡头政体更加稳定和持久，就是因为平民政体中的中间阶层人数和中间阶层在政体中的地位都超过了寡头政体。若是一个政体中缺少了中间阶层，穷人在数量上占绝对优势，那么内乱很快就会发生，城邦也会随即解体。”[1144]

亚里士多德解释说，各种政体的退变形式均有一个共同的缺点，就是用个人利益取代了共同利益。“因为僭主制也是一种君主政体，为单一的统治者谋求利益；寡头政体则为富人谋求利益；平民政体为穷人谋求利益。这些退变了的政体不愿意为全体公民谋取共同的利益。”[1145]

在《法律篇》中，柏拉图就曾经倡导共同拥有“妇女、儿童和财产”，[1146] 他指出“对于城邦、政府与法律而言，首位且最高的形式就是那句广为流传的古话所说的‘朋友共同拥有一切’”。[1147]

亚里士多德明确反对柏拉图的共产主义。他宣称，那些被认为产生于私有财产的弊端实际上源自人类天性。“有人谴责现在城邦中所存在的罪恶、违反契约的诉讼、作伪证的罪行以及向富人谄媚这一类恶行，所有这些据说都是由财产私有引起的。然而，导致这些恶行的是一个完全不同的原因——人类本性的邪恶。”[1148]

对于财产公有制，亚里士多德发现其中存在众多的潜在问题。“一件事物为愈多的人所共有，则人们对它的关心便愈少。任何人主要考虑的是他自己，对公共利益几乎很少顾及，如果顾及，那也仅仅只是在与他个人利益相关之时。”[1149]同时，“我们的确可以看到，在那些共同拥有财物的人之间存在较为频繁的争执，虽然他们的人数还不能和那些拥有私人财产的巨大人数相比。”[1150]

亚里士多德补充道，把公共资金分配给穷人是一种浪费，这么说似乎是铁石心肠。“当公共收入充足时，要防止那些平民领袖像今天这样作为，他们把盈余的收入分给众人，穷人一而再地得利，必然无休止地想再得利，这样周济穷人就好比往漏杯中注水。”[1151]

同时他又对自己的观点再次进行了折中，警告说绝不能放任穷人的境况恶化，以致削弱整个社会。他认为最好的援助方式是提供启动资金，帮助穷人通过农耕或贸易谋生。“而真正的平民主义者应该看到民众极度贫穷是造成平民政体水准低下的原因，因此不能让他们过于贫困，而应该设法让平民保持富裕。这对富有阶层也有好处，增长的公共财富可以集中起来分配给穷人，如果财富够多的话，可以给他们购置地产；如果达不到，也至少可以使其从事一些买卖或农耕。”[1152]

亚里士多德政治学的特点是折中与合理。他随时准备妥协，而且他还认识到政府和政治学的基础是对人性进行明智的、现实的评估。从某种意义上说，他的政治学是科学的，因为显而易见，其学说部分是建立在对希腊城邦的构成进行的分析研究基础上的。第欧根尼·拉尔修说，亚里士多德还曾经撰写过一部业已失传的著作，其中“描述了158个城市的构成”。[1153]

奴隶制与女性

亚里士多德毫不掩饰地为奴隶制辩护。但是他对“天然的奴隶制”与“非天然的奴隶制”进行了区分。他认为有些人天生就低人一等，生而为奴。“本性如此的人是否存在呢？这种状况对什么人有益且公正呢？抑或并非所有的奴役都是背离自然呢？对此我们要加以研究。无论是根据推理抑或事实，这个问题都不难解答。因为统治与被统治不仅必要，而且有益。一部分人天生就注定受制于人，一部分人则注定治人。”[1154]

此外，这种奴隶制不仅是天然如此的，同时对奴隶自己和奴隶主而言都是大有裨益的。人类奴隶并不比家畜更好，他们完全按照本能行事，而缺乏理智思考能力，他们只能从事体力劳动，而无法从事脑力劳动。

> 那些较低贱的人天生就是奴隶。做奴隶对于他们来说更好，就像对于所有低贱的人来说，他们就应当接受主人的统治。那些属于他人而且确实属于他人的人，那些能够感知到别人的理性而自己并没有理性的人，天生就是奴隶。较低级的动物甚至不能理解别人的理性，它们只服从自己的情欲。使用奴隶与使用家畜的确没有什么很大的区别，因为两者都是用身体满足生活所需。[1155]

亚里士多德总结道：“很显然，有些人天生即是自由的，有些人天生就是奴隶，对于后者来说，奴隶制不仅是有利的，而且是正确的。”[1156]

但是如果有人并非因为先天的劣势成为奴隶，而是因为某种不幸的遭遇——例如战败——成为奴隶，那么这种奴隶制度就是非天然的，奴隶与其主人之间就会存在不和。“所以，当主奴关系自然时，他们是朋友而且有共同利益，一旦这种关系的存续仅仅由于法规和强权，那么情况就会相反。”[1157]

在古希腊文化中，人们普遍认为女性比男性地位低下，因而享有的权利也较少。在希腊神话中，潘多拉（Pandora）是第一个女人，正是她释放了世界上的恶魔。潘多拉内心满是“谎言和花言巧语，生性善于欺骗”。[1158]在潘多拉到来之前，“人类部落生活在地球之上，远离困难、辛劳和重病……但是这个女人（潘多拉）亲手揭开了盖子，使这些灾难四处扩散，她的想法给人类带来了悲哀与伤害”。[1159]

德谟克利特写道：“对男人而言，被女人统治是最大的侮辱。”[1160]雅典立法者梭伦“禁止父亲或兄弟将女儿或者姐妹卖为奴隶；这道禁令说明，在此之前，女性在很大程度上被视为财产”。[1161]梭伦立法规定对强奸行为处以“100德拉克马①的罚款”。[1162]据修昔底德说，每一个重装步兵的日薪是“每天两德拉克马。一德拉克马发给本人，一德拉克马发给他的仆人”。[1163]据此，强奸显然只算是比较严重的轻罪，而并不构成重罪。

在埃斯库罗斯（Aeschylus，约公元前525—前456年）的戏剧《七将攻忒拜》（*Seven Against Thebes*）中，厄忒俄克勒斯（Eteocles）痛骂剧中的女性人物：“你们这些令人受不了的东西！……但愿我不要在患难中或顺势中同女人住在一起。她若逢时得势，那种傲慢态度令人不敢接近；她若丧魂失魄，对家庭和城邦则是更大的祸害。”[1164]

在《蒂迈欧篇》中，柏拉图说那些“懦弱的、生活在邪恶之中的男人”会转世成为女人。[1165]在《理想国》中，柏拉图评论了“女性的普遍性劣势”，[1166]幽默地指出她们只有在“管理薄饼和蜜饯”方面处于优势地位。[1167]柏拉图总结道：“男人的追求也是女人的追求，但是在所有这些追求中，女性总是不如男人。”[1168]不过柏拉图也明确指出这一结论只是一个一般规律，也会出现个别的例外情况，他指出“在很多事情上，很多女人比男人更优秀”。[1169]

亚里士多德同样认为女性与男性相比处于明显的劣势地位。“雄性更高贵，雌性则低贱一些；一者统治，一者被统治；这一原则可以适用于所有人类。”[1170]在《政治学》一书中，亚里士多德明确指出女性有责任俯首帖耳地顺从。“男人的勇敢在发号施令中显示出来，女人的勇敢则体现在服从的行为上……人们一定会认为所有人都具有他们各自特有的德行，就像诗人谈到妇女时所说

① 德拉克马（drachmas），希腊货币单位。

的‘娴静是女人的天职’，但这并非男人的天职。”[1171]

生命的终点

亚里士多德在吕克昂学园执教了 12 至 13 年之久。公元前 322 年，亚里士多德辞世。亚里士多德的侄子卡利斯提尼斯之死可能使亚里士多德与亚历山大的关系逐渐疏远。但是在雅典，亚里士多德仍然被视为马其顿占领军的代表，并因此受到憎恨。“被压制的反马其顿情绪不断地猛烈爆发”，[1172] 亚里士多德的政敌们指控他亵渎宗教。

亚里士多德没有模仿苏格拉底的做法，而是选择了流亡。“考虑到苏格拉底之死以及他自己的危险”，亚里士多德解释说，他之所以离开雅典，是因为“他不能（允许）雅典人……对哲学犯下两次罪行”。[1173] 因此，亚里士多德收拾好他的物品，迁往埃维亚岛上的哈尔基斯（Chalcis）城，在这里，马其顿仍然维持着影响。[1174]

此后不久，亚里士多德便患病去世。第欧根尼 · 拉尔修称他去世时 63 岁。[1175] 似乎亚里士多德的去世并不突然，而是罹患慢性病的结果。奥卢斯·革利乌斯说：“哲学家亚里士多德在 62 岁时患病，身体虚弱，几乎没有存活的希望。”[1176] 第欧根尼 · 拉尔修大段引用了亚里士多德遗嘱中的内容，表明他已经预见到自己的死亡，并进行了细致、严谨的思考。[1177]

罗马语言学家肯索里努斯（Censorinus，约公元 3 世纪）在《论生辰》[*De Die Natali*（*The Natal Day*）] 一书中记载道，亚里士多德的身体生来就很虚弱。“据说他（亚里士多德）天生体弱，而且他这羸弱的身体又不断生病……能够活到 63 岁很令人惊讶。”[1178]

第二章

古希腊科学

约公元前300

——

公元200年

1. 托勒密王朝众王

托勒密一世（托勒密·索特，公元前367—前283年）

公元前323年，在亚历山大大帝去世后，他的帝国被其将领们瓜分。埃及落入名为托勒密·索特（Ptolemy Soter）的托勒密一世之手。“托勒密……不费吹灰之力便占领了埃及，他对待人民极其温和，并采取了很多具体行动，赢得了人民的拥护。”[1] 托勒密一世极为明智，未曾为了满足个人欲望而盘剥埃及人民，相反，他集中精力巩固自己的权力。在《历史》一书中，罗马历史学家塔西佗（Tacitus，约56—117年）评论道：“托勒密是第一位牢牢掌握了埃及权力的马其顿国王……在新建立的亚历山大城内（修建了）防御工事，（还有）神庙……他（托勒密一世）不断提升其政权的威望，增加舰船数量，并提高黄金储备量。”[2]

通过引进希腊的技术与创新，埃及的农业、工业和贸易均重新焕发了生机。海军实力大增，足以保卫埃及免受海路进攻，且可以保护贸易。托勒密一世在亚历山大城开启了一场文化复兴运动，这一运动持续了数百年。[3] 他费尽心力邀请希腊哲学家、作家和艺术家前往埃及宫廷。[4] 托勒密访问希腊时，曾邀请哲学家斯提尔波（Stilpo）前往埃及。“据说托勒密·索特以盛大的仪式欢迎了他（斯提尔波）；在他（托勒密·索特）自立为墨伽拉（Megara）之主后，他赠给后者钱财，并且邀请他与自己同船前往埃及。”[5] 在托勒密及其继任者的统治下，埃及进入繁荣时代，艺术与科学也随之蓬勃发展。[6]

亚历山大博物馆与图书馆

托勒密王朝历任国王最为重要、影响最长久的科学遗产是在亚历山大城建立的博物馆与图书馆。虽然现今的博物馆主要被当作收藏、储存工艺品的建筑物，但是在古希腊时代，博物馆是“献给缪斯女神的”建筑物或者机构。[7]

古希腊的九位缪斯女神是记忆女神谟涅摩叙涅［Mnemosyne（memory）］和宙斯的女儿。每一位缪斯女神都是独立的一种艺术或科学的守护神。在《神谱》一书中，赫西俄德说这些缪斯女神是宙斯与谟涅摩叙涅结合后诞生的。“有智慧的宙斯与她（谟涅摩叙涅）同寝九夜，躺在她远离其他神灵的圣床之上。月圆月缺，时间一天天流逝，四季轮回，一年的时间过去了，她生了九个女儿……克利俄（Cleio）、欧忒耳珀（Euterpe）、塔利亚（Thaleia）、墨尔波墨涅（Melpomene）、忒耳普西科瑞（Terpsichore）、厄拉托（Erato）、波吕许谟尼亚（Polyhymnia）、乌拉尼亚（Urania）和卡利俄珀（Calliope），其中卡利俄珀是最重要的一位。”[8]

亚历山大城所建博物馆是一个研究机构，主要研究并推动艺术与科学的发展；这是第一个推动科学发展的官方机构，由政府向机构中的学者们发放工资。到了托勒密二世统治时期，常驻博物馆的学者总共有大约100人。[9]虽然博物馆内的学者也会偶尔讲课，但它并不是大学，因为这里并没有开设定期的课程，也不招收学生。斯特拉波曾经简要描述了这座博物馆的布局。“该博物馆是宫殿建筑群的一个部分。这里有一条公共通道，有一个地方安装了座椅，还有一个大厅，那些知识渊博的博物馆学者就在此处共同进餐。”[10]这座博物馆延续了七个世纪。公元415年，一群由基督教徒组成的暴徒杀害了博物馆最后一位负责人希帕蒂娅（Hypatia），她是一位不信仰基督教的女士。[11]

比博物馆更为重要的是图书馆。埃及是建造图书馆的天选之地，因为这里是纸莎草纸制造技术的故乡。老普林尼在《自然史》中描述了如何使用纸莎草制造可以用于书写的纸张。“但是在结束埃及部分之前，我们必须提及纸莎草纸的性质，我们必须明白文明世界的一切都极其依赖于纸张的使用。”[12]

被托勒密一世邀请到埃及的哲学家中还包括狄米特律斯·法勒洛斯（Demetrius Phalerus，约公元前350—前280年）。狄米特律斯曾经统治了雅典十年，但是之后政治环境发生了变化，他被“弹劾”并遭到“谴责”。[13]“因此（狄米特律斯）便逃到了托勒密·索特这里……（而且）他在托勒密一世的宫廷中待了很长时间。”[14]斯特拉波说狄米特律斯是“哲学家泰奥弗拉斯托斯的学生……（他）不得不逃往埃及”。[15]

说服托勒密一世修建亚历山大图书馆的或许就是狄米特律斯。亚里士多德是一位书籍收藏家，而狄米特律斯的老师恰恰又是亚里士多德在吕克昂学园的继任者泰奥弗拉斯托斯。“作为国王的图书馆馆长，狄米特律斯·法勒洛斯收到了大量的公共资金用于收集书籍，如果有可能的话，这笔资金足以购买全世界的所有书籍；通过采购与誊写等方式，他竭尽所能地努力实现国王的目标。有一次我们都在场时，国王问他已经收集了多少书籍，他回答道：‘已经超过20万册了，陛下，但是我还会继续努力搜寻更多的书籍，争取能够收集50万册。’”[16]

上述内容见于《阿里斯狄亚书简》（*Letter of Aristeas*，约公元前2世纪），在时间点上或许有些错乱，因为亚历山大图书馆直到托勒密二世统治时期才发展到如此庞大的规模。狄米特律斯在托勒密二世统治时期死于狱中，因为他之前向托勒密一世建议将王位传于另一个儿子。[17]

奥卢斯·革利乌斯指出：“之后，埃及的托勒密王朝收集了数量惊人的书籍，接近70万册。”[18]约翰·策策斯（John Tzetzes，约1110—1180年）是这样描述亚历山大图书馆藏书规模的：“拥有40万册合编本（mixed books）与9万册单卷本、单一主题的书籍。”[19]然而，现在还不清楚这些“书籍”中有多少是把一本书分成了多卷，以及有多少书籍是重复的。无论如何，所有记载都说亚历山大图书馆藏书有数十万册。

斯特拉波写道："在我们所熟知的人物里，亚里士多德是第一位藏书家，同时他还建议埃及国王们建造图书馆。"[20]但是鉴于亚里士多德去世于公元前322年，而托勒密一世到达埃及发生在亚历山大于公元前323年去世之后，所以亚里士多德不太可能直接向托勒密一世提建议。亚里士多德的影响是间接的，他通过他的学生泰奥弗拉斯托斯和狄米特律斯的学术传承发挥着影响。

斯特拉波认为亚里士多德是第一个建立图书馆收藏书籍的人，但是事实并非如此，在亚里士多德和亚历山大图书馆之前，就已经出现了好几位重要的书籍收藏者。"公元前7世纪的亚述国王亚述巴尼拔（Ashurbanipal）"拥有一个王家图书馆，这是当时美索不达米亚地区众多图书馆中的一个。[21]在描述托勒密二世的藏书热情时，阿特纳奥斯说他试图建立"一座收藏古希腊书籍的图书馆，要超过其他所有同是书籍方面的出色收藏家，比如萨摩斯的波利克拉特斯，雅典僭主庇西特拉图（Pisistratus），同为雅典人的欧克利德斯（Euclides），萨摩斯人尼科拉特斯（Nicorrates），甚至还有帕加马的历任国王，诗人欧里庇得斯，哲学家亚里士多德和他的图书管理员奈琉斯"。[22]

在古代世界，亚历山大城这座伟大的图书馆并非唯一的图书馆，但却是当时最大、最重要的图书馆。根据斯特拉波的记载，小亚细亚城市帕加马的统治者欧迈尼斯二世（Eumenes II，公元前197—前159年在位）也建造了一座图书馆。"欧迈尼斯在尼科福留姆（Nicephorium）植树造林，美化了这座城市，并举办还愿祭、修建图书馆以丰富城市生活。正是在他的经营下，帕加马才能够如此壮美恢宏。"[23]维特鲁威描述道，帕加马的这一座建筑是为了"给公众带来快乐"，[24]此话意味着这是一座公共图书馆。

老普林尼讲述了一个众所周知的故事，说帕加马图书馆足以与亚历山大图书馆媲美，导致后来的托勒密王朝不得不禁止纸莎草纸的出口，试图以此阻止帕加马图书馆的进一步发展。"托勒密国王与欧迈尼斯国王之间发生了一场关于建设图书馆的竞争，托勒密国王下令禁止出口纸莎草纸，为了应对这一禁令……帕加马人发明了羊皮纸。”[25]

羊皮纸是利用绵羊或者山羊的皮制作的书写材料。至公元前1世纪，帕加马收集的书籍已经多达20万册。普鲁塔克说罗马统帅马克·安东尼（Mark Antony，公元前83—前30年）将帕加马图书馆作为礼物赠予了克利奥帕特拉（Cleopatra）。“他（安东尼）曾经将帕加马图书馆赠予了她（克利奥帕特拉），这一图书馆拥有20万册不同的藏书。”[26]

托勒密·菲拉德普斯（公元前308—前246年）

公元前285年，托勒密一世将王位禅让给儿子托勒密·菲拉德普斯（Ptolemy Philadelphus），即托勒密二世。两年后，托勒密一世去世，“享年84岁，他在这个世界上留下了自己的烙印，为人们树立了一个引人注目的榜样——一个能力中等、性格温和、判断力良好、野心不大的人可以取得伟大的、永久的成功”。[27]

阿特纳奥斯认为托勒密二世，也就是托勒密·菲拉德普斯，是“所有君主中最令人钦佩的”。[28]“菲拉德普斯的财富超过了大多数君主；他满怀热情地发展各种制造业与贸易，他的船队规模也超过了所有人……至于他的藏书规模，其图书馆的配置，其为博物馆收藏珍宝的方式，我还有什么必要赘言呢？因为所有人都记得这些。”[29]

诚然，托勒密二世资助了学术研究，但是阿特纳奥斯认为他同时也是一个利己主义者与享乐主义者。“在所有的君主、所有的学者以及所有事业有成的人当中，埃及国王托勒密二世是最令人钦佩的一位，但是他也被其巨大的财富所诱惑，做了一些并不高尚的事情。事实上，他一直梦想着长生不老，还说他自己已经找到了长生不老的方法。”[30]“托勒密·菲拉德普斯……有众多情妇，包括狄迪玛（Didyma）……（和）比利斯蒂查（Bilisticha）……除她们外，还有阿加托克利亚（Agathoclea）和斯特拉托尼丝（Stratonice）……以及米尔蒂姆（Myrtium）……其中米尔蒂姆是当地最为臭名昭著、最不起眼的妓女。”[31]斯特拉波将托勒密二世描绘成一个“热爱科学的人”，但是他又说“由于身体虚弱，（他）总是乐于寻找新的消遣和娱乐方式”。[32]

在收藏书籍方面，托勒密二世极为狂热。盖伦说，他为了寻找书籍，所有停泊在亚历山大港的船只都要被搜查。他们四处搜寻书籍并制作这些书籍的复制本，然后把复制本还给书的主人。据称托勒密二世还从雅典借走了埃斯库罗斯、索福克勒斯（Sophocles）和欧里庇得斯（Euripides）著作的官方复制本。为了将这些书籍借到亚历山大城，他们缴纳了足足 15 塔兰同的押金作为归还这些手抄本的保证金。但是，托勒密二世却开心地保留了原书，归还了新复制的书并收回了押金。在托勒密二世时期，对于珍稀书籍的需求和搜寻极为狂热，导致价格飞涨，赝品随处可见。[33]

公元前 250 年前后，托勒密二世邀请了一些犹太学者前往亚历山大城，将希伯来圣经的前五卷翻译为希腊语。《摩西五经》（*Pentateuch*）——《创世记》（*Genesis*）、《出埃及记》（*Exodus*）、《利未记》（*Leviticus*）、《民数记》（*Numbers*）和《申命记》（*Deuteronomy*）——的译本被称为“七十士译本”（Septuagint）。Septuagint 一词源于拉丁语，表示“七十”，虽然实际上当初的翻译者大概有 72 人。将整部希伯来圣经翻译为希腊语的工作直到两三个世纪后才全部完成。[34]

最早描述七十士译本起源的书籍是《阿里斯狄亚书简》（*Letter of Aristeas*，约公元前 2 世纪），当代学者认为这本书是“犹太护教学的典型作品，旨在进行自我辩护与宣传”。[35]据《阿里斯狄亚书简》记载，从事这一翻译工作的“共有 72 人”。[36]据说，这一翻译工作“恰好是用了 72 天完成的，仿佛这一巧合是有意为之似的”。[37]翻译过程中，这些译者协同合作，他们“通过比较每个人的译作，在每一点上都取得了共识”。[38]但是在后来的传说中，就变成了译者们分组翻译，各组的译作完全一致。这被理解成一个神化的象征，表明他们的译作既准确又具灵感。在描述这 72 位译者时，希腊犹太人斐洛（Philo，公元前 20—公元 50 年）说：“他们每一个人都使用了完全相同的名词与动词，就像有某位看不见的提示者向他们推荐了同样的语言表达。”[39]

在亚历山大港的法洛斯岛上，托勒密一世开始建造灯塔，这一工程在托勒密二世时期完成。这座灯塔是古代世界七大奇迹之一。灯塔总高 120 到 140 米，但是在公元 13 世纪时毁于地震。[40]斯特拉波讲述说，这座灯塔由尼多斯的索斯特拉特（Sostratus of Cnidus）设计，用白色大理石修建而成。“法洛斯岛是一个长方形的小岛，位置距离大陆很近，构成了一个由两个港区组成的海港……（这里有）一个与海岛同名的灯塔，用白色大理石修建而成，塔分多层，令人赞叹不已。为了保证航海者的安全，国王的朋友、尼多斯的索斯特拉特修建了这座灯塔。”[41]

老普林尼也曾经描述过法洛斯岛灯塔。“还有另外一座建筑也举世闻名。在亚历山大港入口的法洛斯岛上，埃及国王修建了一座塔。据说这座塔的建造成本达到了 800 塔兰同。而且我们还要注意到托勒密国王（托勒密二世）的宽宏大度，他允许建筑师尼多斯的索斯特拉特将自己的名字刻在这一宏伟建筑之上。”[42]

人们还不能确定这座塔在修建之初就是为了用作灯塔，还是建成之后才增加了夜间照明功能。关于法洛斯塔的最早描述中并没有提及其作为灯塔的功能。[43]但是普林尼在公元 1 世纪时写道：“它的目的是通过夜间照明为船只提供警示，提醒这些船只留意附近的浅滩，并为它们指明入港口的位置。”[44]犹太历史学家约瑟夫斯（Josephus，约 37—100 年）声称法洛斯灯塔的火光可以从“300 弗隆（60 千米）外”看到。[45]

托勒密王朝时期的亚历山大港以其富有和奢华而闻名。狄奥多罗斯·西库路斯写道：“这座城市是世界上最伟大、最卓越的城市。凭借它的壮美，其丰厚的收入，还有使人民过上舒适生活的充足物资，它远超其他城市。它的居民数量也远超其他城市——我在埃及时，当地统计人口数量的人告诉我，居住在这座城市里的自由民超过了30万。”[46]

公元前3世纪的一位著名诗人说："在埃及的土地上存在着人类希望得到（能够得到）的所有美好事物：财富、权力、名声、休息、体育馆、黄金、年轻人、哲学家、表演、兄弟姐妹的圣地、明君、美酒、博物馆。”[47]

在托勒密王朝时期的埃及，很可能财富的拥有者主要是上层阶级。社会被分为两个阶层，“上层由来自欧洲的统治势力构成，下层则由大量的埃及臣民构成”。[48]随着时间的推移，由于种族之间的通婚，这一种族的差异逐渐消失，社会的分层“更多按照文化和传统划分，而不再按照种族划分”。[49]

波利比乌斯将亚历山大城的社会划分为三个不同的种族：

> 我亲自去过亚历山大城后，对这座城市的状况感到厌恶。这里居住着三种人：埃及当地人，这是一个聪敏而文明的种族；第二个种族是雇佣军士兵（因为雇佣并养活武装人员是一个古老的传统），由于国王软弱无能，他们学会了统治，却没有学会服从；第三个种族主要是亚历山大本地人，由于相同的原因，他们始终没能适应文明生活，但是即使这样，他们也比第二种人好，尽管他们现在已经成为一个混血民族，但他们最初都是希腊人，并且一直保留着一些希腊精神。[50]

亚历山大城的人口数量可能与波利比乌斯描述的并不一样。到了基督教时代开始的时候，“埃及的犹太人数量就已经达到了大约100万，而这里的总人口则为大约750万”。[51]

在托勒密王朝国王统治时期，埃及经济实施的是中央计划体制，由国家管理。国王拥有所有的土地。[52] 君主垄断了多个行业，包括纺织品制造业、金器加工业、酿酒业、纸莎草纸制造业、银行业、盐业、香料和香水制造业、木材加工业、植物油制造业，以及采矿业和采石业。[53] 托勒密政府从职业许可、进出口税和刑事罚款中获得额外的收入。这种政府管理必然导致了一个“庞大的官僚体制”。[54] 政府还要征收人头税、个人财产（含奴隶）税、商业交易税和农业生产税。托勒密王朝还通过发放执业许可、收取进出口关税和刑事罚款来获得额外收入。[55]

托勒密王朝的衰落

从托勒密四世（公元前 238—前 205 年），即托勒密·菲洛帕托尔（Ptolemy Philopator）统治时期开始，托勒密王朝开始衰落。“在（托勒密）王朝的所有成员中，他是最无能、最粗心的人，对埃及的伟大和繁荣造成的伤害也最大。”[56] 菲洛帕托尔与祖父托勒密二世一样，也是一个享乐主义者，但是却没有其先辈那种对于推动文化发展的兴趣。[57]

波利比乌斯说：“在其父王去世后，托勒密 · 菲洛帕托尔立即处死了他的兄弟马加斯（Magas）及其党羽，并夺取了埃及王位……之后他就像每天都在过节一样开始了自己的统治……就连他派遣到外国的摄政者都发现他粗心大意，对一切都漠不关心……（他）完全沉迷于毫无意义的阴谋之中，不断酗酒。”[58] 在杀害了自己兄弟后，他又杀害了自己的叔叔和母亲。[59]

斯特拉波说：“托勒密三世之后的所有国王都沉湎于奢侈无为的生活，国家治理也愈发不堪，但是其中最为恶劣的是托勒密四世，还有托勒密七世。”[60] 狄奥多罗斯说托勒密七世“因为其残忍、杀戮、肮脏的欲望和畸形的身体”而遭到“所有人的仇恨”。[61] 托勒密七世最为臭名昭著的是他肥胖的身体。阿特纳奥斯说：“他的整个身体都被脂肪吞噬了，而且他的肚子很大，任何人张开双臂都无法环绕他的肚子。他只好穿着下垂到脚的束腰外衣。”[62] 托勒密八世的迫害迫使很多知识分子移居他国，亚历山大城的知识被传播到地中海盆地的每一个地方。[63]

公元前 30 年，第一位罗马皇帝奥古斯都（Augustus，公元前 63—公元 14 年）进入并占领了埃及，托勒密王朝的统治结束了。奥古斯都处死了年仅 17 岁的托勒密十五世，埃及成为罗马帝国的一个省。[64]

2. 欧几里得（约公元前 325—前 265 年）

生 平

在所有亚历山大学者中，最重要的是数学家欧几里得。对于欧几里得的生平，我们几乎一无所知。普罗克洛斯在《评论》（*Commentaries*）中也仅仅记载道：“他（欧几里得）生活在托勒密一世时代。”[65] 一位（公元）13 世纪的阿拉伯作者说欧几里得“出生于提尔城”，但是这一说法的准确性令人怀疑。[66] 欧几里得很可能在雅典学园接受了教育，当时该学园是世界上最好的数学学院，之后他在亚历山大城建立了自己的学校。[67]

关于欧几里得，有两个传说。托勒密一世曾经问欧几里得在数学学习方面是否有一个更简单的方法。欧几里得回答说，学习数学对于君主和其他人而言同样困难，“在几何学习上，并不存在另外一条王室捷径”。[68] 还有个故事说，希腊哲学家对数学的实际应用不屑一顾。一个刚刚开始学习几何的学生不断纠缠欧几里得，问他学习这些东西能有什么回报。欧几里得对此感到厌烦，便召来一个奴隶，命令奴隶给这个学生一些象征性的报酬。“给他三便士，因为他总是想从学习中获得收益。”[69]

《几何原本》

欧几里得的著作很多，其中最为重要的一部是他的数学教材《几何原本》（*Elements of Geometry*）。该书被分为 13 个独立的章节，或者说 13 卷。前 6 章研究的是平面（二维）几何，第 7、第 8 和第 9 章讨论了数论，第 10 章研究了无理数理论，第 11 章到第 13 章专门讨论了立体几何。因此，《几何原本》一书不仅仅涉及几何学，可以说它基本上是一部关于希腊数学研究的汇编作品。[70]

任何教科书中的大部分内容都缺乏原创性，但是欧几里得的这一教材却第一次对既有的数学知识进行了综合与逻辑整理。有些部分欧几里得给出了具有原创性的证明，有些部分他对早期别人的成果进行了改进。

《几何原本》一书最突出的特点是非常清晰地提出并证明了这些数学定理。英国数学家托马斯·希思认为此书的特征是充满了“严谨与精确，直到今天都令科学界人士钦佩不已”。[71]《几何原本》一书首先提出了两个定义：“点是不可以分割的”，以及“线段只有长度，没有宽度”。在下定义之后，欧几里得接下来介绍了五条公设，这五个基本命题无法进行证明，因此必须被作为公设提出。希思认为这五条公设是“欧几里得自己的成果”。[72]

其中最为重要的是第五公设，“如果一条线段与两条直线相交，在某一侧的内角和小于两直角和，那么这两条直线在不断延伸后，会在内角和小于两直角和的一侧相交”。[73] 由此可以得出推论，如果两条线平行，那么那么一条与它们相交且垂直的直线所形成的“内角”在两侧均不会“小于两个直角”。因此，第五公设等于是说两条平行线永远不会相交。

在“2000 多年里”，后世的研究者都认为第五公设并非公设，而是一个可以加以证明的假设。[74] 但是所有证明的尝试都失败了。因此希思推测说：“这样一位天才（欧几里得）知道这个假设对他整个几何体系的有效性至关重要，但是他却发现这一假设是无法证明的，对此我们不得不表示钦佩。”[75] 第五公设反映了我们所在空间的性质，这也是欧几里得几何学的基础。[76]

直到19世纪中期，《几何原本》一直被广泛用作数学教材。自从发明印刷术（约公元1450年）后，《几何原本》大约出版了1000个版本；该书的出版时间之长、影响之大，仅次于《圣经》。托马斯·希思翻译了《几何原本》，并认为该书是史上最伟大的数学著作。“虽然这部伟大的著作也有一些不足之处，但是考虑到此书出现的时代，这些不足之处实在不值一提。这部书现在是，而且毫无疑问仍将一直是历史上最伟大的数学教材。”[77] 在2200年中，《几何原本》都是该领域中主要的教科书，这一事实也足以证明希腊人在科学领域中的主导地位。

3. 朗普萨克斯的斯特拉图（约公元前340—前270年）

机械哲学家

对于斯特拉图的生平细节，人们知之甚少，他的所有著作亦散失殆尽。斯特拉图的影响主要体现在他拒绝接受超自然主义并接受了实验方法。斯特拉图是吕克昂学园的第二任接班人。泰奥弗拉斯托斯（约公元前371—前287年）去世后，他成为学园的校长。斯特拉图应该也在亚历山大城生活过一段时间，因为他是“托勒密·菲拉德普斯的导师”。[78]

斯特拉图“穷其一生研究各种哲学，尤其是被称为自然哲学的流派”。[79] 波利比乌斯称他为“一位物理学家”。[80] 斯特拉图完全采用了机械研究的方法。乔治·萨顿对斯特拉图的哲学进行了总结，认为其特征是“就连他的心理学研究也采用了机械学方法”。[81] 马尔库斯·图利乌斯·西塞罗抱怨说斯特拉图“放弃了哲学中最为重要的部分，即与美德和道德有关的研究，而是完全致力于物理学的研究”。[82] 西塞罗还指出斯特拉图不相信人格神（personal deity），而是一个原子主义者。

> 人们认为如果没有神的存在，我们什么也做不了，但是朗普萨克斯的斯特拉图却与人们针锋相对，他让人们的神免受劳累……（斯特拉图）认为在构建世界的过程中，神没有发挥任何作用，他教导人们世间万物都是自然的产物……一切都是由那些或是粗糙、或是光滑，或是扭曲、或是弯曲的微粒构成的，这些微粒在真空中活动。他认为这些都是德谟克利特的想法，正是德谟克利特构思了这一切……而他自己（斯特拉图）在检视了这一水陆系统的组成部分后，认为每一件业已发生的事情和那些有可能发生的事情，都是受到运动和引力的某些特性影响而产生的结果，而运动和引力是自然界所固有的。[83]

证实真空存在的系列实验

《气体力学》（*Pneumatica*）是公元1世纪的一本书，作者为亚历山大城的希罗（Hero of Alexandria）。该书的大部分内容都在说明“各种利用空气、水和蒸汽作为动力的机械装置”的实际使用情况。[84] 但是，该书的引言部分大多是理论性内容，而且据信都是希罗从斯特拉图早期的一部著作中抄袭而来的。[85] 该书“结构杂乱无章，但是却忠实地摘录了斯特拉图的一部著作”。[86]

亚里士多德曾经提出真空是不存在的，也无法在自然界中找到真空。但是《气体力学》一书引言部分的作者不仅提出真空是存在的，而且还指出作为一种认识论的方法，实验与观察优于推理论证。

斯特拉图首先指出真空是不能持续存在的，而是分散于自然物质之中，他可以通过一个实验来证明真空的存在。“有些人断言绝对没有真空存在；有些人则说，虽然自然界中并不存在持续的真空，但是真空却在空气、水、火以及其他所有物质中占有微小的部分。对于后一种观点，我们将通过一些可以感知的现象加以证实，因此我们接受后一种观点。”[87]

斯特拉图引用了恩培多克勒的古老实验以证明空气是一种物质，这个实验就是：除非一个空容器中的空气被排出，否则水是无法流入这个容器的。

> 空空的容器实际上并不像大多数人以为的那样是空的，而是充满了空气……空气……由微小且很轻的颗粒组成，这些颗粒大多是人们无法看到的。那么，如果我们把水倒入看上去空空如也的容器，容器中的空气就会被排出，排出的空气与流入容器的水在数量上成比例。下面的实验可以证明这一点。将一个看似空置的容器倒置，并确保这一容器保持竖直的状态，将其向下压入水中；即使这一容器已经完全浸入水中，水也无法流入，这就证明作为物质的空气充满了这一容器，使水无法进入容器中。接下来，如果我们在容器底部打一个孔，水就可以从容器口流入了，而空气则会从这个孔中流出……因此，我们必须承认空气是一种物质。[88]

斯特拉图认为，空气的可压缩性和弹性能够证明组成空气的颗粒之间存在着真空的空隙。如果这种空隙不存在，在被压缩时，组成空气的颗粒便无处可去。斯特拉图还认为，一个通过实验获取的证据便足以否定任何理论上的论证。

> 那些宣称真空绝对不存在的人可以就此提出很多的论证，哪怕他们无法拿出实际的证据，这些论述都可能会显得很有说服力。但是，只要出现人们可以感知的现象，证明有一个物体中存在真空，

即使这个物体是人工制造的；或者证明真空也存在于自然环境之中，哪怕只是零散地分布；或者证明在受到压缩时，物质就会填满这些分散的真空空隙。只要能够证明这些，那些在这一领域提出貌似很有说服力观点的人也就再也无法证明其观点了。[89]

斯特拉图描述了一个实验装置的结构，这是一个不透气的金属球形容器，可以用来证明空气可以被压缩，从而证明组成空气的颗粒之间存在真空的空隙。用力向容器内吹气时，其内部的空气就会被压缩，因此在组成空气的颗粒之间必然存在着真空状态的空隙。

有一个球形容器，其厚度与金属板相同，这样容器就不容易被压碎。这一容器的容积大约为 8 科蒂拉[①]（1.9 升）。将这一容器完全密闭，穿一个孔并插入一根虹吸管或是一根细长的青铜管，不要触碰到穿孔处对面的容器壁，这样就有了一个水流的通道。虹吸管的另一端伸出球形容器外壁大约三指（5 厘米）的长度，虹吸管插入处四周的缝隙需要用锡密封，虹吸管和球形容器表面都要涂上锡，这样在通过虹吸管向容器内吹气时，空气就不会从容器排出。我们来看看结果……只要有人通过虹吸管向球形容器内吹气，便可以向内吹入大量的空气，而容器内原有的空气也并没有被排出。每次实验的结果都是如此，这就清楚地证明了容器内空气颗粒发生了凝缩，凝结在交错分布的真空空隙中。但是，这种凝缩现象是通过用力吹入空气而人为产生的。接下来，在吹完气后，把手放在嘴边，之后迅速用手指压住虹吸管管口，这样空气就一直被压缩在球形容器内；之后，我们把手

① 科蒂拉（cotylae），古希腊、古罗马时期的一种容积单位。

指移开，那些被吹入的空气就会冲出，并发出巨大的响声，正如我们所说的那样，这些空气被推了出来，推力便来自容器内原有的空气的弹性……这个实验完全能够证明在地球上是存在真空的。[90]

落体的加速运动

斯特拉图是最早意识到亚里士多德关于自由落体的观点有误的人之一，亚里士多德认为落体运动是匀速运动，其速度与该物体的重量成正比。斯特拉图认识到落体会加速运动。斯特拉图最初的著作已经遗失，但是在《亚里士多德〈物理学〉评注》（*Commentary on Aristotle's Physics*）一书中，辛普里丘（Simplicius，约490—560年）引用了斯特拉图的说法，指出只要观察一下落水柱就足以证明落体的加速运动。“如果我们观察一下从房顶倒下的水，当这些水从比较高的地方落下的时候，从水柱上方看，这个水柱是一体的，而从水柱下方看，水在落地时却是分散开的。这种现象的发生只能说明水在一个连续空间内的运动速度在不断加快。”[91]

斯特拉图还提供了另一个证明：当完全相同的物体从更高的地方下落时，对地面的撞击会更加强烈，这也说明物体在下落过程中速度越来越快。“如果一个石头或者其他重物从大约1英寸（2.45厘米）高处落下时，对地面几乎没有什么可见的影响，但是如果从100英尺（30.5米）处或者更高的地方落下，对地面的撞击就会强烈。”[92]

斯特拉图零散的著作清楚地说明，在当时至少已经有少部分希腊哲学家了解并采用了实验的方法。

4. 萨摩斯的阿里斯塔克斯（公元前310—前230年）

日心说

萨摩斯的阿里斯塔克斯（Aristarchus of Samos）是一位活跃于亚历山大城的古希腊天文学家，他最早提出了日心说理论，即地球围绕太阳旋转的理论。阿里斯塔克斯是“朗普萨克斯的斯特拉图的学生，他是一位具有开拓精神的自然哲学家，在公元前228年或公元前287年，他在泰奥弗拉斯托斯之后担任逍遥派学园（Peripatetic school）① 校长，并担任这一职务长达18年”。[93]

罗马建筑师和工程师维特鲁威将阿里斯塔克斯描述为少数杰出的多面手之一，他有渊博的知识和超强的理解能力，其成就远远不止将艺术应用于纯数学。“自然赋予这些人以无尽的天分、过人的敏锐与记忆力，他们能够完全掌握几何学、天文学、音乐与其他艺术，他们已经不仅仅是建筑师，而是成了纯粹的数学家。因此他们能够轻而易举地站在反对这些学科的立场，因为他们拥有这些领域的广博知识。拥有这种天赋的人并不多见，只偶尔在某一时期出现；萨摩斯的阿里斯塔克斯就是这样的一个人。”[94]

不幸的是，阿里斯塔克斯关于日心说的所有著作都已经遗失殆尽。对他的日心说理论，我们主要是从阿基米德的著作《数沙者》（*The Sand Reckoner*）一书中了解到的，这本书中明确无误地提到了这一理论。

> 萨摩斯的阿里斯塔克斯撰写了一部著作，其中包含了众多假设，当中的一些前提条件使人们相信宇宙要比人们当前所知道的大很多倍。他认为那些位置固定的恒星和太阳是静止不动的，地球围绕太阳旋转，形成一个圆周，而太阳则位于其运行轨道的中心，由静止

① 即亚里士多德所创建的吕克昂学园。

的恒星组成的巨大球体同太阳一样位于中心位置，这一球体极大，球体中心到球体表面的距离与地球运行轨道到这些静止恒星的距离相同。[95]

阿里斯塔克斯肯定地相信地球不仅仅围绕太阳旋转，同时每天也在围绕地轴旋转。因为在以太阳为中心的体系中，这是唯一能够解释日夜轮回的方法。

在提出日心说时，阿里斯塔克斯可能受到了柏拉图学园的一位学生的影响。《蒂迈欧篇》一书中有一句话暗示地球处于运动之中。“养育人类的地球围绕一个轴线不断运动，这条轴线延伸到宇宙之中。”[96]此外，亚里士多德在吕克昂学园的继任者泰奥弗拉斯托斯也说：“对于认定地球位于宇宙中心一事，柏拉图在晚年感到很后悔。”[97]但是托马斯·希思指出日心说理论需要认定地球是在不断旋转的，而“关于地球围绕其轴线旋转的说法与《蒂迈欧篇》一书中所描述的整个天文系统并不一致”。[98]希思认为将柏拉图与日心说理论联系在一起的传统是“出于误解，令人无法相信”。[99]

普鲁塔克在《论月面》（*The Face Appearing Within the Orb of the Moon*）一文中指出斯多葛派哲学家克利安提斯（Cleanthes，公元前 331—前 232 年）反对阿里斯塔克斯的理论，认为这一理论是对上天的不敬。“克利安提斯认为希腊人当初就应该对萨摩斯人阿里斯塔克斯提出质疑，并谴责他亵渎天神，谴责他动摇了世界的根基，因为这个人为了表象而认为天的位置是固定不变的，而地球沿着一个倾斜的轨道运动，同时还围绕自己的轴旋转。”[100]但是目前并没有记录表明阿里斯塔克斯因为自己的理论而遭到指控。

古代天文学家几乎普遍地反对阿里斯塔克斯的日心说理论。“在那些经典著作当中，很少有作者提及阿里斯塔克斯的日心说理论，这就证明这一学说从未被接受。”[101]一个重要的原因是这一理论在很多方面与人们所观察到的情况不一致，而地心说理论却更加符合人们的观测结果。主要的一个质疑是，当地球每隔六个月位于太阳两侧的时候，天空中的恒星位置似乎并没有发生改变。而当观测者的位置发生变化时，被观测物体的位置也会发生变化。当物体距离观测者较近时，这种变化的幅度——或者称为视差——较大，随着距离的增加，视差也会变小。由于那时没有望远镜，阿里斯塔克斯时代的天文学家无法观测到由于地球围绕太阳旋转而导致的视差，因此他们拒绝接受日心说假说。只有阿里斯塔克斯认为有理由相信是与恒星之间的过远距离导致视差过小而无法观测到位置变化。阿里斯塔克斯的观点是正确的，但其同行凭借他们所掌握的信息所得出的结论看起来似乎更为合理。

估测太阳和地球的大小与两者之间的距离

阿里斯塔克斯不仅最早提出了日心说理论，他还计算出了日地月的相对大小和地球分别到月亮与太阳的距离。在他的著作《日月之大小及距离论》（*On the Sizes and Distances of the Sun and Moon*）中，阿里斯塔克斯说明了他的计算方法。[102] 阿里斯塔克斯并非第一位使用这类计算方法的希腊天文学家。在《天象论》一书中，亚里士多德指出："如果正如天文学研究现已表明的，太阳的体积比地球的更大，很多星辰与地球的距离比太阳与地球的距离大许多倍（就像太阳离地球比离月亮更远一样），那么，太阳光线形成的光锥就不会离地球太远，地球的阴影（即我们所谓的夜）也就不会到达星辰。"[103]

阿里斯塔克斯推断，当月亮恰好半圆时，月球、太阳与地球构成直角三角形的三个顶点。月球位于这个直角三角形的一个角，地球和太阳则分别位于另外两个角。如果我们可以测量月球与太阳所形成的角度，那么就可以知道这个三角形三个角的全部角度，因为任何一个三角形的三个内角之和都是180度。阿里斯塔克斯还估算了地球与月球的相对大小，他计算的依据是，在日食期间，地球在月球上投射的影子是月球大小的两倍。[104]

通过比较各个角之间的比例，阿里斯塔克斯确定了三角形各边长的比例，这些边长代表了从地球到月球和太阳的距离。从几何学上说，他的方法是正确的，但是会受到各种微小误差的影响。月亮半圆时，阿里斯塔克斯测得了地球与太阳之间的角度为 87 度，但是实际的角度是 89.87 度。在《日月之大小及距离论》一书中，阿里斯塔克斯错误地估算出太阳与月球都有一个两度的角距离。[105] 但是在《数沙者》一书中，阿基米德认为阿里斯塔克斯最早算出了圆的 1/720 的值，也就是半度。"阿里斯塔克斯发现太阳似乎是黄道十二宫圆的 1/720。"[106]

阿里斯塔克斯的计算结果如下，括号内为现代研究得出的数据。[107] 阿里斯塔克斯估算地球到太阳的距离大约是地球到月球距离的 19（390）倍；地球到月球的距离大约是月球半径的 52.5（221）倍；太阳的半径是地球半径的 6.75（109）倍；地球的半径是月球半径的 2.8（3.8）倍。[108]

阿里斯塔克斯的数据中有些严重的错误，但其计算方法是原创的，而且也是正确的。他还准确地推论出太阳要比地球和月球大得多。或许正是这一结果使他认为地球围绕太阳旋转，因为较大的物体围绕较小的物体旋转是不符合人们的直觉判断的。

5. 埃拉托色尼（公元前 276—前 195 年）

图书管理员

埃拉托色尼（Eratosthenes）是亚历山大城的科学家和多面手，他在数学、地理学和天文学方面都做出了重大贡献。他出生于希腊城市昔兰尼，并在那里接受了早期教育。之后，埃拉托色尼在柏拉图学园和亚里士多德的吕克昂学园接受了高等教育。[109] 斯特拉波说："在雅典，他（埃拉托色尼）成为基提翁的芝诺（Zeno of Citium，约公元前335—前263年）的学生……（但是）并没有提到他（芝诺）的追随者……他（埃拉托色尼）似乎是在两种人——一个投身于哲学研究的人和一个无法下决心献身于哲学研究的人——之间选择了一条中间道路。”[110]

公元前246年左右，托勒密三世将埃拉托色尼召到埃及。[111] 他被任命为博物馆的研究员，并负责教育国王的儿子，也就是后来的托勒密四世。[112] 在公元前235年，亚历山大图书馆馆长去世，埃拉托色尼被任命为继任者。埃拉托色尼的著作均已散失，只能找到一些片段和后世作者引用的语句。尤其是斯特拉波，他详尽地引用、评论并赞扬了埃拉托色尼的地理学著作。

与其同人相比，埃拉托色尼获得了两个外号：贝塔（beta）和五项全能（pentathlos）。[113] 贝塔在希腊语中表示“第二”，五项全能则指奥林匹克运动会中的五项全能项目。其中暗含的贬低之意是：埃拉托色尼在很多领域都是第二优秀的，但是却无法在任何一个领域中成为榜首。更广泛的含义则是：即使在早期历史阶段，科学研究也已经开始专业化了，而像埃拉托色尼这样的多面手则容易被误解、被低估。[114] 但是在当时，一定有很多人非常尊重他，因为阿基米德的《方法论》（*The Method*）一书即是奉献给他的。[115]

数学领域的贡献

质数是一个无法被其他数字整除的数字（在大于1的自然数中，除了1和它本身外）。埃拉托色尼是第一个设计出寻找质数的系统方法的人。该方法被称为“埃拉托色尼筛选法”（the Sieve of Eratosthenes），其内容是标记出所有质数的整倍数。[116] 那些没有被标出的数字则为质数。

埃拉托色尼筛选法是这样使用的：写出一个从2开始的连续自然数数列，这个数列可以是任意的长度。从数列中的2开头，之后2的所有整倍数，如

4、6、8、10等，都要标记出来，直到数列的最后一个数字。接下来，下一个数字3的所有倍数也要从数列中标出。这一步骤不断重复，直到数列中最后一个数字成为起始数字，数列中那些没有被标记出来的数字就是质数。

埃拉托色尼解决的另一个数学问题是立方体的成倍问题。这个问题的内容是如何通过延长立方体边长的方式使其体积增加一倍。如果用数学语言表达的话，这一问题可以简化为求解方程 $X^3=2\,[a^3]$，其中的X表示大立方体的边长，a表示小立方体的边长（已知）。

关于这一问题的起源，有众多传闻。[117] 士麦那的塞翁（Theon of Smyrna，约70—135年）引用了埃拉托色尼的说法：

> 在他的著作《柏拉图式》（*Platonicus*）中，埃拉托色尼说天神通过神谕对提洛斯岛上的人说，如果他们想消灭瘟疫，就要建立一个比现有祭坛大一倍的新祭坛。这令当地的工匠们陷入困境，他们不知道如何才能把一个立方体扩大一倍。于是他们就此去向柏拉图求助，柏拉图回答说：神并非真的要求他们把现有祭坛扩大一倍，而是希望通过这一任务令希腊人感到羞耻，因为希腊人过于忽视数学、蔑视几何。[118]

埃拉托色尼提出的解决方法既使用了几何方法，也使用了机械方法。为了纪念埃拉托色尼的贡献，人们竖起了一座石碑。为了解决这一问题而使用的青铜工具也被固定在石碑上，纪念碑上刻有埃拉托色尼的隽语——“这是昔兰尼的埃拉托色尼的礼物”。[119]

计算地球的大小

埃拉托色尼最大的贡献即在地理学和大地测量学领域，其中最值得纪念的是他对地区周长的估测。尽管埃拉托色尼最初的著作已经失传，但是希腊天文学家、斯多葛学派哲学家克莱奥迈季斯（Cleomedes，约公元 200 年）在其著作《天体》[*Caelestia*（*The Heavens*）] 中描述了埃拉托色尼测量地球周长的方法。[120]

埃拉托色尼并非第一个估测地球大小的希腊人。在《论天》中，亚里士多德指出“那些试图计算地球周长的数学家得到的数字是 40 万斯泰底”。[121] 在《数沙者》一书中，阿基米德写道：“有些人已经尝试过⋯⋯证明上述（地球）周长是大约 30 万斯泰底。”[122] 在评估这些数字时，有一个长期存在的问题：我们不知道希腊长度单位斯泰底究竟是多长。

埃拉托色尼使用的几何方法简练、易操作且完全正确。他判断出锡尼城（阿斯旺）位于被称为北回归线的纬线上，这是夏至日太阳直射头顶的纬度。在夏至这一天，在北回归线上，一根竖直的棍子不会有阴影。

但是在夏至日，亚历山大城里一个竖直的棍子会投射一个很小的阴影，可以测量其角度。据此埃拉托色尼推测亚历山大城位于锡尼以北 5000 斯泰底。他（准确地）假设太阳距离地球的距离非常遥远，足以使太阳光线基本上相互平行，埃拉托色尼按照几何学原理，推断出亚历山大城那片阴影所形成的角度与锡尼和亚历山大城在地球中心形成的角度是完全相同的。亚历山大城阴影形成的角度是 360 度的 1/50，也就是 7.2 度，那么从锡尼到亚历山大城的距离即地球周长的 1/50，这样就可以很容易地知道地球的周长是 25 万斯泰底。

其他权威学者声称，埃拉托色尼后来把这一估计值修正为 252,000 斯泰底。[123] 斯特拉波说“埃拉托色尼认为整个赤道全长 252,000 斯泰底”。[124] 埃拉托色尼所使用的数字（5000 斯泰底以及圆周的 1/50）显然都是四舍五入之后的近似值，因此“他感觉自己可以在 250,000 这个数据上随意增加 2000 斯泰底……这样就可以得到一个能够分为60份的数字，且可以形成一个360度的大圆”。[125]

然而遗憾的是，希腊人对于单位的定义相当模糊。几个世纪以来，学者们一直在争论埃拉托色尼所说的斯泰底到底是多长。如果他所说的斯泰底就像一位近代权威学者所说为184.98米，[126]那么他对地球周长的估测值（252,000斯泰底）即为46,615千米，比当代研究的结果40,030千米多了16%。如果采用另一种说法，即每斯泰底等于157.5米，[127]那么这一估测值就是39,690千米（252,000斯泰底），与当代研究的结果仅相差1%。

然而，锡尼和亚历山大城与地球中心所形成的真正角度并不是埃拉托色尼所说的那样正好是地球周长的1/50（也就是7.2度），而是7.08度。[128]此外，锡尼城也并非恰好位于（公元前3世纪的）北回归线，即北纬23.73度，而是位于北纬24.07度。[129]但是，埃拉托色尼的方法是简单易行的，而且对于那个时代来说也是相当准确的。

地理学家

埃拉托色尼最为重要的贡献在地理学领域。他撰写了专著《地理学》（*Geography*），该书分三部分发表。埃拉托色尼的这一“著作是将地理研究建立于数学基础上的第一次科学尝试，本书的作者也可以被称为数学地理学的创始人”。[130]

埃拉托色尼研究的精确性受到了当时经纬度测量的精确程度的限制。当时希腊人无法精准地确定经度，因为他们没有可移动的、精准的时钟。“埃拉托色尼认为迦太基（Carthage）和西西里海峡（Sicilian Strait）与罗马位于同一经度，但是事实上，这两座城市一个位于罗马以西2度多，另一个位于罗马以东3度多。”[131]希腊人能够使用晷针准确地确定纬度，但是实际上却很少做出过可靠的测量结果。[132]

斯特拉波曾说，埃拉托色尼发表过一份当时已知世界的地图。“在他的《地理学》第三卷中，埃拉托色尼为我们提供了一份人类可居住地区的地图。”[133] 对于“希腊地理学家……地球上已知的或者适宜居住的地区在地球上的比例是确定的、有限的，全部位于北半球，覆盖了这里大约 1/3 的地区”。[134] 埃拉托色尼估计世界上适宜居住的地区南北长 38,000 斯泰底，东西宽 77,800 斯泰底。[135] 据此，埃拉托色尼计算出已知世界（东西）宽度是地球周长（252,000 斯泰底）的 1/3。

斯特拉波并不关心他无法了解的事情。“至于适宜居住地区以外的地方，就不是地理学家需要关心的事情了。”[136] 但是他确实也提到了埃拉托色尼曾经推测从西班牙出发可以向西航行抵达印度。“（埃拉托色尼说）如果没有宽阔的大西洋的阻碍，我们可以轻松地通过海路从伊比利亚（Iberia）到达印度，并且还是在同一纬度线上航行。”[137]

但是在预测美洲大陆的存在方面，斯特拉波更有先见之明。他指出通往印度的航线或许会被一个不为人所知的大陆阻断。“（埃拉托色尼的）推理并不准确……（因为）在温带地区，很可能存在两个或者更多的适宜居住的地区，尤其是在穿越雅典与大西洋的纬度圈上，这种情况更有可能发生。”[138]

1492 年，克里斯托弗·哥伦布（Christopher Columbus）受到激励而向西航行，因为当时他用的地球直径估值较小，为 180,000 斯泰底，是波赛东尼奥（Posidonius，约公元前 135—前 51 年）估算出来的。[139] 波赛东尼奥指出亚历山大城和罗得岛（Rhodes）位于同一经度线上。与埃拉托色尼一样，波赛东尼奥也使用了几何学方法。他推断可以通过一个现象来估算地球的直径：当老人星（Canopus，即船底座 α）位于亚历山大城地平线上方 7.5 度时，这颗星在罗得岛正好处在地平线上。“当我们从罗得岛出发，航行 5000 斯泰底到达亚历山大城时，这颗恰好位于子午线上的星星（老人星）被升至地平线之上大约 1/4 个黄道宫，也就是罗得岛和亚历山大城所在子午线的1/48（即360度的1/48）。”[140]

波赛东尼奥估算出罗得岛与亚历山大城之间的距离为5000斯泰底，据此他计算出地球周长为240,000斯泰底，这一数值与埃拉托色尼测算的数值252,000斯泰底差距不大。但是波赛东尼奥的估算是错误的。罗得岛与亚历山大城之间的距离并不是5000斯泰底，而是3750斯泰底。当老人星位于罗得岛地平线上的时候，其在亚历山大城地平线上方5.25度，而非7.5度。后来波赛东尼奥也意识到他过高估计了罗得岛与亚历山大城之间的距离，并据此将其估算的数值减少到180,000斯泰底。但是他并没有意识到他对老人星位置的错误估计。在他最初的测算中，这两个错误原本可以相互抵消，因此，当其中一个错误得以纠正时，新的估算值就不如原本的数值准确了。[141]

埃拉托色尼预见了文化地理学这一学科的出现，因此他倡导文化宽容。“埃拉托色尼指责了那些把人类划分为希腊人与野蛮人的做法……他提出一个更好的做法，即根据人们的美德与恶习来进行区分，‘因为在希腊人中也有很多道德低下的人，而在野蛮人中也有很多高度文明的人，例如印度人和阿里亚尼人，还有更优秀的罗马人和迦太基人，他们的政治制度非常完美’。”[142]

6. 阿基米德（公元前287—前212年）与布匿战争（公元前264—前146年）

数学著作

阿基米德是西西里岛叙拉古人。叙拉古是来自科林斯的希腊殖民者于公元前734年建立的。[143]修昔底德记载道：“一位赫拉克勒斯后裔（Heracleidae），阿尔启亚斯（Archias），从科林斯来到这里建立了叙拉古。”[144]阿基米德很可能“在亚历山大城生活了很久，在这里他可能跟随欧几里得的继承者学习”。[145]

阿基米德的父亲费狄亚（Pheidas）是一位天文学家，而叙拉古的统治者希隆二世（Hieron II）或是他的密友，或是他的亲戚。[146]

阿基米德最重要的成就是在数学领域。他撰写了很多论文，其中很多都得以流传至今。其中包括《论球和圆柱》（*On the Sphere and Cylinder*）、《圆的度量》（*Measurement of a Circle*）、《论螺线》（*On Spirals*）、《数沙者》（*The Sand-Reckoner*）、《论浮体》（*On Floating Bodies*）、《方法论》（*The Method*）等等。[147] 在《圆的度量》一文中，阿基米德证明圆的周长与直径之比，即 π 值，“小于 3 又 1/7，大于 3 又 10/71”。[148]

阿基米德还证明，球体的表面积恰好是相同直径的圆面积的 4 倍。在《论球和圆柱》第一卷中，他写道：“我想到了一些迄今为止尚未被证明的定理，而且我还对这些定理进行了证明。这些定理包括：首先，任何球体的表面积是构成这一球体的最大圆的面积的 4 倍……”[149]

阿基米德还尝试计算曲线围成的面积。他的严谨尝试使他与积分学的创建越来越接近，而积分学是艾萨克·牛顿和戈特弗里德·威廉·莱布尼茨（Gottfried Wilhelm Leibnitz）在公元 17 世纪后期才创建的。[150]“在计算抛物线和螺旋线围成的面积，（以及）球体的表面积和体积时，他实际上进行了相当于积分的计算。”[151]

在与亚历山大数学家的频繁通信中，阿基米德习惯告知他们自己的研究成果，但是却不附加自己的证明过程。显然，他的一些同行发现他们可以很方便地宣称自己独立研究出了相同的成果。对于这些人，阿基米德设置了一个陷阱：他会在其中夹杂两个错误的定理。在《论螺线》一书的序言中，他揭示了这个陷阱。首先他会宣布他将给出两个之前研究结果的证明，之后他便会指出他先前公布的两个结果其实是“不可能”证明的，这样就可以揭露那些剽窃他科研成果的窃贼。“现在我希望能够对这些定理逐一进行审核，尤其是当其中碰巧包括两个不可能证明的定理的时候。这种做法可以警示那些宣称发现新成果却无法给出任何证明的人，告诉人们他们其实是在假装发现这些不可能存在的定理。”[152]

阿基米德还是第一个构思并发现了如何表达大数的人。他的著作《数沙者》是献给希隆二世国王的长子盖隆（Gelon）的。阿基米德开篇便提出，有些人认为世界上所有沙粒的数量是一个巨大到无限的数字，接下来他便宣布他将会证明存在这样的数字，不仅比世界上所有沙粒的数量大，而且比能够填满整个宇宙的沙粒数量还大。

> 盖隆殿下，有些人认为沙子的数量是无限的；我所说的沙子不仅仅是指叙拉古以及西西里岛周围的沙子，而且还包括所有有人居住和无人居住地区的沙子。还有一些人，虽然这些人并不认为这一数字无限大，但是还是认为不可能有一个数字能够超过这一数量。显然，持这种观点的人能够想象出一堆重量巨大的沙子，其重量与地球的重量相同——而且地球上的海洋与空洞都被填满，并且与地球上最高的山脉一样高，那么他们就更加不会承认能够有一个数字能够超过这些沙子的数量。但是我将会使用几何方法向您证明，并且使您相信，我所提出的数字，以及我在寄送给泽克斯皮普斯（Zeuxippus）的书中所提及的数字，不仅能够表示等于按照上述方式填满地球的沙子的数量，而且还能够表示足以填满宇宙的沙子的数量。[153]

阿基米德估计，“与恒星大小相同的球体所能包含的沙子的数量”是 10^{63}，也就是 1 的后面有 63 个 0。[154] 他还证明了更大的数字也是可能的。在此之后，再也没有人试图创造一个表示大数量的词，直到 1940 年，美国数学家爱德华·卡斯纳（Edward Kasner）9 岁的侄子创造了“古戈尔”（googol，10^{100}）这个词。[155]

阿基米德还是一位聪慧的机械发明家。在他的著作《方法论》中，他描述道，他在解决一个数学问题时，总是首先尝试利用机械手段。在使用机械手段、对这一问题的本质有了一些直观的认识后，他才会尝试使用数学方法进行证明。“对于有些问题，我会通过机械方法加以清晰了解，虽然这些问题最终还是必须通过数学方法进行证明，因为上述机械方法并不能提供直接的证明。”[156]

在评价阿基米德的数学著作时，托马斯·希思总结道：“这些论文无一例外都是数学论述中的丰碑；对问题的逐步揭示，对命题的巧妙安排，对与研究目标无关内容的严格剔除，整个过程的完成，每个方面的完美程度都令人印象深刻，令读者在心中产生一种肃然起敬的感觉。”[157]

流体静力学与掺假的王冠

在《论浮体》一书中，阿基米德“创建了完整的流体静力学”。[158]“阿基米德定律”（Archimedes' Principle）指在流体中悬浮和流动的固体物体，其重量会减少，减少的重量等于被该物体所排开的流体的重量。按照阿基米德的话说，就是“这一固体物体受到一个向上的浮力的举托，其大小等于其重量和被其排开的流体重量之差”。[159]

阿基米德对于流体静力学的兴趣源自一个众所周知的故事。叙拉古国王希隆二世请阿基米德为他解决一个难题——他之前订购了一个金制的王冠，王冠交付时，其重量与工匠收到的黄金的重量相同。但是国王怀疑工匠不诚实，即利用成本较低的银子替换了一部分的黄金，但是却又无法加以证实。他便把这一问题交给了阿基米德。

阿基米德在脑海中不断思考这个问题，但是却被难住了。他知道体积相同的银子没有金子重，但是却缺乏能够精准计算王冠体积的技术。最后的解决方案是将王冠浸入水中，同时测量被王冠排出的水的体积。罗马建筑师马尔库斯·维特鲁威·波利奥（Marcus Vitruvius Pollio，约公元前90—前20年）说阿基米德是在沐浴放松时突然想到这个办法的：

> 希隆在取得叙拉古王位后，决心按照自己之前对神许下的诺言，在成功取得王位后在某座神庙放置一顶王冠。他以固定的价格将王冠的制作交给工匠，并精准地称出一定重量的黄金交给工匠。在指定的日期，工匠把精美制作的这一工艺品交给国王，令国王非常满意。但是后来，有人指控这名工匠在制作皇冠的时候，用同等重量的银子替换了一部分黄金。希隆感觉自己被欺骗了，非常愤怒，但是却又不知道如何才能揭露这种罪行，便要求阿基米德考虑这个问题。一直在思考这个问题的阿基米德碰巧去浴室沐浴，当他进入浴缸时，发现身体进入浴缸越多，流出浴缸的水也越多。这令阿基米德想起了一个解决问题的方法，他喜出望外，毫不迟疑地跳出浴缸，赤身裸体地冲回了家，一边跑一边用希腊语大叫着：我找到了！我找到了！（Eureka!）[160]

他想到的办法就是把王冠浸入水中，通过测量被排出的水的体积来精确地计算王冠的体积。他确实这样做了，而且还测量了与王冠重量相同的金块和银块的体积。阿基米德发现王冠中的确掺杂了银子，并且准确地算出了掺杂的银子的重量。

阿基米德的太阳系仪与安提凯希拉仪

罗马作者马尔库斯·图利乌斯·西塞罗在《论共和国》（*On the Republic*）一书中说他曾经看到过一个太阳系仪（orrery），这是一个模仿太阳系的机械模型，由阿基米德制作，被罗马将军马塞勒斯（Marcellus，公元前268—前208年）带到了罗马。按照西塞罗的说法，阿基米德的太阳系仪曾经被“这位马塞勒斯存放在罗马的美德神庙（Temple of Virtue）”。[161] 西塞罗认为阿基米德也并非这一仪器的最初发明者，“第一个模型最初是由米利都的泰勒斯制作的”，后来又经过了欧多克索斯的改进。[162] 阿基米德的太阳系仪能够再现“太阳、月亮和五颗行星的运动”，并且能够通过简单的动作——如转动曲柄——再现每个天体各自的运动。[163]“阿基米德在这一方面令人钦佩，因为他已经成功地计算出，在同一个旋转过程中，每个不同的运动是如何保持各自不同的、多样的进程。”[164] 西塞罗暗示道，阿基米德的这一仪器还能够预测交食现象。“太阳的运动过程被标记下了，就像其在天空中的运动轨迹一样，当太阳出现在与地球相对的位置时，月亮就因为地球的阴影而出现模糊的状态。”[165]

阿基米德的太阳系仪可能是安提凯希拉仪器（Antikythera mechanism）的前身。1901年，人们在一艘罗马沉船中找到了一些机械装置的碎片，这一装置被称为安提凯希拉仪器。[166] 因为这一沉船被发现的位置靠近克里特岛西北部的安提凯希拉岛，因此机械装置被命名为安提凯希拉装置。据估计，这一船只沉没的时间大概在公元前80年到前50年之间。[167] 安提凯希拉仪器大概造于公元前150年到前100年之间。[168] 通过利用X射线成像设备分析锈蚀的铜质碎片，人们认为这是一个复杂的天文计算仪器。“这一仪器能够计算并且显示天体信息，特别是月相和阴阳历的周期……在之后至少1000年间，安提凯希拉仪器的复杂程度超过了所有的已知装置。”[169] 由于发掘的仪器碎片已经锈蚀，因此这一机器的确切功能依旧颇具争议。但是最新的分析显示，该仪器上显示的月历中各个月份的名称“出人意料地源自科林斯地区……说明这一遗产可以追溯到阿基米德”。[170]

阿基米德蜗杆

阿基米德还发明了另一个装置，这一装置后来被称为阿基米德蜗杆（Archimedean screw）。阿基米德蜗杆是一个内含螺纹杆的管子，螺纹杆顶部有一个可以旋转的把手，底部伸出外围的管子半圈。把阿基米德蜗杆底部置于水中并旋转顶部的把手时，就可以顺着管子把水输送到高处。罗马人在矿井中排水时广泛地使用了阿基米德蜗杆。

在《历史丛书》（*Historical Library*）中，狄奥多罗斯·西库路斯说阿基米德在埃及时发明了这一装置，很可能是在亚历山大城的时候。"他们用这种被称为埃及泵（Egyptian pumps）的装置排出洪水，这种装置是由叙拉古人阿基米德在埃及的时候发明的。"[171] 阿特纳奥斯在《餐桌上的健谈者》（*Deipnosophists*）一书中描述了希隆二世修建的一艘巨轮，在这艘巨轮中就使用了阿基米德设计的一种装置从货仓排水，很可能就是阿基米德蜗杆。"货仓很深，但是只需要一个人利用一个滑轮，使用阿基米德发明的装置就能排干货舱中的水。"[172]

杠杆与滑轮

虽然杠杆自亘古之时便开始使用，但是能够明确阐释这一操作中的数学原理的，阿基米德是第一人。虽然他的著作《论杠杆》（*Levers*）失传了，[173] 但是人们认为他曾经说过："给我一个支点，我可以撬起整个地球。"[174]

希隆二世国王对此心存疑虑，要求阿基米德加以证明。阿基米德接受了这一命令：他安排人在一艘停泊在叙拉古的船上装满货物和人员，之后他在船上系上绳索，并设置了多个滑轮以发挥杠杆作用。阿基米德双手交替拉动绳索，独自一人便慢慢地把船拉到了岸边。普鲁塔克在《马塞勒斯传》（*Life of Marcellus*）一书中讲述了这个故事：

> 但是阿基米德在写给自己的好友和近亲希隆国王的信中曾经说过，有了这种力量，就可以移动任何重量的物体，我们听说他还曾吹嘘过，如果能出现另一个地球，依靠证明的力量，他可以去这个新的地球，移动现有的地球。希隆国王对此感到震惊，要求他通过试验对此加以证明，证明可以借助这个装置用较小的力量移动很重的物体。他从国王的仓库里选取了一艘货船，平时需要很多人费尽力气才能从码头将这艘货船拉出，这次他又安排了很多人登船，并装载了满满的货物，他自己则坐在远处，并没有花费多大力气，仅仅手握滑轮上绳索的一头，慢慢拉动，便把这艘船拉着沿直线移动，如同在大海里航行一般。[175]

阿基米德在工程方面的技能令希隆国王印象深刻。因此，他命令阿基米德主管叙拉古的城防工作，负责建造机械装置以保卫这座城市。“国王对此惊叹不已，信服了技术的力量。他说服阿基米德为他建造可以发挥各种功能的机械，这些机械在城市被围困时可攻可守。国王本人并没有机会使用这些机械，因为他的一生基本上都平安无事，尽享奢华。但是叙拉古人和阿基米德本人始终确保这些设备在紧急的时候随时可以发挥作用。”[176]

汉尼拔翻越阿尔卑斯山

世事多变，阿基米德的这些防御机械很快就被用于实战了。希腊人的力量与影响早已过了鼎盛时代。地中海沿岸地区的两个大国是罗马和迦太基。

迦太基是提尔城的腓尼基人于公元前 9 世纪在非洲北部海岸建立的。[177]这一城市“位于一片肥沃的高地之上……这里满布橄榄树和橘子树，地势平缓，通向一片平原……事实证明，这一地区非常利于农业与商业的发展”。[178]“腓尼基人将他们所有的勇气、智慧和热情都用于充分发展商业以及随之产生的航海业、制造业和殖民地扩张。”[179]随着时间的推移，迦太基人渐渐丧失了原来的腓尼基人身份，开始认为自己就是纯粹的迦太基人。迦太基人不断扩张其控制和影响的区域，在非洲以及意大利的西西里岛和撒丁岛建立了自己的殖民地。

爱德华·克雷西描述了迦太基人的崛起：

> 在腓尼基人于北非海岸建立的众多殖民地中，迦太基既不是历史最为悠久的，也非力量最为强大的。但是其优越的地理位置，其卓然超群的宪法（虽然我们并不了解其中的细节，但是我们知道亚里士多德对这一宪法钦佩不已），以及公民们的商业和政治能力，都使迦太基占据了优势地位……迦太基人……控制了世界上所有通过直布罗陀海峡的贸易……迦太基海员的胆识与技能和迦太基商人的进取精神可以与现代航海和商业发展史中的所有集大成者相媲美。[180]

300年来，迦太基人一直在与希腊人战斗，争夺西西里的控制权。当希腊开始日落西山，而罗马却开始蒸蒸日上的时候，迦太基人与罗马人的冲突便无法避免了。[181]从公元前264年到前241年，罗马与迦太基之间爆发了三次布匿战争（Punic Wars）中的第一次，之所以称之为布匿战争，是因为在罗马人的语言中，Punic一词即表示迦太基。

罗马人在第一次布匿战争中获胜，迦太基人只得将西西里交给罗马人。波利比乌斯在《历史》（*The Histories*）中记载了迦太基人提出的投降协议条款。“迦太基人要从整个西西里退出，他们不得对希罗发动战争，也不得对叙拉古及其盟友动武。迦太基人必须向罗马人遣返所有战俘，而罗马人无须为此支付赎金。迦太基人要在 20 年内向罗马人支付 2200埃维亚塔兰同银币（Euboic talents of silver）。”[182] 当这些条款被送到罗马时，罗马人又加了更加严苛的条件。“他们把支付赔偿金的时间缩减了一半；在原数量上又增加了 1000 塔兰同；将迦太基人需要退出的区域从西西里岛扩展到从西西里到意大利之间的所有岛屿。”[183]

波利比乌斯将第一次布匿战争描述为“我们已知历史中最为漫长、持续时间最久、最残酷的战争……战争中，在统计损失的战船时……罗马人损失了 700 艘五桨战船，迦太基人损失了 500 艘……在整个历史中，从未有如此规模的力量为了争夺海上霸权而交战”。[184]

波利比乌斯将罗马人在第一次布匿战争中的胜利归功于他们卓越的品德。“罗马人大胆出击，赢得世界霸权与统治地位，并且通过自己的胜利证明了自己的胆识，这一切并非出于偶然，或是他们不知道自己在做什么。相反，鉴于他们在困境与危险之中培养出来的严明纪律，这一胜利水到渠成。”[185]

由于迦太基人是地道的商人，他们倾向于依赖雇佣兵，因为“如果他们自己不得不加入行伍的话……那么金钱也就真的是一文不值了”。[186] 在第一次布匿战争行将结束时，迦太基破产了，无力支付雇佣军的佣金，随后便发生了叛乱和“可怕的（内部）战争”，在此期间“迦太基也被带到了毁灭的边缘”。[187] 经过三年零四个月，“迦太基人成功地镇压了叛乱，消灭了叛军”。[188]

在把西西里岛拱手相让于罗马人之后，迦太基人采取了征服西班牙的策略。尤其是西班牙南部海岸地区，这里富产各种自然资源，包括“储量极为丰富的银矿”。[189] 公元前 238 年，“迦太基政府招募了一支军队并授权哈米尔卡·巴卡（Hamilcar Barca，约公元前 275—前 228 年）统帅这支军队前往伊比利亚……（哈米尔卡·巴卡）与他时年九岁的儿子汉尼拔（Hannibal，公元前 247—前 183 年）开始收复迦太基人在伊比利亚的领地”。[190]

汉尼拔后来讲述道，在启程前往西班牙之前，他发誓永远与罗马人为敌。

当我父亲准备率军远征伊比利亚时，我九岁了：当天向宙斯献上祭品的时候，我就站在祭坛旁。祭祀仪式圆满完成，我父亲倒满祭酒，完成了通常的仪式。之后他命令其他参加祭祀的人稍微退后一些，把我叫到身边，深情地问我是否希望随他一同远征。我立刻同意了，并且带着孩子气的热情恳请他允许我与他同行，于是他用右手拉着我，把我带到祭坛上，让我把手放在祭品上，并让我宣誓，永远都不会成为罗马人的朋友……现在我会毫不犹豫地竭尽全力与之为敌。[191]

在父亲去世后，汉尼拔被驻扎在西班牙的迦太基军人选为他们新的统帅，而他后来成为世界上最为伟大的军事天才之一。罗马历史学家提图斯·李维（Titus Livius，公元前 59—公元 17 年）将汉尼拔描述为一个“既有美德又内心邪恶”的人。[192]

在遇到危险的时候，他（汉尼拔）无所畏惧，在极端的险境中，他精明谨慎。无论在何种情况下，他的身体永不倦怠，他的心智永不屈服。他对饮食的要求是饱腹即可，绝不奢华……很多人都曾亲眼看到他身披战袍躺在地上，周围便是士兵的瞭望岗哨……他曾经是第一位身兼骑兵与步兵的勇士，每次冲锋陷阵之时总是身先士卒，每次结束战斗时他又总是最后一个撤出战场。[193]

但是李维又说：“与这位英雄的高尚美德相对的是过分的恶行；其非人的残暴比迦太基人的狡诈还要奸诈，对圣器毫无敬重，对天神毫无敬畏，对誓言不屑一顾，（而且）对宗教毫无意识。”[194]

公元前218年，随着汉尼拔在西班牙展开进攻，第二次布匿战争爆发。李维称之为“所有战争中最令人无法忘却的一次战争……他们（罗马与迦太基）在战斗中表现出的仇恨几乎比他们拥有的资源还多；罗马人怒不可遏，因为那些已经被征服的人居然再次拿起武器挑战胜利者；迦太基人感到愤怒则是因为他们认为在他们臣服于罗马人期间，罗马人对他们的统治既傲慢无礼又贪婪无度”。[195]

汉尼拔设计了一个大胆的进攻罗马计划，他们向北方和东方进军，先翻越比利牛斯山脉（Pyrenees），再翻越阿尔卑斯山脉。翻越阿尔卑斯山脉的过程极为艰险。“汉尼拔……很快就发现他们陷入了最危险的境地之中……迦太基人损失惨重，而死于敌军之手的人远远少于死于险峻山路的人，对于马匹和驮运物资的牲畜而言，这种地形更为致命。因为向上的山路不仅狭窄崎岖，而且两侧都是悬崖峭壁，稍有不慎就能使整个队伍陷入混乱，大量驮运物资的牲畜和它们背上的物资往往会一起坠入深崖。”[196]

当地人也阻挡了迦太基人。“高卢人（Gauls）……推动巨石、投掷石块，令大军陷入极度困惑与危险的境地之中。”[197]15天之后，他们才成功翻越阿尔卑斯山脉，但是汉尼拔却失去了近半数的士兵。[198]波利比乌斯说，“当汉尼拔渡过罗尼河（Rhone River）时（在攀登阿尔卑斯山脉之前），他拥有38,000名步兵和8000多名骑兵”。[199]但是在翻越了阿尔卑斯山脉之后，剩余的部队就只有“12,000名利比亚人和8000名伊比利亚人，以及总共6000名骑兵”。[200]

在成功翻越阿尔卑斯山脉后，汉尼拔命令部队休整了两个半月。公元前218年12月，罗马人与迦太基人在特雷比亚河（Trebia River）附近展开了第一次战斗。[201]汉尼拔对己方的备战情况很满意，就在这里等待罗马人。他决定不渡过特雷比亚河，因为12月份的河水冰冷刺骨。

> （但是）对于夜间渡河，罗马人却没有这样谨慎。当时河水上涨，

士兵站在河里时水位已经到了士兵的下巴；此外，寒风把雪花吹到他们的脸上，当他们抵达右岸时，士兵都快要冻僵了。汉尼拔率军迎战，虽然罗马人已经因为种种原因而败局已定，但是他们依旧勇敢地加入了战斗；他们很快便组成了一支三万人的大军，对抗两万敌军，但是很快迦太基骑兵便开始击退罗马军队，而罗马步兵则早已筋疲力尽。他们已经竭尽所能，但是在一支由作战经验丰富的老兵组成的大军面前，他们就像一支民兵队伍一样，而且当时的情况对他们极为不利。当罗马士兵全部渡河后，原本卧倒准备伏击的迦太基人冲出来进攻他们的侧翼。罗马人损失巨大：很多人被逼后退，坠入河中而死。[202]

第二次战役发生在次年夏季，即公元前 217 年 6 月。罗马人派遣盖乌斯·弗拉米尼乌斯（Gaius Flaminius）率军出征。汉尼拔认为弗拉米尼乌斯“只不过是个暴民演讲家与煽动者，对于真正的军事行动一无所知”。[203] 他据此推断，可以通过激怒弗拉米尼乌斯将其引入包围圈。按照这一想法，汉尼拔“烧毁了这个国家，以激怒敌人，引诱他出兵作战”。[204] 在成功诱使弗拉米尼乌斯追击自己后，汉尼拔在特拉西美诺湖（Lake Trasimene）附近设置了伏击陷阱。

弗拉米尼乌斯的追兵越来越近，汉尼拔开始了进攻，罗马人突然发现自己已经陷入包围，四面八方都是敌军。波利比乌斯记载道：“弗拉米尼乌斯完全没有想到自己会被包围……（他）被围攻并被杀死……多达 15,000 名罗马人战死在山谷中。”[205]

数千罗马士兵掉入湖中，被沉重的盔甲压在水中。“当（迦太基）骑兵尾随追来，在他们面前杀死罗马人时，他们举起双手，祈求饶命，或者主动投降。虽然他们使用了一切方式讨饶，但最终还是被敌军杀死了，还有一些士兵则是请求自己的朋友帮助自己了断，更有一些人自杀身亡。”[206]李维说“15,000名罗马士兵死于此役”，而迦太基人的伤亡人数则为“1500人”。[207]

显然汉尼拔已经成功翻越阿尔卑斯山进入了意大利，从这时起，“罗马人变得极为迷信”。[208]李维所记录的迷信预兆或者预言包括“经常被火焰燃烧的海岸……流血的盾牌……从天而降的红色热石……太阳与月亮相争……白天出现两个月亮……水……与鲜血一同流动……当出现群狼的身影时，位于亚壁古道上的玛尔斯战神雕像曾经流出汗水”。[209]

罗马人甚至一度恢复了人祭，将“两个希腊人——一个男人和一个女人——活埋在地下，或者是两个高卢人，也是男女各一个”。[210]根据普鲁塔克的记载，“在罗马几乎一切事物都要依靠迷信；他们不允许任何人对任何的预兆和古老仪式有一丝一毫的不敬，即使获得巨大成功的时候，他们也会认为对于公共安全而言，地方官尊重天神比战胜敌人更加重要”。[211]

迦太基人取得了两次重大胜利，但是“汉尼拔暂时拒绝了立即进攻罗马的建议”。[212]“那时，罗马城是一个极其坚固的堡垒，这里有陡峭的岩石、城墙、堤岸和护城河的保护……汉尼拔会……需要极其巨大的（工程）设备，而他当时一件都没有……另一方面，他确有很多理由不去进攻罗马城。他的士兵正在遭受疾病的折磨……需要休息才能恢复健康。”[213]波利比乌斯特别提到了坏血病，这是折磨汉尼拔大军士兵的病症之一。[214]

在掠夺、蹂躏意大利各省的时候，汉尼拔冷血无情。根据波利比乌斯的记载，他“在整个国家肆意横行，四处掠夺而没有遭到抵抗……在进入城市的时候，他还下达了一道不同寻常的命令，要求杀死所有挡在大军面前的成年人：汉尼拔现在之所以会发布这样的命令，是因为他对罗马怀有深切的仇恨”。[215]

在经历了两次惨败之后，罗马人甘愿发动一场消耗战。他们认识到迦太基的军队更加老练，他们只能指望获取具有优势的资源，才能最终击败迦太基人。波利比乌斯解释了罗马统帅法比乌斯（Fabius）的策略。

（法比乌斯意识到）他的敌军从幼年时便开始受训，不断地处于战争之中；他们的将领与他们一同长大，从孩提时代便开始接受军事指挥教育；他们在伊比利亚赢得了多场战争，曾经两次击败了罗马人以及罗马人的盟军；此外，最重要的是，他们都很明确地知道，他们要想获得安全，唯一的希望就是在战争中获取胜利。而罗马人的情况却几乎在每一个方面都是与之相反的。因此，他们明显的劣势决定了法比乌斯不能与敌军交战，他必须依靠那些与敌军相比更具优势的资源，牢牢地掌握这些资源，利用这些资源进行战斗，而这一资源便是取之不尽、用之不竭的物资与人员供应。[216]

公元前 216 年 8 月，罗马人与迦太基人在坎尼（Cannae）进行了第三场战役。波利比乌斯估测了交战双方的兵力：罗马人有 80,000 步兵和 6000 骑兵。迦太基人的步兵人数不及罗马步兵人数，只有对手一半的兵力，但是他们的骑兵却多达 10,000 人，几乎是罗马骑兵的两倍。[217]

“双方都急不可待，以一种野蛮的方式开始了这场战役：他们都没有按照常见的方式展开进攻与后撤；一旦接近，他们便开始肉搏，骑兵也都下马进行步战。”[218] 战前汉尼拔已经安排好了队伍，因此罗马人“并没有因为人数多而占优势”。[219] 起初，罗马人似乎就要获得胜利了，他们甚至逼近了迦太基队的中心。但是罗马人的战线拉得太长，他们“向前冲击得太远，以至于重装的利比亚军队在左右两翼都和他们展开了战斗……只要罗马人能够确保前线不被突破，他们就可以先向一个方向攻击，然后再攻击另一个方向，这样就可以应对敌军的进攻，可以坚持下去；但是他们的外围部队不断被歼灭，阵形不断收缩，最终全部战死疆场”。[220]

曾被作为后备军的 10,000 名罗马步兵成为俘虏。李维估计罗马方面的伤亡数字是“4000名步兵，2700名骑兵”。[221]但是波利比乌斯认为罗马军队战死的人数多达7000名，只有3000人逃脱，10,000人被俘。[222]迦太基人对他们的处置非常残暴。李维说“战败者宁愿死在原地也不愿意逃跑；而征服者则因为他们拖延了自己的胜利而怒不可遏，屠杀了所有无法逃跑的人”。[223]

波利比乌斯认为，迦太基人此次胜利的原因在于其在骑兵方面的优势。“（这是）一个给后世的经验教训，在实战当中，哪怕步兵的数量比敌人少一半，也要保证骑兵的优势，这比保持骑兵、步兵数量完全相等更具优势。”[224]

在令罗马人惨败之后，汉尼拔的骑兵指挥官向他建议立即进攻罗马城。当汉尼拔提出不同的意见时，他的将领们说道：“你知道如何征服敌人，汉尼拔，但是你却不知道如何利用你的胜利。”[225]

汉尼拔希望罗马为他俘获的10,000名士兵支付赎金，但是罗马元老院却拒绝支付。元老院“为本国人制定了规则，他们要么取得胜利，要么战死疆场，因为除了这两种情况之外，他们的安全得不到任何保证……因此，对于此役的胜利，汉尼拔并没有觉得很高兴，反而更多的是震惊于元老院决议时表现出的不可撼动的坚定与高尚”。[226]汉尼拔将这些被俘的罗马人卖为奴隶，这些战俘被陆续贩卖到地中海沿岸的各个地区。[227]

占领叙拉古

在坎尼战役期间（公元前216年），希隆二世国王去世，终年90岁。对于这位阿基米德的朋友，波利比乌斯颂扬了他长期的仁慈统治：

> 希隆完全凭借自己的能力——没有任何他人的帮助——获得了叙拉古及其盟友地区的统治权，同时却并没有继承到任何的财富、名气或者其他好处。而且……他在获取王位时没有处死、放逐或者迫

害任何一位公民，这是最令人惊叹的地方。与他清清白白地获取王位同样令人惊叹的是，在获取王位之后，他的性格并没有发生任何的改变。在他54年的统治期间，他使国家保持和平，没有人觊觎他的权力，也没有任何人嫉妒他的伟大；虽然有几次他试图放弃自己的权力，但是国民的一致反对又令他无法放弃。他对希腊人示好，并且也希望能够得到他们的赞赏，而这不仅仅令他个人在死后获得了巨大的声望，也令全世界对叙拉古怀有好感。此外，虽然他去世的时候拥有巨大的财富，生活奢侈富足，但是他的影响却远超90年，他的精神与意志依旧完好无损，这一点在我看来足以说明他的一生完美无缺。[228]

希隆二世的遗产很快就被他的继任者——希隆尼穆斯（Hieronymous），希隆二世年仅15岁的孙子——挥霍一空了。[229]李维把这个孩子描述为一个暴君。

那些多年来一直观察希隆二世与他儿子盖隆的人都发现，他们无论在衣着方面还是在其他方面都没有任何与众不同之处，但是人们现在看到了紫袍、王冠与全副武装的侍卫，他们的新国王有时会从王宫出发，乘坐由四匹白马拉的战车，而这正是暴君狄奥尼索斯的习惯。与这些代价高昂的装备和服装相应的是其对所有人的蔑视、反复无常的态度、侮辱性的语言，不仅仅陌生人无法靠近他，就连他的侍卫都很难接近他，他有着闻所未闻的强烈欲望，（以及）灭绝人性的残暴。[230]

波利比乌斯是一位严谨、客观并擅长分析的历史学者，他认为其他历史学家认为希隆尼穆斯是一个暴君的说法是夸大其词。“根据他们的描述，人们会认为……（没有）其他暴君比他更加残暴。但是当他继承王位时，他还是一个孩子，而且继位后也只活了 13 个月。在此期间，很可能有一两个人遭受了严刑拷打，或者他的某些朋友抑或是其他叙拉古人被处死；但是他不太可能实施极为邪恶的暴政，或者有什么骇人听闻的不敬之举。”[231]

不过希隆尼穆斯在短暂的统治中仍然制定了许多摇摆不定的轻率的政策。波利比乌斯也承认这个孩子“性情鲁莽，肆无忌惮”。[232] 在继承了叙拉古王位后不久，希隆尼穆斯就完全听信了谋士，而这些谋士更加偏向迦太基而非罗马。他与迦太基人开启了谈判，同时侮辱了罗马使臣。汉尼拔向叙拉古派遣了多位使臣，其中包括“希波克拉底（Hippocrates）① 与埃披库代斯（Epicydes），他们的祖父是流亡在外、居住在迦太基的叙拉古人”。[233] 在他们的挑拨下，希隆二世当初精心经营几十年的叙拉古与罗马之间的盟友关系结束了。波利比乌斯说：“希波克拉底将年幼的希隆尼穆斯完全掌控了。”[234]

希隆尼穆斯的统治仅仅持续了一年多一点，他就被暗杀了。[235] 叙拉古陷入了“骚乱与动荡之中”。[236] 亲迦太基一派占据了上风，“政府也落入了（迦太基使臣）希波克拉底与埃披库代斯的掌控之中，希隆家族的所有成员都惨遭屠杀”。[237] 李维在评论叙拉古巨变时总结道：“这就是民众的本质，他们要么是卑躬屈膝的奴隶，要么就是傲慢无礼的暴君。他们不知道如何恰当地拒绝或者享受那种位居中间地位的自由。”[238]

叙拉古现在处于公开的叛乱之中，并开始发动战争，进攻周边那些仍然与罗马结盟的城市。“希波克拉底开始侵犯罗马帝国的邻近地区，开始的时候是偷偷摸摸地进攻，到了后来，当（罗马将领）阿匹乌斯（Appius）派遣军队保护这些（罗马）盟友时，他便开始出动所有军队，进攻针对他的守备部队，并且屠戮了很多人。”[239]

对罗马军人的屠杀令罗马人忍无可忍。他们派遣马库斯·克劳狄乌斯·马

---

① 与古希腊医学家希波克拉底同名，但并非同一个人。

塞勒斯（Marcus Claudius Marcellus，公元前268—前208年）率军前往叙拉古镇压叛乱。马塞勒斯的部队与阿匹乌斯的部队会师后，马塞勒斯进攻了西西里岛的莱昂蒂尼城（Leontini），“第一次进攻就席卷了该城”。[240] 马塞勒斯急于惩罚叛乱者，他对“2000名逃兵”处以鞭笞之刑并将其斩首。[241] 这一行为导致了之前没有预见的后果，即令叙拉古人更加坚决地进行抵抗，因为他们担心一旦投降，他们也会被全部处死。

马塞勒斯继续进攻叙拉古，在这里“他继续从海路和陆路两个方向对这座城市发起攻击”。[242] 但是整个罗马陆军和海军都被一位老人击败了。在已故希隆二世国王的要求下，阿基米德早就准备好了防御设备，现在终于可以用于实战了。波利比乌斯简要地评论说，罗马人“没有考虑到阿基米德的能力，也没有考虑到这样一个事实：在一定条件下，一个人的天分要比很多人的能力更强，无论是多少人。但是这一次，他们通过教训明白了这一点”。[243]

普鲁塔克这样描述了此次战役的场景：

> 因此，当罗马人从两个地点同时攻城时，叙拉古人开始惶恐不安，他们认为没有什么能够抵抗残暴的罗马大军。但是阿基米德一开始使用他的机械设备，便向攻城的敌军发射了各种武器，大量的石块呼啸而至，无人能够抵抗其威力。大量的武器和石头击倒了大量的敌军，打乱了他们的阵形。与此同时，从城墙里伸出了巨大的柱子，伸到了敌军船只上方，从天而降的柱子凭借其巨大的重量击沉了一些船只，还有一些船只被柱子上的铁钳夹住拉出了水面，或者被砸烂。当船头被拉起的时候，船上的敌军滚落到船尾，然后便沉入海底。还有一些船只被城内的机械拉拽着，撞击在城墙下凸起的岩石上，船上的敌军死伤惨重。一艘船不断地被吊起来左右摇摆，直到所有的船员都被甩出来掉入水中，直到最后这艘船撞击在岩石

上，再被扔入水中……之后（罗马人）想到一个办法，他们尽可能趁着夜色潜至城墙下——他们认为阿基米德在使用机械设备的时候都是使用很长的绳子，因此如果他们潜至城墙下，敌军的轻矛就会因为距离过短而从他们的头顶飞过，无法伤到他们。但是他（阿基米德）似乎早就想到了这种情况，制造了适合各种距离的机械和射程较短的武器，他还沿城墙挖了很多缺口，通过这些缺口就可以用射程较短的武器出其不意地攻击敌军。（当罗马人）接近城墙的时候，大量的轻矛和其他抛射武器突然如雨点般飞来，同时大量石头也从天而降，城墙里也是万箭齐发，他们不得不后撤……（但是）当他们后撤的时候，射程较远的弓箭与轻矛再次对他们发起了屠杀，他们的战船也相互碰撞，而他们却无法发起任何有效的反攻，因为阿基米德早已在城墙下装备了城防机械，而且迅速地修理了这些机械；当罗马人发现他们陷入不计其数的陷阱而无法自拔，且都不知道这些武器来自何处的时候，他们便开始相信自己是在和天神作战。[244]

罗马人进攻叙拉古并且被击败一事得到了李维、波利比乌斯与普鲁塔克的证实，其历史真实性毋庸置疑。但是关于阿基米德进行防御作战的一件事情却是有争议的。后来的一些学者宣称阿基米德使用反射镜聚焦阳光点燃了罗马人的战船。

托马斯·希思说“他（阿基米德）摆放了燃烧镜面——或者说是凹面镜——以点燃罗马战船，在琉善（Lucian）之前，从没有任何一个权威人士提及这个故事”。[245] 琉善是公元2世纪的一位修辞学家，他曾经写道：“阿基米德……利用他的技术手段烧毁了敌军的战船。”但是他并没有提到过后者使用镜子或者聚焦阳光的说法。[246]

关于阿基米德使用镜子的说法，拜占庭诗人约翰·策策斯的描述最为著名。策策斯说:“(阿基米德)建造了一种六边形的镜子，并根据镜子的大小，按照适当的间隔放置了类似的小镜子，这些小镜子是四边形的，可以通过链接装置和某种铰链来移动这些镜子，使之正对阳光……当阳光通过这些镜子反射的时候，反射光便点燃了敌船，在一箭之地的距离处，他便把这些敌船燃为灰烬。”[247] 对于阿基米德使用镜子燃烧敌船一事，历史学家们持怀疑态度，这个事情“被普遍认为是一个虚构的传说”。[248] 一位学者总结道:“阿基米德使用镜子燃烧敌船一事缺乏证据，其本身充满矛盾，讲述这个故事的人主要是后世的学者，并不可靠，而那些严谨的同时代学者却从未提及此事……充分的历史、科学与军事证据足以证明阿基米德并没有使用反光镜作为战争武器。”[249]

证实这个传说的最主要障碍是，在波利比乌斯、李维和普鲁塔克三人的著作中，都没有描述过使用镜子燃烧战船的事情，而关于叙拉古被围困一事，他们三人是最重要的历史记载者。另一方面，没有人对阿基米德拥有建造“反射燃烧的镜子”的能力提出过质疑，而且还有人曾经证明这种方法是可行的。1747 年，乔治·路易·勒克莱尔·布丰伯爵(Georges-Louis Leclerc Comte de Buffon，1707—1788 年)用镜子做了一个试验，并得出了这样的结论:“我能用玻璃镜子做到的事情，阿基米德使用金属镜子也一定能够做到。”[250] 1973 年,《纽约时报》使用大约“200 面 5 英尺长、3 英尺宽(即 1.52 米长、0.91 米宽)的镀铜镜”点燃了“距离码头 165 英尺(50.3 米)的一艘小型划艇”。萨卡斯(Sakkas)宣称阿基米德可能使用了“大量的平面镜”以获得“一面巨大的凹面镜的效果”。[251]

不论阿基米德是否使用镜子点燃过敌船，面对阿基米德令人敬畏的防御手段，马塞勒斯感到十分挫败。“他嘲笑了自己手下的技术人员和工程师”，他问道:“这个几何领域的布里阿柔斯(Briareus)投掷我们的战船，一瞬间就能向我们射来无数的轻矛，他已经超过那些神话传说中的百臂巨人了，我们是不是别无选择，只能退出与他的战争呢?”[252]

这里所提到的布里阿柔斯源自《伊利亚特》，在这部史诗中，荷马描述了一个拥有100只手臂的怪物，神力无边，连天神也惧其几分。

> 这位力士，诸神叫他布里阿柔斯，
> 他能撼动坚实的大地：
> 他站立在朱庇特宝座之旁，享受着无上荣光，
> 挥舞着身上一百只手；
> 惊恐的诸神承认了他们骇人的主上，
> 他们丢弃了枷锁，颤抖着表达他们的崇拜。[253]

马塞勒斯决定停止进攻，决心通过长期的包围占领叙拉古。他也确实没有别的选择。波利比乌斯总结道："一个人，一个充满智慧的人，承担他完全胜任的工作，本身就具有巨大的威力……罗马人相信，凭借他们强大的海军和陆军力量，他们完全可以征服这座城市……只要他们能够把这位老人除去……（但是）只要他在那里，罗马人连发起进攻的念头都丝毫不敢有。"[254]

遗憾的是，阿基米德认为，与数学这一纯粹的学科相比，工程学太过庸俗。因此，他从未撰写书籍介绍或者描述他所发明的机械。普鲁塔克说过，与追求纯粹的数学相比，阿基米德认为工程学"丑恶且卑劣"。

> 阿基米德拥有极为高尚的精神，极为深邃的灵魂，极为丰富的科学知识，虽然这些发明现在已经为他赢得了拥有远超普通人智慧的赞誉，但是他却不愿留下任何关于这些发明的评论或者文章；而且，他认为整个工程行业以及所有只以实用与获利为目的的科学都是丑恶且卑劣的，他把全部的热情与抱负都放在了那些更加纯粹的追求上，这些追求与粗俗的实用无关；纯粹的研究才是最值得我们

钦佩的，这种研究相较于其他学科的优越性是毋庸置疑的，对于这种研究，我们唯一能够提出的疑问是我们是否研究了其美丽与壮观，我们的研究方法与手段是否精确、是否有说服力。在整个几何学中，这是最困难、最复杂的问题，同时也是最简单、最清晰的解释。[255]

正是阿基米德在学术研究上的专注，最终导致了他的死亡。普鲁塔克说阿基米德有一个习惯，就是一旦进入精神专注状态，就会极为专注，忘记吃饭或沐浴。“如此一来，人们就不再觉得奇怪，（正如人们经常谈论的）他会常常被他所熟悉的塞壬所诱惑，忘记进餐，进入无我的状态，即使偶尔迫不得已去沐浴，或者在身体上涂抹圣油时，他也会利用火焰燃烧后的灰烬涂画几何图形，或者利用身体上的油画图；可以说，他始终处于一种全神贯注的状态之中，其对科学的热爱与愉悦是神圣的、极度热忱的。”[256]

马塞勒斯率军围攻叙拉古长达八个月之久。[257]在耐心等待机会的过程中，这位罗马将领注意到“有一座塔楼是可以派人秘密进入的，因为这座塔楼附近的城墙容易攀爬，塔楼的守卫也比较松懈”。[258]最终，叙拉古人开始松懈。在为了纪念戴安娜女神而设立的节日那天，叙拉古人完全沉湎于“美酒与运动”。[259]当罗马人“攀爬城墙时，没有遭遇任何抵抗，因为这一天是进行公共祭祀的日子，多个塔楼的守卫者要么正在饮酒，要么就是已经因为酒醉而入睡了”。[260]

等城内的民众开始警觉时，罗马人已经控制了这座城市。据李维记载，马塞勒斯对于这次胜利的感情极为复杂。“当马塞勒斯进入城市，站在一处高地俯视这座被他征服的城市，看着这座或许是当时所有城市中最为壮美的城市时，据说他流下了眼泪；部分是因为他对自己的巨大成就由衷地感到满足，部分则是因为想到了这座城市的历史盛名……很快，他眼前的一切就会被付之一炬，化为灰烬。”[261]

罗马士兵得到许可，可以在这座城市里肆意掠夺。“马塞勒斯……命令他的士兵不得粗暴对待任何自由民，但是却告诉他们所有的物品都可以成为他们的战利品……（而且）他们不断地四处掠夺财物，直到他们把这座城市经长期繁荣积累的财产全部抢掠一空。”[262]

在随后的骚乱中，阿基米德遇害了。对于阿基米德的遇害，马塞勒斯感到悲愤不已。

> 还没有什么事情能像阿基米德之死这样让马塞勒斯痛苦不堪。当时阿基米德正要通过画图解决一些问题，全身心地投入他所研究的问题之中，并没有注意到罗马人的入侵，也未曾注意到这座城市已经被罗马人占领了。就在他沉思和研究问题的时候，一个士兵突然走到他面前，命令他去见马塞勒斯，但是阿基米德拒绝在解决他的问题之前去见马塞勒斯，这名士兵勃然大怒，拔出佩剑刺死了阿基米德。[263]

普鲁塔克说，据说阿基米德“曾经向他的朋友和亲属提出过，等他死了，希望他们在他的墓前放置一个包含圆柱体的球体，并在球体上面刻上两者之间的比例”。[264]西塞罗曾经到访叙拉古，发现人们已经遗忘了阿基米德，他的坟墓上已经长满了杂草：

> 阿基米德……坟墓上长满了灌木和荆棘……那些叙拉古人对此一无所知，甚至都不承认还留有这些东西……我想到了一些诗句……（这些诗句）写在墓顶；那里还放置着一个含有圆柱体的球体。我仔细研究了墓碑……注意到在荆棘丛中有一个小柱子，上面刻有一个球体和一个圆柱体的图形……我也找到了铭文，但是这些诗句的后

半部分已经被抹去了几乎一半的内容。[265]

有证据表明，马塞勒斯不仅允许手下的士兵在叙拉古肆意掠夺，而且他对待市民的态度也非常严酷。“这座城市并没有被焚毁，但是却被抢掠一空，城里的居民虽然并没有被卖为奴隶，但是也被驱赶出城，居住在一片空旷的田野里，在这里，他们不得不把碾碎的草吃下果腹，还有无数人死于饥饿，这使得那些叙拉古自由民反而羡慕那些奴隶，很多自由民因此假扮为奴隶，仅仅为了糊口。”[266]

被击败的哈兹鲁勒

在意大利，尽管没有大规模战役发生，但战争还在继续。波利比乌斯解释说，结束冲突对罗马人更加有利。迦太基人“把他们保持自由的希望全部寄托在雇佣军的能力上，而罗马人则依靠本国公民的勇气以及盟友的援助。因此，虽然罗马人首战失利，但是他们却拥有源源不断的资源，可以不断发起新的战争，而迦太基人则做不到这一点。因为罗马人是在为自己的祖国、为自己的子孙后代而战，他们永远不会减少战斗的勇气；在最终战胜敌军之前，他们始终会保持坚定的决心”。[267]迦太基人与罗马人之间的战争陷入僵局。“虽然罗马人无法将汉尼拔赶出意大利……但汉尼拔的军队孤立无援，军力不足以摧毁她（罗马）。”[268]

罗马军队在意大利处于被压制的被动地位，但是从第二次布匿战争进入第二年开始，他们就派遣军队进入西班牙，袭扰迦太基人。几年后，罗马人开始在西班牙赢得主动地位，有鉴于此，汉尼拔的弟弟哈兹鲁勒（Hasdrubal）决定率军翻越阿尔卑斯山脉进入意大利，计划与汉尼拔的大军在意大利会合。“至于在他（哈兹鲁勒）离开西班牙期间，西班牙是否还会继续忠诚于迦太基人，哈兹鲁勒并不在意，因为他认为只要占领了意大利，重新征服西班牙会易如反掌。”[269]

哈兹鲁勒沿着哥哥汉尼拔的行军路线翻越了阿尔卑斯山，于公元前 207 年春季抵达意大利。在罗马，元老院召开会议，选举了两位执政官统帅大军抵抗迦太基人——盖乌斯·克劳狄乌斯·尼禄（Caius Claudius Nero）与马库斯·李维乌斯（Marcus Livius）。马库斯·李维乌斯多年前曾经在一起案件中遭到谴责，“他在心中视之为奇耻大辱，并因此退隐农庄，很多年都没有进过城，并且避免参加任何公众集会”。[270] 当他得知自己被选为执政官时，他质问道：“如果他们认为一个人是好人，那么为什么又会通过一项判决，将其判为一个邪恶的有罪之人呢？”[271] 元老院呼吁这两位执政官表现出他们的爱国主义精神，并“成功地使马库斯·李维乌斯与盖乌斯·克劳狄乌斯·尼禄团结在一起，共同执政”。[272]

这两位执政官各自率军从罗马出征，前往两个相反的方向。马库斯·李维乌斯奔赴北方迎战哈兹鲁勒，而盖乌斯·克劳狄乌斯·尼禄则前往南方以抵挡汉尼拔的大军。显然，第二次布匿战争已经到了危急关头。“所有的危险与压力都集中于一点。这两位将领无论是谁先取得胜利，都必须在今天之内与另一位将领会合并继续作战。”[273]

恰在此时，命运之神眷顾了罗马人。哈兹鲁勒派遣信使前往哥哥汉尼拔的大营送交一份作战计划，希望两支军队能够会合，共同进攻罗马。这些信使却永远无法抵达目的地了：他们被罗马人俘获，信件也被递交给了盖乌斯·克劳狄乌斯·尼禄。尼禄意识到罗马的命运岌岌可危，一旦两支迦太基军队会合，其力量得以壮大，必将会所向披靡、势不可当。[274]

盖乌斯·克劳狄乌斯·尼禄想到了一个大胆的冒险计划。他决定派遣军队增援北方的李维乌斯，在汉尼拔反应过来之前发起进攻。因为尼禄不相信任何人，所以他“从所有的罗马军队和盟军部队中精挑细选，最后挑选了 6000

名步兵和1000名骑兵”。[275]这支增援部队趁着夜色匆忙出发。尼禄知道，汉尼拔很可能派遣了间谍潜伏在自己的军营中，故而他在离开大营时特意向南行进，直到远离大营，无人能够看到他们时才又转而向北行进。

在行进了一段距离后，盖乌斯·克劳狄乌斯·尼禄召集他的士兵，向他们宣布了此次出征的真正目的。他告诉他们——北方的罗马军队与迦太基人正处于胶着状态，而他们这支增援部队足以击败敌军。尼禄使他的部下坚信他们必将获胜，而这次胜利的功劳与荣耀也将全部属于他们。他告诉他们，“历史上还从来没有一位将军制定过这样的作战计划——看似大胆冒险，实则万无一失……（而且）他将率领其部队夺取这一毋庸置疑的胜利”。[276]

即使是对待罗马友军，尼禄也非常注意保密。他的部队“趁着夜色秘密地”进入罗马军营，栖身于原有的营帐之中。罗马人没有搭建一个新营帐，并且做了各种努力以避免汉尼拔发觉罗马军队在一夜之间大幅增加了7000名士兵。[277]

当盖乌斯·克劳狄乌斯·尼禄的作战方案传到罗马时，元老院内一片惊恐，“人们也不知道他们是应该颂扬这位执政官的大胆出征，还是应该对其进行谴责”。[278]尼禄的离开削弱了他所率领的罗马军队的力量，而且他没有安排其他将领来统率这支军队。“如果敌军了解到真相，会是什么结果呢？汉尼拔是会率领大军追击尼禄这支只有6000名武装士兵的军队呢，还是会进攻罗马军营呢——这个军营力量薄弱，没有统帅，没有援兵，已经沦为了猎物。”[279]

尼禄的增援部队到达的第二天早晨，罗马人便准备立即发起攻击。哈兹鲁勒也已经做好了战斗准备，但是当他向前行进的时候，他那敏锐的洞察力使他确信情况并不像他所想象的那样。“罗马军营并没有扩大，（但是）这位迦太基将领却通过自己的耳朵听出了问题：那天早上召集罗马军团的号角声要比平时吹得更加频繁，似乎是在召集一支有新的高级将领的军队。哈兹鲁勒在西班牙参加过多次战役，非常熟悉罗马军队的号角声，根据他所听到的和看到的，他确信两位罗马执政官现在都在他的面前。”[280]

面对这一情况，哈兹鲁勒唯一能够做出的判断就是尼禄已经击败了汉尼拔，然后才率领全部军队来到北方与李维乌斯会合。他不想同时面对两支罗马大军，便决定向高卢地区撤退，以了解汉尼拔的动向。他一直等到黑夜降临，才率军向北来到梅陶罗河（Metaurus）。

在进入意大利时，迦太基人突然发现，他们曾经很轻松就渡过的较浅的梅陶罗河，现在却因春季降雨而河水暴涨，以至于他们无法渡河，情况糟糕至极。他们沿河搜寻了一夜，希望能够找到一个可以渡河之处，但是却一无所获，绝望的迦太基人“丧失了纪律，不再服从命令”。[281]第二天早上，罗马骑兵逼近，哈兹鲁勒费尽心力才指挥其军队摆出了防御阵形。

战斗开始了。“一场激烈的战斗开始了，双方都死伤惨重。”[282]这时尼禄突然放弃了他的阵形。“他率领一部分部署在右翼的部队……（他）带领他们从队伍后方绕过去，对他们（迦太基人）的右翼展开了进攻，这不仅令敌人意想不到，就连其他罗马军队都大吃一惊……这样一来，西班牙人与利古里亚人的前后与两翼都被罗马军队冲击得支离破碎。”[283]

“就在这一刻之前，这场战斗还胜负难分，因为双方都在拼命厮杀……但是当克劳狄乌斯从敌军的后方发起攻击时，双方的平衡被打破了：伊比利亚人发现他们腹背受敌，大部分伊比利亚人都战死疆场。”[284]波利比乌斯评估了双方的伤亡情况：“迦太基人与凯尔特人至少有10,000人战死，而罗马人大概有2000人战死。”[285]当哈兹鲁勒发现他们已经必败无疑时，他骑着战马冲向敌军，宁可战死疆场，也不愿被俘。[286]

在战胜了迦太基人之后，盖乌斯·克劳狄乌斯·尼禄率领军队迅速返回南方，就像他们来北方一样迅速。“尼禄在战斗结束后的第二天晚上就出发了，行军速度比他们来北方时还要快，第六天便返回了自己的军营……在返回军营后，（他）命令部下将哈兹鲁勒的头颅扔到敌军的前锋面前，他之前一直精心保存并随身携带着哈兹鲁勒的头颅。他还命令部下将那些一直被捆绑着的非洲战俘推到两军阵前，之后，他释放了其中的两名战俘，让他们去见汉尼拔，将发生的事情告诉后者。”[287]

> 汉尼拔上一次看到（哈兹鲁勒）的样子已经是十年前的事情了。当时哈米尔卡的儿子们正在计划着如何进攻罗马——他们几乎完成了这一使命。在之后的很多年里，汉尼拔一直在意大利进行战斗，希望有一天能够迎接一直留守在西班牙的哈兹鲁勒，希望能够在这两个他们意图占领的国家的交界处，看到弟弟充满温情与骄傲的双眼。现在他却看到了弟弟死后呆滞的眼神，这令他痛苦不堪，这位伟大的迦太基人大声呻吟着，因为他已经意识到他的祖国将会面临什么样的命运。[288]

战败的迦太基

迦太基的强权地位被打破了。公元前204年，普布利乌斯·西庇阿（Publius Scipio，公元前236—前183年）率领罗马军队开始进攻非洲。在对阵迦太基人的时候，西庇阿制定了火烧敌营的计划，“迦太基人的冬季住房所使用的建筑材料都是从田野里收集而来的，几乎全是木材。尤其是努米底亚人，他们大部分人都睡在用芦苇搭建而成的小屋里，盖着被子……这些情况都被报告给了西庇阿，他觉得或许有机会烧毁敌军大营”。[289]

根据这一方案，在突然发起攻击时，西庇阿命令一部分士兵放火烧毁迦太基人的营房，其余的罗马士兵则埋伏在周围，待到迦太基人从军营逃出来的时候消灭他们。“大火点燃了最外侧的营帐，火情很快就失去了控制，因为这些营帐之间的距离太近，且充满了易燃物。”[290]

迦太基人“很多在大营的出口处相互踩踏而死，还有许多人被烈焰吞没，活活烧死；而那些从大火中逃出的人则全部死于敌军手中，他们甚至都不知道发生了什么，也不知道自己在做什么”。[291] 李维估计迦太基人的伤亡人数数以万计。“有 40,000 人要么被杀死，要么死于大火，还有 5000 多人被俘。”[292] 波利比乌斯说：“这种惨象超乎想象，其恐怖程度远远超过历史上有记载的任何事件。在我看来，西庇阿取得了众多辉煌的成就，而这一次是其中最为辉煌、最为大胆的一次。”[293]

随后，迦太基人向罗马人祈求和谈。“他们派出了 30 位重要的长者作为代表参加和平谈判。”[294] 但是在李维看来，“他们这么做的唯一目的就是拖延时间，等待汉尼拔回到非洲”。[295] 对于被召回非洲，汉尼拔感到非常不满：

> 汉尼拔接到（迦太基）使者们送来的消息时，愤恨得咬牙切齿，他痛苦地呻吟着，几乎控制不住地流下了眼泪……在他们（使者们）按照要求传达完命令后，他（汉尼拔）说：“那些人一直以来想尽各种办法迫使我返回祖国，他们禁止人们向我提供物资与资金，现在他们公开地而不是隐秘地找回我了。所以说，我汉尼拔并不是被罗马人征服的——这些罗马人常常被我歼灭或者击溃，我是被迦太基元老院征服的，因为他们对我充满了妒忌，总是诋毁我。”[296]

公元前 202 年，第二次布匿战争中的最后一场战役在札马（Zama）展开。“对于迦太基人而言，他们要在此役中为自己的生命与利比亚的主权而战；对于罗马人而言，他们要为了征服世界、建立霸权而战。”[297] 罗马人在这场战役中取得了决定性胜利，而迦太基人的失败则是因为他们的军队缺乏团结。“罗马士兵冲向敌军，一如既往地高喊着冲锋的口号，将利刃插入敌军的盾牌。”[298] 罗马人向前推进，但是开始时占优势的却是迦太基雇佣军。“这些雇佣军身手敏捷，浑身是胆……打伤了大量敌军……（但是）迦太基人却无法与之相比，也没有支援他们，而是表现得懦弱无比。”[299]

“（雇佣军）认为他们被迦太基人无耻地抛弃了”，这些迦太基雇佣军“在撤退的时候开始攻击并杀死他们后方的迦太基人”。[300]这样，迦太基人就不得不同时“与友军和罗马人展开战斗”。[301]这场战斗极为激烈，伤亡惨重，西庇阿不得不一度中止战斗，下令清理战场上的尸体，因为这些堆积如山的尸体已经阻碍了他们继续进攻。波里比乌斯描述说战场上“血迹斑斑，仍在流血的尸体堆积如山，死者的断肢横陈于地”。[302]

当战斗重新开始时，“双方都怒气冲天地冲向对方。双方在人数、勇气、意志和武器方面都所差无几，因此在很长时间里，这场战斗都胜负难分”。[303]最终，一些罗马军团成功地从侧翼袭击了迦太基人。“当他们（罗马人）攻击汉尼拔大军的后方时，他的大部分士兵都被歼灭了……罗马方面战死了 1500 人，而迦太基方面则战死了 20,000 多人，被俘的迦太基人也大概有 20,000 人。”[304]

迦太基人祈求和谈，虽然罗马人心中“充满怨恨，希望摧毁迦太基，但是当他们考虑到摧毁迦太基所要付出的努力，以及要包围这样一座城坚池固的城市所需要耗费的时间时……所有人都倾向于和谈了”。[305]

根据和平协议的条款，迦太基可以在北非保持独立，并保留其在战前所占领的领土。但是，迦太基必须交出 100 名人质，只能保留 10 艘三桅帆船，并且必须每年向罗马支付 200 塔兰同的贡银，为期 50 年。还有一条附加条款规定，未经罗马许可，迦太基不得在“非洲境内外”发动战争。[306]

实现和平后，汉尼拔被选为执政官，随后，他发现迦太基政府腐败严重。“他对所有的法官提出了严厉的指控，因为他们的傲慢和权力滥用，行政机构形同虚设，法律沦为废纸。”[307]

汉尼拔试图建立限制任期的制度来打破寡头政治。“他提出制定并颁布实施一项法律，规定法官应每年选择一次，而且任何人都不得连续两年担任法官。”[308]此外，汉尼拔还发现大量的公共税收被侵吞。他制止了这一行为，“那些在过去几年里依靠侵吞公共财产维持自己生活的人对此大为光火，似乎这样做是在剥夺属于他们自己的财产，而不是从他们手中没收他们贪污的不义之财。因此，他们唆使罗马人反对汉尼拔，而罗马人此时也正在寻找借口发泄他们对汉尼拔的仇恨。”[309]

对于罗马人而言，“虽然他们已经同意与迦太基人停战，但是他们针对他（汉尼拔）个人的战争却仍然无法停止”。[310]汉尼拔偷偷地逃出了迦太基，先是乘船前往提尔，后又逃往安条克（Antioch），他“常常哀叹祖国遭遇的不幸，而非自己遭遇的苦难”。[311]罗马人无情地不断追击他，公元前183年，汉尼拔发现自己已经被罗马人包围，毫无逃脱的希望。在这种情况下，他决定自杀。“他（汉尼拔）命令手下拿来毒药——为了应对这种情况，他一直备着毒药，他说，‘让我们解除罗马人的长期焦虑吧，他们一直希望我这个老人死去’……这就是汉尼拔生命的终结。”[312]

监察官加图（公元前234—前149年）

在第二次布匿战争中失败后，迦太基再也没有恢复元气。努米底亚将领马西尼萨（Masinissa）利用了迦太基人与罗马人之间的和平协议。“马西尼萨一直仇视迦太基，并与罗马结盟，他占领了（迦太基的）大量领土……其理由是这些领土曾经属于他自己。”[313]迦太基人也无法保卫自己，因为他们与罗马签订的协议禁止他们发动战争。“因此迦太基人只得呼吁罗马人督促马西尼萨与他们签署协议。罗马人根据迦太基人的请求派出了仲裁官，但是却告诉这些仲裁官要尽其可能地支持马西尼萨。”[314]

由于得到了罗马人的支持，马西尼萨继续骚扰迦太基人，而迦太基人则不断地请求罗马人进行调停。但是在一次前往迦太基的访问中，罗马代表团震惊地发现，在经历过第二次布匿战争的失败后，迦太基居然再次变得如此强大。

> 他们认真地考察了这个国家，看到这里的人们是如何辛劳地耕作，这个国家拥有多么宝贵的资源。他们也进入城市考察，虽然就在不久前这座城市刚刚被西庇阿征服，但是他们看到其实力与人口都已经大幅增加。他们回到罗马，宣称对于罗马人而言，与其说迦太基是一个令人嫉妒的城市，不如说这是一个令人担忧的城市，这是一个伟大而同时又对罗马充满敌意的城市，这里与罗马近在咫尺，发展迅速。尤其是加图，他指出，只要迦太基不被毁灭，罗马的自由就无法得到保障。当元老院了解这些情况后，他们决定发动战争，但是还需要一个发动战争的借口。[315]

在曾经访问过迦太基的人中，就有马尔库斯·波尔基乌斯·加图（Marcus Porcius Cato），人们都称他监察官加图。加图成了最仇视迦太基的敌人，他不断呼吁要彻底摧毁迦太基。加图并非贵族出身，但是他依靠自己天生的才能获取了权位。李维说加图具有强大的个人能力，而且为人廉洁正直：

> 此人具有强大的思维能力与智慧，因此虽然他出身卑微，却似乎能够跻身最高层……此人在很多方面都具有天赋，能够适应各种环境，可以说，无论他做什么，他的天分都使他游刃有余……毫无疑问，他为人严厉，措辞辛辣且毫无顾忌，但是他的头脑从未被情感左右。他始终保持正直，蔑视声望与财富。他饮食简单，身体与意志坚如钢铁，即使步入老年之后，他也没有像其他老人一样在各个方面懈怠，而是继续保持着他的活力。[316]

加图是一位高超的演讲家。普鲁塔克称他为“罗马的德摩斯梯尼”。[317] 加图的生活简单而朴素，远离财富与奢华。在他的管理中，他“在那些与公共正义有关的事务上始终保持着严谨与严格，在那些涉及公共事务的法令方面，他总是保持公正并一丝不苟。因此，在他执政期间，罗马政府从未如此令人敬畏，同时却又如此温和”。[318]

作为监察官，加图有权力“对每个人的生活和行为进行调查”。[319] 在恢复罗马道德观念方面，他总是态度严厉、坚定。加图还将马尼利乌斯（Manilius）从罗马元老院开除，虽然此人曾经有望当选下一任执政官。加图之所以将马尼利乌斯从元老院开除，是因为“在光天化日之下，在他（马尼利乌斯）女儿面前，他亲吻了他的妻子”。监察官加图还对奢侈品征收重税。他切断了通往私人住宅的非法供水管道，这些管道从公共设施中取水。加图“仅用了 30 天时间就拆除了所有占用公共土地的私人建筑物或棚屋”。[320]

加图不懈努力，旨在消除罗马的腐败与道德沦丧现象，这使他树敌颇多。但是他却战胜了所有的敌人。普鲁塔克指出：“据说他（加图）至少赢得了 50 场诉讼。”[321]

当加图访问迦太基时，他可能对迦太基贵族们的奢侈与堕落感到厌恶。而且，像加图这种性格的人也很可能对于迦太基人用孩子做祭品的行为感到厌恶。迦太基人崇拜巴力神（Baal）和摩洛赫神（Moloch），迦太基人要向这两个异教神献祭幼儿。

“迦太基人将自己的孩子献祭给摩洛赫神。这些孩子被放置在一个牛头铜制神像的手上，之后再从这双手上被推到一个火炉之中，与此同时，人们随着长笛与铃鼓的音乐起舞，以此淹没被烧死的孩子的喊叫声。”[322] 迦太基人“心甘情愿地将他们的孩子作为祭品献出，那些没有孩子的人则会买来穷人家的孩子，再将他们像羔羊或者鸽子一样献祭。可怜的母亲就站在一旁，既不能叹气也不能流泪，如果她一不小心叹息或者流下眼泪，她就要返还卖孩子的收入，不管怎么样，这个孩子都已经成了祭品。在祭祀的这段时间里，神像周围充斥着双簧管与鼓的声音，以此来淹没婴儿的哭声”。[323]

公元前 310 年，迦太基人被叙拉古暴君阿加索克利斯（Agathocles，公元前 361—前 289 年）击败后，他们更是采取了大量屠杀本国儿童的做法。

> （迦太基人的结论是）这种悲惨的命运是天神在惩戒他们……之前，他们总是献祭……那些知名人士的孩子，但是后来他们就开始专门为了献祭而生育孩子……他们在心中衡量了一下这种情况，看到敌军已经兵临城下，陷入极度迷信之中……决定把贵族家庭的 200 名儿童作为公共祭品献给天神，还有至少 300 人自愿献上他们的孩子。在迦太基有一座农神（Saturn）铜像，铜像的手臂伸出，指向大地，这样的话，只要把孩子放在这座农神铜像的手上，孩子自然就会滑入一个巨大的火炉。[324]

早在公元前 9 世纪，希伯来先知以利亚（Elijah）就已经在以色列（Isreal）废除了巴力神崇拜，为此，他逮捕了 300 名巴力神祭司并将他们全部处死。“以利亚引用巴力先知们的话语，对他们说，一个人也不放过。于是他们就把他们全部捉拿：以利亚将他们全部带到了基顺河（Kishon）畔，并在那里处死了所有人。”[325]

加图对此的厌恶很可能更多是出于实际需要，而非道德标准。对于迦太基能够如此迅速地从第二次布匿战争的失败中恢复过来，加图极为震惊，“他的结论是：只要迦太基不从地球上消失，罗马的安全就得不到保障”。[326] 加图对迦太基的问题耿耿于怀，每次他在罗马元老院的演讲都是以同一句话结束：“我认为必须彻底消灭迦太基。”[327]

迦太基的灭亡

罗马人对努米底亚人发动了战争，但是这并没有令迦太基人感到轻松。在迦太基，一些爱国者掌握了政权，他们也向努米底亚人宣战。这支迦太基军队由哈兹鲁勒（Hasdrubal）[328] 率领，但是他的军事才能与汉尼拔有天壤之别。"哈兹鲁勒……就是一个普通的败军之将，迦太基人总是习惯于重用这种庸才为将；他穿着紫色的将军袍四处招摇，就像舞台上的国王，即使在军营里也要照顾好自己肥胖的身体……（他就是）一个爱慕虚荣而又愚笨无能的人。"[329] 在波利比乌斯看来，哈兹鲁勒是一个"爱慕虚荣、喜欢炫耀的人，完全没有一丝一毫的战略能力"。[330]

对于迦太基人而言，决定发动对努米底亚人的战争是一次误判。哈兹鲁勒所统率的迦太基军队被马西尼萨击溃，损失约 50,000 人。[331] 努米底亚人与迦太基人的这次战争更是让罗马人找到借口摧毁迦太基。罗马很快便向迦太基宣战。[332]

迦太基根本不具有与罗马进行第三次布匿战争的实力。与迦太基的所有武装力量相比，罗马的陆军与海军规模更庞大、力量更强大。当迦太基人得知罗马人已经向他们宣战后，他们惶恐不安。"他们没有盟友，没有雇佣军，既没有任何抵抗围城战的物资储备，也没有为这次突如其来、毫无征兆的战争做过丝毫准备。"[333] 迦太基人派出了一个由 30 人组成的使团前往罗马，试图"以彻底投降的方法来阻止这场暴风雨"。[334]

罗马人在对待迦太基人时诡诈多变，残酷无情。而迦太基人这次则是彻底臣服了，"因为他们之前缺乏勇气，面对致命死敌的坚定意志，不敢意识到提前投降的重要性"。[335]

起初，罗马元老院似乎是同意了迦太基人的和谈请求。他们告诉这些迦太基使者，如果他们愿意把“300 名最高阶层的贵族家庭子女送为人质，并且在其他方面也服从罗马人的命令，迦太基人就可以保留他们的自由与自治，也可以保留其在非洲的领土……但是与此同时，他们（罗马元老院）又偷偷向执政官传信，要求他们执行他们的秘密指令”。[336]

当罗马大军抵达非洲时，迦太基人已经准备好了人质。“母亲们……疯狂地哭喊着，紧紧地抓着自己的孩子，抓住船只和那些要带走她们孩子的军官，她们甚至还抓住船锚，试图扯断绳索。她们伸出双臂抱住船员，希望以此阻止开船；有些母亲甚至还跟着船游到了大海深处，哭泣着凝视她们的孩子。在岸上的其他母亲则撕扯着头发，顿足捶胸，似乎是在哀悼死者。”[337]

人质被带走后，身在迦太基的罗马执政官下令，要求该城交出所有的武器。迦太基人顺从地照做了。罗马人“得到了可装备 20 万人的全套铠甲，此外还有不计其数的标枪和飞镖，大约 2000 件可以弹射尖头投掷物或者石头的弹射器……无数满载各种武器的马车形成了一番非凡的、无与伦比的景象”。[338]

在接收了迦太基的人质并收缴了他们的武器后，罗马执政官们又发出了最后一道命令。“将迦太基交给我们，你们回到自己的领地内随意居住，但是这些领地必须至少距离大海 10 英里（16.1 千米），因为我们已经决定将你们的城市夷为平地。”[339]

当迦太基人收到这一命令时，那些迦太基的代表们意识到罗马人已经不费一兵一卒就得到了他们原本需要打赢一场战争才能得到的东西。和平已经不复存在，他们被巧妙地欺骗了。这些迦太基使者们“诅咒罗马人……他们扑倒在地，以头撞地，以手捶地。有些人还撕扯自己的衣服，撕裂自己的肉体，似乎已经完全失去了理智”。[340]

做完这些后，迦太基人又祈求罗马人的同情与怜悯。罗马人拒绝了。执政官肯索里努斯（Censorinus）声称“元老院……已经颁布了法令，这些法令必须执行”。[341] 他对迦太基人唯一的建议就是：“能够治愈一切邪恶的良药便是遗忘。”[342]

当迦太基人得知他们的城市将要被夷为平地时，他们因愤怒与悲伤而疯狂。

> 接下来便是一种盲目疯狂的景象……一些人冲向那些曾经主张向罗马送交人质的元老院成员，把他们撕成了碎片……其他人则去处死了那些曾经主张放弃武器的人。有些人用石头攻击那些带来噩耗的使臣，其他人则拖拽着他们穿过城市……整座城市充斥着哀号与愤怒，充满了恐惧与恐吓……（迦太基人）责怪他们所崇拜的天神无力保护他们。有些人冲进武器库，却发现里面空空如也，只能抱头痛哭……更多的则是那些人质的母亲点燃的怒火，这些母亲如同悲剧故事中的复仇女神（Furies）一样，尖叫着向每一个遇到的人抱怨，指责他们出卖了自己的孩子。[343]

在发泄完他们的愤怒与沮丧之后，迦太基人便决心进行战斗。“他们开始有了奇妙的转变，开始变得意志坚定，他们决心宁愿忍受一切也决不放弃自己的城市……所有的圣地、寺庙，所有的开阔地都成了制作武器的场所，男男女女一起日夜工作……每天，他们都能制造 100 面盾牌，300 把宝剑，1000 件弹射器所用的投掷物，500 根轻矛和长矛，并且尽可能多地制作弹射器。因为缺少纤维制品，女子们剪下了自己的长发，制成拉动弹射器的绳子。”[344]

那些极为坚固的防御工事也有利于迦太基人的防御作战，这些工事都已经历时数百年。“邻近海边的一面是悬崖峭壁，该城（迦太基）只有一道城墙保卫……（但是）在南侧和面对大陆的一面……则有三道城墙，每道城墙高 45 英尺（13.7 米）。”[345] 而且迦太基将军哈兹鲁勒还率领着一支 20,000 人的大军防卫。[346]

接下来便是一场长达三年之久的围城战。迦太基人从海路得到补给。"运输补给物资的船只还在驶入海港,一部分大胆的商人被巨大的利润所诱惑。"[347] 为了切断迦太基人的补给线，罗马人不得不建设庞大的工程项目，而这都需要时间。

罗马人一度占领了墨伽拉，阿庇安（Appian）将这里描述为"紧邻城墙的大片郊区"。[348] 但是有大量的罗马士兵被俘并被押进城内。第二天，"哈兹鲁勒被罗马人对麦加拉的进攻所激怒，他把俘获的罗马士兵带到城墙上，当着城下罗马大军的面，用铁钩挖下他们的眼睛、舌头和私处；有些战俘被他割掉了脚掌，有些被砍掉了手指，有些则被活活剥皮，然后活生生地被从城墙上扔了下去。他希望能彻底消除迦太基人与罗马人之间任何和解的可能性"。[349] 在这方面，哈兹鲁勒获得了成功。

最终，罗马人切断了迦太基人的补给线，"饥荒与瘟疫"削弱了这座城市的防御。[350] 在饥荒导致迦太基人防御被削弱后,罗马人终于突破了迦太基城墙。迦太基人只能"进行无效的抵抗，因为饥饿，他们体力不支，精神萎靡"。[351] 之后便是为期六天的城市巷战。[352]

> 四处都充满了呻吟声、尖叫声、哭喊声和各种痛苦。有些人被刺伤，有些人活生生地被从屋顶扔到街上，其中一些人落地时还被长矛、其他锋利的武器或者宝剑所刺伤……紧接着又出现了新的恐怖场面。大火蔓延，烧毁了一切，士兵们在摧毁建筑物的时候不是一点点拆除，而是整个推倒……（因此）很多隐藏在屋中角落里的老人、女人和幼儿或是被砸伤，或是被烧伤，然后在惊恐的尖叫声中（被杀）……其他人……被砸成了各种恐怖的样子，被砸得粉碎，被砸烂。[353]

哈兹鲁勒像个懦夫一样向罗马人投降。他的妻子远远地看着他，据说她怒骂了她的丈夫，大喊着“可怜虫，叛徒，不像个男人，我和我的孩子们宁可死在这场大火中”。然后，这位迦太基将领的夫人和她的孩子们在大火中丧生。“在谴责了他（哈兹鲁勒）之后，她杀死了自己的孩子，把他们扔入大火之中，随后自己也跳入火中。”[354]

迦太基城内残余的东西也被普通士兵劫掠一空。幸免于难的 30,000 名男人和 25,000 名女人只占迦太基原有人口的 1/10 不到。其中绝大部分都被卖为奴隶。[355] 尽管最后的战斗异常激烈，“城中的大部分建筑并没有被损毁”。[356] 罗马元老院下令必须将城内残存的部分全部摧毁，“然后要在迦太基城的原址上开荒，从法律上终止这座城市的存在，并且要永远诅咒这片土地，这里永远不许再出现房屋或玉米田。这道命令被不折不扣地执行了，大火持续了 17 天……当迦太基城的遗址（在当代）被发掘出来时，这里覆盖着一层 4 到 5 英尺（1.2 到 1.5 米）厚的灰烬，里面夹杂着烧得半焦的木头、铁器的碎片和投掷物”。[357]

就这样，迦太基文明被彻底毁灭了。

7. 喜帕恰斯（约公元前 190—前 120 年）

本轮与偏心轮

喜帕恰斯出生于小亚细亚半岛的尼西亚城（Nicaea），但是他的职业生涯大部分是在罗得岛度过的，“在文学与知识方面，这里足以与亚历山大城相媲美”。[358] 喜帕恰斯或许是希腊最重要的天文学家，但是在其著作中，只有《论阿拉托斯》（*Commentary on Aratus*）这一部得以流传至今。我们对他的了解只能通过其他学者在著作中的零碎参考资料拼凑而得。对于喜帕恰斯的工作，我们也“知之甚少”。[359]

喜帕恰斯创建了一个弦函数表，他被 G. J. 图默（G. J. Toomer）誉为“三角学的创始人……（并且是）将希腊天文学从纯粹的理论研究转化为一门实践性的、前瞻性的科学”。[360] 在古希腊天文学中，弦（chord）是指被特定角度分割的圆上两点之间的直线距离。因此弦函数（Chord functions）类似于现代的正弦函数。弦被广泛应用于希腊天文学复杂的几何计算之中。

到了喜帕恰斯时代，人们已经确认欧多克索斯和亚里士多德的天文学理论与观测结果并不一致，他们的理论是建立在同心旋转球体的基础上的。两个最主要的问题是行星的逆行运动，以及火星与金星大小和亮度的变化。在评论亚里士多德的《论天》一书时，辛普里丘引述了天文学家索西琴（Sosigenes，活跃于约公元前 1 世纪）[361] 的话，说早在亚里士多德时期，这些问题就已经为人所知了。

> 欧多克索斯及其弟子的理论并没有解决这些问题，不仅仅是那些后来为人所知的问题，甚至还包括那些之前就已经为人所知而且也被这些学者承认的问题……一个事实是显而易见的……（就是）那些行星有时似乎离我们很近，有时候又似乎远离了我们。这一点有些行星表现得非常明显；对于以阿佛洛狄忒（Aphrodite）命名的行星（金星）和以阿瑞斯命名的行星（火星）而言，在他们逆行期的中期，就会显得比原来大几倍，足以令金星在没有月亮的暗夜照出人的影子……我们只能得出这样的结论，即在相同天象条件下所观察到的这两个天体大小的变化是源于它们距离的变化……在《物理学》（*Physical Problems*）一书中，亚里士多德提到他反对一些天文学家的某些假设，这些假设缘于行星的大小看似并非总是保持不变这一事实，这些讨论说明亚里士多德本人也已经意识到了这些问

题，从这方面来说，亚里士多德对于这些旋转的球体并不满意。[362]

为了“挽救这一局面”，或者说是为了解释这些现象，希腊天文学家们开始引入圆周运动中更为复杂的变体。被提出的第一种变体是偏心轮(eccentrics)理论，即地球在公转过程中偏离了圆心。虽然人们会认为这一概念最初源自毕达哥拉斯学派的一位成员，但是这一理论实则与本都的赫拉克利德（Heraclides of Pontus，约公元前388—前310年）和佩尔加的阿波罗尼奥斯（Apollonius of Perga，约公元前262—前190年）相关。赫拉克利德不仅提出了偏心轮理论，他还提出地球在自转，金星与水星围绕太阳公转。[363]“本都的赫拉克利德提出地球位于中心，并且自转，而天空则处于静止状态，他认为这种说法就可以挽救这一局面。”[364]

偏心轮理论本身并不足以解决问题，随后，本轮（epicycles）理论出现了。所谓本轮，就是叠加在一个大圆之上的较小的公转圆。在《天文学大成》（*Almagest*）第十二卷中，克罗狄斯·托勒密（Claudius Ptolemy，约100—170年）与阿波罗尼奥斯一起提出了“本轮理论”。[365]但是，充分应用偏心轮运动与本轮运动，并提出一个新理论以描述太阳与月亮的运动的，却是喜帕恰斯。[366]喜帕恰斯关于太阳与月球运动的理论使他有能力预测交蚀。在其著作中，他“完整罗列了自公元前747年开始在巴比伦所观测到的所有月食”。[367]这也有助于他的研究。公元1世纪时，老普林尼写道：“200年前，睿智的喜帕恰斯发现有时每隔5个月就会出现一次月食，每隔7个月会出现一次日食……喜帕恰斯计算出了这些星球（太阳和月亮）在600年内的运行轨迹。”[368]

喜帕恰斯还计算了月球与太阳的大小，以及它们与地球之间的距离。他估计月球和太阳与地球之间的平均距离分别是地球半径的67.7倍与490倍。[369]现代科学研究得出的相应数据分别是60.3倍和23,481倍。喜帕恰斯估计月球的体积是地球体积的1/27，太阳的体积是地球的12.3倍。[370]现代科学研究得出的相应数据 1/50 和 130 万倍。

在《天文学大成》第九卷中，克罗狄斯·托勒密指出，喜帕恰斯无法提出一个合理的理论用以描述五大行星（水星、金星、火星、木星与土星）的运动，虽然他曾经试图将偏心轮运动与本轮运动结合在一起。“喜帕恰斯……并没有试图提出关于五大行星的假设的原理……而只是将所观测到的现象以一种更有益处的方式进行了排列，并说明这些现象与当时的数学家们所提出的假设并不一致……他还认为这些行星的运动既没有受到偏心圆运动的影响，也没有受到与黄道线同心、但是带有本轮的同心圆运动的影响，甚至两种运动叠加也无法影响这种运动。”[371]

分点岁差

喜帕恰斯最重要的发现是分点岁差。昼夜平分点每年出现两次（秋季与春季），在这两个时间地球位于太阳的两侧，地球上所有地方的白昼与黑夜长度相等。冬至时，太阳处于地平线上的最低点；夏至时，太阳则位于最高点。分点岁差是指春分与秋分的日期会发生变化（冬至与夏至的日期也会随之发生变化）。换言之，每次春分、秋分和夏至、冬至之时，地球相对于固定恒星的位置是不同的，会发生系统性的改变。时至今日，人们明白了这是地球在其自转轴上摆动造成的，一次完整的摆动周期大约是 26,000 年。每个世纪，恒星的经度会因为岁差而发生大约一度的变化。[372]

1687 年，艾萨克·牛顿发现了导致分点岁差的原因。地球的质量并不是完全对称分布的，而是在某种程度上集中于赤道附近的一个带状区域。太阳和月亮的引力对赤道附近的这个质量聚集区域施加了一个扭力，试图将地球赤道拉到与太阳系一致的平面上。这种状态有些类似于推动一个正在旋转的陀螺。如果有人想要推倒一个陀螺，那么就会发现这个陀螺并不会倒下，而是会开始摇摆。

喜帕恰斯比较了“他本人于公元前 135 年观测到的至日、阿里斯塔克斯于公元前 280 年观测到的至日与默冬（Meton）于公元前 432 年观测到的至日”，[373] 据此，他推测一个阳历年（solar year）或者回归年（tropical year）的长度为 365.25 天再减去 1/300 天。阳历年是指从至日到至日或者从昼夜平分点到昼夜平分点之间的时长。喜帕恰斯指出阳历年与恒星年长度不同，恒星年是以固定的恒星为背景，太阳回到原点所需要的时间。因此，他估计分点岁差每年“至少是 1 度的 1/100”。[374]

托勒密在《天文学大成》第七卷中提到了喜帕恰斯的这一发现：

> 由位置固定的恒星所组成的天体自身也处于运动之中，这种运动在某种意义上与整个宇宙的旋转是相反的……如下事实令这一点对我们来说尤为清晰：相同的恒星与至点和分点的距离在不同时间是不同的……因为喜帕恰斯在他的著作《论至点和分点的位移》（*On the Displacement of the Solstitial and Equinoctial Points*）中比较了不同时期的月食——包括他那个时代精确观测到的月食和早期提默洽里斯（Timocharis）观测到的月食，通过对这些月食的比较，他得出结论：角宿一（Spica）与秋分点之间的距离……在他那个时代是 6 度，但在提默洽里斯时代却是 8 度。[375]

显然，喜帕恰斯的观测细致而精准。在《论阿拉托斯》一书中，他纠正了欧多克索斯的说法。“欧多克索斯关于北极的说法是错误的，因为他说‘有一颗恒星总是固定在同一个位置；这颗恒星就是宇宙的极点’，而事实上，在这个极点上根本就没有恒星，这里只是一片空白的空间，仅周围有三颗恒星而已。”[376]

星 表

在《自然史》一书中，老普林尼写到喜帕恰斯观测到一颗新星，或者说是一颗新的恒星，这使他更有动力来创建一个星表，这样就可以将新发现的恒星和已经为人所知的恒星区分开来。“喜帕恰斯……发现了一颗新的恒星，这颗恒星是在他那个时代才出现的……（因此他）试图做一些即使在天神看来也很大胆的事情，那就是为新发现的恒星编号，并通过适当的命名方式表明这些恒星之间的关系；在此之前他已经设计了一套方法，可以标记出每一颗恒星的位置与亮度。”[377]

喜帕恰斯创建的星表已经失传。在《天文学大成》第七卷与第八卷中，托勒密列出了 1022 颗恒星的位置。[378] 人们相信托勒密的目录即源于喜帕恰斯的目录，但是人们不清楚喜帕恰斯是否在自己的目录中也给出了每一颗恒星的位置以及他使用的坐标系统。在《论阿拉托斯》一书中，喜帕恰斯“用多种不同的方式”[379] 标记了恒星的位置。

8. 克罗狄斯・托勒密（约 100—170 年）

《汇编》或《天文学大成》

克罗狄斯・托勒密是古代晚期最为重要的天文学家，他撰写了一部综合了前辈学者天文学知识的汇编作品，并因此流芳百世。人们对于托勒密的生平知之甚少。他的姓氏表明他具有希腊血统，但是他的名字“克罗狄斯”又表明他是一位罗马公民。据我们所知，托勒密在亚历山大港度过了一生。[380]

托勒密在天文学方面的伟大著作是《汇编》（*Syntaxis*），后来该书更多地被称为《天文学大成》，这一书名来自一个阿拉伯语短语的变体，意为“最伟大”。《汇编》(或称《天文学大成》)一经出版便成为天文学的标准教科书，作为所有天文知识最具权威性的总结，该书被使用了1400多年。[381]

《汇编》一书之所以能够具有如此长久的价值，原因有几个方面。该书条理清晰，结构逻辑性强，并包含了对其他早期天文学家著作的总结。读者不需要提前掌握什么知识，只需要对几何学与天文学术语有些一般性的了解即可。本书还具有相当大的实用价值，因为托勒密收录了众多表格，可以用于计算太阳、月亮和行星的位置。《汇编》一书的当代译者G. J. 图默认为，这是一部卓越的著作。“作为一部教育性的著作，《天文学大成》在清晰度和方法论方面堪称经典之作，超越了所有的古代科学教科书，纵观历史也很少有著作可以与之媲美。但是这本书远不止于此，有时候它还被描述为是对早期希腊天文学知识的一次‘系统化总结’，在很多方面，这本书都是一部原创性的著作。”[382]

在《汇编》的前言中，托勒密开篇即指出亚里士多德曾经将理论哲学划分为三个主要分支——神学、物理学和数学。神学研究的是那些无法观测、只能想象的内容。物理学也很难进行定量研究，因为该学科研究的是地球上易腐蚀的物体，而且这些物体处于永久变化的状态之中。

托勒密总结道：大部分的神学与物理学研究可以被恰当地称为“猜测性工作”，而非知识。由此可见，在天体研究领域，最为适合的就是数学，因为这些行星都是永恒的、不变的。托勒密与毕达哥拉斯观点相同，认为天文学研究是通往精神净化之路。“这一学科比其他任何学科都更加能让人们看清楚。通过与神灵相关的恒定、秩序、对称与平静，本书能够使读者热爱这种神圣的壮美，使他们改变原有的本质，以达到并习惯于与这种神圣之美相类似的精神状态。”[383]

在《汇编》卷首，托勒密即指出“首要的任务”是确定地球在宇宙中的位置，[384]他首先确定天地均为球形。托勒密解释道，如果恒星不是处于一个以地球为中心的球体上，那么在天体的旋转过程中，人们所看到的恒星就会出现大小上的变化。他承认当天体接近地平线时会显得更大，但是他（错误地）将此归因于这些星体的光线在穿越接近地球表面充满水分的空气时造成的扭曲（“就像被放置于水中的物体会显得比它们本身更大一样”）。[385]我们现在知道，月球之类的物体在接近地球时显得更大，仅仅是一种视觉上的错觉——测量结果表明，无论物体的高度如何，其图像大小并没有变化。

托勒密提供了一些证据，用以证明地球为何必定是球形的。他指出，人们在观测月食时发现，在不同的时区都能观测到相同的月食，而且“时间上的差异与观测地点之间的距离成正比”。[386]当旅行者向北移动时，南方的恒星会消失在地平线以下；当旅行者向南移动时，北方的恒星则会消失在地平线以下。“很明显，在这种情况下，地球的曲度在南北方向以一种规则的方式遮蔽了天体，从而证明地球是球形的。”[387]

在提供了证据证明地球是球形后，托勒密认为地球必然位于宇宙的中心，而且是静止不动的。“人们已经证明地球是球形的，并位于宇宙的中心。”[388]在这一点上，他所信仰的亚里士多德物理学令他得出了错误的结论。他先是承认，如果地球是旋转的，那么就可以解释一些天文观测中发现的现象。但是之后他又说：“根据那些对我们产生影响的条件以及那些与我们相关的天空中的情况，我们可以判断出这种假设实在是非常可笑的。”[389]托勒密并不理解惯性、重力或者向心加速度等概念，因此他认为，如果地球是从西向东旋转，云层和其他并没有直接固定在地面上的物体就会被抛在后面。“云层以及所有飞行的物体、被扔出的物体就永远不会向东方运动，因为地球总是比这些物体更早地向东运动，并预先阻止这些物体向西运动。”[390]

托勒密体系

在托勒密确立了他所知道的天文学基本规则后，他建立了以地球为中心（地心）的宇宙模型，这一模型后来被称为托勒密体系（Ptolemaic System）。托勒密体系中的大部分内容并非克罗狄斯·托勒密独创的，他只是以一种清晰的书面方式，对地心说体系进行了最好的也是最终的综合论述，然后这一论述被广为传播。系统性的、以数学为基础的地心说宇宙观至少可以追溯到欧多克索斯。之后，本都的赫拉克利德、佩尔加的阿波罗尼奥斯与喜帕恰斯又接连对此学说进行了改进。

阿里斯塔克斯所提出的日心说理论仍然是一种怪异的、晦涩难懂的学说。公元前 2 世纪时，喜帕恰斯的学说标志着希腊天文学在创新与探索方面达到了顶峰。“从喜帕恰斯到托勒密之间的这 260 年里，天文学研究似乎没有取得任何进展。”[391]

地心说的核心原则来自亚里士多德物理学（以及毕达哥拉斯哲学），亚里士多德物理学认为地球的运动是线性的，而天体的运动是环形的。但是一个天体围绕地球进行环形运动的简单模型却无法解释我们所观测到的行星的运动。其中的一个难点是行星有时候似乎会在夜间停止其在天空中的运动，有时候看上去是在做反方向的运动，之后再次停止运动，然后又恢复原有的运动轨迹。这种逆行运动现象的出现是因为地球在围绕太阳进行公转的过程中会周期性地超越其他行星。

为了能够在地心说体系中解释这些行星的运动，喜帕恰斯同时采用了本轮理论与偏心轮理论。本轮是叠加在一个直径更大的一级圆周运动之上的次级圆周运动。引入本轮理论有助于解释人们所看到的行星逆行运动，但是仅靠这一理论还不能充分解释这一现象，还需要进行更复杂的研究。偏心轮则是指行星在旋转过程中偏离宇宙中心——地球——的位移。

托勒密发现即使是这两项理论创新也不足以解释行星的运动，于是便提出了地心说体系中的第三个几何概念——偏心等距点（equant）。[392] 如果这个说法令人费解，那是因为不论是在过去还是现在，这种说法的确令人不解。有人向卡斯蒂利亚（Castile）国王阿方索十世（Alphonso X，1221—1284年）介绍托勒密体系，据说他说如果有人问他的话，他会向上帝推荐一个更加简单的体系。[393] “毫无疑问，当时的天文学家们在解释天体运动时使用了一些极为错综复杂、晦涩难懂的假设，他们并没有给天神带来荣耀，也没有以任何方式回答智者的问题。他（阿方索）之所以说‘如果上帝在创造这个世界的时候咨询过他的意见，那么他一定会给上帝提供一个更好的建议（用其他方式设计这个世界）’，很可能是因为他考虑到托勒密体系中包含了如此众多的球体，如此众多的偏心轮，如此众多的本轮和如此众多的天平动（librations）。”[394]

显然，托勒密从未考虑过，星球（包括月球和太阳）的运动并非匀速的，也并不是按照圆形轨道运动的。在《汇编》一书中，他明确指出他的目标是证明星球的运动可以用圆周运动进行解释，而非检验圆周运动是否可以作为一种假设。

托勒密解释道：“我们认为数学家的使命与目标就是证明所有的天文现象都可以用匀速圆周运动加以解释。”[395] 后来他又补充道：“现在我们的目的是证明五颗行星所表现出的异常现象都可以用匀速圆周运动进行解释；我们已经证明了太阳与月亮是这样的，因为这种运动符合神灵的本质，而（对于神灵而言）混乱与不一致性是与之格格不入的。因此我们完全有理由认为在这方面取得成功是一个伟大的成就，对于理论哲学中的数学部分而言，这也是其恰当的目标。”[396]

托勒密显然将天体的“匀速圆周运动”视为一条不证自明的公理，就像欧几里得所说的两条平行线永不相交一样。当他谈论考虑“假设”时，他的意思是只有假设才会涉及圆周运动的各种情况。托勒密倡导简约性，但是这种简约也必须符合特定的要求。“我们认为利用最为简单的假说来解释某种现象是一个很好的原则，只要在我们的观测中没有出现任何现象能够明确证明这一做法错误即可。”[397]

托勒密的意思是，他所考虑的并不是最简单的运动模式，而是各种圆周运动组成的最简单的组合。具有讽刺意味的是，托勒密原本希望通过各种简单的圆周运动组合解释星体运动，但是最终得到的组合运动既不简单，亦非圆周运动。亚瑟·库斯勒（Arthur Koestler，1905—1983 年）认为这种复杂性是令人不悦的。“托勒密的宇宙体系中有一些令人深恶痛绝的东西。这部著作是一个耐心有余而原创能力不足的书呆子所著，他固执地‘把一个个球体堆砌在一起’。”[398]

对于这一体系的复杂性，托勒密本人也有体悟，显然他认为他必须为之辩护，因为他这样写道：“鉴于我们这一体系的复杂本质，要让每一个人都明白这些假设并不过于复杂。”[399] 显而易见，托勒密之所以出错，是受到了亚里士多德物理学的误导，亚里士多德物理学认为天空与地球是由不同的物理法则控制的。托勒密解释说，我们所居住的地球世界与天空是无法进行有效类比的。“因为将人类（的建设）与神圣的天体相提并论是不合适的，也不应当根据那些毫无相似之处的类比而建立对这些伟大事物的信念。”[400]

在一部极为理性化的经典之作中，托勒密最终得出结论：所有的天体运动都是简单的。但是他忘记了挑战并非针对天体，而是针对他自己的模型。“（我们在判断‘简单性’时应该）依据天体及其运动中不变的本质。这样一来，所有的（运动）都会显得简单，而且比地球上那些本被认为是‘简单的’事物更为简单，因为没有人能够想象到这些天体的旋转需要什么样的努力、遇到什么样的困难。”[401]

虽然托勒密体系很复杂，但是它却在之后的 1400 年中占据支配地位，原因之一是在既有的精确程度内，这一体系提供了许多正确的答案。该体系中的本轮、偏轮与偏心等距点理论在物理上并不成立，但是随着数学的不断发展，托勒密得以对星体的未来运动做出更为精确的预测。

曾经有人认为托勒密的“本轮理论只是一种计算方式，用于计算星体之间的位置，而无法再现真正代表世界的系统”，他们认为托勒密本人也并不认为他这一体系内复杂的几何理论可以真正再现物理世界。[402] 如果这种说法是真的，那么就很难解释为何托勒密认为有必要在人们认为这一体系极为复杂时仍旧为之辩护；他还从物理学角度进行了论证，以证明地球位于宇宙中心，而且是静止不动的。

星象学

在星象学方面，托勒密撰写了一部四卷本的《占星四书》(*Tetrabiblos*)，他认为此书非常适合与天文学著作《汇编》一起配合着阅读。《汇编》一书可助人们计算天体的位置，而《占星四书》则告诉人们这些天体对于地球上事物的影响。

托勒密认为，在任何意义上，星象学影响都并非超自然力量，而是纯粹的物理现象。[403] 他的这一观点受到了亚里士多德宇宙学的影响。托勒密解释道：“所有人都能清楚地看到，有一种力量来自虚无缥缈的自然界，这种力量弥漫于整个地球的大气层之中。火与气是地球上最初的元素，被包含于苍穹的运动之中，并因之而变化。这两种元素又包含其他次级物质，并改变这些物质，正如它们自身也被改变一样，它们作用于土与水、植物与动物。”[404]

为了证明星象学的影响真实存在，托勒密描述了太阳对地球上一些事物所产生的无法否认的影响。“太阳……对地球上一些事物具有调节作用：不仅仅是通过四季轮回使动物的胚胎、植物的嫩芽、水的涌动和人体的变化趋于完美，还通过自己日常的运动使光、热、湿气、干燥与寒冷产生变化，这些变化取决于太阳在苍穹中的位置。”[405]

月球与潮汐等现象的关联也足以证明天体对于地球的神秘影响。“月亮是所有天体中距离地球最近的一个，它的影响也很大；无论是有生命的动植物，还是无生命的物体，都会与之共鸣、随之变化。由于月亮光照的变化，河流会涨潮或退潮；海浪的潮汐也受到月出、月落的控制；随着月亮的阴晴圆缺，植物与动物也会随之而膨胀或缩小——即使不是全部如此，也至少是部分如此。”[406]

要相信这种神秘的或者说是隐秘的自然力量并非难事。从远古时期开始，人们就已经了解天然磁石或磁铁，知道它可以以一种完全神秘的方式，不通过任何的物理因子便对间隔一段距离的物体产生影响。如果一块微不足道的小石头都能产生如此明显的作用，那么人们自然就认为一个天体必定会产生相应的更大的影响。

在托勒密时代，对占星术的信仰在整个罗马帝国都是普遍的。《萨蒂利孔》（*Satyricon*）是一部公元 1 世纪时的小说，书中描述了一场以占星术为主题的宴会。宴会上，宾客们享用了一道配有十二星座标记的菜肴。“这道菜的奇异之处吸引了所有人的目光。在一个巨大的圆盘上，十二星座的标记沿着圆盘一周摆放。”[407] 宴会主人向客人们讲述了十二星座对人的性格与才能的影响：

> 我本人是巨蟹座的。正因为如此，我立足点众多，无论是在陆地上还是在海洋里都拥有众多财产；巨蟹既可以适应陆地，也可以适应海洋……狮子座的人总是喜欢大吃大喝，浪费无度，且飞扬跋扈；处女座的人更像女人，往往四处逃亡或者长期被囚禁于某处；天秤座的人常常成为屠夫、香水商或者各种零售商人，流散各地；天蝎座的人热衷投毒杀人……双鱼座的人善于烹饪或演讲。整个世界如同石磨一样不断转动，不论是创造人还是摧毁人，总在永不终止的恶作剧之中。[408]

在《自然史》中，老普林尼肯定了上天对地球的影响。“天体的性质是永恒不变的，一直与世界相互交织，并且通过这种交织使世界变得坚固，但是这些天体也对世界产生了最为强大的影响。尽管这一点极为微妙，但这些影响的结果却是清晰可见、颇为直观的，由此可以了解这些影响。”[409]

塞涅卡在《自然问题》中反映了斯多葛派的理念，他们相信宇宙是一个有机的整体，宇宙中所有的事件、物体和生命体都是相互交织的。这一理念证明占卜术与占星术皆是可信的。

> 命运之轮……在各个方面发出了对未来的暗示，这些暗示中有一些是我们所熟知的，有一些则是我们未知的。发生的一切都预示着即将发生的某些事情：仅仅那些不受任何理性原则控制的偶然事件，无法应用占卜术……所有生命体的运动以及与我们的相遇都预示着某些事情的发生……那些静止不动的恒星——或者说是那些因为其速度与整个世界的速度相同而看上去静止不动的恒星——总是能够控制或支配我们。[410]

爱德华·吉本（Edward Gibbon，1737—1794 年）在《罗马帝国衰亡史》（*Decline and Fall of the Roman Empire*）中评论了罗马人的迷信做法。罗马人持有“一种愚蠢的迷信，这种迷信令他们的理解能力蒙羞。他们充满信任地倾听占卜师们的话，这些占卜师煞有其事地装作从祭品内脏中看出了预示未来的伟大与繁荣的征兆；还有很多人频繁地按照占星术的规则询问水星的位置与月亮的方位，在此之前他们不敢沐浴、进餐或者出现在公众场合”。[411]

时至今日，仍然有很多人笃信占星术。1988 年，《纽约时报》（*New York Times*）报道过时任美国总统曾经在制定重要决策时使用了占星术。[412]

《地理学》

托勒密还是一位地理学家。他撰写过一部名为《地理学》(*Geography*)的著作，书中收录了一幅世界地图，还有一张标明了各个地区经纬度的表格。托勒密采纳了“喜帕恰斯的科学理念，即只有确定了地球上主要地点的经纬度后，才有可能正确绘制出一份世界地图——他所拥有的天文学知识使他充分认识到这种方法的价值”。[413]

但是在托勒密时代并没有这些必要的数据，罗马帝国政府似乎也并不认为有必要提供资金以绘制一幅可靠而权威的地图。虽然要想收集维度的精确估值并非难事，但托勒密当时所拥有的只有喜帕恰斯收集的少量数据，而喜帕恰斯生活并从事研究的年代要比托勒密时代大约早300年。“在一份普通地图上，需要标记出大量城市的位置，但喜帕恰斯独自一人以极少数几个城市的数据就让我们知道了北极的高度(也就是对维度的观测)。”[414]

相较而言，经度的测定则要困难很多。喜帕恰斯曾经指出，如果要准确地测量经度，就需要记下同一次月食在不同地点发生的时间。但是，托勒密认为无法进行这种观测，除了一种例外情况。“两个地点之间的距离在大部分情况下都是以一种粗略的方式估算的，尤其是东西方向两地之间的距离，这并不是因为观测者们粗心大意，而是因为他们在数学技能方面的不足，而且能够在月食发生时从不同地点进行观测的记录也很少。比如在一次月食期间，阿贝拉人在第五个小时观测到月食，而迦太基人则是在第二个小时观测到的。”[415]

托勒密本人也承认缺少精确的数据，但他还是继续制作了很长的表格，列出了很多地点的经纬度，这些数据精确到了0.5度。《地理学》一书有3/4的篇幅是由这种表格构成的。“托勒密以非常明确且肯定的方式向读者介绍了他的结论，这种方式本身就是为了掩盖这些结论的真正性质，并且掩盖这样一个事实：实际上这些数据只不过就是通过对不同权威的比较、行程表记录的距离、航海者的报告以及其他此类材料获得的，这些材料经常被他以一种概括性的、武断的方式进行修改，以适应他自己预先想好的观点。”[416]因此，托勒密的《地理学》被描述为一个“似是而非的建筑物……其外部的对称结构掩盖了其地基不牢、材料低劣的情况”。[417]

除了坐标数据不精确外，托勒密还将地球的周长低估了大约30%，因此导致其所有的计算都出现了系统性的错误：

> （托勒密）出现了一个错误，这个错误破坏了他所有的结论。埃拉托色尼是第一个试图使用科学方法确定地球周长的人，他得出的结果是250,000（或者是252,000）斯泰底……后世的很多地理学家都采用了这一结果，包括斯特拉波。但是波赛东尼奥把这个数据减少为180,000，而这一计算结果莫名其妙地被马里努斯（Marinus）和托勒密两人采用了。这一错误导致（在赤道上测量的）每一个经度或纬度只有500斯泰底……而非实际上的600斯泰底。[418]

到了15世纪，托勒密的这个错误成为克里斯托弗·哥伦布开启发现之旅的一个因素。哥伦布认为他能够向西穿越大西洋并最终抵达印度，因为“他认为他所要寻找的香料之国要比实际的距离近得多”。[419]

和声学与光学

在其他科学研究上，托勒密也做出了贡献。他撰写了一部名为《和声学》（*Harmonics*）的音乐著作。就像亚里士多德一样，托勒密也是一位目的论者，总是能够在自然中发现目的。“对于每一门学科而言，在观测与知识中，我们总是可以证明大自然的杰作都是因为某种理由或者既有的原因而被创造并完成的，绝非随意而为。”[420]

《和声学》一书为我们了解托勒密的科学哲学提供了机会。他认为和声师的目的不是对各种假设进行验证，而是“保存各种假设”，只要这些假设与我们的观测一致。“那么和声师的目标是在各个方面保护各种曲调的假设，只要这些假设与大多数人的理解没有任何冲突即可，正如占星家的目的是保护那些与观测结果相符的天体运动假说一样。”[421] 虽然托勒密声称希望“保护现象”，但是他显然还有一个更高的愿望——“保护假说”。就内涵而言，这是一种极为柏拉图式的愿望，即与本体相比，现象是第二位的。

托勒密没有做到的事情，他的继承者约翰尼斯·开普勒做到了。开普勒同样痴迷于追求数学之美。但是在现实的需要面前，他最终却放弃了本体论，因为他认识到要用数据说明就必须放弃圆周运动理论。艾萨克·牛顿（Isaac Newton，1642—1727 年）发现了万有引力定律，从而发现了星体运动的内在之美与简约之美。

除了天文学与地理学著作，托勒密最为重要的作品是关于光学的一本手稿，名为《光学》（*Optics*）。托勒密的《光学》研究了光的反射与折射，书中讨论了凹面镜与凸面镜以及各种类型的视觉错觉。和他那个时代的大多数哲学家一样，托勒密也错误地认为视觉的产生至少部分是因为人类眼球发出的某种“射线”。[422]

托勒密同时精通天文学与光学，但他以及他那个时代的人们为何没有发明望远镜？早在公元前 3500 年，埃及人就可以制造玻璃了，“罗马人制造玻璃的水平达到了极高的水平”。[423] 人们在古代遗迹中发现了透镜，但是很明显这些透镜当时只是装饰品而已，“并非用作放大镜”。[424] 古希腊人发现“充满水的玻璃球”具有放大图像的功能。[425]

托勒密明白玻璃可以使光线弯曲，并且“认识到有一个确定的规律在控制着折射”。[426] 但是这一知识在实际应用方面却一直没有进展，直到公元 1286 年欧洲人发明了眼镜。之后又过了 300 年，人们才掌握了折射式望远镜的原理。

有一个说法是折射式望远镜是在1608年发明的，当时一个荷兰眼镜制造商偶然将一个凸透镜和一个凹透镜放在一起，而后他发现图像被放大了。还有证据表明这一发明出现于1604年的荷兰，抑或是早至1590年的意大利。[427]

显然，技术与科学的进步并非总是来自灵光乍现的洞察力或者独一无二的天赋。创新似乎是知识与机械技术缓慢完善的必然结果。就望远镜而言，首先需要的是对光学原理的研究及其在眼镜制造方面数百年的实际应用。

托勒密的欺诈行为

如果不提及数百年来托勒密著作所引发的争议的话，那么关于克罗狄斯·托勒密的讨论就不完整。第一个对托勒密著作的准确性与完整性提出质疑的人是丹麦天文学家第谷·布拉赫（Tycho Brahe，1546—1601年）。第谷怀疑托勒密的星表并非像托勒密曾经宣称的那样是他自己的观测结果，而是抄袭了喜帕恰斯的著作。

法国天文学家让·巴蒂斯特·约瑟夫·德朗布尔（Jean Baptiste Joseph Delambre，1749—1822年）指出托勒密所给出的恒星位置都是错误的。他的结论是托勒密抄袭了喜帕恰斯早年的著作，并对岁差进行了一些修正，然而托勒密的岁差修正也是错误的。托勒密宣称他得到的数值都来自观测，但是在他那个时代是无法得到这些数值的，这一事实揭示了他的欺诈行为。约翰·路易·埃米尔·德雷耳（J. L.E. Dreyer，1852—1926年）反复强调：“（托勒密的星表）只不过是喜帕恰斯制定的星表一直流传到他那个时代，表中岁差常数的值是错误的。”[428]

1977年，罗伯特·R. 牛顿（Robert R. Newton，1918—1991年）出版了他的著作《克罗狄斯·托勒密的罪行》（*The Crime of Claudius Ptolemy*），这一著作进一步加剧了这一争议，历史学家们发现这本书的话语和结论之坦率令人震惊。[429] 在前言中，牛顿明确地将托勒密称为罪犯。“这是一个关于科学犯罪的故事……我指的是一位科学家针对他的科学家同行与学者的犯罪，是对职业伦理与职业诚信的背叛，这种罪行使人类在天文学与历史中的一些重要领域永远地失去了一部分重要信息。”[430]

牛顿对托勒密的主要指控是，根据他的判断，托勒密在《汇编》中记录的所有观测数据都是伪造的。考虑到手工抄写书籍所需要的辛苦劳作，牛顿认为，对于古代天文学研究中大量真正成果无法挽回的丢失，托勒密要承担责任。因为相关信息似乎都已经在《汇编》中得到了巧妙的总结与归纳，那么抄写书籍的人自然就不再想费力抄写早期作者的著作了。

牛顿指出，早在一个世纪之前就应该已经有人发现托勒密的这些欺诈行为了。1819 年，德朗布尔就找到了无可辩驳的证据，足以证明这些所谓的“数据”只可能是捏造而来的。“这种说法不可能是观测的结果，不论这些观测是如何糟糕（都不可能得出这样的结果），它只能是捏造出来的……德朗布尔的论据是无可辩驳的。”[431]

在确定了托勒密的研究成果是欺诈行为的结果后，牛顿总结了他的感受以及这件事的影响：

> 根据我们的验证，托勒密在《汇编》中提到的所有观测都是虚假的。他所说的其他人的观测也都是他自己编造的。他的著作充满了错误的理论与错误的理解……他撰写的《汇编》一书使我们丧失了希腊天文学研究的真正成果……《汇编》一书对天文学研究造成的破坏超过了历史上所有的作品，如果没有这本书的话，天文学家本可以获得更多的成果。因此，托勒密并不是古代最伟大的天文学家，但他仍然是与众不同的：他是科学史上最成功的造假者。[432]

牛顿关于托勒密造假的指控并没有得到历史学家们的支持。1979 年，伯纳德 · R. 戈德斯坦（Bernard R. Goldstein）在《科学杂志》上撰文指出，牛顿的言辞过于激进。“各种各样的歪曲、误解以及为了进行激烈争论而使用的过激言辞破坏了牛顿用来支持其观点的论据。”[433]

1980 年，欧文 · 金格里奇（Owen Gingerich，生于 1930 年）在《皇家气象学会季刊》（*Quarterly Journal of the Royal Astronomical Society*）发表文章《托勒密是个骗子吗？》（*Was Ptolemy a Fraud?*），为托勒密进行辩护。[434] 金格里奇在文章开篇即表明托勒密是一位道德高尚的科学家。但是当金格里奇本人提起造假问题时，他的辩护便不再那么有力了。“托勒密是否编造了他所谓的分点观测呢？也许是的。”[435]

金格里奇承认，对于《汇编》一书的验证结果似乎支持了牛顿的观点。“我必须承认《汇编》一书给科学史研究者们带来了一些奇怪的问题，对于托勒密关于观测数值的说法，我们也不能照单全收。”[436]

金格里奇承认“（托勒密的）观测糟糕得令人震惊，而其最终获取的数据却好得令人赞叹。最终，我们不得不承认这样一个令人不安的事实：虽然托勒密的观测有缺陷，但是其结果却完美契合了他的理论……这就明确地表明，他是按照自己的理论进行的‘观测’，而不是根据观测发展了自己的理论”。[437]

在承认了托勒密的“数据”造假后，金格里奇又提出托勒密的造假行为并非真的“造假”，而是“修正”，以使其“观测”结果符合他所相信的理论。“托勒密和许多追随他的杰出理论家一样，完全愿意相信他的理论比当时错误百出的个别观测结果更能反映大自然。正如美国一位诺贝尔奖获得者对我说的那样，如今任何一位优秀的物理学家也会这样做。”[438]

金格里奇引用了艾萨克 · 牛顿和阿尔伯特 · 爱因斯坦的言论，据称他们宣称理论要比观测更加重要。在文章的最后，他重申了托勒密的伟大。“当牛顿和爱因斯坦被普遍认为是骗子时，我也得把托勒密算上。但是，我更愿意把他看作古代最伟大的天文学家。”[439]

金格里奇将托勒密与艾萨克·牛顿和阿尔伯特·爱因斯坦进行比较并不恰当，而且具有误导性。这两位科学家都没有捏造过数据。他们确实都曾经说过，如果观测结果与他们的理论不一致，那么观测结果很可能是错误的。这种说法相当于承认在观测中获取的数据的质量可能并不太理想，对这种并不可靠的数据的过度信任是危险的。但是这与欺诈性地编造所有数据是完全不同的。

在过去的几十年里，关于托勒密著作的欺诈性，舆论已经开始向罗伯特·牛顿的观点倾斜。最近有一位学者指出，“在许多……事例中，测量结果与事实不符，但是却恰好符合托勒密的需要，可以使他推导出他所需要的结果……我们应该停止使用《汇编》中的数据……（而且）我们应该重新评估托勒密”。[440]

第三章

古罗马工程

1. 在科学与哲学领域缺乏原创性

罗马共和国与罗马帝国统治地中海沿岸地区长达数百年，但是在科学与哲学领域却缺乏原创性成果。几乎所有重要的罗马著作都是基于希腊的科学成果。罗马时期最著名的两大哲学流派——伊壁鸠鲁学派与斯多葛学派——都是希腊人发展起来的。

相关的文献中也都充斥着如下说法："无论罗马的工程成就多么伟大，罗马都几乎没有独立的科学"，[1]"罗马人在这方面（科学方面）没有显示出特别的原创性"，[2]"在科学方面，拉丁人中没有出现过伟大的创造者"，[3]"在希腊科学和罗马科学之间……存在着一个巨大的鸿沟，后者最多只是前者一个极不完美的后代"，[4]"罗马人……没有任何科学发现"，[5]"罗马人自己……对科学几乎没有任何原创性的贡献"。[6] 罗马人撰写的可以被称为"科学"的著作，"明显是低层次的"，"基本上是衍生性质的"。[7]

罗马人对抽象的事物不感兴趣，他们总是只关注实际。"实质上罗马人很少有时间去研究理论。他们对法律与秩序、有效的行政管理、干净卫生的城市和他们的家庭更感兴趣。"[8] 希腊人的气质与罗马人的气质形成了鲜明的对比。希腊科学家和哲学家对工程不屑一顾，甚至认为它很庸俗。阿基米德在工程方面的成就非常厉害，但他认为这些成就太过平庸，都不愿用文字描述自己的方法。他斥责道："整个工程行业是肮脏、卑贱的。"[9]

希腊人对机械技术的轻视可以从色诺芬的《经济论》（*Oeconomicus*，约公元前 400 年）中的一段话得到验证。色诺芬引用苏格拉底的话说："那些被称为手工艺的技术是令人反感的，而且在团体中确实不被看好，因为这些技术迫使从事这些工作的人只能在室内坐着工作，从而削弱了他们的身体。其中一些人还要在火边度过一整天。当身体变得软弱无力时，心灵也会失去力量。这种机械行业——正如这名称所表达的意思一样——使从事这行的人没有闲暇去关注他们的朋友或公共利益。”[10]

帕特农神庙是一座具有传奇色彩和美感的建筑，建造它的费用几乎使雅典破产。然而，雅典人宁可如此，也不愿在通往城市的主要道路上建造一座普通的桥梁，旅行者只得涉水过河前往雅典。[11]

美国工程师戴维·B. 斯坦因曼（David B. Steinman，1886—1960 年）解释说，理论和实践是相互补充的：

> 第一个从抽象理论进行思考的人产生于希腊文明，这样的一位思想家从定理或原理出发，以应用作为终结。因此，希腊文化象征着抽象、理想与理论的胜利。但是罗马人的思考方式恰恰相反。他们从实际应用出发，从实用主义的角度出发，进行了一系列的实验，并从中推导出理论原则。这就是工程师的逻辑。这两种思想家都是世界所需要的，因为一种思想家的工作可以补充另一种思想家的工作，并且起到相互验证的作用。[12]

老普林尼将埃及金字塔与罗马水渠进行了对比，他的这一比较反映了罗马人的实用主义态度。普林尼将金字塔斥为愚蠢的虚荣之作，毫无实际价值。“埃及的金字塔（是）该国君主为了炫耀其资源而建造的如此多的无用、轻浮之物……这些君主通过这样的建筑表现出了极大的虚荣心。”[13]

与埃及的这些纪念性建筑不同，普林尼认为罗马的各种工程具有实用性，因而也拥有真正的价值。“（罗马的）公共下水道工程……是最为宏大的工程。”[14] 普林尼认为罗马水渠尤其令人赞叹。“只要我们考虑一下需要运送到公共场所——用于浴场、池塘、运河、家庭、花园、郊外地区和乡村住宅——的巨大水量，再想想这些水渠穿越的距离、修建的拱形高架水槽、要穿越的山脉、要跨越的峡谷，我们就必须承认在整个宇宙之中，没有什么比这更值得我们钦佩。”[15]

2. 混凝土与拱形建筑

虽然在理论知识方面，罗马人从希腊人那里学习了很多，但是在工程领域，罗马人的实际成就超越了希腊人。罗马人不仅仅是伟大的建筑师，他们还是创新者，发明了混凝土并完善了拱形建筑。

混凝土是一种非同凡响的多功能建筑材料：液态时可以成型并浇筑，即使在水中也能很快变得像石头一样坚硬。有人把一种被称为白榴火山灰（pozzuolana）的火山灰和烧石灰、水混合在一起，发现这种混合物会变硬，成为石头，由此人们发明了水泥。维特鲁威将这种火山灰描述为“一种源于自然、效果惊人的粉末……这种物质与石灰和碎石混合在一起时，不仅能让各种建筑物更坚固，甚至用它在海中修建桥墩时，在水中也能非常坚硬”。[16] 在水泥中添加沙子、砾石或者其他骨料，就能制成混凝土。“从公元前 1 世纪开始……混凝土就是罗马最常见的建筑材料。”[17]

希腊人只使用柱子和过梁支撑建筑物，所谓过梁就是横跨在两个柱子之间的水平梁。虽然石头在压力之下很坚硬，但是在承受拉力时就会变脆弱。一根石制过梁最大的跨度为 20 英尺（6.1 米），因此希腊建筑物的内部空间布满了立柱。[18]

“罗马人从他们的伊特鲁里亚祖先那里得到了关于拱形建筑的知识，并在罗马帝国时期将使用砖、混凝土和砖石结构建造拱顶和穹顶的技术发展到了一个非常高的水平。”[19] 在拱形建筑中，压力分散，整个建筑的大部分处于压力之下并且能够自我支撑。拱形建筑的巨大支撑力使罗马建筑的跨度高达 140 英尺（42.7 米），从而使建筑物拥有更大的开放空间。

罗马人使用混凝土与拱形建筑的范例是万神殿（Pantheon），这是一座供奉“所有神灵”的神庙。万神殿位于罗马，始建于公元前 27 年；最初的建筑是一座希腊风格的长方形建筑，有砖石墙与木制屋顶。第一座万神殿于公元 80 年毁于一场大火，之后在公元 110 年再次被毁。

公元 118 年，罗马皇帝哈德良决心重建万神殿，这次的重建过程花费了大约十年的时间。爱德华·吉本将哈德良描述为一位艺术家君主。“图拉真的建筑体现了他本人的天赋。哈德良用以装饰帝国各省市的公共建筑，不仅是按照其命令修建的，而且是在他的亲自监督下完成的。他自己便是一位艺术家，他热爱艺术，因为艺术有助于展现他君主的光辉形象。”[20]

哈德良并没有简单地按照原样复制万神殿，而是设计了一个有史以来最为独特、最具挑战性的建筑。门廊仍旧保持了传统的长方形，但是主体建筑却为完美的半球形。

底层建筑呈圆柱形，其混凝土墙壁厚约 20 英尺（6.1 米）。这些墙壁支撑了一个巨大的混凝土穹顶，横跨整个建筑长达 142 英尺（43.3 米）的直径。穹顶最高点高 142 英尺（43.3 米），与地面的直径数值相同。在接近底部的地方，穹顶厚达 20 英尺（6.1 米），但是穹顶的顶部厚度则只有 7.5 英尺（2.3 米）。

穹顶底部的混凝土中添加了很多的重骨料，如玄武岩碎片，但是越往顶部，骨料就越轻了，因为添加了浮岩，这是一种多孔的火山岩。穹顶的中心是个未安装玻璃的圆形窗，又称为穹顶窗（oculus）。这一穹顶窗直径 19 英尺（5.8 米），是整个建筑中唯一可以透入自然光的地方。

地面为大理石，中央部分微凸，这样从穹顶窗流下的雨水就可以被排出了。前门廊由 16 根从埃及进口的花岗岩圆柱支撑，每一根花岗岩圆柱高 39 英尺（11.9 米），重 60 吨。主体建筑的入口有两扇高 21 英尺（6.4 米）的铜门。

殿内“铺设了各种奢华的东方大理石……（但是）在历次改建中受损严重”。[21]

当米开朗琪罗（Michelangelo，1475—1564 年）参观万神殿时，这座建筑给他留下了极为深刻的印象，他兴致勃勃地宣称这座建筑中至少有一部分并非由人类设计，而是由天使设计的。[22] 万神殿历经磨难，却保留至今。万神殿建在一片黏土上，这是最不稳定、最不适合修建建筑物的土地。为此，罗马建筑师扩大了万神殿的地基，以减轻土地的负荷。混凝土穹顶中没有用任何钢铁进行加固，对于现代建筑师而言，这种设计是不可想象的。但是万神殿保存至今，而且状态良好。万神殿“是罗马现存建筑中最为完美的”。[23]

3. 道路

贯穿整个帝国的道路网是罗马人在工程领域内的伟大成就之一。罗马帝国在鼎盛时期有 372 条道路，总长 5 万英里（80,467 千米）。[24] 这些道路相互连接，故而方有“条条大道通罗马”一说。

对于连接城镇之间的大道，希腊人想到的是泥土道路上两条平行的马车车辙。希腊城市中的街道“狭窄、泥泞，没有铺设路面，也没有排水设施”。[25] 大部分的希腊道路是人行小道，托运货物的牲畜都无法通行，更不用说各种马车了。[26] 但是罗马人修建的道路却是高水平的，直到今天，我们还可以在英国、整个欧洲、叙利亚和北非看到这些道路的遗迹。[27]“就建筑质量而言，这些道路从未被超越过。”[28] 第一条罗马大道是阿庇亚古道，始建于公元前 312 年。[29] 阿庇亚古道始自罗马，向东南方向延伸了 162 英里（261 千米）。

罗马人修建道路时，首先要开挖两条平行的沟渠，以便“标明道路的宽度”。[30] 然后将路面往下挖大约 3 英尺（0.9 米），再用多层不同的材料回填，这样的设计是为了使路基耐用、坚实。最终完工后，路面会比周围的地面高。在英国，部分残存的罗马大道的路堤要比周围高 8 英尺（2.4 米），而在更多数的情况下，这一高度为 5 英尺（1.5 米）。[31]

在宽度方面，次要的道路（或者是通过较艰难路段时的主干道）只有 10 英尺（3.0 米）宽，而主干道则有 40 英尺（12.2 米）宽。路堤的主要目的是提高道路的排水能力，因为只有将地下水从这些建筑材料中排出，路基才能够保持坚固。抬高路面还有一个好处，就是军团在行进过程中不易受到敌军的伏击。

罗马大道常常有三到四层。在不同地区，每一层使用的材料各不相同，因为罗马人会利用当地的石头、砾石、沙子和土。第一层由石头或碎石构成，这些物料主要来自在路堤两旁开挖的沟渠；在底层采用坚固的石头能够为上层的道路打下坚实的基础。

第二层中的填料则取决于在附近能够得到什么材料，一般都是与砾石或沙子搅拌在一起的泥土，以增加渗透性，利于排水。表层的填料各不相同，取决于道路所在的地段和能够得到的材料。在城市里会用石板铺设路面，在农村则大多使用砾石、沙子或骨料。

道路路面中间高两侧低，路中间 15 英尺（4.6 米）宽的部分会比两侧高出整整 1 英尺（0.3 米）。道路修建的最后一步是沿着道路两侧用石头铺设平行的路缘。完工之后的道路总厚度通常约为 3 到 5 英尺（1.0 到 1.5 米）。罗马大道非常耐用，常常被比作“一道躺着的城墙”。罗马人在修建时的理念是一条高质量的道路需要的维护工作较少。[32]

罗马诗人普布利乌斯·帕皮纽斯·斯塔提乌斯（Publius Papinus Statius，约 45—96 年）在他的诗集《希尔瓦》（*Silvae*）中描述了罗马大道的修建过程。“第一项任务是开挖好沟渠，开辟一条基线并深挖取土。然后再回填挖出的沟渠，并且准备好铺设道路凸面部分，以免路面下沉或者土层松动，无法为深入地下的部分提供坚实的路基。最后在道路两侧铺上结构严密的保护层（保护墙），这些保护墙与众多支撑物一起对道路起到加固作用。”[33]

大部分的罗马大道在修建时都是短而直的。“罗马大道最为著名的一点是在两点之间保持笔直，哪怕其间的一些障碍物本来是可以很容易绕行避开的。”[34] 罗马工程师的理念是用最高效的方法解决建筑问题。只要可行，他们会在山丘或山脉中开挖隧道。但是如果这样做更加复杂的话，他们便会使道路绕开障碍物。在湿地和沼泽地，罗马人会使用木桩支撑道路。

4. 罗马水渠

罗马人知道如何挖井。维特鲁威曾经描述过如何“找水”，[35] 并且讨论过如何“挖井”。[36] 但是罗马人可能发现了在人口密集的城镇中，水井会因为污水渗入而受到污染。因此，他们修建了水渠，以便将周围乡村的泉水引入罗马城。

第一条水渠叫阿庇亚水渠（Aqua Appia），修建于约公元前 300 年。该水渠长 11 英里（17.7 千米），全线为地下管道，将水引入罗马。[37] 随着时间的流逝，城市规模越来越大，对水的需求量也越来越高。那些容易被引入罗马的水源都干涸了，因此罗马人不得不采用更加困难的方式引水。

修建水渠的主要困难在于要在可能起伏不平的山坡上修建一条始终向下的沟渠。为了克服有些地方高低不平的问题，罗马人使用了优雅的拱形桥，而现在，我们只要一想到罗马水渠，就必然会联想到拱形桥。

罗马最重要的水渠之一被称为玛西亚水渠（Aqua Marcia），修建于公元前 144 年。在整个罗马帝国，罗马人总共修建了大约 200 条水渠。[38] 为了保证罗马及其附近地区的供水，从公元前 312 年到公元 226 年，总共修建了 11 条水渠。[39] 这些水道的总长度大约为 252 英里（405 千米）；到公元 97 年，这些水渠每天为罗马城引入 5800 万美加仑（2.2 亿升）水，供大约 100 万市民饮用。[40]

这些水到达罗马后，首先流入沉淀池和贮水池，再从这里被分配到公共汲水处、浴场以及各行各业用水的地方。[41] 理论上那时是没有私人用水或者私人管道的，但是皇帝和权贵们却设法得到了私人的送水网络。有钱人则通过贿赂水务官员得到了私人供应。塞多斯·朱利斯·弗朗蒂努斯（Sextus Julius Frontinus，约 35—103 年）估计被引入罗马的水是这样分配的：皇帝得到 17%，一些个体得到 19%，公众得到 44%。[42]

在公元 97 年被任命为水务专员的弗朗蒂努斯曾经抱怨，偷窃与欺诈造成了大量的水浪费。“另一处差异在于，在取水口有一个水量数据，在沉淀池也有一个水量数据，这两个数据相同，但是分配水时的水量数据却小了很多。其原因在于水务管理人员的欺诈行为，我们已经发现这些人将公共管道中的水转给了私人使用。同时还有大量的土地拥有者，水渠经过他们的土地，他们会从水渠中取水。还有一些公共水道中的水被众多市民全部取走，用于浇灌他们的花园。”[43]

5. 浴场

引水渠所提供的水使著名的罗马浴场的出现成为可能。这些浴场结构精美，沐浴既是一种习惯，也是一种社交活动。虽然浴场规模各不相同，但是所有的浴场都有一个管道系统，可以提供冷水、温水和热水。我们还无法确定罗马人是如何在浴场对水进行加热的，但是他们可能已经能够使用青铜制造的锅炉了。[44] 室内加热主要是采用了火炕供暖系统。所谓火炕供暖系统就是将地面升高大约 3 英尺（0.9 米），然后在厚厚的石制地板下的空隙内点火取暖。[45]

沐浴时的常规程序是首先在“更衣室”（apodyterium）内脱掉衣服并用油净肤，[46] 不可使用香皂。沐浴者先裸体进行锻炼，然后进入蒸汽浴室（caladarium 或 sudatorium），在那里用弯曲的金属片刮去身上积累的污垢。最后再在温水池（tepidarium）和冷水池（frigidarium）中浸泡，这样才算沐浴结束。[47] 公共浴场大概会收取一定的费用，由奴隶为沐浴者提供服务。大型浴场不仅有运动设施，还有游戏室、花园和图书馆。[48]“在最奢华的年代，这些浴场（thermae）由一组建筑物构成，包括大量的房间，这些房间的具体用途现在已经很难确定了。”[49]

6. 下水道

鉴于每天有如此巨量的水流入罗马，就需要一个高效的排水系统将污水排出，并且在暴雨期间将街道上的雨水排干。因此，罗马人也成了伟大的下水道修建者。随着城市规模不断扩大，为了排放公共厕所的污物和浴场的污水，下水道就变得不可或缺了。直到 19 世纪，人们才修建了比罗马水利系统更为高效的系统。

在罗马，最重要的下水道是马克西姆下水道（cloaca maxima），这条下水道“最初是开放式的，后来才封闭”。[50] 马克西姆下水道最早修建于公元前 6 世纪或者前 7 世纪，它将污水排入台伯河。[51] 在大约著于 1828 年的作品中，巴特霍尔德·格奥尔格·尼布尔（Barthold Georg Niebuhr，1776—1831 年）表达了他对这一建筑的仰慕之情：

> 直至今日，这条下水道依旧如故，毫无变化，这就是马克西姆下水道。我们可以看到，这条下水道的目的不仅仅是排除城市的废水，其最主要的目的是排水——台伯河在卡彼托利欧山、阿文丁山与帕拉丁山之间形成了一个巨大的湖泊般的城市……这一工程包含三个由巨大方块组成的半圆形建筑，虽然没有使用砂浆，但是彼此间移动的距离还没有一把刀宽，地面的水流入这条下水道，排入台

伯河，从而使这个湖一般的城市露出坚硬的地面。但是由于台伯河的两岸湿软泥泞，人们又修建了一道巨大的墙体作为堤坝，这道堤坝的大部分保存至今。在面积和规模上，这个下水道工程可以与金字塔相媲美，但是在施工难度上又远超金字塔。这一工程规模极为宏大，人们越是研究它，就越是会觉得即使是罗马帝国这样疆域广阔、实力强大的国家也很难完成它。[52]

7. 桥梁

罗马人在桥梁建造领域颇有建树。一些更为精致的桥梁是为了修建水渠而建。在所有的桥梁中，最为优美、最令人难忘的一座并不在罗马，而是在法国的东南部。在公元前 19 年前后，罗马人修建了一条长 31 英里（50 千米）的水渠，将一处泉水引入尼姆市（Nimes）。在尼姆市外 13 英里（21 千米）处修建了一座三层楼高的巨大桥梁，使水渠横跨加尔河；现在人们将这一建筑称为加尔桥（Pont du Gard，意为加尔河上空的桥）。“作为一座桥梁，在古罗马时期修建并遗留至今的工程中，加尔桥设计之精巧与大胆无与伦比。”[53]

加尔桥的上部构造包括三层拱桥。下面两层拱桥跨度在 50 到 80 英尺（15 到 24 米）之间，顶层的拱桥长约 12 英尺（3.7 米）。整个水渠或者说拱桥的长度为 900 英尺（274 米），总高度为 160 英尺（49 米）。底部宽近 30 英尺（9 米），顶部收窄至 10 英尺（3 米）。加尔桥完全由当地开采的石材修建而成，组成桥的前两层的石头完全依靠摩擦力固定在一起，在建造过程中没有使用砂浆或者铁制固定物。[54]

让 – 雅克 · 卢梭（Jean-Jacques Rousseau，1712—1778 年）在《忏悔录》（*Confessions*）中这样描述他第一次见到加尔桥时的反应：

有人告诉我可以去看看加尔大桥，我当然不会错过这个机会。我吃了一些美味的无花果当作便餐，随后就找了一名向导去参观加尔大桥了。这是我看见的第一个古罗马人的伟大工程。我正希望看到一个不愧是从罗马建筑者手中创造出来的建筑物，走近一看，它竟超过了我的想象，这是我这辈子绝无仅有的一次体验。只有罗马人才能制造出这样的效果。这一朴素宏伟的工程让我惊叹，特别是由于这个建筑物正建于广漠无人的荒野中，寂静荒凉的景象使得这个古迹更显得奇突，更令人赞叹。这架所谓的大桥原来只不过是古代的一个输水道。你肯定在想，是什么力量把这些庞大无比的巨石从遥远的采石场运到这里来的呢？是什么力量把无数人的劳力集中在这个没有居民的地方呢？我把这个雄伟建筑的三层都游览了一遍，一种景仰的心情使我几乎不敢用脚践踏。我的脚步在那些宽阔的穹隆之下所发出的响声使我觉得好像听到了建筑者的洪亮嗓音。我觉得自己就像一只昆虫迷失在这个气势磅礴的庞大建筑中。我感到自己渺小，同时又觉得有一种无以名状的力量把我的心灵提升到另一种境界，不由得感叹道："要是我是一个罗马人该有多好啊！"我在那里待了好几个钟头，沉浸在令人心旷神怡的默想里。我回来的时候精神恍惚，好像有什么心事似的，这种魂不守舍的样子是拉尔纳热夫人（Madam de Larnage）发现的。她十分关心地叫我不要被蒙彼利埃的姑娘勾引，但她却忘记告诫我不要被加尔大桥所迷惑。可见，一个人总不能什么都考虑得十分周到。[55]

加尔桥展现了很多罗马建筑共有的特质——坚固性与持久性。罗马人之所以过分讲究地建造他们的建筑物，至少有两个原因。首先，他们缺乏计算压力所需的数学知识，这就令他们肯定会在安全方面出错。其次，他们之所以希望建筑物能够坚固、持久，既有实用方面的考虑，也有情感方面的因素。诗人贺拉斯（Horace，公元前 65—前 8 年）捕捉到了罗马人对于不朽的渴望：

> 我建成一座纪念碑，比青铜耐久，
> 比帝王的金字塔更崇高巍峨。
> 无论是雨水的侵蚀，北风的肆虐，
> 或是光阴的不尽流逝，岁月的滚滚轮回，
> 都不能把它摧毁。
> 我不会完全死去：我的大部分
> 将避过死神。我的名声会发展，
> 新的荣光与日俱增……[56]

在位于西班牙的古罗马桥梁阿尔坎达拉桥（Puente Alcantara）上，建造者题写道："我留下了一座将会永世留存的桥梁。"[57]

罗马人修建的桥梁曾经被称为"有洞的大坝"，反映了其规模之大、强度之高，如纪念碑一般不朽。与当代桥梁建造一样，罗马人在修建桥梁时，也会先在河中修建一个围堰或者放置一个沉箱，四周用木材堆成围墙将水排出。

在将沉箱中的水排干后，罗马人就开始不停地挖，直到挖到岩石层或者无法继续深挖为止。之后他们会用石头修建桥墩，再用石头、混凝土或砖头修建拱桥连接这些桥墩。在计算拱桥的长度时，他们还会考虑审美的因素。拱桥的数量总是单数，跨度最长的一个拱桥位于正中，这样就会把人们的注意力吸引到桥的中心位置。跨度较短的拱桥则会对称地分立在两侧。

遗憾的是，由于罗马桥梁的桥墩非常大，这样就大幅度减少了河面面积。一般而言，一座桥梁的桥墩会占据桥下河面面积的 1/3。[58] 这就缩小了水流面积，使得河水流速增加，冲击桥梁的地基。尽管如此，还是有多座罗

马时代的桥梁屹立了2000多年，不过也需要进行定期维修。罗马人在罗马城内台伯河上修建的八座桥梁中，有六座仍然屹立不倒。其中之一的莫尔桥（Ponte Molle）在第二次世界大战期间还曾经通行过意大利、德国及其盟军的重型坦克。[59]

罗马人还修建了浮桥。在《战记》（*Commentaries*）中，尤利乌斯·恺撒（Julius Caesar）描述了公元前55年，他们如何在横渡莱茵河时修建了一座长1450英尺（442米）的临时桥梁。[60]

> 恺撒因为上述的许多理由，决定横渡莱茵河。但他认为坐着船过河既不够安全，也跟自己和罗马人民的尊严不相称。因此，虽然要在这样宽阔且水流湍急的河上造一座桥是项极为困难的工作，但他认为还是应该做这样一番努力，否则就索性不把军队带过去。他决定按照下列方式建造桥梁：拿几对18英寸（0.457米）厚的木柱，从底部开始往上削尖一点，量一下长度，应该与河的深度相当，然后将它们两两捆绑在一起，中间间隔两英尺。利用筏子把它们送到河中立住后，再用打桩锤把它们打入河底，但不像木桩那样垂直地立着，而是统一朝着河水流动的方向倾斜。面对这一对木柱，在下游方向距离它们约40英尺（12.2米）的地方，再树立起以同样方式连在一起的成对木柱，只是倾斜的方向是逆着水力与激流的。在每一对木柱的两英尺（0.61米）空当中都插入一根长梁，在它们的两侧还有两根斜撑，一里一外地从顶端把它们撑开。这样，由于它们又是往两边分，又是被相反的力量紧紧夹在一起，因此这些建筑异常牢固。水流的力量愈大，木柱夹得就愈紧。这些长梁上面都以直交的方式铺上木材，这样它们就互相连接在一起，再在上面铺上长木条和编篱（把枝条交错着编）。除此之外，在面向下游的方向还斜

着插入了木桩，像扶垛似的从下方伸出，紧凑地配合着整个工程，以抵抗水流的冲击。在桥梁上游不远处也是同样的结构。这样，如果有当地人把树干或船只投入上游水中，企图让它们冲下来撞毁这些工程，这些防栅则可以减轻冲力，以免损坏桥梁。全部工程在十天之内完成了……军队过了河。[61]

第四章

古罗马学者

1. 维特鲁威·波利奥:《论建筑》(约公元前30年)

维特鲁威·波利奥(Vitruvius Pollio)撰写了一部建筑学论著,题为《论建筑》[*On Architecture*(*De Architectura*),约公元前30年]。我们对维特鲁威本人的生平几乎一无所知。这份手稿大概完成于公元前30年,似乎是维特鲁威在其生命的最后阶段撰写的。按照当时的习惯,这部著作是献给盖维斯·屋大维(Gaius Octavius,公元前63—公元14年)的。屋大维是尤利乌斯·恺撒的养子,后来以奥古斯都的名号成为罗马的第一位皇帝。显然,维特鲁威既为恺撒工作,也为奥古斯都工作。[1]

《论建筑》一书被分为十卷。虽然今天的建筑学被认为是关于建造建筑物的科学,但是古人对此的定义却甚为宽泛,包括了那些今天被归类于土木工程和机械工程的内容。维特鲁威认为"建筑学有三个分支":"建筑艺术、计时器制作以及机械制造"。[2]《论建筑》讨论了如何修建水渠、水井和蓄水池,还有弹射器、攻城器械和水轮。

在《论建筑》中,维特鲁威讨论的第一个话题为建筑教育问题。他认为一个建筑师必须接受包括历史、哲学等科目在内的通识教育,而非仅接受专门针对技术细节和事实的狭隘教育。"因此,(建筑师)应该既拥有天赋又善于接受教育。只有天分而缺乏教育,或者只有教育而缺乏天分,都不能培养出一个完美的艺术家。要让他接受教育,熟练使用铅笔,接受几何学教育,熟悉历史,关注哲学家,了解音乐,具备一些医学知识,懂得法学家的观点,并且熟悉天文学和天体理论。"[3]

维特鲁威认为一位建筑师应该在历史和音乐等领域学识渊博,还应从哲学中受益。“对于哲学来说，它能够使一位建筑师心胸高远，不自以为是，而且能够使他彬彬有礼、公正、诚实，不会贪得无厌。这一点很重要，因为如果没有诚实与廉洁的品质，是不可能圆满完成任何工作的。”[4]

但是，在很大程度上，维特鲁威并没有解释清楚通识教育在这门艺术的应用中能够带来什么实际好处。“显然在整本书（《论建筑》）中，作为通识艺术之一的建筑主题时而被提及，时而被忘却，但是书中没有几处能够认真严肃地真正阐明主题。”[5]

书中列举了“建筑学的基本原则”——秩序、布置、和谐、对称、恰当和经济。[6]这些不同的原则之间有一些重叠之处。显然，维特鲁威认为建筑是一门高层次的艺术。他在定义“和谐”时提及了对称性。“和谐就是各部分在调整过程中的优美与适合。当一个工程中的各个部分高度与宽度协调，宽度与长度适应，简言之，就是当它们以一种对称的方式相呼应时，我们就可以发现和谐。”[7]

在第二卷的开头，维特鲁威讨论了最早的人类住房的起源。他首先推测人类对火的发现与使用促进了语言的发明：

> 古代的人类就像野兽一样出生在树林、山洞与果树林中，以野外的食物为生。随着时间的推移，某些地方的稠密树林被暴雨和大风振动，树枝相互摩擦而起火，在这些地方居住的人被烈火吓得四处逃窜。在火势减弱后，他们走近后发现站在温暖的火焰旁感觉很舒服，随后又添加了一些树枝，避免火灭，而后又把其他人喊过来，用手势告诉别人在火边有多么舒服。当时他们偶尔发出的声音完全是孤立的，在这种聚会中，他们会说出某些日常生活习惯中固定的词汇，这些词汇也是碰巧出现的。之后通过命名一些大家共同使用的物品，他们就以这种偶然的方式开始说话，并开始了彼此之间的对话。[8]

《论建筑》一书还描述了一种名为白榴火山灰的火山灰，罗马人过去将这种火山灰与石灰、骨料混合在一起制作混凝土。“还有一种源于自然、效果惊人的粉末。这种粉末可以在巴亚（Baiae）附近和维苏威火山（Mount Vesuvius）附近城镇的乡村地区发现。当这种物质与石灰、碎石混合在一起时，不仅能增强各种建筑物的牢固度，甚至使用它在海中修建桥墩时，桥墩在水中也能非常坚硬。”[9]

维特鲁威描述了罗马人如何杀死一棵树并使木材干燥，只有等干燥过程结束后才会把树砍倒。“在伐树时，我们会从树干砍到树心，之后还要让树木保持竖立，让整棵树中的汁液一滴滴流出来。这样树内没有用处的液体便会从边材流出，避免整体腐烂而破坏木材的品质。等到整棵树完全干燥而且没有汁液继续流出时才会把树砍倒，这样的木材是最有用处的。”[10]

《论建筑》的大部分内容都是技术性的，直截了当，很少有离题的内容或者道德说教。但是在第六卷的导言中，维特鲁威对他的父母表示了敬意，感谢他们为他提供的良好教育。“幸运女神赐予的所有礼物都可以被她轻易剥夺；但是教育一旦与智慧结合，就永远不会被丧失，而是会稳定地保持到生命的最后一刻。因此，我非常感谢我的父母，对他们充满了无限的感激……因为是他们确保我能够学会一门艺术，而且是那种如果不学习、不接受通识教育就无法达到完美状态的艺术。”[11]

在第六卷中，维特鲁威还讨论了气候问题，还有他的想法——人的气质从北向南会发生系统性的变化。这说明他也有那种普遍的偏见，即他自己的族群要比其他所有族群更优越。

> 虽然南方民族拥有最敏锐的智慧，在制订计划时也极为聪明，但是到了需要展示勇气的时候，他们就会屈服，因为他们身上的男子汉气概都被太阳吸走了。另一方面，出生于寒冷国家的人总是更

会以巨大的勇气毫不畏惧地迎接武器的攻击，但是他们的智慧较少，总是不顾一切、毫无准备地冲锋陷阵，最终使计划失败。这就是大自然对宇宙的安排，所有这些民族都在性格上缺乏适当的节制，真正的完美之地位于上天的中心，四周都是完整的世界及其国家，占领这片土地的便是罗马人。[12]

维特鲁威属于保守派，这一点从他对罗马艺术的评判中就可以知道得很清楚。第七卷第五章题为“壁画的堕落”，在这一章中，他谴责了偏离对自然写实描绘的当代艺术潮流。维特鲁威首先声称艺术必须模仿自然。“事实上，一幅画就是对某个事物的再现，这个事物是真实存在的，或者是可能存在的，比如一个人、一座房屋、一艘船，或者是其他任何可以用绘画模仿其明确的实际结构的东西。”[13]

随后维特鲁威便颂扬了古人优秀的艺术，并将其与当代艺术进行了比较，包括当代艺术中那些“堕落的怪物”，如植物茎与人头的组合。

（古人的绘画中包含了）以风景为背景的神灵的形象或详细的神话故事，或者是特洛伊战争，或者是尤利西斯的漫游，以及根据类似原则从现实生活中复制的其他主题。但是在今天这个品位低俗的年代，这种从现实生活中复制的题材被人蔑视。今天我们的壁画中满是怪物，而不再真实地反映那些确定的事物……这种东西现在不存在，以前也从来没有存在过。因此，正是这种新的品位使得低劣艺术战胜了真正的精品艺术……但是当人们看到这些劣质艺术品时，却并没有发现它们的问题，反而感到愉悦，也不在意这些内容是否有可能存在。那些堕落的评判准则进一步蒙蔽了他们的理解力，因此他们无法对那些真正存在的主题给出权威的、恰当的认可。[14]

如果罗马人的管道技术更好一些的话，他们就可以使用虹吸管替代开放式水渠了，这些水渠必须确保从源头到输送地始终是缓坡。而虹吸管道则不需要连续的平缓下坡地势。只要终点的海拔低于起点，水就会顺着管道流动，能够顺利地通过中间的一些高坡，只要这些高坡的海拔不超过起点的海拔即可。

罗马人“偶尔也使用（虹吸管）穿越陡峭的峡谷，但是他们只有在完全迫不得已的时候才会使用”，因为“建造与维修虹吸管的费用较高”。[15] 罗马人建造的管道无法承受虹吸管中的高水压。在《论建筑》第八卷第六章中，维特鲁威解释了铅管在巨大的水压下会发生什么。“水会冲出来，冲破管道的接头。”[16]

维特鲁威接下来的解释说明至少部分罗马人知道铅会使人中毒。“从陶土管中流出的水要比从铅管中流出的水健康很多，因为人们发现铅是有毒的，从铅中可以提取出白铅（碳酸铅），而白铅据说对人体有害。”[17]

《论建筑》的内容如同百科全书一般无所不包，不仅仅有关于建筑方法与技巧的讨论，也包含了剧院内的声学研究，弹射器、螺旋式汲水装置和攻城器械的制作，天文学，以及日晷的建造。15 世纪，这一著作在欧洲被重新发现，对意大利文艺复兴时期古典建筑的复兴产生了影响。直到今天，《论建筑》仍在印刷出版。[18]

2. 卢修斯·阿内乌斯·塞涅卡（约公元前 4—公元 65 年）与尼禄（37—68 年）

尼禄的导师

卢修斯·阿内乌斯·塞涅卡是一位作家、政治家、演说家和诗人。在自然哲学领域，他贡献了七卷本的原创著作《自然问题》。遗憾的是，塞涅卡的一生与罗马帝国最为臭名昭著的皇帝尼禄交织在一起。

塞涅卡出生于居住在西班牙的一个意大利名门望族，他的父亲是一位著名的作家和修辞学家。[19]“在青年时代，（塞涅卡）就是一个素食主义者，从不饮酒，但是他的父亲制止了他在禁欲主义方面的进一步发展。”[20]年轻的塞涅卡被带到罗马，在那里接受了一流的教育。[21]他在写作、演讲和政治方面颇有造诣，在罗马迅速崛起。[22]但是后来他成为宫廷中钩心斗角的受害者，被流放到科西嘉岛（Corsica）长达八年。[23]

对于塞涅卡而言，流放生活是一段痛苦但又高产的时期。他笔耕不辍，撰写了一系列关于道德的散文和一些悲剧剧本。公元 49 年，塞涅卡结束流放。他被召回罗马，成为皇帝的新女婿尼禄的导师，那时尼禄还是一个 12 岁左右的少年。

尼禄是其寡母阿格里皮娜（Agrippina）唯一的儿子，而阿格里皮娜恰巧又是罗马皇帝克劳狄乌斯（Claudius，公元前 10—公元 54 年）的侄女。由于天生的性格弱点，克劳狄乌斯是一个平庸的统治者。“他在判断和思考方面存在缺陷。他经常说一些愚蠢的话，做一些愚蠢的事。”[24]

克劳狄乌斯的一生经历了很多次失败的婚姻。当他的第一任妻子还是一位处女时，他就不得不与其离婚，因为她的父母与奥古斯都皇帝反目成仇了。他的第二任妻子在婚礼当天自然死亡。克劳狄乌斯与他的第三任和第四任妻子也离婚了。[25]

克劳狄乌斯的第五任妻子是瓦莱里亚 · 梅萨利娜（Valeria Messalina），罗马历史学家将这个女人描述为一个阴险的女色情狂。“她不仅仅在皇宫内放荡，做出了很多极其可耻的事情，还在普通的小饭店里甚至是国都的街道上卖淫。”[26]

> 听听克劳狄乌斯的苦难吧。只要他的妻子（梅萨利娜）发现他已经睡着了，这个看似威严的妓女便不顾廉耻，宁可选择普通的坐垫也不享受御用的沙发。她就像个夜猫子，只带着一个侍女便出门了。她把自己的黑头发隐藏在浅色假发下，来到妓院，肮脏的被罩散发出一股臭味。她走进为她自己预留的房间，站在那里，使用假名露斯加（Lycisca，意为混血狼），她把乳房袒露，并以金箔装饰……在这里，她优雅地接待所有嫖客，并向每个人索要费用。[27]

苏维托尼乌斯（Suetonius，约69—130年）说梅萨利娜非常过分，曾经勾引一位年轻的贵族，并在没有与皇帝离婚的情况下与这名年轻贵族公开结婚。"似乎她的劣行还不够丑恶，她强迫执政官级别的贵族C. 西柳斯（C. Silius）与妻子离婚，这样他就可以一直陪伴她自己了。而她对于如此放纵的恶行还不满足，又劝说他与她结婚；在皇帝前往奥斯提亚（Ostia）出巡期间，他们竟然真的举行了婚礼。"[28]

塔西佗也证实了这件事情，他在写到这件事情时遗憾地声明，他自己也认为这件事情太过荒诞了，读者们或许会认为不可思议。

> 我很清楚，在这样一个事事尽人皆知、无人隐藏任何事情的城市里，居然会有这样愚蠢之人，而且这样的人还是当选执政官和皇帝的妻子，这真是太荒诞了。他们居然在一个指定的日子里，在按礼数邀请而来的众多宾客面前走到了一起，似乎是为了合法结婚；而她居然与新郎的朋友们交谈，向神灵献祭，与众多宾客在一起，四处亲吻、爱抚，像真的婚姻所允许的那样度过了一个夜晚。但是这绝非哗众取宠的故事，我只是在讲述我所听闻的和我的父辈们所记载的内容。[29]

在罗马上层社会女性中，梅萨利娜或许并不具有典型性。在农村地区，传统道德观念仍然为大多数人所遵循，但是历史学家巴特霍尔德·格奥尔格·尼布尔指出：“对于一个正直的男性而言，通常更有可能从他的女性奴隶中找到一个忠诚的朋友或伴侣，但是却很难从罗马贵妇中找到。”[30]

就算是克劳狄乌斯这样愚蠢的人也能注意到梅萨利娜的这种公然背叛。“梅萨利娜被命令面见皇帝，解释她的所作所为……在极其痛苦的状态下，她试图自杀，但是又没有足够的勇气这样做……（这时）一个保民官冲进花园，将宝剑刺入她的身体，她很快就死了。”[31]

五次失败的婚姻，尤其是最后一次最为灾难性的婚姻，令克劳狄乌斯沮丧忧郁。他召集禁卫军士兵并命令道，如果他再结婚的话就让他们杀死自己。“鉴于我的婚姻如此不幸，我决心今后再也不会结婚了；如果我做不到这一点，我允许你们刺死我。”[32]

尼禄的崛起

克劳狄乌斯不再结婚的决心并不长久。他被自己的侄女阿格里皮娜勾引，这个女人有个小儿子叫尼禄。克劳狄乌斯“被工于心计的阿格里皮娜迷惑，阿格里皮娜是他的兄弟日耳曼尼库斯（Germanicus）的女儿，她利用他们这种叔侄关系中正常的亲吻与爱抚激起了他的欲望”。[33]阿格里皮娜急于仿效菲利普与亚历山大，她试图为当时 11 岁的尼禄找到一位像亚里士多德一样的导师。塞涅卡是唯一合适的人选，因此阿格里皮娜设法将其从流放地召回。

阿格里皮娜穷尽一切手段操控克劳狄乌斯，并提高她的儿子尼禄的地位。尼禄在 16 岁那年迎娶了克劳狄乌斯的女儿屋大维娅（Octavia）。毫无主见的克劳狄乌斯甚至还被说服将尼禄收为养子，并使他成为自己的继承人，而不是自己的亲儿子布列塔尼库斯（Britannicus）。[34] 没过多久，克劳狄乌斯反悔了。但是他还没来得及改变这一决定，就被阿格里皮娜下毒害死了，“阿格里皮娜早就决定要害死他了”。[35] 很快，尼禄便继承帝位。一个被娇宠溺爱的17岁少年就这样获得了罗马帝国的所有权力，而且还有一个专横的母亲对他施加着恶劣的影响。

尼禄的统治持续了14年，刚开始还比较顺利，但是最后却验证了阿克顿勋爵［约翰·爱默里克·爱德华·达尔伯格－阿克顿（Lord Acton，John Emerich Edward Dalberg-Acton，1834—1902年）］的箴言：“权力导致腐败，绝对的权力导致绝对的腐败。”[36] 甫一登基，尼禄便宣布“他决定像奥古斯都那样统治国家，会尽其所能展现他的慷慨、仁慈与柔顺”。[37] 令人民负担沉重的税负被减少或废除，最尊贵的元老院成员得到了大量的补贴。当他不得不签署死刑命令、处死已被定罪的犯人时，富有同情心的尼禄总是说他真是后悔当初学会了读书写字。[38]

尼禄的早期统治颇有建树。“一般而言，他（尼禄）并不喜欢处理（国家）事务，他更喜欢悠闲的生活。”[39]“他（尼禄）对任何与政治相关的事务都毫无兴趣……他唯一感兴趣的活动是令他痴迷的表演与歌唱。”[40] 因此，阿格里皮娜、塞涅卡与罗马近卫军指挥官布鲁斯（Burrus）分担了管理国家的工作。[41]

塞涅卡的政治势力越来越大，同时也获得了巨额财富。历史学家狄奥·卡西乌斯（Dio Cassius，约150—235年）指责这位哲学家最为虚伪。“毫无疑问，他的所作所为与他所传授的哲学信条截然相反。他指控暴政，自己却成为暴君的导师……他指责富人，自己却拥有价值7500万的财产；他谴责他人的奢侈行为，自己却拥有500张杉木制作的三角桌，每张桌子都用完全相同的象牙制作桌腿，他就是用这些桌子大宴宾客的。”[42]

随着时间的推移，阿格里皮娜对儿子的影响“逐渐减弱”。[43] 阿格里皮娜对此怒不可遏，威胁要让布列塔尼库斯取代尼禄，她说“布列塔尼库斯现在已经成年了……（而且）是他父皇真正的继承者，也是适合的继承者”。[44]尼禄对此的回应是毒死了自己 14 岁的弟弟，以此证明他已经得到了自己母亲的真传。[45]在向罗马元老院解释布列塔尼库斯的死因时，尼禄将自己描述为一个值得同情的受害者，因为“他已经失去了一个弟弟的帮助”。[46]

尼禄认为自己的母亲已经成为自己权力的威胁，因此将其逐出宫廷，并试图下毒害死她，就像她当年下毒害死自己的丈夫克劳狄乌斯一样。

> （尼禄）剥夺了她所有的荣誉与权力，撤走了她身边的罗马卫兵与日耳曼士兵，把她从皇宫以及他的社交圈里驱逐出去，用各种他能想到的方式迫害她。他雇人在罗马对她发起诉讼，以此骚扰她，在她离开城市后还使用最下流、最具侮辱性的语言辱骂她，无论是在陆地还是在海上都派人跟踪她……他非常惧怕她的威胁和残暴，下定决心要彻底摧毁她，曾经三次试图投毒害死她……但是，之前的几次她都服用解药保住了性命。[47]

最终，阿尼凯图斯（Anicetus）想到了一个复杂而巧妙的暗杀计划，他是“一个被释放的奴隶，是米塞努姆（Misenum）舰队的指挥官，在尼禄童年时期曾经是他的导师，对阿格里皮娜恨之入骨，而阿格里皮娜对他也是怀恨在心”。[48]他们计划引诱阿格里皮娜乘坐一艘海船，而这艘海船会在海上解体。这艘船确实按计划沉没了，但是尼禄的母亲却得以逃生。她在海水中漂浮，直到遇到几艘小船，船上的人将其安全送到岸上并送回家。[49]

在得知母亲脱险后，尼禄立即召集塞涅卡与布鲁斯召开紧急会议。他们在这次会议上决定，必须立即使用直接手段完成刺杀行动。布鲁斯指出，禁卫军必须对所有的皇室成员保持忠诚，因此不能指望禁卫军执行这一任务。阿尼凯图斯主动请缨，尼禄吩咐他，只要能完成任务，需要多少人就带多少人。

在抵达阿格里皮娜的住所后，阿尼凯图斯便率人闯入。“杀手们围住她的长榻，一个三层划桨战船的船长首先用棍子重击她的头部。之后一名百夫长拔出佩剑给了她致命一击，当他的宝剑刺穿她的身体时，她尖叫着‘打烂我的子宫吧’，死时遍体鳞伤。”[50]

母亲死后，尼禄开始摆脱一切曾经束缚过他的禁忌。因为对国事毫无兴趣，这位年轻的皇帝完全投入到娱乐与艺术之中。“在他（尼禄）年轻时接受的博艺学科教育中，他学得最好的是音乐。”[51]尼禄一直幻想自己是一个出色的音乐家，因此他开始公开表演。这位年轻的音乐家总是受到热情的欢迎，并大受鼓舞。实际上，谁敢当众批评他呢？苏维托尼乌斯告诉我们:“在他（尼禄）表演时，无论发生什么情况，无论有多么急迫，任何人都不得离场。因此，据说有女人在剧场里生下了孩子。”[52]

玛尔库斯·撒尔维乌斯·奥托（Marcus Salvius Otho，32—69 年）是一位年轻的贵族，他曾经向尼禄吹嘘妻子的美貌，从而铸下大错。奥托的妻子波蓓娅（Poppaea）“除了头脑不清醒外几乎没有缺点”。[53]尼禄随即任命奥托去边远省份担任总督，这样他就可以毫无顾忌地追求波蓓娅，而不会受到她丈夫的干涉了。[54]

波蓓娅接受了皇帝的求爱。“哪里有好处，她就会喜爱哪里。”[55]迷恋波蓓娅的尼禄“很快就厌倦了（他的妻子）屋大维娅，不再与之有任何交往……他甚至还多次试图勒死她，但是都没有成功，后来以不能生育为由和她离婚了”。[56]在与屋大维娅离婚 12 天后，尼禄与波蓓娅结婚。[57]

屋大维娅被流放了。“隔了几天，她收到命令说她必须死……她被用绳索紧紧捆住，四肢的血管被切开。因为恐惧，她的血液有些凝结，流得太慢，最后在汗蒸房炙热的蒸汽中窒息而死。更加骇人听闻的是，她的头颅被割下送到罗马，交到了波蓓娅的手中，使其惊恐不已。”[58]

最终，波蓓娅也被尼禄杀害。他“在波蓓娅怀着孩子、身体不适的时候一脚踢死了她，仅仅因为她责怪他一直在驾战车，回来晚了”。[59]

尼禄的罪行愈发严重，发展到“反复无常的程度，只要是他认为要杀的人就会不分青红皂白进行屠杀，而且杀人都是出于毫无依据的借口”。[60]这个怪物“摧毁了所有出于血缘或者姻亲关系而与之结盟的人”。[61]“他开始觉得凡是他有权做的事情都是正确的事情，并且相信那些出于恐惧或奉承的言论，认为这些言论都是绝对的真话。”[62]

在禁卫军指挥官布鲁斯去世后，塞涅卡对尼禄的影响也不断减弱。尼禄“开始依赖那些更为糟糕的顾问。这些顾问以各种罪名攻击塞涅卡，（向尼禄）证明他（塞涅卡）在不断增加自己的财富，而他现有的财富已经超过了一个臣子应该拥有的规模，并且还不断提高公民对他的依附程度，而他的花园之美、乡村住房之富丽堂皇，皆已经超过了皇帝”。[63]

塞涅卡意识到自己面临的风险，他主动上交自己的财富，希望以此令尼禄放心。[64]皇帝则虚与委蛇地回答道：

> “只要生命存在，你给我的礼物就是永存的财产；我赐给你的东西，你的花园、投资、你的乡村住房都容易导致意外。虽然这些东西看上去很多，但是很多远不如你的人得到的更多。我羞于说出那些拥有更多财富的自由人的名字。因此实际上我得惭愧地说——就感情而言，你是我最看重的人，但是在财产方面，你却并没有超过所有人……”皇帝不仅说了这些话，而且还拥抱并亲吻了他。无论是出于天性，还是出于被训练出来的习惯，他都会用虚伪的奉承掩饰自己的仇恨……塞涅卡向皇帝表达了感激……但是他却彻底改变了自己之前志得意满时的行为方式……（他）很少在罗马出现，因为体弱多病且忙于哲学研究，他总是宅在家里。[65]

随后，尼禄试图毒死塞涅卡，但是这些努力皆以失败告终，因为塞涅卡总是保持“非常简单的饮食，以野果为食，以溪水解渴”。[66]

《自然问题》

自大约公元 63 年到 65 年，实际上处于退休状态的塞涅卡撰写了《自然问题》一书。塞涅卡认为自己属于斯多葛学派，《自然问题》中的大部分内容也阐述了斯多葛学派在自然哲学方面的标准观点。塞涅卡并非一位原创研究者，而《自然问题》一书在很大程度上也是希腊科学 —— 尤其是亚里士多德和波赛东尼奥的著作 —— 的衍生品。[67]

《自然问题》一书被分为七个部分，或者说七卷，主题涉及气象学、地质学与天文学。第一卷开篇讨论了自然哲学的优点。“如果我不被允许研究这些主题的话，生命也就毫无意义了。如果只是芸芸众生中的一员，又有什么可以感到高兴的理由呢？只是为了消化食物和水吗？只是为了治疗一个患病的、羸弱的躯体 —— 只要不持续补充营养，这个躯体就会灭亡 —— 然后度过照顾病躯的生活吗？”[68]

塞涅卡论述了神的本质。“但是，什么是神呢？宇宙的智慧。我曾经说过神是什么吗？你能够看到的一切和你无法看到的一切。神的伟大超越了人类思想。赋予神真正的伟大，神便无所不在，他既在他所创造的事物之内，又在这些事物之外……他就是完全的理性。”[69]

塞涅卡与亚里士多德一样，都是目的论者，他们在自然界中看到了目的与设计。“人们常常认为作为事物框架的自然只是原子的偶然组合而已，一切都源于机会，这一错误观念蒙蔽了凡人的双眼。然而这个宇宙才是最公平、经历了最为精细的调整、被规划得最为统一的产物。”[70]

第一卷中对自然现象的讨论始于塞涅卡对火球（流星）的性质和原因的假

设。他推测流星和闪电都是由“大气层的剧烈摩擦”引起的，就像钢铁撞击火石会飞出火花一样。[71] 亚里士多德在《天象论》中也提出过相同的解释。[72]

塞涅卡认为流星并非由于恒星坠落形成的，因为天空中可见的恒星数量并没有减少。“如果真是这样的话，那么它们（恒星）早就消失了。”[73]

文中还包括对日冕（太阳或月亮周围的衍射环）和彩虹的讨论。塞涅卡错误地将彩虹的存在归因于反射光，而不是折射（弯曲）光。[74] 第一卷中还提到了北极光，塞涅卡将这种现象描述为“天空似乎着火了”。[75]

第一卷最后讨论了镜子与道德。塞涅卡描述了人对镜子的色情使用，这样的人“利用镜子的反射功能观看一些令人作呕、可憎的罪恶场景”。[76] 对于这种讨论，有品位的读者可能会觉得有些过界和赤裸。在此卷的最后，塞涅卡指责了罗马人日益严重的奢侈之风与恶习，谴责了那些像女人一样过分装扮自己的男人。“那些过去被认为只有女人装扮才会用到的东西，现在已经成了男人装扮的一部分。”[77] 这段话具有典型的斯多葛派风格，这一学派反对感性和奢侈。

第二卷专门讨论了空气、闪电和雷的性质。塞涅卡无法知道真正的原因，但他在整个《自然问题》中都表现出了科学的态度，他罗列了各种为解释这些现象而提出的假设，然后客观地评论了每种假设的依据。这基本上是采用了亚里士多德的方法。

作为一个斯多葛派学者，塞涅卡总是会将自然哲学的研究与道德联系起来。自然哲学的目的是理解宇宙。而关于宇宙的知识反过来又意味着对人的命运与道德责任的理解。[78] 在《自然问题》第二卷中，塞涅卡直言不讳地提出，对自然的研究应该与道德联系在一起。“我完全同意在所有的研究与所有的讨论中都附加一些道德研究。”[79]

第三卷的主题是“陆地上的水体”。在这一卷的开始，塞涅卡就哀叹自己可用于科学问题的时间太少了，指出即使是整个一生的时间也不够。“衰老间题在后面紧紧地压着我，责备我这么多年的研究一无所获。”[80]

塞涅卡研究的第一个问题是让古人困惑了几千年的地质之谜——水循环的本质。显然，河流中的水不断地流入大海，但大海却从未被填满，河流也从未干涸。

塞涅卡首先指出，曾经有些人提出，河流中的水是由降雨补给的。这本是正确的解释，但是塞涅卡却否定了这种说法。他的第一个理由是，他不相信降雨量足以使地面到地表以下的深层土壤水量饱和。“我在我的葡萄藤下辛勤耕作，我可以从观察中确定，没有一场雨能够大到可以渗入地面 10 英尺（3.0 米）以下的土壤。因为所有的水分都被上层的土壤吸收了，所以没有渗透到下层的土壤。那么，仅仅能够打湿地表的雨水怎么可能储存足够的水供给河流呢？”[81]

塞涅卡不太可能拿起过铲子耕种，他更可能是在自己的庄园里监督奴隶们耕地。塞涅卡的第二个理由是“一些泉水是在山顶上涌出的，而鉴于山顶的雨水都已经流走了，那么这些泉水显然是被挤压到山顶或者本身就是在山顶泉眼处形成的”。[82] 这种说法令人费解，因为在山的“最顶端”确实不可能出现泉水，但在山顶以下的任何地方出现泉水却是很有可能的。

与亚里士多德一样，塞涅卡也声称地下水的一个来源是凝结。“在地表之下，那种能够将空气变成水的力量——无论这是一种什么样的力量——是永远存在的，在永远的黑暗之中，在永远的寒冷之中，密度变化不大……我们斯多葛学派确信，地球上的元素是可以相互转换的。”[83] 在确定空气能够变成水之后，塞涅卡又提出其他元素之间的转变也是可能的。“任何一种元素都来自其他的元素：空气来自水，水来自空气；火来自空气，空气来自火。那么，为什么土壤就不能从水中形成呢？反之，水为什么就不能从土壤中形成呢？”[84]

为了解释为什么大海中的水并非源于河流之水，塞涅卡提出，海水是通过不为人知的渠道隐秘地流进土壤的。“因此，海洋不会变大，因为它并没有吸收流入海洋的水，而是立即使其流回土壤。海水从一个秘密的路径返回，并在返回的过程中进行了过滤。它通过地面上无尽的、曲折的通道时会被冲撞，这使它失去了盐分，海水的苦味也在其所经过的各种地面上被消除了，最终变成了纯净的淡水。”[85]

从很久之前，人们就开始相信地球内部有许多看不见的通道，水从这些通道流过。在《斐多篇》中，柏拉图说：“在地球表面各处的坑洞中，有各种不同的区域……所有这些空间的地底下都有天然的孔道，分布于地下的大大小小的水道彼此相连，有大量的水从它们那里流出来，又流进去，如同流进盆地一样。”[86]

塞涅卡将水和空气在整个地球上的流动比作血液在人体内的流动。“我坚信地球的组织结构与我们的身体结构非常相似，我们的身体之中有静脉和动脉，前者是运送血的血管，后者是运送空气的血管。同样，在地球上也有一些通道，水通过其中一些通道，而空气则通过另外一些通道。在自然中形成的地球与我们的身体极为相似，我们的祖先就曾经谈到过水通过的血管。”[87]

塞涅卡对地球和人体的比较是对“宏观世界与微观世界”学说的最早引用之一。这种学说“相信在宇宙和人类个体之间存在着一种解剖学和心理学上的一致性。宏观世界是整个宇宙，其各个组成部分被认为是人类身体和心灵的一部分。微观世界是指人类个体，人们认为其组成与宇宙的组成极为相似”。[88]

这一学说至少可以追溯到古希腊的自然哲学家们。德谟克利特写道：“人是一个小宇宙。”[89] 另一个早期的关于此学说的说法是在柏拉图的对话录《斐利布篇》（*Philebus*）中，柏拉图把宇宙和动物身体做了一个类比。“构成所有动物身体本质的元素，火、水、空气和……土，在世界的构成中重新出现……宇宙……可以被认为是一个躯体，因为两者都是由同样的元素组成的。”[90] 在柏拉图的《蒂迈欧篇》中，世界本身被认为是“一个活的生物”。[91]

宏观世界与微观世界的学说成了中世纪欧洲思想的一个重要原则。“它试图在复杂的宇宙与人类本身之间建立某种可以被理解的或简单的关系，从而赋予整体以统一性。”[92]

在讨论身体浮沉的原因时，塞涅卡差点就发现了阿基米德原理，但他只是观察到比水重的物体会下沉，而比水轻的物体会浮起。“称量任何体积相同的物体，并将其与水进行比较。如果该物体比水轻，就会漂浮在水中，其漂浮的高度与其比水轻的程度成比例；比水重的物体则会沉入水中。”[93]

塞涅卡指出在有些湖泊中，由于湖水中多了矿物质（盐），水的密度变大了，因此人可以在湖水中漂浮。“众所周知，有些湖泊的水会把不会游泳的人托浮起来。”[94]他还评论了存在密度小于水的石头这一事实。“有许多轻质浮石……可以漂浮在水面。”[95]

塞涅卡以一段关于道德的题外话结束了第三卷。“恶习很快就会潜入；美德则很难被找到，她需要管理与引导。但是，即使没有导师，恶习也可以轻易获得。”[96]

第四卷的第一部分专门讨论了尼罗河的源头；第二部分讨论了冰雹和雪的问题。塞涅卡关于尼罗河源头的论述堪称经典。关于尼罗河为何每年都暴发洪水的各种假说，他都系统地罗列出来，并对之进行讨论。

遗憾的是，在塞涅卡告诉我们他所赞成的解释是什么之前，讨论就戛然而止了。由于这些讨论终止得过于突兀，我们不得不认为讨论的最后部分已经丢失了。第五卷的主题是风，第六卷讨论了地震。在讨论地震问题时，塞涅卡肯定了自然主义。“我们应该确信这些事情没有一件是神的作为，天地的移动也并非神灵愤怒时的所作所为。这些现象有其自身的原因。”[97]

在向读者介绍他认为什么才是地震的真正原因之前，塞涅卡为他在这个问题上的工作进行了辩护。“我们的工作……将得到什么回报呢？我认为那将是超越一切的回报，就是对自然的认识……进行这项研究，并不是为了获得收益，而是因为它所激发出的惊奇之情。”[98]

塞涅卡指出，对地震的解释包括火、水、空气和地球本身等原因。他认为，最为符合逻辑的解释是空气在地球内部的运动，这一观点显然来自亚里士多德。[99] 塞涅卡首先指出地球内部必定包含空气。“地球内部并不缺少空气，这一点大家都知道……地球必定储存着大量空气，否则她怎么能把空气注入如此众多的树木和庄稼呢？而这些树木和庄稼的生命都来自空气，而非其他来源。”[100]

塞涅卡证明了地震是地球内部空气的突然剧烈运动造成的。他提到了作为四大基本元素之一的空气所具有的固有属性，以此来证明他的理论。“我想所有人都相信没有什么东西能像空气那样不稳定，那样反复无常，那样紊乱。”[101]

《自然问题》的最后一卷，也就是第七卷，讨论了彗星，还提到了恒星和行星。这些讨论遵循了通常的模式。文中提到了所有关于彗星性质的理论，并根据其相对优势和劣势进行了评估。彗星是一种大气现象，这是斯多葛学派的观点。“因此，我们的斯多葛派朋友认为，彗星是由密集的空气形成的，就像流星和光束，以及天空的其他预兆一样。”[102]

但塞涅卡不同意斯多葛派的标准解释，他的结论是，彗星是一种永久性的天体特征，而不是出现在地球上层大气的短暂现象。“我在这个问题上不同意我学派的观点，因为我不认为彗星是一场突如其来的大火，我把它列为自然界的永久现象之一……（彗星的）返回会间隔很长时间。”[103]

塞涅卡的科学成果在很大程度上局限于对自己所读作品进行的深思熟虑的讨论，以及有限的、偶然的个人观测。他援引自然主义的方法，运用多种研究假设，展示了科学的思维方式。然而对于使用系统性的实验方法，塞涅卡却没有洞察其必要性，也没有提出任何可以增加科学知识的系统化方法。他的科学思想是哲学性的，主要基于推理和逻辑分析。

塞涅卡以乐观的口吻结束了《自然问题》一书，并对知识的最终增长一事提出了一些有预见性的看法。“经过漫长岁月的研究，科学进步将揭示出目前尚被掩盖的自然界的奥秘，这一天终会到来……我们的子孙后代了如指掌的事情，我们却对其一无所知，他们会对此感到震惊的。”[104]“有一天，人们将能够发现彗星会通过哪些地方，知道为什么它们的运行路线与其他恒星相距如此之远，了解它们的大小与结构。我们应该对我们已经发现的东西感到满意，并留下一些真理等待我们的后代去发现。”[105]“许多发现都要留给未来，那时候人们已经忘记了我们。在每一个历史阶段，如果没有留下待全世界共同解决的问题，那么这个世界会显得很可悲。”[106]“大自然不会一下子就揭示她所有的秘密。我们认为我们已经开始进入她神秘的世界，但是我们还只是在她的外围徘徊。”[107]

在《自然问题》的结尾，塞涅卡沉浸在典型的斯多葛式的道德说教中，哀叹遍及罗马的道德沦丧现象。“我们一心一意地追求一个目标——那就是尽可能地作恶，而我们还没有达到完美的程度，邪恶还在不断蔓延。人们为了奢侈而愈发疯狂，人们的龌龊行为也是愈发卑劣……我们仍在竭尽全力扼杀任何仅存的美德的种子。”[108]

塞涅卡进一步指出，他的同胞们对哲学或科学缺乏兴趣，因此，现有的知识体系不是在增长，而是在被侵蚀。“人们不再思考哲学问题。于是就出现了这样的情况：老一辈人留下的未充分研究的东西非但没有得到进一步发展，他们的许多发现还在遗失。”[109]塞涅卡的悲观主义与其乐观主义一样具有预见性和现实性。他所设想的知识的黄金时代最终将会来临，但是这一切既没有发生在他的年代，也没有发生在他的国家。

尼禄的罪行

当塞涅卡在乡下的家中利用实际上的退休时间撰写《自然问题》时，在罗马，尼禄的变态行为与暴政正在愈演愈烈：

放荡、淫乱、奢侈、贪婪和残忍，他（尼禄）起初是在私下里有节制地做这些事情，而且似乎只是因为年轻时的愚蠢才这样做。但是，即使在那时，世人也认为这些都是他天性中固有的问题，与他的年龄无关。天黑之后，他常常戴着帽子或假发进入酒馆，在街上嬉闹，其中不乏恶作剧。他经常殴打那些吃完晚饭回家时遇到他的人，如果他们敢反抗，他就会打伤他们，然后把他们扔进公共下水道。他会砸开商店并进行抢劫，然后在家里召开拍卖会，出售他的战利品。[110]

他（尼禄）不仅侵犯自由民所生的男孩和放荡的已婚妇女，还强奸了维斯塔贞女鲁布里娅（Rubria）。他还打算与女自由民阿科特（Acte）结婚，为此他唆使一些执政官级别的人发誓说她拥有皇室血统。他阉割了男孩斯波洛斯（Sporus），并试图把他变成一个女人，甚至还与他举行了婚礼，办理了所有常规的结婚手续，让他戴上了玫瑰色的头纱，并且安排了很多人参加他们的婚礼。婚礼仪式结束后，他让人把斯波洛斯像新娘一样领到自己房间，把他当作自己的妻子。有人开玩笑说："如果他（尼禄）的父亲多米提乌斯当初能有这样一个妻子，那么对人类来说真是件好事。"[111]

他（尼禄）严重玷污了自己的名声，在他使用一些不正常的方式玷污了自己身体的各个部分后，他发明了一种特殊的消遣方式，就是让人把他从竞技场的一个洞穴里放出来，他身披兽皮，暴力攻击男人和女人的私处，而这些男女都被绑在桩子上。他在他们身上发泄完怒火后，在他的自由民多里福斯（Doryphorus）的怀抱中结束了这场游戏。他与多里福斯结婚的方式就像他与斯波洛斯结婚一样，对方要模仿年轻处女被强奸时的哭声和尖叫声。[112]

“他（尼禄）认为，财富和金钱除了可以大肆挥霍之外，没有其他用途。对于那些将花销控制在合理范围内的人，他视之为卑鄙的可怜虫；而对于那些奢靡浪费、挥霍一空的人，他却视之为真正高尚和慷慨的人，加以赞扬。”[113]

焚烧罗马

尼禄最大的罪行是烧毁了罗马城。“他假装对古老的建筑和狭窄曲折的街道感到厌烦，公然放火烧城，许多执政官级别的人在自己的土地上看到尼禄的仆人手里拿着麻绳和火把，但是却不敢制止他们……这场可怕的大火持续了六天七夜。”[114]“整个帕拉丁山、陶鲁斯（Taurus）剧场和城市其余部分的近2/3都被烧毁，无数人丧生。”[115]当罗马城在烈火中燃烧时，尼禄却在抚琴歌唱。“尼禄登上了宫殿的屋顶，在那里几乎可以一眼看到整个大火，他穿上了抒情诗人的服装，唱起了《占领伊利昂》（*Taking of Ilium*①），然而，在普通人看来，这似乎更像是《占领罗马城》（*Taking of Rome*）。”[116]

尼禄努力为民众提供救济，他安排人将食物运进城内，建立临时住房，并降低粮食价格。[117]但尽管如此，“民众仍然不断地诅咒尼禄”。[118]据塔西佗记载，尼禄需要一个替罪羊，于是他便在罗马的基督教团体中找到了一个。

> 尼禄将罪责强加于一群人，并对其施加了最为残忍的酷刑，这群人因为其令人生厌的行为而被仇视，民众称这群人为基督徒……因此，那些认罪的人首先被逮捕；然后根据他们提供的信息，又将大批人定罪。他们的罪行不仅是烧毁罗马城，更是敌视人类。他们不仅被判处死刑，而且还受到了侮辱。他们披着兽皮，或是被狗撕咬

---

① Ilium为罗马帝国对特洛伊城的官方称呼。

而死，或是被钉在十字架上，或是在烈火中被烧死，作为白昼消失、黑夜降临时的照明。而尼禄则开放了自己的花园供公众参观，并在马戏团里进行表演，他穿着驾驶战车的衣服与人们打成一片，或是站在高高的战车上。因此，即使是对那些应该受到极端惩罚并加以示众的罪犯，人们也产生了一种怜悯之情，因为他们被消灭，似乎并不是为了公共利益，而是为了满足一个人的残忍意图。[119]

塞涅卡之死

虽然塞涅卡早已退休，但他还是无法从罗马当局的阴谋中解脱出来。尼禄指控他参与了一项煽动性的阴谋。塞涅卡否认了这些指控，称他对政治不再有任何兴趣，只想过平静的生活。但是尼禄态度强硬：他要求塞涅卡自杀，并派一名百夫长执行死刑。塞涅卡的死“让皇帝特别高兴，不是因为他已经判定了他的阴谋，而是（因为他）急于用剑完成毒药未能做到的事情”。[120]

塞涅卡和他的妻子决定一起自杀。“他们用同一把匕首割断了手臂上的动脉。由于塞涅卡年事已高，饮食节俭，血液流得很慢，所以又切断了腿部和膝盖的静脉。”[121]但尼禄不允许塞涅卡的妻子自杀，所以“在士兵的催促下，她的奴隶和自由民捆住了她的手臂，止住了血”。[122]

塞涅卡的死亡并不迅速，而是漫长且艰难的。塞涅卡用匕首自杀失败后请求别人帮助。

（塞涅卡）恳求斯塔提乌斯·阿内乌斯（Statius Annaeus）——他因忠实的友谊和精湛的医术而长期受到推崇——制造一种毒药，这种毒药是他前段时间为自己准备的，那些被雅典民众公开宣判的人就是服用这种毒药而死的。有人将这种毒药拿到他（塞涅卡）的面前，他喝了下去，但是却没有任何作用，因为他四肢冰冷，毒药对他的身体已经没有什么效果了。最后，他走进了一个充满热水的水池，从里面向离他最近的奴隶泼水，并且感叹道："我把这些液体作为祭品献给救世主朱庇特。"然后他被抬进一个浴池，浴池里的蒸汽将他闷死。最后他被火化，没有举行任何常规的葬礼仪式。[123]

一位艺术家的逝去

在尼禄统治的第 14 年，高卢人起义了。"一个名叫盖乌斯·尤利乌斯·维迪克斯（Gaius Julius Vindex）的高卢人……针对尼禄发表了一篇内容翔实的长篇大论，说人们应该反抗，与他一起攻击皇帝，'因为他掠夺了整个罗马世界，因为他摧毁了他们元老院的所有成果，因为他放荡并杀害了他的母亲，甚至就连作为君主的假象都不愿意维持'。"[124] 维迪克斯提名罗马驻西班牙军队的指挥官塞尔维乌斯·苏尔皮基乌斯·加尔巴（Servius Sulpicius Galba，公元前 3—公元 69 年）为尼禄的接替者。加尔巴"也被士兵们提名为皇帝"。[125]

尼禄最初制定了平定叛乱的计划，但是"在准备出征时，他首先考虑的是用马车承载他的乐器以及要在舞台上使用的设备，还让随行的嫔妃装扮成男人的样子，为她们提供战斧和女战士使用的盾牌"。[126]

这时传来消息说"其他部队都宣布反对他"，这样一来，尼禄便没有了盟友。[127] "由于他被所有人抛弃，（尼禄）开始制订计划，以便处死元老院成员、把城市烧成灰烬，然后逃往亚历山大。"[128] 最后，就连尼禄的贴身保镖也抛弃了他，皇帝和几个同伙逃到城外的一个乡间住处。[129] 考虑到自己即将被抓，尼禄决定自杀。他哭泣着说："一个艺术家现在就要死去了！"[130] 尼禄"在他的秘书埃帕弗洛迪图斯（Epaphroditus）的协助下，将匕首刺进了自己的咽喉……（然后）他就死了，双眼突兀地圆睁着，所有看到他的人都感到惊恐万分"。[131]

3. 老普林尼（23—79 年）

《自然史》

老普林尼［盖乌斯·普林尼·塞孔都斯（Gaius Plinius Secundus）］是一位罗马贵族，他一生中大部分时间都在为罗马帝国服务，有时从事行政管理，有时从事军事工作。“公元 35 年前，他的父亲把他带到了罗马，在那里他接受教育，师从父亲的朋友、诗人和军事指挥官蓬波尼乌斯·塞昆杜斯（P. Pomponius Secundus），后者激发了他对学习的终生热爱。”[132] 塔西佗将蓬波尼乌斯·塞昆杜斯描述为“一个举止优雅、天赋极高的人”。[133] 普林尼得到了塞涅卡的指导，在他的指导下“成为一个热衷于哲学和修辞的学者”。[134]

普林尼一生中撰写了七部著作。在担任骑兵指挥官期间，他撰写了第一部作品《论马背投枪法》（*On Throwing the Javelin from Horseback*）。其第三部著作《日耳曼战记》（*German Wars*）记录了罗马与日耳曼之间所有战争的历史，是一部更加雄心勃勃的作品。[135] 这部著作显然广受尊崇，因为塔西佗称普林尼为“日耳曼战争领域内的历史学家”。[136]

除了最后一部也是最重要的一部著作《自然史》之外，普林尼的所有手稿皆已丢失。普林尼的《自然史》是一部不朽的著作，它是第一部自然哲学领域内的百科全书。《自然史》共有 37 卷，其内容涵盖了天文学、地理学、地质学、气象学、动物学、海洋学、鸟类和昆虫学、解剖学、植物学、林学、农学与医学。[137] 普林尼的侄子小普林尼（Pliny the Younger，约 61—113 年）将其描述为“一部内容丰富、学识渊博的作品，其涵盖的内容之丰富就像大自然本身一样丰富多彩”。[138]

这部著作的内容不止于此。普林尼还探讨了绘画的历史（第 35 卷），以及青铜雕塑（第 34 卷）与大理石雕塑（第 36 卷）。普林尼在给罗马皇帝韦帕芗（Vespasian，9—79 年）的献词中说，《自然史》涵盖了 20,000 个主题，为了撰写此书，他阅读了 2000 本书。[139]《自然史》的价值很大程度上源于这样一个事实：普林尼在撰写此书时所依赖的大部分原始书籍资料现在已经丢失。

普林尼是一个求知若渴的读者与不知疲倦的研究者。他在吃饭的时候会让人给他念书，在洗澡的时候会口述他书中的部分内容。除了睡觉时间，他没有浪费一分一秒。普林尼终生未婚，只收养了他的侄子小普林尼作为继承人。他的侄子在《书信集》第三卷第五封信中描述了普林尼的工作习惯。

> 你会觉得奇怪，一个像他这样如此忙碌的人，怎么会有时间撰写如此多的著作，而且其中一些著作还是关于一些深奥的主题。夏季，夜幕刚刚降临，他便已经开始研究工作了；每逢冬季，他一般是从凌晨一点——从不晚于两点，而且常常是在午夜——开始工作……天亮之前，他要去侍奉韦帕芗，而韦帕芗也会选择这个时间段处理政务。一处理完这位皇帝交给他的事务后，他便会再次回到自己的书房。中午吃过简单的午餐后，他经常……在阳光下小憩一会儿，这时会有人给他读一些学者的文章，而他会从中摘录、思考……因为他的座右铭就是“没有一本书不能让我们从中受益，我们总是可以从中学习到一些新鲜的东西”。做完上述这些事情后，他一般会洗个冷水浴……然后休息一会儿。如此，就像新的一天一样，他立即恢复了学习，直到晚饭时间，这时又有人给他读一本书，他就会对这本书匆匆发表一些看法。夏天，他总是在日光中结束晚餐；冬天，则是在天一黑的时候……这就是他在城市喧嚣背景下的生活方式。在乡下，他的全部时间都用于学习。旅途中他没有耽误学习，在那些时间里，他的思想游离于所有其他事物之外，而完全沉浸于书海……通过这种非同寻

常的生活方式，他得以完成了我提到的几篇论文。此外，他还通过遗嘱给我留下了160卷书，由一种普通的文本组成，写在两面纸上，字迹寥寥，一眼可见大致的整页字数。[140]

如同许多希腊的哲学家前辈一样，普林尼是一位一神论者。“无论上帝是什么，如果真有上帝的话，那么无论他在哪里，他都是集一切感官、视觉、听觉、一切生命、一切思想于一体的存在。”[141] 可见，普林尼的上帝不是犹太人和基督徒的神灵，而是一个模糊的精神原则。“大自然的力量得到了清楚的证明，它就是我们所说的上帝。”[142]

普林尼明确否定了多神论，称其为愚蠢之念。“人们出于善或者恶创造了众多神灵，相信如此众多的神灵的存在则更为愚蠢。”[143] 他还说，把人的特征赋予神灵是幼稚的。“假设诸神之间缔结了婚姻，但在这么长的时间里他们却没有后代。他们中一些人应该年华老去，灰头土脸，而另一些人则是年轻健壮，如孩童一般；其中一些人肤色黝黑，有双翼，跛足，卵生，在岁月更迭中从生到死，这已经足够幼稚和愚蠢了。但如果想象他们之间有通奸行为，有竞争和争吵，有偷窃和各种犯罪行为，那就无耻之极了。”[144]

在《罗马帝国的衰落与灭亡》中，爱德华·吉本将普林尼的《自然史》描述为“一部巨大的登记卷册，汇总了普林尼的发现、艺术成果和人类的所有谬误”。[145] 乔·萨顿将其描述为“既是古代科学的墓穴，又是中世纪传说的摇篮”。[146]

《自然史》因普林尼不加批判、照单全收地收录了各种琐屑事实、童话和虚构故事而受到非议。比如书中写到人类的畸形现象，如“一只脚向后转，每只脚有八个脚趾的人……长着狗头的人类部落……只有一条腿，但能以惊人的灵活性跳跃的人……一个没有脖子，眼睛长在肩膀上的部落……一群没有嘴，只能靠呼吸和鼻孔吸入味道来苟延残喘的人”。[147]

当然，除了人类的奇闻逸事外，《自然史》中还描述了一些神话中的奇异动物。普林尼写道，埃塞俄比亚有一种“长翅膀且有角的马”，还有一种动物，“嘴里有三排牙齿，像梳子一样严丝合缝，同时，又长有人脸、人耳、蓝色眼睛，通体血红，狮身，有带刺的蝎尾”。[148]

普林尼声称，狗“永远不会对鞋上带有狗舌头图案的人吠叫”，[149]而磁铁放在某些宝石旁边会失去吸引铁的能力，“这种宝石对磁铁极为排斥，当磁铁被放在附近时，它会失去吸铁的功能”。[150]

此外，普林尼的《自然史》也包含一些关于石头和矿物等物的离奇说法。普林尼说，凝视绿宝石可以使疲惫的眼睛恢复活力。“即使当眼睛因长时间凝视其他物体而视疲劳，它也会在和绿宝石对视后重焕生机。”[151]他认为，岩石像有生命的物体一样在地球上生长，因此大理石矿场是取之不尽的。“大理石在采石场里生长；那些在采石场工作的人向我们保证，因采石而在山上造成的创伤会自动修复。”[152]

如果说《自然史》反映了当时人们的普遍观点，那么只能说罗马人对妇女有着太多迷信的看法了。普林尼写道：“女性的奇异力量是无限的……他们说，冰雹、旋风，甚至闪电，都会在女人月经来潮、掀开衣襟时被吓跑……在海上，即使女人当时没来月经，只要撩起衣服，风暴就会立刻平息。”[153]

人们认为经期妇女和其经血会造成一系列影响，而且其中大部分都是负面影响。任何紫色的东西如果被经期妇女触摸，其光泽感就会减弱。“如果一个妇女在经期脱光衣服，在麦田里走来走去，毛虫、蠕虫、甲虫和其他害虫就会从玉米穗上掉下来。”[154]如果“剃刀的边缘”接触到经血，它“就会变钝”。[155]假如“女性经期和月食或日食恰好是同一天，那么厄运就会随之而来”。[156]

普林尼也不是轻信所有事情。在《自然史》第八卷中，他质疑了希腊狼人故事的真实性。“人被变成狼，然后又恢复原状，我们必须承认这是荒谬的，除非我们准备相信所有的故事——而这些故事，这么多年来，已经被证实是值得怀疑的……希腊人的轻信竟然达到了这种程度，真令人讶异！无论是多么露骨的谎言，总是有人愿意为之做证。”[157]

诚然，普林尼不加批判地接受每一个事实，这一倾向必然损害了他在历史学家中的声誉。然而，普林尼又以包罗万象的方式收集和整理他那个时代的所有知识，这一点是值得肯定的。这些知识为我们提供了一个未经过滤的视角，让我们了解古人对世界的认识，而不是普林尼本人的主观想法。事后看来，要指出那些本应被排除在外的荒谬之处非常容易，但对普林尼来说却比较困难。

在他那个时代的人看来，普林尼关于自然奇观的某些论述一定像独角兽的存在一样不可思议，然而，今天的我们却知道这些现象是真实的。如普林尼曾提到一块会燃烧的石头，[158]以及自发从海中升起的岛屿。“陆地有时会形成……海上会突然浮现出岛屿。”[159]燃烧的石头当然是煤，而火山岛也可能自己从海中神秘地升起。1963 年，苏尔特西岛在冰岛以南约 33 千米的北大西洋海洋中形成，该岛的出现还伴随着烟雾、熔岩流和闪电风暴。[160]该火山活动持续了 4 年，而该岛的面积也扩展到 2.7 平方千米。[161]

在普林尼的《自然史》中发现的离奇故事，说明了古代哲学家为什么对经验主义持怀疑态度。在他们当时的时代，经验主义意味着轶事类信息，而不是系统性和可控的实验结果；轶事类数据显然是不可靠的。

维苏威火山的爆发

公元 79 年，普林尼在那不勒斯湾西侧的米塞努姆城担任罗马舰队的指挥官，此地距离维苏威火山约 17 英里（28 千米）。在海湾的东侧，维苏威火山影响到了赫库兰尼姆、庞贝和斯塔比亚等罗马城市。赫库兰尼姆是离维苏威火山最近的城市，而庞贝和斯塔比亚的位置则略微靠南。

公元 79 年 8 月 24 日，维苏威火山开始了灾难性的喷发，掩埋了罗马城市庞贝和赫库兰尼姆，将它们从人类的记忆中抹去了600多年。老普林尼观察到了这次火山爆发，其科学好奇心被激发出来。他决意穿过海湾，更仔细地观察这一现象。

普林尼出发之前，收到了一位来自斯塔比亚的朋友的消息，她恳求普林尼去救助她。普林尼驶过海湾，由于低估了危险，在撤离过程中死亡。当时他56岁，身体肥胖，显然健康状况不佳，晕倒后因受困于有毒的火山烟气而窒息而死。他的侄子小普林尼在其《书信集》第6卷第16封信中记录了上述这些事件。

> 8月24日下午1点左右，我母亲要他（老普林尼）观察一朵云，其大小和形状非比寻常……鉴于当时的距离，还看不出这朵云究竟是在哪座山上出现的，但事后发现它是从维苏威火山上显现出来的。对于云的形状，我无法给你一个更准确的描述，只能说它像一棵松树，因为它以树干的形式投射到天空，继而在树干顶部展开，成茂密的树枝状……它或多或少地掺入了泥土和灰烬，所以有时显得很明亮耀眼，有时又变得晦暗，而且斑点密布。云的奇异形状激起了我叔叔的好奇心，他想近距离观察它。于是，他要求准备一个轻便的旅行箱……他拿着药片走出屋子，遇到了驻扎在雷蒂纳的大帆船上的水手们，他们当时正在惊恐万分地逃离雷蒂纳……水手们劝说他不要继续前进，前面危险重重，他若执意向前，会使他的生命面临不可避免的危险……他执意出行，并非为了满足自己对哲学探究的热忱，而是出于援助受难者的更宽宏高尚的道义。他命令舰队立即出海，亲自上船，不仅要帮助雷蒂纳，还要挽救那片美丽海岸上的其他几个城镇。不久，他赶到其他人仓促逃离的地方，直接驶向最危险的地方……他现在距离维苏威火山已经很近了，越往前

走，灰烬越厚、越热，灰烬纷纷落到了船上，还夹杂着浮石和燃烧的黑色岩石碎片；他们此时同样面临着危险，不仅会因为海水的突然退却而搁浅，而且还会因为可能堵塞整个海岸的从山上滚下来的巨大碎片而危及生命。他在这里停了下来，考虑是否应该返回，对此，领航员答复道："回去是幸运的。"他却说道："勇敢的人才是幸运的；向庞波尼亚努斯的方向驶去。"庞波尼亚努斯当时在斯塔比亚，被一个海湾隔开……他的行李已经被送上了船。他当时还没有身陷险境，但是……他决定，如果风向有一点变化，他就马上出海。事后证明，这时把我叔叔带到庞波尼亚努斯身边对后者是有利的，到达后，他发现庞波尼亚努斯惊恐失措，便立刻拥抱他，让他振作起来。为了消除他的恐惧，他命令自己的仆人……把他抬到浴池……他很高兴地坐下来吃晚饭，或者至少竭力掩盖恐慌，以愉快的姿态吃饭。与此同时，维苏威火山的火焰已经从山上的几个地方猛烈地燃烧起来……此后，他退到了……通往他住处的庭院现在几乎被石头和灰烬填满了，如果他继续在那里待下去，就再也无法走出去了……他站起身来，加入庞波尼亚努斯和其他成员的行列……他们一起商量，究竟是撤回房屋最稳妥——房屋现在因频繁的剧烈震荡而在左右摇晃——还是逃到空地上最稳妥？空地上遍是煅烧过的石头和灰烬，呈粉末状悬浮在空气中，且还有倾盆的大雨随时威胁着他们的生命。在这种困境中，他们决定去田野，那里的危险性较小……于是，他们出去了，用餐巾把枕头绑在头上，这就是他们抵御周围落下的石头风暴的全部手段了……他们认为应该到岸上更远的地方去，以便观察他们是否可以安全地出海，但他们发现海浪仍然汹涌。在那里，我的叔叔……躺在为他铺好的帆布上，这时，火焰和强烈的硫磺味立即驱散了其余的人，并迫使他站了起来。在两个仆人的协助下，他站了起来，然后又倒地身亡。我猜想他是因某种严重的有毒气体窒息而亡。[162]

4. 盖伦（约 129—200 年）

地位和影响

盖伦是一位希腊医生，主要在罗马生活和工作。他著作等身，作品受到广泛推崇，特别是对中世纪的欧洲影响极大。“亚里士多德之后，盖伦是被学者引述最多的作家，且备受尊崇”。[163]当时，盖伦和希波克拉底是古代最著名的两位医生，盖伦的书“是 12 个多世纪以来所有医学知识的主要来源”。[164]凯撒利亚的尤西比乌斯（Eusebius of Caesarea，约 260—340 年）在他的《教会史》(*Ecclesiastical History*）中说：“盖伦甚至可能被一些人敬拜。”[165]阿拉伯医学家拉齐（Rhazes）和阿维森纳（Avicenna）的作品在中世纪的欧洲也有影响力，但他们均受到了盖伦的影响。在 9 世纪，胡那因 · 伊本 · 伊舍克（Hunayn Ibn Ishaq，808—873 年）几乎翻译了盖伦的全部作品。[166]可以说，盖伦的影响深深贯穿 16 世纪始末。[167]

生活和教育

盖伦是帕加马人，帕加马是位于现在土耳其境内的一个希腊城市。公元 2 世纪时，帕加马经济繁荣，是希腊和罗马帝国在亚洲最重要的城市，特别是作为一个医疗中心而备受关注。帕加马的阿斯克勒庇俄斯神庙的面积超过 1 万平方米，该神庙是朝圣中心，也是古代世界的奇迹之一。[168]

盖伦出生的家庭显赫富有，且家学渊博。[169]他的父亲尼康（Nicon）是一位著名的建筑师，拥有多处地产。除了建筑学，尼康还接受过几何学和天文学的教育。[170]“尼康是一个富有且博学的人，精通当时的文字、哲学、天文学、几何学和建筑学。”[171]盖伦和其父都是罗马公民。[172]

在他的著作中，盖伦表达了对父亲深切的尊重和钦佩。他将尼康描述为“性情温和、公正、高效、仁慈的人”，[173]但是对于自己的母亲，盖伦却心存疑虑，称其脾气“暴躁”，将她与苏格拉底的妻子赞西佩相提并论——赞西佩因其性格暴躁而臭名昭著。[174]盖伦在一个农场长大，农场生产豌豆、扁豆、豆子、无花果、橄榄和葡萄等作物。[175]尼康建设自己的庄园旨在实现自给自足，同时他还进行农业实验，试图提高其农作物的收成。[176]

在14岁之前，盖伦一直在家里接受教育。[177]在此期间，他父亲让其浸润于柏拉图、亚里士多德、斯多葛派和伊壁鸠鲁派的哲学体系之中。[178]尼康极为关注儿子的教育，甚至曾和盖伦一起参加哲学讲座。[179]

由于广泛浸淫于一些迥异的甚至往往是相互冲突的哲学体系，盖伦得以学会用开放的心态而不是教条主义来治学。许多彼此对立的哲学体系的主张相互矛盾，而且似乎没有办法解决这些差异。尼康遂建议他的儿子不要仓促投身于任何一个学派的学说，而是要公平地权衡和测试所有学说，以寻求“公正、节制、勇气和智慧”。[180]尼康还曾指导盖伦使用几何学中的证明方法。[181]

盖伦在晚年的著作中指出，人们必须研究古人的学说，但不能盲目地按其字面意思照单全收；一切都必须经过检验，并接受经验的考验。

> 如果他的目的是要在知识方面凌驾于众人，那么他在天性和早期训练方面都必须远远超过其他人。当他刚进入青春期时，他必须如同天启之人，拥有对真理的高度热忱；他可以不分昼夜地勤勉努力，以深入领悟古人中最杰出之人的观点。当他将这些囊括于怀，就必须进行长期的测试和证明，以观察其中哪些部分与明显的事实一致，而哪

些部分截然不合，至此，他方能做出合理的筛选。[182]

盖伦“17 岁时开始学习医学”，[183] 这一决定基于他父亲的一个梦，在梦中尼康被告知医学才是他儿子的合适职业。[184] 盖伦和他同时代的所有人一样都笃信梦和占卜的真实性，[185] 希波克拉底医学派有一整篇论文都是讲梦境及其意义的。论文作者一开始就断言：“在梦中出现的征兆会被证明是极为重要的。”[186] 与盖伦同时代的斯多葛派哲学家和罗马皇帝马库斯·奥勒留·安东尼（Marcus Aurelius Antoninus，121—180 年）曾写道：“补救措施是通过梦境展示给我的。”[187] 盖伦本人在其《论人体各器官的作用》（*On the Utility of Parts*）一书中说，他曾在梦中受到上帝的责罚，因为他未能描述眼睛这一“我们最神圣的器官”的解剖结构。[188]

盖伦在帕加马学习了四年医学。父亲去世后，盖伦辗转到士麦那、科林斯和亚历山大，历时 12 年完成了医学培训。[189] 盖伦的大多数医学老师都按照希波克拉底派的传统行医，并对解剖学很感兴趣。[190] 当盖伦还在士麦那学习医术时，他便开始了其硕果累累的写作事业。盖伦受教育的时间比一般的医生要长得多，[191] 其教育也更注重智力方面的培养。他还是一个书痴，拥有一个巨大的个人图书馆。[192]

公元 157 年秋天，盖伦回到帕加马，成为角斗士的首席医生。[193] 一个训练有素、技术娴熟的角斗士是非常有价值的财产，因此，能聘用一个最熟练的医生来照顾其角斗士，对其所有者来说是最有利的。[194] 公元 2 世纪时，外科技术已经臻于完善。例如，当时罗马军队的外科医生已经能够使用大量精密复杂的医疗仪器，其中很多医疗器械一直留存至今。[195] 除了处理角斗士的伤口，盖伦还通过希波克拉底式的饮食和运动养生法来疗愈角斗士的伤病。[196]

公元 162 年的夏天，盖伦移居罗马。[197] 公元 2 世纪，罗马帝国正处于或几乎接近其权力的巅峰时期。当时的罗马是地中海世界的中心，因而有才华、有抱负、有智慧的医生都会被吸引过去，而希腊医生也经常前往意大利。公元前293年，当罗马政府正式认可医生对阿斯克勒庇俄斯（医神）的崇拜时，希腊医学已经传播到了罗马。[198]公元前2世纪时，希腊医学在罗马就已经为人所知并得到了广泛应用，这一点从普鲁塔克的陈述中可以看出：监察官加图“不仅厌恶希腊哲学家，而且厌恶医生”。[199]

到了公元前3世纪，罗马的政治和军事力量持续增强，同时罗马也被希腊人的艺术和文化吸引。贺拉斯（公元前65—前8年）指出：“已经臣服的希腊现在开始征服她的征服者，其中拉丁姆（Latium）地区逐渐凭借其艺术成就处于领先地位。”[200]来到罗马的医生享有的特权远远超过其他外国人。公元前49年左右，恺撒大帝授予外国医生罗马公民权；公元前23年，奥古斯都下令对罗马的医生免征税款。[201]罗马本地人罕有从医者，而医生也就渐渐成了外国人的专属职业。[202]

盖伦在罗马有幸获得很多朋友和熟人的帮助。[203]他很快因为治愈了几个位高权重的病人而崭露头角，也因擅长演讲和演示解剖而声名鹊起。[204]盖伦在罗马的第一次停留仅持续了几年时间，他大约在公元166年回到了帕加马。[205]究其原因，可能是为了躲避一场据说是天花的瘟疫，[206]但细察之下，其离开更可能是由于自己卷入政治阴谋、无端争论和他人的嫉妒。[207]

盖伦在罗马的名望一部分是通过与知名医生进行公开争论和辩论而获得的。[208]他天性爱挑衅，常常挑起纷争。例如，他把埃拉西斯特拉图斯和希波克拉底并称为“最杰出的医生”，[209]但有一次却公开批评埃拉西斯特拉图斯的工作，结果惹恼了在场的一个弟子。[210]这一情况发生之时，盖伦年约34岁，后来他逐渐成熟起来，开始避免公开冲突和辩论，因为他发现这些会引起其他医生对他的嫉妒，并为自己带来庸医之恶名。[211]

公元169年，皇帝马库斯·奥勒留任命盖伦为宫廷医生。[212]除了在公元192年左右盖伦短暂返回帕加马外，余生都是在罗马度过的。除了宫廷医生的职责外，盖伦还承担了大量的其他工作，也肯定花了大量的时间来阅读和写作，[213] 他几乎每天都要撰写论文。[214] 一般认为盖伦的死亡时间是公元 200 年，[215] 但他也有可能活到了公元 3 世纪，甚至可能活到了 87 岁。[216]

盖伦的著作

盖伦是一位著作等身的多产作家，他在帕加马学医时就开始写作了。[217] 盖伦的作品“包括近 700 本书或论文”。[218] 他写了很多书，后来甚至觉得有必要写两本书 [《论自己的书》（*On His Own Books*）和《论自己的书的顺序》（*On the Order of His Own Books*）]，以专门列出并描述他的其他作品。[219]

盖伦作品的希腊文和拉丁文标准版由卡罗勒斯·戈特洛布·库恩（Carolus Gottlob Kühn）制作，并于 1821 至 1833 年在莱比锡出版。该版本包含“22 卷大部头的书”，[220] 每卷平均为 1000 页。[221] 盖伦的作品罕被译为英文，其作品如此厚重，学者们也许觉得这项翻译任务太有挑战性了。许多书被标注为盖伦作品，但它们很可能是假的。[222] 古代作者可能通过在作品上署名盖伦来增加自己观点的曝光度。盖伦自己也讲过一个有趣的故事：他在罗马的一个书商那里，无意中听到两个顾客在争论“盖伦”是否是一部署名“医生盖伦”的作品的作者。[223]

经验主义

从盖伦的书面评论文字以及通过解剖和活体解剖进行的大量解剖学研究，人们可以清楚地看到，他深入理解并大力提倡实验法。[224] 这在古代哲学中是极为罕见的，但在实用技艺中很常见。

在盖伦看来，所有的理论都必须接受经验的检验。[225] 他提倡现代科学方法，并指出："在深信已经发现的东西时，所有人都有两个标准，即理性和经验。"[226] 盖伦为经验主义辩护时这样质问道："我们如何知道火是热的？……除了通过感官，我们如何知道冰是冷的？"[227] 这一鲜明的例子后来被 13 世纪的罗杰·培根（Roger Bacon）援引和扩充。[228]

盖伦的工作、生活和影响力都证明了科学的渐进性、累积性和增长趋势。盖伦阅读、写作，同时其作品也被他人阅读。盖伦阅读量惊人，显然受到了希波克拉底、亚里士多德、希罗菲勒斯和埃拉西斯特拉图斯等作家的强烈影响。因此，他对经验主义价值的看法并非完全原创，而是在几百年来自然哲学和医学科学传统的背景下发展起来的。反过来，盖伦的作品被广泛阅读，读者包括医生以及中世纪欧洲的学者、科学家、哲学家和神学家。他们对盖伦的书面评论清晰表明，盖伦的工作对承认经验主义在科学中的必要性产生了重要影响。[229] 因此，从希波克拉底到盖伦，再到罗杰·培根，直至 17 世纪的科学革命，这条传承脉络是不间断的。

盖伦的工作也说明了为什么古代哲学家对经验主义的价值抱有极大的怀疑。他们所掌握的经验大多是单一、基于传闻和偶然而得的，因此大家都觉得不可靠。像希波克拉底一样，盖伦摒弃并拒绝承认迷信的力量，并谴责了"埃及的巫术和咒语、护身符……幻术、爱情符咒，以及幻梦和咒语"。[230] 尽管缺乏进行系统性可靠实验的资源，但盖伦轻易地接受和认可了许多民间疗法或传统疗法，如他相信毒蛇的肉有治疗价值，[231] 还建议在黎明前用左手采摘草药。[232] 他还曾建议佩戴牡丹的根茎，以此作为治疗癫痫的方法。这种信念并非迷信，而是基于观察和经验——如盖伦曾观察到一个受折磨的年轻人在佩戴牡丹根茎时没有痛苦的症状，而当根茎被移走时，这个男孩又开始受折磨了。[233]

至于治疗腰痛（下背部疼痛）的方法，盖伦建议在燕子的翅膀涂上粉状物，在燕子的腿上划一个口子，让它流血而死。然后，将燕子的尸体剥皮、烤熟，并完整地吃掉。疗法的最后一步是将从鸟身上提取的油脂涂抹在身上，持续三天。盖伦断言，这种疗法屡屡被验证是有效的。[234]

盖伦还建议不要吃水果，因为他的父亲曾经在吃了一些新鲜水果后病倒了。[235] 盖伦的这些著作和其他作品一样，足以证明基于传闻的经验主义的危害。

解剖学与解剖

盖伦并不是第一个通过解剖来研究动物生理学的人，亚历山大城的著名前辈希罗菲勒斯（Herophilus）和埃拉西斯特拉图斯就曾通过仔细和系统性的解剖开始了对解剖学和生理学的科学研究。盖伦得以浸淫于他们的著作，但这些作品皆没有流传至今。

公元前 4 世纪的最后 30 年中，在托勒密一世和二世的赞助下，希罗菲勒斯在亚历山大进行了医学研究。[236] 特图良（Tertullian，约 155—220 年）将希罗菲勒斯描述为一个“屠夫，他为了探究自然界的秘密，不惜解剖任何人”。[237]

塞尔苏斯声称，希罗菲勒斯和埃拉西斯特拉图斯在托勒密国王的批准下，也对死刑犯进行了活体解剖。“希罗菲勒斯和埃拉西斯特拉图斯……对经国王批准从监狱中移交给他们的罪犯进行了活体解剖。”[238] 在古希腊，解剖人体是禁忌。但在亚历山大城，这一规定有可能并没有那么严格。几千年来，埃及人一直在解剖尸体，他们会取出器官并将其放入瓶中贮藏。[239]

通过解剖，希罗菲勒斯研究了人类的眼睛、大脑、肝脏、神经系统和生殖器官。[240] 通过探求神经和大脑的源流关系，他纠正了亚里士多德关于人类智力来源是心脏的错误假设。[241]

埃拉西斯特拉图斯出生于公元前 304 年左右，是希罗菲勒斯的一个年轻同事。[242] 为了确定鸟类的新陈代谢是否消耗了鸟的质量，埃拉西斯特拉图斯建议将鸟关在笼子里不予投喂，仔细收集其排泄物并进行称重，并在实验开始和结束时分别对鸟进行称重，以确定是否有任何物质被释放。[243]

埃拉西斯特拉图斯喜欢用机械论来进行类比，如他把有研磨作用的胃比作谷物磨盘，并把人体设想成可以用机械术语解释的机器。[244] 他可能是受朗普萨克斯的斯特拉图的影响，因而采取了机械论的观点和实验方法。[245]

埃拉西斯特拉图斯确信只有静脉才能输送人体血液。他认为动脉携带的是普纽玛（pneuma），或者说是看不见的生命力。医生们所说的这种“普纽玛”与斯多葛派哲学家说的“普纽玛”相似，都是渗透到宇宙中的基本物质。[246] 宇宙的“普纽玛 ”充盈于宏观世界中，人体的微观世界也需要“普纽玛”来维持生命活动，以此将生命世界和非生命世界区分开。

人类动脉中含有气，而不是血，这一观点源于科斯的普拉萨戈拉（Praxagoras of Cos，生于约公元前 340 年）。普拉萨戈拉观察到，在实验研究中牺牲的动物的动脉中显然有空气。这是因为亚里士多德曾建议，为了进行解剖学研究而被解剖的动物应被勒死，而被勒死会使动脉和心脏左侧的血液排空。[247]

普纽玛与空气有关，但却是一种携带生命力的纯净空气或精神之源。当然，“普纽玛”的类型不止一种。埃拉西斯特拉图斯认为，人脑将动脉中的生命之气转化为可由神经输送的精神之气。[248] 为了解释为什么剖开的人体动脉中含有血液而非生命之气，埃拉西斯特拉图斯引用了真空原理。当动脉被剖开时，气团瞬间逸出，只留下真空，真空被从静脉冲入的血液所填补。埃拉西斯特拉图斯因此认识到，毛细血管，或者说血管的吻合一定存在，尽管它们因太小而无法直接检测到。[249] 从空气中获得生命之气的想法与现代人的认知并没有太大不同，即空气是各种气体的混合体，其中只有一种气体，即氧气，为人类的新陈代谢提供能量。在这方面，埃拉西斯特拉图斯的观点基本上是正确的，他认为呼吸使动脉充满活力。[250] 埃拉西斯特拉图斯肯定也解剖过动物，因为他观察到人脑中的褶皱数量超过了其他动物。根据这一观察，他推断小脑中褶皱的存在与智力发展成正比。[251]

在 2 世纪的罗马，解剖人的尸体是不可能的，但盖伦在动物身上确实进行了许多解剖和实验。他更喜欢用猴子来做试验，因为它们与人很相似。此外，他也解剖过猪、羊和山羊。[252] 盖伦建议，前往亚历山大城对医科学生的教育来说是必不可少的，因为在那里可以通过解剖人类尸体来学习解剖学。盖伦还描述了他如何利用偶然的机会来检查人体骨骼。有一次，他得以检查一个无人愿意埋葬的"强盗的骸骨"。[253]

盖伦至少写了三本关于解剖学与解剖的书，其中最重要的当属《解剖程序》(*Anatomical Procedures*)。盖伦在他的著作中反复强调，医生不可能通过阅读书籍来进行训练，而是必须通过解剖获得对动物身体的第一手的直接知识。当然，理论知识也是必要的，如果理论和实践能合理结合，二者将相互促进、相得益彰。[254]

通过解剖和对解剖学的实验研究，盖伦证实了毛细血管的存在。他观察到，当切开静脉、将血液从动物体内排出时，动脉也会被抽空。[255] "如果你切开动物的几条大动脉来杀死它，你会发现静脉会随动脉一起被抽空；如果它们之间没有血管的吻合（毛细血管），那么这种情况就不会发生。"[256]

盖伦证明并相信一点，即动脉确实包含血液（和普纽玛），而不是只有普纽玛。他认为，当一个动脉最初被切开时，没有普纽玛流出。因为普纽玛与普通空气成分相关，所以它的逸出不可能是瞬间的。盖伦还通过实验证实了动脉中血液的存在。他用结扎的方式绑住了一条动脉，将其与任何可能的静脉隔离开来。当动脉被割裂时，可见它包含血液，而不是普纽玛。[257] 虽然盖伦知道血液在动脉中循环，但他并不了解动脉和静脉的真正功能。他认为，动脉和静脉为不同的器官输送不同类型的血液：肺部由动脉滋养，肝脏仅由静脉滋养。[258]

在一次公开演示汇报中，盖伦声明，神经是负责发声的。他通过切断通往喉部的神经，立即阻止了猪叫。[259] 盖伦还通过对动物进行活体解剖来研究消化系统。在《论自然能力》(*On the Natural Faculties*)一书中，他证实"我曾无数次亲自切开活着的动物的腹膜，结果总是发现所有的肠子都在其内部物质上蠕动收缩”。[260]

在其《论解剖程序》一书中，盖伦概述了身体各部分必须相互配合的原则，即一个动物也是一个完整的整体。这句话的意思是，从内脏的一小部分，便可见一个动物的整体情况。[261] 这一原则后来被加以应用，如法国解剖学家和古生物学家乔治·居维叶（Georges Cuvier，1769—1832 年）就曾利用此原则来进行对更新世动物群的研究。在 1798 年的演讲中，居维叶声称“在检查了一块骨头之后，人们通常就可以确定它所属的动物类别，有时甚至可以确定它的属种”。[262]

在《论自然能力》中，盖伦描述了一个实验，以此证明尿液只能从肾脏流向膀胱，而不能倒流。

> 证明的方法如下。我们必须在输尿管前面分割腹膜，然后用结扎带绑住这些腹膜，接下来，在给动物包扎好后让它离开（因为它不会继续排尿）。之后，松开外部绷带，可以看到膀胱是空的，输尿管相当饱满和膨胀，事实上几乎要破裂了；在松开结扎带后，可以清楚地看到膀胱里充满了尿液。然后，在动物排尿之前，人们必须在它的阴茎上绑上结扎带，然后从各个方向挤压膀胱；这时可见仍然没有任何东西通过输尿管返回到肾脏中。很明显，不论是死亡的动物抑或是活着的动物，输尿管都无法从膀胱中接回尿液。[263]

医学流派与理论

在盖伦所处的时代，罗马提供了“一个名副其实的医学市场”，[264] 相互竞争的医学流派或学派包括希波克拉底派、教条派、经验派、方法派、普纽玛派和折中派。[265] 尽管罗马人因缺乏科学和哲学的原创性而臭名昭著，但关于医学辩论的编年史表明，至少在公元2世纪的罗马，知识界对医学有着极为积极的兴趣。罗马的知识分子定期在“和平神殿”聚会，盖伦将这个地方描述为“所有实践逻辑性技艺之人通常的聚会之所”。[266]

盖伦的前辈塞尔苏斯曾在公元1世纪将生理学家大致分为“理论派”和“经验派”。[267]“理论派认为实践不可或缺的先决条件为：对隐秘疾病的了解，对疾病隐性原因和显性原因的了解，对人体自然功能和内部器官的了解。他们认为，如果不知道疾病的起源，就没有人能够知道如何治疗疾病。他们也不否认实验的必要性，但同时认为，没有理论就没有实验的途径。”[268]

> 另一方面，那些重视经验并因此自称为经验主义的人确实承认显性病因的必要性，但认为对神秘病因和人体自然机能的研究是多余的，因为其性质是不可理解的……因此，人们不应该盲目依赖任何人的论证和任何人的权威。对治疗的期望必须基于久经考验的事实；也就是说，就像所有其他技艺一样，我们要基于那些治疗疾病的经验告诉我们的东西——因为是实践而不是争论造就了农夫和领航员。[269]

盖伦同意塞尔苏斯的观点，将医学流派大致分为两个主要部分——理性派和经验派。经验主义者被盖伦定义为“仅以经验为出发点”的人，而理性主义者则是“从理性出发”。[270]

不同学派的存在并不意味着希波克拉底的方法已经被取代，而应该说是被加以阐述了。所有学派都高度重视希波克拉底的著作。[271]拥有独立思维方式的盖伦不隶属于任何教条主义教派，他兼容并蓄，认为教条主义是智力薄弱的表现。在《论自然能力》中，他感叹道：“那些被自己的教派理念所奴役的人，不仅缺乏所有扎实的知识，甚至不会停下来学习！”[272]盖伦鼓励他的读者学会为自己而思考。[273]

盖伦认为希波克拉底的传统观点是最健全的，[274] 但在他认为适当的时候，他还是坦率地批评了希波克拉底。在《论自然能力》中，盖伦指出："希波克拉底学说的精确性和真实性可以从自然研究的各种主题本身来衡量……"[275]

从希波克拉底和亚里士多德那里，盖伦得出了一个理论，即自然界有四个主要性质——热、冷、湿和干。[276] 在《论自然能力》中，他这样解释说："热、冷、干和湿的原理相互作用、相互影响，其中，热原理最活跃，冷次之；这一切首先由希波克拉底提出，其次由亚里士多德提出。"[277] 盖伦明确表示，他认为这些性质或者说原理位居首要地位，并断言"整个自然界的一切都受……热、冷、湿和干支配"。[278] 亚里士多德认为，甚至四大元素也可以分解为这四种主要原理。[279]

因此，四种体液的亏损或过剩是四种主要性质不平衡的结果。例如，黑胆汁是"寒冷和干燥的"，[280] 而"黄胆汁……由不相称的热导致"。[281]

四种体液的过剩或不足不仅被认为是疾病的原因，而且还被认为会决定人类的四种主要气质——多血质、胆汁质、抑郁质、黏液质。[282] 四种气质理论至少可追溯到希波克拉底时代。在《流行病学》第三卷中，希波克拉底将不同气质的人描述为表现出不同症状的人。[283]

盖伦认为，在人体中存在着一种生命灵气或普纽玛。希腊语单词 pneuma（普纽玛）的意思是"呼吸和风"，[284] 但在这里，它指的是一种具有生命力和灵性的物质。灵性普纽玛的理论也许起源于前苏格拉底时期自然哲学家阿波罗尼亚的第欧根尼（Diogenes of Apollonia，活跃于约公元前 440—前 430 年）。第欧根尼声称空气是渗透到宇宙中的基本物质，并把它与智慧和神灵联系在一起。第欧根尼认为，显然空气是生命的源泉，因为当空气从动物身上被夺走时，它们就会立刻死亡。"人和其他动物通过呼吸空气而得以生存，这就是他们的灵魂和智慧，这将在这部作品中清楚地展现出来；而当空气被夺走时，他们就会死亡，其智慧也会衰竭而逝。"[285]

亚里士多德引用普纽玛理论来解释生物的活力。这种性质的元素存在于世，对于解释生物和非生物世界之间明显、急剧的断裂是非常必要的。四种元素是无机的，因此，必须有第五种物质来提供生物体内的活力。[286] 在《论动物的生成》中，亚里士多德提出，普纽玛是“父母把灵魂之能传给后代”的媒介。[287]

人的普纽玛类似于斯多葛派的宇宙普纽玛，是一种“原始物质”，构成了“所有存在的整体；整个可见的宇宙从它那里产生，以后又会被分解成它”。[288] 斯多葛派的普纽玛“渗透并赋予万物以生命，将它们连接成一个有机整体”。[289]

亚里士多德的理论为埃拉西斯特拉图斯所采纳，[290] 并由盖伦和其他人加以详细阐述。公元前 1 世纪出现了一个学派，其成员都是普纽玛理论的支持者，他们强调普纽玛是人类健康的最重要因素。[291]

根据盖伦的说法，人体的三个基本器官 —— 心脏、大脑和肝脏 —— 由三种不同类型的普纽玛（物理、生命和精神普纽玛）滋养或支配。空气是通过呼吸过程和在体内提取或产生的各种普纽玛来吸收的。[292] 大脑将生命普纽玛转化为精神普纽玛，后者由神经系统分配。[293]

普纽玛理论一直持续到 17 世纪，那时，关于人体的机械主义观点占据了主导地位。[294]

目的论

与亚里士多德一样，盖伦也是一个一神论者和目的论者，他认为自然界的存在有目的性。盖伦相信上帝，这种观点可能使他的著作更容易被中世纪的欧洲人所接受。

但盖伦的上帝不是犹太教或基督教的人格化神。它是希腊哲学家的上帝，是一个非个人的、最高的精神原则，是宇宙秩序的源泉。在《论人体各器官的作用》中，盖伦把他的上帝称为“创造我们的力量”，这种力量是“智慧的、强大的、善良的”。[295]

盖伦的宗教和哲学观点与斯多葛派比较接近，他反对原子论者和伊壁鸠鲁派的观点。伊壁鸠鲁（公元前 341—前 270 年）承认多神的存在，但认为他们对人或宇宙不感兴趣。伊壁鸠鲁派不承认自然界中的设计。[296]

相反，盖伦是“设计论论证”（Design Argument）—— 即宇宙中出现的设计和秩序是上帝存在的证据这一主张 —— 的坚定拥护者。他认为，“自然界做任何事情都是有艺术性的，没有任何事情是徒劳无益的”。[297]

在论文《论人体各器官的作用》中，盖伦认为动物和人类的身体都显示出上帝为其必要功能而做出完美设计的证据。因为人是唯一有智慧的动物，所以上帝没有为他配备爪子、蹄子或角，而是配备了手。“人类是唯一具有神圣智慧的动物，造物主给了人类手这个工具，以代替其他所有的武器或防御器官 —— 这个工具适用于各种行为和场合，也适用于和平和战争。”[298]

盖伦在人类牙齿的排列中发现了一个显著的例子，可支持设计论观点。“牙齿本身的顺序是偶然安排的吗？如果不是这样的话，那么会有什么后果呢？例如，如果门牙和犬牙占据了口腔的后部，而臼齿或磨牙占据了前部，那么我们能利用这两种牙齿吗？那么，我们是否应该佩服能够把 32 人的合唱团安排得井然有序的技巧呢？我们能否认造物主的技巧吗，他把同样数量的牙齿排列得如此方便，甚至对我们的生存来说如此必要？”[299]

第五章

古罗马的
希腊化哲学

自公元前200年直至公元300年，在古罗马乃至整个希腊化的地中海地区，最流行的哲学流派当属伊壁鸠鲁主义和斯多葛主义。这两种哲学流派均具有实用主义意义，旨在指导其追随者过上有道德感的生活。但是，这两种哲学流派在学说要旨方面也存有分歧之处。

在这两种哲学流派中，更有影响力的为斯多葛主义，尤其是在罗马。“斯多葛主义正是在被带到罗马之后，才取得了巅峰级别的成就，因为只有在罗马，那些有着严肃民族性格的国民才能够欣赏其深沉的要义内涵。两个多世纪以来，无论是其哲学理念，抑或是它更出色的纲领信条，都对罗马人具有指导意义。”[1]此外，斯多葛主义也是中世纪欧洲思想中广为流行的众多学说的肇始之源——这些学说包括宏观世界和微观世界学说、天意论学说以及设计论论证学说。

公元3世纪后，伊壁鸠鲁主义和斯多葛主义逐渐衰微，当时主要的哲学思想为新柏拉图主义。

1. 伊壁鸠鲁主义（约公元前300—公元300年）

伊壁鸠鲁的生活（公元前341—前270年）

伊壁鸠鲁（公元前341—前270年）出生于萨摩斯，[2]其父尼奥克利（Neocles）是雅典的一名殖民者，因其曾经在小学当过老师，故其家族必定有中等阶层背景。[3]据说，伊壁鸠鲁在12或14岁时已开始其哲学启蒙。还是孩童时，他即敏而好学，乐于探索。[4]有一次，当他在赫西俄德的作品中读到万物起源于混沌时，他便不解地问老师："混沌从何而来？"[5]

公元前 323 年，18 岁的伊壁鸠鲁返回雅典"成为公民，并接受宪法所规定的 18 至 20 岁青年必须接受的军事训练"。[6] 亚历山大大帝去世后，在萨摩斯的雅典殖民者被驱逐出境，伊壁鸠鲁因之与家人在爱奥尼亚的科洛封城团聚。[7] 公元前 310 年，年仅 32 岁的伊壁鸠鲁在莱斯博斯岛的米提林尼城传授哲学课程。[8] 约公元前 306 年，伊壁鸠鲁回到希腊，创建了一所哲学学校，后被称为"花园"（The Garden）。[9] 该学校的尤为特别之处在于接收女性和奴隶，在当时可谓罕有。[10]

伊壁鸠鲁富有同情心、慷慨大方，且有着赤子般的理性……也因此受到世人的无情诽谤和误解。[11] 对伊壁鸠鲁性格的攻击可能源于他经常对其他哲学家进行不留情面的批评，而他甚至还曾经继承其中一些哲学家的哲学理念或者取之为源。如伊壁鸠鲁称德谟克利特为"胡言乱语的人"，并说亚里士多德"极为挥霍浪费，在倾家荡产之后，继而加入军队并贩卖毒品"。[12] 上述这些攻击似乎与人们对伊壁鸠鲁的描述，如"他富有同情心和正义感"等措辞大为矛盾。然而，第欧根尼·拉尔修确实是这样向我们保证的："有很多证人可以证明这个人（伊壁鸠鲁）对任何人都有着诚挚的善意和同情心，他自己的国家用刻在黄铜上的法律来致敬其美德，而其来自五湖四海的朋友，数量之多，城不可容。"[13]

据传伊壁鸠鲁曾著有 300 多部作品，可惜这些作品皆已湮灭不可寻。[14] 现存的关于伊壁鸠鲁的原始资料包括他写给希罗多德、毕托克勒斯（Pythocles）和梅诺伊修斯（Menoeceus）的信件、伊壁鸠鲁主要学说的简短摘要以及一些杂想片段，[15] 这些信件和箴言摘要均由第欧根尼·拉尔修保存。[16] 最重要的间接资料当属伊壁鸠鲁派罗马诗人提图斯·卢克莱修·卡鲁斯（Titus Lucretius Carus，约公元前 99—前 55 年）的著作《物性论》（*De Rerum Natura*）。《物性论》被认为是基于伊壁鸠鲁的一部失传作品而创作的，是伊壁鸠鲁学说理念的缩微再现。[17]

从现代意义上来说，epicure① 一词意为美食家，即耽于感官享受的人。但伊壁鸠鲁"不是美食家"，[18] 也绝非享乐主义者。他生活简朴，以面包和水为主要食源。[19] 他和自己的学生"都以最简单、最节俭的方式生活"。[20] 伊壁鸠鲁在《致梅诺伊修斯的信》(*Letter to Menoeceus*) 中说，"节俭朴素甚至比哲学更有价值"。[21]

伊壁鸠鲁在雅典的哲学花园里教书 30 多年，于 70 岁时死于肾结石。[22]

伊壁鸠鲁的学说

如同斯多葛主义一样，伊壁鸠鲁主义也是一种实用主义哲学，其目的是为个人提供一套道德准则，使他们过上幸福的生活。在伊壁鸠鲁看来，"哲学……首先是一种生活，而非仅仅一种抽象的学说"。[23] 伊壁鸠鲁主义"首先是作为一种生活准则、一种帮助人们摆脱人类痛苦的手段来发展的"。[24]

伊壁鸠鲁派的目标是获得幸福。在《致梅诺伊修斯的信》中，伊壁鸠鲁这样解释："如果幸福存在，我们就拥有一切；如果幸福缺失，那么我们做任何事情都是为了获得它。"[25] 幸福来自快乐，而不幸福来自痛苦。[26] "唯一绝对的善是快乐，一切生物都在不懈寻求它；唯一绝对的恶是痛苦，一切生物都竭力规避它。"[27]

伊壁鸠鲁在《致梅诺伊修斯的信》中承认："快乐是幸福生活的开始，同时也是幸福生活的终结。"[28] 然而，他接着解释说，对伊壁鸠鲁主义者来说，快乐意味着道德和精神上的满足感，而不是无所约束地沉溺于感官纵情的享乐主义：

① 伊壁鸠鲁认为快乐是生活的目的，是天生的最高的善，所以从伊壁鸠鲁的名字 Epicurus 产生了单词 epicure，用来表示"享乐主义者"。

> 我们认为快乐是至善，此处的快乐不是指放荡不羁的人的快乐，或那些沉溺于感官享受的快乐；无知的人不了解或不赞同此观点，或对此做出错误的解释。我们的快乐指身体免于痛苦，而灵魂免于混沌。使生活愉快的不是持续的饮酒和狂欢、与女性交往的乐趣、参加宴席或其他这类基于昂贵餐食之事所能提供的满足，而是清醒的沉思，它能谨慎审视做出的选择或规避的理由，摒弃虚妄的幻想，而大部分困扰灵魂的困惑皆来自虚妄的幻念。[29]

事实上，伊壁鸠鲁主义是享乐主义的对立面。[30] 幸福不是通过放纵欲望，而是通过抑制物欲来获得。“对欲望的限制被认为是一种近乎苦行的自律习惯，以使明达的人内心愈发丰盈而不受外物的牵绊。”[31]“可见，与大多数人的所思不同，伊壁鸠鲁所指涉的快乐侧重身心的宁静和舒适。”[32]

友谊被视为不可或缺的辅助手段，伊壁鸠鲁的格言之一是：“获得幸福的平静生活而无惧外物，那就要去结交朋友。”[33] 然而，伊壁鸠鲁所指涉的友谊不是基督教那种无私的兄弟情谊。一个人应该是为了提升自身而寻求友谊，正如伊壁鸠鲁所言：“没有人会为了对自身毫无裨益的原因而爱他人。”[34]

要过内心丰足的生活，就有必要研究自然哲学。这样做不是为了单纯获取知识，而是为了实现更具务实性的个人幸福。伊壁鸠鲁在《致毕托克勒斯的信》（*Letter to Pythocles*）中解释说，“研究自然天象的目的，即在于从焦虑中获得自由，以及从坚定的信念中获得平静”。[35] 因此，伊壁鸠鲁研究自然，是“因为如果我们要获得幸福，就必须从精神困扰中解脱出来，首先要从无端的恐惧中逃脱出来，尤其是对迷信的恐惧、对神的恐惧，以及对死亡的恐惧”。[36]

伊壁鸠鲁派确定真理的认识论标准为感觉、前定观念和感情。[37] 感觉指通过感官功能获得的积极体验，在认识论中占据首要地位，它“是获得真理的直接且最终的唯一保证”。[38]伊壁鸠鲁派赞同逻辑推理，但将其置于观察和感官感觉之下。“理性不能对感官发表意见，因为所有的推理都是以感官为基础的。”[39]古代有人认为感官具有欺骗性，对于此批评，伊壁鸠鲁派反驳道——世间不存在虚假的感知，只是对真实感觉的错误解释。“感官不会被欺骗。确切地说，不可能有感官错觉或幻觉这种东西，持这种观点的错误之处在于我们对自己的感觉做了错误的阐释。我们认为自己所感知到的东西往往是我们自己的心理预设，是我们依据实际感知到的东西做出的仓促推断。”[40]

伊壁鸠鲁派使用的词语“前定观念”即作为定义基础的心理原型。没有普遍接受的定义，就不可能有真正意义上的交流。“所谓前定观念，伊壁鸠鲁派指的是存在于我们内心的一般观念。”[41]“在我们说出‘人’这个词的同时，我们就凭着一种先入为主的前定观念构建出一个人的形象，而这种观念是我们从之前的感官活动中产生的……如果我们没有一个关于事物是什么样子的初步概念，我们就不可能给事物命名。”[42]

真理的第三个标准，即感情，指的是导致快乐或痛苦的感觉或知觉。[43]由于伊壁鸠鲁主义的全部重心即在于寻求快乐和规避痛苦，那么，感觉无异于确定适当行动的一个不可或缺的标准。

伊壁鸠鲁主张研究自然，但他对于从天文学等领域的有限数据中得出明确结论却始终持谨慎态度。在《致毕托克勒斯的信》中，他指出，对于月光的来源等现象，有几种可能的解释是合理的，但是，如果坚持认为某一种理论是正确的，或进行无休止的猜测，那又将是一个谬误。“一个人……不应该固执地采用一种唯一的解释方式；而且，由于不知道什么是自己能够解释的，什么是其智慧所不能企及的，一个人不应该让自己陷入无休止的猜测之中。”[44]

在《致毕托克勒斯的信》中，伊壁鸠鲁进一步展开分析和讨论，并列出了一些自然现象以及对其进行的多种解释。这些自然现象包括日食、云的形成、雷声、闪电、地震、冰雹、雪、彩虹、彗星和流星。[45]

伊壁鸠鲁认为，推测无法调查的现象之缘由没有丝毫意义。因此，至少有一位历史学家认为伊壁鸠鲁派是不科学的，其“对特定自然现象的研究基本上持否定态度”。[46]或许，我们更应该将伊壁鸠鲁的态度视为张伯伦的多重工作假设学说的先行版。美国地质学家托马斯·克劳德·张伯伦（Thomas Chrowder Chamberlin，1843—1928年）对此假说的定义为：“将新现象的每一种合理解释纳入视野，并就其原因和历史发展提出所有可行的假设。”[47]

几百年来，对那些基本上无法用现有的方法和仪器解决的问题，自然哲学家们进行了无休止的猜测。因此，“既然实验不可能取得成效，伊壁鸠鲁即满足于采取一种悬而未决的态度。这一做法不排除任何可能性，而是等待进一步的证据。人们认为，相较于仓促而就的猜测（这种猜测往往会直接跳到结论），这种谦逊的态度更符合真正的科学家的治学要求”。[48]

伊壁鸠鲁派是原子主义者，德谟克利特显然对伊壁鸠鲁思想产生了重要影响。宇宙中的一切都可以还原为原子和虚空，它们结合起来形成了元素和复合物。“形成物体的原子都是些完整的元素，而组合起来的物体也来自这些元素；这些元素可自己消解，呈现不可估量的多种形式。”[49]原子的形状各异，但形状数量是有限的，而具有特定形状的原子的数量则是无限的。[50]原子也是不可改变、坚实且不可毁灭的。[51]

人的灵魂存在于世，却因具有物质属性而极易倏忽而逝。“灵魂是由微小的颗粒组成的实质物质，散布在身体其他组成部分的间隙中，与某种灵性有着很大的相似性……当身体消散之时，其灵魂也会随之消解。”[52]

伊壁鸠鲁派认为宇宙是无限的。在《致希罗多德的信》中，伊壁鸠鲁明确指出，“宇宙是无限的”。[53]也存在着其他世界；世界被定义为“由天宇所涵盖包容的事物的集合体，包括星星、地球和所有可见的物体……这些世界的数量是无限的”。[54]

"不存在的东西不可能凭空产生",[55]因而世界起源于种子。"世界的产生可以解释为：专司某种功用的种子来自一个或几个世界，或来自分隔它们的空间；它们沿着某个特定的方向流散，在某一个地方，它们会重新会聚于一处并组织合并起来；之后，其他萌芽把它们结合在一起，以此形成一个持久的整体，即一个基础，一个内核，其后，所有其他的附着物都与之结合。"[56]

与此同时，伊壁鸠鲁派也是唯物主义者，他们认为物质的存在可以对宇宙的运行秩序提供合理的解释；他们拒绝目的论或任何关于世界是由神灵创造的主张。卢克莱修在《物性论》中解释说："世界是自然形成的，非人力为之；世间万物的种子在各自不同的运动中逐渐聚集在一起，有时是无目的的会聚，常常徒劳无果，最后终于达成一致而结合在一起。自那时起，生成了地球、海洋、天空以及整个动物界。"[57]

伊壁鸠鲁自称相信神灵，但这些神灵皆为抽象的精神存在，从未对凡俗之事有兴趣并与之发生互动。在《致梅诺伊修斯的信》中，伊壁鸠鲁肯定了神的存在，但谴责了将人类特征赋予神灵的这一普遍倾向。"神灵是确实存在的；我们对他们的认识是不明确的，他们并不具有人们通常赋予他们的特征……许多人关于神的断言并不是预测，而是错误的观点……邪恶的人所遭受的最大的恶，以及善良的人被给予的种种利益，皆被归因于神，因为他们把神灵的所有想法与人类的美德相比较，但凡是与人类美德不同的品质，他们都认为与神性不相容。"[58]

虽然伊壁鸠鲁警告说，不要把人类的特征归于神灵，但奇怪的是，他坚持认为神灵有人类的形状，却是不为人所感知的。"在伊壁鸠鲁看来，所有的神都是拟人化的，或者有人的形状。但他们只能通过理性来感知，因为他们的内在性质不允许自身以其他方式被理解。他们的实体组成部分是如此微小和精细，以至于他们在外观上看不出肉体的模样。"[59]

伊壁鸠鲁不接受对自然现象做出的超自然解释，在讨论天文现象的可能解释时，他告诫众人说："首先，让我们小心，不要让神灵在这里插手。"[60]伊壁鸠鲁的神灵完全脱离了宇宙的运作。"诸神必须在最柔和的平静中度过不朽的时光，远离我们的凡俗事务，并和我们被无限的距离隔开。"[61]伊壁鸠鲁派坚持奉行自然主义。"万物的形成是和神灵无关的。"[62]"天、地、日、月、海和所有其他生物……都同样受到自然界一般规律的约束……如果你能正确地理解，那么就会明了：自然界自由地运作，完全不受专制神灵的支配，并且在没有神灵帮助的情况下，自愿地、自行地行动。"[63]

在《物性论》中，卢克莱修谴责了宗教。"人类在可悲的束缚中，卑躬屈膝地在地上，被所谓的宗教的枷锁折磨着。"[64]"对神灵的虚妄恐惧在今生折磨着人们，并用命运认为适合加于他们身上的所有灾难来恐吓他们。"[65]

德谟克利特是一个决定论者。"所有发生的事情都是必然的。"[66]但伊壁鸠鲁相信自由意志。伊壁鸠鲁在《致梅诺伊修斯的信》中写道："我们自己的意志是自由的。"[67]伊壁鸠鲁派也反对占卜。第欧根尼·拉尔修写道，伊壁鸠鲁"拒绝占卜……他说占卜是不存在的"。[68]

尽管许多爱奥尼亚的自然哲学家都积极参与公民事务，但伊壁鸠鲁派却竭力回避政治活动，并"认为它足以毁灭幸福，并招致混乱"，[69]"明智的人……不会喜欢经常参加政治性集会"。[70]

伊壁鸠鲁派也对希腊的许多传统教育不屑一顾，如苏格拉底和柏拉图认为必不可少的辩证法，"他们认为完全是多余的"。[71]"伊壁鸠鲁对当时普通的语法、修辞、辩证法和音乐等常规教育漠不关心，甚至对于单纯的博学，他更有一种强烈的蔑视。对哲学家来说，唯一必要的研究是对自然的研究，也就是我们现在所说的自然科学。而且我们必须深耕它，不是为了其本身，而是将其作为获得幸福生活不可或缺的手段。除非我们了解了现象的自然原因，否则我们就会受到迷信、畏惧和惊恐的摆布。"[72]

伊壁鸠鲁派对死亡没有恐惧。伊壁鸠鲁在《致梅诺伊修斯的信》中解释说：“所有邪恶中最可怕的死亡对我们来说不算什么，因为当我们存在时，死亡并不存在；而当死亡存在时，我们早已不存在了。”[73]

2. 斯多葛主义（约公元前300—公元200年）

斯多葛哲学家

斯多葛主义的创始人是西提姆的芝诺（Zeno of Citium，约公元前335—前263年）。在塞浦路斯生活着希腊人和腓尼基人，从某种意义上来讲，芝诺可以说是塞浦路斯人，也可以说是腓尼基人。不过他通常被称为“腓尼基人”。芝诺一生中的大部分时间都是在雅典度过的，他的所有哲学工作也均是在雅典完成的。

至于芝诺如何在雅典定居这一问题，第欧根尼·拉尔修斯给出了几种不同的版本：“一天，芝诺在比雷埃夫斯（阿提卡的一个城市）附近遭遇了海难，生还之后，他从海岸向雅典走去，在一个书商的摊位旁坐了下来，当时他大约30岁。他拿起色诺芬的《回忆苏格拉底》第二册阅读起来，看到兴头上，他询问摊主书中描述的这些人住在哪里。”[74]苏格拉底的生活必定对芝诺产生了重大影响，“正是在斯多葛主义中……我们发现苏格拉底传统得到了最忠实的体现”。[75]

在一个更生活化的版本中，芝诺是通过阅读他父亲从雅典带回的书籍而被激励来雅典学习哲学的。“他的父亲伊纳塞斯（Innaseas）是个商人，经常来雅典做买卖……他经常给芝诺带回许多追随苏格拉底的哲学家的书，彼时，他还是个孩子……之后，他（芝诺）便去了雅典。”[76]

在创办自己的学校之前，芝诺曾经相继师从雅典的一些哲学家，其中包括在学园接替柏拉图担任负责人的波列莫（Polemo），以及斯提尔波和克拉特斯等其他哲学家。[77] 对芝诺影响最大的当属犬儒学派，[78] 但是芝诺也同时证明，“相较于犬儒主义学说的无耻，自己简直是太谦恭了”。[79]

在受教于这些哲学家多年后，芝诺在公元前 300 年左右建立了自己的哲学学校。[80] 由于芝诺喜欢在“雅典市场北侧”[81] 的柱廊（stoa）上为学生授课，他的学生被称为斯多葛派（Stoics）。

第欧根尼·拉尔修这样描述芝诺：“芝诺非常宽宏大度，与人为善。”[82] 同时，芝诺也有着极强的求知欲，“他有着强烈的钻研精神，做研究追根究底，不达目的决不罢休”。[83] 为了模仿苏格拉底，芝诺的生活方式很节俭，几乎是禁欲主义的。“他（芝诺）是一个具有很强节制力和忍耐力的人；其生活习惯非常简朴，以不需要用火烹饪的食物为生，日常总穿着一件薄薄的斗篷。”[84] 芝诺认为“虚荣心……是所有事物中最不得体的，对于年轻人尤其如此”。[85] 据说下面这首诗是对芝诺的描述。

> 冬天的寒冷和无休止的大雨，
> 对他都无能为力；
> 夏日的烈日或身患的疾病，
> 都无法使他的钢铁意志弯曲；
> 他远离众人，
> 与广大的普通人群毫不相似；
> 他耐心地、不厌其烦地、
> 夜以继日地执着于哲学研究。[86]

芝诺“言辞简洁”，[87] 不喜欢过分浮夸的滔滔不绝。“一次，一个年轻人以不符合自己年龄的方式向他提问，（芝诺）立刻把他领到一面镜子前，让他看看自己，然后问他这些问题是否与镜中看到的自己那张脸相配。”[88] 还有一次：

“一个年轻人说了很多废话，（芝诺）对他说：‘这就是我们有两只耳朵而只有一张嘴的原因，我们可以多听少说。’”[89] 在与托勒密国王的使者会面时，芝诺更是完全保持沉默。[90] 芝诺这样回答道：“告诉国王，房间里有一个人知道如何控制自己的舌头。”[91]

一次，芝诺抓住了一个正在偷窃的奴隶，他决定用鞭打的方式对其进行惩罚。这个奴隶对芝诺的宿命论有所了解，为了逃过鞭打，他辩解道：“我注定要偷东西。”[92]“是的，”芝诺表示同意，但接着又说，“你也注定要被鞭打。”[93]

芝诺在雅典显然很受重视，因为在他生命的最后阶段，雅典人决定“为他戴上金冠……以表彰他的美德和节操，并为他建造一座坟墓……且由公众出资”。[94]

芝诺于公元前 263 年去世，克利安提斯继任斯多葛学派的领袖 。[95]“他（克利安提斯）依附于芝诺，以最崇高的方式致力于哲学。他坚持与其师尊相同的学说。”[96] 第欧根尼·拉尔修这样描述克利安提斯：“他非常勤奋，但天资不高，智力非常迟钝。”[97]

这似乎很奇怪，一个哲学家竟然被用“愚蠢”二字来描述。而且很明显，并不是所有人都同意第欧根尼·拉尔修对克利安提斯的描述，即认为其智商低下、头脑简单。克利安提斯“当然不是人们所说的那种单纯温顺、智力一般的人。”[98] 关于克利安提斯智力低下的说法很快被克利安提斯接替芝诺的事实所反驳，沦为荒诞之言。克利安提斯“变得如此出类拔萃，以至于尽管芝诺有许多其他声誉很高的弟子，他（克利安提斯）还是接替了他（芝诺），成为哲学学校的校长”。[99]

克利安提斯的学生、斯多葛学派的第三任领袖克里西普斯（Chrysippus，约公元前 280—前 205 年）对斯多葛学派做出了更为重大的贡献。“克里西普斯把自己的任务放在吸收、发展学说和让学说更为系统化上，还有最重要的一点是确定这些学说的模式化形式与最终形式……可以说，克里西普斯继承了斯多葛体系的原始样貌，并将其发展成了现在的模样。”[100]

与他对克利安提斯的描述相反，第欧根尼·拉尔修把克里西普斯描绘成“一个天分很高的人，在各方面都表现得机敏过人……他的勤奋程度超过了其他所有人……因为他著有超过 705 本书”。[101]

第欧根尼·拉尔修认为克里西普斯有着过于傲慢无礼的坏习惯。“他（克里西普斯）似乎是一个非常傲慢的人……他自视过高，以至于有一次，当一个人问他：‘我应该把我的儿子托付给谁教导？’他说：‘给我吧，如果我认为有任何一个人比我自己更好、更合格，我就会去请他教我哲学了。’”[102]

克里西普斯也被斥责为“写了很多非常可耻和下流的东西……在他关于政体的论文中，他允许人们与他们的母亲、女儿或儿子结婚……在他关于正义的论文的第三册中，他用了几十行的篇幅让人们去吞食死尸”。[103]

虽然他继承了芝诺和克利安提斯的哲学，但克里西普斯是一个有独立精神的思想家。当被问及为什么不参加“阿里斯顿的讲座，那里观众济济一堂……他说：‘如果我参加了众人都蜂拥而去的讲座，那么我就不会成为一个哲学家了。’”。[104]第欧根尼·拉尔修说，克里西普斯“在许多方面……与芝诺和克利安提斯有分歧”。[105]也许这只是说明任何思想体系中都会有观念不完全一致的地方。

第欧根尼·莱尔曾讲述了一个离奇故事，即克里西普斯“看到他的驴子在吃无花果之后，因狂笑而死亡……”。[106]到克里西普斯于公元前 205 年去世时，“斯多葛派学说的结构已经完全形成”。[107]

斯多葛派学说

与伊壁鸠鲁主义一样，斯多葛主义也是一种实用主义哲学，其实践旨在使一个人达到理想化的善。伊壁鸠鲁式的善是快乐，而斯多葛式的善为美德。

斯多葛派“认为美德是唯一的善，是生活中值得争取的东西”。[108] 斯多葛派承认伊壁鸠鲁派重视美德，不追求“没有美德的快乐”，[109] 但他们认为美德应该优先于快乐。塞涅卡认为：“我说，为什么要在德行之前追求快乐呢？”[110]“认为德行是幸福的唯一必要条件的观点”可以追溯到柏拉图的《理想国》。[111]

斯多葛主义是“一种实用的哲学，是强大而高尚的精神在逆境中的集结点”。[112] 研究哲学本身不是目的，也不是无所事事时对知识的关注，而是实现目的的手段。“我们学习哲学是为了生活和行动。行为是最重要的一件事。”[113] 美德是一种无法实现的理想，个人要朝着这个方向努力。“智者是一种理想。”[114]“它（美德）只能通过不断的劳作、努力和自律来实现。”[115] 斯多葛主义不是一种可以在书本中学习的哲学，它是一种要付诸实践的生活方式。

斯多葛派将美德定义为与宇宙和谐相处。[116]“只有一个人通过不懈的积极行为，让自身的天分与宇宙统治者的意志和谐相处时，他的美德以及他平稳的现世生活才能得以实现。”[117]

追求美德需要“积极参与公共生活”。[118] 因此，斯多葛派与伊壁鸠鲁派不同，他们认为参与政府工作是一种责任，至少在与美德生活相一致的情况下是这样。因此，斯多葛主义者会适当地避免参与腐败的管理。

在斯多葛主义中，真理的主要认识论标准是感官知觉。“斯多葛派认为，感官所代表的东西是真实的。”[119] 明确这一点后，托勒密·菲洛帕托试图向斯多葛派哲学家斯派鲁斯（Sphaerus，约公元前 285—前 210 年）证明，通过感官获得的信息是不可靠的。“国王（托勒密四世）想反驳他（斯派鲁斯），命令人在他面前摆上一些蜡做的石榴。当斯派鲁斯被这些石榴欺骗时，国王大叫说他同意了一个错误的认知。但斯派鲁斯非常干脆地回答说，他没有同意它们是石榴的事实，而是同意它们有可能是石榴的事实。可以理解的认识与可能的认识是截然不同的。”[120]

斯多葛派将哲学分为逻辑学、伦理学和物理学（自然哲学）。为了通过使自己与宇宙保持一致来实现美德，有必要运用物理学或自然哲学来理解宇宙。逻辑学是应用于正确思考的工具，以“形成正确的判断，并正确利用感知”。[121] 伦理学依赖于逻辑学和物理学，但却是三者中最重要的，因为它是适合美德生活的行动指南。[122]

斯多葛派的宇宙观是循环的。“当目前的循环走完了它的历程，所有物质将再次被吸收到主要物质或神性中，世界将在一场大火中被烧毁。”[123] 起初，宇宙只有一种基本的、“原始的物质或普纽玛……这是所有存在的来源；整个可见的宇宙由它逐步形成，之后宇宙将再次被分解成最初的形式”。[124] 斯多葛认为宇宙的创造和毁灭这一循环会无限地重复，宇宙在过去已经被创造和毁灭了无数次，在未来也会继续如此。

宇宙生成之后，出现了火、空气、水和土这四种元素。然而，斯多葛学派不认为这四种元素是真正的元素，而且这四种元素会相互转化。“我们斯多葛派认为，宇宙是在这些元素的更替中发生变化的。”[125] “我们认为物质是可以改变、可以变异的，也可以转换。”[126] 斯多葛派承继了赫拉克利特的观点，即把火放在四种元素中首要的地位。“我们斯多葛派……认为，是火控制了世界，并赋予了所有的东西与其同一的性质。”[127] 可以说，火是神性在自然界的物质表现。[128]

与伊壁鸠鲁派一样，斯多葛派也承认真空的存在，但把它的存在限制在世界之外，或者说可见的宇宙之外。“克里西普斯经常说，在世界之外有一个无限的真空。”[129] “斯多葛派认为，在世界的范围内没有真空，但在世界之外，真空是无限的。”[130]

宇宙生成之后，分为主动和被动两种元素。被动元素是无生命的物质，主动因素是一个重要的成分，即贯穿世界的“逻各斯”。逻各斯是神圣的理性或智慧，表现为连贯性和秩序。这个词是由赫拉克利特提出的，他说“所有的事情都是按照这个逻各斯发生的”。[131] 关于此，更早发挥影响力的可能是泰勒斯，他“说宇宙中的思想是神，所有的东西都被赋予了灵魂，充满了精神”。[132]“逻各斯不仅是自然界永远服从的最高法则，而且是自然和人类固有的神圣的理性，它拥有智慧和思考，也许，其本身就是智慧。”[133]逻各斯在《圣经》里被称为“道”（the Word）。“太初有道，道与神同在，道就是神。”[134]

斯多葛派是一神论者，在这个意义上，他们设想了一个单一的、最高的神。然而，他们的上帝不是拟人化的或个人的上帝，而是一个含糊不清的精神原则。塞涅卡将上帝定义为“普遍的智慧”。[135]塞涅卡用一段较长的文字论述了神的性质。

> 如果你喜欢称他为命运，那是不会错的，他是所有事物的依靠，所有原因的原因都来自他。如果你愿意称他为天意，你仍然是正确的，因为是他为世界提供了建议，使它遵循其有序的进程，并展开其存在的戏剧性。如果你愿意称他为自然，你也不会犯错，因为万物从他那里获得存在的可能，我们靠他的呼吸生存。如果你愿意称他为世界，你也不会犯错，因为他就是你能看到的一切，他完全融入所有的组成部分，通过固有的力量维持生存。[136]

爱比克泰德（Epictetus，约55—135年）问道：“那么上帝的本质是什么？是肉体吗？当然不是。土地上的财产？绝不是。名声？不是。是智慧、知识、正确的理智吗？是的。”[137]普鲁塔克声称，斯多葛派通过观察世界上存在的美和秩序，得出他们对上帝的概念。“斯多葛派这样定义上帝的本质。它是一种智慧和火热的精神，它没有任何形状，而是不断地变化为其喜欢的东西，并将自己与万物同化。对这种神性的认识，他们首先是从那些我们能明显看到的事物的本质中得到的。他们得出的结论是，没有什么美丽的东西可以随便或偶然地形成，它们都是由创造世界的伟大理解力艺术所构成的。”[138]

斯多葛派认为，“因此，上帝是世界，是星星，是地球，是（至高无上的）天界的最高思想”。[139]“对于‘什么是上帝？’这个问题，斯多葛学派反问道：‘什么不是上帝？’”[140]

虽然斯多葛派相信有一个至高无上的神灵，但他们也承认有次级的神灵存在，即介于人和神之间的精神存在。“如我们一样，斯多葛派相信半人神（daemon）的存在，也相信在人们普遍相信的众多神灵中，只有一个是永恒的、不朽的，其余的则是逐渐诞生的，最终将以死亡而告终。”[141]

斯多葛派相信，在一个有序的宇宙中渗透着一种神圣的智慧，宇宙由其控制。由此产生了一些推论，包括宏观世界和微观世界学说、命运和宿命说、占卜说、目的论、天意论和设计论等。

斯多葛派相信灵魂的存在，但与伊壁鸠鲁派一样，也认为它是有肉体的。[142]由于逻各斯渗透到宇宙的灵魂中，以此类推，人类的灵魂也扩散到整个人体。伊壁鸠鲁派认为人的灵魂在肉体死亡后就会消亡，但斯多葛派认为“无知和无识的人的灵魂会下降到世俗事物中，但有学识和有活力的人的灵魂则会在炽热的火焰中实现永恒”。[143]

由于人类的灵魂是逻各斯的体现，斯多葛派认为“人是地球上唯一有理性的生物，拥有理性就意味着拥有神的形象”。[144]因此，通过类比可知，人的微观世界是宇宙的宏观世界的反映。“世界的灵魂充盈其中并穿透它；同样地，人类的灵魂在整个身体中渗透和呼吸，为它提供信息和指导，为人打上理性这一基本特征的烙印。”[145]

逻各斯在自然界的表现是设计概念的出现。马尔库斯·图利乌斯·西塞罗在《论神性》中以钟表匠做比喻，认为宇宙的构造类似于手工制作的时钟。“因此，如果艺术没有理性，就不能使任何东西达到完美；如果自然界的作品超过了艺术的作品，那么自然界就不可能是没有理性的。当你看到一座雕像或一幅绘画时，你会认为它是一件艺术作品；当你远远地看到一艘正在航行的船时，你会判断它是由理性和艺术驾驶的；当你看到一个表盘或水钟时，你会相信时间是由艺术显示的，而不是偶然的。那么你能想象包含所有艺术和工匠在内的宇宙会没有理性和理解力吗？”[146]

如果世界是由设计和功用性促成的，那么事件的因果顺序就由神的旨意所支配。斯多葛派认为，“宇宙和它的所有部分都是由神的旨意来安排和管理的，所有的事件都是为了最高的目的，即理性和人的福祉与利益……所有的事情都是由完美的理性来决定的，为的是普遍的利益；因此，所有的事情都是以可能的最佳方式发生”。[147]

罗马皇帝、斯多葛派哲学家马库斯·奥勒留·安东尼解释说，看起来是偶然或幸运的结果，实际上是天意预先安排的结果。“所有来自诸神的事物都充满了天意。来自命运的事物没有脱离自然，也并非没有与由天意安排的事物交织和融合。”[148] 由于宇宙是由神的旨意来安排的，斯多葛派认为“我们都在为一个目的而工作，有些人身带知识和设计，有些人则不知道他们在做什么”。[149]

斯多葛派认为，所有的事件都是由一连串的因果关系联系起来的，因此他们相信宿命和命运。斯多葛派的命运学说继承自赫拉克利特，或者说是受其影响。赫拉克利特说：“所有的事情都是按照命运发生的，命运本身就是必然的。”[150]

命运和必然性学说意味着“所有存在或发生的事物都有一个直接的原因或前因”。[151] 因此，“在不可改变的因果交替中，每个事件都是必然的和注定的”。[152] 塞涅卡在《自然问题》中认为，“事件的顺序是滚动的，由命运的永恒的更迭而推动，它的首要定律即遵守它的旨意……命运……是所有事物必须遵循的一种必然性，是任何力量都无法打破的”。[153] 根据普鲁塔克的说法，克里西普斯曾说：“命运是世界的理性……它是天意用来统治和管理世界上每一个事物的法则……它是一个原因链，也就是说是一系列有序的、相互关联而且无法阻挡的原因。”[154]

斯多葛主义有一个明显的矛盾之处，即斯多葛派既相信宿命，又相信自由意志。如果我们理解自然界的因果链，即渗透在宇宙中的逻各斯的结果和表现，那么这个矛盾就可以解决。命运在宏观世界运作，这是神圣智慧的显现。人是一个微观世界，他的智慧是逻各斯的一部分，尽管只是一小部分。因此，一个独立的人通过发挥其自由意志，便可能对命运产生一些影响，但这必须与普遍的逻各斯的更大影响相对照。普鲁塔克解释说："斯多葛派……说……命运是原因链的有序而复杂化的呈现，其中存在一些来自我们意志的事，故而导致有些事情可以归因于命运，而有些则不能。"

斯多葛派赞同占卜，因为他们深信宇宙由天意支配，所有事件都是相互关联的，而占卜就是根据这一信念进行的逻辑推论。他们认为，"整个宇宙的所有部分之间都存在相关性，互相关联。因此，预兆和征兆是在与那些它们所预示的事件相一致的情况下产生的。利用天赋或习得的技艺，可以通过经验观察并注意到它们之间的联系"。[155]

塞涅卡解释说，占卜是由命运促成的。"命运的卷轴已经展开，它向各个方向发出了对即将发生之事的暗示，这些暗示对我们来说一部分是熟悉的，一部分是未知的。发生的一切都预示着即将要发生的事情；对于不受任何理性原则控制的单纯的偶然事件，不允许应用占卜……事实上，几乎每一种生物的运动与我们的相遇都有所预示和警醒。"[156]

关于邪恶的问题是：上帝的存在，一个无所不能的善的存在，与世界上邪恶和痛苦的存在，两者显然是不可调和的。如果上帝存在，为什么他会允许邪恶？斯多葛派对这个问题的回答是，邪恶的存在对善的存在来说是不可缺少的；没有邪恶，善就不可能存在。"克里西普斯……认为，没有什么比认为没有恶的存在就会有善这一想法更荒谬或更愚蠢的了。因为善与恶是相反的，而且两者都必须存在，相互对立，并依赖于相互的对峙，所以……没有对立的事物，没有其特定的对立面，任何事物都无从存在；如果没有不公正的事件出现，怎么会有正义感的奔涌呢？”[157]

斯多葛派以对生活漠不关心和逆来顺受而闻名。斯多葛（stoic，意为坚忍的）的常见定义即对快乐或痛苦淡漠于心，这一斯多葛式的冷漠是他们整个信仰体系的必然结果。因为人生的目标是追求美德，所以快乐或痛苦都无关紧要。宿命论意味着人们对生命过程的任何抵抗都注定徒劳无益。“顺从于命运的进程，服从于神所指定的世界秩序，是人应持有的态度。”[158]

塞涅卡认为，顺从上帝的意志是人的责任。“我们不仅要服从上帝，而且要同意他的一切，即使没有必要，我们也要出于责任而服从他。所有那些使我们呻吟和颤抖的可怕表象不过是来自生活的磨难，我们既不希望，也不要求，更不要逃避它们。”[159] 如果追求美德意味着苦难或痛苦，那么越痛苦越好。“在为美德受苦时，我们要考虑的不是折磨，而是饱受磨难的原因；经受的痛苦越多，声望就越大。”[160]

马库斯·奥勒留解释说：“我是受自然支配的整体的一部分……如果记住我是这样一个整体的一部分，我就会对发生的一切感到满意。”[161] 我们要接受一切发生的事情，因为“发生在每个人身上的事情都是以适合他命运的方式安排下来的”。[162] 生活中的懊恼之事应被视为人存在的一个不可避免的必要部分。“当你被任何一个人的无耻行为所冒犯时，要立即问自己：那么，世界上有没有可能不存在无耻的人？这是不可能的。那么，就不要要求根本不可能的事。”[163]

斯多葛派并不回避情感，他们只是谴责那些与冷静和理智地追求美德不相容的激情。“斯多葛式的气性并不意味着完全摆脱所有情感，而只是摆脱非理性的情绪风暴。”[164] 伊壁鸠鲁解释说：“无论我们发现什么，只要它同时具有感情，又符合理性，我们就怀着信心宣布它是正确的，是好的。”[165]

3. 新柏拉图主义（约 250—550 年）

普罗提诺（204—270 年）与波菲利（233—304 年）

公元 3 世纪，斯多葛主义和伊壁鸠鲁主义走向衰落。在接下来的 300 年里，占主导地位的是异教哲学新柏拉图主义。新柏拉图主义是柏拉图和毕达哥拉斯哲学的复兴，同时也受到了亚里士多德和斯多葛主义的影响。“它是折中主义的，不过后来的大多数哲学也是如此。在毕达哥拉斯的支持下，它结合了柏拉图、亚里士多德和斯多葛派的体系。”[166]

由于新柏拉图主义的核心要素是与上帝进行沉浸于其中的宗教交流，因此可能更应该将其视为一种宗教，而不是一种哲学。新柏拉图主义在地中海世界的兴起标志着西方人思想的内倾转向，并暗示着欧洲黑暗时代（Dark Age）的到来。

新柏拉图主义的创始人是普罗提诺（Plotinus，204—270 年）。他“出生在埃及的利科波利斯（Lycopolis），父母是罗马人”。[167]20 岁时，他开始学习哲学。起初，普罗提诺对他所有的导师都不满意；最后，他接受了阿莫尼乌斯·萨卡斯（Ammonius Saccas）的指导，并“一直跟随阿莫尼乌斯”直至 39 岁。[168]

由于阿莫尼乌斯·萨卡斯是普罗提诺的老师，一些学者便将新柏拉图主义的起源归于阿莫尼乌斯。但人们对阿莫尼乌斯几乎一无所知，甚至不知道他的出生和死亡日期，而且他也没有留下任何著作。根据尤西比乌斯的说法，阿莫尼乌斯“和其他基督徒一样，一直接受来自其父母的教育……然而，当他理解力逐渐加强并投身于哲学领域时，很快就改变了之前接受的观念”。[169]普罗提诺被认为是新柏拉图主义的创始人，因为他是第一个将新柏拉图主义的学说形成文字并将其发展成一个有影响力的思想流派的人。

40 岁时，普罗提诺“定居罗马”，在那里一直生活到 66 岁去世。[170]普罗提诺的学生和其传记作者波菲利（Porphyry，约 233—304 年）描述说，其导师的教学风格是非正式的。“他（普罗提诺）完全没有其他教授那种浮夸的风格；他的讲座令人有一种与之谈话的轻松平易的感觉，他也从不强迫听众接受其论文中严格的逻辑结构。”[171]

波菲利对其老师的评价是褒扬的，甚至是充满崇拜的。普罗提诺“很温和……在罗马生活了整整26年，为许多争议提供决断，却没有一位民众对他有丝毫的非议”。[172]波菲利说普罗提诺对人的性格有“非凡的”洞察力，并讲述了普罗提诺的一件轶事：他将所有嫌疑人排成一排，紧盯着他们的眼睛，凭借这种方法就发现了一个小偷。这个小偷在被鞭打时说出了被盗物品的位置，这也令普罗提诺的判断得到了进一步的验证。[173]

然而，波菲利也确实提到普罗提诺写作中的不良问题：普罗提诺的书写纯粹是处于自发散漫状态下的，他根本不屑于完工后再进行修饰和改写。“完稿之后，普罗提诺不会返回去进行校对；实际上，他眼神昏花，这也令其无法校对识别；更甚者，他字迹潦草，书写凌乱，拼写错误较多。他更关注的是哲学观点的传达而非书写细节。”[174]

临终前，普罗提诺遗留下54部哲学作品，其学生波菲利对其进行了编辑和整理，将其合并为《九章集》（*Enneads*）。[175]在汇编老师作品的过程中，波菲利对其进行了修订和编辑，他说，由于普罗提诺的写作极为粗疏和凌乱，“这种修订是完全有必要的”。[176]

此外，波菲利又为亚里士多德的《范畴篇》（*Categories*）编写了序言《导论》（*Isagoge*），这一序言极具影响力。其后，这一序言被波伊修斯（Boethius，约480—525年）翻译为拉丁文，成为“了解早期中世纪逻辑学的里程碑”。[177]

继普罗提诺和波菲利之后，最重要的新柏拉图主义代表当属扬布里柯和普罗克洛斯。[178]

公元6世纪初，雅典的哲学学校开始传授新柏拉图主义学说。公元529年，拜占庭皇帝查士丁尼一世（Emperor Justinian，约482—565年）[179]将其关闭并终止教学。与以往的古代哲学流派一样，新柏拉图主义渐趋衰微，其学说也部分渗透进了基督教的一些教义。

上帝、神圣理智与灵魂

新柏拉图哲学涵盖三个主要元素——“太一”（the One）、“神圣理智”（nous）与“灵魂”（the soul）。它们都不是独立的实体，而是意识的状态。太一指上帝，是最高级别的现实，是不可知的、不可表达的和不可言说的。太一“是所有生命的来源，因此体现绝对的因果关系，是唯一的真实存在”。[180]

在《反对诺斯底派》中，普罗提诺认为太一与柏拉图哲学中的“善”的概念类似。善的本质是简单的，是位数第一的，因为每一个不是第一的事物都不简单。它不诉诸形体，独立存在，所谓的“太一”的性质与“善”是吻合的。[181]

太一不能被描述，而只能被体验。它高于思想和理性，完全超然物外而不可言说。“它没有任何属性”，[182] 因为赋予它任何具体的一个属性，必然会降低它内在的统一性。

在意识中居于太一之后的是神圣理智。Nous 是一个希腊词，通常被翻译为智力、心智、理性或智力原则。它“既是存在，同时又是思想，既是理想世界，又是理念”。[183]

灵魂在三个元素中位列最低。正因为灵魂处在运动中，时间和空间的幻觉才得以生成，它们都是在太一和神圣理智中没有实际存在的元素。灵魂“处在神圣理智和现象世界之间，被神圣理智所渗透和照亮，但也与现象世界接触和交涉”。[184] 与太一和神圣理智一样，灵魂也是非物质的。

物质，或物质世界，不被算作一个元素，因为它实际上并不存在。我们的感官向我们揭示的世界是一个短暂的幻觉。“物质是……黑暗的原则……它没有形式和理念，它是邪恶的。”[185]

因此，新柏拉图式的世界是由分等级的意识组成的，其中太一处在最上层，而物质处于最底层。“存在的整体形态可以被设想为一系列的同心圆，其向着不存在的边缘渐渐消失远去，而最外圈的原始存在的力量也在逐渐消散。”[186] 多重性的世界是由太一通过一个“连续的发散过程创造而成，而每个原则都是由位列其上的另一个原则生发出来的”。[187] 新柏拉图主义支持泛神论。泛神论是一种“信仰或哲学理论，认为上帝存在于宇宙之中或与宇宙同为一体”。[188]

新柏拉图主义者反对唯物主义和原子主义。唯物主义的学说无法解释宇宙，因为物质缺乏智慧和秩序。“物质不会给自己带来形式，也不会在自己身上植入灵魂……如果所有的东西都是躯体……那么宇宙也会迅速消亡……更确切地说，没有任何东西会被生成，所有的东西都会止于物质，因为没有任何东西可以赋予它……在一个缺乏灵魂秩序的普纽玛物质中，有什么秩序、理性或智力可言呢？”[189]

新柏拉图主义认为感官世界是虚幻的，而物质世界里最好的是中性的东西，最坏的是邪恶，故而它很难成为促进积极科学、经验主义或实验方法发展的哲学。要发现真理，就得向内发掘，而不是向外看。

灵魂旅行

新柏拉图主义哲学家的目标是通过灵魂旅行的方式获得与太一的狂热交流。[190] 通过沉思，“灵魂必须回溯到至高的上帝”。[191] 在灵魂旅行中，我们远离物质世界，甚至超越了智力，最终将我们的灵魂与太一、宇宙灵魂、不可描述的终极现实融合在一起。“到最后一个阶段时，在强度最大的紧张状态和专注状态下，在沉默和完全忘记一切的情况下，它（灵魂）完全浸润其中。然后它将可以看到上帝，生命的源泉，存在的来源，一切美好的起源，灵魂的根源。在那一刻，它（灵魂）享受到至高的不可描述的幸福；它如同被神性完全润泽，并沐浴在永恒的光辉中。”[192]

一个人大概要通过放弃世俗和感官的快乐，采取节俭甚至苦行的生活方式，才能为灵魂旅行做准备。波菲利说，普罗提诺的一个学生、罗马元老院成员罗加蒂安努斯（Rogatianus）“如此放弃政治野心，甚至放弃了所有财产，遣散了所有奴隶，并放弃了所有尊严……这种极度的禁欲和自制使其恢复了健康”。[193]普罗提诺把罗加蒂安努斯看作一个模范。

普罗提诺在《灵魂堕入肉体》[*The Soul's Descent Into Body*（*Ennead 4.8*）]中描述了他向太一的升华。“这种情况发生过很多次：从身体中升华到成为我自己；游离于其他事物，并真正以自我为中心；看到一种奇妙的美；然后，比以往任何时候都更确信要与最崇高的秩序为伍；实现最崇高的生活方式，获得神圣力量对我的认同；由于实现这种活动而驻扎其中；凌驾于一切智识，也不及至尊。”[194]

然而，能与太一进行狂热交流实非易事，即使对大师来说也是如此。波菲利说，在他与普罗提诺相处的这些年里，他的老师只升至太一境界四次，而他——波菲利，只在68岁时与之进行了一次交流。[195]新柏拉图主义最终被基督教压制的原因也显而易见了。基督教通过简单的信仰行为向每个人提供救赎，而在新柏拉图主义中，救赎是通过神秘的体验来实现的，这对圣人来说都是极为罕见的，对于一般人来说更是难以企及。

虽然新柏拉图主义通常被描述为一种哲学，但称其为一种宗教更为正确。哲学的基础是理性，是智力部署的较量，但作为新柏拉图主义核心要素的狂热交流则是一种启示，是一种完全不同的认知方式，是宗教的传统源泉。

结　论

科学始于公元前6世纪的古希腊，当时奉行的是自然主义，即用自然法则而非超自然力或超自然物来解释和说明各种现象。自然主义的必然结果即统一性的出现，也就是假定自然界在整个时间和空间范围内都以不变的方式运作。

如果古希腊不是一个允许思想自由和容忍个人差异的开放社会，那么科学和哲学是否能在古希腊发源是值得怀疑的。学生们不仅被允许，而且被鼓励去批评他们的老师和挑战权威，创新因此受到欢迎。伴随着古希腊知识自由一同出现的可能是政治自由。民主制度总是比专制制度更加开放和自由。众人必然拥有不同的意见和信仰，因此他们参与政府活动就需要政府能够容忍个人差异。

可以说，古希腊对西方文明的贡献从未被超越。除了在政治、艺术和文学方面的贡献外，古希腊人还开创了科学、哲学和逻辑学。泰勒斯、毕达哥拉斯和其同僚发现数学是一套经验性的规则，并将其变成一门精确的科学。在哲学、物理学、化学、医学和数学方面，古希腊人的知识在近2000年的时间里一直处于领先地位。迟至16世纪，亚里士多德仍被视为哲学和物理学方面的卓越权威，四种体液和四种元素的理论影响一直持续到18世纪。直到19世纪中叶，欧几里得的《几何原本》依旧作为数学教科书被广泛使用。

最重要的一点可能是古希腊人创造了证明原则，即有可能建立一种可以证明真理的概念。每个人都存疑的观点被证明所取代，即构建一个每个人都不得不同意的逻辑证明。

具有讽刺意味的是，恰恰是数学证明的诱人魅力，被证明是发展实验方法和现代科学的主要障碍。假如不借助于经验，纯粹的演绎推理必然会导致有失偏颇。古希腊人倾向于贬低经验主义，因为他们可用的经验完全基于轶事，这种类型的信息是非常不可靠的。通过应用可重复性标准，现代科学验证了大量观测数据，但这一方法要依赖印刷机或其他电子设备来进行有效的大众传播。希腊人没有这种技术，他们也没有想到这种做法有什么好处。

古罗马人统治地中海世界近千年，但对科学或哲学的重大或原创性贡献却寥寥。在古罗马最流行的哲学——伊壁鸠鲁主义和斯多葛主义——皆出于古希腊。古罗马人的天才体现在法律、民政管理和工程建设方面。为古罗马供水的水渠系统是一个工程奇迹，而古罗马的桥梁和道路也是经得起时间考验的。

古希腊人和古罗马人都没有想到要在尊重个人基本尊严和价值的基础上，建立一个普世人类社会。古希腊和古罗马的社会是阶层分明的，其经济体系基于奴隶制。古罗马人的统治是基于野蛮的力量，而不是基于拥有不同信仰体系的人民出于自发的合作。

至公元5世纪，古代的体系已经渐行渐远。前苏格拉底时期的启蒙运动所提供的智识启蒙日渐衰微。在中东和欧洲，人类的思想由外向内转轨。在接下来的1000年里，大多数严肃的思想家同时兼具神学家的身份，而所有重要的社会和文化里程碑皆具有宗教意义。在公元4世纪，基督教成为罗马帝国的官方宗教，并开始在北欧和西欧传播。到了公元7世纪，伊斯兰教迅速扩张，其影响力在8世纪远及西北方的法国。在近千年的时间里，理性哲学和科学没有取得重大进展，但基督教和伊斯兰教的传播却将不同的部落、民族和文化团结在共同的信条之下。基督教的普世性的人类兄弟情谊激发了生产性合作，并且遏制了冲突。

当科学停滞不前时，虽无书面记录，但手工艺和技术的发展却未曾停止脚步。古希腊人和古罗马人都不太重视技艺。但到了8世纪，欧洲人就开始发展新技术了，并对人与自然界的关系采取了全新的态度。哲学家们第一次认识到将理论和实践联系起来的必要性，这种崭新的、进步的态度将在科学革命和工业革命中达到高潮。

注 释

前言

1. Aristotle, 1906, *The Nicomachean Ethics of Aristotle*, Book 6, Chapter 3, Tenth Edition, translated by F. H. Peters, Kegan Paul, Trench, Trübner & Co., Ltd., London, p. 185 (1139b).
2. Herodotus, 1910, *The History of Herodotus*, Book 6, Chapter 117, translated by George Rawlinson (1812–1902), vol. 2 (first published in 1858), J. M. Dent & Sons, New York, p. 104.
3. Butterfield, H., 1931, *The Whig Interpretation of History*, G. Bell and Sons, London.
4. *Encyclopedia Britannica*, Eleventh Edition, 1911, Whig and Tory, vol. 28, Encyclopedia Britannica Company, New York, p. 588.
5. Butterfield, H., 1965, *The Whig Interpretation of History* (first published in 1931 by G. Bell and Sons in London), W. W. Norton, New York, p. 16.
6. Ibid., p. 12
7. Harrison, E., 1987, Whigs, Prigs and Historians of Science, *Nature*, vol. 329, p. 213–214.
8. Butterfield, H., 1965, *The Whig Interpretation of History* (first published in 1931 by G. Bell and Sons in London), W. W. Norton, New York, p. 75.
9. Sarton, G., 1924, Review of "A History of Magic and Experimental Science During the First Thirteen Centuries of Our Era," *Isis*, no. 1, vol. 6, p. 78.
10. Sarton, G., 1927, *Introduction to the History of Science*, vol. 1, Carnegie Institution of Washington, Washington, DC, p. 6.
11. Sarton, G., 1924, Review of "A History of Magic and Experimental Science During the First Thirteen Centuries of Our Era," *Isis*, no. 1, vol. 6, p. 82.
12. al-Ghazali, 1997, *The Incoherence of the Philosophers*, translated by Michael E. Marmura, Brigham Young Press, Provo, Utah, p. 171.
13. Drake, S., 1978, *Galileo at Work, His Scientific Biography* (first published by the University of Chicago Press), Dover, New York, p. 377.
14. Turnbull, H. W. (Editor), 1959, *The Correspondence of Isaac Newton*, vol 1, Cambridge University Press, London, p. 416.
15. Drake, S., 1978, *Galileo at Work, His Scientific Biography* (first published by the University of Chicago Press in 1978), Dover, New York, p. 377.
16. Butterfield, H., 1965, *The Whig Interpretation of History* (first published in 1931 by G. Bell and Sons in London): W.W. Norton, New York, p. 105.

引言

1. Sarton, G., 1927, *Introduction to the History of Science*, vol. 1, Carnegie Institution of Washington, Washington, DC, p. 4.
2. *Oxford English Dictionary Online*, Second Edition, 1989.
3. Deming, D., 2008, Design, Science and Naturalism, *Earth Science Reviews*, vol. 90, p. 60–63.
4. *Oxford English Dictionary*, Second Edition, 1989.
5. Sarton, G., 1927, *Introduction to the History of Science*, vol. 1, Carnegie Institution of Washington, Washington, DC, p. 4.
6. Saint Teresa of Avila, 1916, *The Life of St. Teresa of Jesus*, Fifth Edition, translated by David Lewis, Benziger Brothers, New York, p. 266–267.
7. Sarton, G., 1924, Review of "A History of Magic and Experimental Science During the First Thirteen Centuries of Our Era," *Isis*, no. 1, vol. 6, p. 78.
8. Wade, N., 2006, *Before the Dawn*, Penguin Press, New York, p. 14.
9. Semaw, S., 2000, The World's Oldest Stone Artefacts from Gona, Ethiopa, *Journal of Archaeological Science*, vol. 27, p. 1197.
10. Wade, N., 2006, *Before the Dawn*, Penguin Press, New York, p. 20.
11. Hodges, H., 1970, *Technology in the Ancient World*, Marboro Books, London, 1992 edition, p. 23.
12. Wade, N., 2006, *Before the Dawn*, Penguin Press, New York, p. 36.
13. Darwin, C., 1897, *The Descent of Man and Selection in Relation to Sex*, D. Appleton, New York, p. 86.
14. Wade, N., 2006, *Before the Dawn*, Penguin Press, New York, p. 32.
15. Hillman, G., et al., 2001, New Evidence of Lateglacial cereal cultivation at Abu Hureyra on the Euphrates, *The Holocene*, vol. 11, no. 4, p. 383.
16. Akkermans, P. M. M. G., and Schwartz, G. M., 2003, T*he Archeology of Syria*, Cambridge University Press, p. 45.
17. Singer, C., 1949, *A Short History of Science to the Nineteenth Century*, Clarendon Press, p. 4.
18. Proclus, 1792, *The Philosophical and Mathematical Commentaries of Proclus, on the First Book of Euclid's Elements*, vol. 1, printed for the author, London, p. 98–99.
19. 对此说法有争议的是，医学至少和天文学同样可以号称是"人类最早的科学学科"。
20. Hesiod, 1920, *Works and Days* (lines 609–617), in *Hesiod, the Homeric Hymns and Homerica*, with an English translation by Hugh G. Evelyn-White, London, William Heinemann, p. 49.
21. Dreyer, J. L. E., 1953, *A History of Astronomy from Thales to Kepler* (first published in 1906 as *History of the Planetary Systems from Thales to Kepler*), Dover, New York, p. 1.
22. Clagett, M., 1994, *Greek Science in Antiquity*, Barnes and Noble, New York (reprint of 1955 edition), p. 13.
23. Edwards, C. (translator), 1904, *The Hammurabi Code and the Sinaitic Legislation*, Watts & Co., London, p. 23.
24. Ibid. p. 37.
25. Sarton, G., 1960, *A History of Science, Ancient Science Through the Golden Age of Greece*, Harvard University Press, Cambridge, p. 87–88.
26. Frazer, J. G., 1922, *The Golden Bough* (abridged edition), Macmillan, New York, p. 54–55.
27. Crump, T., 2001, *A Brief History of Science as Seen Through the Development of Scientific Instruments*, Carroll & Graf, New York, p. 12.
28. Davisson, W. I., and Harper, J. E., 1972, *European Economic History, Volume 1, The Acient World*, Appleton-Century-Crofts, New York, p. 51.
29. Harden, D. B., 1956, Glass and Glazes, in *A History of Technology*, vol. 2, edited by Charles Singer, Oxford

University Press, London, p. 311.
30. Neuburger, A., 1930, *The Technical Arts and Sciences of the Ancients*, Macmillan, New York, p. 153.
31. Crowfoot, G. M., 1954, Textiles, Basketry, and Mats, in *A History of Technology*, vol. 1, edited by Charles Singer, Oxford University Press, London, p. 413.
32. Neuburger, A., 1930, *The Technical Arts and Sciences of the Ancients*, Macmillan, New York, p. 165.
33. Crowfoot, G. M., 1954, Textiles, Basketry, and Mats, in *A History of Technology*, vol. 1, edited by Charles Singer, Oxford University Press, London, p. 424.
34. Ibid.
35. Ibid., p. 434.
36. Ibid., p. 435.
37. Neuburger, A., 1930, *The Technical Arts and Sciences of the Ancients*, Macmillan, New York, p. 8.
38. Bromehead, C. N., 1954, Mining and Quarrying, in *A History of Technology*, vol. 1, edited by Charles Singer, Oxford University Press, London, p. 563.
39. Herodotus, 1910, *The History of Herodotus*, Book 3, Chapter 23, translated by George Rawlinson (1812–1902), vol. 1 (first published in 1858), J. M. Dent & Sons, New York, p. 221.
40. Diodorus Siculus, 1814, *The Historical Library of Diodorus the Sicilian*, Book 3, Chapter 1, vol. 1, translated by G. Booth, W. M'Dowall for J. Davis, London, p. 158.
41. Ibid., p. 158–159.
42. Ibid., p. 159–160.
43. Strabo, 1856, *The Geography of Strabo*, Book 11, Chapter 2, Paragraph 19, vol. 2, translated by H. C. Hamilton and W. Falconer, Henry G. Bohn, London, p. 229.
44. Neuburger, A., 1930, *The Technical Arts and Sciences of the Ancients*, Macmillan, New York, p. 12.
45. Homer, 1922, *The Iliad of Homer*, Book 19, lines 363–396, translated by Andrew Lang, Walter Leaf, and Ernest Myers, Revised Edition, Macmillan and Co., London, p. 397.
46. Strabo, 1856, *The Geography of Strabo*, Book 3, Chapter 2, Paragraph 8, vol. 1, translated by H. C. Hamilton and W. Falconer, Henry G. Bohn, London, p. 219.
47. Ibid., p. 220.
48. Derry, T. K., and Williams, T. I., 1993, *A Short History of Technology, From the Earliest Times to A.D. 1900* (reprint of 1960 edition published by Oxford University Press), Dover, New York, p. 117.
49. Neuburger, A., 1930, *The Technical Arts and Sciences of the Ancients*, Macmillan, New York, p. 13.
50. Bromehead, C. N., 1954, Mining and Quarrying, in *A History of Technology*, vol. 1, edited by Charles Singer, Oxford University Press, London, p. 563.
51. *Encyclopedia Britannica*, 1972, "Techonology, History of," vol. 21, William Benton, Chicago, p. 750C.
52. Herodotus, 1910, *The History of Herodotus*, Book 2, Chapter 109, translated by George Rawlinson (1812–1902), vol. 1 (first published in 1858), J. M. Dent & Sons, New York, p. 166.
53. Lindberg, D. C., 1992, *The Beginnings of Western Science*, University of Chicago Press, Chicago, p. 12.
54. Plato, 1937, Phaedrus, in, *The Dialogues of Plato*, translated into English by Benjamin Jowett (1817–1893), vol. 1, Random House, New York, p. 278 (274–275).
55. Ibid.
56. McMurtrie, D. C., 1943, *The Book: The Story of Printing and Bookmaking*, Oxford University Press, New York, p. 5.
57. Clagett, M., 1994, *Greek Science in Antiquity*, Barnes and Noble, New York (reprint of 1955 edition), p. 21.

第一章

1. Grant, E., 2007, *A History of Natural Philosophy*, Cambridge University Press, Cambridge, p. 2.
2. Burnet, J., 1920, *Early Greek Philosophy*, Third Edition, A. & C. Black, London, p. v.
3. Burnet, J., 1920, *Greek Philosophy, Part I, Thales to Plato*, Macmillan & Co., Limited, London, p. 4.
4. Sarton, G., 1936, The Unity and Diversity of the Mediterranean World, *Osiris*, vol. 2, p. 406–463.
5. Burnet, J., 1920, *Greek Philosophy, Part I, Thales to Plato*, Macmillan & Co., Limited, London, p. 4–5.
6. Sarton, G., 1960, *A History of Science, Ancient Science Through the Golden Age of Greece*, Harvard University Press, Cambridge, p. 37.
7. Ibid., p. 40.
8. Zeller, E., 1908, *Outlines of the History of Greek Philosophy*, translated by Sarah Frances Alleyne and Evelyn Abbott, Henry Holt, New York, p. 23.
9. Sarton, G., 1960, *A History of Science, Ancient Science Through the Golden Age of Greece*, Harvard University Press, Cambridge, p. 21–22.
10. Clagett, M., 1994, *Greek Science in Antiquity*, Barnes and Noble, New York (reprint of 1955 edition), p. 13.
11. Reinach, S., 1904, *The Story of Art Throughout the Ages, an Illustrated Record*, Charles Scribner's Sons, New York, p. 19.
12. Ibid., p. 17.
13. Lloyd, G. E. R., 1979, *Magic, Reason and Experience*, Cambridge University Press, Cambridge, p. 14.
14. Popper, K., 1998, *The World of Parmenides, Essays on the Presocratic Enlightenment*, Routlege, New York, p. 20.
15. Ibid., p. 22.
16. Plato, 1955, *The Republic*, Book 1, translated by Henry Desmond Pritchard Lee, Penguin, Baltimore, Maryland, p. 64 (336).
17. Plato, 1937, Timaeus, in *The Dialogues of Plato*, translated into English by Benjamin Jowett (1817–1893), vol. 2, Random House, New York, p. 34 (54).
18. Muller, H. J., 1961, *Freedom in the Ancient World*, Harper & Brothers, New York, p. 168.
19. Dalberg-Acton, J. E. E., 1907, Freedom in Antiquity, in *The History of Freedom and Other Essays*, edited by John Neville Figgis and Reginald Vere Laurence, Macmillan and Co., Limited, London, p. 11.
20. Ibid., p. 10.
21. Lewes, G. H., 1864, *Aristotle, a Chapter from the History of Science*, Smith, Elder, and Co., London, p. 44.
22. Grote, G., 1875, *Plato and the Other Companions of Sokrates*, vol. 1, John Murray, London, p. 2.
23. Needham, J., 1956, *Science and Civilisation in China*, vol. 2, Cambridge University Press, London, p. 582.
24. Strabo, 1856, *The Geography of Strabo*, Book 8, Chapter 7, Paragraph 1, vol. 2, translated by H. C. Hamilton and W. Falconer, Henry G. Bohn, London, p. 67–68.
25. Herodotus, 1910, *The History of Herodotus*, Book 1, Chapter 142, translated by George Rawlinson (1812–1902), vol. 1 (first published in 1858), J. M. Dent & Sons, New York, p. 74.
26. Ibid., Book 1, Chapter 146, p. 76.
27. Burnet, J., 1920, *Early Greek Philosophy*, Third Edition, London, Adam & Charles Black, p. 2–3.
28. Grant, E., 2007, *A History of Natural Philosophy*, Cambridge University Press, Cambridge, p. 7.
29. Herodotus, 1910, *The History of Herodotus*, Book 5, Chapter 28, translated by George Rawlinson (1812–1902), vol. 2 (first published in 1858), J. M. Dent & Sons, New York, p. 11.
30. Pliny the Elder, 1855, *The Natural History of Pliny*, Book 5, Chapter 31, translated by John Bostock and H. T. Riley, vol. 1, Henry G. Bohn, London, p. 466–467.
31. Burnet, J., 1920, *Early Greek Philosophy*, Third Edition, London, Adam & Charles Black, p. 13–14.

32. Hesiod, 1920, *Hesiod, the Homeric Hymns and Homerica*, with an English translation by Hugh G. Evelyn-White, London, William Heinemann.
33. Turner, W., 1903, *History of Philosophy*, Ginn and Company, Boston, p. 31.
34. Burnet, J., 1920, *Early Greek Philosophy*, Third Edition, London, Adam & Charles Black, p. 80.
35. Haskins, C. H., 1957, *The Renaissance of the 12th Century* (first published in 1927 by Harvard University Press, Cambridge, Massachusetts), Meridian Books, New York, p. 64.
36. Sarton, G., 1960, *A History of Science, Ancient Science Through the Golden Age of Greece*, Harvard University Press, Cambridge, p. 162.
37. Fairbanks, A. 1898, *The First Philosophers of Greece*, Kegan Paul, Trench, Trübner & Co., Ltd., London, p. 1.
38. Popper, K., 1998, *The World of Parmenides, Essays on the Presocratic Enlightenment*, Routlege, New York, p. 23.
39. Burnet, J., 1920, *Early Greek Philosophy*, Third Edition, A. & C. Black, Ltd., London, p. 46.
40. Heath, T., 1981, *A History of Greek Mathematics*, vol. 1 (first published in 1921 by the Clarendon Press, Oxford), Dover, New York, p. 128–140.
41. Proclus, 1792, *The Philosophical and Mathematical Commentaries of Proclus, on the First Book of Euclid's Elements*, vol 1, printed for the author, London, p. 99.
42. Plutarch, 1718, Banquet of the Seven Wisemen (translated by Roger Davis), in *Plutarch's Morals: in Five Volumes, translated from the Greek, by Several Hands*, Fifth Edition, vol. 2, W. Taylor, London, p. 3.
43. Fairbanks, A., 1898, *The First Philosophers of Greece*, Kegan Paul, Trench, Trübner & Co., Ltd., London, p. 2.
44. Hubbert, M. K., 1963, Are We Retrogressing in Science? *Geological Society of America Bulletin*, vol. 74, p. 376.
45. Burnet, J., 1920, *Early Greek Philosophy*, Third Edition, A. & C. Black, Ltd., London, p. 48–49.
46. Aristotle, 1939, *On the Heavens* (*De Caelo*), Book 2, Chapter 13, translated by W. K. C. Guthrie, William Heinemann, London, p. 225 (294a).
47. Ibid., Book 2, Chapter 13, p. 227 (294b).
48. Grote, G., 1888, *Plato and the Other Companions of Sokrates*, New Edition, vol. 1, John Murray, London, p. 4.
49. Fairbanks, A. 1898, *The First Philosophers of Greece*, Kegan Paul, Trench, Trübner & Co., Ltd., London, p. 5.
50. Apuleius, L., 1909, *The Apologia and Florida of Apuleius of Madaura*, translated by Harold Edgeworth Butler (1878–1951), Florida, Chapter 18, Oxford at the Clarendon Press, p. 204–205.
51. Plato, 1937, Theaetetus, in *The Dialogues of Plato*, translated into English by Benjamin Jowett (1817–1893), vol. 2, Random House, New York, p. 176 (174).
52. Herodotus, 1910, *The History of Herodotus*, Book 1, Chapter 74, translated by George Rawlinson (1812–1902), vol 1 (first published in 1858), J. M. Dent & Sons, New York, p. 37.
53. Fairbanks, A. 1898, *The First Philosophers of Greece*, Kegan Paul, Trench, Trübner & Co., Ltd., London, p. 6–7.
54. Ibid., p. 6.
55. Plutarch, 1870, *Of Those Sentiments Concerning Nature with which Philosophers were Delighted*, Book 1, Chapter 7, translated by John Dowel, in *Plutarch's Morals, translated from the Greek by Several Hands, Corrected and Revised by William W. Goodwin*, vol. 3, Little, Brown, and Company, Boston, p. 121.
56. Aristotle, 1885, *The Politics of Aristotle*, Book 1, Chapter 11, vol. 1, translated by Benjamin Jowett (1817–1893), Oxford at the Clarendon Press, London, p. 21 (1259a).
57. Ibid.
58. 虽然第欧根尼·拉尔修的传记作品“并不被历史学家或者哲学家青睐……但是（他的作品）仍然是出类拔萃的，因为在他的叙述中提及了很多最早的权威学者”。(Blakesley, J. W., 1834, *A Life of Aristotle*:

John W. Parker, London, p. 10.)

59. Laërtius, Diogenes, 1905, *The Lives and Opinions of Eminent Philosophers*, Book 1, translated by C. D. Yonge, London, George Bell and Sons, p. 19.
60. Ibid., p. 20.
61. Strabo, 1856, *The Geography of Strabo*, Book 14, Chapter 1, Paragraph 7, vol. 3, translated by H. C. Hamilton and W. Falconer, Henry G. Bohn, London, p. 5.
62. Laërtius, Diogenes, 1905, *The Lives and Opinions of Eminent Philosophers*, Book 2, translated by C. D. Yonge, London, George Bell and Sons, p. 57.
63. Herodotus, 1910, *The History of Herodotus*, Book 2, Chapter 109, translated by George Rawlinson (1812–1902), vol 1, (first published in 1858), J. M. Dent & Sons, New York, p. 166.
64. Fairbanks, A. 1898, *The First Philosophers of Greece*, Kegan Paul, Trench, Trübner & Co., Ltd., London, p. 2.
65. Burnet, J., 1920, *Early Greek Philosophy*, Third Edition, London, Adam & Charles Black, p. 65.
66. Popper, K., 1998, *The World of Parmenides, Essays on the Presocratic Enlightenment,* Routlege, New York, p. 9.
67. Fairbanks, A. 1898, *The First Philosophers of Greece*, Kegan Paul, Trench, Trübner & Co., Ltd., London, p. 13.
68. Dreyer, J. L. E., 1953, *A History of Astronomy from Thales to Kepler* (first published in 1906 as *History of the Planetary Systems from Thales to Kepler*), Dover, New York, p. 14.
69. Burnet, J., 1920, *Early Greek Philosophy*, Third Edition, London, Adam & Charles Black, p. 66–67.
70. Ibid., p. 52.
71. Ibid., p. 53.
72. Ibid., p. 58.
73. Cicero, Marcus Tullius, 1775, *Of the Nature of the Gods, in Three Books*, Book 1, T. Davies, London, p. 21.
74. Burnet, J., 1920, *Early Greek Philosophy*, Third Edition, London, Adam & Charles Black, p. 68.
75. Ibid., p. 67.
76. Pliny the Elder, 1855, *The Natural History of Pliny*, Book 2, Chapter 81, translated by John Bostock and H. T. Riley, vol. 1, Henry G. Bohn, London, p. 112.
77. Laërtius, Diogenes, 1905, *The Lives and Opinions of Eminent Philosophers*, Book 2, translated by C. D. Yonge, London, George Bell and Sons, p. 57.
78. Strabo, 1856, *The Geography of Strabo*, Book 1, Chapter 1, Paragraph 1, translated by H. C. Hamilton and W. Falconer, vol. 1, Henry G. Bohn, London, p. 1.
79. Burnet, J., 1920, *Early Greek Philosophy*, Third Edition, London, Adam & Charles Black, p. 70–71.
80. Laërtius, Diogenes, 1905, *The Lives and Opinions of Eminent Philosophers*, Book 2, translated by C. D. Yonge, London, George Bell and Sons, p. 57.
81. Kirk, G. S., and Raven, J. E., 1957, *The Presocratic Philsophers*, Cambridge University Press, London, p. 186.
82. Laërtius, Diogenes, 1905, *The Lives and Opinions of Eminent Philosophers*, Book 9, translated by C. D. Yonge, London, George Bell and Sons, p. 376.
83. Ibid., p. 377–378.
84. Fairbanks, A. 1898, *The First Philosophers of Greece*, Kegan Paul, Trench, Trübner & Co., Ltd., London, p. 25.
85. Ibid., p. 39.
86. Freeman, K., 1966, *Ancilla to thePre-Socratic Philosophers, a Complete Translation of the Fragments in Diels, Fragmente der Vorsokratiker*, Harvard University Press, Cambridge, p. 26.
87. Fairbanks, A. 1898, *The First Philosophers of Greece*, Kegan Paul, Trench, Trübner & Co., Ltd., London,

p. 27, 37.

88. Ibid., p. 35.

89. Ibid., p. 57.

90. Popper, K., 1998, *The World of Parmenides, Essays on the Presocratic Enlightenment,* Routlege, New York, p. 19.

91. Fairbanks, A. 1898, *The First Philosophers of Greece*, Kegan Paul, Trench, Trübner & Co., Ltd., London, p. 35.

92. Bakewell, C. M., 1907, *Source Book in Ancient Philosophy*, Charles Scribner's Sons, New York, p. 31.

93. Fairbanks, A. 1898, *The First Philosophers of Greece*, Kegan Paul, Trench, Trübner & Co., Ltd., London, p. 37.

94. Ibid., p. 39.

95. Ibid., p. 59.

96. Ibid., p. 31.

97. Ibid., p. 61.

98. Hicks, R. D., 1910, *Stoic and Epicurean*, Charles Scribner's Sons, New York, p. 11.

99. Fairbanks, A. 1898, *The First Philosophers of Greece*, Kegan Paul, Trench, Trübner & Co., Ltd., London, p. 57.

100. Ibid., p. 58.

101. Laërtius, Diogenes, 1905, *The Lives and Opinions of Eminent Philosophers*, Book 9, translated by C. D. Yonge, London, George Bell and Sons, p. 378–379.

102. Kirk, G. S., and Raven, J. E., 1957, *The Presocratic Philosophers*, Cambridge University Press, London, p. 203.

103. Fairbanks, A. 1898, *The First Philosophers of Greece*, Kegan Paul, Trench, Trübner & Co., Ltd., London, p. 62.

104. Ibid., p. 45.

105. Bakewell, C. M., 1907, *Source Book in Ancient Philosophy*, Charles Scribner's Sons, New York, p. 34.

106. Fairbanks, A. 1898, *The First Philosophers of Greece*, Kegan Paul, Trench, Trübner & Co., Ltd., London, p. 47.

107. Ibid., p. 49.

108. Ibid., p. 35.

109. Burnet, J., 1920, *Early Greek Philosophy*, Third Edition, London, Adam & Charles Black, p. 134.

110. Lloyd, G. E. R., 1970, *Early Greek Science: Thales to Aristotle*, W. W. Norton & Co., New York, p. 10.

111. Laërtius, Diogenes, 1905, *The Lives and Opinions of Eminent Philosophers*, Book 9, translated by C. D. Yonge, London, George Bell and Sons, p. 377.

112. Bailey, C., 1928, *The Greek Atomists and Epicurus*, Oxford at the Clarendon Press, London, p. 66.

113. Burnet, J., 1920, *Greek Philosophy, Part 1, Thales to Plato*, Macmillan, London, p. 94.

114. Laërtius, Diogenes, 1905, *The Lives and Opinions of Eminent Philosophers*, Book 9, translated by C. D. Yonge, London, George Bell and Sons, p. 390.

115. Ibid., p. 390.

116. Heath, T., 1981, *A History of Greek Mathematics, Volume I, From Thales to Euclid* (first published in 1921 by the Clarendon Press, Oxford), Dover, New York, p. 176.

117. Laërtius, Diogenes, 1905, *The Lives and Opinions of Eminent Philosophers*, Book 9, translated by C. D. Yonge, London, George Bell and Sons, p. 391.

118. Ibid., p. 176.

119. Bailey, C., 1928, *The Greek Atomists and Epicurus*, Oxford at the Clarendon Press, London, p. 112.
120. Horace, 1748, *The Satires, Epistles, and Art of Poetry of Horace translated into English Prose*, Third Edition, Epistle 1, Book 2, printed for Joseph Davidson, London, p, 337.
121. Julian, 1784, *Select Works of the Emperor Julian, translated from the Greek by John Duncombe*, vol. 2, J. Nichols, London, p. 95–96.
122. Bailey, C., 1928, *The Greek Atomists and Epicurus*, Oxford at the Clarendon Press, London, p. 76.
123. Aristotle, 1941, *On Generation and Corruption*, Book 1, Chapter 8, translated by Harold H. Joachim, in *Basic Works of Aristotle*, Random House, New York, p. 499 (325b).
124. Aristotle, 1941, *Physics*, Book 1, Chapter 5, translated by R. P. Hardie and R. K. Gaye, in *Basic Works of Aristotle*, Random House, New York, p. 226 (188a).
125. Aristotle, 1941, *Metaphysics*, Book 1, Chapter 4, translated by W. D. Ross, in *Basic Works of Aristotle*, Random House, New York, p. 697 (985b).
126. Aristotle, 1941, *De Caelo* (*On the Heavens*), Book 3, Chapter 4, translated by J. L. Stocks, in *Basic Works of Aristotle*, Random House, New York, p. 446 (303a).
127. Laërtius, Diogenes, 1905, *The Lives and Opinions of Eminent Philosophers*, Book 9, translated by C. D. Yonge, London, George Bell and Sons, p. 391.
128. Bakewell, C. M., 1907, *Source Book in Ancient Philosophy,* Charles Scribner's Sons, New York, p. 60.
129. Burnet, J., 1920, *Greek Philosophy, Part 1, Thales to Plato*, Macmillan, London, p. 196.
130. Bailey, C., 1928, *The Greek Atomists and Epicurus*, Oxford at the Clarendon Press, London, p. 122.
131. Bakewell, C. M., 1907, *Source Book in Ancient Philosophy*, Charles Scribner's Sons, New York, p. 57.
132. Burnet, J., 1920, *Greek Philosophy, Part 1, Thales to Plato*, Macmillan, London, p. 347.
133. Hippolytus, 1921, *Philosophumena, or the Refutation of All Heresies*, vol. 1, translated by F. Legge, Macmillan, New York, p. 48–49.
134. Bakewell, C. M., 1907, *Source Book in Ancient Philosophy*, Charles Scribner's Sons, New York, p. 61–63.
135. Laërtius, Diogenes, 1905, *The Lives and Opinions of Eminent Philosophers*, Book 9, translated by C. D. Yonge, London, George Bell and Sons, p. 392.
136. Ibid., p. 394.
137. Herodotus, 1910, *The History of Herodotus*, Book 3, Chapter 39, translated by George Rawlinson (1812–1902), vol. 1 (first published in 1858), J. M. Dent & Sons, New York, p. 230.
138. Grote, G., 1899, *A History of Greece*, vol. 3, Harper & Brothers, New York, p. 454.
139. Aristotle, 1885, *The Politics of Aristotle*, vol. 1, Book 5, Chapter 11, translated by Benjamin Jowett (1817–1893), Oxford at the Clarendon Press, London, p. 178 (1313b).
140. Herodotus, 1910, *The History of Herodotus*, Book 3, Chapter 60, translated by George Rawlinson (1812–1902), vol. 1 (first published in 1858), J. M. Dent & Sons, New York, p. 239–240.
141. Goodfield, J., 1964, The Tunnel of Eupalinus, *Scientific American*, vol. 210, no. 6, p. 104–112.
142. Apostol, T. M., 2004, The Tunnel of Samos, *Engineering & Science*, vol. 67, no. 1, p. 31.
143. Burns, A., 1971, The Tunnel of Eupalinus and the Tunnel Problem of Hero of Alexandria, *Isis*, vol. 62, no. 2, p. 176.
144. Ibid., p. 174–175.
145. Herodotus, 1910, *The History of Herodotus*, Book 3, Chapters 54, 56, translated by George Rawlinson (1812–1902), vol. 1 (first published in 1858), J. M. Dent & Sons, New York, p. 237.
146. Ibid., Book 3, Chapter 44, p. 232.
147. Ibid., Book 3, Chapter 40, p. 230–231.
148. Ibid., Book 3, Chapter 41, p. 231.

149. Ibid., Book 3, Chapter 42, p. 231.
150. Ibid., Book 3, Chapter 43, p. 231.
151. Ibid.
152. Ibid., Book 3, Chapter 122, p. 268.
153. Ibid., Book 3, Chapter 123, p. 269.
154. Ibid., Book 3, Chapter 125, p. 269.
155. Kirk, G. S., and Raven, J. E., 1957, *The Presocratic Philsophers*, Cambridge University Press, London, p. 228.
156. Ibid., p. 221.
157. Iamblichus, 1986, *Life of Pythagoras*, Chapter 2, translated by Thomas Taylor (1758–1835; reprinted from the edition published in 1818 by J. M. Watkins in London), Inner Traditions, Rochester, Vermont, p. 3.
158. Ibid., p. 5.
159. Ibid., p. 6.
160. Burnet, J., 1920, *Greek Philosophy, Part I, Thales to Plato*, Macmillan & Co., Limited, London, p. 39.
161. Laërtius, Diogenes, 1905, *The Lives and Opinions of Eminent Philosophers*, Book 8, translated by C. D. Yonge, London, George Bell and Sons, p. 338–339.
162. Iamblichus, 1986, *Life of Pythagoras*, Chapter 4, translated by Thomas Taylor (1758–1835; reprinted from the edition published in 1818 by J. M. Watkins in London), Inner Traditions, Rochester, Vermont, p. 9.
163. *Encyclopœdia Britannica*, 1972, "Cambysses," vol. 4, William Benton, Chicago, p. 695.
164. Iamblichus, 1986, *Life of Pythagoras*, Chapter 4, translated by Thomas Taylor (1758–1835; reprinted from the edition published in 1818 by J. M. Watkins in London), Inner Traditions, Rochester, Vermont, p. 9.
165. Ibid., Chapter 5, p. 12.
166. Ibid.
167. Heath, T., 1913, *Aristarchus of Samos, the Ancient Copernicus*, Oxford at the Clarendon Press, London, p. 47.
168. Burnet, J., 1920, *Greek Philosophy, Part I, Thales to Plato*, Macmillan & Co., Limited, London, p. 37.
169. Kirk, G. S., and Raven, J. E., 1957, *The Presocratic Philsophers*, Cambridge University Press, London, p. 220.
170. Strabo, 1856, *The Geography of Strabo*, Book 14, Chapter 1, Paragraph 16, vol. 3, translated by H. C. Hamilton and W. Falconer, Henry G. Bohn, London, p. 9.
171. Iamblichus, 1986, *Life of Pythagoras*, Chapter 12, translated by Thomas Taylor (1758–1835; reprinted from the edition published in 1818 by J. M. Watkins in London), Inner Traditions, Rochester, Vermont, p. 28.
172. Burnet, J., 1920, *Greek Philosophy, Part I, Thales to Plato*, Macmillan & Co., Limited, London, p. 42.
173. Laërtius, Diogenes, 1905, *The Lives and Opinions of Eminent Philosophers*, Book 8, translated by C. D. Yonge, London, George Bell and Sons, p. 341.
174. Iamblichus, 1986, *Life of Pythagoras*, Chapter 12, translated by Thomas Taylor (1758–1835; reprinted from the edition published in 1818 by J. M. Watkins in London), Inner Traditions, Rochester, Vermont, p. 28.
175. Laërtius, Diogenes, 1905, *The Lives and Opinions of Eminent Philosophers*, Book 8, translated by C. D. Yonge, London, George Bell and Sons, p. 342.
176. Kirk, G. S., and Raven, J. E., 1957, *The Presocratic Philosophers*, Cambridge University Press, London, p. 221.
177. Burnet, J., 1920, *Greek Philosophy, Part I, Thales to Plato*, Macmillan & Co., Limited, London, p. 52.
178. Aristotle, 1941, *Metaphysics*, Book 1, Chapter 5, translated by W. D. Ross, in *Basic Works of Aristotle,* Random House, New York, p. 698 (986a).
179. 鉴于毕达哥拉斯没有任何著作流传后世，因此关于他的所有故事与描述几乎都具有不确定性。在

Early Greek Philosphy（Fourth Edition, 1930, p. 84）一书中，约翰·伯奈特写道："在描述毕达哥拉斯时，很难确定哪些描述是符合历史事实的。"

180. Iamblichus, 1986, *Life of Pythagoras*, Chapter 26, translated by Thomas Taylor (1758–1835; reprinted from the edition published in 1818 by J. M. Watkins in London), Inner Traditions, Rochester, Vermont, p. 62.
181. Koestler, A., 1963, *The Sleepwalkers*, Grosset & Dunlap, New York, p. 28.
182. Aristotle, 1941, *Metaphysics*, Book 1, Chapter 5, translated by W. D. Ross, in *Basic Works of Aristotle,* Random House, New York, p. 698 (985b–986a).
183. Proclus, 1792, *The Philosophical and Mathematical Commentaries of Proclus, on the First Book of Euclid's Elements*, vol. 1, printed for the author, London, p. 99.
184. Heath, T., 1981, *A History of Greek Mathematics: Volume I, From Thales to Euclid* (first published in 1921 by the Clarendon Press, Oxford.), Dover, New York, p. 144.
185. Ibid., p. 158–162.
186. Allman, G. J., 1889, *Greek Geometry from Thales to Euclid*, Longmans, Green, & Co., London, p. 50.
187. Laërtius, Diogenes, 1905, *The Lives and Opinions of Eminent Philosophers*, Book 8, translated by C. D. Yonge, London, George Bell and Sons, p. 358.
188. Dreyer, J. L. E., 1953, *A History of Astronomy from Thales to Kepler* (first published in 1906 as *History of the Planetary Systems from Thales to Kepler*), Dover, New York, p. 37–38.
189. Heath, T., 1913, *Aristarchus of Samos, the Ancient Copernicus*, Oxford at the Clarendon Press, London, p. 48–49.
190. Aristotle, 1939, *On the Heavens* (*De Caelo*), Book 2, Chapter 13, translated by W. K. C. Guthrie, William Heinemann, London, p. 217 (293a).
191. Heath, T., 1913, *Aristarchus of Samos, the Ancient Copernicus*, Oxford at the Clarendon Press, London, p. 269.
192. Ibid., p. 106.
193. Iamblichus, 1986, *Life of Pythagoras*, Chapter 15, translated by Thomas Taylor (1758–1835; reprinted from the edition published in 1818 by J. M. Watkins in London), Inner Traditions, Rochester, Vermont, p. 32–34.
194. Ibid., p. 72.
195. Heath, T., 1913, *Aristarchus of Samos, the Ancient Copernicus*, Oxford at the Clarendon Press, London, p. 105 (translation of *De Caelo*, Book 2, Chapter 9, p. 290b)
196. Aristotle, 1939, *On the Heavens* (*De Caelo*), Book 2, Chapter 9, translated by W. K. C. Guthrie, William Heinemann, London, p. 195 (291a).
197. Ibid.
198. The proof is given in Lloyd, G. E. R., 1970, *Early Greek Science: Thales to Aristotle*, W. W. Norton & Co., New York, p. 35; also, Heath, T. L., 1956, *The Thirteen Books of Euclid's Elements*, Second Edition, vol. 3 (first published in 1908 by Cambridge University Press), Dover, New York, p. 2.
199. Heath, T. L., 1956, *The Thirteen Books of Euclid's Elements*, Second Edition, vol. 1 (first published in 1908 by Cambridge University Press), Dover, New York, p. 411.
200. Iamblichus, 1986, *Life of Pythagoras*, Chapter 14, translated by Thomas Taylor (1758–1835; reprinted from the edition published in 1818 by J. M. Watkins in London), Inner Traditions, Rochester, Vermont, p. 31.
201. Laërtius, Diogenes, 1905, *The Lives and Opinions of Eminent Philosophers*, Book 8, translated by C. D. Yonge, London, George Bell and Sons, p. 339.
202. Kirk, G. S., and Raven, J. E., 1957, *The Presocratic Philsophers*, Cambridge University Press, London, p. 222.
203. Herodotus, 1910, *The History of Herodotus*, Book 2, Chapter 123, translated by George Rawlinson

(1812–1902), vol. 1 (first published in 1858), J. M. Dent & Sons, New York, p. 177.
204. Iamblichus, 1986, *Life of Pythagoras*, Chapter 15, translated by Thomas Taylor (1758–1835; reprinted from the edition published in 1818 by J. M. Watkins in London), Inner Traditions, Rochester, Vermont, p. 31–32.
205. Porphyry, 1987, The Life of Pythagoras, in *The Pythagorean Sourcebook and Library*, translated by Kenneth Sylvan Guthrie (1871–1940), Phanes Press, Grand Rapids, Michigan, p. 130.
206. Laërtius, Diogenes, 1905, *The Lives and Opinions of Eminent Philosophers*, Book 8, translated by C. D. Yonge, London, George Bell and Sons, p. 345–346.
207. Ibid., p. 346.
208. Iamblichus, 1986, *Life of Pythagoras*, Chapter 16, translated by Thomas Taylor (1758–1835; reprinted from the edition published in 1818 by J. M. Watkins in London), Inner Traditions, Rochester, Vermont, p. 36.
209. Laërtius, Diogenes, 1905, *The Lives and Opinions of Eminent Philosophers*, Book 8, translated by C. D. Yonge, London, George Bell and Sons, p. 356.
210. Iamblichus, 1986, *Life of Pythagoras*, Chapter 35, translated by Thomas Taylor (1758–1835; reprinted from the edition published in 1818 by J. M. Watkins in London), Inner Traditions, Rochester, Vermont, p. 127–128.
211. Shuckburgh, E. S., 1889, *The Histories of Polybius*, footnote to Book 2, Chapter 39, Macmillan, London, p. 135.
212. Polybius, 1889, *The Histories of Polybius*, Book 2, Chapter 39, vol. 1, translated by Evelyn S. Shuckburgh, Macmillan and Co., London, p. 135.
213. Herodotus, 1910, *The History of Herodotus*, Book 1, Chapter 167, translated by George Rawlinson (1812–1902), vol. 1 (first published in 1858), J. M. Dent & Sons, New York, p. 85; also, Grote, G., 1899, *A History of Greece*, vol. 3, p. 421.
214. Burnet, J., 1920, *Early Greek Philosophy*, Third Edition, London, Adam & Charles Black, p. 119.
215. Laërtius, Diogenes, 1905, *The Lives and Opinions of Eminent Philosophers*, Book 9, translated by C. D. Yonge, London, George Bell and Sons, p. 384.
216. Plato, 1937, Parmenides, in *The Dialogues of Plato*, translated into English by Benjamin Jowett (1817–1893), vol. 2, Random House, New York, p. 88 (127).
217. Laërtius, Diogenes, 1905, *The Lives and Opinions of Eminent Philosophers*, Book 9, translated by C. D. Yonge, London, George Bell and Sons, p. 384.
218. Heath, T., 1913, *Aristarchus of Samos, the Ancient Copernicus*, Oxford at the Clarendon Press, London, p. 64.
219. Ibid., p. 66.
220. Vlastos, G., 1975, *Plato's Universe,* University of Washington Press, Seattle, p. 45.
221. Heath, T., 1913, *Aristarchus of Samos, the Ancient Copernicus*, Oxford at the Clarendon Press, London, p. 66.
222. Ibid., p. 75.
223. Burnet, J., 1920, *Early Greek Philosophy*, Third Edition, London, Adam & Charles Black, p. 177.
224. Kirk, G. S., and Raven, J. E., 1957, *The Presocratic Philsophers*, Cambridge University Press, London, p. 265.
225. Burnet, J., 1920, *Early Greek Philosophy*, Third Edition, London, Adam & Charles Black, p. 174.
226. Ibid., p. 181.
227. Ibid., p. 182.
228. Laërtius, Diogenes, 1905, *The Lives and Opinions of Eminent Philosophers*, Book 9, translated by C. D. Yonge, London, George Bell and Sons, p. 385.
229. Ibid., p. 386.
230. Burnet, J., 1920, *Early Greek Philosophy*, Third Edition, London, Adam & Charles Black, p. 316.
231. Ibid., p. 318.

232. Ibid.
233. Plato, 1937, Theaetetus, in *The Dialogues of Plato*, translated into English by Benjamin Jowett (1817–1893), vol. 2, Random House, New York, p. 183 (181).
234. Aristotle, 1941, *De Generatione et Corruptione* (*On Generation and Corruption*), Book 1, Chapter 8, translated by Harold H. Joachim, in *Basic Works of Aristotle,* Random House, New York, p. 497–498 (325a).
235. Plato, 1937, Sophist, in *The Dialogues of Plato*, translated into English by Benjamin Jowett (1817–1893), vol. 2, Random House, New York, p. 249 (242).
236. Farrington, B., 1961, *Greek Science*, Penguin Books, Baltimore, Maryland, p. 56.
237. Thorndike, L., 1923, *A History of Magic and Experimental Science*, vol. 1, Columbia University Press, New York, p. 140.
238. Grote, G., 1899, *A History of Greece*, vol. 8, Harper & Brothers, New York, p. 405.
239. Ibid., p. 406.
240. Mourelatos, A. P. D., 2008, Empedocles, in *Complete Dictionary of Scientific Biography*, edited by Charles Gillispie, vol. 4, Cengage Learning, New York, p. 367.
241. Laërtius, Diogenes, 1905, *The Lives and Opinions of Eminent Philosophers*, Book 8, translated by C. D. Yonge, London, George Bell and Sons, p. 360.
242. Iamblichus, 1986, *Life of Pythagoras*, Chapter 36, translated by Thomas Taylor (1758–1835; reprinted from the edition published in 1818 by J. M. Watkins in London), Inner Traditions, Rochester, Vermont, p. 137.
243. Sarton, G., 1960, *A History of Science, Ancient Science Through the Golden Age of Greece*, Harvard University Press, Cambridge, p. 246.
244. Burnet, J., 1920, *Early Greek Philosophy*, Third Edition, London, Adam & Charles Black, p. 199.
245. Fairbanks, A. 1898, *The First Philosophers of Greece*, Kegan Paul, Trench, Trübner & Co., Ltd., London, p. 223.
246. Kirk, G. S., and Raven, J. E., 1957, *The Presocratic Philsophers*, Cambridge University Press, London, p. 322.
247. Freeman, K., 1966, *Ancilla to the Pre-Socratic Philosophers, a Complete Translation of the Fragments in Diels, Fragmente der Vorsokratiker*, Harvard University Press, Cambridge, p. 65.
248. Bakewell, C. M., 1907, *Source Book in Ancient Philosophy*, Charles Scribner's Sons, New York, p. 46.
249. Laërtius, Diogenes, 1905, *The Lives and Opinions of Eminent Philosophers*, Book 8, translated by C. D. Yonge, London, George Bell and Sons, p. 364.
250. Fairbanks, A. 1898, *The First Philosophers of Greece*, Kegan Paul, Trench, Trübner & Co., Ltd., London, p. 218.
251. Bakewell, C. M., 1907, *Source Book in Ancient Philosophy*, Charles Scribner's Sons, New York, p. 44.
252. Fairbanks, A. 1898, *The First Philosophers of Greece*, Kegan Paul, Trench, Trübner & Co., Ltd., London, p. 216.
253. Burnet, J., 1920, *Early Greek Philosophy*, Third Edition, London, Adam & Charles Black, p. 208.
254. 水钟是计时仪器，为一个底部有孔、带有刻度的容器。容器内水流失的速度可以表明时间的流逝。
255. Ibid., p. 219.
256. Ibid., p. 27.
257. Kirk, G. S., and Raven, J. E., 1957, *The Presocratic Philsophers*, Cambridge University Press, London, p. 342.
258. Farrington, B., 1961, *Greek Science*, Penguin Books, Baltimore, Maryland, p. 58.
259. Fairbanks, A. 1898, *The First Philosophers of Greece*, Kegan Paul, Trench, Trübner & Co., Ltd., London, p. 219.

260. Burnet, J., 1920, *Early Greek Philosophy*, Third Edition, London, Adam & Charles Black, p. 200.

261. Ibid., p. 201.

262. Coxe, J. R., 1846, Introduction, in *The Writings of Hippocrates and Galen*, Lindsay and Blakiston, Philadelphia, p. 22. This Introduction appears to be Coxe's translation of *Historie de la Medecine* by Daniel Le Clerc, published at A la Haye (The Hague) by Chez Isaac van der Kloot in 1729 (first edition in 1696).

263. Clarke, J., 1910, *Physical Science in the Time of Nero, Being a Translation of the Quaestiones Naturales of Seneca*, Book 3, Chapter 24, Macmillan, London, p. 136.

264. Heath, T., 1913, *Aristarchus of Samos, the Ancient Copernicus*, Oxford at the Clarendon Press, London, p. 89.

265. Dreyer, J. L. E., 1953, *A History of Astronomy from Thales to Kepler* (first published in 1906 as *History of the Planetary Systems from Thales to Kepler*), Dover, New York, p. 26, 28.

266. Aristotle, 1941, *De Caelo* (*On the Heavens*), Book 2, Chapter 13, translated by John Leofric Stocks, in *Basic Works of Aristotle*, Random House, New York, p. 431.

267. Heath, T., 1913, *Aristarchus of Samos, the Ancient Copernicus*, Oxford at the Clarendon Press, London, p. 89.

268. Ibid., p. 90.

269. Ibid., p. 89.

270. Ibid., p. 89.

271. Laërtius,Diogenes, 1905, *The lives and Opinions of Eminent Phitosophers*, Book 8, translated by C. D. Younga, Londen, George Bell and Sons, P. 365–366.

272. Nutton, V., 2004, *Ancient Medicine,* Routledge, London, p. 87, 152–153.

273. Joly, R., 2008, Hippocrates of Cos, in *Complete Dictionary of Scientific Biography*, edited by Charles Gillispie, vol. 6, Cengage Learning, New York, p. 419.

274. Plato, 1937, Protagoras, in *The Dialogues of Plato*, translated into English by Benjamin Jowett (1817–1893), vol. 1, Random House, New York, p. 83 (311).

275. Plato, 1937, Phaedrus, in *The Dialogues of Plato*, translated into English by Benjamin Jowett (1817–1893), vol. 1, Random House, New York, p. 273 (270).

276. Aristotle, 1885, *The Politics of Aristotle*, vol. 1, Book 7, Chapter 4, translated by Benjamin Jowett (1817–1893), Oxford at the Clarendon Press, London, p. 214 (1326a).

277. Strabo, 1857, *The Geography of Strabo*, Book 14, Chapter 2, Paragraph 19, vol. 3, translated by H. C. Hamilton and W. Falconer, Henry G. Bohn, London, p. 36.

278. Pliny the Elder, 1856, *The Natural History of Pliny*, translated by John Bostock and H. T. Riley, book 26, chapter 6, vol. 5, Henry G. Bohn, London, p. 156.

279. Ibid., book 29, chapter 2, vol. 5, p. 371.

280. Withington, E. T., 1921, The Asclepiadae and the Priests of Asclepius, in *Studies in the History and Method of Science*, vol. 2, edited by Charles Singer, Oxford at the Clarendon Press, London, p. 194.

281. Coxe, J. R., 1846, Introduction, in *The Writings of Hippocrates and Galen*, Lindsay and Blakiston, Philadelphia, p. 20. This Introduction appears to be Coxe's translation of *Historie de la Medecine* by Daniel Le Clerc, published at A la Haye (The Hague) by Chez Isaac van der Kloot in 1729 (first edition in 1696).

282. Homer, 1920, To Asclepius, Hymn 16, in *Hesiod, the Homeric Hymns and Homerica*, with an English translation by Hugh G. Evelyn-White, London, William Heinemann, p. 441.

283. Grote, G., 1899, *A History of Greece*, vol. 1, Harper & Brothers, New York, p. 164–165.

284. Ibid., p. 165.

285. Homer, 1922, *The Iliad of Homer*, Book 2, Line 730,Revised Edition, translated by Andrew Lang, Walter Leaf, and Ernest Myers, Macmillan, London, p. 43–44.

286. Bryce, T. R., 2002, The Trojan War: is There Truth Behind the Legend? *Near Eastern Archaeology*, no. 3, vol.

65, p. 185.
287. Grote, G., 1899, *A History of Greece*, vol. 1, Harper & Brothers, New York, p. 167.
288. Ibid., p. 168.
289. Adams, F., 1849, Preliminary Discourse, in *The Genuine Works of Hippocrates*, vol. 1, Sydenham Society, London, p. 5.
290. Ibid.
291. Nutton, V., 2004, *Ancient Medicine*, Routledge, London, p. 110.
292. Withington, E. T., 1921, The Asclepiadae and the Priests of Asclepius, in *Studies in the History and Method of Science*, vol. 2, edited by Charles Singer, Oxford at the Clarendon Press, London, p. 192–205.
293. Adams, F., 1849, Preliminary Discourse, in *The Genuine Works of Hippocrates*, vol. 1, Sydenham Society, London, p. 8.
294. Plato, 1937, Theaetetus, in *The Dialogues of Plato*, translated into English by Benjamin Jowett (1817–1893), vol. 2, Random House, New York, p. 151 (150).
295. Ibid., p. 151 (149).
296. Kudlien, F., 1968, Early Greek Primitive Medicine, *Clio Medica*, vol. 3, p. 310.
297. Ibid., p. 312.
298. Ibid., p. 315–316.
299. Homer, 1922, *The Iliad of Homer*, Book 1, Lines 48–52, Revised Edition, translated by Andrew Lang, Walter Leaf, and Ernest Myers, Macmillan, London, p. 2.
300. *Encyclopædia Britannica*, Eleventh Edition, 1910, Hippocrates, vol. 13, Encyclopedia Britannica Company, New York, p. 517–518.
301. Ibid., p. 517.
302. Nutton, V., 2004, *Ancient Medicine*, Routledge, London, p. 113–114.
303. Adams, F., 1849, Preliminary Discourse, in *The Genuine Works of Hippocrates*, vol. 1, Sydenham Society, London, p. 12.
304. Ibid.
305. Thucydides, 1942, *The Peloponnesian War*, Book 2, Chapter 47, translated by Benjamin Jowett (1817–1893), in *The Greek Historians*, vol. 1, Random House, New York, p. 653.
306. Ibid., Book 2, Chapter 50, p. 654–655.
307. Ibid., Book 2, Chapter 51–52, p. 655.
308. Grote, G., 1899, *A History of Greece*, vol. 5, Harper & Brothers, New York, p. 78.
309. Ibid., p. 79.
310. Joly, R., 2008, Hippocrates of Cos, in *Complete Dictionary of Scientific Biography*, edited by Charles Gillispie, vol. 6, Cengage Learning, New York, p. 419.
311. Ibid.
312. Hippocrates, 1950, *The Medical Works of Hippocrates*, translated by John Chadwick and W. N. Mann, Charles C. Thomas, Springfield, Illinois, p. vii; also, Hippocrates, 1849, *The Genuine Works of Hippocrates*, vol. 1, translated by Francis Adams, Sydenham Society, London, p. ix-x.
313. Nutton, V., 2004, *Ancient Medicine*, Routledge, London, p. 44.
314. Ibid., p. 71.
315. Hippocrates, 1886, *The Genuine Works of Hippocrates*, vol. 1, translated by Francis Adams, William Wood and Company, New York, p. 300.
316. Hippocrates, 1950, Aphorisms, in *The Medical Works of Hippocrates*, translated by John Chadwick and W. N. Mann, Charles C. Thomas, Springfield, Illinois, p. 148.

317. Hippocrates, 1846, The Law of Hippocrates, in *The Writings of Hippocrates and Galen*, translated by John Redman Coxe, Lindsay and Blakiston, Philadelphia, p. 45.
318. Hippocrates, 1846, The Art of Medicine in Former Times (On Ancient Medicine), in *The Writings of Hippocrates and Galen*, translated by John Redman Coxe, Lindsay and Blakiston, Philadelphia, p. 56.
319. Herodotus, 1910, *The History of Herodotus*, Book 1, Chapter 197, translated by George Rawlinson (1812–1902), vol. 1 (first published in 1858), J. M. Dent & Sons, New York, p. 101.
320. Withington, E. T., 1921, The Asclepiadae and the Priests of Asclepius, in *Studies in the History and Method of Science*, vol. 2, edited by Charles Singer, Oxford at the Clarendon Press, London, p. 196–197.
321. Grote, G., 1899, *A History of Greece*, vol. 1, Harper & Brothers, New York, p. 168.
322. Coxe, J. R., 1846, Introduction, in *The Writings of Hippocrates and Galen*, translated by John Redman Coxe, Lindsay and Blakiston, Philadelphia, p. 23. This Introduction appears to be Coxe's translation of *Historie de la Medecine* by Daniel Le Clerc, published at A la Haye (The Hague) by Chez Isaac van der Kloot in 1729 (first edition in 1696).
323. Hippocrates, 1950, Epidemics, Books 1, 2, 3, in *The Medical Works of Hippocrates*, translated by John Chadwick and W. N. Mann, Charles C. Thomas, Springfield, Illinois, p. 29–80.
324. Hippocrates, 1886, *The Genuine Works of Hippocrates*, vol. 2, translated by Francis Adams, William Wood and Company, New York, p. 192.
325. Adams, F., 1849, Preliminary Discourse, in *The Genuine Works of Hippocrates*, vol. 1, Sydenham Society, London, p. 17–18.
326. Coxe, J. R., 1846, Introduction, in *The Writings of Hippocrates and Galen*, translated by John Redman Coxe, Lindsay and Blakiston, Philadelphia, p. 22. This Introduction appears to be Coxe's translation of Historie de la Medecine by Daniel Le Clerc, published at A la Haye (The Hague) by Chez Isaac van der Kloot in 1729 (first edition in 1696).
327. Celsus, A. C., 1831, *A Translation of the Eight Books of Aul. Corn. Celsus on Medicine*, Book 1, Preface, Second Edition, revised by G. F. Collier, Simpkin and Marshall, London, p. 2.
328. Hippocrates, 1846, On the Art of Medicine, in *The Writings of Hippocrates and Galen*, translated by John Redman Coxe, Lindsay and Blakiston, Philadelphia, p. 54.
329. Kudlien, F., 1968, Early Greek Primitive Medicine, *Clio Medica*, vol. 3, p. 311.
330. Hippocrates, 1846, The Art of Medicine in Former Times (On Ancient Medicine), in *The Writings of Hippocrates and Galen*, translated by John Redman Coxe, Lindsay and Blakiston, Philadelphia, p. 55.
331. Ibid., p. 56.
332. Ibid.
333. Hippocrates, 1846, On the Nature of Man, in *The Writings of Hippocrates and Galen*, translated by John Redman Coxe, Lindsay and Blakiston, Philadelphia, p. 148.
334. Hippocrates, 1846, On the Art of Medicine, in *The Writings of Hippocrates and Galen*, translated by John Redman Coxe, Lindsay and Blakiston,Philadelphia, p. 49.
335. Hippocrates, 1886, *The Genuine Works of Hippocrates*, vol. 2, translated by John Redman Coxe, Lindsay and Blakiston, New York, p. 334.
336. Ibid., p. 338.
337. Ibid., p. 335.
338. Hippocrates, 1849, Airs, Waters, and Places, in *The Genuine Works of Hippocrates*, vol. 1, translated by Francis Adams, Sydenham Society, London, p. 216.
339. Ibid.
340. Nutton, V., 2004, *Ancient Medicine*, Routledge, London, p. 22–22.

341. Porter, R., 2001, Medical Science, in *The Cambridge Illustrated History of Medicine*, edited by Roy Porter, Cambridge University Press, New York, p. 184.
342. Nutton, V., 2004, *Ancient Medicine*, Routledge, London, p. 96.
343. Hippocrates, 1849, On Airs, Waters, and Places, in *The Genuine Works of Hippocrates*, vol. 1, translated by Francis Adams, Sydenham Society, London, p. 190.
344. Ibid., p. 191–195.
345. Ibid., p. 195.
346. Ibid., p. 197.
347. Ibid., p. 191.
348. Ibid., p. 202.
349. Ibid., p. 205.
350. Ibid., p. 210.
351. Vitruvius, 1960, *The Ten Books on Architecture*, Book 6, Chapter 1, Paragraph 10, translated by Morris Hicky Morgan (first published by Harvard University Press in 1914.), Dover, New York, p. 173.
352. Coxe, J. R., 1846, Introduction, in *The Writings of Hippocrates and Galen,* Lindsay and Blakiston, Philadelphia, p. 26. This Introduction appears to be Coxe's translation of *Historie de la Medecine* by Daniel Le Clerc, published at A la Haye (The Hague) by Chez Isaac van der Kloot in 1729 (first edition in 1696).
353. Nutton, V., 2004, *Ancient Medicine*, Routledge, London, p. 79.
354. Hippocrates, 1846, On the Nature of Man, in *The Writings of Hippocrates and Galen*, translated by John Redman Coxe, Lindsay and Blakiston, Philadelphia, p. 149.
355. Nutton, V., 2004, *Ancient Medicine*, Routledge, London, p. 78.
356. Hippocrates, 1846, On the Nature of Man, in *The Writings of Hippocrates and Galen*, translated by John Redman Coxe, Lindsay and Blakiston, Philadelphia, p. 152.
357. Nutton, V., 2004, *Ancient Medicine*, Routledge, London, p. 80.
358. Ibid., p. 26.
359. Hippocrates, 1846, On the Nature of Man, in *The Writings of Hippocrates and Galen*, translated by John Redman Coxe, Lindsay and Blakiston, Philadelphia, p. 154.
360. Ibid., p. 153.
361. Hippocrates, 1950, A Regimen for Health, in *The Medical Works of Hippocrates*, translated by John Chadwick and W. N. Mann, Charles C. Thomas, Springfield, Illinois, p. 215.
362. Ibid., p. 217.
363. Hippocrates, 1849, On Ancient Medicine, in *The Genuine Works of Hippocrates*, vol. 1, translated by Francis Adams, Sydenham Society, London, p. 164.
364. Plato, 1937, *The Republic*, Book 3, in *The Dialogues of Plato*, translated into English by Benjamin Jowett (1817–1893), vol. 1, Random House, New York, p. 670 (406).
365. Nutton, V., 2004, *Ancient Medicine*, Routledge, London, p. 97.
366. Hippocrates, 1950, A Regimen for Health, in *The Medical Works of Hippocrates*, translated by John Chadwick and W. N. Mann, Charles C. Thomas, Springfield, Illinois, p. 218.
367. Celsus, A. C., 1831, *A Translation of the Eight Books of Aul. Corn. Celsus on Medicine*, Book 1, Preface, Second Edition, revised by G. F. Collier, Simpkin and Marshall, London, p. 1.
368. Nutton, V., 2004, *Ancient Medicine*, Routledge, London, p. 174–175.
369. Coxe, J. R., 1846, Introduction, in *The Writings of Hippocrates and Galen*, Lindsay and Blakiston, Philadelphia, p. 27. This Introduction appears to be Coxe's translation of *Historie de la Medecine* by Daniel Le Clerc, published at A la Haye (The Hague) by Chez Isaac van der Kloot in 1729 (first edition in 1696).

Also, Adams, F., 1849, Preliminary Discourse, in *The Genuine Works of Hippocrates*, vol. 1, Sydenham Society, London, p. 20.

370. Coxe, J. R., 1846, Introduction, in *The Writings of Hippocrates and Galen*, Lindsay and Blakiston, Philadelphia, p. 23. This Introduction appears to be Coxe's translation of *Historie de la Medecine* by Daniel Le Clerc, published at A la Haye (The Hague) by Chez Isaac van der Kloot in 1729 (first edition in 1696). Also, Adams, F., 1849, Preliminary Discourse, in *The Genuine Works of Hippocrates*, vol. 1, Sydenham Society, London, p. 20.
371. Adams, F., 1849, Preliminary Discourse, in *The Genuine Works of Hippocrates*, vol. 1, Sydenham Society, London, p. 20.
372. *Encyclopedia Britannica*, Eleventh Edition, 1911, Medicine, vol. 18, Encyclopædia Britannica Company, New York, p. 42.
373. Adams, F., 1849, Preliminary Discourse, in *The Genuine Works of Hippocrates*, vol. 1, Sydenham Society, London, p. 20–21.
374. Creasy, E. S., 1908, *The Fifteen Decisive Battles of the World from Marathon to Waterloo*, Everyman's Library Edition, E. P. Dutton, New York, p. 14–15.
375. *Encyclopedia Britannica*, Eleventh Edition, 1911, Satrap, vol. 24, Encyclopædia Britannica Company, New York, p. 230.
376. Creasy, E. S., 1908, *The Fifteen Decisive Battles of the World from Marathon to Waterloo*, Everyman's Library Edition, E. P. Dutton, New York, p. 12.
377. Whittaker, T., 1911, *Priests, Philosophers and Prophets*, Adam and Charles Black, London, p. 33.
378. Burnet, J., 1908, *Early Greek Philosophy*, Second Edition, Adam and Charles Black, London, p. 87.
379. Creasy, E. S., 1908, *The Fifteen Decisive Battles of the World from Marathon to Waterloo*, Everyman's Library Edition, E. P. Dutton, New York, p. 13.
380. Herodotus, 1910, *The History of Herodotus*, Book 5, Chapter 98, translated by George Rawlinson (1812–1902), vol. 2 (first published in 1858), J. M. Dent & Sons, New York, p. 46.
381. Ibid., Book 5, Chapter 99, p. 47.
382. Ibid., Book 5, Chapters 100, 101, 102, p. 47–48.
383. Ibid., Book 5, Chapter 124, p. 55.
384. Ibid., Book 6, Chapters 18, 19, p. 63.
385. Grote, G., 1899, *A History of Greece*, vol. 3, Harper & Brothers, New York, p. 518.
386. Herodotus, 1910, *The History of Herodotus*, Book 5, Chapter 105, translated by George Rawlinson (1812–1902), vol. 2 (first published in 1858), J. M. Dent & Sons, New York, p. 49.
387. Ibid., Book 6, Chapter 48, p. 74.
388. Ibid., Book 7, Chapter 133, p. 168.
389. Ibid., Book 6, Chapter 101, p. 97.
390. 欧马兹特是拜火教（Zoroastrianism）的主神，这是琐罗亚斯德（Zoroaster）在波斯创建的一种宗教。
391. Creasy, E. S., 1908, *The Fifteen Decisive Battles of the World from Marathon to Waterloo*, Everyman's Library Edition, E. P. Dutton, New York, p. 19–20.
392. Herodotus, 1910, *The History of Herodotus*, Book 6, Chapter 106, translated by George Rawlinson (1812–1902), vol. 2 (first published in 1858), J. M. Dent & Sons, New York, p. 99.
393. Grote, G., 1899, *A History of Greece*, vol. 4, Harper & Brothers, New York, p. 33–34.
394. Keegan, J., 1993, *A History of Warfare*, Alfred A. Knopf, New York, p. 253.
395. Creasy, E. S., 1908, *The Fifteen Decisive Battles of the World from Marathon to Waterloo*, Everyman's Library Edition, E. P. Dutton, New York, p. 5.

396. Ibid., p. 9. Creasy's source is Herodotus, Book 6, Chapter 109.

397. Herodotus, 1910, *The History of Herodotus*, Book 6, Chapter 112, translated by George Rawlinson (1812–1902), vol. 2 (first published in 1858), J. M. Dent & Sons, New York, p. 102–103.

398. Ibid., Book 6, Chapter 117, p. 104.

399. Keegan, J., 1993, *A History of Warfare*, Alfred A. Knopf, New York, p. 253.

400. Creasy, E. S., 1908, *The Fifteen Decisive Battles of the World from Marathon to Waterloo*, Everyman's Library Edition, E. P. Dutton, New York, p. 32–33.

401. Grote, G., 1899, *A History of Greece*, vol. 2, Harper & Brothers, New York, p. 283–284.

402. Thucydides, 1942, *The Peloponnesian War*, Book 1, Chapter 10, translated by Benjamin Jowett (1817–1893), in *The Greek Historians*, vol. 1, Random House, New York, p. 571.

403. Herodotus, 1910, *The History of Herodotus*, Book 1, Chapter 65, translated by George Rawlinson (1812–1902), vol. 1 (first published in 1858), J. M. Dent & Sons, New York, p. 30.

404. Xenophon, 1898, *The Government of Lacedaemon*, Chapter 1, Paragraph 1, in *Xenophon'sMinor Works*, translated by J. S. Watson, George Bell & Sons, London, p. 204.

405. Plutarch, 1952, Lycurgus, in *The Lives of the Noble Grecians and Romans*, translated by John Dryden (1631–1700), *Great Books of the Western World*, vol. 14, William Benton, Chicago, p. 33.

406. Ibid., p. 42.

407. Grote, G., 1899, *A History of Greece*, vol. 2, Harper & Brothers, New York, p. 278.

408. Aristotle, 1885, *The Politics of Aristotle*, vol. 1, Book 2, Chapter 6, translated by Benjamin Jowett (1817–1893), Oxford at the Clarendon Press, London, p. 41 (1266a).

409. Grote, G., 1899, *A History of Greece*, vol. 2, Harper & Brothers, New York, p. 270.

410. Ibid.

411. Ibid., p. 274–275.

412. Thucydides, 1942, *The Peloponnesian War*, Book 1, Chapter 18, translated by Benjamin Jowett (1817–1893), in *The Greek Historians*, vol. 1, Random House, New York, p. 574.

413. Grote, G., 1899, *A History of Greece*, vol. 2, Harper & Brothers, New York, p. 270.

414. Plutarch, 1952, Lycurgus, in *The Lives of the Noble Grecians and Romans*, translated by John Dryden (1631–1700), *Great Books of the Western World*, vol. 14, William Benton, Chicago, p. 38.

415. Xenophon, 1898, *The Government of Lacedaemon*, Chapter 8, Paragraph 1, in *Xenophon's Minor Works*, translated by J. S. Watson, George Bell & Sons, London, p. 216.

416. Ibid., Chapter 10, Paragraph 4, p. 220.

417. Grote, G., 1899, *A History of Greece*, vol. 2, Harper & Brothers, New York, p. 308.

418. Plutarch, 1952, Lycurgus, in *The Lives of the Noble Grecians and Romans*, translated by John Dryden (1631–1700), *Great Books of the Western World*, vol. 14, William Benton, Chicago, p. 36.

419. Ibid.

420. Grote, G., 1899, *A History of Greece*, vol. 2, Harper & Brothers, New York, p. 310.

421. Plutarch, 1952, Lycurgus, in *The Lives of the Noble Grecians and Romans*, translated by John Dryden (1631–1700), *Great Books of the Western World*, vol. 14, William Benton, Chicago, p. 36–37.

422. Xenophon, 1898, *The Government of Lacedaemon*, Chapter 5, Paragraph 4, in *Xenophon's Minor Works*, translated by J. S. Watson, George Bell & Sons, London, p. 213.

423. Plato, 1937, *The Republic*, Book 5, in *The Dialogues of Plato*, translated into English by Benjamin Jowett (1817–1893), vol. 1, Random House, New York, p. 713 (452).

424. Ibid., Book 5, p. 713–714 (452).

425. 将环投向地上的一根标棍。

426. Plutarch, 1952, Lycurgus, in *The Lives of the Noble Grecians and Romans*, translated by John Dryden (1631–1700), *Great Books of the Western World*, vol. 14, William Benton, Chicago, p. 39.
427. Grote, G., 1899, *A History of Greece*, vol. 2, Harper & Brothers, New York, p. 302.
428. Aristotle, 1885, *The Politics of Aristotle*, vol. 1, Book 2, Chapter 9, translated by Benjamin Jowett (1817–1893), Oxford at the Clarendon Press, London, p. 53 (1270a).
429. Ibid., p. 52 (1269b).
430. Plutarch, 1952, Lycurgus, in *The Lives of the Noble Grecians and Romans*, translated by John Dryden (1631–1700), *Great Books of the Western World*, vol. 14, William Benton, Chicago, p. 39.
431. Grote, G., 1899, *A History of Greece*, vol. 2, Harper & Brothers, New York, p. 305.
432. Plutarch, 1952, *Agesilaus, in The Lives of the Noble Grecians and Romans*, translated by John Dryden (1631–1700), *Great Books of the Western World*, vol. 14, William Benton, Chicago, p. 493–494. 类似的描述还可见于 Xenophon 所著 *Hellenica*, Book 6, Chapter 4。
433. Ibid., p. 40.
434. Ibid., p. 40.
435. Ibid., p. 44.
436. Ibid., p. 41.
437. Ibid., p. 41.
438. Ibid., p. 41.
439. Thucydides, 1942, *The Peloponnesian War*, Book 4, Chapter 126, translated by Benjamin Jowett (1817–1893), in *The Greek Historians*, vol. 1, Random House, New York, p. 796.
440. Xenophon, 1898, *The Government of Lacedaemon*, Chapter 2, Paragraph 7, in *Xenophon's Minor Works*, translated by J. S. Watson, George Bell & Sons, London, p. 208.
441. Plutarch, 1952, Lycurgus, in *The Lives of the Noble Grecians and Romans*, translated by John Dryden (1631–1700), *Great Books of the Western World*, vol. 14, William Benton, Chicago, p. 42.
442. Plato, 1937, Protagoras, in *The Dialogues of Plato*, translated into English by Benjamin Jowett (1817–1893), vol. 1, Random House, New York, p. 112 (343).
443. Ibid., p. 111–112 (342–343).
444. Dover, K. J., 1989, *Greek Homosexuality, Updated and With a New Postscript*, Harvard University Press, Cambridge, p. 1.
445. Xenophon, 1898, *The Government of Lacedaemon*, Chapter 2, Paragraphs 13–14, in *Xenophon's Minor Works*, translated by J. S. Watson, George Bell & Sons, London, p. 209.
446. Plato, 1937, Laws, in *The Dialogues of Plato*, translated into English by Benjamin Jowett (1817–1893), vol. 2, Random House, New York, p. 418 (636).
447. Michell, H., 1952, *Sparta,* Cambridge University Press, London, p. 168.
448. Keegan, J., 1993, *A History of Warfare*, Knopf, New York, p. 250.
449. Plutarch, 1952, Lycurgus, in *The Lives of the Noble Grecians and Romans*, translated by John Dryden (1631–1700), *Great Books of the Western World*, vol. 14, William Benton, Chicago, p. 44.
450. Durant, W., 1939, *The Life of Greece*, Simon and Schuster, New York, p. 87.
451. Herodotus, 1910, *The History of Herodotus*, Book 7, Chapter 8, translated by George Rawlinson (1812–1902), vol. 2 (first published in 1858), J. M. Dent & Sons, New York, p. 119.
452. Ibid., Book 7, Chapter 8, p. 119–120.
453. Ibid., Book 7, Chapter 20–21, p. 129.
454. Ibid., Book 7, Chapter 186, p. 193.
455. Maurice, F., 1930, The Size of the Army of Xerxes in the Invasion of Greece 480 B.C., *The Journal of*

Hellenic Studies, vol. 50, part 2, p. 210–235.
456. Herodotus, 1910, *The History of Herodotus*, Book 7, Chapter 147, translated by George Rawlinson (1812–1902), vol. 2 (first published in 1858), J. M. Dent & Sons, New York, p. 175.
457. Ibid., Book 7, Chapter 102, p. 157.
458. Ibid., Book 7, Chapters 175, 177, p. 189–190.
459. Plutarch, 1870, Laconic Apophthegms, or Remarkable Sayings of the Spartans, in *Plutarch's Morals*, translated *from the Greek by Several Hands, Corrected and Revised by William W. Goodwin*, vol. 1, Little, Brown, and Company, Boston, p. 418.
460. Herodotus, 1910, *The History of Herodotus*, Book 7, Chapter 210, translated by George Rawlinson (1812–1902), vol. 2 (first published in 1858), J. M. Dent & Sons, New York, p. 202.
461. Plutarch, 1870, Laconic Apophthegms, or Remarkable Sayings of the Spartans, in *Plutarch's Morals*, translated *from the Greek by Several Hands, Corrected and Revised by William W. Goodwin*, vol. 1, Little, Brown, and Company, Boston, p. 418.
462. Ibid.
463. Herodotus, 1910, *The History of Herodotus*, Book 7, Chapter 210, translated by George Rawlinson (1812–1902), vol. 2 (first published in 1858), J. M. Dent & Sons, New York, p. 202–203.
464. Grote, G., 1899, *A History of Greece*, vol. 4, Harper & Brothers, New York, p. 185.
465. Herodotus, 1910, *The History of Herodotus*, Book 7, Chapter 211, translated by George Rawlinson (1812–1902), vol. 2 (first published in 1858), J. M. Dent & Sons, New York, p. 203.
466. Plutarch, 1870, Laconic Apophthegms, or Remarkable Sayings of the Spartans, in *Plutarch's Morals*, translated *from the Greek by Several Hands, Corrected and Revised by William W. Goodwin*, vol. 1, Little, Brown, and Company, Boston, p. 418.
467. Herodotus, 1910, *The History of Herodotus*, Book 7, Chapter 83, translated by George Rawlinson (1812–1902), vol. 2 (first published in 1858), J. M. Dent & Sons, New York, p. 151.
468. Grote, G., 1899, *A History of Greece*, vol. 4, Harper & Brothers, New York, p. 187–188.
469. Plutarch, 1870, Laconic Apophthegms, or Remarkable Sayings of the Spartans, in *Plutarch's Morals*, translated *from the Greek by Several Hands, Corrected and Revised by William W. Goodwin*, vol. 1, Little, Brown, and Company, Boston, p. 418.
470. Grote, G., 1899, *A History of Greece*, vol. 4, Harper & Brothers, New York, p. 191–192.
471. Ibid., p. 190.
472. Ibid., p. 200.
473. Herodotus, 1910, *The History of Herodotus*, Book 7, Chapter 228, translated by George Rawlinson (1812–1902), vol. 2 (first published in 1858), J. M. Dent & Sons, New York, p. 209.
474. Ibid., Book 8, Chapter 86, p. 246.
475. Grote, G., 1899, *A History of Greece*, vol. 4, Harper & Brothers, New York, p. 229.
476. Herodotus, 1910, *The History of Herodotus*, Book 9, Chapters 62–63, translated by George Rawlinson (1812–1902), vol. 2 (first published in 1858), J. M. Dent & Sons, New York, p. 303.
477. Grote, G., 1899, *A History of Greece*, vol. 4, Harper & Brothers, New York, p. 507.
478. Popper, K., 1966, *The Open Society and Its Enemies*, vol. 1, Fifth Edition, Routledge, London, p. 129.
479. Burnet, J., 1920, *Greek Philosophy, Part I, Thales to Plato*, Macmillan & Co., Limited, London, p. 128.
480. Grote, G., 1899, *A History of Greece*, vol. 7, Harper & Brothers, New York, p. 84.
481. May, H., 2000, *On Socrates*, Wadsworth, Belmont, California, p. 22–23.
482. Burnet, J., 1920, *Greek Philosophy, Part I, Thales to Plato,* Macmillan & Co., Limited, London, p. 179.
483. Grote, G., 1899, *A History of Greece*, vol. 7, Harper & Brothers, New York, p. 86.

484. Ibid., p. 82.
485. Grote, G., 1899, *A History of Greece*, vol. 5, Harper & Brothers, New York, p. 311.
486. Strabo, 1856, *The Geography of Strabo*, Book 9, Chapter 2, Paragraph 7, vol. 2, translated by H. C. Hamilton and W. Falconer, Henry G. Bohn, London, p. 95.
487. Athenaeus, 1854, *The Deipnosophists, or Banquet of the Learned*, Book 5, Chapter 55, translated by C. D. Yonge, vol. 1, Henry G. Bohn, London, p. 343.
488. Grote, G., 1899, *A History of Greece*, vol. 7, Harper & Brothers, New York, p. 83.
489. Plato, 1937, Symposium, in *The Dialogues of Plato*, translated into English by Benjamin Jowett (1817–1893), vol. 1, Random House, New York, p. 338 (215).
490. Plato, 1937, Apology, in *The Dialogues of Plato*, translated into English by Benjamin Jowett (1817–1893), vol. 1, Random House, New York, p. 414 (31).
491. Xenophon, 1894, *Memorabilia of Socrates*, Book 1, Chapter 2, Paragraph 1, in *The Anabasis, or Expedition of Cyrus, and the Memorabilia of Socrates*, translated by J. S. Watson, Harper & Brothers, New York, p. 355.
492. Ibid., Book 1, Chapter 6, Paragraph 7, p. 381.
493. Ibid., Book 3, Chapter 12, Paragraph 4, p. 462.
494. Xenophon, 1898, *The Banquet,* Chapter 2, Paragraph 10, in *Xenophon's Minor Works*, translated by J. S. Watson, George Bell & Sons, London, p. 156.
495. Laërtius, Diogenes, 1905, *The Lives and Opinions of Eminent Philosophers*, Book 2, translated by C. D. Yonge, London, George Bell and Sons, p. 71.
496. Ibid.
497. Xenophon, 1898, *The Banquet,* Chapter 2, Paragraph 10, in *Xenophon's Minor Works*, translated by J. S. Watson, George Bell & Sons, London, p. 156.
498. Plutarch, 1952, Marcus Cato, in *The Lives of the Noble Grecians and Romans*, translated by John Dryden (1631–1700), *Great Books of the Western World*, vol. 14, William Benton, Chicago, p. 286.
499. Xenophon, 1894, *Memorabilia of Socrates*, Book 1, Chapter 1, Paragraph 10, in *The Anabasis, or Expedition of Cyrus, and the Memorabilia of Socrates*, translated by J. S. Watson, Harper & Brothers, New York, p. 352.
500. Laërtius, Diogenes, 1905, *The Lives and Opinions of Eminent Philosophers*, Book 2, translated by C. D. Yonge, London, George Bell and Sons, p. 64.
501. Ibid., p. 62.
502. Xenophon, 1894, *Memorabilia of Socrates*, Book 1, Chapter 1, Paragraph 15, in *The Anabasis, or Expedition of Cyrus, and the Memorabilia of Socrates*, translated by J. S. Watson, Harper & Brothers, New York, p. 353.
503. Ibid., Book 1, Chapter 1, Paragraph 13, p. 352.
504. Plato, 1937, Apology, in *The Dialogues of Plato*, translated into English by Benjamin Jowett (1817–1893), vol. 1, Random House, New York, p. 403 (19).
505. Grote, G., 1899, *A History of Greece*, vol. 7, Harper & Brothers, New York, p. 96.
506. Cicero, 1899, *Cicero's Tusculan Disputations*, Book 5, Paragraph 4, translated by C. D. Yonge, Harper & Brothers, New York, p. 166.
507. Xenophon, 1898, Fragments of Letters of Xenophon, translated by John Selby Watson (1804–1884), in *Xenophon's Minor Works*, George Bell & Sons, London, p. 375.
508. Xenophon, 1894, *Memorabilia of Socrates*, Book 1, Chapter 1, Paragraph 16, in *The Anabasis, or Expedition of Cyrus, and the Memorabilia of Socrates*, translated by J. S. Watson, Harper & Brothers, New York, p. 353.
509. Grote, G., 1899, *A History of Greece*, vol. 7, Harper & Brothers, New York, p. 102.
510. 参见 George Sarton 在其著作中所做讨论：Sarton, G., 1960, *A History of Science, Ancient Science Through the Golden Age of Greece*, Harvard University Press, Cambridge, p. 271–272.

511. Sarton, G., 1960, *A History of Science, Ancient Science Through the Golden Age of Greece*, Harvard University Press, Cambridge, p. 272.
512. Grote, G., 1899, *A History of Greece*, vol. 7, Harper & Brothers, New York, p. 126–127.
513. Aristotle, 1941, *Metaphysics*, Book 1, Chapter 6, translated by W. D. Ross, in *Basic Works of Aristotle,* Random House, New York, p. 700–701 (987b).
514. Grote, G., 1899, *A History of Greece*, vol. 2, Harper & Brothers, New York, p. 179.
515. Hamilton, E., 1953, *Mythology*, Mentor, New York, p. 30.
516. Ibid., p. 256.
517. Plato, 1937, Apology, in *The Dialogues of Plato*, translated into English by Benjamin Jowett (1817–1893), vol. 1, Random House, New York, p. 404 (21).
518. Ibid.
519. Grote, G., 1899, *A History of Greece*, vol. 7, Harper & Brothers, New York, p. 141.
520. Plato, 1937, Apology, in *The Dialogues of Plato*, translated into English by Benjamin Jowett (1817–1893), vol. 1, Random House, New York, p. 420 (38).
521. Grote, G., 1899, *A History of Greece*, vol. 7, Harper & Brothers, New York, p. 167.
522. Plato, 1937, Euthyphro, in *The Dialogues of Plato*, translated into English by Benjamin Jowett (1817–1893), vol. 1, Random House, New York, p. 385 (4).
523. Ibid., p. 386.
524. Ibid., p. 387.
525. Ibid., p. 388.
526. Ibid., p. 387.
527. Ibid., p. 389.
528. Plato, 1937, Meno, in *The Dialogues of Plato*, translated into English by Benjamin Jowett (1817–1893), vol. 1, Random House, New York, p. 359 (80).
529. Laërtius, Diogenes, 1905, *The Lives and Opinions of Eminent Philosophers*, Book 2, translated by C. D. Yonge, London, George Bell and Sons, p. 65.
530. Plato, 1937, Apology, in *The Dialogues of Plato*, translated into English by Benjamin Jowett (1817–1893), vol. 1, Random House, New York, p. 405 (22).
531. Grote, G., 1899, *A History of Greece*, vol. 7, Harper & Brothers, New York, p. 134.
532. Ibid., p. 135.
533. Thucydides, 1942, *The Peloponnesian War*, Book 1, Chapter 23, translated by Benjamin Jowett (1817–1893), in *The Greek Historians*, vol. 1, Random House, New York, p. 577.
534. Dalberg-Acton, J. E. E., 1907, Freedom in Antiquity, in *The History of Freedom and Other Essays*, edited by John Neville Figgis and Reginald Vere Laurence, Macmillan and Co., Limited, London, p. 12.
535. Thucydides, 1942, *The Peloponnesian War*, Book 1, Chapter 23, translated by Benjamin Jowett (1817–1893), in *The Greek Historians*, vol. 1, Random House, New York, p. 577.
536. Grote, G., 1899, *A History of Greece*, vol. 6, Harper & Brothers, New York, p. 450.
537. Xenophon, 1942, *Hellenica*, Book 2, Chapter 2, translated by Henry G. Dakyns (first published in 1890), in *The Greek Historians*, vol. 2, Random House, New York, p. 36.
538. Grote, G., 1899, *A History of Greece*, vol. 6, Harper & Brothers, New York, p. 458.
539. Xenophon, 1942, *Hellenica*, Book 2, Chapter 3, translated by Henry G. Dakyns (first published in 1890), in *The Greek Historians*, vol. 2, Random House, New York, p. 40.
540. Grote, G., 1899, *A History of Greece*, vol. 6, Harper & Brothers, New York, p. 464.
541. Ibid., p. 498.

542. Ibid., p. 464.
543. Xenophon, 1894, *Memorabilia of Socrates*, Book 4, Chapter 2, Paragraph 2, in *The Anabasis, or Expedition of Cyrus, and the Memorabilia of Socrates*, translated by J. S. Watson, Harper & Brothers, New York, p. 470–471.
544. Plato, 1937, *The Republic*, Book 8, in *The Dialogues of Plato*, translated into English by Benjamin Jowett (1817–1893), vol. 1, Random House, New York, p. 820–822 (562–564).
545. Madison, J., 1952, Federalist Paper 10, in *American State Papers, Great Books of the Western World*, vol. 43, William Benton, Chicago, p. 51.
546. Burnet, J., 1920, *Greek Philosophy, Part 1, Thales to Plato*, Macmillan, London, p. 183.
547. Plato, 1937, Apology, in *The Dialogues of Plato*, translated into English by Benjamin Jowett (1817–1893), vol. 1, Random House, New York, p. 408–409 (25).
548. Ibid., p. 409.
549. Ibid., p. 412.
550. Ibid., p. 413–414.
551. Ibid., p. 417.
552. Laërtius, Diogenes, 1905, *The Lives and Opinions of Eminent Philosophers*, translated by C. D. Yonge, London, George Bell and Sons, p. 72.
553. Plato, 1937, Apology, in *The Dialogues of Plato*, translated into English by Benjamin Jowett (1817–1893), vol. 1, Random House, New York, p. 419 (37).
554. Plato, 1937, Phaedo, in *The Dialogues of Plato*, translated into English by Benjamin Jowett (1817–1893), vol. 1, Random House, New York, p. 500–501 (117–118).
555. Grote, G., 1899, *A History of Greece*, vol. 7, Harper & Brothers, New York, p. 143.
556. Thucydides, 1942, *The Peloponnesian War*, Book 2, Chapter 37, translated by Benjamin Jowett (1817–1893), in *The Greek Historians*, vol. 1, Random House, New York, p. 648.
557. Grote, G., 1899, *A History of Greece*, vol. 7, Harper & Brothers, New York, p. 172.
558. Ibid.
559. Shields, C., 2006, Learning about Plato from Aristotle, in *A Companion to Plato*, edited by Hugh H. Benson, Blackwell, Malden, Massachusetts, p. 403.
560. Whitehead, A. N., 1929, *Process and Reality*, Cambridge University Press, Cambridge, p. 39.
561. Laërtius, Diogenes, 1905, *The Lives and Opinions of Eminent Philosophers*, Book 3, translated by C. D. Yonge, London, George Bell and Sons, p. 113.
562. Ibid.
563. Burnet, J., 1920, *Greek Philosophy, Part 1, Thales to Plato*, Macmillan, London, p. 207.
564. Xenophon, 1894, *Memorabilia of Socrates*, Book 3, Chapter 7, in *The Anabasis, or Expedition of Cyrus, and the Memorabilia of Socrates*, translated by J. S. Watson, Harper & Brothers, New York, p. 444–446.
565. Grote, G., 1885, *Plato, and the Other Companions of Sokrates*, vol. 1, John Murray, London, p. 247–248.
566. Laërtius, Diogenes, 1905, *The Lives and Opinions of Eminent Philosophers*, Book 3, translated by C. D. Yonge, London, George Bell and Sons, p. 114.
567. Grote, G., 1885, *Plato, and the Other Companions of Sokrates*, vol. 1, John Murray, London, p. 248.
568. Ibid., p. 249–250.
569. Laërtius, Diogenes, 1905, *The Lives and Opinions of Eminent Philosophers*, Book 3, translated by C. D. Yonge, London, George Bell and Sons, p. 115.
570. Grote, G., 1899, *A History of Greece*, vol. 6, Harper & Brothers, New York, p. 502.
571. Laërtius, Diogenes, 1905, *The Lives and Opinions of Eminent Philosophers*, Book 3, translated by C. D.

Yonge, London, George Bell and Sons, p. 115.

572. Plato, 1937, Apology, in *The Dialogues of Plato*, translated into English by Benjamin Jowett (1817–1893), vol. 1, Random House, New York, p. 416 (34).

573. Plato, 1937, Phaedo, in *The Dialogues of Plato*, translated into English by Benjamin Jowett (1817–1893), vol. 1, Random House, New York, p.442 (59).

574. 雅典哲学家，生活在公元前5世纪，是赫拉克利特的学生。

575. Aristotle, 1941, *Metaphysics*, Book 1, Chapter 6, translated by W. D. Ross, in *Basic Works of Aristotle*, Random House, New York, p. 700–701 (987b).

576. Plato, 1891, Epistle 7, in *The Works of Plato*, Translated from the Text of Stallbaum, translated by George Burges, vol. 4, G. Bell, London, p. 500.

577. Ibid., p. 502.

578. Plato, 1937, *The Republic*, Book 5, in *The Dialogues of Plato*, translated into English by Benjamin Jowett (1817–1893), vol. 1, Random House, New York, p. 737 (473).

579. Grote, G., 1885, *Plato, and the Other Companions of Sokrates*, vol. 1, John Murray, London, p. 253.

580. Laërtius, Diogenes, 1905, *The Lives and Opinions of Eminent Philosophers*, Book 3, translated by C. D. Yonge, London, George Bell and Sons, p. 115.

581. Boas, G., 1948, Fact and Legend in the Biography of Plato, *The Philosophical Review*, vol. 57, no. 5, p. 444.

582. Laërtius, Diogenes, 1905, *The Lives and Opinions of Eminent Philosophers*, Book 3, translated by C. D. Yonge, London, George Bell and Sons, p. 120.

583. Ibid.

584. Grote, G., 1885, *Plato, and the Other Companions of Sokrates*, vol. 1, John Murray, London, p. 254.

585. Heath, T., 1981, *A History of Greek Mathematics*, vol. 1 (first published in 1921 by the Clarendon Press, Oxford), Dover, New York, p. 24.

586. Grote, G., 1885, *Plato, and the Other Companions of Sokrates*, vol. 1, John Murray, London, p. 256–257.

587. Grote, G., 1888, *Plato and the Other Companions of Sokrates*, New Edition, vol. 1, John Murray, London, p. vi-vii.

588. *Sarton, G., 1960, A History of Science, Ancient Science Through the Golden Age of Greece*, Harvard University Press, Cambridge, p. 408.

589. Ferrier, J. F., 1854, *Institutes of Metaphysic*, William Blackwood, Edinburgh and London, p. 2.

590. Khashaba, D. R., 2002, Excursions into The Dialogues of Plato, *The Examined Life Online Philosophy Journal*, vol. 3, no. 12.

591. Grote, G., 1888, *Plato and the Other Companions of Sokrates*, New Edition, vol. 1, John Murray, London, p. vii.

592. Ibid.

593. Burnet, J., 1920, *Greek Philosophy, Part I, Thales to Plato*, Macmillan & Co., Limited, London, p. 221.

594. Ibid., p. 221–222.

595. Burnet, J., 1920, *Greek Philosophy, Part I, Thales to Plato*, Macmillan & Co., Limited, London, p. 52.

596. Kirk, G. S., and Raven, J. E., 1957, *The Presocratic Philsophers*, Cambridge University Press, London, p. 274.

597. Burnet, J., 1920, *Greek Philosophy, Part I, Thales to Plato*, Macmillan & Co., Limited, London, p. 239.

598. Plato, 1937, *The Republic*, Book 7, in *The Dialogues of Plato*, translated into English by Benjamin Jowett (1817–1893), vol. 1, Random House, New York, p. 789 (529).

599. Ibid., Book 5, p. 739–740 (476).

600. Grote, G., 1888, *Plato and the Other Companions of Sokrates*, New Edition, vol. 4, John Murray, London,

p. 51.
601. Plato, 1937, *The Republic*, Book 6, in *The Dialogues of Plato*, translated into English by Benjamin Jowett (1817–1893), vol. 1, Random House, New York, p. 766 (505).
602. Ibid., Book 6, p. 770 (509).
603. Aristotle, 1941, *Metaphysics*, Book 1, Chapter 6, translated by W. D. Ross, in *Basic Works of Aristotle*, Random House, New York, p. 700 (987a).
604. Ibid., p. 701 (987b).
605. Farrington, B., 1961, *Greek Science, Its Meaning For Us*, Penguin Books, Baltimore, Maryland, p. 110.
606. Gille, B., 1956, Machines, in *A History of Technology*, vol. 2, edited by Charles Singer, Oxford University Press, London, p. 632.
607. Laërtius, Diogenes, 1905, *The Lives and Opinions of Eminent Philosophers*, Book 8, translated by C. D. Yonge, London, George Bell and Sons, p. 370.
608. Gellius, A., 1795, *The Attic Nights of Aulus Gellius*, Book 10, Chapter 12, translated into English by the Rev. W. Beloe, vol. 2, J. Johnson, London, p. 223.
609. Aristotle, 1885, *The Politics of Aristotle*, vol. 1, Book 8, Chapter 6, translated by Benjamin Jowett (1817–1893), Oxford at the Clarendon Press, London, p. 254 (1340b).
610. Plutarch, 1952, Marcellus, in *The Lives of the Noble Grecians and Romans*, translated by John Dryden (1631–1700), *Great Books of the Western World*, vol. 14, William Benton, Chicago, p. 252.
611. Plato, 1937, *The Republic*, Book 7, in *The Dialogues of Plato*, translated into English by Benjamin Jowett (1817–1893), vol. 1, Random House, New York, p. 773 (514).
612. Lindberg, D. C., 1978, The Transmission of Greek and Arabic Learning to the West, in *Science in the Middle Ages*, edited by David C. Lindberg, University of Chicago Press, Chicago, p. 53.
613. Haskins, C. H., 1927, *The Renaissance of the 12th Century*, Harvard University Press, Cambridge, Massachusetts, p. 344.
614. Grote, G., 1888, *Plato and the Other Companions of Sokrates*, New Edition, vol. 4, John Murray, London, p. 215.
615. Plato, 1937, Timaeus, in *The Dialogues of Plato*, translated into English by Benjamin Jowett (1817–1893), vol. 2, Random House, New York, p. 6–10. (21–25).
616. Ibid., p. 10 (25).
617. Cicero, 1829, *The Republic of Cicero*, Book 1, Chapter 10, translated by G. W. Featherstonhaugh, G. & C. Carvill, New York, p. 42.
618. Plato, 1937, Timaeus, in *The Dialogues of Plato*, translated into English by Benjamin Jowett (1817–1893), vol. 2, Random House, New York, p. 12 (28).
619. Ibid., p. 13 (29).
620. Burnet, J., 1920, *Greek Philosophy, Part 1: Thales to Plato*, Macmillan, London, p. 340.
621. Hesiod, 1920, Theogony (line 117), in *Hesiod, the Homeric Hymns and Homerica*, with an English translation by Hugh G. Evelyn-White, London, William Heinemann, p. 87.
622. Plato, 1937, Timaeus, in *The Dialogues of Plato*, translated into English by Benjamin Jowett (1817–1893), vol. 2, Random House, New York, p. 14 (30).
623. Plato, 1937, Timaeus, in *The Dialogues of Plato*, translated into English by Benjamin Jowett (1817–1893), vol. 2, Random House, New York, p. 28 (48).
624. Burnet, J., 1920, *Greek Philosophy, Part 1: Thales to Plato*, Macmillan, London, p. 341.
625. Grote, G., 1888, *Plato and the Other Companions of Sokrates*, New Edition, vol. 4, John Murray, London, p. 238.

626. Vlastos, G., 1975, *Plato's Universe*, University of Washington Press, Seattle, p. 97.

627. Plato, 1937, Timaeus, in *The Dialogues of Plato*, translated into English by Benjamin Jowett (1817–1893), vol. 2, Random House, New York, p. 14 (30).

628. Grote, G., 1888, *Plato and the Other Companions of Sokrates*, New Edition, vol. 4, John Murray, London, p. 222–223.

629. Ibid., p. 222.

630. Plato, 1937, Timaeus, in *The Dialogues of Plato*, translated into English by Benjamin Jowett (1817–1893), vol. 2, Random House, New York, p. 16 (33).

631. Ibid., p. 14 (30).

632. Ibid., p. 16 (34).

633. Ibid., p. 20 (39).

634. Ibid., p. 19 (38).

635. Ibid., p. 20 (38).

636. Heath, T., 1913, *Aristarchus of Samos, the Ancient Copernicus*, Oxford at the Clarendon Press, London, p. 190–212.

637. Ibid., p. 140.

638. Plato, 1937, Timaeus, in *The Dialogues of Plato*, translated into English by Benjamin Jowett (1817–1893), vol. 2, Random House, New York, p. 18 (36).

639. Heath, T., 1913, *Aristarchus of Samos, the Ancient Copernicus*, Oxford at the Clarendon Press, London, p. 159.

640. Plato, 1937, Timaeus, in *The Dialogues of Plato*, translated into English by Benjamin Jowett (1817–1893), vol. 2, Random House, New York, p. 21 (40).

641. Vlastos, G., 1975, *Plato's Universe*, University of Washington Press, Seattle, p. 54.

642. Plato, 1937, Timaeus, in *The Dialogues of Plato*, translated into English by Benjamin Jowett (1817–1893), vol. 2, Random House, New York, p. 22 (40).

643. Ibid., p. 22. (40–41).

644. Grote, G., 1888, *Plato and the Other Companions of Sokrates*, New Edition, vol. 4, John Murray, London, p. 232.

645. Plato, 1937, Timaeus, in *The Dialogues of Plato*, translated into English by Benjamin Jowett (1817–1893), vol. 2, Random House, New York, p. 23–24 (42–43).

646. Ibid., p. 23 (42).

647. Ibid.

648. Ibid., p. 67 (91).

649. Ibid.

650. Ibid.

651. Ibid. p. 68 (92).

652. Ibid.

653. Ibid., p. 29 (49).

654. Ibid., p. 35 (55).

655. Grote, G., 1888, *Plato and the Other Companions of Sokrates*, New Edition, vol. 4, John Murray, London, p. 241.

656. Plato, 1937, Timaeus, in *The Dialogues of Plato*, translated into English by Benjamin Jowett (1817–1893), vol. 2, Random House, New York, p. 36 (56).

657. Ibid., p. 34 (54).

658. Ibid., p. 54 (76).
659. Ibid., p. 50 (71).
660. Ibid. p. 26 (45).
661. Ibid., p. 48 (70).
662. Ibid., p. 55 (77).
663. Ibid.
664. Grote, G., 1888, *Plato and the Other Companions of Sokrates*, New Edition, vol. 4, John Murray, London, p. 259.
665. Ibid.
666. Plato, 1937, Timaeus, in *The Dialogues of Plato*, translated into English by Benjamin Jowett (1817–1893), vol. 2, Random House, New York, p. 59–62 (82–86).
667. Ibid., p. 63 (86).
668. Ibid., p. 25 (44).
669. Ibid., p. 68 (92).
670. Grote, G., 1888, *Plato and the Other Companions of Sokrates*, New Edition, vol. 4, John Murray, London, p. 262.
671. Ibid., p. 95.
672. Plato, 1937, *The Republic*, Book 1, in *The Dialogues of Plato*, translated into English by Benjamin Jowett (1817–1893), vol. 1, Random House, New York, p. 603 (339).
673. Ibid., Book 2, p. 629 (366).
674. Ibid., Book 2, p. 630 (367).
675. Ibid., Book 2, p. 631 (369).
676. Ibid., Book 2, p. 632–633 (369–371).
677. Grote, G., 1888, *Plato and the Other Companions of Sokrates*, New Edition, vol. 4, John Murray, London, p. 21.
678. Plato, 1937, *The Republic*, Book 2, in *The Dialogues of Plato*, translated into English by Benjamin Jowett (1817–1893), vol. 1, Random House, New York, p. 638 (375).
679. Ibid., Book 7, p. 784 (525).
680. Ibid., Book 7, p. 766 (505).
681. Ibid., Book 5, p. 737 (473).
682. Ibid., Book 6, p. 750 (489).
683. Ibid., Book 6, p. 756 (496)
684. Ibid., Book 6, p. 756 (495).
685. Ibid., Book 6, p. 758 (497).
686. Ibid., Book 3, p. 679 (414).
687. Ibid.
688. Ibid., Book 3, p. 679–680 (415).
689. Ibid., Book 3, p. 680 (415).
690. Ibid.
691. Ibid.
692. Ibid., Book 3 p. 678 (413).
693. Ibid., Book 3, p. 678 (414).
694. Ibid., Book 6, p. 752 (491).
695. Ibid., Book 6, p. 752 (492).

696. Grote, G., 1888, *Plato and the Other Companions of Sokrates*, New Edition, vol. 4, John Murray, London, p. 23–24.

697. Plato, 1937, *The Republic*, Book 2, in *The Dialogues of Plato*, translated into English by Benjamin Jowett (1817–1893), vol. 1, Random House, New York, p. 641 (377).

698. Grote, G., 1888, *Plato and the Other Companions of Sokrates*, New Edition, vol. 4, John Murray, London, p. 23–24.

699. Plato, 1937, *The Republic*, Book 2, in *The Dialogues of Plato*, translated into English by Benjamin Jowett (1817–1893), vol. 1, Random House, New York, p. 641 (377).

700. Ibid., Book 3, p. 651 (389).

701. Ibid.

702. Ibid., Book 3, p. 652 (389).

703. Ibid., Book 3, p. 665 (401).

704. Ibid.

705. Grote, G., 1888, *Plato and the Other Companions of Sokrates*, New Edition, vol. 4, John Murray, London, p. 23–27.

706. Plato, 1937, *The Republic*, Book 3, in *The Dialogues of Plato*, translated into English by Benjamin Jowett (1817–1893), vol. 1, Random House, New York, p. 663 (399).

707. Ibid.

708. Ibid., Book 5, p. 717 (455).

709. Ibid.

710. Ibid., Book 5, p. 717 (456).

711. Ibid., Book 7, p. 785–788 (525–529).

712. Ibid., Book 7, p. 789 (529).

713. Ibid., Book 7, p. 796–797 (537).

714. Ibid., Book 7, p. 793–794 (533–534).

715. Ibid., Book 7, p. 799 (539).

716. Ibid.

717. Ibid., Book 7, p. 799 (540).

718. Ibid., Book 5, p. 721 (459).

719. Ibid., Book 5, p. 722 (460).

720. Ibid., Book 5, p. 719 (457).

721. Ibid., Book 5, p. 727 (464).

722. Ibid., Book 5, p. 722 (460).

723. Ibid., Book 5, p. 723–724 (461).

724. Ibid., Book 5, p. 723 (460).

725. Ibid., Book 5, p. 727 (464).

726. Ibid., Book 8, p. 803 (546).

727. Ibid., Book 8, p. 803 (545).

728. Ibid.

729. Ibid., p. 802 (544).

730. Ibid., Book 8, p. 820–822 (562–564).

731. Ibid., Book 8, p. 822 (564).

732. Ibid., Book 2, p. 640–641 (376–378).

733. Ibid., Book 7, p. 785–800 (505–542).

734. Ibid., Book 3, p. 663 (399).
735. Ibid., Book 3, p. 658 (395).
736. Ibid., Book 5, p. 744 (480).
737. Ibid., Book 8, p. 651 (389).
738. Plato, 1937, *Laws*, Book 4, in *The Dialogues of Plato*, translated into English by Benjamin Jowett (1817–1893), vol. 2, Random House, New York, p. 485 (713).
739. Ibid., Book 4, p. 487 (715).
740. Ibid., Book 5, p. 506 (739).
741. Ibid.
742. Ibid., Book 5, p. 504 (737).
743. Ibid., Book 5, p. 506 (740).
744. Ibid., Book 5, p. 508 (742).
745. Ibid.
746. Ibid., Book 5, p. 510–511 (744–745).
747. Ibid., Book 6, p. 544 (787); compare with Book 6, p. 532–533 (772).
748. Ibid., Book 6, p. 533 (773).
749. Ibid., Book 10, p. 651 (909–910).
750. Ibid., Book 10, p. 650 (908).
751. Ibid., Book 10, p. 650 (908–909).
752. Ibid., Book 10, p. 650 (909).
753. Ibid.
754. Ibid., Book 12, p. 677–678 (942).
755. Ibid., Book 7, p. 555 (800).
756. Ibid., Book 7, p. 554 (798).
757. Ibid., Book 7, p. 553 (797).
758. Ibid., Book 2, p. 434 (656).
759. Ibid., Book 2, p. 435 (656).
760. Ibid., Book 1, p. 416 (634).
761. Ibid.
762. Ibid., Book 2, p. 441 (663).
763. Grote, G., 1888, *Plato and the Other Companions of Sokrates*, New Edition, vol. 4, John Murray, London, p. 381.
764. Plato, 1937, Laws, Book 12, in *The Dialogues of Plato*, translated into English by Benjamin Jowett (1817–1893), vol. 2, Random House, New York, p. 695 (961).
765. Ibid.
766. Ibid.
767. Grote, G., 1888, *Plato and the Other Companions of Sokrates*, New Edition, vol. 4, John Murray, London, p. 416.
768. Plato, 1937, *Laws*, Book 3, in *The Dialogues of Plato*, translated into English by Benjamin Jowett (1817–1893), vol. 2, Random House, New York, p. 475 (701).
769. Sarton, G., 1960, *A History of Science, Ancient Science Through the Golden Age of Greece*, Harvard University Press, Cambridge, p. 412–413.
770. Popper, K., 1966, *The Open Society and Its Enemies*, vol. 1, Fifth Edition, Routledge, London.
771. Ibid., p. 103.

772. Ibid., p. 194–195.
773. Ibid., p. 101.
774. Ibid., p. 102.
775. Plato, 1937, *The Republic*, Book 2, in *The Dialogues of Plato*, translated into English by Benjamin Jowett (1817–1893), vol. 1, Random House, New York, p. 631 (368–369).
776. Grote, G., 1899, *A History of Greece*, vol. 6, Harper & Brothers, New York, p. 192.
777. Ibid., vol. 7, p. 399.
778. Ibid., p. 402.
779. Xenophon, 1898, *The Government of Lacedaemon*, Chapter 14, Paragraph 1, in *Xenophon's Minor Works*, translated by J. S. Watson, George Bell & Sons, London, p. 228.
780. Grote, G., 1899, *A History of Greece*, vol. 8, Harper & Brothers, New York, p. 172.
781. Aristotle, 1885, *The Politics of Aristotle*, vol. 1, Book 2, Chapter 9, translated by Benjamin Jowett (1817–1893), Oxford at the Clarendon Press, London, p. 54 (1270a).
782. Grote, G., 1899, *A History of Greece*, vol. 9, Harper & Brothers, New York, p. 235.
783. Niebuhr, B. G., 1851, *The History of Rome*, vol. 3,translated by William Smith and Leonhard Schmitz, Taylor, Walton, and Maberly, London, p. 467–470.
784. Plutarch, 1952, Alexander, in *The Lives of the Noble Grecians and Romans*, translated by John Dryden (1631–1700), *Great Books of the Western World*, vol. 14, William Benton, Chicago, p. 542.
785. Blakesley, J. W., 1834, *A Life of Aristotle*, John W. Parker, London, p. 46.
786. Ibid., p. 543.
787. Grote, G., 1899, *A History of Greece*, vol. 9, Harper & Brothers, New York, p. 507.
788. Plutarch, 1952, Alexander, in *The Lives of the Noble Grecians and Romans*, translated by John Dryden (1631–1700), *Great Books of the Western World*, vol. 14, William Benton, Chicago, p. 543.
789. Ibid., p. 543–544.
790. Diodorus Siculus, 1814, *The Historical Library of Diodorus the Sicilian*, Book 16, Chapter 15, vol. 2,translated by G. Booth, W. M'Dowall for J. Davis, London, p. 156.
791. Grote, G., 1899, *A History of Greece*, vol. 9, Harper & Brothers, New York, p. 488.
792. Ibid., p. 490–491.
793. Ibid., p. 493.
794. Diodorus Siculus, 1814, *The Historical Library of Diodorus the Sicilian*, Book 16, Chapter 14, vol. 2, translated by G. Booth, W. M'Dowall for J. Davis, London, p. 153.
795. Grote, G., 1899, *A History of Greece*, vol. 9, Harper & Brothers, New York, p. 235.
796. Ibid., p. 496.
797. Diodorus Siculus, 1814, *The Historical Library of Diodorus the Sicilian*, Book 16, Chapter 15, vol. 2, translated by G. Booth, W. M'Dowall for J. Davis, London, p. 156.
798. Ibid., p. 157.
799. Ibid.
800. Plutarch, 1952, Alexander, in *The Lives of the Noble Grecians and Romans*, translated by John Dryden (1631–1700), *Great Books of the Western World*, vol. 14, William Benton, Chicago, p. 545.
801. Diodorus Siculus, 1814, *The Historical Library of Diodorus the Sicilian*, Book 17, Chapter 1, vol. 2, translated by G. Booth, W. M'Dowall for J. Davis, London, p. 161.
802. Ibid.
803. Arrian, 1893, *Arrian's Anabasis of Alexander and Indica*, Book 1, Chapter 1, translated by Edward James Chinnock, George Bell & Sons, London, p. 4.

804. Grote, G., 1899, *A History of Greece*, vol. 9, Harper & Brothers, New York, p. 516.
805. Diodorus Siculus, 1814, *The Historical Library of Diodorus the Sicilian*, Book 17, Chapter 1, vol. 2,translated by G. Booth, W. M'Dowall for J. Davis, London, p. 162.
806. Grote, G., 1899, *A History of Greece*, vol. 9, Harper & Brothers, New York, p. 517.
807. Diodorus Siculus, 1814, *The Historical Library of Diodorus the Sicilian*, Book 17, Chapter 1, vol. 2,translated by G. Booth, W. M'Dowall for J. Davis, London, p. 163.
808. Ibid., p. 164.
809. Ibid., p. 165–166.
810. Ibid., p. 166.
811. Ibid., p. 167
812. Ibid., p. 166.
813. Ibid., p. 168.
814. Ibid.
815. Ibid., p. 169.
816. Arrian, 1893, *Arrian's Anabasis of Alexander and Indica*, Book 1, Chapter 8, translated by Edward James Chinnock, George Bell & Sons, London, p. 24.
817. Diodorus Siculus, 1814, *The Historical Library of Diodorus the Sicilian*, Book 17, Chapter 1, vol. 2,translated by G. Booth, W. M'Dowall for J. Davis, London, p. 169.
818. Ibid., p. 170.
819. Grote, G., 1899, *A History of Greece*, vol. 9, Harper & Brothers, New York, p. 548.
820. Laërtius, Diogenes, 1905, *The Lives and Opinions of Eminent Philosophers*, Book 6, translated by C. D. Yonge, London, George Bell and Sons, p. 225.
821. Plutarch, 1952, Alexander, in *The Lives of the Noble Grecians and Romans*, translated by John Dryden (1631–1700), *Great Books of the Western World*, vol. 14, William Benton, Chicago, p. 546.
822. Arrian, 1893, *Arrian's Anabasis of Alexander and Indica*, Book 1, Chapter 11, translated by Edward James Chinnock, George Bell & Sons, London, p. 29.
823. Diodorus Siculus, 1814, *The Historical Library of Diodorus the Sicilian*, Book 17, Chapter 1, vol. 2, translated by G. Booth, W. M'Dowall for J. Davis, London, p. 172.
824. Arrian, 1893, *Arrian's Anabasis of Alexander and Indica*, Book 1, Chapter 11, translated by Edward James Chinnock, George Bell & Sons, London, p. 30.
825. Diodorus Siculus, 1814, *The Historical Library of Diodorus the Sicilian*, Book 17, Chapter 2, vol. 2, translated by G. Booth, W. M'Dowall for J. Davis, London, p. 173.
826. Grote, G., 1899, *A History of Greece*, vol. 10, Harper & Brothers, New York, p. 18.
827. Ibid., p. 26–27.
828. Ibid., p. 20.
829. Diodorus Siculus, 1814, *The Historical Library of Diodorus the Sicilian*, Book 17, Chapter 2, vol. 2, translated by G. Booth, W. M'Dowall for J. Davis, London, p. 173.
830. Grote, G., 1899, *A History of Greece*, vol. 10, Harper & Brothers, New York, p. 23.
831. Arrian, 1893, *Arrian's Anabasis of Alexander and Indica*, Book 1, Chapter 13, translated by Edward James Chinnock, George Bell & Sons, London, p. 35.
832. Ibid., Chapter 14, p. 37.
833. Ibid., Chapter 15, p. 38.
834. Ibid., p. 40.
835. Diodorus Siculus, 1814, *The Historical Library of Diodorus the Sicilian*, Book 17, Chapter 2, vol. 2,

translated by G. Booth, W. M'Dowall for J. Davis, London, p. 174.

836. Ibid., p. 175.

837. Ibid.

838. Ibid.

839. Grote, G., 1899, *A History of Greece*, vol. 10, Harper & Brothers, New York, p. 34.

840. Ibid., p. 35.

841. Arrian, 1893, *Arrian's Anabasis of Alexander and Indica*, Book 1, Chapter 16, translated by Edward James Chinnock, George Bell & Sons, London, p. 41.

842. Grote, G., 1899, *A History of Greece*, vol. 10, Harper & Brothers, New York, p. 35.

843. Ibid., p. 38.

844. Ibid., p. 38–39.

845. Ibid., p. 39.

846. Arrian, 1893, *Arrian's Anabasis of Alexander and Indica*, Book 1, Chapter 18, translated by Edward James Chinnock, George Bell & Sons, London, p. 46.

847. Diodorus Siculus, 1814, *The Historical Library of Diodorus the Sicilian*, Book 17, Chapter 2, vol. 2, translated by G. Booth, W. M'Dowall for J. Davis, London, p. 176.

848. Arrian, 1893, *Arrian's Anabasis of Alexander and Indica*, Book 1, Chapter 18, translated by Edward James Chinnock, George Bell & Sons, London, p. 47.

849. Ibid.

850. Ibid., p. 48.

851. Ibid., p. 47–48.

852. Sarton, G., 1960, *A History of Science, Ancient Science Through the Golden Age of Greece*, Harvard University Press, Cambridge, p. 464.

853. Grote, G., 1899, *A History of Greece*, vol. 6, Harper & Brothers, New York, p. 147–151.

854. Arrian, 1893, *Arrian's Anabasis of Alexander and Indica*, Book 1, Chapter 18, translated by Edward James Chinnock, George Bell & Sons, London, p. 49.

855. Diodorus Siculus, 1814, *The Historical Library of Diodorus the Sicilian*, Book 17, Chapter 2, vol. 2, translated by G. Booth, W. M'Dowall for J. Davis, London, p. 176.

856. Ibid.

857. Arrian, 1893, *Arrian's Anabasis of Alexander and Indica*, Book 1, Chapter 20, translated by Edward James Chinnock, George Bell & Sons, London, p. 51.

858. Grote, G., 1899, *A History of Greece*, vol. 10, Harper & Brothers, New York, p. 43.

859. Ibid., p. 53.

860. Ibid.

861. Ibid., p. 56.

862. Ibid., p. 57.

863. Ibid.

864. Ibid., p. 64.

865. Arrian, 1893, *Arrian's Anabasis of Alexander and Indica*, Book 2, Chapter 6, translated by Edward James Chinnock, George Bell & Sons, London, p. 80.

866. Ibid., p. 80–81.

867. Grote, G., 1899, *A History of Greece*, vol. 10, Harper & Brothers, New York, p. 65.

868. Arrian, 1893, *Arrian's Anabasis of Alexander and Indica*, Book 2, Chapter 7, translated by Edward James Chinnock, George Bell & Sons, London, p. 82.

869. Ibid.

870. Ibid., Book 2, Chapter 10, p. 88.

871. Grote, G., 1899, *A History of Greece*, vol. 10, Harper & Brothers, New York, p. 68.

872. Polybius, 1889, *The Histories of Polybius*, Book 12, Chapter 17, vol. 2, translated by Evelyn S. Shuckburgh, Macmillan and Co., London, p. 95. 斯泰底是古代长度单位，约合 185 米。(Engels, D., 1985, The Length of Eratosthenes' Stade, *The American Journal of Philology,* no. 3, v. 106, p. 298–311.)

873. Plutarch, 1952, Alexander, in *The Lives of the Noble Grecians and Romans*, translated by John Dryden (1631–1700), *Great Books of the Western World*, vol. 14, William Benton, Chicago, p. 549.

874. Arrian, 1893, *Arrian's Anabasis of Alexander and Indica*, Book 2, Chapter 10, translated by Edward James Chinnock, George Bell & Sons, London, p. 90.

875. Ibid., Book 2, Chapter 11, p. 92.

876. Diodorus Siculus, 1814, *The Historical Library of Diodorus the Sicilian*, Book 17, Chapter 3, vol. 2, G. Booth, W. M'Dowall for J. Davis, London, p. 186.

877. Arrian, 1893, *Arrian's Anabasis of Alexander and Indica*, Book 2, Chapter 11, translated by Edward James Chinnock, George Bell & Sons, London, p. 92–93.

878. Ibid., p. 93–94.

879. Grote, G., 1899, *A History of Greece*, vol. 10, Harper & Brothers, New York, p. 72.

880. Ibid., p. 74.

881. Arrian, 1893, *Arrian's Anabasis of Alexander and Indica*, Book 2, Chapter 14, translated by Edward James Chinnock, George Bell & Sons, London, p. 102.

882. Ibid., p. 103.

883. Ibid., Book 2, Chapter 17, p. 109.

884. Grote, G., 1899, *A History of Greece*, vol. 10, Harper & Brothers, New York, p. 81.

885. Arrian, 1893, *Arrian's Anabasis of Alexander and Indica*, Book 2, Chapter 17, translated by Edward James Chinnock, George Bell & Sons, London, p. 109–110.

886. Grote, G., 1899, *A History of Greece*, vol. 10, Harper & Brothers, New York, p. 83.

887. Ibid., p. 84.

888. Curtius Rufus, Quintus, 1747, *The History of the Wars of Alexander the Great*, translated by John Digby, Third Edition, vol. 1, Book 4, Chapter 2, A. Millar, London, p. 203.

889. Ibid. p. 201.

890. Ibid.

891. Ibid., p. 203.

892. Grote, G., 1899, *A History of Greece*, vol. 10, Harper & Brothers, New York, p. 85.

893. Curtius Rufus, Quintus, 1747, *The History of the Wars of Alexander the Great*, translated by John Digby, Third Edition, vol. 1, Book 4, Chapter 2, A. Millar, London, p. 204.

894. Arrian, 1893, *Arrian's Anabasis of Alexander and Indica*, Book 2, Chapter 21, translated by Edward James Chinnock, George Bell & Sons, London, p. 116.

895. Ibid., Book 2, Chapter 23, p. 119.

896. Diodorus Siculus, 1814, *The Historical Library of Diodorus the Sicilian*, Book 17, Chapter 4, vol. 2, translated by G. Booth, W. M'Dowall for J. Davis, London, p. 196–197.

897. Grote, G., 1899, *A History of Greece*, vol. 10, Harper & Brothers, New York, p. 87.

898. Arrian, 1893, *Arrian's Anabasis of Alexander and Indica*, Book 2, Chapter 25, translated by Edward James Chinnock, George Bell & Sons, London, p. 123.

899. Diodorus Siculus, 1814, *The Historical Library of Diodorus the Sicilian*, Book 17, Chapter 5, vol. 2,

translated by G. Booth, W. M'Dowall for J. Davis, London, p. 203.

900. Arrian, 1893, *Arrian's Anabasis of Alexander and Indica*, Book 2, Chapter 26, translated by Edward James Chinnock, George Bell & Sons, London, p. 124.

901. Ibid., Chapter 27, p. 126.

902. Ibid.

903. Ibid.

904. Polybius, 1889, *The Histories of Polybius*, Book 16, Chapter 22, vol. 2, translated by Evelyn S. Shuckburgh, Macmillan and Co., London, p. 189–190.

905. Grote, G., 1899, *A History of Greece*, vol. 10, Harper & Brothers, New York, p. 90.

906. Arrian, 1893, *Arrian's Anabasis of Alexander and Indica*, Book 2, Chapter 27, translated by Edward James Chinnock, George Bell & Sons, London, p. 126–127.

907. Grote, G., 1899, *A History of Greece*, vol. 10, Harper & Brothers, New York, p. 92.

908. Arrian, 1893, *Arrian's Anabasis of Alexander and Indica*, Book 3, Chapter 1, translated by Edward James Chinnock, George Bell & Sons, London, p. 128.

909. Diodorus Siculus, 1814, *The Historical Library of Diodorus the Sicilian*, Book 17, Chapter 3, vol. 2, translated by G. Booth, W. M'Dowall for J. Davis, London, p. 190.

910. Grote, G., 1899, *A History of Greece*, vol. 10, Harper & Brothers, New York, p. 95.

911. Ibid., p. 94.

912. Arnold, T., 1868, *History of Rome, Three Volumes in One*, Chapter 30, D. Appleton & Company, New York, p. 275.

913. Diodorus Siculus, 1814, *The Historical Library of Diodorus the Sicilian*, Book 17, Chapter 5, vol. 2, translated by G. Booth, W. M'Dowall for J. Davis, London, p. 190.

914. Arrian, 1893, *Arrian's Anabasis of Alexander and Indica*, Book 3, Chapter 8, translated by Edward James Chinnock, George Bell & Sons, London, p. 143.

915. Diodorus Siculus, 1814, *The Historical Library of Diodorus the Sicilian*, Book 17, Chapter 5, vol. 2, translated by G. Booth, W. M'Dowall for J. Davis, London, p. 203.

916. Grote, G., 1899, *A History of Greece*, vol. 10, Harper & Brothers, New York, p. 102.

917. Arrian, 1893, *Arrian's Anabasis of Alexander and Indica*, Book 3, Chapter 12, translated by Edward James Chinnock, George Bell & Sons, London, p. 150.

918. Creasy, E. S., 1908, *The Fifteen Decisive Battles of the World from Marathon to Waterloo*, Everyman's Library Edition, E. P. Dutton, New York, p. 68.

919. Plutarch, 1952, Alexander, in *The Lives of the Noble Grecians and Romans*, translated by John Dryden (1631–1700), *Great Books of the Western World*, vol. 14, William Benton, Chicago, p. 556.

920. Creasy, E. S., 1908, *The Fifteen Decisive Battles of the World from Marathon to Waterloo,* Everyman's Library Edition, E. P. Dutton, New York, p. 74. Creasy 指出人们之所以知道这场战役的具体日期，是因为史书中记载说"这次战役发生于一次月食之后的第十一天"。

921. Arrian, 1893, *Arrian's Anabasis of Alexander and Indica*, Book 3, Chapter 12, translated by Edward James Chinnock, George Bell & Sons, London, p. 149.

922. Creasy, E. S., 1908, *The Fifteen Decisive Battles of the World from Marathon to Waterloo,* Everyman's Library Edition, E. P. Dutton, New York, p. 77.

923. Arrian, 1893, *Arrian's Anabasis of Alexander and Indica*, Book 3, Chapter 13, translated by Edward James Chinnock, George Bell & Sons, London, p. 152–153.

924. Ibid., Book 3, Chapter 14, p. 153–154.

925. Grote, G., 1899, *A History of Greece*, vol. 10, Harper & Brothers, New York, p. 109.

926. Arrian, 1893, *Arrian's Anabasis of Alexander and Indica*, Book 3, Chapter 15, translated by Edward James Chinnock, George Bell & Sons, London, p. 155.
927. Creasy, E. S., 1908, *The Fifteen Decisive Battles of the World from Marathon to Waterloo*, Everyman's Library Edition, E. P. Dutton, New York, p. 80.
928. Grote, G., 1899, *A History of Greece*, vol. 10, Harper & Brothers, New York, p. 113.
929. Diodorus Siculus, 1814, *The Historical Library of Diodorus the Sicilian*, Book 17, Chapter 7, vol. 2, translated by G. Booth, W. M'Dowall for J. Davis, London, p. 211.
930. Grote, G., 1899, *A History of Greece*, vol. 10, Harper & Brothers, New York, p. 120.
931. Diodorus Siculus, 1814, *The Historical Library of Diodorus the Sicilian*, Book 17, Chapter 7, vol. 2,translated by G. Booth, W. M'Dowall for J. Davis, London, p. 214.
932. Ibid., p. 215.
933. Ibid.
934. Ibid., p. 216.
935. Ibid.
936. Plutarch, 1952, Alexander, in *The Lives of the Noble Grecians and Romans*, translated by John Dryden (1631–1700), *Great Books of the Western World*, vol. 14, William Benton, Chicago, p. 559.
937. Ibid., p. 564.
938. Curtius Rufus, Quintus, 1747, *The History of the Wars of Alexander the Great*, translated by John Digby, Third Edition, vol. 1, Book 6, Chapter 11, A. Millar, London, p. 368.
939. Grote, G., 1899, *A History of Greece*, vol. 10, Harper & Brothers, New York, p. 140.
940. Arrian, 1893, *Arrian's Anabasis of Alexander and Indica*, Book 3, Chapter 27, translated by Edward James Chinnock, George Bell & Sons, London, p. 179.
941. Grote, G., 1899, *A History of Greece*, vol. 10, Harper & Brothers, New York, p. 143.
942. Ibid., p. 124.
943. Arrian, 1893, *Arrian's Anabasis of Alexander and Indica*, Book 4, Chapter 7, translated by Edward James Chinnock, George Bell & Sons, London, p. 199.
944. Diodorus Siculus, 1814, *The Historical Library of Diodorus the Sicilian*, Book 17, Chapter 9, vol. 2, translated by G. Booth, W. M'Dowall for J. Davis, London, p. 226.
945. Grote, G., 1880, *Aristotle*, Second Edition, John Murray, London, p. 9.
946. Grote, G., 1899, *A History of Greece*, vol. 10, Harper & Brothers, New York, p. 96.
947. Plutarch, 1952, Alexander, in *The Lives of the Noble Grecians and Romans*, translated by John Dryden (1631–1700), *Great Books of the Western World*, vol. 14, William Benton, Chicago, p. 554.
948. Grote, G., 1899, *A History of Greece*, vol. 10, Harper & Brothers, New York, p. 157.
949. Plutarch, 1870, Laconic Apophthegms, or Remarkable Sayings of the Spartans, in *Plutarch's Morals*, translated *from the Greek by Several Hands, Corrected and Revised by William W. Goodwin*, vol. 1, Little, Brown, and Company, Boston, p. 407.
950. Diodorus Siculus, 1814, *The Historical Library of Diodorus the Sicilian*, Book 17, Chapter 8, vol. 2, translated by G. Booth, W. M'Dowall for J. Davis, London, p. 221.
951. Arrian, 1893, *Arrian's Anabasis of Alexander and Indica*, Book 1, Chapter 15, translated by Edward James Chinnock, George Bell & Sons, London, p. 40.
952. Ibid., Book 4, Chapter 8, p. 201.
953. Plutarch, 1952, Alexander, in *The Lives of the Noble Grecians and Romans*, translated by John Dryden (1631–1700), *Great Books of the Western World*, vol. 14, William Benton, Chicago, p. 565.
954. Arrian, 1893, *Arrian's Anabasis of Alexander and Indica*, Book 4, Chapter 9, translated by Edward James

Chinnock, George Bell & Sons, London, p. 203.
955. Grote, G., 1899, *A History of Greece*, vol. 10, Harper & Brothers, New York, p. 166.
956. Clarke, J., 1910, *Physical Science in the Time of Nero, Being a Translation of the Quaestiones Naturales of Seneca*, Book 6, Chapter 23, Macmillan, London, p. 254.
957. Arrian, 1893, *Arrian's Anabasis of Alexander and Indica*, Book 7, Chapter 14, translated by Edward James Chinnock, George Bell & Sons, London, p. 368.
958. Ibid.
959. Grote, G., 1899, *A History of Greece*, vol. 10, Harper & Brothers, New York, p. 187.
960. Diodorus Siculus, 1814, *The Historical Library of Diodorus the Sicilian*, Book 17, Chapter 8, vol. 2, translated by G. Booth, W. M'Dowall for J. Davis, London, p. 221.
961. Plutarch, 1952, Alexander, in *The Lives of the Noble Grecians and Romans*, translated by John Dryden (1631–1700), *Great Books of the Western World*, vol. 14, William Benton, Chicago, p. 550.
962. Ibid., p. 575.
963. Grote, G., 1899, *A History of Greece*, vol. 10, Harper & Brothers, New York, p. 187.
964. Curtius Rufus, Quintus, 1747, *The History of the Wars of Alexander the Great*, translated by John Digby, Third Edition, vol. 2, Book 10, Chapter 5, A. Millar, London, p. 186.
965. Grote, G., 1899, *A History of Greece*, vol. 10, Harper & Brothers, New York, p. 187.
966. 用“伟大”一词描述亚里士多德并非对他的神化，虽然吹捧奉承总是令人愉悦，但也有可能会适得其反。
967. *Encyclopædia Britannica*, 1972, "Aristotle," vol. 2, William Benton, Chicago, p. 390.
968. Aquinas, T., 1952, Summa Theologica, Treatise on God, Question 5, Article 4, in *Thomas Aquinas: I*, translated by the Fathers of the English Domincan Province, *Great Books of the Western World*, vol. 19, William Benton, Chicago, p. 26 (first published in 1911 by T. Baker in London and others).
969. Sarton, G., 1960, *A History of Science, Ancient Science Through the Golden Age of Greece*, Harvard University Press, Cambridge, p. 522.
970. Coleridge, S. T., 1888, *The Table Talk and Omniana of Samuel Taylor Coleridge*, arranged and edited by T. Ashe, George Bell and Sons, London, p. 100.
971. Alighieri, D., 1902, *The Divine Comedy of Dante Alighieri*, Canto IV, translated by Charles Eliot Norton (1827–1908), Houghton, Mifflin & Co., New York, p. 27.
972. Strabo, 1856, *The Geography of Strabo*, Fragment 35, vol. 1, translated by H. C. Hamilton and W. Falconer, Henry G. Bohn, London, p. 513.
973. Blakesley, J. W., 1834, *A Life of Aristotle*, John W. Parker, London, p. 12.
974. Grote, G., 1899, *A History of Greece*, vol. 3, Harper & Brothers, New York, p. 252.
975. Ross, W. D., 1930, *Aristotle*, Second Edition, Revised, Methuen & Co., London, p. 1.
976. Lewes, G. H., 1864, *Aristotle, a Chapter from the History of Science*, Smith, Elder and Co., London, p. 7.
977. Blakesley, J. W., 1834, *A Life of Aristotle*, John W. Parker, London, p. 14.
978. Lewes, G. H., 1864, *Aristotle, a Chapter from the History of Science*, Smith, Elder and Co., London, p. 7.
979. Laërtius, Diogenes, 1905, *The Lives and Opinions of Eminent Philosophers*, Book 5, translated by C. D. Yonge, London, George Bell and Sons, p. 184.
980. Blakesley, J. W., 1834, *A Life of Aristotle*, John W. Parker, London, p. 17.
981. Ross, W. D., 1930, *Aristotle*, Second Edition, Revised, Methuen & Co., London, p. 2.
982. Laërtius, Diogenes, 1905, *The Lives and Opinions of Eminent Philosophers*, Book 5, translated by C. D. Yonge, London, George Bell and Sons, p. 181.
983. Blakesley, J. W., 1834, *A Life of Aristotle*, John W. Parker, London, p. 27.

984. Aristotle, 1941, *Nicomachean Ethics*, Book 1, Chapter 6, translated by W. D. Ross, in *Basic Works of Aristotle*, Random House, New York, p. 939 (1096a).
985. Grote, G., 1899, *A History of Greece*, vol. 9, Harper & Brothers, New York, p. 341.
986. Grote, G., 1880, *Aristotle*, Second Edition, John Murray, London, p. 6.
987. Blakesley, J. W., 1834, *A Life of Aristotle*, John W. Parker, London, p. 35.
988. Strabo, 1856, *The Geography of Strabo*, Book 8, Chapter 1, Paragraph 57, vol. 2, translated by H. C. Hamilton and W. Falconer, Henry G. Bohn, London, p. 382.
989. Laërtius, Diogenes, 1905, *The Lives and Opinions of Eminent Philosophers*, Book 5, translated by C. D. Yonge, London, George Bell and Sons, p. 182.
990. Strabo, 1856, *The Geography of Strabo*, Book 8, Chapter 1, Paragraph 57, vol. 2, translated by H. C. Hamilton and W. Falconer, Henry G. Bohn, London, p. 382.
991. Ibid.
992. Diodorus Siculus, 1814, *The Historical Library of Diodorus the Sicilian*, Book 16, Chapter 9, vol. 2, translated by G. Booth, W. M'Dowall for J. Davis, London, p. 124.
993. Blakesley, J. W., 1834, *A Life of Aristotle*, John W. Parker, London, p. 44.
994. Grote, G., 1880, *Aristotle*, Second Edition, John Murray, London, p. 5.
995. Plutarch, 1952, Alexander, in *The Lives of the Noble Grecians and Romans*, translated by John Dryden (1631–1700), *Great Books of the Western World*, vol. 14, William Benton, Chicago, p. 543.
996. Ibid.
997. Blakesley, J. W., 1834, *A Life of Aristotle*, John W. Parker, London, p. 50.
998. Grote, G., 1880, *Aristotle*, Second Edition, John Murray, London, p. 5.
999. Ibid., p. 7.
1000. Gellius, A., 1795, *The Attic Nights of Aulus Gellius*, Book 20, Chapter 5, translated into English by the Rev. W. Beloe, vol. 3, J. Johnson, London, p. 423–424.
1001. Laërtius, Diogenes, 1905, *The Lives and Opinions of Eminent Philosophers*, Book 5, translated by C. D. Yonge, London, George Bell and Sons, p. 181.
1002. Grote, G., 1880, *Aristotle*, Second Edition, John Murray, London, p. 16–17.
1003. Ibid.
1004. Laërtius, Diogenes, 1905, *The Lives and Opinions of Eminent Philosophers*, Book 5, translated by C. D. Yonge, London, George Bell and Sons, p. 193.
1005. Thomson, G., and Missner, M., 2000, *On Aristotle*, Wadsworth, Belmont, California, p. 6–8.
1006. Strabo, 1856, *The Geography of Strabo*, Book 13, Chapter 1, Paragraph 54, vol. 2, translated by H. C. Hamilton and W. Falconer, Henry G. Bohn, London, p. 379–380.
1007. Plutarch, 1952, Sulla, in *The Lives of the Noble Grecians and Romans*, translated by John Dryden (1631–1700), *Great Books of the Western World*, vol. 14, William Benton, Chicago, p. 381.
1008. Grote, G., 1880, *Aristotle*, Second Edition, John Murray, London, p. 68.
1009. Ibid.
1010. Ross, W. D., 1930, *Aristotle*, Second Edition, Revised, Methuen & Co., London, p. 112–113.
1011. Darwin, F. (editor), 1887, *The Life and Letters of Charles Darwin*, vol. 2, D. Appleton, New York, p. 427.
1012. Aristotle, 1882, *On the Parts of Animals*, Book 1, Chapter 5, translated by W. Ogle, Kegan Paul, Trench & Co., London, p. 16–17 (645a).
1013. Aristotle, 1897, *Aristotle's History of Animals, in Ten Books*, Book 6, Chapter 13, Paragraph 4, translated by Richard Cresswell, George Bell and Sons, London, p. 155–156.
1014. Sarton, G., 1960, *A History of Science, Ancient Science Through the Golden Age of Greece*, Harvard

University Press, Cambridge, p. 538.

1015. Aristotle, 1897, *Aristotle's History of Animals, in Ten Books*, Book 6, Chapter 3, Paragraph 6, translated by Richard Cresswell, George Bell, London, p. 143.

1016. Ibid., Book 9, Chapter 27, Paragraph 7, p. 262.

1017. Aristotle, 1912, *De Generatione Animalium* (*On the Generation of Animals*), Book 3, Chapter 10, translated by Arthur Platt, in *The Works of Aristotle translated into English*, vol. 5, edited by J. A. Smith and W. D. Ross, Oxford University Press, London, p. 760b.

1018. Sarton, G., 1960, *A History of Science, Ancient Science Through the Golden Age of Greece*, Harvard University Press, Cambridge, p. 537.

1019. Aristotle, 1897, *Aristotle's History of Animals, in Ten Books*, Book 6, Chapter 14, Paragraph 2, translated by Richard Cresswell, George Bell, London, p. 157.

1020. Aristotle, 1882, *On the Parts of Animals*, Book 4, Chapter 5, translated by W. Ogle, Kegan Paul, Trench & Co., London, p. 104 (681b).

1021. Ibid.

1022. Aristotle, 1939, *On the Heavens* (*De Caelo*), Book 3, Chapter 7, translated by W. K. C. Guthrie, William Heinemann, London, p. 313 (306a).

1023. Ibid., Book 3, Chapter 7, p. 315 (306a).

1024. Sarton, G., 1960, *A History of Science, Ancient Science Through the Golden Age of Greece*, Harvard University Press, Cambridge, p. 535.

1025. Aristotle, 1912, *De Generatione Animalium* (*On the Generation of Animals*), Book 2, Chapter 1, translated by Arthur Platt, in *The Works of Aristotle translated into English*, vol. 5, edited by J. A. Smith and W. D. Ross, Oxford University Press, London, p. 733b.

1026. Aristotle, 1910, *Historia Animalium* (*History of Animals*), Book 8, Chapter 1, translated by D'Arcy Wentworth Thompson, in *The Works of Aristotle translated into English*, vol. 4, edited by J. A. Smith and W. D. Ross, Oxford University Press, London, p. 588b.

1027. Aristotle, 1882, *On the Parts of Animals*, Book 1, Chapter 5, translated by W. Ogle, Kegan Paul, Trench & Co., London, p. 17 (645b).

1028. Plato, 1937, Timaeus, in *The Dialogues of Plato*, translated into English by Benjamin Jowett (1817–1893), vol. 2, Random House, New York, p. 29–30 (49).

1029. Aristotle, 1941, *De Caelo* (*On the Heavens*), Book 3, Chapter 7, translated by J. L. Stocks, in *Basic Works of Aristotle,* Random House, New York, p. 451 (306a).

1030. Aristotle, 1923, *Meteorologica* (*Meteorology*), Book 1, Chapter 3, translated by E. W. Webster, Oxford at the Clarendon Press, London, p. 339a.

1031. Ibid.

1032. Aristotle, 1941, *De Generatione et Corruptione* (*On Generation and Corruption*), Book 2, Chapter 3, translated by Harold H. Joachim, in *Basic Works of Aristotle*, Random House, New York, p. 511 (330b). Also, see,Lindberg, D. C., 1992, *The Beginnings of Western Science*, University of Chicago Press, Chicago, p. 55.

1033. Aristotle, 1941, *Metaphysica* (*Metaphysics*), Book 3, Chapter 1, translated by W. D. Ross, in *Basic Works of Aristotle*, Random House, New York, p. 716 (995b).

1034. Aristotle, 1941, *De Generatione et Corruptione* (*On Generation and Corruption*), Book 1, Chapter 2, translated by Harold H. Joachim, in *Basic Works of Aristotle*, Random House, New York, p. 477–478 (317a). 此处的讨论难以理解。

1035. Thomson, G., and Missner, M., 2000, *On Aristotle*, Wadsworth, Belmont, California, p. 38.

1036. Aristotle, 1923, *Meteorologica* (*Meteorology*), Book 1, Chapter 9, translated by E. W. Webster, Oxford at the Clarendon Press, London, p. 347a.

1037. Ibid., p. 350a.

1038. Ibid., p. 351b, 353a.

1039. Playfair, J., 1997, Biographical Account of the late Dr. James Hutton, F. R. S. Edin., in *James Hutton & Joseph Black, Biographies by John Playfair and Adam Ferguson*, from Volume V of *Transactions of the Royal Society of Edinburgh*, 1805, RSE Scotland Foundation, Edinburgh, p. 73.

1040. Aristotle, 1923, *Meteorologica* (*Meteorology*), Book 2, Chapter 8, translated by E. W. Webster, Oxford at the Clarendon Press, London, p. 366b.

1041. Ibid.

1042. Ibid., Book 2, Chapter 3, p. 358b.

1043. Aristotle, 1913, *Mechanica* (*Mechanics*), Chapter 1, translated by E. S. Forster, in *The Works of Aristotle translated into English*, vol. 6, edited by W. D. Ross, Oxford at the Clarendon Press, London, p. 847a.

1044. Winter, T. N., 2007, *The Mechanical Problems in the Corpus of Aristotle*: Faculty Publications, Classics and Religious Studies Department, University of Nebraska-Lincoln. 〈http://digitalcommons.unl.edu/classicsfacpub/68〉

1045. Aristotle, 1941, *De Generatione et Corruptione* (*On Generation and Corruption*), Book 2, Chapter 10, translated by Harold H. Joachim, in *Basic Works of Aristotle*, Random House, New York, p. 525 (336a).

1046. Aristotle, 1941, *De Caelo* (*On the Heavens*), Book 2, Chapter 13, translated by J. L. Stocks, in *Basic Works of Aristotle*, Random House, New York, p. 430 (294b).

1047. Plato, 1937, Phaedo, in *The Dialogues of Plato*, translated into English by Benjamin Jowett (1817–1893), vol. 1, Random House, New York, p. 493 (109).

1048. Aristotle, 1939, *On the Heavens* (*De Caelo*), Book 2, Chapter 12, translated by W. K. C. Guthrie, William Heinemann, London, p. 205 (292a).

1049. Ibid.

1050. Ibid., Book 2, Chapter 14, p. 245 (296b).

1051. Heath, T., 1913, *Aristarchus of Samos, the Ancient Copernicus*, Oxford at the Clarendon Press, London, p. 193.

1052. Ibid., p. 195.

1053. Ibid., p. 196.

1054. Ibid., p. 217.

1055. Ibid., p. 196.

1056. Lloyd, G. E. R., 1970, *Early Greek Science: Thales to Aristotle*, W. W. Norton & Co., New York, p. 98.

1057. Heath, T., 1913, *Aristarchus of Samos, the Ancient Copernicus*, Oxford at the Clarendon Press, London, p. 217.

1058. Aristotle, 1941, *Metaphysica* (*Metaphysics*), Book 12, Chapter 8, translated by W. D. Ross, in *Basic Works of Aristotle*, Random House, New York, p. 883 (1074a).

1059. Burnet, J., 1920, *Greek Philosophy, Part 1: Thales to Plato*, Macmillan, London, p. 345.

1060. Aristotle, 1939, *On the Heavens* (*De Caelo*), Book 1, Chapter 3, translated by W. K. C. Guthrie, William Heinemann, London, p. 25 (270b).

1061. 英语中有多种拼法，如 aether、aither 等。

1062. Heath, T., 1913, *Aristarchus of Samos, the Ancient Copernicus*, Oxford at the Clarendon Press, London, p. 227.

1063. Aristotle, 1939, *On the Heavens* (*De Caelo*), Book 1, Chapter 3, translated by W. K. C. Guthrie, William

Heinemann, London, p. 25 (270b).
1064. Ibid., Book 2, Chapter 14, p. 247 (297a), 253 (297b–298a).
1065. Ibid., p. 253 (298a).
1066. Ibid., p. 255 (298b).
1067. Turcotte, D. L., and Schubert, G., 1982, *Geodynamics, Applications of Continuum Physics to Geological Problems,* John Wiley & Sons, New York, p. 429.
1068. Aristotle, 1923, *Meteorologica* (*Meteorology*), Book 1, Chapter 4, translated by E. W. Webster, Oxford at the Clarendon Press, London, p. 341b.
1069. Ibid., p. 344a.
1070. Aristotle, 1930, *Physica* (*Physics*), Book 2, Chapter 8, translated by Robert Purves Hardie and Russell Kerr Gaye, Clarendon Press, Oxford, p. 199b.
1071. Ibid., Book 2, Chapter 3, p. 194b.
1072. Grant, E., 1977, *Physical Science in the Middle Ages*, Cambridge University Press, Cambridge, p. 36–59.
1073. Aristotle, 1939, *On the Heavens* (*De Caelo*), Book 1, Chapter 2, translated by W. K. C. Guthrie, William Heinemann, London, p. 16–17 (269a–269b).
1074. Ibid., p. 17 (269b).
1075. Formigari, L., 1973, Chain of Being, in *Dictionary of the History of Ideas*, vol. 1, edited by Philip P. Wiener, Charles Scribner's Sons, New York, p. 325.
1076. Aristotle, 1930, *Physica* (*Physics*), Book 7, Chapter 5, translated by Robert Purves Hardie and Russell Kerr Gaye, Clarendon Press, Oxford, p. 250a.
1077. Ibid., Book 4, Chapter 8, p. 215b.
1078. Aristotle, 1939, *On the Heavens* (*De Caelo*), Book 3, Chapter 2, translated by W. K. C. Guthrie, William Heinemann, London, p. 281 (301b).
1079. Ibid., Book 1, Chapter 6, p. 49 (274a).
1080. Butterfield, H., 1957, *The Origins of Modern Science* (revised edition), Free Press, New York, p. 17–18.
1081. Ibid., p. 18.
1082. Ibid., p. 14.
1083. Ibid., p. 17–18.
1084. Cohen, M. R., and Drabkin, I. E., 1948, *A Source Book in Greek Science*, McGraw-Hill, New York, p. 211.
1085. Wolff, M., 1987, Philoponus and the Rise of Preclassical Dynamics, in *Philoponus and the Rejection of Aristotelean Science*, edited by Richard Sorabji, Cornell University Press, Ithaca, New York, p. 89.
1086. Ibid., p. 84.
1087. Sambursky, S., 1962, *The Physical World of Late Antiquity*, Princeton University Press, Princeton, New Jersey, p. 73.
1088. Moody, E. A., 2008, Buridan, Jean, in *Complete Dictionary of Scientific Biography*, edited by Charles Gillispie, vol. 2, Cengage Learning, New York, p. 606.
1089. Wolff, M., 1987, Philoponus and the Rise of Preclassical Dynamics, in *Philoponus and the Rejection of Aristotelean Science*, edited by Richard Sorabji, Cornell University Press, Ithaca, New York, p. 94.
1090. Kuhn, T., 1996, *The Structure of Scientific Revolutions* (Third Edition), University of Chicago Press, Chicago.
1091. Grant, E., 1977, *Physical Science in the Middle Ages,* Cambridge University Press, Cambridge, p. 83.
1092. Butterfield, H., 1957, *The Origins of Modern Science* (revised edition), Free Press, New York, p. 27.
1093. Aristotle, 1941, *Metaphysica* (*Metaphysics*), Book 4, Chapter 1, translated by W. D. Ross, in *Basic Works of Aristotle,* Random House, New York, p. 731 (1003a).

1094. Ibid., Book 4, Chapter 3, p. 736 (1005a).

1095. Wallace, W. A., 1982, Aristotle in the Middle Ages, in *Dictionary of the Middle Ages*, vol. 1, edited by Joseph R. Strayer, Charles Scribner's Sons, New York, p. 456.

1096. Ibid.

1097. Aristotle, 1941, *Metaphysica* (*Metaphysics*), Book 1, Chapter 1, translated by W. D. Ross, in *Basic Works of Aristotle*, Random House, New York, p. 689–690 (981a).

1098. Ibid., p. 690 (981a).

1099. Coleridge, S. T., 1888, *The Table Talk and Omniana of Samuel Taylor Coleridge*, arranged and edited by T. Ashe, George Bell and Sons, London, p. 99.

1100. Ibid., Book 7, Chapter 13, p. 805 (1039a).

1101. Thomson, G., and Missner, M., 2000, *On Aristotle*, Wadsworth, Belmont, California, p. 56.

1102. Gilson, E., 1955, *History of Christian Philosophy in the Middle Ages*, Random House, New York, p. 221.

1103. Whittaker, T., 1911, *Priests, Philosophers and Prophets*, Adam and Charles Black, London, p. 11.

1104. Burnet, J., 1920, *Early Greek Philosophy*, Third Edition, A. & C. Black, London, p. 112.

1105. Ibid., p. 119.

1106. Ibid.

1107. Aristotle, 1941, *Metaphysica* (*Metaphysics*), Book 12, Chapter 6, translated by W. D. Ross, in *Basic Works of Aristotle*, Random House, New York, p. 878 (1071b).

1108. Ibid., p. 879 (1072a).

1109. Ibid., p. 880 (1072b).

1110. Sarton, G., 1960, *A History of Science, Ancient Science Through the Golden Age of Greece*, Harvard University Press, Cambridge, p. 500.

1111. Aristotle, 1941, *Analytica Priora* (*Prior Analytics*), Book 1, Chapter 1, translated by A. J. Jenkinson, in *Basic Works of Aristotle,* Random House, New York, p. 66 (24b).

1112. Aristotle, 1941, *Analytica Posteriora* (*Posterior Analytics*), Book 2, Chapter 19, translated by A. J. Jenkinson, in *Basic Works of Aristotle*, Random House, New York, p. 185 (100b).

1113. Ibid., Book 1, Chapter 18, p. 136 (81b).

1114. Aristotle, 1906, *The Nicomachean Ethics of Aristotle*, Book 6, Chapter 3, Tenth Edition, translated by F. H. Peters, Kegan Paul, Trench, Trübner & Co., Ltd., London, p. 185 (1139b).

1115. Rand, A., 1982, *Philosophy: Who Needs It*, Bobbs-Merrill, Indianapolis, p. 4.

1116. Thomson, G., and Missner, M., 2000, *On Aristotle*, Wadsworth, Belmont, California, p. 66.

1117. Aristotle, 1941, *Ethica Nicomachea* (*Nicomachean Ethics*), Book 10, Chapter 8, translated by W. D. Ross, in *Basic Works of Aristotle,* Random House, New York, p. 1108 (1179a).

1118. Ibid., Book 2, Chapter 6, p. 959 (1106b).

1119. Ibid., p. 959 (1107a).

1120. Ibid., Book 1, Chapter 13, p. 950 (1102a).

1121. Ibid., Book 1, Chapter 8, p. 945 (1099b).

1122. Ibid., Book 9, Chapter 10, p. 1091 (1171a).

1123. Aristotle, 1898, *The Poetics of Aristotle*, Chapter 9, translated by Samuel Henry Butcher (1850–1910), Macmillan and Co., London, p. 35 (1451b).

1124. Aristotle, 1930, *Physica* (*Physics*), Book 2, Chapter 2, translated by Robert Purves Hardie and Russell Kerr Gaye, Clarendon Press, Oxford, p. 194a.

1125. Ibid., Book 2, Chapter 8, p. 199a.

1126. Sarton, G., 1960, *A History of Science, Ancient Science Through the Golden Age of Greece*, Harvard

University Press, Cambridge, p. 574.

1127. Aristotle, 1885, *The Politics of Aristotle*, vol. 1, Book 1, Chapter 10, translated by Benjamin Jowett (1817–1893), Oxford at the Clarendon Press, London, p. 18–19 (1258a).

1128. Ibid., Book 1, Chapter 2, p. 4–5 (1253a).

1129. Ibid., p. 5 (1253a).

1130. Ibid., Book 2, Chapter 7, p. 46 (1267b).

1131. Ibid., Book 4, Chapter 11, p. 128 (1295b–1296a).

1132. Ibid.

1133. Ibid., Book 3, Chapter 7, p. 80 (1279b).

1134. Ibid., Book 4, Chapter 13, p. 132 (1297b).

1135. Ibid., Book 4, Chapter 11, p. 129 (1296a).

1136. Ibid., Book 2, Chapter 5, p. 35 (1263b).

1137. Ibid., Book 1, Chapter 14, p. 25–26 (1260b).

1138. Ibid., Book 3, Chapter 7, p. 80 (1279b).

1139. Ibid., Book 3, Chapter 18, p. 105 (1288a).

1140. Ibid., Book 3, Chapter 15, p. 99 (1286a).

1141. Ibid.

1142. Ibid., Book 4, Chapter 8, p. 122 (1293b).

1143. Ibid., Book 4, Chapter 2, p. 109 (1289b).

1144. Ibid., Book 4, Chapter 11, p. 128 (1296a).

1145. Ibid., Book 3, Chapter 7, p. 80 (1279b).

1146. Plato, 1937, *Laws*, in *The Dialogues of Plato*, translated into English by Benjamin Jowett (1817–1893), vol. 2, Random House, New York, p. 506 (739).

1147. Ibid.

1148. Aristotle, 1885, *The Politics of Aristotle*, vol. 1, Book 2, Chapter 5, translated by Benjamin Jowett (1817–1893), Oxford at the Clarendon Press, London, p. 35 (1263b).

1149. Ibid., Book 2, Chapter 3, p. 30 (1261b).

1150. Ibid., Book 2, Chapter 5, p. 35 (1263b).

1151. Ibid., Book 6, Chapter 5, p. 197 (1320a).

1152. Ibid.

1153. Laërtius, Diogenes, 1905, *The Lives and Opinions of Eminent Philosophers*, Book 5, translated by C. D. Yonge, London, George Bell and Sons, p. 191.

1154. Aristotle, 1885, *The Politics of Aristotle*, vol. 1, Book 1, Chapter 5, translated by Benjamin Jowett (1817–1893), Oxford at the Clarendon Press, London, p. 7 (1254a).

1155. Ibid., Book 1, Chapter 5, p. 8–9 (1254b).

1156. Ibid., Book 1, Chapter 5, p. 9 (1255a).

1157. Ibid., Book 1, Chapter 6, p. 11 (1255b).

1158. Hesiod, 1920, Works and Days (line 78), in *Hesiod, the Homeric Hymns and Homerica*, with an English translation by Hugh G. Evelyn-White, London, William Heinemann, p. 7.

1159. Ibid., lines 90–96, p. 9.

1160. Freeman, K., 1966, *Ancilla to the Pre-Socratic Philosophers, a Complete Translation of the Fragments in Diels, Fragmente der Vorsokratiker*, Harvard University Press, Cambridge, p. 103.

1161. Grote, G., 1899, *A History of Greece*, vol. 2, Harper & Brothers, New York, p. 506; also, Plutarch, 1952, Solon, in *The Lives of the Noble Grecians and Romans*, translated by John Dryden (1631–1700), *Great*

Books of the Western World, vol. 14, William Benton, Chicago, p. 73.

1162. Plutarch, 1952, Solon, in *The Lives of the Noble Grecians and Romans*, translated by John Dryden (1631–1700), *Great Books of the Western World*, vol. 14, William Benton, Chicago, p. 73.

1163. Thucydides, 1942, *The Peloponnesian War*, Book 3, Chapter 17, translated by Benjamin Jowett (1817–1893), in *The Greek Historians*, vol. 1, Random House, New York, p. 690.

1164. Aeschylus, 1922, Seven Against Thebes, lines 181–190, in *Aeschylus*, vol. 1, translated by Herbert Weir Smyth, William Heineman, London, p. 335.

1165. Plato, 1937, Timaeus, in *The Dialogues of Plato*, translated into English by Benjamin Jowett (1817–1893), vol. 2, Random House, New York, p. 67 (91).

1166. Plato, 1937, *The Republic*, Book 5, in *The Dialogues of Plato*, translated into English by Benjamin Jowett (1817–1893), vol. 1, Random House, New York, p. 716 (455).

1167. Ibid.

1168. Ibid., p. 717 (455).

1169. Ibid.

1170. Aristotle, 1885, *The Politics of Aristotle*, vol. 1, Book 1, Chapter 5, translated by Benjamin Jowett (1817–1893), Oxford at the Clarendon Press, London, p. 8 (1254b).

1171. Ibid., Book 1, Chapter 13, p. 24 (1260a).

1172. Grote, G., 1880, *Aristotle*, Second Edition, John Murray, London, p. 12.

1173. Aelianus, Claudius, 1665, *Claudius Aelianus his Various History*, Book 3, Chapter 36, translated by Thomas Stanley, Thomas Dring, London, p. 92.

1174. Blakesley, J. W., 1834, *A Life of Aristotle*, John W. Parker, London, p. 71.

1175. Laërtius, Diogenes, 1905, *The Lives and Opinions of Eminent Philosophers*, Book 5, translated by C. D. Yonge, London, George Bell and Sons, p. 184.

1176. Gellius, A., 1795, *The Attic Nights of Aulus Gellius*, Book 13, Chapter 5, translated into English by the Rev. W. Beloe, vol. 3, J. Johnson, London, p. 12.

1177. Laërtius, Diogenes, 1905, *The Lives and Opinions of Eminent Philosophers*, Book 5, translated by C. D. Yonge, London, George Bell and Sons, p. 185–186.

1178. Censorinus, 1900, *De Die Natale* (*The Natal Day*), Chapter 3, translated into English by William Maude, Cambridge Encyclopedia Co., New York, p. 13.

第二章

1. Diodorus Siculus, 1814, *The Historical Library of Diodorus the Sicilian*, Book 18, Chapter 2, vol. 2, translated by G. Booth, W. M'Dowall for J. Davis, London, p. 268.

2. Tacitus, 1876, *The History of Tacitus* (Third Edition), Book 4, Chapters 83, 84, translated into English by Alfred John Church and William Jackson Brodribb, Macmillan and Co., London, p. 189–190.

3. Mahaffy, J. P., 1899, A *History of Egypt Under the Ptolemaic Dynasty,* Charles Scribner's Sons, New York, p. 60.

4. Bevan, E., 1927, *A History of Egypt Under the Ptolemaic Dynasty*, Methuen & Co., London, p. 21.

5. Laërtius, Diogenes, 1905, *The Lives and Opinions of Eminent Philosophers*, Book 2, translated by C. D. Yonge, London, George Bell and Sons, p. 101.

6. Sarton, G., 1959, *A History of Science, Hellenistic Science and Culture in the Last Three Centuries B. C.* , Harvard University Press, Cambridge, p. 29.

7. *Oxford English Dictionary Online*, Draft Revision June 2008.

8. Hesiod, 1920, Theogony (lines 60–80), in *Hesiod, the Homeric Hymns and Homerica*, with an English translation by Hugh G. Evelyn-White, London, William Heinemann, p. 83–84.
9. Clagett, M., 1994, *Greek Science in Antiquity*, Barnes and Noble, New York (reprint of 1955 edition), p. 33.
10. Strabo, 1856, *The Geography of Strabo*, Book 17, Chapter 1, Paragraph 8, vol. 3, translated by H. C. Hamilton and W. Falconer, Henry G. Bohn, London, p. 229.
11. Sarton, G., 1959, *A History of Science, Hellenistic Science and Culture in the Last Three Centuries B. C.* , Harvard University Press, Cambridge, p. 34.
12. Pliny the Elder, 1855, *The Natural History of Pliny*, translated by John Bostock and H. T. Riley, book 8, chapter 21, vol. 3, Henry G. Bohn, London, p. 185.
13. Laërtius, Diogenes, 1905, *The Lives and Opinions of Eminent Philosophers*, Book 5, translated by C. D. Yonge, London, George Bell and Sons, p. 209.
14. Ibid., p. 210.
15. Strabo, 1856, *The Geography of Strabo*, Book 9, Chapter 1, Paragraph 20, vol. 2, translated by H. C. Hamilton and W. Falconer, Henry G. Bohn, London, p. 88–89.
16. Thackeray, H. St. J. (translator), 1904, *The Letter of Aristeas translated into English*, Macmillan, London, p. 7.
17. Laërtius, Diogenes, 1905, *The Lives and Opinions of Eminent Philosophers*, Book 5, translated by C. D. Yonge, London, George Bell and Sons, p. 210.
18. Gellius, A., 1795, *The Attic Nights of Aulus Gellius*, Book 6, Chapter 17, translated into English by the Rev. W. Beloe, vol. 2, J. Johnson, London, p. 43.
19. Barnes, R., 2001, Cloistered Bookworms in the Chicken-Coop of the Muses, the Ancient Library of Alexandria, in *The Library of Alexandria*, edited by Roy MacLeod, I. B. Tauris, London, p. 64.
20. Strabo, 1856, *The Geography of Strabo*, Book 13, Chapter 1, Paragraph 54, vol. 2, translated by H. C. Hamilton and W. Falconer, Henry G. Bohn, London, p. 379.
21. Barnes, R., 2001, Cloistered Bookworms in the Chicken-Coop of the Muses, the Ancient Library of Alexandria, in *The Library of Alexandria*, edited by Roy MacLeod, I. B. Tauris, London, p. 61.
22. Athenaeus, 1854, *The Deipnosophists, or Banquet of the Learned*, Book 1, Chapter 4, translated by C. D. Yonge, vol. 1, Henry G. Bohn, London, p. 4.
23. Strabo, 1856, *The Geography of Strabo*, Book 13, Chapter 4, Paragraph 2, vol. 2, translated by H.C. Hamilton and W. Falconer: Henry G. Bohn, London, p. 400–401.
24. Vitruvius, 1960, *The Ten Books on Architecture*, Introduction to Book 7, translated by Morris Hicky Morgan (first published by Harvard University Press in 1914.), Dover, New York, p. 196.
25. Pliny the Elder, 1855, *The Natural History of Pliny*, translated by John Bostock and H. T. Riley, book 8, chapter 21, vol. 3, Henry G. Bohn, London, p. 186.
26. Plutarch, 1952, Antony, in *The Lives of the Noble Grecians and Romans*, translated by John Dryden (1631–1700), *Great Books of the Western World*, vol. 14, William Benton, Chicago, p. 769.
27. Mahaffy, J. P., 1899, A *History of Egypt Under the Ptolemaic Dynasty*, Charles Scribner's Sons, New York, p. 64.
28. Athenaeus, 1854, *The Deipnosophists, or Banquet of the Learned*, Book 5, Chapter 25, translated by C. D. Yonge, vol. 1, Henry G. Bohn, London, p. 313.
29. Ibid., Book 5, Chapter 36, p. 324.
30. Ibid., vol. 3, Book 12, Chapter 51, p. 858.
31. Ibid., vol. 3, Book 8, Chapter 37, p. 922.
32. Strabo, 1856, *The Geography of Strabo*, Book 17, Chapter 1, Paragraph 5, vol. 3, translated by H. C. Hamilton and W. Falconer, Henry G. Bohn, London, p. 224.

33. Barnes, R., 2001, Cloistered Bookworms in the Chicken-Coop of the Muses: the Ancient Library of Alexandria, in *The Library of Alexandria*, edited by Roy MacLeod, I. B. Tauris, London, p. 65.
34. Bevan, E., 1927, *A History of Egypt Under the Ptolemaic Dynasty*, Methuen & Co., London, p. 112.
35. Tcherikover, V., 1958, The Ideology of the Letter of Aristeas, *Harvard Theological Review*, no. 2, vol. 51, p. 59.
36. Thackeray, H. St. J. (translator), 1904, *The Letter of Aristeas translated into English*, Macmillan, London, p. 15.
37. Ibid., p. 53.
38. Ibid., p. 52.
39. Philo, 1855, *On the Life of Moses*, Book 2, Chapter 7, in *The Works of Philo Judaeus*, translated by C. D. Yonge, vol. 3, Henry G. Bohn, London, p. 82.
40. Sarton, G., 1959, *A History of Science, Hellenistic Science and Culture in the Last Three Centuries B. C.*, Harvard University Press, Cambridge, p. 25.
41. Strabo, 1856, *The Geography of Strabo*, Book 17, Chapter 1, Paragraph 6, vol. 3, translated by H. C. Hamilton and W. Falconer, Henry G. Bohn, London, p. 226–227.
42. Pliny the Elder, 1855, *The Natural History of Pliny*, translated by John Bostock and H. T. Riley, Book 36, Chapter 18, vol. 6, Henry G. Bohn, London, p. 339.
43. de Camp, L. S., 1965, The Darkhouse of Alexandria, *Technology and Culture*, vol. 6, no. 3, p. 423–427.
44. Pliny the Elder, 1855, *The Natural History of Pliny*, translated by John Bostock and H. T. Riley, Book 36, Chapter 18, vol. 6, Henry G. Bohn, London, p. 339.
45. Josephus, 1987, *The Wars of the Jews*, Book 4, Chapter 10, Paragraph 5, in *The Works of Josephus*, translated by William Whiston (1667–1752), Hendrickson Publishers, p. 693.
46. Diodorus Siculus, 1814, *The Historical Library of Diodorus the Sicilian*, Book 17, Chapter 5, vol. 2, translated by G. Booth, W. M'Dowall for J. Davis, London, p. 202.
47. Sharpley, H. (translator), 1906, *A Realist of the Aegean, being a verse-translation of the Mimes of Herodas*, David Nutt, London, p. 4.
48. Bevan, E., 1927, *A History of Egypt Under the Ptolemaic Dynasty*, Methuen & Co., London, p. 38.
49. Ibid., p. 87.
50. Polybius, 1889, *The Histories of Polybius*, Book 34, Chapter 14, vol. 2, translated by Evelyn S. Shuckburgh, Macmillan and Co., London, p. 492.
51. Bevan, E., 1927, *A History of Egypt Under the Ptolemaic Dynasty*, Methuen & Co., London, p. 111.
52. Ibid., p. 145.
53. Ibid., p. 149.
54. Ibid., p. 135.
55. Ibid., p. 144–157.
56. Mahaffy, J. P., 1899, A *History of Egypt Under the Ptolemaic Dynasty*, Charles Scribner's Sons, New York, p. 127–128.
57. Bevan, E., 1927, *A History of Egypt Under the Ptolemaic Dynasty*, Methuen & Co., London, p. 220.
58. Polybius, 1889, *The Histories of Polybius*, Book 5, Chapter 34, vol. 1, translated by Evelyn S. Shuckburgh, Macmillan and Co., London, p. 388–389.
59. Bevan, E., 1927, *A History of Egypt Under the Ptolemaic Dynasty*, Methuen & Co., London, p. 221.
60. Strabo, 1856, *The Geography of Strabo*, Book 17, Chapter 1, Paragraph 11, vol. 3, translated by H. C. Hamilton and W. Falconer, Henry G. Bohn, London, p. 231.
61. Diodorus Siculus, 1814, *The Historical Library of Diodorus the Sicilian*, Book 26, Chapter 109, vol. 2,

translated by G. Booth, W. M'Dowall for J. Davis, London, p. 620.

62. Athenaeus, 1854, *The Deipnosophists, or Banquet of the Learned*, Book 12, Chapter 73, translated by C. D. Yonge, vol. 3, Henry G. Bohn, London, p. 879–880.
63. Nutton, V., 2004, *Ancient Medicine*, Routledge, London, p. 130.
64. Bevan, E., 1927, *A History of Egypt Under the Ptolemaic Dynasty*, Methuen & Co., London, p. 380–384.
65. Proclus, 1792, *The Philosophical and Mathematical Commentaries of Proclus, on the First Book of Euclid's Elements*, vol. 1, printed for the author, London, p. 101.
66. Heath, T., 1981, *A History of Greek Mathematics*, vol. 1 (first published in 1921 by the Clarendon Press, Oxford), Dover, New York, p. 355.
67. Ibid., p. 356.
68. Proclus, 1792, *The Philosophical and Mathematical Commentaries of Proclus, on the First Book of Euclid's Elements*, vol. 1, printed for the author, London, p. 101.
69. Heath, T., 1981, *A History of Greek Mathematics*, vol. 1 (first published in 1921 by the Clarendon Press, Oxford), Dover, New York, p. 357.
70. Euclid, 1956, *The Thirteen Books of Euclid's Elements*, translated from the Text of Heiberg with Introduction and Commentary by Sir Thomas L. Heath, Second Edition, volumes 1, 2, and 3 (first published by Cambridge University Press in 1926), Dover, New York.
71. Ibid., vol. 1, p. vi.
72. Ibid., vol. 1, p. 202.
73. Ibid., vol. 1, p. 155.
74. Ibid., vol. 1, p. 202.
75. Ibid., vol. 1, p. 202.
76. Sarton, G., 1959, *A History of Science, Hellenistic Science and Culture in the Last Three Centuries B. C.* , Harvard University Press, Cambridge, p. 39.
77. Heath, T., 1981, *A History of Greek Mathematics: Volume I, From Thales to Euclid* (first published in 1921 by the Clarendon Press, Oxford), Dover, New York, p. 357–358.
78. Laërtius, Diogenes, 1905, *The Lives and Opinions of Eminent Philosophers*, Book 5, translated by C. D. Yonge, London, George Bell and Sons, p. 202.
79. Ibid., p. 205.
80. Polybius, 1889, *The Histories of Polybius*, Book 12, Chapter 25(c), vol. 2, translated by Evelyn S. Shuckburgh, Macmillan and Co., London, p. 103.
81. Sarton, G., 1927, *Introduction to the History of Science*, vol. 1, Carnegie Institution of Washington, Washington, DC, p. 152.
82. Cicero, Marcus Tullius, 1744, Academics, in *The Morals of Cicero*, translated into English by William Guthrie, London, T. Waller, p. 315.
83. Ibid., p. 413–414.
84. Boas, M., 1949, Hero's Pneumatica: a Study of its Transmission and Influence, *Isis*, vol. 40, no. 1, p. 39.
85. 例如可以参见 Farrington, B. 的讨论：1961, *Greek Science:* Penguin Books, Baltimore, Maryland, p. 169–185。
86. Gottschalk, H. B., 1965, Strato of Lampsacus, Some Texts, *Proceedings of the Leeds Philosophical and Literary Society*, vol. XI, part VI, p. 141.
87. Hero, 1851, *The Pneumatics of Hero of Alexandria*, translated by Bennet Woodcroft, Taylor Walton and Maberly, London, p. 1.
88. Ibid., p. 1–2.
89. Ibid., p. 6–7.

90. Ibid., p. 7–8.

91. Cohen, M. R., and Drabkin, I. E., 1948, A *Source Book in Greek Science*, McGraw-Hill, New York, p. 211.

92. Ibid.

93. Heath, T., 1913, *Aristarchus of Samos, the Ancient Copernicus*, Oxford at the Clarendon Press, London, p. 299.

94. Vitruvius, 1960, *The Ten Books on Architecture*, Book 1, Chapter 1, Paragraph 16, translated by Morris Hicky Morgan (first published by Harvard University Press in 1914.), Dover, New York, p. 12.

95. Archimedes, 2002, *The Works of Archimedes*, edited by T. L. Heath, first published as *The Works of Archimedes* (1897, Cambridge University Press) and *The Method of Archimedes* (1912, Cambridge University Press), Dover, Mineola, New York, p. 221–222.

96. Burnet, J., 1920, *Greek Philosophy, Part I, Thales to Plato*, Macmillan & Co., Limited, London, p. 348.

97. Ibid., p. 347.

98. Heath, T., 1913, *Aristarchus of Samos, the Ancient Copernicus*, Oxford at the Clarendon Press, London, p. 175.

99. Ibid., p. 186.

100. Plutarch, 1874, Of the Face Appearing Within the Orb of the Moon, in *Plutarch's Morals, translated from the Greek by Several Hands, Corrected and Revised by William W. Goodwin*, vol. 5, Little, Brown, and Company, Boston, p. 240.

101. Dreyer, J. L. E., 1953, *A History of Astronomy from Thales to Kepler* (first published in 1906 as *History of the Planetary Systems from Thales to Kepler*), Dover, New York, p. 147.

102. A complete English translation is given by: Heath, T., 1913, *Aristarchus of Samos, the Ancient Copernicus*, Oxford at the Clarendon Press, London, p. 351–414.

103. Aristotle, 1923, *Meteorologica* (*Meteorology*), Book 1, Chapter 8, translated by E. W. Webster, Oxford at the Clarendon Press, London, p. 345b.

104. Heath, T., 1913, *Aristarchus of Samos, the Ancient Copernicus*, Oxford at the Clarendon Press, London, p. 329.

105. Ibid., p. 311.

106. Archimedes, 2002, *The Works of Archimedes*, edited by T. L. Heath, first published as *The Works of Archimedes* (1897, Cambridge University Press) and *The Method of Archimedes* (1912, Cambridge University Press), Dover, Mineola, New York, p. 223.

107. Turcotte, D. L., and Schubert, G., 1982, *Geodynamics, Applications of Continuum Physics to Geological Problems*, John Wiley & Sons, New York, p. 430–431.

108. Heath, T., 1913, *Aristarchus of Samos, the Ancient Copernicus*, Oxford at the Clarendon Press, London, p. 338.

109. Dicks, D. R., 2007, Eratosthenes, in *Complete Dictionary of Scientific Biography*, edited by Charles Gillispie, vol. 4, Cengage Learning, New York, p. 388.

110. Strabo, 1856, *The Geography of Strabo*, Book 1, Chapter 2, Paragraph 2, vol. 1, translated by H. C. Hamilton and W. Falconer, Henry G. Bohn, London, p. 24.

111. Dicks, D. R., 2007, Eratosthenes, in *Complete Dictionary of Scientific Biography*, edited by Charles Gillispie, vol. 4, Cengage Learning, New York, p. 388.

112. Sarton, G., 1959, *A History of Science, Hellenistic Science and Culture in the Last Three Centuries B. C.*, Harvard University Press, Cambridge, p. 100–101.

113. Ibid., p. 101.

114. Ibid.

115. Archimedes, 2002, *The Works of Archimedes*, edited by T. L. Heath, first published as *The Works of Archimedes* (1897, Cambridge University Press) and *The Method of Archimedes* (1912, Cambridge University

Press), Dover, Mineola, New York, p. 12 (of *The Method*).

116. Heath, T., 1981, *A History of Greek Mathematics: Volume I, From Thales to Euclid* (first published in 1921 by the Clarendon Press, Oxford), Dover, New York, p. 100.
117. Ibid., p. 244–270.
118. Ibid., p. 247–248.
119. Ibid., p. 244, 260.
120. Bowen, A. C., and Todd. R. B., 2004, *Cleomedes' Lectures on Astronomy*, University of California Press, Berkeley and Los Angeles, p. 78–85; also, Heath, T. L., 1932, *Greek Astronomy*, J. M. Dent & Sons, London, p. 109–112.
121. Aristotle, 1941, *De Caelo* (*On the Heavens*), Book 2, Chapter 14, translated by J. L. Stocks, in *Basic Works of Aristotle*, Random House, New York, p. 437 (298a).
122. Archimedes, 2002, *The Works of Archimedes*, edited by T. L. Heath, first published as *The Works of Archimedes* (1897, Cambridge University Press) and *The Method of Archimedes* (1912, Cambridge University Press), Dover, Mineola, New York, p. 222.
123. Dicks, D. R., 2007, Eratosthenes, in *Complete Dictionary of Scientific Biography*, edited by Charles Gillispie, vol. 4, Cengage Learning, New York, p. 390.
124. Strabo, 1856, *The Geography of Strabo*, Book 2, Chapter 7, Paragraph 7, vol. 1, translated by H. C. Hamilton and W. Falconer, Henry G. Bohn, London, p. 171.
125. Bunbury, E. H., 1883, *A History of Ancient Geography*, Second Edition, vol. 1, John Murray, London, p. 623.
126. Engels, D., 1985, The Length of Erastosthenes Stade, *American Journal of Philology*, vol. 106, no. 3, p. 298.
127. Sarton, G., 1959, *A History of Science, Hellenistic Science and Culture in the Last Three Centuries B. C.*, Harvard University Press, Cambridge, p. 105.
128. Bunbury, E. H., 1883, *A History of Ancient Geography*, Second Edition, vol. 1, John Murray, London, p. 623.
129. Dicks, D. R., 2007, Eratosthenes, in *Complete Dictionary of Scientific Biography*, edited by Charles Gillispie, vol. 4, Cengage Learning, New York, p. 390.
130. Ibid., p. 389.
131. Bunbury, E. H., 1883, *A History of Ancient Geography*, Second Edition, vol. 1, John Murray, London, p. 633.
132. Ibid., p. 632.
133. Strabo, 1856, *The Geography of Strabo*, Book 2, Chapter 1, Paragraph 1, vol. 1, translated by H. C. Hamilton and W. Falconer, Henry G. Bohn, London, p. 105.
134. Bunbury, E. H., 1883, *A History of Ancient Geography*, Second Edition, vol. 1, John Murray, London, p. 625.
135. Strabo, 1856, *The Geography of Strabo*, Book 1, Chapter 4, Paragraphs 2 and 5, vol. 1, translated by H. C. Hamilton and W. Falconer, Henry G. Bohn, London, p. 99, 101.
136. Ibid., Book 2, Chapter 5, Paragraph 34, vol. 1, p. 199.
137. Ibid., Book 1, Chapter 4, Paragraph 6, vol. 1, p. 101.
138. Ibid., Book 1, Chapter 4, Paragraph 6, vol. 1, p. 102.
139. Edward Grant 认为，Columbus 依赖的一本书是 Pierre d'Ailly（1351–1420 A.D.）所著 *Imago Mundi*（*Image of the World*），此书认为地球周长是 20,400 英里（32,831 千米），这一数字相较于当代的地球周长值 40,030 千米（Grant, E., 1977, *Physical Science in the Middle Ages*, Cambridge University Press, Cambridge, p. 62–63.）少了 18%。而 Pierre d'Ailly 显然是采用了 Roger Bacon 的著作 *Opus Majus* 中的说法："亚里士多德指出西起西班牙南端、东至印度的这片海域面积较小。塞涅卡在他的自然历史著作中提到，只要风向有利，只需数日即可跨越这片海域。"（Bacon, R., 1928, *The Opus Majus of Roger Bacon*, vol. 1, translated by Robert Belle Burke, University of Pennsylvania Press, Philadelphia, p. 311）
140. Bowen, A. C., and Todd. R. B., 2004, *Cleomedes' Lectures on Astronomy*, University of California Press,

Berkeley and Los Angeles, p. 80.
141. Bunbury, E. H., 1883, *A History of Ancient Geography*, Second Edition, vol. 2, John Murray, London, p. 95–96.
142. Strabo, 1856, *The Geography of Strabo*, Book 1, Chapter 4, Paragraph 9, vol. 1, translated by H. C. Hamilton and W. Falconer, Henry G. Bohn, London, p. 104.
143. Grote, G., 1899, *A History of Greece*, vol. 3, Harper & Brothers, New York, p. 176.
144. Thucydides, 1942, *The Peloponnesian War*, Book 6, Chapter 3, translated by Benjamin Jowett (1817–1893), in *The Greek Historians*, vol. 1, Random House, New York, p. 852.
145. Archimedes, 2002, *The Works of Archimedes*, edited by T. L. Heath, first published as *The Works of Archimedes* (1897, Cambridge University Press) and *The Method of Archimedes* (1912, Cambridge University Press), Dover, Mineola, New York, p. xvi.
146. Ibid., p. xv.
147. Ibid., p. xiv.
148. Ibid., p. 93.
149. Ibid., p. 1.
150. Ibid., p. cxlii-cliv.
151. Heath, T. L., 1981, *A History of Greek Mathematics*, vol. 2 (first published in 1921 by the Clarendon Press, Oxford), Dover, New York, p. 20.
152. Archimedes, 2002, *The Works of Archimedes*, edited by T. L. Heath, first published as *The Works of Archimedes* (1897, Cambridge University Press) and *The Method of Archimedes* (1912, Cambridge University Press), Dover, Mineola, New York, p. 151.
153. Ibid., p. 221.
154. Ibid., p. 232.
155. Anonymous, 1938, Introducing the Googol, Prof. Kasner in Kindergarten Talk Also Presents the Googolplex, *New York Times,* February 27, p. 41.
156. Archimedes, 2002, *The Works of Archimedes*, edited by T. L. Heath, first published as *The Works of Archimedes* (1897, Cambridge University Press) and *The Method of Archimedes* (1912, Cambridge University Press), Dover, Mineola, New York, p. 13 (of *The Method*).
157. Heath, T. L., 1981, *A History of Greek Mathematics*, vol. 2 (first published in 1921 by the Clarendon Press, Oxford), Dover, New York, p. 20.
158. Archimedes, 2002, *The Works of Archimedes*, edited by T. L. Heath, first published as *The Works of Archimedes* (1897, Cambridge University Press) and *The Method of Archimedes* (1912, Cambridge University Press), Dover, Mineola, New York, p. xl.
159. Ibid., p. 257.
160. Vitruvius, 1960, *The Ten Books on Architecture*, Book 9, Introduction, Paragraphs 9, 10, translated by Morris Hicky Morgan (first published by Harvard University Press in 1914.), Dover, New York, p. 253–254.
161. Cicero, Marcus Tullius, 1853, On The Republic, Book 1, Chapter 14, in *The Treatises of M. T. Cicero*, translated by C. D. Yonge, H. G. Bohn, London, p. 295.
162. Ibid.
163. Ibid.
164. Ibid.
165. Ibid.
166. Price, D. D. S., 1974, Gears from the Greeks. The Antikythera Mechanism: a Calendar Computer from ca. 80 B. C.: *Transactions of the American Philosophical Society,* New Series, vol. 64, no. 7, p. 1–70.

167. Ibid., p. 8.

168. Freeth, T., et al., 2006, Decoding the Ancient Greek Astronomical Calculator Known as the Antikythera Mechanism, *Nature*, vol. 44, 30 November, p. 587.

169. Ibid.

170. Freeth, T., et al., 2008, Calendars with Olympiad Display and Eclipse Prediction on the Antikythera Mechanism, *Nature*, vol. 454, 31 July, p. 614.

171. Diodorus Siculus, 1814, *The Historical Library of Diodorus the Sicilian*, Book 5, Chapter 2, vol. 1, translated by G. Booth, W. M'Dowall for J. Davis, London, p. 321.

172. Athenaeus, 1854, *The Deipnosophists, or Banquet of the Learned*, Book 5, Chapter 43, translated by C. D. Yonge, vol. I, Henry G. Bohn, London, p. 332.

173. Archimedes, 2002, *The Works of Archimedes*, edited by T. L. Heath, first published as *The Works of Archimedes* (1897, Cambridge University Press) and *The Method of Archimedes* (1912, Cambridge University Press), Dover, Mineola, New York, p. xxxvii.

174. Diodorus of Sicily, 1957, *Diodorus of Sicily*, Book 26, Chapter 18, translated into English by Francis R. Walton, vol. II, Harvard University Press, Cambridge, p. 195.

175. Plutarch, 1952, Marcellus, in *The Lives of the Noble Grecians and Romans*, translated by John Dryden (1631–1700), *Great Books of the Western World*, vol. 14, William Benton, Chicago, p. 252.

176. Ibid.

177. Grote, G., 1899, *A History of Greece*, vol. 3, Harper & Brothers, New York, p. 159.

178. Mommsen, T., 1894, *The History of Rome*, Book 3, Chapter 1, translated by William Purdie Dickson, vol. 2, Richard Bentley, London, p. 136.

179. Ibid., p. 132.

180. Creasy, E. S., 1908, *The Fifteen Decisive Battles of the World from Marathon to Waterloo*, Everyman's Library Edition, E. P. Dutton, New York, p. 88–89.

181. Sarton, G., 1959, *A History of Science, Hellenistic Science and Culture in the Last Three Centuries B. C.*, Harvard University Press, Cambridge, p. 68–69.

182. Polybius, 1889, *The Histories of Polybius*, Book 1, Chapter 62, vol. 1, translated by Evelyn S. Shuckburgh, Macmillan and Co., London, p. 71.

183. Ibid., Book 1, Chapter 63, vol. 1, p. 71.

184. Ibid., Book 1, Chapter 63, vol. 1, p. 71–72.

185. Ibid., p. 72.

186. Niebuhr, B. G., 1849, *Lectures on The History of Rome*, Second Edition, vol. 2, Taylor, Walton, and Maberly, London, p. 17.

187. Ibid., p. 54.

188. Ibid., p. 54.

189. Ibid., p. 68.

190. Polybius, 1889, *The Histories of Polybius*, Book 2, Chapter 1, vol. 1, translated by Evelyn S. Shuckburgh, Macmillan and Co., London, p. 99.

191. Ibid., Book 3, Chapter 11, vol. 1, p. 175–176.

192. Livius, T., 1849, *The History of Rome*, Books Nine to Twenty-Six, Book 21, Chapter 4, translated by D. Spillan and Cyrus Edmonds, Henry G. Bohn, London, p. 703.

193. Ibid.

194. Ibid.

195. Ibid., Book 21, Chapter 1, p. 700.

196. Polybius, 1889, *The Histories of Polybius*, Book 3, Chapters 50–51, vol. 1, translated by Evelyn S. Shuckburgh, Macmillan and Co., London, p. 210–211.
197. Ibid., Book 3, Chapter 53, vol. 1, p. 213.
198. Ibid., Book 3, Chapters 56, 60, vol. 1, p. 217, 219.
199. Ibid., Book 3, Chapter 60, vol. 1, p. 219.
200. Ibid., Book 3, Chapter 56, vol. 1, p. 216.
201. Niebuhr, B. G., 1849, *Lectures on the History of Rome*, Second Edition, vol. 2, Taylor, Walton, and Maberly, London, p. 95.
202. Ibid., p. 96–97.
203. Polybius, 1889, *The Histories of Polybius*, Book 3, Chapter 80, vol. 1, translated by Evelyn S. Shuckburgh, Macmillan and Co., London, p. 239.
204. Ibid., Book 3, Chapter 82, vol. 1, p. 240–241.
205. Ibid., Book 3, Chapter 84, vol. 1, p. 242.
206. Ibid.
207. Livius, T., 1849, *The History of Rome*, Books Nine to Twenty-Six, Book 22, Chapter 7, translated by D. Spillan and Cyrus Edmonds, Henry G. Bohn, London, p. 773.
208. Niebuhr, B. G., 1849, *Lectures on The History of Rome*, Second Edition, vol. 2, Taylor, Walton, and Maberly, London, p. 101.
209. Livius, T., 1849, *The History of Rome*, Books Nine to Twenty-Six, Book 22, Chapter 1, translated by D. Spillan and Cyrus Edmonds, Henry G. Bohn, London, p. 766.
210. Plutarch, 1952, Marcellus, in *The Lives of the Noble Grecians and Romans*, translated by John Dryden (1631–1700), *Great Books of the Western World*, vol. 14, William Benton, Chicago, p. 247.
211. Ibid., p. 247–248.
212. Polybius, 1889, *The Histories of Polybius*, Book 3, Chapter 86, vol. 1, translated by Evelyn S. Shuckburgh, Macmillan and Co., London, p. 244–245.
213. Niebuhr, B. G., 1849, *Lectures on The History of Rome*, Second Edition, vol. 2, Taylor, Walton, and Maberly, London, p. 105.
214. Polybius, 1889, *The Histories of Polybius*, Book 3, Chapter 87, vol. 1, translated by Evelyn S. Shuckburgh, Macmillan and Co., London, p. 245.
215. Ibid., Book 3, Chapter 86, vol. 1, p. 245.
216. Ibid., Book 3, Chapter 89, vol. 1, p. 247.
217. Ibid., Book 3, Chapters 113–114, vol. 1, p. 269–270.
218. Ibid., Book 3, Chapter 115, vol. 1, p. 270.
219. Niebuhr, B. G., 1849, *Lectures on The History of Rome*, Second Edition, vol. 2, Taylor, Walton, and Maberly, London, p. 112.
220. Polybius, 1889, *The Histories of Polybius*, Book 3, Chapters 115–116, vol. 1, translated by Evelyn S. Shuckburgh, Macmillan and Co., London, p. 271–272.
221. Livius, T., 1849, *The History of Rome*, Books Nine to Twenty-Six, Book 22, Chapter 49, translated by D. Spillan and Cyrus Edmonds, Henry G. Bohn, London, p. 819.
222. Polybius, 1889, *The Histories of Polybius*, Book 3, Chapters 117, vol. 1, translated by Evelyn S. Shuckburgh, Macmillan and Co., London, p. 273.
223. Livius, T., 1849, *The History of Rome*, Books Nine to Twenty-Six, Book 22, Chapter 49, translated by D. Spillan and Cyrus Edmonds, Henry G. Bohn, London, p. 818.
224. Polybius, 1889, *The Histories of Polybius*, Book 3, Chapter 117, vol. 1, translated by Evelyn S. Shuckburgh,

Macmillan and Co., London, p. 273.
225. Livius, T., 1849, *The History of Rome*, Books Nine to Twenty-Six, Book 22, Chapter 51, translated by D. Spillan and Cyrus Edmonds, Henry G. Bohn, London, p. 821.
226. Polybius, 1889, *The Histories of Polybius*, Book 6, Chapter 58, vol. 1, translated by Evelyn S. Shuckburgh, Macmillan and Co., London, p. 508.
227. Niebuhr, B. G., 1849, *Lectures on The History of Rome*, Second Edition, vol. 2, Taylor, Walton, and Maberly, London, p. 120.
228. Polybius, 1889, *The Histories of Polybius*, Book 7, Chapter 8, vol. 1, translated by Evelyn S. Shuckburgh, Macmillan and Co., London, p. 514.
229. Livius, T., 1849, *The History of Rome*, Books Nine to Twenty-Six, Book 24, Chapter 4, translated by D. Spillan and Cyrus Edmonds, Henry G. Bohn, London, p. 900–901.
230. Ibid., Book 24, Chapter 5, p. 901.
231. Polybius, 1889, *The Histories of Polybius*, Book 7, Chapter 7, vol. 1, translated by Evelyn S. Shuckburgh, Macmillan and Co., London, p. 513.
232. Ibid.
233. Niebuhr, B. G., 1849, *Lectures on The History of Rome*, Second Edition, vol. 2, Taylor, Walton, and Maberly, London, p. 125.
234. Polybius, 1889, *The Histories of Polybius*, Book 7, Chapter 4, vol. 1, translated by Evelyn S. Shuckburgh, Macmillan and Co., London, p. 511.
235. Livius, T., 1849, *The History of Rome*, Books Nine to Twenty-Six, Book 24, Chapter 7, translated by D. Spillan and Cyrus Edmonds, Henry G. Bohn, London, p. 903–904.
236. Plutarch, 1952, Marcellus, in *The Lives of the Noble Grecians and Romans*, translated by John Dryden (1631–1700), *Great Books of the Western World*, vol. 14, William Benton, Chicago, p. 251.
237. Niebuhr, B. G., 1849, *Lectures on The History of Rome*, Second Edition, vol. 2, Taylor, Walton, and Maberly, London, p. 126.
238. Livius, T., 1849, *The History of Rome*, Books Nine to Twenty-Six, Book 24, Chapter 25, translated by D. Spillan and Cyrus Edmonds, Henry G. Bohn, London, p. 926.
239. Ibid., Book 24, Chapter 29, p. 930.
240. Ibid., Book 24, Chapter 30, p. 932.
241. Ibid.
242. Plutarch, 1952, Marcellus, in *The Lives of the Noble Grecians and Romans*, translated by John Dryden (1631–1700), *Great Books of the Western World*, vol. 14, William Benton, Chicago, p. 252.
243. Polybius, 1889, *The Histories of Polybius*, Book 8, Chapter 5, vol. 1, translated by Evelyn S. Shuckburgh, Macmillan and Co., London, p. 530.
244. Plutarch, 1952, Marcellus, in *The Lives of the Noble Grecians and Romans*, translated by John Dryden (1631–1700), *Great Books of the Western World*, vol. 14, William Benton, Chicago, p. 252–253.
245. Archimedes, 2002, *The Works of Archimedes*, edited by T. L. Heath, first published as *The Works of Archimedes* (1897, Cambridge University Press) and *The Method of Archimedes* (1912, Cambridge University Press), Dover, Mineola, New York, p. xxi-xxii.
246. Lucian, 1913, Hippias, or The Bath, in *Lucian* with an English translation by A. M. Harmon, William Heinemann, London, p. 37.
247. Tzetzes, J., 1968, Book of Histories, Book 2, Chapters 103–144, in *Greek Mathematical Works*, Chapter 17, Archimedes, Part (a), translated into English by Ivor Thomas, vol. 2, Harvard University Press, Cambridge, p. 19–20.

248. Middleton, W. E. K., 1961, Archimedes, Kircher, Buffon, and the Burning-Mirrors, *Isis*, vol. 52, no. 4, p. 533.
249. Simms, D. L., 1977, Archimedes and the Burning Mirrors of Syracuse: *Technology and Culture*, vol. 18, no. 1, p. 22.
250. Middleton, W. E. K., 1961, Archimedes, Kircher, Buffon, and the Burning-Mirrors, *Isis*, vol. 52, no. 4, p. 540.
251. Modiano, M. S., 1973, How Archimedes Stole Sun to Burn Foe's Fleet: *New York Times*, 11 November, p. 16.
252. Plutarch, 1952, Marcellus, in *The Lives of the Noble Grecians and Romans*, translated by John Dryden (1631–1700), *Great Books of the Western World*, vol. 14, William Benton, Chicago, p. 253.
253. Homer, 1729, *The Illiad of Homer*, Book 1, verses 522–529, translated by Mr. Pope, vol. 1, printed by T. J. for B. L. & Company, London, p. 21.
254. Polybius, 1889, *The Histories of Polybius*, Book 8, Chapter 9, vol. 1, translated by Evelyn S. Shuckburgh, Macmillan and Co., London, p. 534.
255. Plutarch, 1952, Marcellus, in *The Lives of the Noble Grecians and Romans*, translated by John Dryden (1631–1700), *Great Books of the Western World*, vol. 14, William Benton, Chicago, p. 253.
256. Ibid., p. 254.
257. Polybius, 1889, *The Histories of Polybius*, Book 8, Chapter 9, vol. 1, translated by Evelyn S. Shuckburgh, Macmillan and Co., London, p. 534.
258. Plutarch, 1952, Marcellus, in *The Lives of the Noble Grecians and Romans*, translated by John Dryden (1631–1700), *Great Books of the Western World*, vol. 14, William Benton, Chicago, p. 254.
259. Ibid.
260. Polybius, 1889, *The Histories of Polybius*, Book 8, Chapter 37, vol. 1, translated by Evelyn S. Shuckburgh, Macmillan and Co., London, p. 561.
261. Livius, T., 1849, *The History of Rome*, Books Nine to Twenty-Six, Book 25, Chapter 24, translated by D. Spillan and Cyrus Edmonds, Henry G. Bohn, London, p. 993.
262. Ibid., Book 25, Chapter 25, p. 993–994.
263. Plutarch, 1952, Marcellus, in *The Lives of the Noble Grecians and Romans*, translated by John Dryden (1631–1700), *Great Books of the Western World*, vol. 14, William Benton, Chicago, p. 254–255.
264. Ibid., p. 254.
265. Cicero, M. T., 1758, *The TusculanDisputations of Marcus Tullius Cicero*, Book 5, Chapter 23, printed for John Whiston and Benj. White, London, p. 296.
266. Niebuhr, B. G., 1849, *Lectures on The History of Rome*, Second Edition, vol. 2, Taylor, Walton, and Maberly, London, p. 128.
267. Polybius, 1889, *The Histories of Polybius*, Book 6, Chapter 52, vol. 1, translated by Evelyn S. Shuckburgh, Macmillan and Co., London, p. 502.
268. Creasy, E. S., 1908, *The Fifteen Decisive Battles of the World from Marathon to Waterloo*, Everyman's Library Edition, E. P. Dutton, New York, p. 95.
269. Niebuhr, B. G., 1849, *Lectures on The History of Rome*, Second Edition, vol. 2, Taylor, Walton, and Maberly, London, p. 132.
270. Livius, T., 1850, *The History of Rome*, Books Twenty-Seven to Thirty-Six, Book 27, Chapter 34, translated by Cyrus Edmonds, Henry G. Bohn, London, p. 1138.
271. Ibid., p. 1139.
272. Ibid.
273. Ibid., Book 27, Chapter 40, p. 1146.
274. Ibid., Book 27, Chater 43, p. 1149–1150.
275. Ibid., p. 1150.

276. Ibid., Book 27, Chapter 45, p. 1152.

277. Ibid., Book 27, Chapters, 45, 46, p. 1153.

278. Ibid., Book 27, Chapter 44, p. 1151.

279. Ibid.

280. Creasy, E. S., 1908, *The Fifteen Decisive Battles of the World from Marathon to Waterloo*, Everyman's Library Edition, E. P. Dutton, New York, p. 106–107.

281. Ibid., p. 107.

282. Livius, T., 1850, *The History of Rome*, Books Twenty-Seven to Thirty-Six, Book 27, Chapter 48, translated by Cyrus Edmonds, Henry G. Bohn, London, p. 1156.

283. Ibid., Book 27, Chapter 48, p. 1157.

284. Polybius, 1889, *The Histories of Polybius*, Book 11, Chapter 1, vol. 2, translated by Evelyn S. Shuckburgh, Macmillan and Co., London, p. 50.

285. Ibid., Book 11, Chapter 3, vol. 2, p. 52.

286. Creasy, E. S., 1908, *The Fifteen Decisive Battles of the World from Marathon to Waterloo*, Everyman's Library Edition, E. P. Dutton, New York, p. 111.

287. Livius, T., 1850, *The History of Rome*, Books Twenty-Seven to Thirty-Six, Book 27, Chapters 50, 51, translated by Cyrus Edmonds, Henry G. Bohn, London, p. 1158, 1160.

288. Creasy, E. S., 1908, *The Fifteen Decisive Battles of the World from Marathon to Waterloo*, Everyman's Library Edition, E. P. Dutton, New York, p. 111–112.

289. Livius, T., 1850, *The History of Rome*, Books Twenty-Seven to Thirty-Six, Book 30, Chapter 4, translated by Cyrus Edmonds, Henry G. Bohn, London, p. 1286.

290. Polybius, 1889, *The Histories of Polybius*, Book 14, Chapter 4, vol. 2, translated by Evelyn S. Shuckburgh, Macmillan and Co., London, p. 127.

291. Ibid., Book 14, Chapter 4, vol. 2, p. 128.

292. Livius, T., 1850, *The History of Rome*, Books Twenty-Seven to Thirty-Six, Book 30, Chapter 6, translated by Cyrus Edmonds, Henry G. Bohn, London, p. 1289.

293. Polybius, 1889, *The Histories of Polybius*, Book 14, Chapter 5, vol. 2, translated by Evelyn S. Shuckburgh, Macmillan and Co., London, p. 129.

294. Livius, T., 1850, *The History of Rome*, Books Twenty-Seven to Thirty-Six, Book 30, Chapter 16, translated by Cyrus Edmonds, Henry G. Bohn, London, p. 1302–1303.

295. Ibid., Book 30, Chapter 16, p. 1303.

296. Ibid., Book 30, Chapter 20, p. 1308.

297. Polybius, 1889, *The Histories of Polybius*, Book 15, Chapter 9, vol. 2, translated by Evelyn S. Shuckburgh, Macmillan and Co., London, p. 144.

298. Ibid., Book 15, Chapter 12, vol. 2, p. 147.

299. Ibid., Book 15, Chapter 13, vol. 2, p. 147.

300. Ibid., p. 147–148.

301. Ibid., p. 148.

302. Ibid., Book 15, Chapter 14, vol. 2, p. 148

303. Ibid.

304. Ibid., p. 149.

305. Livius, T., 1850, *The History of Rome*, Books Twenty-Seven to Thirty-Six, Book 30, Chapter 36, translated by Cyrus Edmonds, Henry G. Bohn, London, p. 1329.

306. Ibid., Book 30, Chapter 37, p. 1330.

307. Ibid., Book 33, Chapter 46, p. 1486.

308. Ibid.

309. Ibid., Book 33, Chapter 47, p. 1487.

310. Ibid.

311. Ibid., Book 33, Chapter 48, p. 1488.

312. Livius, T., 1890, *The History of Rome*, Books Thirty-Seven to the End, Book 39, Chapter 51, translated by William A. M'Devitte, George Bell and Sons, London, p. 1848.

313. Appian, 1912, *Appian's Roman History*, Book 8, Chapter 10, Paragraph 67, translated into English by Horace White, vol. 1, William Heinemann, London, p. 509.

314. Ibid., p. 509–510.

315. Ibid., Book 8, Chapter 10, Paragraph 69, p. 514–515.

316. Livius, T., 1890, *The History of Rome*, Books Thirty-Seven to the End, Book 39, Chapter 40, translated by William A. M'Devitte, George Bell and Sons, London, p. 1837.

317. Plutarch, 1952, Marcus Cato, in *The Lives of the Noble Grecians and Romans*, translated by John Dryden (1631–1700), *Great Books of the Western World*, vol. 14, William Benton, Chicago, p. 278.

318. Ibid., p. 279.

319. Ibid., p. 284.

320. Livius, T., 1890, *The History of Rome*, Books Thirty-Seven to the End, Book 39, Chapter 44, translated by William A. M'Devitte, George Bell and Sons, London, p. 1841.

321. Plutarch, 1952, Marcus Cato, in *The Lives of the Noble Grecians and Romans*, translated by John Dryden (1631–1700), *Great Books of the Western World*, vol. 14, William Benton, Chicago, p. 284.

322. Frazer, J. G., 1920, *The Golden Bough*, vol. 3, *The Dying God* (first published in 1911), Macmillan, London, p. 75.

323. Plutarch, 1870, On Superstition, in *Plutarch's Morals*, translated *from the Greek by Several Hands, Corrected and Revised by William W. Goodwin*, vol. 1, Little, Brown, and Company, Boston, p. 183.

324. Diodorus Siculus, 1814, *The Historical Library of Diodorus the Sicilian*, Book 20, Chapter 1, vol. 2, translated by G. Booth, W. M'Dowall for J. Davis, London, p. 422.

325. *Bible*, King James Version, I Kings 18:40.

326. Mommsen, T., 1894, *The History of Rome*, translated by William Purdie Dickson, vol. 3, Richard Bentley & Son, London, p. 238.

327. Plutarch, 1952, Marcus Cato, in *The Lives of the Noble Grecians and Romans*, translated by John Dryden (1631–1700), *Great Books of the Western World*, vol. 14, William Benton, Chicago, p. 290.

328. 此人非汉尼拔的弟弟，请勿混淆。

329. Mommsen, T., 1894, *The History of Rome*, translated by William Purdie Dickson, vol. 3, Richard Bentley & Son, London, p. 240.

330. Polybius, 1889, *The Histories of Polybius*, Book 38, Chapter 1, vol. 2, translated by Evelyn S. Shuckburgh, Macmillan and Co., London, p. 513.

331. Niebuhr, B. G., 1849, *Lectures on The History of Rome*, Second Edition, vol. 2, Taylor, Walton, and Maberly, London, p. 232–234.

332. Appian, 1912, Appian's Roman History, Book 8, Chapter 11, Paragraph 75, translated into English by Horace White, vol. 1, William Heinemann, London, p. 527.

333. Ibid., Book 8, Chapter 11, Paragraph 76, p. 527.

334. Mommsen, T., 1894, *The History of Rome*, translated by William Purdie Dickson, vol. 3, Richard Bentley & Son, London, p. 242.

335. Ibid., p. 243.
336. Appian, 1912, *Appian's Roman History*, Book 8, Chapter 11, Paragraph 76, translated into English by Horace White, vol. 1, William Heinemann, London, p. 529.
337. Ibid., Book 8, Chapter 11, Paragraph 77, p. 529.
338. Ibid., Book 8, Chapter 12, Paragraph 80, p. 537.
339. Ibid., Book 8, Chapter 12, Paragraph 81, p. 537–539.
340. Ibid., p. 539.
341. Ibid., Book 8, Chapter 12, Paragraph 86, p. 547.
342. Ibid., Book 8, Chapter 12, Paragraph 88, p. 551.
343. Ibid., Book 8, Chapter 13, Paragraph 92, p. 559–560.
344. Ibid., Book 8, Chapter 13, Paragraph 93, p. 561–563.
345. Appian, 1912, *Appian's Roman History*, Book 8, Chapter 14, Paragraph 95, translated into English by Horace White, vol. 1, William Heinemann, London, p. 565.
346. Mommsen, T., 1894, *The History of Rome*, translated by William Purdie Dickson, vol. 3, Richard Bentley & Son, London, p. 243.
347. Ibid., p. 254.
348. Appian, 1912, *Appian's Roman History*, Book 8, Chapter 18, Paragraph 117, translated into English by Horace White, vol. 1, William Heinemann, London, p. 609.
349. Ibid., Book 8, Chapter 18, Paragraph 118, p. 611.
350. Mommsen, T., 1894, *The History of Rome*, translated by William Purdie Dickson, vol. 3, Richard Bentley & Son, London, p. 256.
351. Appian, 1912, *Appian's Roman History*, Book 8, Chapter 19, Paragraph 127, translated into English by Horace White, vol. 1, William Heinemann, London, p. 629.
352. Mommsen, T., 1894, *The History of Rome*, translated by William Purdie Dickson, vol. 3, Richard Bentley & Son, London, p. 256.
353. Appian, 1912, *Appian's Roman History*, Book 8, Chapter 19, Paragraphs 128–129, translated into English by Horace White, vol. 1, William Heinemann, London, p. 631.
354. Ibid., Book 8, Chapter 19, Paragraph 131, p. 635–637.
355. Mommsen, T., 1894, *The History of Rome*, translated by William Purdie Dickson, vol. 3, Richard Bentley & Son, London, p. 256–257.
356. Ibid., p. 257.
357. Ibid., p. 258.
358. Dreyer, J. L. E., 1953, *A History of Astronomy from Thales to Kepler* (first published in 1906 as *History of the Planetary Systems from Thales to Kepler*), Dover, New York, p. 147.
359. Toomer, G. J., 2007, Hipparchus, in *Complete Dictionary of Scientific Biography*, edited by Charles Gillispie, vol. 15, Cengage Learning, New York, p. 208.
360. Ibid., p. 209.
361. Huxley, G. L., 2007, Sosigenes, in *Complete Dictionary of Scientific Biography*, edited by Charles Gillispie, vol. 12, Cengage Learning, New York, p. 547.
362. Heath, T., 1913, *Aristarchus of Samos, the Ancient Copernicus*, Oxford at the Clarendon Press, London, p. 221–222.
363. Ibid., p. 254–255.
364. Heath, T. L., 1932, *Greek Astronomy*, J. M. Dent & Sons, London, p. 93.
365. Dreyer, J. L. E., 1953, *A History of Astronomy from Thales to Kepler* (first published in 1906 as *History of the*

Planetary Systems from Thales to Kepler), Dover, New York, p. 152.
366. Toomer, G. J., 2007, Hipparchus, in *Complete Dictionary of Scientific Biography*, edited by Charles Gillispie, vol. 15, Cengage Learning, New York, p. 211–215.
367. Ibid., p. 212.
368. Pliny the Elder, 1855, *The Natural History of Pliny*, translated by John Bostock and H. T. Riley, Book 2, Chapters 9 and 10, vol. 1, Henry G. Bohn, London, p. 37, 29.
369. Toomer, G. J., 2007, Hipparchus, in *Complete Dictionary of Scientific Biography*, edited by Charles Gillispie, vol. 15, Cengage Learning, New York, p. 215.
370. Ibid.
371. Ptolemy, C., 1952, *The Almagest*, Book 9, Chapter 2, translated by R. Catesby Taliaferro, *Great Books of the Western World*, vol. 16, William Benton, Chicago, p. 272.
372. Sarton, G., 1959, *A History of Science, Hellenistic Science and Culture in the Last Three Centuries B. C.*, Harvard University Press, Cambridge, p. 299.
373. Toomer, G. J., 2007, Hipparchus, in *Complete Dictionary of Scientific Biography*, edited by Charles Gillispie, vol. 15, Cengage Learning, New York, p. 218.
374. Ibid.
375. Heath, T. L., 1932, *Greek Astronomy*, J.M. Dent & Sons, London, p. 143–144.
376. Ibid., p. 119.
377. Pliny the Elder, 1855, *The Natural History of Pliny*, translated by John Bostock and H. T. Riley, Book 2, Chapter 24, vol. 1, Henry G. Bohn, London, p. 59.
378. Ptolemy, C., 1952, *The Almagest*, Book 8, Chapter 1, translated by R. Catesby Taliaferro, *Great Books of the Western World*, vol. 16, William Benton, Chicago, p. 258.
379. Toomer, G. J., 2007, Hipparchus, in *Complete Dictionary of Scientific Biography*, edited by Charles Gillispie, vol. 15, Cengage Learning, New York, p. 216.
380. Toomer, G. J., 2008, Ptolemy, in *Complete Dictionary of Scientific Biography*, edited by Charles Gillispie, vol. 11, Cengage Learning, New York, p. 186.
381. Ibid., p. 187, 202.
382. Ibid., p. 196.
383. Ptolemy, C., 1984, *Ptolemy's Almagest*, Book 1, Chapter 1, translated by G. J. Toomer, Springer-Verlag, New York, p. 37.
384. Ibid., Book 1, Chapter 2, p. 37.
385. Ibid., Book 1, Chapter 3, p. 39.
386. Ibid., Book 1, Chapter 4, p. 40.
387. Ibid., Book 1, Chapter 4, p. 41.
388. Heath, T. L., 1932, *Greek Astronomy*, J.M. Dent & Sons, London, p. 145.
389. Ibid., p. 147–148.
390. Ibid., p. 148.
391. Dreyer, J. L. E., 1953, *A History of Astronomy from Thales to Kepler* (first published in 1906 as *History of the Planetary Systems from Thales to Kepler*), Dover, New York, p. 191.
392. Toomer, G. J., 2008, Ptolemy, in *Complete Dictionary of Scientific Biography*, edited by Charles Gillispie, vol. 11, Cengage Learning, New York, p. 196.
393. 这段引语并没有可靠的依据，现有的文字最早出现于比埃尔 · 培尔（Pierre Bayle）所著并在 1697 年首次出版的《历史批判辞典》（*Historical and Critical Dictionary*）。本处阿方索的引文来自于该字典的一个英文译本，出版于 1710 年。参见：Goldstein, B. R., 1991, "The Blasphemy of Alfonso X: History or

Myth?," in, Barker, P. and Ariew, R., Editors, Revolution and Continuity, vol. 24 of Studies in Philosophy and the History of Philosophy: Catholic University of America Press, Washington, DC, p. 143–153。
394. Bayle, P., 1710, *An Historical and Critical Dictionary. By Monsieur Bayle. Translated into English, with Many Additions and Corrections, Made by the Author*, vol. 2, C. Harper and Others, London, p. 901.
395. Ptolemy, C., 1984, *Ptolemy's Almagest*, Book 3, Chapter 1, translated by G. J. Toomer, Springer-Verlag, New York, p. 140.
396. Ibid., Book 9, Chapter 2, p. 420.
397. Ibid., Book 3, Chapter 1, p. 136.
398. Koestler, A., 1963, *The Sleepwalkers,* Grosset & Dunlap, New York, p. 69.
399. Ptolemy, C., 1984, *Ptolemy's Almagest*, Book 13, Chapter 2, translated by G. J. Toomer, Springer-Verlag, New York, p. 600.
400. Ibid.
401. Ibid., p. 602.
402. Dreyer, J. L. E., 1953, *A History of Astronomy from Thales to Kepler* (first published in 1906 as *History of the Planetary Systems from Thales to Kepler*), Dover, New York, p. 196.
403. Toomer, G. J., 2008, Ptolemy, in *Complete Dictionary of Scientific Biography*, edited by Charles Gillispie, vol. 11, Cengage Learning, New York, p. 198.
404. Ptolemy, C., 1822, *Ptolemy's Tetrabiblos or Quadripartite: Being Four Books on the Influence of the Stars*, Book 1, Chapter 2, Davis and Dickson, London, p. 2.
405. Ibid., p. 3–4.
406. Ibid., p. 4.
407. Petronius, 1902, *The Satyricon of Petronius*, Charles Carrington, Paris, p. 96.
408. Ibid., p. 108–109.
409. Pliny the Elder, 1855, *The Natural History of Pliny*, translated by John Bostock and H. T. Riley, Book 2, Chapter 6, vol. 1, Henry G. Bohn, London, p. 26.
410. Clarke, J., 1910, *Physical Science in the Time of Nero, Being a Translation of the Quaestiones Naturales of Seneca*, Book 2, Chapter 32, Macmillan, London, p. 80–81.
411. Gibbon, E., 1909, *The History of the Decline and Fall of the Roman Empire*, Chapter 31, edited by J. B. Bury, vol. 3, Methuen & Co., London, p. 318.
412. Roberts, S. V., 1988, White House Confirms Reagans Follow Astrology, Up to a Point, *New York Times*, May 4, p. A–1.
413. Bunbury, E. H., 1883, *A History of Ancient Geography*, Second Edition, Chapter 28, vol. 2, John Murray, London, p. 549.
414. Ibid., p. 554.
415. Ibid.
416. Ibid., p. 551.
417. Ibid., p. 553.
418. *Encyclopædia Britannica*, Eleventh Edition, 1911, Ptolemy, vol. 22, Encyclopedia Britannica Company, New York, p. 623.
419. Bunbury, E. H., 1883, *A History of Ancient Geography*, Second Edition, Chapter 29, vol. 2, John Murray, London, p. 636.
420. Ptolemy, 2000, *Harmonics*, translated by Jon Solomon, Brill, Leiden, p. 8.
421. Ibid., p. 7–8.
422. Toomer, G. J., 2008, Ptolemy, in *Complete Dictionary of Scientific Biography*, edited by Charles Gillispie,

vol. 11, Cengage Learning, New York, p. 200.
423. Neuburger, A., 1930, *The Technical Arts and Sciences of the Ancients*, Macmillan, New York, p. 152, 158.
424. Ibid., p. 163–164.
425. Charleston, R. J., and Angus-Butterworth, L. M., 1957, "Glass," in *A History of Technology*, vol. 3, edited by Charles Singer, Oxford University Press, London, p. 229.
426. Derry, T. K., and Williams, T. I., 1960, *A Short History of Technology,* Dover, New York, p. 112.
427. Charleston, R. J., and Angus-Butterworth, L. M., 1957, "Glass," in *A History of Technology*, vol. 3, edited by Charles Singer, Oxford University Press, London, p. 231.
428. Dreyer, J. L. E., 1953, *A History of Astronomy from Thales to Kepler* (first published in 1906 as *History of the Planetary Systems from Thales to Kepler*), Dover, New York, p. 202.
429. Newton, R. R., 1977, *The Crime of Claudius Ptolemy*, Johns Hopkins University Press, Baltimore.
430. Ibid., p. xiii.
431. Ibid., p. 378.
432. Ibid., p. 378–379.
433. Goldstein, B. R., 1978, Casting Doubt on Ptolemy, *Science,* 24 Feb., vol. 199, p. 872.
434. Gingerich, O., 1980, Was Ptolemy a Fraud? *Quarterly Journal of the Royal Astronomical Society*, vol. 21, p. 253–266.
435. Ibid., p. 253
436. Ibid., p. 255.
437. Ibid., p. 262.
438. Ibid., p. 264.
439. Ibid.
440. Thurston, H., 2002, "Greek Mathematical Astronomy Reconsidered," *Isis*, vol. 93, no. 1, p. 63, 68.

第三章

1. Clagett, M., 1994, *Greek Science in Antiquity*, Barnes and Noble, New York (reprint of 1955 edition), p. 99.
2. Whitehead, A. N., 1935, *Science and the Modern World: Lowell Lectures*, 1925, Macmillan, New York, p. 9.
3. Singer, C., 1949, *A Short History of Science to the Nineteenth Century*, Clarendon Press, p. 94.
4. Sarton, G., 1960, *A History of Science, Ancient Science Through the Golden Age of Greece*, Harvard University Press, Cambridge, p. 561.
5. Russell, B., 1945, A *History of Western Philosophy* (1963 paperback edition), Simon and Schuster, New York, p. 278.
6. Crombie, A. C., 1995, *The History of Science from Augustine to Galileo*, Dover, New York, p. 30.
7. Stahl, W., 1962, *Roman Science*, University of Wisconsin Press, Madison, p. 3.
8. Stock, B., 1978, Science, Technology, and Economic Progress in the Early Middle Ages, in *Science in the Middle Ages*, edited by David C. Lindberg, University of Chicago Press, Chicago, p. 4.
9. Plutarch, 1952, Marcellus, in *The Lives of the Noble Grecians and Romans*, translated by John Dryden (1631–1700), *Great Books of the Western World*, vol. 14, William Benton, Chicago, p. 253.
10. Xenophon, 1898, *Oeconomicus*, Chapter 4, Paragraphs 2 and 3, in *Xenophon's Minor Works*, translated by J. S. Watson, George Bell & Sons, London, p. 86.
11. Gest, A. P., 1930, *Engineering, Our Debt to Greece and Rome* (1963 Edition), Cooper Square Publishers, New York, p. 19–20.
12. Steinman, D. B., and Watson, S. R., 1941, *Bridges and their Builders*, G. P. Putnam's Sons, New York, p. 37.

13. Pliny the Elder, 1855, *The Natural History of Pliny*, translated by John Bostock and H. T. Riley, Book 36, Chapter 16, vol. 6, Henry G. Bohn, London, p. 335–336.
14. Ibid., vol. 6, Book 36, Chapter 24, p. 347.
15. Ibid., vol. 6, Book 36, Chapter 24, p. 353–354.
16. Vitruvius, 1960, *The Ten Books on Architecture*, Book 2, Chapter 6 (Pozzolana), translated by Morris Hicky Morgan (first published by Harvard University Press in 1914.), Dover, New York, p. 46–47.
17. Briggs, M.S., 1956, Building-Construction, in *A History of Technology*, vol. 2, edited by Charles Singer, Oxford University Press, London, p. 410.
18. Hodges, H., 1970, *Technology in the Ancient World,* Marboro Books, London, p. 233.
19. Briggs, M.S., 1956, Building-Construction, in *A History of Technology*, vol. 2, edited by Charles Singer, Oxford University Press, London, p. 405.
20. Gibbon, E., 1909, *The History of the Decline and Fall of the Roman Empire*, Chapter 2, edited by J. B. Bury, vol. 1, Methuen & Co., London, p. 48.
21. *Encyclopedia Britannica*, Eleventh Edition, 1911, Rome, vol. 23, Encyclopedia Britannica Company, New York, p. 604.
22. Loerke, W. C., 1990, A Rereading of the Interior Elevation of Hadrian's Rotunda, *The Journal of the Society of Architectural Historians*, vol. 49, no. 1, p. 26.
23. *Encyclopedia Britannica*, Eleventh Edition, 1911, Rome, vol. 23, Encyclopedia Britannica Company, New York, p. 604.
24. Von Hagen, V. W., 1967, *The Roads that Led to Rome*, World Publishing Company, Cleveland and New York, p. 8.
25. Derry, T. K., and Williams, T. I., 1993, *A Short History of Technology, From the Earliest Times to A.D. 1900* (reprint of 1960 edition published by Oxford University Press), Dover, New York, p. 168.
26. Goodchild, R. G., and Forbes, R. J., 1956, Road and Land Travel, in *A History of Technology*, vol. 2, edited by Charles Singer, Oxford University Press, London, p. 498.
27. Straub, H., 1952, *A History of Civil Engineering* (E. Rockwell, English translator), Leonard Hill, London, p. 3–6.
28. *Encyclopedia Britannica*, Eleventh Edition, 1911, Roads and Streets, vol. 23, Encyclopedia Britannica Company, New York, p. 388.
29. Ibid.
30. Ibid.
31. Codrington, T., 1903, *Roman Roads in Britain*, The Sheldon Press, London, p. 14.
32. De Camp, L. S., 1960, *The Ancient Engineers*, Dorset Press, New York, p. 186–187.
33. Statius, Publius Papinius, 1908, *The Silvae of Statius*, Book 4, Chapter 3, translated by D. A. Slater, Oxford at the Clarendon Press, Oxford, p. 148.
34. *Encyclopedia Britannica*, Eleventh Edition, 1911, Roads and Streets, vol. 23, Encyclopedia Britannica Company, New York, p. 388.
35. Vitruvius, 1960, *The Ten Books on Architecture*, Book 8, Chapter 1, translated by Morris H. Morgan (first published in 1914 by Harvard University Press), Dover, New York, p. 227.
36. Ibid., Book 8, Chapter 6, Paragraph 12, p. 247.
37. Forbes, R. J., 1956, Hydraulic Engineering and Sanitation, in *A History of Technology*, vol. 2, edited by Charles Singer, Oxford University Press, London, p. 670.
38. Finch, J. K., 1951, *Engineering and Western Civilization*, McGraw-Hill, New York, p. 17.
39. Gest, A. P., 1963, *Engineering, Our Debt to Greece and Rome* (first published in 1930), Cooper Square, New

York, p. 62–107.
40. *Encyclopedia Britannica*, 1972, "Aqueduct," vol. 2, William Benton, Chicago, p. 156.
41. De Camp, L. S., 1960, *The Ancient Engineers*, Dorset Press, New York, p. 198.
42. Forbes, R. J., 1956, Hydraulic Engineering and Sanitation, in *A History of Technology*, vol. 2, edited by Charles Singer, Oxford University Press, London, p. 673.
43. Frontinus, Sextus Julius, 1899, *The Two Books on the Water Supply of the City of Rome*, translated by Clemens Herschel, Dana Estes Company, Boston, p. 50–51.
44. Neuburger, A., 1930, *The Technical Arts and Sciences of the Ancients*, Macmillan, New York, p. 257.
45. Ibid., p. 259–264.
46. Ibid., p. 366.
47. *Encyclopedia Britannica*, 1972, "Bath," vol. 3, William Benton, Chicago, p. 275.
48. De Camp, L. S., 1960, *The Ancient Engineers*, Dorset Press, New York, p. 182.
49. Neuburger, A., 1930, *The Technical Arts and Sciences of the Ancients*, Macmillan, New York, p. 366.
50. Ibid., p. 444.
51. Ibid.
52. Niebuhr, B. G., 1853, *Lectures on the History of Rome*, vol. 1, Third Edition, Taylor, Walton, and Maberly, London, p. 52–53.
53. *Encyclopedia Britannica*, Eleventh Edition, 1910, Aqueduct, vol. 2, Encyclopedia Britannica Company, New York, p. 243.
54. Steinman, D. B., and Watson, S. R., 1941, *Bridges and their Builders*, G. P. Putnam's Sons, New York, p. 52.
55. Rousseau, J. J., 1856, *The Confessions of J. J. Rousseau*, vol. 1, Calvin Blanchard, New York, p. 291–292.
56. Horace, 1892, *The Odes and Carmen Saeculare of Horace*, Book 3, Ode 30, translated by John Conington (1825–1869), George Bell and Sons, London, p. 102.
57. Steinman, D. B. and Watson, S. R., 1941, *Bridges and their Builders*, G. P. Putnam's Sons, New York, p. 50.
58. Ibid., p. 54.
59. Straub, H., 1952, *A History of Civil Engineering* (E. Rockwell, English translator), Leonard Hill, London, p. 11.
60. Steinman, D. B., and Watson, S. R., 1941, *Bridges and their Builders.* G. P. Putnam's Sons, New York, p. 40.
61. Caesar, 1919, *The Gallic War*, Book 4, Paragraph 17, translated by H. J. Edwards, William Heinemann, London, p. 201–203.

第四章

1. Ward-Perkins, J., 2008, Vitruvius Pollio, in *Complete Dictionary of Scientific Biography*, edited by Charles Gillispie, vol. 15, Cengage Learning, New York, p. 514.
2. Vitruvius, 1960, *The Ten Books on Architecture*, Book 1, Chapter 3, translated by Morris H. Morgan (first published by Harvard University Press in 1914), Dover, New York, p. 16.
3. Ibid., Book 1, Chapter 1, p. 5–6.
4. Ibid., p. 8.
5. Ward-Perkins, J., 2008, Vitruvius Pollio, in *Complete Dictionary of Scientific Biography*, edited by Charles Gillispie, vol. 15, Cengage Learning, New York, p. 515.
6. Vitruvius, 1960, *The Ten Books on Architecture*, Book 1, Chapter 2, translated by Morris H. Morgan (first published by Harvard University Press in 1914), Dover, New York, p. 13.
7. Ibid., p. 14.

8. Ibid., Book 2, Chapter 1, p. 38.
9. Ibid., Book 2, Chapter 6, p. 46–47.
10. Ibid., Book 2, Chapter 9, p. 59.
11. Ibid., Book 6, Introduction, p. 168.
12. Ibid., Book 6, Chapter 1, p. 173.
13. Ibid., Book 7, Chapter 5, p. 210.
14. Ibid., p. 211.
15. Forbes, R., J., 1956, Hydraulic Engineering and Sanitation, in *A History of Technology*, vol. 2, edited by Charles Singer, Oxford University Press, London, p. 672.
16. Vitruvius, 1960, *The Ten Books on Architecture*, Book 8, Chapter 6, translated by Morris H. Morgan (first published by Harvard University Press in 1914), Dover, New York, p. 245.
17. Ibid., p. 246.
18. Ward-Perkins, J., 2008, Vitruvius Pollio, in *Complete Dictionary of Scientific Biography*, edited by Charles Gillispie, vol. 15, Cengage Learning, New York, p. 516–517.
19. Clarke, J., 1910, *Physical Science in the Time of Nero, Being a Translation of the Quaestiones Naturales of Seneca*, Macmillan, London, p. xxi.
20. *Encyclopedia Britannica*, Eleventh Edition, 1911, Seneca, vol. 20, Encyclopedia Britannica Company, New York, p. 215.
21. Clarke, J., 1910, *Physical Science in the Time of Nero, Being a Translation of the Quaestiones Naturales of Seneca*, Macmillan, London, p. xxii.
22. *Encyclopedia Britannica,* 1972, "Seneca, Lucius An-naeus," vol. 4, William Benton, Chicago, p. 695.
23. Clarke, J., 1910, *Physical Science in the Time of Nero, Being a Translation of the Quaestiones Naturales of Seneca*, Macmillan, London, p. xxiii.
24. Niebuhr, B. G., 1849, *Lectures on The History of Rome*, vol. 3, Second Edition, Taylor, Walton, and Maberly, London, p. 187.
25. Suetonius, C. T., 1906, *The Lives of the Twelve Caesars*, Claudius, Paragraph 26, George Bell & Sons, London, p. 319.
26. Ibid., Paragraph 46, p. 335.
27. Juvenal, 1918, *Satire 6, The Ways of Women*, Lines 115–130, in *Juvenal and Perseus*, translated by G. G. Ramsay, William Heinemann, London, p. 93.
28. Suetonius, C. T., 1906, *The Lives of the Twelve Caesars*, Claudius, Paragraph 46, George Bell & Sons, London, p. 335.
29. Tacitus, 1942, *Annals*, Book 11, Paragraph 27, in *The Complete Works of Tacitus*, translated by Alfred John Church (1824–1912) and William Jackson Brodribb (1829–1905), Modern Library, New York, p. 243.
30. Niebuhr, B. G., 1849, *Lectures on The History of Rome*, vol. 3, Second Edition, Taylor, Walton, and Maberly, London, p. 194.
31. Suetonius, C. T., 1906, *The Lives of the Twelve Caesars*, Claudius, Paragraph 46, George Bell & Sons, London, p. 335–336.
32. Ibid., Paragraph 26, p. 319.
33. Ibid., Paragraph 26, p. 319–320.
34. Niebuhr, B. G., 1849, Lectures on *The History of Rome*, vol. 3, Second Edition, Taylor, Walton, and Maberly, London, p. 190.
35. Tacitus, 1942, *Annals*, Book 12, Paragraph 66, in *The Complete Works of Tacitus*, translated by Alfred John Church (1824–1912) and William Jackson Brodribb (1829–1905), Modern Library, New York, p. 282.

36. Engel, D. J. F., 1940, The Correspondence between Lord Acton and Bishop Creighton, *Cambridge Historical Journal*, vol. 6, no. 3, p. 316.
37. Suetonius, C. T., 1906, *The Lives of the Twelve Caesars,* Nero, Paragraph 10, George Bell & Sons, London, p. 343.
38. Ibid.
39. Dio Cassius, 1906, *Dio's Rome*, Book 61, Paragraph 4, vol. 5, translated by Herbert Baldwin Foster, Pafraets Book Company, Troy, New York, p. 5.
40. Mommsen, T., 1996, *A History of Rome Under the Emperors*, Routledge, London, p. 175.
41. Dio Cassius, 1906, Dio's Rome, Book 61, Paragraphs 3, 4, vol. 5, translated by Herbert Baldwin Foster, Pafraets Book Company, Troy, New York, p. 4–5.
42. Ibid., Book 61, Paragraph 10, p. 13–14.
43. Tacitus, 1942, *Annals*, Book 13, Paragraph 12, in *The Complete Works of Tacitus*, translated by Alfred John Church (1824–1912) and William Jackson Brodribb (1829–1905), Modern Library, New York, p. 290.
44. Ibid., Book 13, Paragraph 14, p. 292.
45. Ibid., Book 13, Paragraphs 15, 16, p. 292–293.
46. Ibid., Book 13, Paragraph 17, p. 294.
47. Suetonius, C. T., 1906, *The Lives of the Twelve Caesars*, Nero, Paragraph 34, George Bell & Sons, London, p. 362–363.
48. Tacitus, 1942, *Annals*, Book 14, Paragraph 3, in *The Complete Works of Tacitus*, translated by Alfred John Church (1824–1912) and William Jackson Brodribb (1829–1905), Modern Library, New York, p. 321.
49. Ibid., Book 14, Paragraphs 3–5, p. 321–323.
50. Ibid., Book 14, Paragraph 8, p. 325.
51. Suetonius, C. T., 1906, *The Lives of the Twelve Caesars*, Nero, Paragraph 20, George Bell & Sons, London, p. 319.
52. Ibid., Paragraph 23, p. 353.
53. Tacitus, 1942, *Annals*, Book 13, Paragraph 45, in *The Complete Works of Tacitus*, translated by Alfred John Church (1824–1912) and William Jackson Brodribb (1829–1905), Modern Library, New York, p. 312.
54. Ibid., Book 13, Paragraph 46, p. 313.
55. Ibid., Book 13, Paragraph 45, p. 312.
56. Suetonius, C. T., 1906, *The Lives of the Twelve Caesars*, Nero, Paragraph 35, George Bell & Sons, London, p. 364.
57. Ibid., Paragraph 35, p. 365.
58. Tacitus, 1942, *Annals*, Book 14, Paragraph 64, in *The Complete Works of Tacitus*, translated by Alfred John Church (1824–1912) and William Jackson Brodribb (1829–1905), Modern Library, New York, p. 355–356.
59. Suetonius, C. T., 1906, *The Lives of the Twelve Caesars,* Nero, Paragraph 35, George Bell & Sons, London, p. 365.
60. Ibid., Paragraph 37, p. 366.
61. Ibid., Paragraph 35, p. 365.
62. Dio Cassius, 1906, *Dio's Rome*, Book 61, Paragraph 14, vol. 5, translated by Herbert Baldwin Foster, Pafraets Book Company, Troy, New York, p. 19.
63. Tacitus, 1942, *Annals*, Book 14, Paragraph 52, in *The Complete Works of Tacitus*, translated by Alfred John Church (1824–1912) and William Jackson Brodribb (1829–1905), Modern Library, New York, p. 348.
64. Ibid., Book 14, Paragraph 54, p. 349.
65. Ibid., Book 14, Paragraphs 55–56, p. 350.

66. Ibid., Book 15, Paragraph 45, p. 381.
67. Grant, E., 1977, *Physical Science in the Middle Ages*, Cambridge University Press, Cambridge, p. 7.
68. Clarke, J., 1910, *Physical Science in the Time of Nero being a Translation of the Quaestiones Naturales of Seneca*, Book 1, Preface, Macmillan, London, p. 4.
69. Ibid., p. 7.
70. Ibid.
71. Ibid., Book 1, Section 1, Paragraph 4, p. 9.
72. Aristotle, 1923, *Meteorologica* (*Meteorology*), Book 1, Chapter 4, translated by E. W. Webster, Oxford at the Clarendon Press, London, p. 344a.
73. Clarke, J., 1910, *Physical Science in the Time of Nero being a Translation of the Quaestiones Naturales of Seneca*, Book 1, Section 1, Macmillan, London, p. 11.
74. Ibid., Book 1, Sections 2, 3, p. 16–22.
75. Ibid., Book 1, Section 15, Paragraph 5, p. 40.
76. Ibid., Book 1, Section 16, Paragraph 5, p. 43.
77. Ibid., Book 1, Section 17, Paragraph 10, p. 47.
78. Singer, C., 1958, *From Magic to Science* (first published in 1928), Dover, New York, p. 15.
79. Clarke, J., 1910, *Physical Science in the Time of Nero being a Translation of the Quaestiones Naturales of Seneca*, Book 2, Section 59, Paragraph 1, Macmillan, London, p. 102.
80. Ibid., Book 3, Preface, Paragraph 1, p. 109.
81. Ibid., Book 3, Section 7, Paragraph 1, p. 117–118.
82. Ibid., Book 3, Section 7, Paragraph 3, p. 118.
83. Ibid., Book 3, Section 9, Paragraph 2, p. 119–120.
84. Ibid., Book 3, Section 10, Paragraph 1, p. 120.
85. Ibid., Book 3, Section 5, p. 116–117.
86. Plato, 1937, Phaedo, in *The Dialogues of Plato*, translated into English by Benjamin Jowett (1817–1893), vol. 1, Random House, New York, p. 495–496 (111).
87. Clarke, J., 1910, *Physical Science in the Time of Nero being a Translation of the Quaestiones Naturales of Seneca*, Book 3, Section 15, Paragraphs 2,3, Macmillan, London, p. 126.
88. Boas, G., 1973, Macrocosm and Microcosm, in *Dictionary of the History of Ideas*, vol. 3, edited by Philip P. Wiener, Charles Scribner's Sons, New York, p. 126.
89. Freeman, K., 1966, *Ancilla to the Pre-Socratic Philosophers, a Complete Translation of the Fragments in Diels, Fragmente der Vorsokratiker*, Harvard University Press, Cambridge, p. 99.
90. Plato, 1937, Philebus, in *The Dialogues of Plato*, translated into English by Benjamin Jowett (1817–1893), vol. 2, Random House, New York, p. 361–362 (29).
91. Plato, 1937, Timaeus, in *The Dialogues of Plato*, translated into English by Benjamin Jowett (1817–1893), vol. 2, Random House, New York, p. 14 (30).
92. Adams, F. D., 1954, *The Birth and Development of the Geological Sciences* (first published in 1938 by William & Wilkins in Baltimore), Dover, New York, p. 66.
93. Clarke, J., 1910, *Physical Science in the Time of Nero being a Translation of the Quaestiones Naturales of Seneca*, Book 3, Section 25, Paragraph 4, Macmillan, London, p. 138.
94. Ibid.
95. Ibid., Paragraph 6, p. 139.
96. Ibid., Book 3, Section 30, Paragraph 7, p. 156.
97. Ibid., Book 6, Section 3, Paragraph 1, p. 228.

98. Ibid., Book 6, Section 4, Paragraphs 2,3, p. 229–230.
99. Aristotle, 1923, *Meteorologica* (*Meteorology*), Book 2, Chapters 6–9, translated by E. W. Webster, Oxford at the Clarendon Press, London, p. 365a–369a.
100. Clarke, J., 1910, *Physical Science in the Time of Nero being a Translation of the Quaestiones Naturales of Seneca*, Book 6, Section 16, Paragraph 1, Macmillan, London, p. 244.
101. Ibid., Book 6, Section 16, Paragraph 4, p. 245.
102. Ibid., Book 7, Section 21, Paragraph 1, p. 293.
103. Ibid., Book 7, Section 22, Paragraph 1, p. 295, Section 25, Paragraph 1, p. 298.
104. Ibid., Book 7, Section 25, Paragraph 2, p. 298.
105. Ibid., Book 7, Section 26, Paragraph 1, p. 299.
106. Ibid., Book 7, Section 31, Paragraph 2, p. 305–306.
107. Ibid., Book 7, Section 31, Paragraph 2, p. 306.
108. Ibid., Book 7, Section 31, Paragraph 4, p. 306.
109. Ibid., Book 7, Section 32, Paragraph 4, p. 308.
110. Suetonius, C. T., 1906, *The Lives of the Twelve Caesars*, Nero, Paragraph 26, George Bell & Sons, London, p. 356.
111. Ibid., Paragraph 28, p. 357.
112. Ibid., Paragraph 29, p. 357–358.
113. Ibid., Paragraph 30, p. 358.
114. Ibid., Paragraph 38, p. 367–368.
115. Dio Cassius, 1906, *Dio's Rome*, Book 62, Paragraph 18, vol. 5, translated by Herbert Baldwin Foster, Pafraets Book Company, Troy, New York, p. 45.
116. Ibid.
117. Tacitus, 1942, *Annals*, Book 15, Paragraph 39, in *The Complete Works of Tacitus*, translated by Alfred John Church (1824–1912) and William Jackson Brodribb (1829–1905), Modern Library, New York, p. 378.
118. Dio Cassius, 1906, *Dio's Rome*, Book 62, Paragraph 18, vol. 5, translated by Herbert Baldwin Foster, Pafraets Book Company, Troy, New York, p. 45.
119. Tacitus, 1942, *Annals*, Book 15, Paragraph 44, in *The Complete Works of Tacitus*, translated by Alfred John Church (1824–1912) and William Jackson Brodribb (1829–1905), Modern Library, New York, p. 380–381.
120. Ibid., Book 15, Paragraph 60, p. 390.
121. Ibid., Book 15, Paragraph 63, p. 392.
122. Ibid., Book 15, Paragraph 64, p. 392.
123. Ibid., p. 393.
124. Dio Cassius, 1906, *Dio's Rome*, Book 63, Paragraph 22, vol. 5, translated by Herbert Baldwin Foster, Pafraets Book Company, Troy, New York, p. 75.
125. Ibid., Book 63, Paragraph 23, p. 76–77.
126. Suetonius, C. T., 1906, *The Lives of the Twelve Caesars*, Nero, Paragraph 44, George Bell & Sons, London, p. 373.
127. Ibid., Paragraph 47, p. 375.
128. Dio Cassius, 1906, *Dio's Rome*, Book 63, Paragraph 27, vol. 5, translated by Herbert Baldwin Foster, Pafraets Book Company, Troy, New York, p. 80.
129. Suetonius, C. T., 1906, *The Lives of the Twelve Caesars*, Nero, Paragraph 48, George Bell & Sons, London, p. 376.
130. Ibid., Paragraph 49, p. 377.

131. Ibid., Paragraph 49, p. 378.
132. *Encyclopedia Britannica*, Eleventh Edition, 1911, Pliny, The Elder, vol. 21, Encyclopedia Britannica Company, New York, p. 841.
133. Tacitus, 1942, *Annals*, Book 5, Paragraph 8, in *The Complete Works of Tacitus*, translated by Alfred John Church (1824–1912) and William Jackson Brodribb (1829–1905), Modern Library, New York, p. 192.
134. *Encyclopedia Britannica*, Eleventh Edition, 1911, Pliny, The Elder, vol. 21, Encyclopedia Britannica Company, New York, p. 842.
135. Ibid., p. 841–844.
136. Tacitus, 1942, *Annals*, Book 1, Paragraph 69, in *The Complete Works of Tacitus*, translated by Alfred John Church (1824–1912) and William Jackson Brodribb (1829–1905), Modern Library, New York, p. 46.
137. Pliny the Elder, 1855–1857, *The Natural History of Pliny*, translated by John Bostock and H. T. Riley, in 6 volumes, Henry G. Bohn, London.
138. Pliny the Consul, 1809, *The Letters of Pliny the Consul*, Book 3, Letter 5, translated by William Melmoth, E. Larkin, Boston, p. 127.
139. Pliny the Elder, 1855, *The Natural History of Pliny*, Book 1, Dedication, translated by John Bostock and H. T. Riley, vol. 1, Henry G. Bohn, London, p. 6.
140. Pliny the Consul, 1809, *The Letters of Pliny the Consul*, Book 3, Letter 5, translated by William Melmoth, E. Larkin, Boston, p. 127–130.
141. Pliny the Elder, 1855, *The Natural History of Pliny*, Book 2, Chapter 5, translated by John Bostock and H. T. Riley, vol. 1, Henry G. Bohn, London, p. 20.
142. Ibid., Book 2, Chapter 5, p. 25.
143. Ibid., Book 2, Chapter 5, p. 20–21.
144. Ibid., Book 2, Chapter 5, p. 21–22.
145. Gibbon, E., 1909, *The History of the Decline and Fall of the Roman Empire*, Chapter 13, edited by J. B. Bury, vol. 1, Methuen & Co., London, p. 394.
146. Sarton, G., 1924, Review of "A History of Magic and Experimental Science During the First Thirteen Centuries of Our Era," *Isis*, no. 1, vol. 6, p. 75.
147. Pliny the Elder, 1855, *The Natural History of Pliny*, Book 7, Chapter 2, translated by John Bostock and H. T. Riley, vol. 2, Henry G. Bohn, London, p. 130–131.
148. Ibid., Book 8, Chapter 30, p. 278–280.
149. Pliny the Elder, 1856, *The Natural History of Pliny*, Book 29, Chapter 32, translated by John Bostock and H. T. Riley, vol. 5, Henry G. Bohn, London, p. 405.
150. Pliny the Elder, 1857, *The Natural History of Pliny*, Book 37, Chapter 15, translated by John Bostock and H. T. Riley, vol. 6, Henry G. Bohn, London, p. 408.
151. Ibid., Book 37, Chapter 16, p. 409.
152. Ibid., Book 36, Chapter 24, p. 354.
153. Pliny the Elder, 1856, *The Natural History of Pliny*, Book 28, Chapter 34, translated by John Bostock and H. T. Riley, vol. 5, Henry G. Bohn, London, p. 283–284.
154. Ibid.
155. Ibid., p. 305.
156. Ibid., p. 304.
157. Pliny the Elder, 1855, *The Natural History of Pliny*, Book 8, Chapter 2, translated by John Bostock and H. T. Riley, vol. 2, Henry G. Bohn, London, p. 130–131.
158. Pliny the Elder, 1857, *The Natural History of Pliny*, Book 36, Chapter 34, translated by John Bostock and H.

T. Riley, vol. 6, Henry G. Bohn, London, p. 361.

159. Pliny the Elder, 1855, *The Natural History of Pliny*, Book 2, Chapter 88, translated by John Bostock and H. T. Riley, vol. 1, Henry G. Bohn, London, p. 117.

160. Decker, R., and Decker, B., 1981, *Volcanoes*, W. H. Freeman, San Francisco, p. 15–27.

161. Fridriksson, S., 1987, Plant Colonization of a Volcanic Island, Surtsey, Iceland, *Arctic and Alpine Research*, vol. 19, no. 4, p. 425.

162. Pliny the Consul, 1809, *The Letters of Pliny the Consul*, Book 6, Letter 16, translated by William Melmoth, E. Larkin, Boston, p. 294–300.

163. Walsh, J. J., 1920, *Medieval Medicine*, A. & C. Black, Ltd., London, p. 18–19.

164. Coxe, J. R., 1846, Introduction, in *The Writings of Hippocrates and Galen*, Lindsay and Blakiston, Philadelphia, p. 29. This Introduction appears to be Coxe's translation of *Historie de la Medecine* by Daniel Le Clerc, published at A la Haye (The Hague) by Chez Isaac van der Kloot in 1729 (first edition in 1696).

165. Eusebius, 1851, *Ecclesiastical History*, Book 5, Chapter 28, translated by C. F. Cruse, Henry G. Bohn, London, p. 203.

166. Meyerhof, M., 1931, Science and Medicine, in *The Legacy of Islam* (First Edition), edited by T. Arnold and A. Guillaume, Oxford University Press, London, p. 316.

167. Sarton, G., 1927, *Introduction to the History of Science*, vol. 1, Carnegie Institution of Washington, Washington, DC, p. 302.

168. Sarton, G., 1954, *Galen of Pergamon*, University of Kansas Press, Lawrence, p. 11–12.

169. Ibid., p. 15.

170. Nutton, V., 2004, *Ancient Medicine*, Routledge, London, p. 216.

171. Coxe, J. R., 1846, Introduction, in *The Writings of Hippocrates and Galen*, Lindsay and Blakiston, Philadelphia, p. 28. This Introduction appears to be Coxe's translation of *Historie de la Medecine* by Daniel Le Clerc, published at A la Haye (The Hague) by Chez Isaac van der Kloot in 1729 (first edition in 1696).

172. Nutton, V., 2004, *Ancient Medicine*, Routledge, London, p. 217.

173. Galen, 1929, On the Passions, in *Greek Medicine, Being Extracts Illustrative of Medical Writers from Hippocrates to Galen*, translated by Arthur J. Brock, J.M. Dent & Sons, London, p. 171.

174. Ibid.

175. Sarton, G., 1954, *Galen of Pergamon*, University of Kansas Press, Lawrence, p. 16.

176. Nutton, V., 2004, *Ancient Medicine*, Routledge, London, p. 216.

177. Sarton, G., 1954, *Galen of Pergamon*, University of Kansas Press, Lawrence, p. 30.

178. Ibid., p. 16.

179. Galen, 1929, On the Passions, in Greek Medicine, Being Extracts Illustrative of Medical Writers from Hippocrates to Galen, translated by Arthur J. Brock, J.M. Dent & Sons, London, p. 172.

180. Ibid.

181. Ibid.

182. Galen, 1916, *On the Natural Faculties*, Book 3, Chapter 10, translated by Arthur John Brock, William Heinemann, London, p. 279.

183. Coxe, J. R., 1846, Introduction, in *The Writings of Hippocrates and Galen*, Lindsay and Blakiston, Philadelphia, p. 28. This Introduction appears to be Coxe's translation of Historie de la Medecine by Daniel Le Clerc, published at A la Haye (The Hague) by Chez Isaac van der Kloot in 1729 (first edition in 1696).

184. Sarton, G., 1954, *Galen of Pergamon*, University of Kansas Press, Lawrence, p. 16.

185. Ibid., p. 83–84.

186. Hippocrates, 1950, *The Medical Works of Hippocrates*, translated by John Chadwick and W. N. Mann,

Charles C. Thomas, Springfield, Illinois, p. 194.

187. Antoninus, Marcus Aurelius, 1901, *The Thoughts of the Emperor M. Aurelius Antoninus*, Book 1, Chapter 17, translated by George Long, George Bell & Sons, London, p. 76.

188. Galen, 1929, *On the Utility of Parts*, Book 10, Chapter 12, in *Greek Medicine, Being Extracts Illustrative of Medical Writers from Hippocrates to Galen*, translated by Arthur J. Brock, J.M. Dent & Sons, London, p. 156.

189. Sarton, G., 1954, *Galen of Pergamon*, University of Kansas Press, Lawrence, p. 17–19.

190. Nutton, V., 2004, *Ancient Medicine*, Routledge, London, p. 217.

191. Sarton, G., 1954, *Galen of Pergamon*, University of Kansas Press, Lawrence, p. 18.

192. Nutton, V., 2004, *Ancient Medicine*, Routledge, London, p. 218.

193. Ibid.

194. Ibid., p. 223.

195. Ibid., p. 182–186.

196. Sarton, G., 1954, *Galen of Pergamon*, University of Kansas Press, Lawrence, p. 20.

197. Nutton, V., 2004, *Ancient Medicine*, Routledge, London, p. 224.

198. Ibid., p. 159.

199. Plutarch, 1952, Marcus Cato, in *The Lives of the Noble Grecians and Romans*, translated by John Dryden (1631–1700), *Great Books of the Western World*, vol. 14, William Benton, Chicago, p. 288.

200. Horace, 1889, *Horace: the Odes, Epodes, Satires, and Epistles*, Book 2, Epistle 1, Frederick Warne and Co., London, p. 348.

201. Nutton, V., 2004, *Ancient Medicine*, Routledge, London, p. 164.

202. Ibid., p. 165.

203. Ibid., p. 224.

204. Kudlien, F., 2008, Galen, in *Complete Dictionary of Scientific Biography*, edited by Charles Gillispie, vol. 5, Cengage Learning, New York, p. 229.

205. Kudlien, F., 2008, Galen, in *Complete Dictionary of Scientific Biography*, edited by Charles Gillispie, vol. 5, Cengage Learning, New York, p. 229.

206. Nutton, V., 2004, *Ancient Medicine*, Routledge, London, p. 224.

207. Sarton, G., 1954, *Galen of Pergamon*, University of Kansas Press, Lawrence, p. 21.

208. Nutton, V., 2004, *Ancient Medicine*, Routledge, London, p. 224.

209. Galen, 1929, *On Habits*, in *Greek Medicine, Being Extracts Illustrative of Medical Writers from Hippocrates to Galen*, translated by Arthur J. Brock, J.M. Dent & Sons, London, p. 186.

210. Galen, 1929, *Notes on His Own Books*, in *Greek Medicine, Being Extracts Illustrative of Medical Writers from Hippocrates to Galen*, translated by Arthur J. Brock, J.M. Dent & Sons, London, p. 176.

211. Ibid.

212. Sarton, G., 1954, *Galen of Pergamon*, University of Kansas Press, Lawrence, p. 23.

213. Nutton, V., 2004, *Ancient Medicine*, Routledge, London, p. 225–229.

214. Ibid., p. 232.

215. Kudlien, F., 2008, Galen, in *Complete Dictionary of Scientific Biography*, edited by Charles Gillispie, vol. 5, Cengage Learning, New York, p. 227.

216. Nutton, V., 2004, *Ancient Medicine*, Routledge, London, p. 226–227.

217. Kudlien, F., 2008, Galen, in *Complete Dictionary of Scientific Biography*, edited by Charles Gillispie, vol. 5, Cengage Learning, New York, p. 228.

218. Coxe, J. R., 1846, *The Works of Galen*, in *The Writings of Hippocrates and Galen*, Lindsay and Blakiston,

Philadelphia, p. 473.
219. Galen, 1929, *Notes on His Own Books*, in *Greek Medicine, Being Extracts Illustrative of Medical Writers from Hippocrates to Galen*, translated by Arthur J. Brock, J.M. Dent & Sons, London, p. 174.
220. Sarton, G., 1954, *Galen of Pergamon*, University of Kansas Press, Lawrence, p. 25.
221. Thorndike, L., 1923, *A History of Magic and Experimental Science*, vol. 1, Columbia University Press, New York, p. 120.
222. Kudlien, F., 2008, Galen, in *Complete Dictionary of Scientific Biography*, edited by Charles Gillispie, vol. 5, Cengage Learning, New York, p. 232.
223. Galen, 1929, *Notes on His Own Books*, in *Greek Medicine, Being Extracts Illustrative of Medical Writers from Hippocrates to Galen*, translated by Arthur J. Brock, J.M. Dent & Sons, London, p. 174.
224. Sarton, G., 1954, *Galen of Pergamon*, University of Kansas Press, Lawrence, p. 48, 59.
225. Thorndike, L., 1923, *A History of Magic and Experimental Science*, vol. 1, Columbia University Press, New York, p. 158.
226. Ibid., p. 157.
227. Ibid., p. 158.
228. Bacon, R., 1907, *On Experimental Science*, in *The Library of Original Sources*, vol. 4, edited by Oliver Joseph Thatcher, University Research Extension, New York, p. 369–370.
229. Thorndike, L., 1923, *A History of Magic and Experimental Science*, vol. 1, Columbia University Press, New York, p. 162.
230. Ibid., p. 166–167.
231. Ibid., p. 170.
232. Ibid., p. 173.
233. Ibid.
234. Ibid., p. 175.
235. Nutton, V., 2004, *Ancient Medicine*, Routledge, London, p. 241.
236. Longrigg, J., 2008, Herophilus, in *Complete Dictionary of Scientific Biography*, edited by Charles Gillispie, vol. 6, Cengage Learning, New York, p. 316.
237. Tertullian, 1870, *De Anima* (*On the Soul*), Chapter 10, in *Anti-Nicene Christian Library*, vol. 15, *The Writings of Tertullian*, vol. 2, edited by Alexander Roberts and James Donaldson, T. & T. Clark, Edinburgh, p. 431.
238. Celsus, A. C., 1831, *A Translation of the Eight Books of Aul. Corn. Celsus on Medicine*, Book 1, Preface, Second Edition, revised by G. F. Collier, Simpkin and Marshall, London, p. 5.
239. Nutton, V., 2004, *Ancient Medicine*, Routledge, London, p. 129–131.
240. Ibid., p. 132.
241. Longrigg, J., 2008, Herophilus, in *Complete Dictionary of Scientific Biography*, edited by Charles Gillispie, vol. 6, Cengage Learning, New York, p. 317.
242. Longrigg, J., 2008, Erasistratus, in *Complete Dictionary of Scientific Biography*, edited by Charles Gillispie, vol. 4, Cengage Learning, New York, p. 382.
243. Ibid., p. 383.
244. Nutton, V., 2004, *Ancient Medicine*, Routledge, London, p. 135.
245. Longrigg, J., 2008, Erasistratus, in *Complete Dictionary of Scientific Biography*, edited by Charles Gillispie, vol. 4, Cengage Learning, New York, p. 383.
246. Nutton, V., 2004, *Ancient Medicine*, Routledge, London, p. 203.
247. Wilson, L. G., 2008, Galen: Anatomy and Physiology, in *Complete Dictionary of Scientific Biography*, edited by Charles Gillispie, vol. 5, Cengage Learning, New York, p. 234.

248. Longrigg, J., 2008, Erasistratus, in *Complete Dictionary of Scientific Biography*, edited by Charles Gillispie, vol. 4, Cengage Learning, New York, p. 384.
249. Nutton, V., 2004, *Ancient Medicine*, Routledge, London, p. 136.
250. Longrigg, J., 2008, Erasistratus, in *Complete Dictionary of Scientific Biography*, edited by Charles Gillispie, vol. 4, Cengage Learning, New York, p. 385.
251. Ibid.
252. Nutton, V., 2004, *Ancient Medicine*, Routledge, London, p. 231.
253. Galen, 1929, *On Anatomical Procedure*, Book 1, Chapter 2, in *Greek Medicine, Being Extracts Illustrative of Medical Writers from Hippocrates to Galen*, translated by Arthur J. Brock, J.M. Dent & Sons, London, p. 161–162.
254. Nutton, V., 2004, *Ancient Medicine*, Routledge, London, 230–231.
255. Wilson, L. G., 2008, Galen: Anatomy and Physiology, in *Complete Dictionary of Scientific Biography*, edited by Charles Gillispie, vol. 5, Cengage Learning, New York, p. 234.
256. Galen, 1916, *On the Natural Faculties*, Book 3, Chapter 15, translated by Arthur John Brock, William Heinemann, London, p. 321.
257. Wilson, L. G., 2008, Galen: Anatomy and Physiology, in *Complete Dictionary of Scientific Biography*, edited by Charles Gillispie, vol. 5, Cengage Learning, New York, p. 234–235.
258. Galen, 1929, *On the Utility of Parts*, Book 6, Chapter 17, in *Greek Medicine, Being Extracts Illustrative of Medical Writers from Hippocrates to Galen*, translated by Arthur J. Brock, J.M. Dent & Sons, London, p. 159.
259. Nutton, V., 2004, *Ancient Medicine*, Routledge, London, p. 231.
260. Galen, 1916, *On the Natural Faculties*, Book 3, Chapter 4, translated by Arthur John Brock, William Heinemann, London, p. 243.
261. Galen, 1929, *On Anatomical Procedure*, Book 1, Chapter 2, in *Greek Medicine, Being Extracts Illustrative of Medical Writers from Hippocrates to Galen*, translated by Arthur J. Brock, J.M. Dent & Sons, London, p. 160.
262. Cuvier, G., 1997, Extract from a Memoir, read 6 October, 1798, in *Georges Cuvier, Fossil Bones, and Geological Catastrophes*, translated by Martin J. S. Rudwick, University of Chicago Press, Chicago, p. 36.
263. Galen, 1916, *On the Natural Faculties*, Book 1, Chapter 13, translated by Arthur John Brock, William Heinemann, London, p. 59.
264. Nutton, V., 2004, *Ancient Medicine*, Routledge, London, p. 201.
265. Sarton, G., 1954, *Galen of Pergamon*, University of Kansas Press, Lawrence, p. 31–34.
266. Galen, 1929, *Notes on His Own Books*, in *Greek Medicine, Being Extracts Illustrative of Medical Writers from Hippocrates to Galen*, translated by Arthur J. Brock, J.M. Dent & Sons, London, p. 178.
267. Celsus, A. C., 1831, *A Translation of the Eight Books of Aul. Corn. Celsus on Medicine*, Book 1, Preface, Second Edition, revised by G. F. Collier, Simpkin and Marshall, London, p. 3–8.
268. Ibid., p. 3.
269. Ibid., p. 5–6.
270. Galen, 1929, *On the Medical Sects*, Chapter 1, in *Greek Medicine, Being Extracts Illustrative of Medical Writers from Hippocrates to Galen*, translated by Arthur J. Brock, J.M. Dent & Sons, London, p. 132.
271. Nutton, V., 2004, *Ancient Medicine*, Routledge, London, p. 206–207.
272. Galen, 1916, *On the Natural Faculties*, Book 1, Chapter 13, translated by Arthur John Brock, William Heinemann, London, p. 57.
273. Nutton, V., 2004, *Ancient Medicine*, Routledge, London, p,. 222.

274. Kudlien, F., 2008, Galen, in *Complete Dictionary of Scientific Biography*, edited by Charles Gillispie, vol. 5, Cengage Learning, New York, p. 230.
275. Galen, 1916, *On the Natural Faculties*, Book 1, Chapter 13, translated by Arthur John Brock, William Heinemann, London, p. 49.
276. Nutton, V., 2004, *Ancient Medicine*, Routledge, London, p. 222.
277. Galen, 1916, *On the Natural Faculties*, Book 2, Chapter 4, translated by Arthur John Brock, William Heinemann, London, p. 139.
278. Ibid., Book 2, Chapter 9, p. 207–209.
279. Aristotle, 1941, *De Generatione et Corruptione* (*On Generation and Corruption*), Book 2, Chapter 3, translated by Harold H. Joachim, in *Basic Works of Aristotle*, Random House, New York, p. 511 (330b).
280. Galen, 1916, *On the Natural Faculties*, Book 2, Chapter 9, translated by Arthur John Brock, William Heinemann, London, p. 209.
281. Ibid., Book 2, Chapter 8, p. 191.
282. Sarton, G., 1954, *Galen of Pergamon*, University of Kansas Press, Lawrence, p. 53.
283. Hippocrates, 1929, *Epidemics*, Book 3, Chapter 14, in *Greek Medicine, Being Extracts Illustrative of Medical Writers from Hippocrates to Galen*, translated by Arthur J. Brock, J.M. Dent & Sons, London, p. 79.
284. Hicks, R. D., 1910, *Stoic and Epicurean*, Charles Scribner's Sons, New York, p. 238.
285. Burnet, J., 1920, *Early Greek Philosophy*, Third Edition, A. & C. Black, London, p. 354.
286. Balme, D. M., 1973, Biological Conceptions in Antiquity, in *Dictionary of the History of Ideas*, vol. 1, edited by Philip P. Wiener, Charles Scribner's Sons, New York, p. 231.
287. Solmsen, F., 1957, The Vital Heat, the Inborn Pneuma and the Aether, *The Journal of Hellenic Studies*, vol. 77, p. 119.
288. *Encyclopedia Britannica,* Eleventh Edition, 1911, Stoics, vol. 25, Encyclopedia Britannica Company, New York, p. 944.
289. Hicks, R. D., 1910, *Stoic and Epicurean*, Charles Scribner's Sons, New York, p. 329.
290. Brock, A. J., 1929, Introduction, in *Greek Medicine, Being Extracts Illustrative of Medical Writers from Hippocrates to Galen*, J.M. Dent & Sons, London, p. 15.
291. Nutton, V., 2004, *Ancient Medicine*, Routledge, London, p. 202.
292. Sarton, G., 1954, *Galen of Pergamon*, University of Kansas Press, Lawrence, p. 49–51.
293. Ibid.
294. Ibid., p. 50.
295. Galen, 1929, *On the Utility of Parts*, Book 3, Chapter 10, in *Greek Medicine, Being Extracts Illustrative of Medical Writers from Hippocrates to Galen*, translated by Arthur J. Brock, J.M. Dent & Sons, London, p. 154.
296. Laërtius, Diogenes, 1905, *The Lives and Opinions of Eminent Philosophers*, Book 10, translated by C. D. Yonge, George Bell & Sons, London, p. 468–469.
297. Galen, 1929, *On the Utility of Parts*, Book 6, Chapter 17, in *Greek Medicine, Being Extracts Illustrative of Medical Writers from Hippocrates to Galen*, translated by Arthur J. Brock, J.M. Dent & Sons, London, p. 158.
298. Hicks, L. E., 1883, *A Critique of Design-Arguments*, Charles Scribner's Sons, New York, p. 70.
299. Ibid., p. 70–71.

第五章

1. *Encyclopedia Britannica*, Eleventh Edition, 1911, Stoics, vol. 25, Encyclopedia Britannica Company, New

York, p. 942.

2. Hicks, R. D., 1910, *Stoic and Epicurean*, Charles Scribner's Sons, New York, p. 153.
3. Ibid., p. 154.
4. Laërtius, Diogenes, 1905, *The Lives and Opinions of Eminent Philosophers*, Book 10, translated by C. D. Yonge, George Bell & Sons, London, p. 424, 429.
5. Hicks, R. D., 1910, *Stoic and Epicurean*, Charles Scribner's Sons, New York, p. 155.
6. Ibid., p. 154.
7. Ibid., p. 154–155.
8. Ibid., p. 155.
9. Ibid., p. 156–157.
10. Ibid., p. 157.
11. Ibid., p. 159.
12. Ibid., p. 155.
13. Laërtius, Diogenes, 1905, *The Lives and Opinions of Eminent Philosophers*, Book 10, translated by C. D. Yonge, George Bell & Sons, London, p. 427.
14. Ibid., p. 433.
15. Bailey, C., 1928, *The Greek Atomists and Epicurus*, Oxford at the Clarendon Press, London, p. 228.
16. Laërtius, Diogenes, 1905, *The Lives and Opinions of Eminent Philosophers*, Book 10, translated by C. D. Yonge, George Bell & Sons, London, p. 436–479.
17. Hicks, R. D., 1910, *Stoic and Epicurean*, Charles Scribner's Sons, New York, p. 161.
18. Ibid., p. 160.
19. Ibid.
20. Laërtius, Diogenes, 1905, *The Lives and Opinions of Eminent Philosophers*, Book 10, translated by C. D. Yonge, George Bell & Sons, London, p. 428.
21. Ibid., p. 471.
22. Hicks, R. D., 1910, *Stoic and Epicurean*, Charles Scribner's Sons, New York, p. 157–158.
23. Ibid., p. 163.
24. Ibid., p. 311.
25. Laërtius, Diogenes, 1905, *The Lives and Opinions of Eminent Philosophers*, Book 10, translated by C. D. Yonge, George Bell & Sons, London, p. 468.
26. Hicks, R. D., 1910, *Stoic and Epicurean*, Charles Scribner's Sons, New York, p. 165.
27. Zeller, E., 1908, *Outlines of the History of Greek Philosophy*, translated by Sarah Frances Alleyne and Evelyn Abbott, Henry Holt, New York, p. 264.
28. Laërtius, Diogenes, 1905, *The Lives and Opinions of Eminent Philosophers*, Book 10, translated by C. D. Yonge, George Bell & Sons, London, p. 470.
29. Ibid., p. 471.
30. Bailey, C., 1928, *The Greek Atomists and Epicurus*, Oxford at the Clarendon Press, London, p. 224.
31. Hicks, R. D., 1910, *Stoic and Epicurean*, Charles Scribner's Sons, New York, p. 174.
32. Grote, G., 1880, *Aristotle*, Second Edition, John Murray, London, p. 656.
33. Laërtius, Diogenes, 1905, *The Lives and Opinions of Eminent Philosophers*, Book 10, translated by C. D. Yonge, George Bell & Sons, London, p. 479.
34. Hicks, R. D., 1910, *Stoic and Epicurean*, Charles Scribner's Sons, New York, p. 182.
35. Laërtius, Diogenes, 1905, *The Lives and Opinions of Eminent Philosophers*, Book 10, translated by C. D. Yonge, George Bell & Sons, London, p. 455.

36. Hicks, R. D., 1910, *Stoic and Epicurean*, Charles Scribner's Sons, New York, p. 208.
37. Ibid., p. 217.
38. Bailey, C., 1928, *The Greek Atomists and Epicurus*, Oxford at the Clarendon Press, London, p. 238.
39. Laërtius, Diogenes, 1905, *The Lives and Opinions of Eminent Philosophers*, Book 10, translated by C. D. Yonge, George Bell & Sons, London, p. 435.
40. Hicks, R. D., 1910, *Stoic and Epicurean*, Charles Scribner's Sons, New York, p. 215.
41. Laërtius, Diogenes, 1905, *The Lives and Opinions of Eminent Philosophers*, Book 10, translated by C. D. Yonge, George Bell & Sons, London, p. 435.
42. Ibid., p. 436.
43. Bailey, C., 1928, *The Greek Atomists and Epicurus*, Oxford at the Clarendon Press, London, p. 248–249.
44. Laërtius, Diogenes, 1905, *The Lives and Opinions of Eminent Philosophers*, Book 10, translated by C. D. Yonge, George Bell & Sons, London, p. 458.
45. Ibid., p. 458–466.
46. Lloyd, G. E. R., 1973, *Greek Science After Aristotle*, W. W. Norton, London, p. 26.
47. Chamberlin, T. C., 1890, The Method of Multiple Working Hypotheses, *Science*, vol. 15, no. 366, p. 93.
48. Hicks, R. D., 1910, *Stoic and Epicurean*, Charles Scribner's Sons, New York, p. 211.
49. Laërtius, Diogenes, 1905, *The Lives and Opinions of Eminent Philosophers*, Book 10, translated by C. D. Yonge, George Bell & Sons, London, p. 439.
50. Hicks, R. D., 1910, *Stoic and Epicurean*, Charles Scribner's Sons, New York, p. 222.
51. Laërtius, Diogenes, 1905, *The Lives and Opinions of Eminent Philosophers*, Book 10, translated by C. D. Yonge, George Bell & Sons, London, p. 443.
52. Ibid., p. 447–448.
53. Ibid., p. 439.
54. Ibid., p. 456.
55. Ibid., p. 438.
56. Ibid., p. 456–457.
57. Titus Lucretius Carus, 1743, *Of the Nature of Things*, Book 2, vol. 1, Daniel Brown, London, p. 185–187.
58. Laërtius, Diogenes, 1905, *The Lives and Opinions of Eminent Philosophers*, Book 10, translated by C. D. Yonge, George Bell & Sons, London, p. 468–469.
59. Plutarch, 1870, *Of Those Sentiments Concerning Nature with which Philosophers were Delighted*, Book 1, Chapter 7, translated by John Dowel, in *Plutarch's Morals*, translated *from the Greek by Several Hands, Corrected and Revised by William W. Goodwin*, vol. 3, Little, Brown, and Company, Boston, p. 122.
60. Laërtius, Diogenes, 1905, *The Lives and Opinions of Eminent Philosophers*, Book 10, translated by C. D. Yonge, George Bell & Sons, London, p. 459.
61. Titus Lucretius Carus, 1743, *Of the Nature of Things*, Book 2, vol. 1, Daniel Brown, London, p. 153.
62. Ibid., Book 1, vol. 1, p. 19.
63. Ibid., Book 2, vol. 1, p. 189.
64. Ibid., Book 1, vol. 1, p. 11.
65. Ibid., Book 3, vol. 1, p. 279.
66. Laërtius, Diogenes, 1905, *The Lives and Opinions of Eminent Philosophers*, Book 9, translated by C. D. Yonge, George Bell & Sons, London, p. 395.
67. Ibid., Book 10, p. 472.
68. Ibid.
69. Hicks, R. D., 1910, *Stoic and Epicurean*, Charles Scribner's Sons, New York, p. 180.

70. Laërtius, Diogenes, 1905, *The Lives and Opinions of Eminent Philosophers*, Book 10, translated by C. D. Yonge, George Bell & Sons, London, p. 467.
71. Ibid., p. 435.
72. Hicks, R. D., 1910, *Stoic and Epicurean*, Charles Scribner's Sons, New York, p. 163.
73. Laërtius, Diogenes, 1905, *The Lives and Opinions of Eminent Philosophers*, Book 10, translated by C. D. Yonge, George Bell & Sons, London, p. 469.
74. Ibid., Book 7, p. 259.
75. Hicks, R. D., 1910, *Stoic and Epicurean*, Charles Scribner's Sons, New York, p. 4.
76. Laërtius, Diogenes, 1905, *The Lives and Opinions of Eminent Philosophers*, Book 7, translated by C. D. Yonge, George Bell & Sons, London, p. 271.
77. Furley, D. J., 2008, Zeno of Citium, in *Complete Dictionary of Scientific Biography*, edited by Charles Gillispie, vol. 14, Cengage Learning, New York, p. 606.
78. *Encyclopedia Britannica*, Eleventh Edition, 1911, Stoics, vol. 25, Encyclopedia Britannica Company, New York, p. 942.
79. Laërtius, Diogenes, 1905, *The Lives and Opinions of Eminent Philosophers*, Book 7, translated by C. D. Yonge, George Bell & Sons, London, p. 260.
80. Furley, D. J., 2008, Zeno of Citium, in *Complete Dictionary of Scientific Biography*, edited by Charles Gillispie, vol. 14, Cengage Learning, New York, p. 606.
81. *Encyclopedia Britannica*, Eleventh Edition, 1911, Stoics, vol. 25, Encyclopedia Britannica Company, New York, p. 942.
82. Laërtius, Diogenes, 1905, *The Lives and Opinions of Eminent Philosophers*, Book 7, translated by C. D. Yonge, George Bell & Sons, London, p. 263–264.
83. Ibid., p. 264.
84. Ibid., p. 269.
85. Ibid., p. 267.
86. Ibid., p. 269.
87. Ibid., p. 266.
88. Ibid.
89. Ibid., p. 268.
90. Ibid.
91. Ibid.
92. Ibid., p. 267.
93. Ibid.
94. Ibid., p. 263.
95. Inwood, B., 2006, Cleanthes, in *Encyclopedia of Philosophy*, edited by Donald Borchert, vol. 2, Macmillan Reference, Detroit, p. 288.
96. Laërtius, Diogenes, 1905, *The Lives and Opinions of Eminent Philosophers*, Book 7, translated by C. D. Yonge, George Bell & Sons, London, p. 322.
97. Ibid., p. 323.
98. *Encyclopedia Britannica*, Eleventh Edition, 1911, Stoics, vol. 25, Encyclopedia Britannica Company, New York, p. 942.
99. Laërtius, Diogenes, 1905, *The Lives and Opinions of Eminent Philosophers*, Book 7, translated by C. D. Yonge, George Bell & Sons, London, p. 325.
100. *Encyclopedia Britannica*, Eleventh Edition, 1911, Stoics, vol. 25, Encyclopedia Britannica Company, New

York, p. 943.
101. Laërtius, Diogenes, 1905, *The Lives and Opinions of Eminent Philosophers*, Book 7, translated by C. D. Yonge, George Bell & Sons, London, p. 327–328.
102. Ibid., p. 329–330.
103. Ibid., p. 331.
104. Ibid., p. 329.
105. Ibid., p. 327–328.
106. Ibid., p. 330.
107. *Encyclopedia Britannica*, Eleventh Edition, 1911, Stoics, vol. 25, Encyclopedia Britannica Company, New York, p. 948.
108. Hicks, R. D., 1910, *Stoic and Epicurean*, Charles Scribner's Sons, New York, p. 9.
109. Seneca, 1882, Of Benefits, Chapter 12, in *Seneca's Morals of a Happy Life, Benefits, Anger and Clemency*, translated by Roger L'Estrange, Belford, Clarke & Co., Chicago, p. 71.
110. Ibid.
111. Grote, G., 1888, *Plato and the Other Companions of Sokrates*, New Edition, vol. 4, John Murray, London, p. 102.
112. *Encyclopedia Britannica,* Eleventh Edition, 1911, Stoics, vol. 25, Encyclopedia Britannica Company, New York, p. 942.
113. Hicks, R. D., 1910, *Stoic and Epicurean*, Charles Scribner's Sons, New York, p. 54.
114. Ibid., p. 88.
115. Ibid., p. 115–116.
116. Ibid., p. 79.
117. Ibid.
118. Ibid., p. 140.
119. Plutarch, 1870, *Of Those Sentiments Concerning Nature with which Philosophers were Delighted*, Book 4, Chapter 9, in *Plutarch's Morals*, Translated *from the Greek by Several Hands, Corrected and Revised by William W. Goodwin*, vol. 3, Little, Brown, and Company, Boston, p. 165.
120. Laërtius, Diogenes, 1905, *The Lives and Opinions of Eminent Philosophers*, Book 7, translated by C. D. Yonge, George Bell & Sons, London, p. 326.
121. Hicks, R. D., 1910, *Stoic and Epicurean,* Charles Scribner's Sons, New York, p. 55.
122. *Encyclopedia Britannica,* Eleventh Edition, 1911, Stoics, vol. 25, Encyclopedia Britannica Company, New York, p. 943.
123. Hicks, R. D., 1910, *Stoic and Epicurean*, Charles Scribner's Sons, New York, p. 32–33.
124. *Encyclopedia Britannica*, Eleventh Edition, 1911, Stoics, vol. 25, Encyclopedia Britannica Company, New York, p. 944.
125. Clarke, J., 1910, *Physical Science in the Time of Nero being a Translation of the Quaestiones Naturales of Seneca*, Book 3, Section 9, Paragraph 1, Macmillan, London, p. 119–120.
126. Plutarch, 1870, *Of Those Sentiments Concerning Nature with which Philosophers were Delighted*, Book 1, Chapter 9, in *Plutarch's Morals*, Translated *from the Greek by Several Hands, Corrected and Revised by William W. Goodwin*, vol. 3, Little, Brown, and Company, Boston, p. 123.
127. Clarke, J., 1910, *Physical Science in the Time of Nero being a Translation of the Quaestiones Naturales of Seneca*, Book 3, Section 13, Paragraph 1, Macmillan, London, p. 124.
128. Hicks, R. D., 1910, *Stoic and Epicurean,* Charles Scribner's Sons, New York, p. 11.
129. Plutarch, 1889, The Contradictions of the Stoics, Paragraph 44, in *Plutarch's Miscellanies and Essays*,

translated *from the Greek by Several Hands, Corrected and Revised by William W. Goodwin*, vol. 4, Sixth Edition, Little, Brown, and Company, Boston, p. 470.

130. Plutarch, 1870, *Of Those Sentiments Concerning Nature with which Philosophers were Delighted*, Book 1, Chapter 18, in *Plutarch's Morals*, translated *from the Greek by Several Hands, Corrected and Revised by William W. Goodwin*, vol. 3, Little, Brown, and Company, Boston, p. 127.
131. Kirk, G. S., and Raven, J. E., 1957, *The Presocratic Philsophers*, Cambridge University Press, London, p. 187.
132. Fairbanks, A. 1898, *The First Philosophers of Greece*, Kegan Paul, Trench, Trübner & Co., Ltd., London, p. 6.
133. Hicks, R. D., 1910, *Stoic and Epicurean*, Charles Scribner's Sons, New York, p. 10.
134. *Bible*, King James Version, John 1:1.
135. Clarke, J., 1910, *Physical Science in the Time of Nero being a Translation of the Quaestiones Naturales of Seneca*, Book 1, Preface, Macmillan, London, p. 7.
136. Ibid., Book 2, Section 45, p. 91–92.
137. Epictetus, 1904, *Discourses of Epictetus*, Book 2, Chapter 8, translated by George Long, D. Appleton, New York, p. 114.
138. Plutarch, 1870, *Of Those Sentiments Concerning Nature with which Philosophers were Delighted*, Book 1, Chapter 6, in *Plutarch's Morals*, translated *from the Greek by Several Hands, Corrected and Revised by William W. Goodwin*, vol. 3, Little, Brown, and Company, Boston, p. 115–116.
139. Ibid., Book 1, Chapter 7, p. 122.
140. *Encyclopedia Britannica*, Eleventh Edition, 1911, Stoics, vol. 25, Encyclopedia Britannica Company, New York, p. 944.
141. Plutarch, 1889, Why the Oracles Cease to Give Answers, Paragraph 19, in *Plutarch's Miscellanies and Essays*, translated *from the Greek by Several Hands, Corrected and Revised by William W. Goodwin*, vol. 4, Sixth Edition, Little, Brown, and Company, Boston, p. 24–25.
142. Hicks, R. D., 1910, *Stoic and Epicurean*, Charles Scribner's Sons, New York, p. 60.
143. Plutarch, 1870, *Of Those Sentiments Concerning Nature with which Philosophers were Delighted*, Book 4, Chapter 7, in *Plutarch's Morals*, translated *from the Greek by Several Hands, Corrected and Revised by William W. Goodwin*, vol. 3, Little, Brown, and Company, Boston, p. 164.
144. Hicks, R. D., 1910, *Stoic and Epicurean*, Charles Scribner's Sons, New York, p. 16.
145. *Encyclopedia Britannica*, Eleventh Edition, 1911, Stoics, vol. 25, Encyclopedia Britannica Company, New York, p. 945.
146. Cicero, Marcus Tullius, 1775, *Of the Nature of the Gods*, Book 2, T. Davies, London, p. 134.
147. Hicks, R. D., 1910, *Stoic and Epicurean*, Charles Scribner's Sons, New York, p. 39, 42.
148. Antoninus, Marcus Aurelius, 1875, *The Thoughts of the Emperor M. Aurelius Antoninus*, Book 2, Paragraph 3, translated by George Long, Second Edition, George Bell & Sons, London, p. 78–79.
149. Ibid., Book 6, Paragraph 42, p. 126–127.
150. Fairbanks, A. 1898, *The First Philosophers of Greece*, Kegan Paul, Trench, Trübner & Co., Ltd., London, p. 62.
151. Hicks, R. D., 1910, *Stoic and Epicurean*, Charles Scribner's Sons, New York, p. 23.
152. Ibid., p. 26.
153. Clarke, J., 1910, *Physical Science in the Time of Nero being a Translation of the Quaestiones Naturales of Seneca*, Book 2, Chapters 35, 36, Macmillan, London, p. 84.
154. Plutarch, 1870, *Of Those Sentiments Concerning Nature with which Philosophers were Delighted*, Book 1, Chapter 28, in *Plutarch's Morals*, translated *from the Greek by Several Hands, Corrected and Revised by*

William W. Goodwin, vol. 3, Little, Brown, and Company, Boston, p. 130.
155. Hicks, R. D., 1910, *Stoic and Epicurean*, Charles Scribner's Sons, New York, p. 41.
156. Clarke, J., 1910, *Physical Science in the Time of Nero being a Translation of the Quaestiones Naturales of Seneca*, Book 2, Chapter 32, Paragraphs 4, 5, 6, Macmillan, London, p. 80.
157. Gellius, A., 1795, *The Attic Nights of Aulus Gellius*, Book 6, Chapter 1, translated into English by the Rev. W. Beloe, vol. 2, J. Johnson, London, p. 2–3.
158. Hicks, R. D., 1910, *Stoic and Epicurean*, Charles Scribner's Sons, New York, p. 77.
159. Seneca, 1882, *Of a Happy Life*, Chapter 8, in *Seneca's Morals of a Happy Life, Benefits, Anger and Clemency*, translated by Roger L'Estrange, Belford, Clarke & Co., Chicago, p. 178–179.
160. Ibid., p. 179.
161. Antoninus, Marcus Aurelius, 1875, *The Thoughts of the Emperor M. Aurelius Antoninus*, Book 10, Paragraph 6, translated by George Long, Second Edition, George Bell & Sons, London, p. 172.
162. Ibid., Book 5, Paragraph 8, p. 108.
163. Ibid., Book 9, Paragraph 42, p. 169.
164. Hicks, R. D., 1910, *Stoic and Epicurean*, Charles Scribner's Sons, New York, p. 107.
165. Epictetus, 1904, *Discourses of Epictetus*, Book 1, Chapter 11, translated by George Long, D. Appleton, New York, p. 34.
166. O'Leary, D. L., 1948, *How Greek Science Passed to the Arabs*, Routledge and Kegan Paul, London, p. 22–23.
167. *Encyclopedia Britannica*, Eleventh Edition, 1911, Plotinus, vol. 21, Encyclopedia Britannica Company, New York, p. 849.
168. Porphyry, 1949 or 1950, Life of Plotinus, in *Plotinus, the Ethical Treatises*, translated by Stephen McKenna, vol. 1 (first published in 1917), Charles T. Branford Company, Boston, p.3.
169. Eusebius, 1851, *Ecclesiastical History*, Book 6, Chapter 19, translated by C. F. Cruse, Henry G. Bohn, London, p. 224.
170. Porphyry, 1949 or 1950, Life of Plotinus, in *Plotinus, the Ethical Treatises*, translated by Stephen McKenna, vol. 1 (first published in 1917), Charles T. Branford Company, Boston, p. 3.
171. Ibid., p. 17.
172. Ibid., p. 10.
173. Ibid., p. 12.
174. Ibid., p. 9.
175. Ibid., p. 25.
176. Ibid., p. 9.
177. Taylor, H. O., 1914, *The Mediaeval Mind*, Second Edition, vol. 1, Macmillan, London, p. 45.
178. O'Leary, D. L., 1948, *How Greek Science Passed to the Arabs*, Routledge and Kegan Paul, London, p. 27–28.
179. Ibid., p. 29.
180. *Encyclopedia Britannica*, Eleventh Edition, 1911, Neo-platonism, vol. 19, Encyclopedia Britannica Company, New York, p. 375.
181. Plotinus, 1911, Against the Gnostics, Paragraph 1 (*Ennead* 2.9), in *Select Works of Plotinus*, translated by Thomas Taylor, G. Bell and Sons, London, p. 44.
182. *Encyclopedia Britannica*, Eleventh Edition, 1911, Neo-platonism, vol. 19, Encyclopedia Britannica Company, New York, p. 375.
183. Ibid.
184. Ibid.
185. Ibid.

186. Ibid.

187. Hyman, A., and Walsh, J. J., 1967, *Philosophy in the Middle Ages*, Harper & Row, New York, p. 285.

188. *Oxford English Dictionary Online*, Draft Revision March 2009.

189. Plotinus, 1911, On the Immortality of the Soul, Paragraph 3 (*Ennead* 4.7), in *Select Works of Plotinus*, translated by Thomas Taylor, G. Bell and Sons, London, p. 145.

190. 到了 20 世纪，美国作家保罗·翠契尔（Paul Twitchell，1908—1971 年）再次提出了灵魂旅行说，他创建了一个名为埃坎卡（Eckankar）的宗教运动。在其著作《虎牙》（*The Tiger's Fang*）中，翠契尔记载了他的灵魂如何达到了一种全知全能并无所不在的境界。之后又描述了更高的几个层次。

191. *Encyclopedia Britannica*, Eleventh Edition, 1911, Neo-platonism, vol. 19, Encyclopedia Britannica Company, New York, p. 375.

192. Ibid.

193. Porphyry, 1949 or 1950, Life of Plotinus, in *Plotinus, the Ethical Treatises*, translated by Stephen McKenna, vol. 1 (first published in 1917), Charles T. Branford Company, Boston, p. 9.

194. Plotinus, 1949 or 1950, The Soul's Descent Into Body (*Ennead* 4.8), in *Plotinus, the Ethical Treatises*, translated by Stephen McKenna, vol. 2, Charles T. Branford Company, Boston, p. 143.

195. Porphyry, 1949 or 1950, Life of Plotinus, in *Plotinus, the Ethical Treatises*, translated by Stephen McKenna, vol. 1 (first published in 1917), Charles T. Branford Company, Boston, p. 24.

参考文献

Adams, F. D. 1954. *The Birth and Development of the Geological Sciences* (first published in 1938 by William & Wilkins in Baltimore). New York: Dover.

Adams, F. 1849. Preliminary Discourse. In *The Genuine Works of Hippocrates*, vol. 1. London: Syden- ham Society.

Aelianus, Claudius. 1665. *Claudius Aelianus his Various History*. Trans. Thomas Stanley. London: Thomas Dring.

Aeschylus. 1922. Seven Against Thebes. In *Aeschylus*, vol. 1. Trans. Herbert Weir Smyth. London: William Heineman.

Akkermans, P. M. M. G., and G. M. Schwartz. 2003. *The Archeology of Syria*. Cambridge University Press.

Alighieri, D. 1902. *The Divine Comedy of Dante Alighieri*. Trans. Charles Eliot Norton. New York: Houghton, Mifflin.

Allman, G. J. 1889. *Greek Geometry from Thales to Euclid*. London: Longmans, Green.

Anonymous. 1938. Introducing the Googol, Prof. Kasner in Kindergarten Talk Also Presents the Googolplex. *New York Times*, February 27.

Antoninus, Marcus Aurelius. 1875. *The Thoughts of the Emperor M. Aurelius Antoninus*. Trans. George Long, Second Edition. London: George Bell.

Apostol, T. M. 2004. The Tunnel of Samos. *Engineering & Science*, vol. 67, no. 1.

Appian. 1912. *Appian's Roman History*. Trans. Horace White, vol. 1. London: William Heinemann.

Apuleius, L. 1909. *The Apologia and Florida of Apuleius of Madaura*. Trans. Harold Edgeworth Butler. London: Oxford at the Clarendon Press.

Aquinas, T. 1952. Summa Theologica, Treatise on God. In *Thomas Aquinas: I*. Trans. the Fathers of the English Dominican Province, *Great Books of the Western World*, vol. 19. Chicago: William Benton, (first published 1911 by T. Baker in London and others).

Archimedes. 2002. *The Works of Archimedes*. Ed. T. L. Heath, first published as *The Works of Archimedes* (1897, Cambridge University Press) and *The Method of Archimedes* (1912, Cambridge University Press). Mineola, New York: Dover.

Aristotle. 1882. *On the Parts of Animals*. Trans. W. Ogle. London: Kegan Paul, Trench.

—. 1885. *The Politics of Aristotle*, vol. 1. Trans. Benjamin Jowett. London: Oxford at the Clarendon Press.

—. 1897. *Aristotle's History of Animals, in Ten Books*. Trans. Richard Cresswell. London: George Bell.

—. 1898. *The Poetics of Aristotle*. Trans. Samuel Henry Butcher. London: Macmillan.

—. 1906. *The Nicomachean Ethics of Aristotle*, Tenth Edition. Trans. F. H. Peters. London: Kegan Paul, Trench, Trubner.

—. 1910. *Historia Animalium* (*History of Animals*). Trans. D'Arcy Wentworth Thompson. In *The Works of*

Aristotle Translated into English, vol. 4. Ed. J. A. Smith and W. D. Ross. London: Oxford University Press.
—. 1912. *De Generatione Animalium* (*On the Generation of Animals*). Trans. Arthur Platt. In *The Works of Aristotle translated into English*, vol. 5. Ed. J. A. Smith and W. D. Ross. London: London: Oxford University Press.
—. *1913. Mechanica* (*Mechanics*). Trans. E. S. Forster. In *The Works of Aristotle translated into English*, vol. 6. Ed. W. D. Ross. London: Oxford at the Clarendon Press.
—. 1923. *Meteorologica* (*Meteorology*). Trans. E. W. Webster. London: Oxford at the Clarendon Press.
—. 1930. *Physica* (*Physics*). Trans. Robert Purves Hardie and Russell Kerr Gaye. London: Clarendon Press, Oxford.
—. 1939. *On the Heavens* (*De Caelo*). Trans. W. K. *C.* Guthrie. London: William Heinemann.
—. 1941. *Analytica Posteriora* (*Posterior Analytics*). Trans. A. J. Jenkinson. In *Basic Works of Aristotle.* New York: Random House.
—. 1941. *Analytica Priora* (*Prior Analytics*). Trans. A. J. Jenkinson. In *Basic Works of Aristotle.* New York: Random House.
—. 1941. *De Caelo* (*On the Heavens*). Trans. John Leofric Stocks. In *Basic Works of Aristotle.* New York: Random House.
—. 1941. *De Generatione et Corruptione* (*On Generation and Corruption*). Trans. Harold H. Joachim. In *Basic Works of Aristotle.* New York: Random House.
—. 1941. *Ethica Nicomachea* (*Nicomachean Ethics*). *Trans. W. D. Ross.* In *Basic Works of Aristotle.* New York: Random House.
—. 1941. *Metaphysica* (*Metaphysics*). Trans. W. D. Ross. In *Basic Works of Aristotle.* New York: Random House.
—. 1941. *Nicomachean Ethics.* Trans. W. D. Ross. In *Basic Works of Aristotle.* New York: Random House.
—. 1941. *On Generation and Corruption.* Trans. Harold H. Joachim. In *Basic Works of Aristotle.* New York: Random House.
—. 1941. *Physics.* Trans. R. P. Hardie and R. K. Gaye. In *Basic Works of Aristotle.* New York: Random House.
Arnold, T. 1868. *History of Rome, Three Volumes in One.* New York: D. Appleton.
Arrian. 1893. *Arrian's Anabasis of Alexander and Indica.* Trans. Edward James Chinnock. London: George Bell.
Athenaeus. 1854. *The Deipnosophists, or Banquet of the Learned.* Trans. C. D. Yonge, vol. 1. London: Henry G. Bohn.
Bacon, R. 1907. *On Experimental Science.* In *The Library of Original Sources*, vol. 4. Ed. Oliver Joseph Thatcher. New York: University Research Extension.
—. 1928. *The Opus Majus of Roger Bacon*, vol. 1. Trans. Robert Belle Burke. Philadelphia: University of Pennsylvania Press.
Bailey, C. 1928. *The Greek Atomists and Epicurus.* London: Oxford at the Clarendon Press.
Bakewell, C. M. 1907. *Source Book in Ancient Philosophy.* New York: Scribner's.
Balme, D. M. 1973. Biological Conceptions in Antiquity. In *Dictionary of the History of Ideas*, vol. 1. Ed. Philip P. Wiener. New York: Scribner's.
Barnes, R. 2001. Cloistered Bookworms in the Chicken-Coop of the Muses: the Ancient Library of Alexandria. In *The Library of Alexandria.* Ed. Roy MacLeod. London: I. B. Tauris.
Bayle, P. 1710. *An Historical and Critical Dictionary. By Monsieur Bayle. Translated into English, with Many Additions and Corrections, Made by the Author*, vol. 2. London: C. Harper and Others.
Bevan, E. 1927. *A History of Egypt Under the Ptolemaic Dynasty.* London: Methuen.
Blakesley, J. W. 1834. *A Life of Aristotle.* London: John W. Parker.
Boas, G. 1948. Fact and Legend in the Biography of Plato. *The Philosophical Review*, vol. 57, no. 5.

—. 1973. Macrocosm and Microcosm. In *Dictionary of the History of Ideas*, vol. 3. Ed. Philip P. Wiener. New York: Scribner's.

Boas, M. 1949. Hero's Pneumatica: a Study of its Transmission and Influence. *Isis*, vol. 40, no. 1.

Bowen, A. C., and R. B. Todd. 2004. *Cleomedes' Lectures on Astronomy*. Berkeley and Los Angeles: University of California Press.

Briggs, M.S. 1956. Building-Construction. In *A History of Technology*, vol. 2. Ed. Charles Singer. London: Oxford University Press.

Brock, A. J. 1929. Introduction. In *Greek Medicine, Being Extracts Illustrative of Medical Writers from Hippocrates to Galen*. London: J.M. Dent.

Bromehead, C. N. 1954. Mining and Quarrying. In *A History of Technology*, vol. 1. Ed. Charles Singer. London: Oxford University Press.

Bryce, T. R. 2002. The Trojan War: Is There Truth Behind the Legend? *Near Eastern Archaeology,* no. 3, vol. 65.

Bunbury, E. H. 1883. *A History of Ancient Geography,* Second Edition, vol. 1. London: John Murray.

Burnet, J. 1908. *Early Greek Philosophy,* Second Edition. London: Adam and Charles Black.

—. 1920. *Early Greek Philosophy,* Third Edition. London: Adam & Charles Black.

—. 1920. *Greek Philosophy, Part 1, Thales to Plato*. London: Macmillan.

Burns, A. 1971. The Tunnel of Eupalinus and the Tunnel Problem of Hero of Alexandria. *Isis*, vol. 62, no. 2.

Butterfield, H. 1957. *The Origins of Modern Science* (revised edition). New York: Free Press.

Caesar. 1919. *The Gallic War*. Trans. H. J. Edwards. London: William Heinemann.

Celsus, A. C. 1831. *A Translation of the Eight Books of Aul. Corn. Celsus on Medicine,* Second Edition, revised by G. F. Collier. London: Simpkin and Marshall.

Censorinus. 1900. *De Die Natale* (*The Natal Day*). Trans. William Maude. New York: Cambridge Encyclopedia.

Chamberlin, T. C. 1890. The Method of Multiple Working Hypotheses. *Science*, vol. 15, no. 366.

Charleston, R. J., and L. M. Angus-Butterworth. 1957. Glass. In *A History of Technology*, vol. 3. Ed. Charles Singer. London: Oxford University Press.

Cicero, M. T. 1829. *The Republic of Cicero*. Trans. G. W. Featherstonhaugh. New York: G. & C. Carvill.

—. 1899. *Cicero's Tusculan Disputations*. Trans. C. *D*. Yonge. New York: Harper & Brothers.

—. 1758. *The Tusculan Disputations of Marcus Tullius Cicero*. London: printed for John Whiston and Benj. White.

—. 1744. Academics. In *The Morals of Cicero*, translated into English by William Guthrie. London: T. Waller.

—. 1775. *Of the Nature of the Gods, in Three Books*. London: T. Davies.

—. 1853. On the Republic. In *The Treatises of M. T. Cicero*. Trans. C. D. Yonge. London: H. G. Bohn.

Clagett, M. 1994. *Greek Science in Antiquity*. New York: Barnes and Noble (reprint of 1955 edition).

Clarke, J. 1910. *Physical Science in the Time of Nero being a Translation of the Quaestiones Naturales of Seneca*. London: Macmillan.

Codrington, T. 1903. *Roman Roads in Britain*. London: The Sheldon Press.

Cohen, M. R., and I. E. Drabkin. 1948. *A Source Book in Greek Science*. New York: McGraw-Hill.

Coleridge, S. T. 1888. *The Table Talk and Omniana of Samuel Taylor Coleridge,* arranged and edited by T. Ashe. London: George Bell and Sons.

Coxe, J. R. 1846. Introduction. In *The Writings of Hippocrates and Galen*. Philadelphia: Lindsay and Blakiston.

—. 1846. *The Works of Galen*. In *The Writings of Hippocrates and Galen*. Philadelphia: Lindsay and Blakiston.

Creasy, E. S. 1908. *The Fifteen Decisive Battles of the World from Marathon to Waterloo,* Everyman's Library Edition. New York: E. P. Dutton.

Crombie, A. C. 1995. *The History of Science from Augustine to Galileo*. New York: Dover.

Crowfoot, G. M. 1954. Textiles, Basketry, and Mats. In *A History of Technology*, vol. 1. Ed. Charles Singer. London: Oxford University Press.

Crump, T. 2001. *A Brief History of Science as Seen Through the Development of Scientific Instruments*. New York: Carroll & Graf.

Curtius Rufus, Quintus. 1747. *The History of the Wars of Alexander the Great*. Trans. John Digby, Third Edition, vol. 1. London: A. Millar.

Cuvier, G. 1997. Extract from a Memoir, read 6 October 1798. In *Georges Cuvier, Fossil Bones, and Geological Catastrophes*. Trans. Martin J. S. Rudwick. Chicago: University of Chicago Press.

Dalberg-Acton, J. E. E. 1907. Freedom in Antiquity. In *The History of Freedom and Other Essays*. Ed. John Neville Figgis and Reginald Vere Laurence. London: Macmillan.

Darwin, C. 1897. *The Descent of Man and Selection in Relation to Sex*. New York: D. Appleton.

Darwin, F. (editor). 1887. *The Life and Letters of Charles Darwin*, vol. 2. New York: D. Appleton.

Davisson, W. I., and J. E. Harper. 1972. *European Economic History, Volume 1, The Ancient World*. New York: Appleton-Century-Crofts.

de Camp, L. S. 1960. *The Ancient Engineers*. New York: Dorset Press.

—. 1965. The Darkhouse of Alexandria. *Technology and Culture*, vol. 6, no. 3.

Decker, R., and Decker, B. 1981. *Volcanoes*. San Francisco: W. H. Freeman.

Deming, D. 2008. Design, Science and Naturalism. *Earth Science Reviews*, vol. 90.

Derry, T. K., and T. I. Williams. 1993. *A Short History of Technology, From the Earliest Times to A. D. 1900* (reprint of 1960 edition published by Oxford University Press). New York: Dover.

Dicks, D. R. 2007. Eratosthenes. In *Complete Dictionary of Scientific Biography*. Ed. Charles Gillispie, vol. 4. New York: Cengage Learning.

Dio Cassius. 1906. *Dio's Rome*, vol. 5. Trans. Herbert Baldwin Foster. Troy: Pafraets Book Company.

Diodorus of Sicily. 1957. *Diodorus of Sicily*, vol. 11. Trans. Francis R. Walton. Cambridge: Harvard University Press.

Diodorus Siculus. 1814. *The Historical Library of Diodorus the Sicilian*, vol. 1. Trans. G. Booth. London: W. M'Dowall for J. Davis.

Dover, K. J. 1989. *Greek Homosexuality, Updated and With a New Postscript*. Cambridge: Harvard University Press.

Dreyer, J. L. E. 1953. *A History of Astronomy from Thales to Kepler* (first published in 1906 as *History of the Planetary Systems from Thales to Kepler*). New York: Dover.

Durant, W. 1939. *The Life of Greece*. New York: Simon and Schuster.

Edwards, C. (translator). 1904. *The Hammurabi Code and the Sinaitic Legislation*. London: Watts.

Encyclopedia Britannica. 1972. Chicago: William Benton.

Encyclopedia Britannica, Eleventh Edition. 1910. New York: Encyclopedia Britannica.

Engel, D. J. F. 1940. The Correspondence between Lord Acton and Bishop Creighton. *Cambridge Historical Journal*, vol. 6, no. 3.

Engels, D. 1985. The Length of Erastosthenes Stade. *American Journal of Philology*, vol. 106, no. 3.

Epictetus. 1904. *Discourses of Epictetus*. Trans. George Long. New York: D. Appleton.

Euclid. 1956. *The Thirteen Books of Euclid's Elements*, translated from the Text of Heiberg with Introduction and Commentary by Sir Thomas L. Heath, Second Edition, volumes 1, 2, and 3 (first published by Cambridge University Press in 1926). New York: Dover.

Eusebius. 1851. *Ecclesiastical History*. Trans. C. F. Cruse. London: Henry G. Bohn.

Fairbanks, A. 1898, *The First Philosophers of Greece*. London: Kegan Paul, Trench, Trubner.

Farrington, B. 1961. *Greek Science, Its Meaning For Us*. Baltimore, Maryland: Penguin Books.

Ferrier, J. F. 1854. *Institutes of Metaphysic*. Edinburgh and London: William Blackwood.

Finch, J. K. 1951. *Engineering and Western Civilization*. New York: McGraw-Hill.

Forbes, R., J. 1956. Hydraulic Engineering and Sanitation. In *A History of Technology*, vol. 2. Ed. Charles Singer. London: Oxford University Press.

Formigari, L. 1973. Chain of Being. In *Dictionary of the History of Ideas*, vol. 1. Ed. Philip P. Wiener. New York: Scribner's.

Frazer, J. G. 1920. *The Golden Bough*, vol. 3, *The Dying God* (first published in 1911). London: Macmillan.

—. 1922. *The Golden Bough* (abridged edition). New York: Macmillan.

Freeman, K. 1966. *Ancilla to the Pre-Socratic Philosophers, a Complete Translation of the Fragments in Diels, Fragmente der Vorsokratiker*. Cambridge: Harvard University Press.

Freeth, T., et al. 2006. Decoding the Ancient Greek Astronomical Calculator Known as the Antikythera Mechanism. *Nature*, vol. 44, 30 November.

—. et al. 2008. Calendars with Olympiad Display and Eclipse Prediction on the Antikythera Mechanism. *Nature*, vol. 454, 31 July.

Fridriksson, S. 1987. Plant Colonization of a Volcanic Island, Surtsey, Iceland. *Arctic and Alpine Research*, vol. 19, no. 4.

Frontinus, Sextus Julius. 1899. *The Two Books on the Water Supply of the City of Rome*. Trans. Clemens Herschel. Boston: Dana Estes.

Furley, D. J. 2008. Zeno of Citium. In *Complete Dictionary of Scientific Biography*. Ed. Charles Gillispie, vol. 14. New York: Cengage Learning.

Galen. 1916. *On the Natural Faculties*. Trans. Arthur John Brock. London: William Heinemann.

—. 1929. *Notes on His Own Books*. In *Greek Medicine, Being Extracts Illustrative of Medical Writers from Hippocrates to Galen*. Trans. Arthur J. Brock. London: J.M. Dent.

—. 1929. *On Anatomical Procedure*. In *Greek Medicine, Being Extracts Illustrative of Medical Writers from Hippocrates to Galen*. Trans. Arthur J. Brock. London: J.M. Dent.

—. 1929. *On Habits*. In *Greek Medicine, Being Extracts Illustrative of Medical Writers from Hippocrates to Galen*. Trans. Arthur J. Brock. London: J.M. Dent.

—. 1929. *On the Medical Sects*. In *Greek Medicine, Being Extracts Illustrative of Medical Writers from Hippocrates to Galen*. Trans. Arthur J. Brock. London: J.M. Dent.

—. 1929. *On the Passions*. In *Greek Medicine, Being Extracts Illustrative of Medical Writers from Hippocrates to Galen*. Trans. Arthur J. Brock. London: J.M. Dent.

—. 1929. *On the Utility of Parts*. In *Greek Medicine, Being Extracts Illustrative of Medical Writers from Hippocrates to Galen*. Trans. Arthur J. Brock. London: J.M. Dent.

Gellius, A. 1795. *The Attic Nights of Aulus Gellius*, translated into English by the Rev. W. Beloe, vol. 2. London: J. Johnson.

Gest, A. P. 1930. *Engineering, Our Debt to Greece and Rome* (1963 Edition). New York: Cooper Square.

Gibbon, E. 1909. *The History of the Decline and Fall of the Roman Empire*. Ed. J. B. Bury, vol. 3. London: Methuen.

Gille, B. 1956. Machines. In *A History of Technology*, vol. 2. Ed. Charles Singer. London: Oxford University Press.

Gilson, E. 1955. *History of Christian Philosophy in the Middle Ages*. New York: Random House.

Gingerich, O. 1980. Was Ptolemy a Fraud? *Quarterly Journal of the Royal Astronomical Society*, vol. 21.

Goldstein, B. R. 1978. Casting Doubt on Ptolemy. *Science*, 24 Feb., vol. 199.

Goodchild, R. G., and R. J. Forbes. 1956. Road and Land Travel. In *A History of Technology*, vol. 2. Ed. Charles

Singer. London: Oxford University Press.

Goodfield, J. 1964. The Tunnel of Eupalinus. *Scientific American*, vol. 210, no. 6.

Gottschalk, H. B. 1965. Strato of Lampsacus: Some Texts. *Proceedings of the Leeds Philosophical and Literary Society*, vol. XI, part VI.

Grant, E. 1977. *Physical Science in the Middle Ages*. Cambridge University Press, Cambridge.

—. 2007. *A History of Natural Philosophy*. Cambridge University Press, Cambridge.

Grote, G. 1875. *Plato and the Other Companions of Sokrates*, vol. 1. London: John Murray.

—. 1880. *Aristotle,* Second Edition. London: John Murray.

—. 1885. *Plato, and the Other Companions of Sokrates*, vol. 1. London: John Murray.

—. 1899. *A History of Greece*, vol. 1. New York: Harper & Brothers.

Hamilton, E. 1953. *Mythology*. New York: Mentor.

Harden, D. B. 1956. Glass and Glazes. In *A History of Technology*, vol. 2. Ed. Charles Singer. London: Oxford University Press.

Haskins, C. H. 1927. *The Renaissance of the 12th Century*. Cambridge, Massachusetts: Harvard University Press.

Heath, T. L. 1932. *Greek Astronomy*. London: J. M Dent.

—. 1956. *The Thirteen Books of Euclid's Elements,* Second Edition, vol. 1 (first published in 1908 by Cambridge University Press). New York: Dover.

—. 1981. *A History of Greek Mathematics*, vol. 2 (first published in 1921 by the Clarendon Press, Oxford). New York: Dover.

Heath, T. 1913. *Aristarchus of Samos, the Ancient Copernicus*. London: Oxford at the Clarendon Press.

—. 1981. *A History of Greek Mathematics: Volume I, From Thales to Euclid* (first published in 1921 by the Clarendon Press, Oxford). New York: Dover.

Hero. 1851. *The Pneumatics of Hero of Alexandria*. Trans. Bennet Woodcroft. London: Taylor Walton and Maberly.

Herodotus. 1910. *The History of Herodotus*, vol. 1 (first published in 1858). Trans. George Rawlinson. New York: J. M. Dent.

Hesiod. 1920. *Hesiod, the Homeric Hymns and Homerica*, with an English translation by Hugh G. Evelyn-White. London: William Heinemann.

Hesiod. 1920. *Works and Days*. In *Hesiod, the Homeric Hymns and Homerica*, with an English translation by Hugh G. Evelyn-White. London: William Heine mann.

Hicks, L. E. 1883. *A Critique of Design-Arguments*. New York: Scribner's.

Hicks, R. D. 1910. *Stoic and Epicurean*. New York: Scribner's.

Hillman, G., et al. 2001. New Evidence of Lateglacial cereal cultivation at Abu Hureyra on the Euphrates. *The Holocene*, vol. 11, no. 4.

Hippocrates. 1846. *The Writings of Hippocrates and Galen*. Trans. John Redman Coxe. Philadelphia: Lindsay and Blakiston.

—. 1849. *The Genuine Works of Hippocrates*, vol. 1. Trans. Francis Adams. London: Sydenham Society.

—. 1886. *The Genuine Works of Hippocrates*, vol. 1. Trans. Francis Adams. New York: William Wood and Company.

—. 1929. Epidemics. In *Greek Medicine, Being Extracts Illustrative of Medical Writers from Hippocrates to Galen*. Trans. Arthur J. Brock. London: J.M. Dent.

—. 1950. *The Medical Works of Hippocrates*. Trans. John Chadwick and W. N. Mann. Springfield, Illinois: Charles C. Thomas.

Hippolytus. 1921. *Philosophumena, or the Refutation of All Heresies*, vol. 1. Trans. F. Legge. New York:

Macmillan.
Hodges, H. 1970. *Technology in the Ancient World.* Marboro Books, 1992 edition.
Homer. 1729. *The Illiad of Homer*, vol. 1. Trans. Mr. Pope. London: printed by T. J. for B. L.
—. 1920. To Asclepius. In *Hesiod, the Homeric Hymns and Homerica.* Trans. Hugh G. Evelyn-White. London: William Heinemann.
—. 1922. *The Iliad of Homer*, revised edition. Trans. Andrew Lang, Walter Leaf, and Ernest Myers. London: Macmillan.
Horace. 1748. *The Satires, Epistles, and Art of Poetry of Horace translated into English Prose*, Third Edition. London: printed for Joseph Davidson.
—. 1889. *Horace: the Odes, Epodes, Satires, and Epistles*. London: Frederick Warne.
—. 1892. *The Odes and Carmen Saeculare of Horace*. Trans. John Conington. London: George Bell and Sons.
Hubbert, M. K. 1963. Are We Retrogressing in Science? *Geological Society of America Bulletin*, vol. 74.
Huxley, G. L. 2007. Sosigenes. In *Complete Dictionary of Scientific Biography*. Ed. Charles Gillispie, vol. 12. New York: Cengage Learning.
Hyman, A., and J. J. Walsh. 1967. *Philosophy in the Middle Ages*. New York: Harper & Row.
Iamblichus. 1986. *Life of Pythagoras*. Trans. Thomas Taylor, (reprinted from the edition published in 1818 by J. M. Watkins in London). Rochester, Vermont: Inner Traditions.
Inwood, B. 2006. Cleanthes. In *Encyclopedia of Philosophy*. Ed. Donald Borchert, vol. 2. Detroit: Macmillan Reference.
Joly, R. 2008. Hippocrates of Cos. In *Complete Dictionary of Scientific Biography*. Ed. Charles Gillispie, vol. 6. New York: Cengage Learning.
Josephus. 1987. The Wars of the Jews. In *The Works of Josephus*. Trans. William Whiston. Hendrickson.
Julian. 1784. *Select Works of the Emperor Julian*, translated *from the Greek by John Duncombe*, vol. 2. London: J. Nichols.
Juvenal. 1918. Satire 6, The Ways of Women. In *Juvenal and Perseus*. Trans. G. G. Ramsay. London: William Heinemann.
Keegan, J. 1993. *A History of Warfare*. New York: Alfred A. Knopf.
Khashaba, D. R. 2002. Excursions into the Dialogues of Plato. *The Examined Life Online Philosophy Journal*, vol. 3, no. 12.
Kirk, G. S., and J. E. Raven. 1957. *The Presocratic Philosophers*. London: Cambridge University Press.
Koestler, A. 1963. *The Sleepwalkers*. New York: Grosset & Dunlap.
Kudlien, F. 1968. Early Greek Primitive Medicine. *Clio Medica*, vol. 3.
Kudlien, F. 2008. Galen. In *Complete Dictionary of Scientific Biography*. Ed. Charles Gillispie, vol. 5. New York: Cengage Learning.
Kuhn, T. 1996. *The Structure of Scientific Revolutions* (Third Edition). University of Chicago Press.
Laertius, Diogenes. 1905. *The Lives and Opinions of Eminent Philosophers*. Trans. C. D. Yonge. London: George Bell and Sons.
Le Clerc, Daniel. *Historie de la Medecine*. A la Haye (The Hague): Chez Isaac van der Kloot, 1729 (first edition 1696).
Lewes, G. H. 1864. *Aristotle, a Chapter from the History of Science*. London: Smith, Elder.
Lindberg, D. C. 1978. The Transmission of Greek and Arabic Learning to the West. In *Science in the Middle Ages*. Ed. David C. Lindberg. Chicago: University of Chicago Press.
—. 1992. *The Beginnings of Western Science*. Chicago: University of Chicago Press.
Livius, T. 1849. *The History of Rome*, Books Nine to Twenty-Six. Trans. D. Spillan and Cyrus Edmonds. London:

Henry G. Bohn.
Lloyd, G. E. R. 1970. *Early Greek Science: Thales to Aristotle*. New York: W. W. Norton.
—. 1973. *Greek Science After Aristotle*. London: W. *W. Norton.*
—. 1979. *Magic, Reason and Experience*. Cambridge: Cambridge University Press.
Loerke, W. C. 1990. A Rereading of the Interior Elevation of Hadrian's Rotunda. *The Journal of the Society of Architectural Historians*, vol. 49, no. 1.
Longrigg, J. 2008. Erasistratus. In *Complete Dictionary of Scientific Biography*. Ed. Charles Gillispie, vol. 4. New York: Cengage Learning.
—. 2008. Herophilus. In *Complete Dictionary of Scientific Biography*. Ed. Charles Gillispie, vol. 6. New York: Cengage Learning.
Lucian. 1913. Hippias, or The Bath. In *Lucian* with an English translation by A. M. Harmon. London: William Heinemann.
Madison, J. 1952. Federalist Paper 10. In *American State Papers, Great Books of the Western World*, vol. 43. Chicago: William Benton.
Mahaffy, J. P. 1899. A *History of Egypt Under the Ptolemaic Dynasty*. New York: Scribner's.
Maurice, F. 1930. The Size of the Army of Xerxes in the Invasion of Greece 480 B.C. *The Journal of Hellenic Studies*, vol. 50, part 2.
May, H. 2000. *On Socrates*. Belmont, California: Wadsworth.
McMurtrie, D. C. 1943. *The Book: the Story of Printing and Bookmaking*. New York: Oxford University Press.
Meyerhof, M. 1931. Science and Medicine. In *The Legacy of Islam* (First Edition). Ed. T. Arnold, and A. Guillaume, London: Oxford University Press.
Michell, H. 1952. *Sparta*. London: Cambridge University Press.
Middleton, W. E. K. 1961. Archimedes, Kircher, Buffon, and the Burning-Mirrors. *Isis*, vol. 52, no. 4.
Modiano, M. S. 1973. How Archimedes Stole Sun to Burn Foe's Fleet. *New York Times*, 11 November.
Mommsen, T. 1894. *The History of Rome*. Trans. William Purdie Dickson, vol. 2. London: Richard Bentley.
—. 1996. *A History of Rome Under the Emperors*. London: Routledge.
Moody, E. A. 2008. Buridan, Jean. In *Complete Dictionary of Scientific Biography*. Ed. Charles Gillispie, vol. 2. New York: Cengage Learning.
Mourelatos, A. P. D. 2008. Empedocles. In *Complete Dictionary of Scientific Biography*. Ed. Charles Gillispie, vol. 4. New York: Cengage Learning.
Muller, H. J. 1961. *Freedom in the Ancient World*. New York: Harper & Brothers.
Needham, J. 1956. *Science and Civilisation in China*, vol. 2. London: Cambridge at the University Press.
Neuburger, A. 1930. *The Technical Arts and Sciences of the Ancients*. New York: Macmillan.
Newton, R. R. 1977. *The Crime of Claudius Ptolemy*. Baltimore: Johns Hopkins University Press.
Niebuhr, B. G. 1849. *Lectures on the History of Rome*, Second Edition, vol. 2. London: Taylor, Walton, and Maberly.
—. 1851. *The History of Rome*, vol. 3, translated by William Smith and Leonhard Schmitz. London: Taylor, Walton, and Maberly.
—. 1853. *Lectures on the History of Rome*, vol. 1, Third Edition. London: Taylor, Walton, and Maberly.
Nutton, V 2004. *Ancient Medicine*. London: Routledge. O'Leary, D. L. 1948. *How Greek Science Passed to the Arabs*. London: Routledge and Kegan Paul.
Petronius. 1902. *The Satyricon of Petronius*. Paris: Charles Carrington.
Philo. 1855. *On the Life of Moses*. In *The Works of Philo Judaeus*. Trans. C. D. Yonge, vol. 3. London: Henry G. Bohn.

Plato. 1891. Epistle 7. In *The Works of Plato*, translated from the Text of Stallbaum. Trans. George Burges, vol. 4. London: G. Bell.

—. 1937. *The Dialogues of Plato*, vol. 1. Trans. Benjamin Jowett. New York: Random House.

—. 1955. *The Republic*. Trans. Henry Desmond Pritchard Lee. Baltimore, Maryland: Penguin.

Playfair, J. 1997. Biographical Account of the late Dr. James Hutton, F. R. S. Edin. In *James Hutton & Joseph Black, Biographies by John Playfair and Adam Ferguson,* from Volume V of *Transactions of the Royal Society of Edinburgh*, 1805. Edinburgh: RSE Scotland Foundation.

Pliny the Consul. 1809. *The Letters of Pliny the Consul*. Trans. William Melmoth. Boston: E. Larkin.

Pliny the Elder. 1855. *The Natural History of Pliny*. Trans. John Bostock and H. T. Riley, vol. 1. London: Henry G. Bohn.

Plotinus. 1911. *Select Works of Plotinus*. Trans. Thomas Taylor. London: G. Bell and Sons.

Plotinus, 1949 or 1950, The Soul's Descent Into Body (*Ennead* 4.8). In *Plotinus, the Ethical Treatises*. Trans. Stephen McKenna, vol. 2. Boston: Charles T. Branford Company.

Plutarch. 1718. *Banquet of the Seven Wisemen*. Trans. Roger Davis. In *Plutarch's Morals: in Five Volumes*, translated *from the Greek, by Several Hands,* Fifth Edition, vol. 2. London: W. Taylor.

—. 1870. *Plutarch's Morals, Translated from the Greek by Several Hands, Corrected and Revised by William W. Goodwin*, vol. 1. Boston: Little, Brown.

—. 1952. *The Lives of the Noble Grecians and Romans*. Trans. John Dryden. *Great Books of the Western World*, vol. 14. Chicago: William Benton.

—. 1870. *On Superstition*. In *Plutarch's Morals*, *Translated from the Greek by Several Hands, Corrected and Revised by William W. Goodwin*, vol. 1. Boston: Little, Brown.

Polybius. 1889. *The Histories of Polybius*, vol. 1. Trans. Evelyn S. Shuckburgh. London: Macmillan.

Popper, K. 1966. *The Open Society and Its Enemies*, vol. 1, Fifth Edition. London: Routledge.

Popper, K. 1998. *The World of Parmenides, Essays on thePresocratic Enlightenment*. New York: Routledge.

Porphyry, 1949 or 1950, Life of Plotinus. In *Plotinus, the Ethical Treatises*. Trans. Stephen McKenna, vol. 1 (first published in 1917). Boston: Charles T. Branford.

—. 1987. The Life of Pythagoras. In *The Pythagorean Sourcebook and Library*. Trans. Kenneth Sylvan Guthrie. Grand Rapids, Michigan: Phanes Press.

Porter, R. 2001. Medical Science. In *The Cambridge Illustrated History of Medicine*. Ed. Roy Porter. New York: Cambridge University Press.

Price, D. D. S. 1974. Gears from the Greeks. The Antikythera Mechanism: a Calendar Computer from ca. 80 B.C. *Transactions of the American Philosophical Society,* New Series, vol. 64, no. 7.

Proclus. 1792. *The Philosophical and Mathematical Commentaries of Proclus, on the First Book of Euclid's Elements*, vol. 1. London: printed for the author.

Ptolemy. 2000. *Harmonics*. Trans. Jon Solomon. Leiden: Brill.

Ptolemy, C. 1822. *Ptolemy's Tetrabiblos or Quadripartite: Being Four Books on the Influence of the Stars*. London: Davis and Dickson.

—. 1952. *The Almagest*. Trans. R. Catesby Taliaferro, *Great Books of the Western World*, vol. 16. Chicago: William Benton.

—. 1984. *Ptolemy's Almagest*. Trans. G. J. Toomer. New York: Springer-Verlag.

Rand, A. 1982. *Philosophy: Who Needs It*. Indianapolis: Bobbs-Merrill.

Reinach, S. 1904. *The Story of Art Throughout the Ages, an Illustrated Record*. New York: Scribner's.

Roberts, S. V. 1988. White House Confirms Reagans Follow Astrology, Up to a Point. *New York Times*, May 4.

Ross, W. D. 1930. *Aristotle*, Second Edition, Revised. London: Methuen.

Rousseau, J. J. 1856. *The Confessions of J. J. Rousseau*, vol. 1. New York: Calvin Blanchard.

Russell, B. 1945. *A History of Western Philosophy* (1963 paperback edition). New York: Simon and Schuster.

Saint Teresa of Avila. 1916. *The Life of St. Teresa of Jesus*, Fifth Edition. Trans. David Lewis. New York: Benziger Brothers.

Sambursky, S. 1962. *The Physical World of Late Antiquity*. Princeton, New Jersey: Princeton University Press.

Sarton, G. 1924. Review of "A History of Magic and Experimental Science During the First Thirteen Centuries of Our Era." *Isis*, no. 1, vol. 6.

—. 1927. *Introduction to the History of Science*, vol. 1. Washington, DC: Carnegie Institution of Washington.

—. 1936. The Unity and Diversity of the Mediterranean World. *Osiris*, vol. 2.

—. 1954. *Galen of Pergamon*. Lawrence: University of Kansas Press.

—. 1959. *A History of Science, Hellenistic Science and Culture in the Last Three Centuries B. C.* Cambridge: Harvard University Press.

—. 1960. *A History of Science, Ancient Science Through the Golden Age of Greece*. Cambridge: Harvard University Press.

Semaw, S. 2000. The World's Oldest Stone Artefacts from Gona, Ethiopa. *Journal of Archaeological Science*, vol. 27.

Seneca. 1882. *Seneca's Morals of a Happy Life, Benefits, Anger and Clemency*. Trans. Roger L'Estrange. Chicago: Belford, Clarke.

Sharpley, H. (translator). 1906. *A Realist of the Aegean, being a verse-translation of the Mimes of Herodas*. London: David Nutt.

Shields, C. 2006. Learning about Plato from Aristotle. In *A Companion to Plato*. Ed. Hugh H. Benson. Malden, Massachusetts: Blackwell.

Shuckburgh, E. S. 1889. *The Histories of Polybius*, vol. 1. London: Macmillan.

Simms, D. L. 1977. Archimedes and the Burning Mirrors of Syracuse. *Technology and Culture*, vol. 18, no. 1.

Singer, C. 1949. *A Short History of Science to the Nineteenth Century*. Clarendon Press.

—. 1958. *From Magic to Science* (first published in 1928). New York: Dover.

Solmsen, F. 1957. The Vital Heat, the Inborn Pneuma and the Aether. *The Journal of Hellenic Studies*, vol. 77.

Stahl, W. 1962. *Roman Science*. Madison: University of Wisconsin Press.

Statius, Publius Papinius. 1908. *The Silvae of Statius*. Trans. D. A. Slater. Oxford: Oxford at the Clarendon Press.

Steinman, D. B., and S. R. Watson. 1941. *Bridges and their Builders*. New York: G. P. Putnam's.

Stock, B. 1978. Science, Technology, and Economic Progress in the Early Middle Ages. In *Science in the Middle Ages*. Ed. David C. Lindberg. Chicago: University of Chicago Press.

Strabo. 1856. *The Geography of Strabo*. Trans. H. C. Hamilton and W. Falconer, vol. 1. London: Henry G. Bohn.

Straub, H. 1952. *A History of Civil Engineering*. Trans. E. Rockwell. London: Leonard Hill.

Suetonius, C. T. 1906. *The Lives of the Twelve Caesars*. London: George Bell & Sons.

Tacitus. 1876. *The History of Tacitus* (Third Edition). Trans. Alfred John Church and William Jackson Brodribb. London: Macmillan.

—. 1942. *Annals*. In *The Complete Works of Tacitus*. Trans. Alfred John Church and William Jackson Brodribb. New York: Modern Library.

Taylor, H. O. 1914. *The Mediaeval Mind,* Second Edition, vol. 1. London: Macmillan.

Tcherikover, V 1958. The Ideology of the Letter of Aristeas. *Harvard Theological Review,* no. 2, vol. 51.

Tertullian. 1870. *De Anima* (*On the Soul*). In *Anti-Nicene Christian Library*, vol. 15, *The Writings of Tertullian*, vol. 2. Ed. Alexander Roberts and James Donaldson. Edinburgh: T. & T. Clark.

Thackeray, H. St. J. (translator). 1904. *The Letter of Aris teas translated into English*. London: Macmillan.

Thomson, G., and M. Missner. 2000. *On Aristotle*. Belmont, California: Wadsworth.

Thorndike, L. 1923. *A History of Magic and Experimental Science*, vol. 1. New York: Columbia University Press.

Thucydides. 1942. *The Peloponnesian War*. Trans. Benjamin Jowett. In *The Greek Historians*, vol. 1. New York: Random House.

Thurston, H. 2002. Greek Mathematical Astronomy Reconsidered. *Isis*, vol. 93, no. 1.

Titus Lucretius Carus. 1743. *Of the Nature of Things*, vol. 1. London: Daniel Brown.

Toomer, G. J. 2007. Hipparchus. In *Complete Dictionary of Scientific Biography*. Ed. Charles Gillispie, vol. 15. New York: Cengage Learning.

—. 2008. Ptolemy. In *Complete Dictionary of Scientific Biography*. Ed. Charles Gillispie, vol. 11. New York: Cengage Learning.

Turcotte, D. L., and Schubert, G. 1982. *Geodynamics, Applications of Continuum Physics to Geological Problems*. New York: John Wiley.

Turner, W. 1903. *History of Philosophy*. Boston: Ginn and Company.

Tzetzes, J. 1968. Book of Histories. In *Greek Mathematical Works*, vol. 2. Trans. Ivor Thomas. Cambridge: Harvard University Press.

Vitruvius. 1960. *The Ten Books on Architecture*. Trans. Morris Hicky Morgan (first published by Harvard University Press in 1914). New York: Dover.

Vlastos, G. 1975. *Plato's Universe*. Seattle: University of Washington Press.

Von Hagen, V. W. 1967. *The Roads that Led to Rome*. Cleveland and New York: World.

Wade, N. 2006. *Before the Dawn*. New York: Penguin Press.

Wallace, W. A. 1982. Aristotle in the Middle Ages. In *Dictionary of the Middle Ages*, vol. 1. Ed. Joseph R. Strayer. New York: Scribner's.

Walsh, J. J. 1920. *Medieval Medicine*. London: A. & C. Black.

Ward-Perkins, J. 2008. Vitruvius Pollio. In *Complete Dictionary of Scientific Biography*. Ed. Charles Gillispie, vol. 15. New York: Cengage Learning.

Whitehead, A. N. 1929. *Process and Reality*. Cambridge: Cambridge University Press.

—. 1935. *Science and the Modern World*. Lowell Lectures, 1925. New York: Macmillan.

Whittaker, T. 1911. *Priests, Philosophers and Prophets*. London: Adam and Charles Black.

Wilson, L. G. 2008. Galen: Anatomy and Physiology. In *Complete Dictionary of Scientific Biography*. Ed. Charles Gillispie, vol. 5. New York: Cengage Learning.

Winter, T. N. 2007. *The Mechanical Problems in the Corpus of Aristotle*. Faculty Publications, Classics and Religious Studies Department, University of Nebraska-Lincoln. 〈http://digitalcommons.unl. edu/classicsfacpub/68〉

Withington, E. T. 1921. The Asclepiadae and the Priests of Asclepius. In *Studies in the History and Method of Science*, vol. 2. Ed. Charles Singer. London: Oxford at the Clarendon Press.

Wolff, M. 1987. Philoponus and the Rise of Preclassical Dynamics. In *Philoponus and the Rejection of Aristotelean Science*. Ed. Richard Sorabji. Ithaca, New York: Cornell University Press.

Xenophon. 1894. Memorabilia of Socrates. In *The Anabasis, or Expedition of Cyrus, and the Memorabilia of Socrates*. Trans. J. S. Watson. New York: Harper & Brothers.

—. 1898. *Xenophon's Minor Works*. Trans. J. S. Watson. London: George Bell & Sons.

—. 1942. *Hellenica*. Trans. Henry G. Dakyns (first published in 1890). In *The Greek Historians*, vol. 2. New York: Random House.

Zeller, E. 1908. *Outlines of the History of Greek Philosophy*. Trans. Sarah Frances Alleyne and Evelyn Abbott. New York: Henry Holt.

译名对照表

A

Abdera 阿布德拉
Academus 阿卡得摩斯
Academy 学园
Achelous River 阿克洛奥斯河
Achilles 阿喀琉斯
Acragas 阿克拉加斯
Acte, Claudia 阿科特
Acton, Lord 阿克顿勋爵
Adeimantus 阿德曼托斯
Aeacidae 埃阿喀得斯
Aegean Sea 爱琴海
Aeschylus 埃斯库罗斯
Africa 非洲
Against the Gnostics《反对诺斯底派》
Agassiz, Louis 路易斯·阿加西斯
Agathoclea 阿加托克利亚
Agathocles 阿加索克利斯
Agrigentum 阿格里根图姆城
Agrippina 阿格里皮娜
Airs, Waters, and Places《论空气、水和环境》
Alcibiades 阿基比阿德
Alexander of Aphrodisias 阿弗罗迪西亚的亚历山大
Alexander the Great 亚历山大大帝
  -Battle of Arbela 阿贝拉战役
  -Battle of Granicus 格拉尼库斯战役
  -Battle of Issus 伊苏斯战役
Alexandria 亚历山大城
al-Ghazzali 安萨里
Allman, G.J. 乔治·约翰斯顿·阿尔曼
Almagest《天文学大成》
Alphonso X 阿方索十世
Alps 阿尔卑斯山脉
Amasis 阿玛西斯
Aminias 阿明尼亚斯
Ammon, Temple of 阿蒙神庙
Ammonius Saccas 阿莫尼乌斯·萨卡斯
Amyntas II 阿敏塔斯二世
Anabasis of Alexander《亚历山大远征记》
anastomoses 毛细血管
Anatolia 安纳托利亚
Anatomical Procedures《解剖程序》
Anaxagoras 阿那克萨哥拉
Anaximander 阿那克西曼德
Anaximenes 阿那克西美尼
Andronicus 安德罗尼卡
Andros 安德罗斯岛
anecdotal data 不可靠数据
Anicetus 阿尼凯图斯
Annaeus, Statius 斯塔提乌斯·阿内乌斯
Anniceris 安尼克里斯
anthropomorphism 拟人化
Antikythera Mechanism 安提凯希拉仪器
Antioch 安条克
Antipater 安提帕特
Antoninus, Marcus Aurelius 马库斯·奥勒留·安东尼
Antony, Mark 马克·安东尼
Anytus 阿尼图斯
Apellicon of Teos 蒂渥人阿培利柯
Aphorisms《箴言》
Aphrodite of Melos《米洛斯的阿佛洛狄忒》
apodyterium 更衣室
Apollo 阿波罗

Apollodorus 阿波罗多洛
Apollonius of Perga 佩尔加的阿波罗尼奥斯
The Apology《申辩篇》
Appian Way 亚壁古道
Appius 阿匹乌斯
Apuleius, Lucius 卢修斯・阿普列乌斯
Aqua Appia 阿庇亚水渠
Aqua Marcia 玛西亚水渠
aqueducts, Roman 罗马水渠
Arbela 阿贝拉
arch, Roman 罗马拱形建筑
Archelaus 阿基劳斯
Archias 阿尔启亚斯
Archimedean Screw 阿基米德蜗杆
Archimedes 阿基米德
Archimedes' Principle 阿基米德定律
Archytas 阿契塔
Ariani 阿里亚尼人
Aristagoras 阿里斯塔格拉斯
Aristarchus of Samos 萨摩斯的阿里斯塔克斯
Aristocles 亚里斯多克勒斯
Aristodemus 亚里斯多德摩斯
Ariston (father of Plato) 阿里斯通（柏拉图之父）
Ariston (lecturer) 阿里斯通（教师）
Ariston (of Argos, wrestler) 阿尔戈斯的摔跤手阿里斯通
Aristophanes 阿里斯多芬尼斯
Aristotle 亚里士多德
Armenians 亚美尼亚人
Arrian 阿里安
The Art of Medicine《医学艺术》
Asclepia 医神神庙
Asclepiadae 阿斯克勒庇俄斯医学世家
Asclepius 阿斯克勒庇俄斯
Ashurbanipal 亚述巴尼拔
Asia 亚洲
Asia Minor 小亚细亚
Assos 阿苏斯
Assyria 亚述
Assyrians 亚述人
astrology 占星术
Atarneus 阿塔纽斯
atheism 无神论
Athenaeus 阿特纳奥斯
Athenians 雅典人
Athens 雅典
Atlantic Ocean 大西洋
Atlantis 亚特兰蒂斯
atomic theory 原子论
Attalus 阿塔拉斯
Attic Nights《阿提卡之夜》
Augustus, Gaius Octavius 盖维斯・屋大维・奥古斯都
aurora borealis 北极光
Avicenna 阿维森纳

B

Baal 巴力神
Babylon 巴比伦
Babylonia 巴比伦王国
Bacon, Roger 罗杰・培根
Bactrians 巴克特里亚人
The Banquet《会饮》
baths, Roman 罗马浴场
Batis 巴提斯
Battle of Arbela 阿贝拉战役
Battle of Cannae 坎尼战役
Battle of Chaeronea 喀罗尼亚战役
Battle of Delium 德里昂战役
Battle of Granicus 格拉尼库斯战役
Battle of Issus 伊苏斯战役
Battle of Lake Trasimene 特拉西美诺湖战役
Battle of Leuctra 留克特拉战役
Battle of Marathon 马拉松战役
Battle of Plataea 普拉提亚战役
Battle of Salamis 萨拉米斯海峡战役
Battle of the Metaurus River 梅陶罗河战役
Battle of Thermopylae 温泉关战役
Battle of Zama 札马战役
Bay of Naples 那不勒斯湾
Bayle, Pierre 比埃尔・培尔
Bessus 拜苏
Bible《圣经》
Bilisticha 比利斯蒂查
bird, mechanical 机械鸟
Brahe, Tycho 第谷・布拉赫
Briareus 布里阿柔斯
bridges, Roman 罗马桥梁

Britain 英国
Britannicus 布列塔尼库斯
Bucephalus 布西发拉斯
Buddha 佛陀
Buddhism 佛教
Buffon, Georges-Louis Leclerc de 乔治・路易・勒克莱尔・布丰伯爵
Burnet, John 约翰・伯奈特
Burridan, Jean 让・布里丹
Burrus 布鲁斯
Butterfield, Herbert 赫伯特・巴特菲尔德

C

Caelestia (*The Heavens*)《天体》
Caesar, Julius 尤利乌斯・恺撒
caladarium 蒸汽浴室
Callimachus 卡利马科斯
Calliope 卡利俄珀
Callisthenes 卡利斯提尼斯
Cambyses 冈比西斯
Canon, Hippocratic 希波克拉底《圣典》
Canopus 老人星
capillaries 毛细血管
Caria 卡里亚
Carthage 迦太基
Carthaginians 迦太基人
Caspian Sea 里海
Cassander 卡桑德
Castile 卡斯蒂利亚
Categories《范畴篇》
catfish 鲇鱼
Cato the Censor 监察官加图
Celsus 塞尔苏斯
Celts 凯尔特人
Censorinus (consul) 肯索里努斯（执政官）
Censorinus (grammarian) 肯索里努斯（语言学家）
Chaerephon 克瑞丰
Chain of Being 存在之链
Chalcidice 哈尔基季基
Chalcidius 哈尔基狄
Chalcis 哈尔基斯
Chaldeans 迦勒底人
Chalkidic Peninsula 哈尔基迪克岛
Chamberlin, Thomas Chrowder 托马斯・克劳德・张伯伦
Chaos 混沌
Charidemus 卡里德姆
Charmides 查米德斯
Cheiron 喀戎
China 中国
Chios 希俄斯岛
chord functions 弦函数
Christianity 基督教
Christians 基督徒
Chrysippus 克里西普斯
Cicero, Marcus Tullius 马尔库斯・图利乌斯・西塞罗
circumference of the Earth 地球周长
Clagett, Marshall 马歇尔・克拉格特
Claudius 克劳狄乌斯
Cleanthes 克利安提斯
Cleio 克利俄
Cleomedes 克莱奥迈季斯
Cleopatra (of Egypt) 克利奥帕特拉（埃及）
Cleopatra (of Macedonia) 克利奥帕特拉（马其顿）
clepsydra 水钟
Clitus 克利特斯
cloaca maxima 马克西姆下水道
Cnidus 尼多斯
coal 煤
Coleridge, Samuel Taylor 柯勒律治
colocynth 泻药
Colophon 科洛封
Columbus, Christopher 克里斯托弗・哥伦布
comets 彗星
Commentaries (Julius Caesar)《战记》(尤利乌斯・恺撒)
Commentaries of Proclus《论普罗克洛斯》
Commentary on Aratus《论阿拉托斯》
Commentary on Aristotle's De Caelo《论亚里士多德之〈论天〉》
Commentary on Aristotle's Metaphysics《论亚里士多德之〈形而上学〉》
Commentary on Aristotle's Physics《论亚里士多德之〈物理学〉》
communism 共产主义
concrete 混凝土
Confessions《忏悔录》

Confucius 孔子
Constitution of the United States 美国宪法
constitutional republic 宪政共和制
Copernicus, Nicolaus 尼古拉·哥白尼
Corinth 科林斯
Corinthians 科林斯人
coronae 日冕
Corsica 科西嘉岛
Cos 科斯岛
cosmos 宇宙
Crates 克拉特斯
Cratylus 克拉底鲁
Creasy, Edward Shepherd 爱德华·谢泼德·克雷西
Crete 克里特岛
The Crime of Claudius Ptolemy《克罗狄斯·托勒密的罪行》
Critias 克里提亚斯
Crito 克里托
Cronos 克洛诺斯
Croton 克罗顿
cube 立方体
Curtius Rufus, Quintus 昆图斯·库尔提乌斯·鲁夫斯
Cuvier, Georges 乔治·居维叶
Cybele 西布莉
Cylon 赛隆
Cynics 犬儒学派
Cyprus 塞浦路斯
Cyrene 昔兰尼
Cyrus the Great 居鲁士大帝

D

Dante Alighieri 但丁·阿利吉耶里
Darius I 大流士一世
Darius III 大流士三世
Dark Age 黑暗时代
Datis 达提斯
Darwin, Charles 查尔斯·达尔文
David (statue)《大卫》(雕像)
da Vinci, Leonardo 列奥纳多·达·芬奇
De Caelo (*On the Heavens*)《论天》
Decline and Fall of the Roman Empire《罗马帝国衰亡史》
The Deipnosophists《餐桌上的健谈者》
Delambre, Jean Baptiste Joseph 让·巴蒂斯特·约瑟夫·德朗布尔
Delians 提洛斯
Delium 德里昂
Delos 提洛斯岛
Delphic Oracle 德尔斐神示所
Demaratus 戴玛拉托斯
Demetrius Phalerus 狄米特律斯·法勒洛斯
demiurge 造物主
democracy 民主，平民制
Democritus 德谟克利特
demonstration (logical proof) 论证（逻辑证明）
Demosthenes 德摩斯梯尼
Design Argument 设计论论证
Deuteronomy《申命记》
dialectic 辩证法
Dialogues of Plato 柏拉图《对话录》
Diana 戴安娜
Didyma 狄迪玛
De Die Natali (*The Natal Day*)《论生辰》
Dio Cassius 狄奥·卡西乌斯
Diochartes 迪奥哈特
Diodorus Siculus 狄奥多罗斯·西库路斯
Diogenes Laertius 第欧根尼·拉尔修
Diogenes of Apollonia 阿波罗尼亚的第欧根尼
Diogenes of Sinope 锡诺普的第欧根尼
Dionysius 狄奥尼索斯
Dioscorides, Pedanius 佩达努思·迪奥斯科里德斯
divination 占卜
The Divine Comedy《神曲》
Doctrine of Forms 理型论
Doctrine of Ideas 理念论
Doctrine of the Macrocosm and Microcosm “宏观世界与微观世界”学说
dodecahedron 十二面体
Dogmatic School of medicine 教条主义医学学派
Domitius 多米提乌斯
Dorian 多利安人
Doryphorus 多里福斯
Dreyer, J.L.E. 约翰·路易·埃米尔·德雷耳
duplication of the cube 立方体的复制问题

E

Early Greek Philosophy《早期希腊哲学》

earthquakes 地震
eccentrics 偏心轮
Ecclesiastical History《教会史》
Echecrates 艾克格拉底
Eckankar 埃坎卡
Eclectic School of medicine 折中派
eclipses 交食
ecliptic 黄道的
Egypt 埃及
Einstein, Albert 阿尔伯特·爱因斯坦
elaterium 苦瓜汁
Elea 爱利亚
Eleatic School 爱利亚学派
Elements of Astronomy《天文学要素》
Elements of Geometry《几何原本》
elenchos 辩论术
Elijah 以利亚
emanation, neoplatonic 发散（新柏拉图主义）
Empedocles 恩培多克勒
Empiric School of medicine 经验派
empiricism 经验主义
empirics, medical 经验派
Enneads《九章集》
Ephesus 以弗所
Ephialtes 埃菲亚特斯
ephors 监察官
Epictetus 爱比克泰德
Epicureanism 伊壁鸠鲁学派
Epicurus 伊壁鸠鲁
epicycles 本轮
Epicydes 埃披库代斯
Epidemics《流行病》
epilepsy 癫痫
Epipetrum 细柄薯蓣
Epistles of Emperor Julian 罗马皇帝尤利安所著《书信集》
Epistles of Plato 柏拉图所著《书简》
Epistles of Pliny the Younger 小普林尼所著《书信集》
equants 偏心等距点
equilateral triangle 等边三角形
Erasistratus 埃拉西斯特拉图斯
Erato 厄拉托
Eratosthenes 埃拉托色尼
Eretria 埃雷特里亚
Eretrians 埃雷特里亚人
Eteocles 厄忒俄克勒斯
Ethiopia 埃塞俄比亚
Etruscans 伊特鲁里亚
Euboea 埃维亚岛
Euclid 欧几里得
Euclidean Geometry 欧氏几何
Euclides 欧克利德斯
Eudoxus 欧多克索斯
eugenics 优生（学）
Eumenes II 欧迈尼斯二世
Eupalinos 欧帕里诺斯
Euphrates River 幼发拉底河
Euripides 欧里庇得斯
Europe 欧洲
Europeans 欧洲人
Eurytus 欧律托斯
Eusebius of Caesarea 凯撒利亚的尤西比乌斯
Euterpe 欧忒耳珀
Euthyphro《尤息弗罗篇》
evolution, biological（生物）进化
Exodus《出埃及记》
eyeglasses 眼镜

F

Fabius 法比乌斯
The Face Appearing Within the Orb of the Moon《论月面》
Farrington, Benjamin 本杰明·法灵顿
fate 命运
Festival of the Delian Apollo 提洛斯的阿波罗节
Fifteen Decisive Battles《改变世界历史的十五大战役》
fifth postulate of Euclid 欧几里得第五公设
final causes 诱因
five regular solids 五种正多面体
Flaminius, Gaius 盖乌斯·弗拉米尼乌斯
forms 形式
four causes 四类原因
four elements 四种元素
four humors, theory of 四体液论
four primary qualities or principles 四个主要性质
four temperaments 四种气质理论
four winds 四种风

France 法国
frigidarium 冷水池
Frontinus, Sextus Julius 塞多斯・朱利斯・弗朗蒂努斯
Furies 复仇女神

G

Galba, Servius Sulpicius 塞尔维乌斯・苏尔皮基乌斯・加尔巴
Galen 盖伦
- empiricism 经验主义
- teleology 目的论
Galileo 伽利略
Gard River 加尔河
The Garden 花园
Gaul 高卢
Gauls 高卢人
Gaza 加沙
Gellius, Aulus 奥卢斯・革利乌斯
Gelon 盖隆
Geminus 盖米诺斯
Genesis《创世记》
Geography of Eratosthenes 埃拉托色尼所著《地理学》
Geography of Ptolemy 托勒密所著《地理学》
geologic time 地质时期
geometry 几何学
germ theory of disease 细菌致病理论
German Wars《日耳曼战记》
Germanicus 日耳曼尼库斯
Gibbon, Edward 爱德华・吉本
Gingerich, Owen 欧文・金格里奇
glass 玻璃
gnomon 晷针
God (monotheistic) 天神（或上帝）(一神论）
Goldstein, Bernard R. 伯纳德・R. 戈德斯坦
Golenishchev papyrus《戈列尼雪夫纸草书》
the good, philosophic ideal 作为哲学理想的善
Google 谷歌
googol 古戈尔
Gordian Knot 戈尔迪之结
Gordium 戈尔迪乌姆
Gorgo 歌果
Granicus River 格拉尼库斯河
Great Pyramid of Giza 吉萨大金字塔
Greco-Persian Wars 希波战争
Greece 希腊
Greek Science《古希腊科学》
Grote, George 乔治・格罗特

H

Hadrian 哈德良
Hamilcar Barca 哈米尔卡・巴卡
Hammon 哈蒙
Hammurabi's code《汉谟拉比法典》
Hannibal 汉尼拔
Harmonics《和声学》
Hasdrubal (brother of Hannibal) 哈兹鲁勒（汉尼拔的弟弟）
Hasdrubal (Carthaginian general) 哈兹鲁勒（迦太基将领）
Heath, Thomas 托马斯・希思
Hecateus 赫卡托斯
Hector 赫克托尔
Hegesistratus 赫格西斯特拉图斯
Hekataios 赫卡泰奥斯
heliocentric hypothesis 日心说
helot 农奴，奴隶
hemlock 毒芹
henbane 天仙子
Hephaestion 赫菲斯提翁
Hera 赫拉
Heracleidae 赫拉克勒斯后裔
Heraclides of Pontus 本都的赫拉克利德
Heraclitus 赫拉克利特
Herculaneum 赫库兰尼姆
Hercules 赫拉克勒斯
Hermes of Praxiteles《普拉克西特列斯的赫耳墨斯》
Hermias 赫米阿斯
Hero of Alexandria 亚历山大城的希罗
Herodicus 赫罗迪科斯
Herodotus 希罗多德
Herophilus 希罗菲勒斯
Herpyllis 赫皮莉斯
Hesiod 赫西俄德
Hieron II 希隆二世
Hieronymous 希隆尼穆斯
Hipparchus 喜帕恰斯
Hippasus 希帕索斯

I

J

K

L

M

N

O

P

Q

R

-baths 浴场
-bridges 桥梁
-concrete and Romans 混凝土与罗马人
Rome 罗马
Rousseau, Jean-Jacques 让 – 雅克 · 卢梭
Rubria 鲁布里娅

S

The Sacred Disease《神圣病》
Saint Hippolytus 圣希波律陀
Saint Teresa of Avila 圣女特蕾莎
Samos 萨摩斯
The Sand Reckoner《数沙者》
Sardinia 撒丁岛
Sardis 萨迪斯岛
Sarton, George 乔治 · 萨顿
satrapy 总督辖地
Saturn (god) 农神（神）
Saturn (planet) 土星（行星）
Satyricon《萨蒂利孔》
Scepsis 斯凯帕西斯城
Schaff, Philip 菲利普 · 沙夫
Science (journal)《科学》(期刊)
science, definition of 科学的定义
Scientific Revolution 科学革命
Scipio, Publius 普布利乌斯 · 西庇阿
screw 螺丝钉
screw, Archimedean 阿基米德蜗杆
Secundus, Gaius Plinius 盖乌斯 · 普林尼 · 塞孔都斯
Secundus, P. Pomponius 蓬波尼乌斯 · 塞昆杜斯
sedentism 定居生活
semicircle 半圆
Senate, Roman 罗马元老院
Seneca, Lucius Annaeus 卢修斯 · 阿内乌斯 · 塞涅卡
De Sensu (*On Sense*)《论感觉》
Septuagint《七十士译本》
Seven Against Thebes《七将攻忒拜》
sewers, Roman 罗马下水道
Sicilian Strait 西西里海峡
Sicily 西西里岛
Siege of Syracuse 占领叙拉古
sieve of Eratosthenes 埃拉托色尼筛选法
Silius, C. C. 西柳斯
Silvae《希尔瓦》
Simplicius 辛普里丘
slavery 奴隶制
Smyrna 士麦那
Socrates 苏格拉底
-elenchos 诘问法
Socratic Method 苏格拉底方法
Solon 梭伦
solstices（夏冬）至日
Sophist (by Aristotle)《智者篇》(亚里士多德著)
Sophist (by Plato)《智者篇》(柏拉图著)
Sophistical Refutations《辩谬篇》
Sophocles 索福克勒斯
Sosigenes 索西琴
Sostratus of Cnidus 尼多斯的索斯特拉特
soul 灵魂
soul travel 灵魂旅行
The Soul's Descent Into Body《灵魂堕入肉体》
Spain 西班牙
Spaniards 西班牙人
Sparta 斯巴达
Speusippus 斯彪西波
Sphaerus 斯派鲁斯
Spica 角宿一
Spithrobates 斯庇特里达
spontaneous generation 自发产生
Sporus 斯波洛斯
Stabiae 斯塔比亚
stade 斯泰底（复数形式）
stadium 斯泰底（单数形式）
Stagira 斯塔吉拉
star catalog of Hipparchus 喜帕恰斯星表
Statius, Publius Papinus 普布利乌斯 · 帕皮纽斯 · 斯塔提乌斯
Steinman, David B. 戴维 · B. 斯坦因曼
Stilpo 斯提尔波
Stoicism 斯多葛学派
Stoics 斯多葛派学者
Strabo 斯特拉波
Straits of Gibraltar 直布罗陀海峡
Strato of Lampsacus 朗普萨克斯的斯特拉图
Stratonice 斯特拉托尼丝
sudatorium 蒸汽浴室
Suetonius 苏维托尼乌斯
Sun 太阳

supernatural 超自然
Surtsey 叙尔特塞
Susa 苏萨
Syene 锡尼
syllogism 三段论
Syloson 西洛松
Syntaxis《汇编》或《天文学大成》
Syracuse 叙拉古
Syria 叙利亚
Syrians 叙利亚人

T

Tacitus 塔西佗
Taking of Ilium《占领伊利昂》
Taking of Rome《占领罗马城》
teleology 目的论
telescope 望远镜
Temple of Peace 和平神殿
Temple of Virtue 美德神庙
tepidarium 温水池
Terpsichore 忒耳普西科瑞
Tertullian 特图良
Tethys 泰西斯
Tetrabiblos《占星四书》
tetrahedron 四面体
Thais 泰艾斯
Thaleia 塔利亚
Thales 泰勒斯
Theaetetus《泰阿泰德篇》
Theatre of Taurus 陶勒鲁斯剧院
Thebans 底比斯人
Thebes 底比斯
theism 有神论
theocracy 神权政体
Theodorus 西奥多勒斯
Theogony《神谱》
Theophrastus 泰奥弗拉斯托斯
theorists, medical 医学理论派
thermae 浴场
Thespians 底斯皮亚人
Thessaly 塞萨利
Thirty Tyrants 三十暴君
Thoth 托特
Thrace 色雷斯
Thrasymachus 色拉叙马霍斯
three souls 三种灵魂理论
Thucydides 修昔底德
Tiber River 台伯河
The Tiger's Fang《虎牙》
Tigris River 底格里斯河
Timaeus (philosopher) 蒂迈欧（哲学家）
Timaeus (Platonic dialogue)《蒂迈欧篇》(柏拉图对话录)
Timocharis 提默洽里斯
timocracy 军政制
Toomer, G.J. 图默
Topics《论题篇》
Tradition in Medicine《医学传统》
Trajan 图拉真
transmigration 转世
Trebia River 特雷比亚河
trireme 三层划桨战船
Trojan War 特洛伊战争
Tropic of Cancer 北回归线
Troy 特洛伊
Tunnel of Eupalinos 欧帕里诺斯隧道
Turkey 土耳其
Twitchell, Paul 保罗・翠契尔
Tyrannion 蒂拉尼昂
Tyre 提尔
Tzetzes, John 约翰・策策斯

U

Ulysses 尤利西斯
unicorns 独角兽
uniformity 统一性
United States 美国
universals 共相
The Universities of Europe in the Middle Ages《中世纪的欧洲大学》
unnatural motion 非自然运动
Urania 乌拉尼亚
The Use of the Various Parts of the Body《论人体各器官的作用》

V

vacuum 真空
Varro, Marcus Terentius 马尔库斯・特连提乌斯・瓦罗

Venus 金星
Vespasian, Titus Flavius 提图斯·弗拉维乌斯·韦帕芗
Via Appia 阿庇亚古道
Vindex, Gaius Julius 盖乌斯·尤利乌斯·维迪克斯
Vitruvius 维特鲁威
vivisection (animal) 解剖（动物）
vivisection (human) 解剖（人体）
Vlastos, Gregory 格里高利·沃拉斯托斯

W

watchmaker analogy 钟表匠之喻
wells 水井
werewolves 狼人
Western Civilization 西方文明
whig history 辉格党式历史
Whitehead, Alfred North 阿尔弗雷德·诺尔司·怀特海
World War II 第二次世界大战

X

Xanthippe 赞西佩
Xenocrates 色诺克拉底
Xenophanes 色诺芬尼
Xenophon 色诺芬
Xerxes 薛西斯

Z

Zeno of Citium 基提翁的芝诺
Zeno of Elea 爱利亚的芝诺
Zeno's Paradoxes 芝诺的悖论
Zeus 宙斯
Zeuxippus 泽克斯皮普斯
zodiac 黄道十二宫图
Zoroaster 琐罗亚斯德

图书在版编目（CIP）数据

古代世界与古典文明 /（美）戴维·戴明著；罗峰译．-- 上海 ：上海三联书店，2025.9．--（世界科学技术史）．-- ISBN 978-7-5426-8964-1

Ⅰ．N091

中国国家版本馆 CIP 数据核字第 2025TF3439 号

古代世界与古典文明

著　　者 /〔美国〕戴维·戴明
译　　者 / 罗　峰
责任编辑 / 王　建　樊　钰
特约编辑 / 夏家惠　苑浩泰
装帧设计 / 字里行间设计工作室
监　　制 / 姚　军
出版发行 / 上海三联书店
（200041）中国上海市静安区威海路755号30楼
联系电话 / 编辑部：021-22895517
发行部：021-22895559
印　　刷 / 天津丰富彩艺印刷有限公司
版　　次 / 2025 年 9 月第 1 版
印　　次 / 2025 年 9 月第 1 次印刷
开　　本 / 710×1000　1/16
字　　数 / 272千字
印　　张 / 31.75

ISBN 978-7-5426-8964-1 / N · 1

定　价：118.00元

著作权合同登记号　图字：10-2022-298 号